Wolfgang Krieger (Hrsg.)

Systemische Impulse

Theorieansätze, neue Konzepte und
Anwendungsfelder systemischer
Sozialer Arbeit

SYSTEMISCHE IMPULSE FÜR DIE SOZIALE ARBEIT

herausgegeben von Prof. Dr. Wolfgang Krieger

ISSN 2191-1835

1   *Wolfgang Krieger (Hrsg.)*
     Systemische Impulse
     Theorieansätze, neue Konzepte und Anwendungsfelder systemischer
     Sozialer Arbeit
     ISBN 978-3-8382-0194-8

Wolfgang Krieger (Hrsg.)

SYSTEMISCHE IMPULSE

Theorieansätze, neue Konzepte und Anwendungsfelder
systemischer Sozialer Arbeit

ibidem-Verlag
Stuttgart

Bibliografische Information der Deutschen Nationalbibliothek
Die Deutsche Nationalbibliothek verzeichnet diese Publikation in der
Deutschen Nationalbibliografie; detaillierte bibliografische Daten sind im
Internet über http://dnb.d-nb.de abrufbar.

Bibliographic information published by the Deutsche Nationalbibliothek
Die Deutsche Nationalbibliothek lists this publication in the Deutsche Nationalbibliografie;
detailed bibliographic data are available in the Internet at http://dnb.d-nb.de.

Coverbild: Vernetzung 2 © akf - Fotolia.com

∞

Gedruckt auf alterungsbeständigem, säurefreien Papier
Printed on acid-free paper

ISSN: 2191-1835

ISBN-13: 978-3-8382-0194-8

© *ibidem*-Verlag
Stuttgart 2010

Printed in Germany

Inhaltsverzeichnis

Teil 1: Theorieansätze und Ausbildung

Teil 2: Konzepte und Anwendungsfelder systemischer Interventionen

Jugendhilfe

Beratung

Gruppenarbeit

Wolfgang Krieger

Einführung – Systemische Impulse

Mit dem vorliegenden Band soll eine neue Reihe „Systemische Impulse für die Soziale Arbeit" eröffnet werden, die nicht von vornherein unter der Flagge eines bestimmten systemischen Paradigmas firmiert, vielmehr Arbeiten präsentiert, die aus unterschiedlichen systemischen und systemtheoretischen Perspektiven heraus zu Fragen der Sozialen Arbeit Stellung nehmen und die Theorie- und Methodenentwicklung für eine systemisch orientierte Soziale Arbeit voranbringen. Die Reihe soll also einen Beitrag zum Dialog zwischen verschiedenen Richtungen darstellen, die gemeinsam dem „systemischen" oder „systemtheoretischen Paradigma" zugerechnet werden können; zumindest soll sie eine Plattform darstellen, auf der die Gegenüberstellung und diskursive Zusammenschau unterschiedlicher Ansätze ihren Ort finden kann.

Wer diesen Dialog auf den Weg bringen will, muss sich freilich der erheblichen erkenntnistheoretischen und wissenschaftstheoretischen wie auch normativen Differenzen zwischen den bestehenden Ansätzen bewusst sein. Die theoretischen Fundamente der verschiedenen Positionen liegen teilweise so weit auseinander bzw. stehen sogar zu einander in Widerspruch, dass sich manche Theorieelemente, geschweige denn ganze Theorien gewiss nicht miteinander integrieren lassen. Nichtsdestoweniger bedarf die Fortentwicklung akademischer Theorieansätze ebenso wie die Weiterentwicklung einer reflektierten Praxis der wechselseitigen Wahrnehmung und der Konfrontation mit alternativen Denkmodellen. Schließlich kann auch und gerade die Konfrontation mit dem „ganz Anderen" – systemisch gesprochen – „irritieren" und blinde Flecken überwinden helfen Der Dialog ist daher sicherlich fruchtbar für alle, die bereit sind, sich „irritieren" zu lassen und über eine gewisse Strecke mit den Gedankengängen anderer mitzugehen, auch wenn sie deren Sprache, Vorannahmen und Standpunkt nicht teilen können. Leider finden sich in der Literatur der Sozialen Arbeit nur wenige Beispiele für eine pluralistisch-tolerante Kultur des system-(theoret)ischen wissenschaftlichen Diskurses und daher auch nahezu keine vergleichenden Arbeiten. Es herrscht vielmehr eine Kultur der Abgrenzung und eines akademisch eher lähmenden Loyalismus vor, die es im Dienste eines offenen wissenschaftlichen Diskurses m.E. zu überwinden gilt. Diesem Anliegen sind die Veröffentlichungen der neuen Reihe verpflichtet.

Ziel dieses ersten Bandes ist es nicht nur, systemische Zugänge zu verschiedenen Feldern der Sozialen Arbeit vorzustellen, sondern auch die zugrunde liegenden allgemeineren Theorien und damit die Metatheorien der unterschiedlichen systemischen Richtungen zu präsentieren.

Der Band ist daher in zwei Teile gegliedert: Er stellt in einem ersten Teil „Theorieansätze und Ausbildung" theoretische Ansätze im systemischen Paradigma vor, indem er zunächst einen systematischen Überblick über die Ansätze und deren Historie ermöglicht und sodann Vertreter einzelner heute verbreiteter Ansätze des systemischen Denkens in der Sozialen Arbeit (erkenntnistheoretischer Konstruktivismus/Luhmanns Systemtheorie/Zürcher Systemismus) zu Wort kommen lässt. Sodann vollzieht sich zu einem bestimmten Thema, nämlich der Frage der Macht in der Sozialen Arbeit, ein Dialog zwischen zwei Ansätzen, der exemplarisch die Möglichkeiten einer vergleichenden Analyse aufzeigt. Und schließlich wird im Blick auf die Ausbildung in der Sozialen Arbeit eine Didaktik der Sozialen Arbeit und Sozialarbeitslehre aus systemischer Sicht entworfen, die einem didaktischen Strukturgitter entlang Lernprozesse systemischer Sozialarbeit aus dem Leitbild einer systemisch orientierten Berufsidentität heraus reflektiert.

In zweiten Teil „Konzepte und Anwendungsfelder systemischer Interventionen" sollen Beiträge aus verschiedenen systemischen Ansätzen in einigen zentralen Arbeitsfeldern und Methodenbereichen der Sozialen Arbeit präsentiert werden. Der Herausgeber hofft, mit der Auswahl der Praxisfelder und Methoden nicht nur die wichtigsten Gebiete repräsentiert zu haben, sondern auch für einige neue, bislang systemisch wenig bearbeitete Bereiche innovative Ansätze vorstellen und hierfür das Interesse der Leserinnen und Leser finden zu können.

Die Artikel des ersten Teils „Theorieansätze und Ausbildung" führen in die Grundbegriffe und Leitvorstellungen der jeweiligen systemischen Richtungen ein und zeigen ansatzweise auf, in welchem perspektivischen Licht Soziale Arbeit aus dem Blickwinkel der jeweiligen Richtung erscheint und welche Konsequenzen sich für eine Modellierung der Sozialen Arbeit jeweils ergeben – hinsichtlich ihres Selbstverständnisses, hinsichtlich ihrer Strukturen, hinsichtlich ihrer Methoden. Der vorangestellte Beitrag versucht insoweit die Verständlichkeit in der Lektüre dieser Artikel zu verbessern, als er eine historisch und erkenntnistheoretisch systematisierende Ordnung für die verschiedenen Ansätze schafft, die sich in diesem Buch in theoretisch begründender oder praktisch reflektierender Weise artikulieren.

Einführend versucht der Herausgeber daher in diesem Sinne einen Überblick über die wichtigsten Traditionslinien systemischen Denkens in der Sozialen Arbeit zu geben und Grundlagen für unterschiedliche Begriffe des „Systemischen" und des „Systems" darzustellen. Dies ist kein leichtes Unterfangen, da diese Begriffe zwischenzeitlich eine solche Vieldeutigkeit aufweisen, dass es notwendig wird, den Blick zurück auf die historischen Wurzeln der unterschiedlichen systemischen Ansätze zu richten, um Verwechslungen, Fehlschlüssen und unzulässigen Verallgemeinerungen vorzubeugen. Der Artikel versucht im ersten Teil, die Diversität der systemischen Ansätze in der Sozialen Arbeit auf ihren je besonderen systemtheoretischen Hintergrund zurückzuführen und das Trennende und Gemeinsame im Verständnis des Systemischen darzustellen. Ein zweiter Teil ist dem Anliegen gewidmet, überblicksartig die wichtigsten Anwendungen des systemischen Denkens in der Methodenlehre der Sozialen Arbeit und in verschiedenen Arbeitsfeldern vorzustellen. Abschließend werden Forschungsperspektiven systemischer Ansätze in der Sozialen Arbeit entworfen und einige Perspektiven zur Weiterentwicklung des systemischen Denkens aufgezeigt.

Dass Niklas Luhmanns Systemtheorie als eine Theorie der Gesellschaft sich nicht schlicht auf die Soziale Arbeit „anwenden" lässt, sondern gewissermaßen von außen Reflexionsangebote eröffnet, ist der Ausgangspunkt von *Hans-Ullrich Dallmanns* Diskussion zum Nutzen und Nachteil der Luhmannschen Systemtheorie für die Wissenschaft der Sozialen Arbeit. Ein solches Angebot von außen ist etwa, eine systemtheoretische Beschreibung der Sozialen Arbeit zu leisten, die Soziale Arbeit als ein System des Helfens in eine historische Relativität stellt und an bestimmte Gesellschaftsformen bindet. Dallmann stellt diesbezüglich die Rezeption des Luhmannschen Ansatzes in der Sozialen Arbeit dar und diskutiert entlang zentraler Begriffe der Luhmannschen Systemtheorie die bisherigen Erträge, aber auch Defizite; er begründet so seine These, dass die bisherige Rezeption bei einem „halbierten Luhmann" verblieben ist, weil sie sich auf die Differenzierungstheorie (Systembildung und Codierungen) konzentriert hat, andere Theoriestränge aber weitgehend ausgeblendet hat. Andererseits wurde im Rahmen der Codierungsdebatte versucht, der Luhmannrezeption einen berufsethisch gefälligen, moralischen Überbau anzufügen bzw. von vornherein Luhmann unter moralischer Perspektive zu lesen. Bilanzierend stellt Dallmann als „Nachteil der Systemtheorie für die Soziale Arbeit" heraus, dass nach einer umfassenden Rezeption und Nutzung der Luhmannschen Theoriekomplexe zur Kenntnis genommen werden müsste, dass ein gesellschaftskritisches Potenzial in seinen Schriften auffindbar sei, wenn es auch noch herausgearbeitet werden müsse und daher nicht „von außen" seiner Theorie hinzugefügt werden könne, ohne mit grundlegenden Perspektiven der Luhmannschen Theorieentwicklung zu brechen.

Björn Kraus stellt die Grundlagen eines „erkenntnistheoretischen Konstruktivismus" dar und zeigt deren Bedeutung für die Soziale Arbeit auf. Er fundiert seinen Ansatz zum einen auf dem philosophischen Fundament einer skeptischen Erkenntnistheorie, wie sie von dem Begründer des Radikalen Konstruktivismus Ernst von Glasersfeld entworfen wird, zum anderen auf der Basis neuerer neurobiologischer Forschungsergebnisse, wie sie von den chilenischen Biologen Humberto Maturana und Francisco Varela erarbeitet und gedeutet worden sind. Beide Forschungstraditionen vereinen sich im Ergebnis hinsichtlich einer Theorie der Wahrnehmung und der Erkenntnis, die für die Soziale Arbeit folgenreich ist. Zum einen erhält die methodische Rücksicht auf die lebensweltliche Eigensinnigkeit des Klienten und die technologische Ohnmacht sozialarbeiterischer Praxis eine neue Grundlage, zum anderen wird aber auch klar, dass Soziale Arbeit sehr wohl in der Lage ist, der Willkürlichkeit von Wirklichkeitskonstruktionen bei ihrer Klientel im Dienste gesellschaftlicher Schutzaufträge Grenzen zu setzen, indem sie durch Aushandlungsprozesse, Konditionen und Fakten harte „Viabilitätskriterien" in die Realität der individuellen Lebensumstände der Klienten einführt.

Eine Einführung in das Systemistische Paradigma der Sozialen Arbeit geben *Stefan Borrmann, Michael Klassen* und *Christian Spatscheck.* Diese auf dem Systemistischen Emergentismus und der Epistemologie Mario Bunges beruhende systemtheoretische Position wurde vor allem von Silvia Staub-Bernasconi und Werner Obrecht entwickelt, bekannt auch unter der Bezeichnung Zürcher Schule. Die Autoren zeigen zunächst an einer disziplinären Matrix des Systemistischen Paradigmas den transdisziplinären Strukturentwurf dieses Ansatzes auf und erläutern die ontologischen und erkenntnistheoretischen Prämissen, die dem wissenschaftlichen Realismus Bunges zugrunde liegen. Sie skizzieren kurz das Menschenbild, den Gesellschaftsbegriff und die Moralphilosophie Bunges, die für die normative Position des systemistischen Ansatzes in der Sozialen Arbeit von fundamentaler Bedeutung sind. Sie charakterisieren sodann das Gegenstandsverständnis von Sozialer Arbeit, nämlich die Arbeit am Individuum und an den sozialen Systemen in ihrer wechselseitigen Bedingtheit, und die hierfür konstitutiven Theorien menschlicher Bedürfnisse und sozialer Probleme. Aus diesen Theoremen leitet sich die Allgemeine Handlungstheorie der systemistisch orientierten Sozialen Arbeit ab.

Einen Dialog zwischen zwei systemischen Ansätzen in der Sozialen Arbeit unternehmen *Björn Kraus* und *Christian Spatscheck*. Es geht um Positionen zum Thema „Macht in der Sozialen Arbeit", um kontrastierende begriffliche Differenzierungen und den Versuch, aus zwei verschiedenen systemischen Ansätzen heraus, aber aufeinander bezogen eine neue Typologie von Machtformen in der Sozialen Arbeit hervorzubringen. Zunächst stellt Spatscheck die Theorien zur Macht vor, die Silvia Staub-Bernasconi im Rahmen ihrer prozessual-systemischen Denkfigur erarbeitet hat. Er erläutert ihre Machtbegriff und stellt die Formen der Behinderungsmacht (als illegitimer Macht) und der Begrenzungsmacht (als legitimer Macht) einander gegenüber. Sodann erläutert und veranschaulicht Kraus vor dem Hintergrund eines erkenntnistheoretisch orientierten Konstruktivismus seine Begriffe der „Instruktiven" und „Destruktiven Macht". Beide Autoren ordnen nun den Typen der Macht von Staub-Bernasconi verschiedene Formen Instruktiver und Destruktiver Macht zu und verschränken so die Kategorien der Behinderungs- und Begrenzungsmacht mit denen der Instruktiven und Destruktiven Macht. Sie entwickeln damit vier normativ differenzierte Formen der Machtausübung, die für die Reflexion und Bewertung von Gelingens- und Bedingungsfaktoren von Macht in der Sozialen Arbeit von erheblichem Nutzen sein können.

Die Darstellung der wichtigsten systemischen Ansätze schließt ab mit einem Beitrag von *Georg Singe* zur Entwicklung einer systemischen Didaktik für die Ausbildung in der akademischen Sozialen Arbeit. Auch wenn system-theoretisches Denken in der Disziplin der Sozialen Arbeit weitgehend anerkannt ist, kann in der Praxis der Profession von einer „systemischen Berufsidentität" nur selten die Rede sein. Wenn diese entwickelt werden soll, kann es nicht genügen, systemische Methoden und Techniken zu vermitteln. Vielmehr gilt es, so Singe, auch die politischen, soziologischen und organisationalen Rahmenbedingungen Sozialer Arbeit systemisch zu erhellen und die systemischen Entwicklungsbedingungen der Klientenpersönlichkeit in der Lehre zu berücksichtigen. Unter dieser Maßgabe skizziert Singe eine systemische Didaktik der Sozialen Arbeit „im Rahmen einer systemtheoretisch fundierte(n) kritischen Handlungswissenschaft als eigenständige(r) Sozialarbeitswissenschaft". Für eine solche Didaktik sind neben der Vermittlung methodischer Kompetenzen auch die Entwicklung systemischer Haltungen und systemtheoretischer Analysekompetenzen zentral.

Der zweite Teil des Buches stellt für unterschiedliche Praxisfelder neue Ansätze systemisch orientierten Arbeitens vor.

Silke Gahleitner reflektiert in ihrem Beitrag zu Therapeutischen Jugendwohngruppen die besondere Betreuungsqualität in dieser Angebotsform, die nicht nur durch „die Einbeziehung der Komplexität eines professionellen Verständnisses von Problematiken, Dynamiken und Ressourcen in der Wahrnehmung der Jugendlichen", sondern auch durch ein „qualifizierte(s) interdisziplinär angelegte(s) Fall- und Systemmanagement" gekennzeichnet ist. An einem Fallbeispiel werden exemplarisch Arbeitsweisen aufgezeigt, die auf der Grundlage einer professionell reflektierten Beziehungsgestaltung auf eine produktive Balance zwischen alltagsentlastenden Sicherheiten und Autonomiebestrebungen der Jugendlichen ausgerichtet ist. Zentral für ein solches systemisches Arbeitskonzept ist eine nachsozialisierende dialogische Bindungs- und Beziehungsarbeit, die im therapeutischen Milieu „konstruktive Veränderungsimpulse für den Einzelnen im Kontext seiner Umfeld- und Lebensbedingungen" ermöglicht.

Wenn *Bettina Hünersdorf* vom „klinischen Blick" in der Sozialen Arbeit spricht, dann meint sie nicht die spezifischen Sichtweisen der Klinischen Sozialarbeit oder gar eine medizinische Perspektive auf die KlientInnen, sondern eine Reflexionstheorie des Jugendhilfesystems, die sie auf der Grundlage von Luhmanns Systemtheorie entwickelt hat. „Klinisch" ist dieser Blick insofern, als er – im Sinne Foucaults – durch eine rationale Sprache Individualität und eine Ordnung der Dinge und Verhältnisse um das Individuum erst hervorbringt. Am Widerstand des Adressaten generiert sich die Individualität des Adressaten. Abweichung und Erwartungswidrigkeit sind die erwarteten Phänomene, deren Berücksichtigung einen Ort im Verfahren einfordert, einen „klinischen Ort". Dieser Ort ist für Hünersdorf der Hilfeplan als ein Organ der Beobachterebene zweiter Ordnung über der Hilfeleistung in den Organisationen der Jugendhilfe. Es gilt im Hilfeplan zwischen dem Wohl und dem Willen des der AdressatInnen zu vermitteln, bessere Alternativen der Lebensführung an die Selbststeuerung der AdressatInnen anzuschließen. Im klinischen Vierschritt von Anamnese, Diagnose, Intervention und Evaluation buchstabiert Hünersdorf durch, wie in den Phasen der Hilfeplanung „das symbolisch generalisierte Kommunikationsmedium der Liebe ... pädagogisch überformt und zugleich in das symbolisch generalisierte Kommunikationsmedium der Macht überführt" wird.

Einem nur höchst selten beleuchteten Thema in der stationären Jugendhilfe nimmt sich der Artikel von *Frank Natho* an. Er zeigt auf, wie durch Systemische Seelsorge die Trauerarbeit von Kindern und Jugendlichen unterstützt werden kann, die von ihren Familien oder Elternteilen getrennt und aus vertrauten Umgebungen herausgerissen werden und sich in den neuen Heimverhältnissen zunächst alleingelassen, fremd und desorientiert fühlen. Natho stellt differenziert die vielfältigen Stressfaktoren dar, die sich aus der Herausnahme aus der Familie für die Betroffenen ergeben, und beschreibt die neurologischen Grundlagen für die zu Tage tretenden Emotionen und Verhaltensauffälligkeiten. Nicht allein diese trennungsbedingten Verunsicherungen stellen jedoch an die Mitarbeiter in der stationären Jugendhilfe besondere Anforderungen; auch die immer häufiger vorliegenden Traumatisierungen und Bindungsstörungen der Klientel und die psychischen Folgen erlebter körperlicher und seelischer Gewalt verlangen eine seelsorgerliche und alltagstherapeutische Qualifikation, die Natho im Weiteren in ihren Grundzügen charakterisiert. Der Autor entwirft sodann einen neurologisch fundierten systemisch-konstruktivistischen Ansatz zur Erklärung von Trauerprozessen, der zum Ausgangspunkt einer systemisch orientierten Trauerarbeit wird. Am Beispiel der Methode „Versammlung der Gefühle", die Natho mithilfe von Tierfiguren symbolisieren lässt, veranschaulicht er eine seelsorgerliche Interventionsform, die den Klienten/die Klientin in Kontakt zu ihren Emotionen treten lässt und so zur Bearbeitung der Trauerphänomene anregt.

Ralf Osthoff führt in seinem systemisch-konstruktivistisch ambitionierten Artikel zunächst in die gesetzlichen und institutionellen Grundlagen der Beschäftigungsförderung ein und skizziert das Feld der dort engagierten Akteure. Der Luhmannschen Systemtheorie folgend positioniert er die Beschäftigungsförderung in ihren Relationen zu den Systemen Wirtschaft, Politik und Erziehung/Bildung, d.h. in einem Netz von strukturellen Koppelungen. Als methodisch fruchtbar zeigt sich – an Luhmann anschließend – die Unterscheidungslogik von Spencer Brown, die zu innovativen Dekonstruktionen der arbeitsfeldspezifischen Slogans und Maximen anregen und so schließlich neue, manchmal paradoxe Impulse für die Entwicklung der Interventionsmethodik geben kann. In dem von Osthoff dargestellten Methodenüberblick erweist sich die Anwendung der Unterscheidungslogik in vielfältiger Weise als gewinnbringend. Aus seinem abschließend vorgestellten Versuch, Trainingsmaßnahmen als „Anthropotechnik" zu dekonstruieren, ergeben sich kontrastiv verschiedene Ansatzpunkte für die systemisch-konstruktivistische Modellierung eines „Ermöglichungscoachings", das dem gängigen Modus der „Hochdruck-Aktivierung" einen Modus des Anregens und Wartenkönnens und die Fruchtbarkeit des „strategischen Unterlassens" entgegensetzt.

Abhängigkeiten der Beschäftigungsförderung aus strukturellen Koppelungen an die Systeme der Wirtschaft und der Sozialpolitik sind auch das Thema des Beitrages von *Brigitta Michel-Schwartze*. Nach einer kurzen Einführung zur Entwicklung der Beschäftigungsförderung, die diese Abhängigkeiten historisch beleuchtet, zeigt Michel-Schwartze orientiert an der Luhmannschen Systemtheorie Strategien des Politiksystems auf, die die Arbeit im Hilfesystem Beschäftigungsförderung marktorientiert funktionalisieren. Die Ausdifferenzierung durch neue Teilsysteme wie Job-Center und ArGe sind *ein* Strategiebereich, Verfahren der adressatenorientierten Steuerung etwa durch Bewertung, Aktivierung und Ausschließung sind ein weiterer Strategiebereich, ein dritter findet sich in der Delegation von Zielen und Aufgaben der Wirtschafts- und Sozialpolitik an das Hilfesystem der Beschäftigungsförderung. Michel-Schwartze beschreibt einige „beobachteten Nebenwirkungen" der aktuellen Strategien, die der Beschäftigungsförderung wirtschaft- und sozialpolitische Rationalitäten aufzwingen und sie in eine Situation marktförmiger Konkurrenz zu Betrieben der freien Wirtschaft stellen wie auch eine Konkurrenz zwischen den Trägern der Sozialen Arbeit bedingen. Nun muss der Transport von Sinn in den strukturellen Kopplungen der Systeme nicht einseitig sein: Interpenetration im Sinne Luhmanns heißt vielmehr, dass die Sinnkommunikation zwischen Systemen wechselseitig wirksam wird. Dementsprechend könnte das Hilfesystem Beschäftigungsförderung die Abhängigkeitsbalance wohl zu seinen Gunsten verbessern, wenn es seine Eigengesetzlichkeit ausreichend selbstbewusst in das Wirtschafts- und Sozialpolitiksystem penetriert.

Reinald Faß stellt sich die Frage, ob die Steuerung von Hilfesystemen durch Case Management nicht ein systemtheoretisches Paradox darstellt und damit eigentlich unwirksam sein müsste. Faß geht von der These aus, dass Case Management die Aufgabe zukommt, sowohl auf der Fallebene als auch auf der Systemebene (Bereitstellung von Hilfen) Hilfeleistungen zu steuern. Allerdings kann Steuerung von außen für autonome Systeme nur zustande kommen, indem sie bestimmte Umweltereignisse als steuernd interpretieren, d.h.: Steuerung erscheint zunächst als eine freie Fiktion des gesteuerten Systems, die durch eine spezifische Sinnzuweisung generiert wird. Faß integriert nun die Typologie der instruktiven und destruktiven Macht von Kraus und die Typologie der materiellen und immateriellen Steuerungsmedien von Willke zu einen eigenen Matrix von Steuerungsoptionen für das Case Management und zeigt so auf, dass die Steuerung von Hilfesystemen im Wesentlichen als instruktive Kontextsteuerung wirksam werden kann, als eine Methode Impulse zu setzen, die an die Beobachtungskategorien und den systeminternen Sinn der zu steuernden Systeme andocken und so aus der Eigensteuerung der Systeme heraus die gewünschten Korrekturen erzielen.

Stefan Hannen und *Thomas Krestel* entwickeln ein konstruktivistisch impulstheoretisch orientiertes Modell der intersystemischen (internationalen) Entwicklungsarbeit. Aus der Überzeugung heraus, dass die Entwicklung sozialen Wandels nur auf der Basis der „lokalen" Bedeutungsstruktur der Hilfeempfänger möglich ist, beschreiben sie ein Verständnis von Entwicklung, welches diese als autopoietischen Prozess der Selbstorganisation von kognitiven Mustern und Wertsystemen begreift. Die Autoren stellen lineare Anteile in den kommunizierenden Systemen neutralen Anteilen gegenüber und zeigen Strategien auf, differentiell mit diesen Anteilen im Sinne einer Impulskommunikation umzugehen. Die Leitstrategie folgt dabei dem Prinzip, lineare Anteile der lokalen Bedeutungsstruktur neutral anzuerkennen und im Bereich der neutralen Anteile Impulse für den sozialen Wandel zu setzen.

Insofern systemische Beratungskonzepte explizit von der Diversität von Lebenswelten und kulturellen Prägungen ausgehen, sind sie, wie *Ina Borkenstein* aufzeigt, in besonderer Weise für den interkulturellen Beratungskontext geeignet. Interkulturelle Beratung verlangt vom Berater interkulturelle Kompetenz, d.h. zum einen ein Bewusstsein von den eigenen kulturbedingten Stereotypen und die Bereitschaft und Fähigkeit die eigenen Werthorizonte und Weltperspektiven zu reflektieren und zu relativieren, zum anderen die Fähigkeit, die Wirklichkeitskonstruktionen der Gesprächspartner angemessen zu rekonstruieren, als sinnhaft zu verstehen und ihre Ressourcen für neue Lösungswege aufzuspüren. Borkenstein führt – in Anlehnung an Tilly Millers Beratungskonzept – aus, wie sich interkulturelle Kompetenz in systemisch-konstruktivistischen Haltungen und Prinzipien in der Beratung wiederfindet und wie in einer systemischen Methodik der Gesprächsführung die Wirklichkeitskonstruktionen von KlientInnen anerkannt und zugleich perspektivisch erweitert werden können. Sie beschreibt abschließend, mit welchen Methoden zentrale Themen in der MigrantInnenberatung bearbeitet werden können und entwickelt hierzu eine Übersicht von konkreten Fragestellungen.

Auf der Grundlage des neurobiologisch fundierten Radikalen Konstruktivismus' nähert sich der Artikel von *Evi Kehrt* einer didaktischen Neuorientierung der Sprachförderung an, die der Subjektivität des Wissens und der Individualität des Spracherwerbs deutlicher als bestehende didaktische Konzepte Rechnung trägt. Ausgehend von der Verstehenskritik der Kommunikationstheorie autopoietischer Systeme und dem Verständnis von Sprache als Orientierungssystem der subjektiven Repräsentanz von Wirklichkeiten fasst Kehrt ihren Begriff des Sprachenlernens in die Vorstellung eines komplexen aktiven Konstruktionsprozesses, der die Entwicklung von Bedeutungen und grammatikalischen Wissen zwar von sozialen Abstimmungsprozessen abhängig erscheinen lässt, jedoch prinzipiell keine kommunikative Verstehenssicherheit zwischen Subjekten annehmen lässt. Entsprechend kann Lernen nicht als Vermittlung von Wissen verstanden werden, sondern nur als Anregung zur Reorganisation und Erweiterung von bestehenden Wirklichkeitskonstruktionen. Daher muss sich die Didaktik umstellen von einer Didaktik der Übermittlung fertigen Wissens (Erzeugungsdidaktik) zu einer Didaktik perturbierender Lernarrangements (Ermöglichungsdidaktik). Die gilt auch für die Sprachförderungsdidaktik, für die Kehrt auf der Basis der systemisch-konstruktivistischen Didaktik der Erwachsenenbildung von Arnold, Siebert und anderen einige grundlegende Prinzipien herleitet und für die Unterrichtspraxis veranschaulicht. Kehrt stellt abschließend konkrete Methoden zur Förderung des Sprachenlernens dar und geht vertiefend auf ein systemisch-konstruktivistisches Verständnis der Methode der produktiven Semantisierung ein.

Der Anwendung systemischer Methoden in der beraterischen Arbeit mit älteren Menschen widmet sich der Artikel von *Janine Born*. Sie sieht die besonderen Stärken systemischen Arbeitens für die Beratung von älteren Menschen in der Ressourcenorientierung und im Reframing des häufig defizitfokusierten Selbstbildes. Der wertschätzenden Haltung des systemischen Beraters entsprechend stellt sie einige Grundprinzipien der Gesprächsführung dar, demonstriert an mehreren Fallbeispielen den Einsatz spezieller methodischer Instrumente und entwickelt Leitfragen für die Gesprächsführung zu einigen Themen, die für diese Klientel von besonderer Bedeutung sind. Was für die Beratung gilt, wäre es wert, auch für den gesellschaftlichen Umgang mit älteren Menschen zur grundsätzlichen Perspektive zu werden: Es wäre wünschenswert, so betont die Autorin, dass die systemischen Haltungen der Wertschätzung und Ressourcenorientierung nicht nur für die helfenden Beziehungen, sondern auch für den öffentlichen Blick auf das Altsein und nicht zuletzt auch für den intergenerationalen Dialog zu neuen Leitorientierungen werden – eine Maßgabe von höchster Dringlichkeit angesichts des demographischen Wandels.

Eine systemisch-konstruktivistische Herangehensweise an die Methode der Biographiearbeit beschreiben *Martin Roth* und *Stefanie Stengel*. Sie verstehen Biographiearbeit als eine konstruktive Arbeit an der eigenen Identität in Vergangenheit, Gegenwart und Zukunft, die insbesondere dem Zweck der Identitätsgewinnung und Identitätsstabilisierung in kritischen Lebenslagen und in biographischen Übergängen dient. Fundamental für ihr systemisches Verständnis von Biographiearbeit ist die Auffassung, dass Gedächtnis kein Rückgriff auf gespeicherte Inhalte, sondern ein innovativer konstruktiver Prozess ist, in welchem – je orientiert an aktuellen Bedarfen – viable Vorstellungen aus der Vergangenheit selektiv rekonstruiert werden. Aufbauend auf den Gedächtnistheorien von S.J. Schmidt und Hermann Haken erläutern sie die Ambivalenz des Gedächtnisses zwischen selektiver Rekonstruktion und aktiver Neukonstruktion der Vorstellungen. Diese Ambivalenz zu nutzen und dabei zum einen die subjektiven Diskretionsgrenzen anzuerkennen und zu schützen, zum andern aber doch Anstöße für kreative Perspektivenwechsel und eine bewusste Sicht der eigenen Stärken zu vermitteln, ist für eine systemisch-konstruktivistisch orientierte Biographiearbeit maßgeblich, wie Roth und Stengel für drei Methoden an Praxisbeispielen aus einem studentischen Projekt mit älteren Menschen aufzeigen.

Systemische Methoden sind als Beratungs- und Supervisionsinstrumente verbreitet. Sie beziehen sich in diesen Formen auf bereits bestehende Problemlagen von KlientInnen und Professionellen. Anders bei *Martin Hafen*: Er bezieht systemisches Denken auf den Umgang mit künftigen Problemen, auf das Thema Prävention. Verstanden als Maßnahme zur Reduktion von Belastungsfaktoren und zur Stärkung von Schutzfaktoren ist der Komplementärbegriff zu Prävention nicht Intervention, sondern Behandlung. Anders als Behandlung, die sich am Faktischen ausrichtet, ist der Zielzustand der Prävention zugleich fiktiv wie auch als problematisch bewertet: Prävention richtet sich auf fiktive sozial konstruierte Probleme, sie setzt – so beschreibt es Luhmanns Risikotheorie – bestehende Gefahren in Bezug zu eigenen Entscheidungen und transformiert sie so in Risiken. Dass auch die „präventive Intervention" als ein Umgang mit bio-psycho-öko-sozialen Systemen den Grenzen aller Interventionen mit autopoietischen Systemen unterworfen ist, verbindet sie methodisch mit anderen Interventionsformen. Vor dieser Maßgabe diskutiert Hafen die Methodologie der Prävention und reflektiert die Adressabilität von Zielsystemen.

Systemisch-konstruktivistisches Denken betrachtet die Restrukturierung von autopoietischen Systemen infolge der informationellen Geschlossenheit als eine autonome Leistung dieser Systeme. Auch Beratungsprozesse können daher nur insofern „etwas ausrichten", als die Perturbationen, die ein Berater setzt, das Klientensystem „erschüttert" und zur Restrukturierung veranlasst. *Bernd Hündersen* entwickelt daher ein Konzept der „Selbstberatung", dessen intersystemische Aushandlungen nun nicht mehr zwischen Personen, sondern zwischen drei intrapersonalen Systemen, dem somatischen, dem emotionalen und dem kognitiv-rationalen System stattfinden. Dieser „Intrapersonale Trialog" realisiert sich als Kooperation sich wechselseitig interpenetrierender Systeme, die einander ihre unterschiedlichen Codierungen zur Verfügung stellen. Professionelle Beratung kann nun als eine Unterstützungsmethode verstanden werden, das die Interpenetration unterstützt und verhärtete Ignoranzen wieder auflöst. Sie setzt an der Selbstunzufriedenheit der Klientel an und formiert sich als Irritation aktueller Selbstbeschreibungen mit dem Ziel, die Selbstorganisationsfähigkeit der Klientel zu erhöhen.

Im Anschluss an den systemistischen Ansatz der Zürcher Schule entwickelt *Michael Klassen* einen Ansatz zu einer bedürfnisorientierten Theorie Sozialer Probleme. Einleitend konstatiert Klassen einige Parallelitäten zwischen den Wissensfragen der Struktur rationalen Handelns nach Obrecht und den Prozessschritten des Case Managements. Insofern nach Auffassung des Autors Case Management auf eine bedarfs- und bedürfnisgerechte Lösung von sozialen Problemen ausgerichtet ist, ist eine Systematisierung von Bedürfnissen, wie sie Obrecht ebenfalls vorgelegt hat, eine hilfreiche Interventionsorientierung. Allerdings kann sie nicht genügen, wenn Case Management Probleme und Ressourcen von KlientInnen einschätzen will. Bedürfnislisten müssen vielmehr nach kulturellen und individuellen Wünschen modifiziert werden und die Möglichkeiten zur Bedürfnisbefriedigung müssen in ihren Zusammenhängen analysiert werden, wenn man ganzheitliche Lösungsressourcen erschließen will.

Beratung setzt in erster Linie auf das Medium Sprache. Daher werden Beratungskonzepte durchweg als sprachbasierte Interventionskonzepte entworfen und ihr Interventionsvermögen wird in Prozessen vermutet, die ein sprachlich induziertes semantisches Veränderungspotenzial beim Klienten, bei der Klientin ansprechen. *Herbert Eberhart* sucht mit seinem Beitrag zur Intermodalen Dezentrierung einen Ansatz für eine Beratungsmethodik, der zwar nicht jenseits der Sprache liegt, aber doch vor allem Möglichkeiten des Ausdrucks nutzt, die jenseits sprachlicher Routinen und Rituale liegen und einen „künstlerischen Umgang" mit dem Beratungsgespräch erlauben. Da die Sprache durch ihre begriffliche Abstraktion aber grundsätzlich verallgemeinert und damit das Konkrete verfehlt, braucht es auch andere künstlerische Mittel, etwa bildnerische oder musikalische, die sinnlich konkret konfrontieren. Als Episode im Beratungsgespräch ist die Methode des Intermodalen Dezentrierens auf bestimmte Situationen mit hohem persönlichen Anteil gerichtet, die mit künstlerischen und spielerischen Mitteln „sinnennah" und „werkorientiert" am Problem arbeitet. Eberhart orientiert sich bei seinem Ansatz am Sozialen Konstruktionismus Gergens, der den sozialen Entstehungshintergrund unseres Erkennens betont, und an der Synergetik von Haken und Schiepek, die sich als Theorie von Sinnattraktoren für den Beratungsprozess nutzen lässt.

Silke Schippers stellt den Systemdynamischen Ansatz des Hamburger Social Competence Centers, der sich aus der Sozialen Gruppenarbeit entwickelt hat und seine methodisch-theoretischen Grundlagen aus dem systemisch-konstruktivistischen Ansatz von Maturana/Varela und von Förster, der Fraktalen Affektlogik von Ciompi und der Membershiptheorie von Falck herleitet. Das Systemdynamische Modell der Sozialen Gruppenarbeit ist zum ein Phasenmodell, das idealtypische Phasen sowohl für die einzelnen Gruppensitzungen als auch für den gesamten Prozess der Sozialen Gruppenarbeit unterscheidet, zum anderen generell ein Modell zur Beschreibung von Veränderungen von Menschen in Gruppen. Es basiert phasentheoretisch auf den Grundlagen des Bostoner Entwicklungsstufenmodells von Garland, Jones und Colodny und baut lerntheoretisch auf dem Model-Model-System von Caplan und Thomes auf. Durch die Integration verschiedener bezugswissenschaftlicher Theorien leistet der Systemdynamische Ansatz für die Wissenschaft der Sozialen Arbeit ein wertvollen Beitrag, der weit über das Anwendungsgebiet der Sozialen Gruppenarbeit hinausreicht.

Teil 1

Theorieansätze und Ausbildung

Wolfgang Krieger

Systemische Ansätze im Überblick und ihre Anwendungen in der Sozialen Arbeit

Systembegriffe, historische Linien und Forschungsperspektiven systemtheoretisch fundierter Orientierungen

1. Einführung

Das Ausmaß, in welchem sich systemisches Denken zwischenzeitlich in akademischen Diskursen der Sozialen Arbeit wie auch in der Weiterbildung etabliert hat, dokumentiert, dass offenbar für viele an einer Theoriebildung der Sozialen Arbeit wie auch an einer reflektierten Methodik Interessierte die Bezugnahme auf eine Systemtheorie faszinierend erscheint. Spätestens seit den Achtzigerjahren haben sich systemische Orientierungen in der Sozialen Arbeit zu einem Leitparadigma etabliert. Nach einer über vierzigjährigen Rezeptionsgeschichte systemischer und systemtheoretischer Konzepte seitens der Sozialen Arbeit und einer inzwischen umfangreichen Produktivität an eigenständiger Theorieentwicklung ist es an der Zeit, auch einmal den Blick zurück zu wenden auf das bisher Geleistete und die wichtigsten Stationen, Grundlinien und Theorieerträge rekonstruktiv zusammenzufassen. Dieser Blick zurück zeigt schon bald, dass es nicht *eine* systemtheoretische Wurzel gibt, aus der die systemischen Ansätze der Sozialen Arbeit erwachsen sind, sondern viele; und er zeigt, dass es zumeist nicht leicht fällt, die beanspruchte systemische Orientierung in diesen Ansätzen auf eine bestimmte systemtheoretische Fundierung zurückzuführen.[1] Vielmehr werden in der Literatur systemtheoretische Positionen häufig vorausgesetzt, ohne explizit genannt zu werden, oder es werden verschiedene systemtheoretische Konzepte zugleich in Anspruch genommen, ohne ihre Differenzen und manchmal auch Unvereinbarlichkeiten zu beachten. Der Blick zurück muss daher umso schärfer analytisch ausgerichtet sein und er muss kritisch hinterfragen, was in den Anfangszeiten der systemischen Sozialen Arbeit noch unhinterfragt geblieben ist.[2]

In dieser reflexiven Leistung liegt heute die Chance, im systemischen Diskurs Strukturen zu gewinnen, die mehr begriffliche Klarheit und argumentative Schlüssigkeit gestatten und die deutlicher als bisher konsequent bestimmten wissenschafts- und erkenntnistheoretischen Positionen zuzuschreiben sind.[3] Solche Strukturen erlauben es schließlich, verschiedene systemische oder systemtheoretische Richtungen oder „Schulen" nach der jeweiligen Art des „systemischen Denkens" zu unterscheiden und die literarischen Aussagen begründet auseinander zu halten.[4] Ein Versuch in diese Richtung soll hier unternommen werden.

---

[1] Tilly Miller konstatiert: „Unbefriedigend ist vor allem die Sozialarbeitsliteratur hinsichtlich fundierter systemtheoretischer und systempraktischer Aussagen." (Miller 2001, S. 1) Und sie stellt fest, dass in verschiedenen Entwürfen, die den „vielversprechenden Begriff des ‚Systemischen' im Titel führen" ... „das Systemtheoretische ... mehr als randständig" und „das systemtheoretische Wissen mehr grobrastig (bleibt)." (Ebda)

[2] Vgl. Kühling 2004.

[3] Eine gewissenhafte erkenntnistheoretische Fundierung systemischer Positionen in der Literatur der Sozialen Arbeit ist die unerlässliche Voraussetzung, um einen ernst zu nehmenden Beitrag zu einer Wissenschaft der Sozialen Arbeit leisten zu können. Dies gilt freilich nicht weniger auch für andere Ansätze. Vgl. Eberhard 1990.

[4] Arbeiten, die verschiedene systemische Ansätze vergleichend behandeln, sind noch immer eine Seltenheit. Hier wäre etwa hinzuweisen auf die Arbeit von Nora Niederer 2007.

2. „Das Systemische" in den Systemischen Ansätzen der Sozialen Arbeit

Das Faszinierende am systemischen Denken könnte darin liegen, dass sich Systemtheorien infolge ihrer Abstraktheit und ihrer formalistischen Bescheidenheit prinzipiell erst einmal keinem Gegenstand verweigern und so einen weitreichenden Universalismus hinsichtlich ihrer Anwendungsmöglichkeiten versprechen. Ihrer Abstraktheit ist es zu verdanken, dass Ordnungsleistungen von Systemtheorien formal bleiben und sie so engführenden Interpretationen gegenüber erhaben sind. Somit werden Differenzen nicht von vornherein eingeebnet, vielmehr können Systemtheorien gerade zum Instrument werden, Unterschiede sichtbar zu machen. Soweit Systemtheorien dabei im Bewusstsein angewandt werden, dass jedes Operieren notwendigerweise auch blinde Flecken erzeugt, muss sich der Systemiker zudem der Bescheidenheit verpflichten, jedes Ergebnis seiner Analyse als bedingt und somit vorläufig zu sehen. Solcherlei Relativitätseinsichten qualifizieren systemisches Denken auf der Höhe der Zeit.

Die ordnende Kraft der Systemtheorien im Verein mit ihrer prinzipiellen Differenztoleranz lässt es lohnend erscheinen, systemische Perspektiven auch auf eine unbegrenzte Zahl von Fragen und Themen der Sozialen Arbeit zu richten. Es ist daher nicht verwunderlich, dass sich in der Theoriebildung der Sozialen Arbeit nicht nur systemische Betrachtungen von Einzelphänomenen, sondern bereits verschiedene elaborierte „systemische Ansätze" herausgebildet haben, die beanspruchen, das „Ganze" der Sozialen Arbeit auf eine spezifische Weise in den Blick zu fassen.

Die Verschiedenheit dieser Ansätze bringt es mit sich, dass das, was heute unter dem Begriff „systemische Ansätze" in der Sozialen Arbeit firmiert, bis zur Unkenntlichkeit vieldeutig geworden ist. Was über „den systemischen Ansatz" in der Sozialen Arbeit an Behauptungen und Identifikationen schon aufgestellt worden ist, meint teilweise doch höchst Verschiedenes. Vertreter der unterschiedlichsten Richtungen nehmen für ihre Konzepte „*den* systemischen Ansatz" in Anspruch und was sie damit bezeichnen, hat oft wenig gemein mit dem, was andere ihren systemischen Ansatz nennen. Einseitig-

keiten und Verkürzungen sind an der Tagesordnung und eine klare Vor-
aberklärung zum eigenen Standpunkt ist in der Literatur leider eher die
Ausnahme als die Regel.[5] Ein paar Beispiele sollen die Kuriosität der Beanspruchung des Begriffes „systemisch" in der Sozialen Arbeit verdeutlichen:

2002 gründete Michael Knorr[6] in Mainz das „Netzwerk für Systemische Soziale Arbeit", einzig und allein, um der Praxis der Familienaufstellungen
nach Bert Hellinger und dem, was man dort die „phänomenologischen Einsichten" nennt, zu weiterer Verbreitung zu verhelfen.[7]

Die Zürcher Hochschule für angewandte Wissenschaft präsentiert auf ihrer
Homepage unter dem Titel „Das systemische Paradigma der Sozialen Arbeit" das Denkmodell von Staub-Bernasconi und Obrecht, ein Artikel, immerhin verfasst von Richard Sorg[8]. Man liest in wikipedia unter dem Stichwort Systemische Sozialarbeit[9]: „Systemische Sozialarbeit kann als *Klinische Sozialarbeit* verstanden werden." Und etwas später „...Die systemische
Sozialarbeit ist vor dem theoretischen Hintergrund des Konstruktivismus
entstanden."

Offenbar ist auch für einige höchst engagierte Fachkundige der Blick auf
das Eigene von unverrückbaren Scheuklappen umrahmt. Angesichts dieser
verworrenen Situation verbietet es sich zunächst einmal dem sorgfältigen
Wissenschaftler ganz grundsätzlich, weiterhin von „der" systemischen Sozialen Arbeit oder „dem" systemischen Ansatz oder „der" systemischen Perspektive in der Sozialen Arbeit zu sprechen. Was gemeint ist, müsste stets
genauer bezeichnet werden.

---

[5] Vgl. Hosemann et al. 2006, S. 16.

[6] Knorr war bereits Gründer und Leiter des ISSA (Institut für Systemische Soziale Arbeit), von welchem diese Initiative – im Verein mit einer Anregung Hellingers und
seiner tatkräftigen Mithilfe – ausging.

[7] Vgl. kritische Stellungnahmen zum „systemischen" Anspruch der Aufstellungsme-
thode bei Hellinger unter anderem bei http://www.paar-therapeut.de/constr3/couns/
stellunghellinger.pdf oder auch http://www.syststrukturaufstellungen.de/index.php?
aid=20

[8] http://project.zhaw.ch/de/sozialearbeit/jubilaeum/geschichte/chronologie/das-
systemische-paradigma-der-sozialen-arbeit.html vom 10.12.2008.

[9] http://de.wikipedia.org/wiki/Systemische_Sozialarbeit; Zugriff am 12.7.2008.

Nun könnte für den Begriff einer „systemischen Perspektive" die Hoffnung bestehen, dass bei aller Verschiedenheit der systemischen Ansätze doch einige gemeinsame Leitlinien bestünden. Lassen sich vielleicht doch alle Systemtheorien, auf die systemische Ansätze in der Sozialen Arbeit Bezug nehmen, als Filialen einer gemeinsamen allgemeinen Systemtheorie verstehen? Gibt es zumindest einen gemeinsamen Nenner zwischen den systemischen Bezugstheorien?

In den frühen Zeiten der Kybernetik hat Ross Ashby den Systembegriff auf folgende Weise bestimmt:

> „System bedeutet in diesem Zusammenhang nicht ein Ding, sondern eine Liste von Variablen. Diese Liste kann variiert werden, und die allgemeinste Aufgabe des Experimentators ist es, die Liste zu variieren (‚andere Variablen zu berücksichtigen'), bis er schließlich eine Liste von Variablen ausfindig gemacht hat, die die gewünschte Eindeutigkeit ergibt."[10]

Hinter einem solchen Verständnis dessen, was ein System ausmacht, verbirgt sich die Hoffnung, dass die geschulte Schärfe des wissenschaftlichen Blicks hinter der Vielfalt der Erscheinungen „das System" gewissermaßen freilegt. Zumindest einige systemtheoretische Ansätze heute würden solche Hoffnungen nicht mehr teilen; für sie liegt das System in den Sichtweisen, in den Erfindungen der Variablen selbst, und damit in den Erscheinungen und nicht jenseits ihrer. Doch gibt es auch andere, die eine Ontologie der Systeme vertreten: Für sie existieren Systeme schon vor jeder menschlichen Erkenntnis.

Der gemeinsame Nenner der Bedeutungen begrenzt sich auf die Andeutung, dass in irgendeiner Weise und an irgendeiner Stelle des theoretischen Hintergrunds bezug auf ein Konstrukt genommen wird, das wir uns als System vorstellen. Das allein könnte es rechtfertigen, ansatzunspezifisch von einem „systemischen Paradigma" zu sprechen.[11] Um sich eine solche Vorstellung

---

[10] Ashby 1974, S.

[11] So bescheiden fällt etwa die Auffassung von Pfeifer-Schaupp aus: „Systemisch" meint für ihn schlicht „eine Sichtweise, die Systeme zu ihrem Gegenstand macht"

machen zu können, bedarf es offensichtlich eines Minimums an konstitutiven Charakteristika, die ein System konturieren, oder – auf der semiotischen Ebene gesprochen – eines Mindestbestandes an Signifikanten, die auf den Begriff „System" referieren. Diese Frage soll hier gleich wieder aufgegriffen werden. Was heute – etwa bei Luhmann – als „allgemeine Systemtheorie" (vgl. Luhmann 1988, S. 15ff.) gilt, soll ein Oberbegriff für die verschiedenen systemtheoretischen Richtungen sein; als Elemente für den „kleinsten gemeinsamen Nenner" der unterschiedlichen Richtungen können allerdings gerade noch die Aussagen gelten, dass Systeme sich von einer Umwelt abgrenzen und aus Elementen bestehen, die untereinander operativ verbunden sind. Zugleich weist der konkrete Gebrauch des Begriffes aber auch stets über diesen Minimalbegriff hinaus und fordert spezifische Vorannahmen ein, die höchst unterschiedlich sind und die den Rezipienten der Fachliteratur darauf hinweisen, dass es divergente theoretische Positionen und Traditionen gibt, die sich nicht einfach zusammenschweißen lassen und die daher im Einzelnen zu rekonstruieren wären.

Was sind nun die grundlegenden Unterschiede in den Vorannahmen systemischer Ansätze?

1. Die bedeutsamste Differenz im Gebrauch des „Systemischen" betrifft die Frage, welches System überhaupt gemeint ist. Gängige Systemtheorien unterscheiden sich in dieser Hinsicht grundlegend und die in der Fachliteratur der Sozialen Arbeit benutzten systemischen Aussagen greifen selbstverständlich diese unterschiedlichen Systemreferenzen auf. Soziologisch fundierte Systemtheorien etwa die von Parsons, Luhmann oder aus der kybernetischen Soziologie sprechen von sozialen Systemen (worunter die Gesellschaft im Ganzen ebenso zu verstehen wäre wie Gruppen oder andere Aggregate); eher philosophisch oder psychologisch orientierte Systemtheorien nehmen das Individuum als „personales System" in den Blick; biologische Systemtheorien beschreiben Prozesse des Lebendigen als systemisch; aus der Physik stammende Systemtheorien nehmen ihren Ausgang von Phänomenen der leblosen Materie, sie abstrahieren aber zuweilen auch auf alle anderen genannten Systemebenen; und schließlich existieren übergreifende

---

(1995, S. 69). Wir plädieren im übrigen dafür, von *einem* systemischen Paradigma mit verschiedenen Ansätzen zu sprechen und nicht von mehreren systemischen Paradigmata.

Systemtheorien, die die „Welt" in verschiedene Systeme zerlegen und sodann die Zusammenhänge zwischen diesen Systemen beschreiben.

2. Die zweite gravierende Differenz besteht in der Frage, ob Systeme *an sich* existieren, d.h. *immer schon* da sind und wissenschaftlich nur „entdeckt" werden müssen, oder ob sie erst durch einen *Beobachter* konstituiert werden, also als Systeme erst dadurch in Erscheinung treten, dass sie auf eine bestimmte Weise beobachtet, somit „erfunden" werden. Dieser „ontologische" Dissens ist durchaus folgenreich für das Verständnis des Systemischen überhaupt, nämlich für die Frage nach dem Wahrheitsverständnis, das systemischen Aussagen zukommen kann, und damit der Toleranz, die anderen systemischen Ansätzen gegenüber geboten wäre, wie auch der Freiheit, die der Wissenschaftler besitzt, neue systemische Horizonte zu eröffnen.

3. Wenn der Begriff des „Systemischen" in wissenschaftlich fundierter Weise gebraucht wird, sollte dahinter eine Systemtheorie stehen, eine Theorie, die klarstellt, welche Phänomenbereiche überhaupt als System betrachtet werden und welche Kriterien und Sichtweisen das System überhaupt erst zum System machen. Diese Feststellungen sind die Voraussetzung dafür, dass „systemische Aussagen" sinnvoll eingeordnet werden können. Wenn die Fachliteratur der Sozialen Arbeit auf das Systemische rekurriert, sollte der Bezug auf eine Systemtheorie daher deutlich werden. Die Vielzahl systemtheoretischer Richtungen macht dies unverzichtbar. Leider ist eine solche Praxis nicht überall anzutreffen[12], schlimmer noch, die Zahl von Veröffentlichungen, deren systemtheoretische Grundlage ungeklärt bleibt oder deren Bezüge ein willkürliches Konglomerat verschiedenster einzelner systemtheoretischer Positionen darstellen, nimmt mit wachsendem historischem Abstand zu den ausgearbeiteten Systemtheorien eher zu. Hier ist Soziale Arbeit auf dem Wege zu einer eigenständigen Wissenschaftsdisziplin aufgefordert, Maßstäbe der Wissenschaftskultur ernster zu nehmen. Ein nicht minder unerträglicher Missstand ist es, dass eine nicht geringe Zahl von Autoren und Autorinnen den von ihnen vertretenen Ansatz als „das systemtheoretische Paradigma in der Sozialen Arbeit"[13] oder „den systemischen Ansatz in der Sozialarbeitswissenschaft" bezeichnen, obschon sie

---

[12] Vgl. Hosemann et al. 2006, S. 16.

[13] So insbesondere Obrecht 2001 oder 2004.

wissen müssten, dass es deren viele gibt.[14] Da solche Schieflagen theoretischer Selbstpositionierung nicht nur Einzelfälle sind, gehört zur aktuellen Bestandsaufnahme auch die Feststellung, dass eine nachträglich klärende Aufarbeitung schon dargestellter Positionen mit systemischem Anspruch in der Fachliteratur mancherorts Not tut.

3. „Systemische Orientierungen" und ihr Nutzen für die Soziale Arbeit

Ich habe unlängst in einem Seminar mit Studierenden, die Kenntnisse in unterschiedlichen systemischen Ansätzen mitbrachten, Antworten auf die Frage gesammelt, was es bedeute, wenn wir feststellen, dass Soziale Arbeit „systemisch orientiert" sei. Im Folgenden eine zusammenfassende Übersicht, welche Antworten die Studierenden gegeben haben:

1. Soziale Arbeit besteht aus verschiedenen Systemen.[15]

2. Soziale Arbeit ist ein gesellschaftliches System ist in verschiedene Systeme eingebunden.[16]

3. Soziale Arbeit arbeitet mit Systemen.

4. Der Gegenstand Sozialer Arbeit ist ein System bzw. sind Systeme.

5. Soziale Arbeit orientiert sich an systemischen Ansätzen.

6. Soziale Arbeit ist immer schon systemisch, weil ganzheitlich orientiert.

---

[14] Manche wissen es: Vgl. Obrecht 1991.

[15] Sicherlich kann man Soziale Arbeit in verschiedene Systeme gegliedert sehen, etwa in ein Professionssystem und ein Disziplinsystem, in ein System öffentlicher und freier Träger, oder auch in eine Vielzahl von Systemen entsprechend den verschiedenen Arbeitsfeldern.

[16] Gerade die Luhmannsche Theorie gesellschaftlicher Systeme lässt nicht nur den Schluss zu, dass Soziale Arbeit selbst ein System ist, sondern auch, dass sie strukturell an andere Systeme gekoppelt und von diesen abhängig ist (Interpenetration).

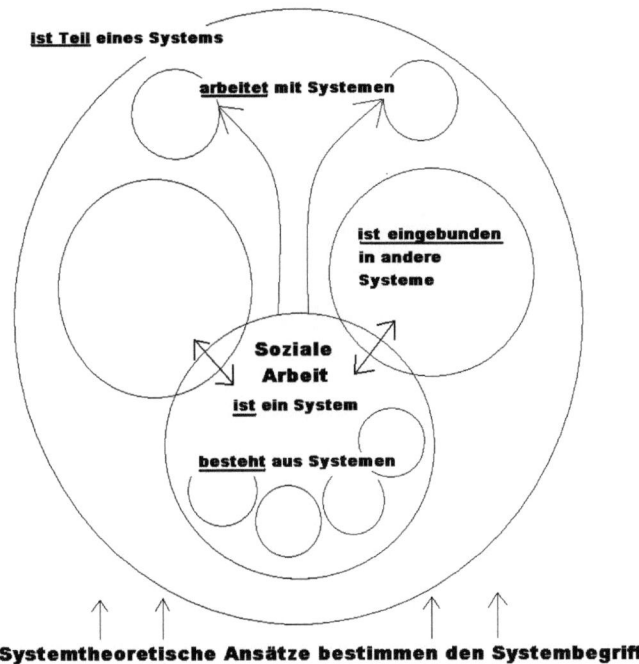

ist Teil eines Systems

arbeitet mit Systemen

ist eingebunden in andere Systeme

Soziale Arbeit

ist ein System

besteht aus Systemen

Systemtheoretische Ansätze bestimmen den Systembegriff

Die Antworten machen zunächst deutlich, dass das „Systemische" an Sozialer Arbeit offenbar von unterschiedlichen Prämissen abgeleitet werden kann. Dem Kenner der Materie offenbart sich: Die „systemischen Orientierungen" im Wissen der Studierenden entspringen hier unterschiedlichen systemtheoretischen Ansätzen. Es wäre möglicherweise lohnenswert zu untersuchen, welche systemischen Ansätze welche dieser Antworten möglich machen und mit welchen sie nicht vereinbarlich sind. Es ist aber auch implizit von unterschiedlichen Systemen die Rede und es wäre daher für einige dieser Thesen sinnvoll zu unterscheiden, was sie bedeuten, wenn sie sich auf personale Systeme (Mikroebene), Gruppen oder Institutionen (Mesoebene) oder auf die Gesellschaft als Ganzes bzw. auf gesellschaftliche Teilsysteme (Makroebene) beziehen.[17] Die Antworten zeigen in jedem Fall, dass der Betrachtungsgegenstand „System" vielfältig identifiziert werden kann. Die folgende Graphik soll die impliziten Gegenstände „Systeme", die in den studentischen Äußerungen vorausgedacht sind, veranschaulichen.

Dass der Gegenstand Sozialer Arbeit ein System sei bzw. als Systeme vorzufinden sei, ist eine Antwort klassischer Natur: Soziale Arbeit ist Arbeit am System Gesellschaft. Diese These wird sehr breit getragen, nämlich sowohl von soziologischen Systemtheorien wie auch von der Kritischen Theorie. Neben dieser Gegenstandsbestimmung existiert aber auch die Auffassung, dass Soziale Arbeit sich auf den individuellen Aspekt beziehe, auf das personale System des Klienten/der Klientin und sein Wohlergehen, oder auch auf die Familie. Hierzu gibt es bekanntlich eine Vielzahl von Varianten, die in der Sozialen Arbeit diskutiert werden. Einen neuen dritten Gegenstandstypus brachte unlängst Heiko Kleve ins Spiel: Für ihn stellt das jeweils zu bearbeitende Problem im Einzelfall das System dar, das es zu beobachten, zu analysieren und zu lösen gilt. Ob das sogenannte „Problemsystem"[18] dann wirklich „systemisch" gesehen und behandelt wird, hängt für ihn davon ab, inwieweit bekannte systemische Orientierungen wie Kontextualität, Zirkularität, Relationalität und Funktionalität beachtet werden.

---

[17] Soweit die KlientInnen der SA selbst als personale Systeme betrachtet werden, arbeitet die SA selbstverständlich mit Systemen. Im Zentrum einer so verstandenen systemischen Arbeit steht daher die Frage, wie SA unter den Systembedingungen personaler Selbstorganisation einen angemessenen und wirksamen Umgang mit ihrem Klientel pflegen kann. Auf der Mesoebene gilt diese Feststellung möglicherweise ebenso. Hier geht es etwa um den angemessenen Umgang mit Gruppen (etwa Familien) und Institutionen (etwa Behörden), die als Systeme betrachtet werden. Und schließlich kann es auch auf der Makroebene um die Frage gehen, wie Soziale Arbeit – etwa selbst als gesellschaftliches Teilsystem gedacht – sich zu anderen Teilsystemen oder zur Gesellschaft insgesamt verhält.

[18] Vgl. Kleve 2010, S. 5 ff. Kleve entwickelt sein Konzept des "Problemsystems" im Anschluss an Sparrer und Varga von Kibed am Beispiel von systemischen Strukturaufstellungen. Schwer nachvollziehbar ist die hier zugrunde gelegte Logik der „komparativen" Herleitung des Begriffes „systemisch": Wie kann man entscheiden, ob ein Ansatz im Vergleich zu anderen „... systemischer ist" (ebda), wenn man nicht zuvor bestimmt hat, was als „systemisch" zu gelten hat? Äußerst fraglich bleibt auch, ob diese Fokussierung auf das Problem mit anderen systemtheoretischen Positionen vereinbar ist, die Gesellschaft, Gruppe oder Individuum als System in den Blick nehmen.

Eine weitere Frage stellt sich im Blick auf den Nutzen systemischer Ansätze für die Soziale Arbeit. Was können systemische Ansätze für die theoretische Durchdringung ihres Gegenstandes und für die praktischen Orientierungen Sozialer Arbeit leisten? Hierzu ein paar bescheidene Grundgedanken.

1.) Zunächst sind Systemtheorien beschreibende Theorien, d.h. sie geben ein Modell vor, welches gewissermaßen über die phänomenale Wirklichkeit gezogen wird und uns veranlasst, bestimmte Zusammenhänge zu sehen. In dieser Funktion kommt einer systemischen Sicht ein *heuristischer Nutzen* zu: Sie befähigt uns, Dinge zu unterscheiden und Zusammenhänge anzunehmen.

2.) Indem Systemtheorien ausdifferenziert werden und in ihrer Anwendung auf bestimmte Phänomenbereiche einen eigenen sprachlichen Beschreibungsbereich und damit wissenschaftshistorisch bestimmte etablierte Kategorien hervorbringen, fungieren sie auch als Ordnungsmodelle, mittels derer sich immer neue Phänomene kategorial beschreiben lassen. In dieser Anwendung kommt ihnen ein *analytischer Nutzen* zu.

3.) Theorien, die den Menschen, Lebewesen überhaupt oder auch Gesellschaften als Systeme begreifen lassen, implizieren notwendigerweise ein bestimmtes *Menschenbild*, einen bestimmten Begriff vom Leben oder einen bestimmten *Gesellschaftsentwurf*. Auch wenn sie als deskriptive Theorien intendiert sind, kommen sie nicht umhin, indem sie ein bestimmtes „Funktionieren" oder „inneres Operieren" des Systems beschreiben, oder auch, indem sie ein bestimmtes funktionales Ziel des Operierens behaupten, eine gewisse „operative Normalität" zu postulieren, der gegenüber Abweichungen dysfunktional erscheinen müssen.[19] Hier entsteht ein erster Übergang von einem deskriptiven Theorieverständnis zu einer normativen Implikation, welche dann folgerichtig auch zu *bewertenden* Aussagen herangezogen werden kann.

---

[19] Dysfunktionalität als binnenstrukturelle Systemeigenschaft beschreibt differenziert Lüssi 2001, S. 70 ff. Seine Transferüberlegungen für die Soziale Arbeit sind im Wesentlichen darauf gerichtet, durch Funktionskorrekturen Eufunktionalität wieder zu erreichen. Maja Heiner weist hingegen darauf hin, dass solche Korrekturen nicht einfach zu erreichen sind, da alle etablierten Strukturen eines Systems zumeist auf den Erhalt des Systems hinwirken und daher aus der Sicht der Betroffenen Vorteile bieten. Vgl. Heiner 1995 (2), S. 536.

4.) Insofern Systemtheorien zum ersten Annahmen über ein bestimmtes „inneres Operieren" von Systemen beinhalten und zum zweiten dabei einen irgendwie gearteten Zusammenhang zu Bedingungen der Systemumwelt postulieren, liegt es nahe, „systemisches Wissen" auch als Handlungswissen zu nutzen, d.h. die Bedingungen der Umwelt eines Systems so zu manipulieren, dass das innere Operieren eines Systems auf ein erwünschtes Ziel hin orientiert wird. Systemtheorien werden hier also zur Grundlage einer *Methodenlehre*. Dabei ist zunächst nicht entschieden, ob der Handelnde glaubt, das System in seinem Sinne manipulieren zu können oder ob er dies für unmöglich hält.

5.) Systemtheorien können prinzipiell auch als *Fundamentaltheorien für normative Argumentationen* fungieren. Es ist daher nicht ausgeschlossen, dass aus einer systemischen Beschreibung eines Phänomenbereichs Aspekte gewonnen werden, die beispielsweise eine Gefährdung des Systems unter bestimmten Bedingungen erkennen lassen. Allerdings muss stets darauf geachtet werden, ob der Bezugspunkt für eine normative Argumentation wirklich *innerhalb* der Systembeschreibung liegt oder ob er *von außen* an die Systembeschreibung herangetragen wird. Eine solche Analyse ist insbesondere bei den verschiedenen *Ethikentwürfen* interessant, die aus systemischen Ansätzen heraus für praktische Handlungsmaximen der Sozialen Arbeit konstruiert worden sind.

6) Schließlich könnte Systemtheorie auch auf die *Profession, Disziplin und Wissenschaft* der Sozialen Arbeit selbst angewandt werden. Sie könnten zur Selbstverständigung der akademischen Sozialen Arbeit über ihren Gegenstand und ihre Aufgaben ebenso fungieren wie als Instrument der Abgrenzung gegenüber anderen Wissenschaften. Vereinzelt werden bereits Hoffnungen laut, dass eine systemtheoretisch begründete Eigenständigkeit der Sozialen Arbeit zur argumentativen Mitte einer Sozialarbeitswissenschaft geraten könnte.[20] Die systemische Bestimmung der Profession Soziale Arbeit könnte diese als gesellschaftliches System in seiner Eigenständigkeit – oder zumindest in seinen spezifischen Bezügen – profilieren.[21]

---

[20] Vgl. Erath 2002.

[21] Diese Diskussion hatte ihren Ursprung schon Mitte der Neunziger Jahre gefunden (so etwa Merten 1997, Luthe 1997).

4. Die Geschichte systemischer und systemtheoretischer Ansätze in der Sozialen Arbeit

Systemtheorien sind aus verschiedenen wissenschaftlichen Disziplinen heraus entstanden. Sie haben daher eine je spezifische Provenienz, die sich theoretisch nicht nur im angezielten Gegenstandsbereich, sondern auch in der funktionalen Logik (Aussagen zum Zusammenwirken der Elemente, Abgrenzung des Systems nach außen etc.) auswirkt. Für die Soziale Arbeit bedeutet dies, dass sie die Beanspruchung systemtheoretischer Perspektiven zur Darstellung und Analyse ihrer eigenen Fragestellungen unter Beachtung der disziplinspezifischen Gegenstands- und Wissenschaftsverständnisse vollziehen muss.

Systemtheoretische Fundamente finden sich in den Naturwissenschaften schon früh bei Einstein und Heisenberg, die das mechanistische Newtonsche Weltbild vom Elementarismus wegführten zu einem Modell der komplexen Systeme. Den Anfang der Entwicklung einer expliziten Systemtheorie bildet aber die zunächst biologisch ausgerichtete „Allgemeine Systemtheorie" von Ludwig van Bertalanffy, die den Anspruch hatte, basale Aussagen zu entwerfen, die universell für Systeme aller Art gültig und daher interdisziplinär anwendbar sein sollten. Als universell betrachtete van Bertalanffy die Gesetze zur Strukturbildung und die operativen Regeln, die das „Funktionieren" von Systemen ausmachen. Diesen Anspruch empirisch zu erhärten, nahm sich die 1954 gegründete „Society for General System Research" vor, die eng mit den Namen Bertalanffy, Gerard, Boulding und später Rapaport verbunden war. Die Anwendung der General System Theory erreichte von den Naturwissenschaften aus auch ökonomische, militärische, politische und soziale Phänomenbereiche.

Mit den Grundlagen der Allgemeinen Systemtheorie war das Fundament gelegt für alle weiteren systemtheoretischen Ansätze, auch wenn diese in ihren epistemologischen Vorannahmen, funktionalen und dynamischen Postulaten und Modellkonstruktionen sich unterschieden.

Es finden sich in der Literatur kaum Versuche, die bisherige Geschichte der systemischen Ansätze in der Sozialen Arbeit zu rekonstruieren und die verschiedenen Richtungen einander gegenüberzustellen.[22] Einer der wenigen Versuche in dieser Absicht stammt von Hans Gängler, der für die Sozialpädagogik die systemtheoretischen Impulse seit den Siebzigerjahren verfolgt.[23] Er setzt an mit der Habermas-Luhmann-Kontroverse um die Alternative „Theorie der Gesellschaft oder Sozialtechnologie", die unter Sozialpädagogen damals schnell zugunsten der Habermasschen Position entschieden war. Daher war auch einem Beitrag Luhmanns 1973 zu „Formen des Helfens im Wandel gesellschaftlicher Bedingungen" in einem Sammelband von Otto und Schneider zu „Gesellschaftlichen Perspektiven der Sozialarbeit" wenig Aufmerksamkeit beschieden. Es dauerte sieben Jahre, bis sich die akademische Sozialpädagogik erstmals der Luhmannschen Perspektive zu sozialen Dienstleistungssystemen annahm. Charakteristischerweise brauchte es die Verknüpfung der Systemtheorie mit der Handlungstheorie durch Habermas und damit die Gegenüberstellung von System und Lebenswelt, um die Sozialpädagogik auch der Systemtheorie gegenüber wieder zu öffnen. Ein Meilenstein für diese Zeit der Neuorientierung war die Herausgabe des Buches von Müller und Otto „Verstehen oder Kolonialisieren?" 1984. Gleichzeitig wirken die Provokationen Luhmanns an die Erziehungswissenschaft durch seine Arbeiten zusammen mit Schorr, die das Technologiedefizit der Pädagogik thematisieren, allmählich auch in die Sozialpädagogik hinein und bereiten den Boden für selbstreferentielle Konzepte und ein autopoietisches Verständnis der Sozialen Arbeit vor. Mitte der Achtzigerjahre scheint dann die Systemtheorie Luhmanns als Instrument zur

---

[22] Zu nennen wären hier etwa die vergleichsweise frühe Arbeit von Hollstein-Brinkmann 1992, seine Arbeit von 2005 und die Übersichtsartikel von Pfeifer-Schaupp 2002 und Herwig-Lempp 2002, mit gewissen Einschränkungen auch die Arbeiten von Klassen 2001 und 2004 und das vierte Kapitel von May 2008 zu systemtheoretischen und systemi(sti)schen Ansätzen. Eine erste Gegenüberstellung der metatheoretischen Positionen der verschiedenen konstruktivistisch ausgerichteten Ansätze versucht Kühling 2006. Nora Niederer vergleicht den innovativen Nutzen zweier systemischer Ansätze in der Sozialen Arbeit (2007); einen Vergleich zwischen machttheoretischen Implikationen unternehmen Kraus und Spatschek in diesem Buch.

[23] Gängler 2000.

Reflexion der gesellschaftlichen Funktionsbestimmung Sozialer Arbeit hoffähig geworden.[24]

In den Neunzigerjahren kann man die „Vorgeschichte" der systemischen Ansätze in der Sozialen Arbeit als weitgehend abgeschlossen sehen. Die Zahl der Publikationen mit Bezug zur Sozialen Arbeit nimmt erheblich zu. Während der Disput über die Praxisrelevanz der Systemtheorien entbrennt[25], entwickeln sich bereits zahlreiche Transferversuche für unterschiedliche Praxisfelder und kategoriale Fragestellungen der Sozialen Arbeit.. Zugleich artikulieren sich neue Ansätze im systemischen Diskurs, die keinen Bezug auf Luhmann nehmen, wie die systemische Sozialarbeitslehre von Lüssi und der prozessual-systemische Ansatz von Staub-Bernasconi.

Leider fehlen in der Analyse Gänglers einige Bewegungen, die ebenfalls wenig mit der Luhmannschen Systemtheorie zu tun haben, aber für den Systembegriff im Diskurs der Sozialen Arbeit nicht minder bedeutsam waren. Ich will daher an dieser Stelle den historischen Pfad verlassen und neu ansetzen mit einem systematisierenden Versuch, indem ich verschiedene Linien systemischer Sozialer Arbeit zu kennzeichnen und auf ihre Ursprünge zurückzuführen suche.

1. Eine frühe systemtheoretisch orientierte Denkrichtung der Sozialen Arbeit findet ihre Wurzeln in den ökologischen und transaktionalen Sichtweisen des „person in environment"-Paradigmas der Siebzigerjahre in den USA (Gordon, Bartlett etc.). Aus dieser ökologischen Perspektive, die in Europa mit dem Namen Bronfenbrenner eng verbunden ist, leitet sich für die Soziale Arbeit eine *ökosozial-systemische Linie* ab, die etwa durch das „Life-Model" Sozialer Arbeit von Germain und Gitterman (1983) repräsentiert wird. Das noch streng dem funktionalistischen Denken unterworfene Modell einer zu optimierenden Anpassung zwischen Person und Umwelt wurde im deutschsprachigen Raum als zuwenig individuengerecht kritisiert und entsprechend weiterentwickelt. Integriert wurden die Theorien der sozialen Netzwerke und der kritischen Lebensereignisse und weitere ressourcen- und stresstheoretische Theoriefundamente. Für diesen Anspruch kann exempla-

---

[24] Vgl. Schmitz 1984.

[25] Vgl. etwa Heiner 1995, Lessenich 1996.

risch die Arbeit Wolf Rainer Wendts stehen: „Ökosozial denken und handeln".[26]

2. Orientiert an der inzwischen in die Jahre gekommenen Familientherapie besteht in der Sozialen Arbeit beharrlich eine Traditionslinie weiter, welche ihr systemisches Verständnis zumindest vorwiegend, wenn schon nicht ausschließlich aus einer systemischen Betrachtung der Familie bezieht. Als innovativ galt diesem Ansatz seit seinen Anfängen in den Siebzigerjahren der Anspruch, das Verhalten des einzelnen Familienmitglieds nicht mehr als Ausdruck seiner Persönlichkeit, sondern als eingebunden in ein kommunikatives Funktionssystem Familie zu verstehen. So galt es, die kommunikativen Muster in der Familie und die ihr eigene Form der Grenzziehung nach außen zu erkennen. Entsprechend waren die Interventionsziele einer systemischen Familienarbeit darauf gerichtet, die Grenzen nach außen zu stabilisieren und die Balance der inneren Komplexität im Dienste eines Ausgleichs zwischen den Personen wieder zu gewinnen. In der ersten Phase (sog. strukturorientierter Ansatz; Haley, Minuchin) orientierte sich die Familientherapie noch stark an einem „Dysfunktionalitätsverständnis" im Blick auf die Familienstrukturen; entsprechend war sie implizit von einem Normalitätsdenken geprägt, welches sehr bald zum Gegenstand der Kritik geriet. Die zweite Phase (der sog. kommunikationstheoretisch orientierte Ansatz) – für welche insbesondere die Mailänder Schule um Mara Selvini Palazzoli steht – ist gekennzeichnet von einer neuen Sicht der internen Kommunikationsmuster der Familie als symptomerzeugendem Faktor individuellen Leidens. Sie bringt zahlreiche Konzepte kommunikativer Techniken hervor, die auch heute noch zum zentralen Methodenrepertoire systemischen Arbeitens zählen: beispielsweise die Methoden des zirkulären Fragens, der paradoxen „Verschreibungen", der positiven Konnotationen und Umdeutungen. Zirkularität, Neutralität und das Hypothetisieren sind zentrale Prinzipien der methodischen Orientierung.[27] Einer Systematik Maja Heiners folgend ließe sich diese Richtung deshalb auch der *„kommunikations-*

---

[26] Wendt 1990. Zusammenfassend stellt Wendt seinen Ansatz in Wendt 2003 dar. Eine Vielzahl ökosozialer Perspektiven werden auch von Ritscher 2002 aufgenommen.

[27] Beispielhaft für viele können hier etwa die Ansätze von Oswald (1988) und Erler (2003) genannt werden.

theoretische Ansatz"[28] nennen. Das methodische Know-how hierzu haben zahlreiche SozialarbeiterInnen in den Achtziger- und Neunzigerjahren durch Zusatzausbildungen im familientherapeutischen Bereich erworben.

Inzwischen sind literarisch durch die konstruktivistische Weiterentwicklung der Familientherapie auch die Grenzen zwischen den Theoremen der alten Familientherapie, den konstruktivistischen Ansätzen[29] und der Luhmannschen Systemtheorie verwischt.[30] Der Ertrag dieser Synthesen liegt vor allem in einer enorm fruchtbaren Weiterentwicklung der systemischen Methodologie für die psychosoziale Arbeit, wie einige neue Arbeiten zeigen.[31]

3. Eine Linie systemischer Sozialer Arbeit, die ebenfalls auf die Entwicklungen der Familientherapie zurückgeht und sich vorwiegend in der Schweiz etabliert hat, sieht den Gewinn systemischen Denkens vorwiegend in der Analyse des Zusammenwirkens der unterschiedlichen sozialen Systeme in der Problem- und Interventionssituation des Klienten und in der entsprechenden Entwicklung eines koordinierenden Systemmanagements. Einem Systematisierungsversuch Maja Heiners folgernd können wir diese Richtung den *„sozialökologischen Ansatz"*[32] nennen.

Als Beispiel zitiere ich eine Stelle aus Peter Lüssi, in welcher dieser das „systemische Prinzip" seiner „systemischen Sozialarbeitslehre" kennzeichnet:

„Der Sozialarbeiter versteht das soziale Problem und die soziale Problemlösung primär unter systemischen Gesichtspunkten: in den Kategorien der Systemzugehörigkeit, Systemfunktionalität und Systembeziehung. Sein Denken ist systemorientiert, nicht klientzentriert. Er sieht den einzelnen Menschen als systembestimmt und systembedürftigen sozialen

---

[28]   Vgl. Heiner 1995, S. 525. Die Bedeutung kommunikationstheoretischer Positionen wird besonders deutlich in der Arbeit von Milowiz 1998.

[29]   Programmatisch kann hierfür die Arbeit von Pfeifer-Schaupp mit dem Titel „Jenseits der Familientherapie. Systemische Konzepte in der Sozialen Arbeit" von 1995 stehen.

[30]   Vgl. Kuttenreiter 2008.

[31]   So etwa Schwing/Fryszer 2006, Renolder et al. 2007.

[32]   Vgl. Heiner 1995, S. 525.

Rollenträger in den Beziehungen zu anderen Menschen, die ebenso wie er eine Rolle innerhalb sozialsystemischer Zusammenhänge spielen. Das soziale Problem erkennt er entweder als Mangel an Systemzugehörigkeit, als dysfunktionelles System ... oder als negative Systembeziehung ... Er fasst die soziale Problemlösung als eine Neu- bzw. Umorganisation sozialer Zusammenhänge auf, als soziale Systemfunktionalisierung."[33]

Ähnlich ist die sog. „Systemorientierte Sozialpädagogik" von Rene Simmen und Gabriele Buss ausgerichtet, die noch sehr stark familientherapeutische Konzepte integriert.[34]

4. Eine weitere, gewissermaßen schweizerische Richtung folgt der Entwicklung einer *prozessual-systemischen Sozialen Arbeit* von Staub-Bernasconi[35], die ihren Systembegriff von Mario Bunge entlehnt. Explizit erkenntnistheoretisch fundiert ihren Ansatz Werner Obrecht[36], der ebenfalls den *Emergentistischen Systemismus* von Mario Bunge als Grundlagentheorie für ein systemtheoretisches Modell der Sozialen Arbeit in Anschlag bringt. Weiterentwickelt wird die Systemische Denkfigur vor allem von Kaspar Geiser[37] mit der Absicht, sie als Instrument zur Problem- und Ressourcenanalyse in der Sozialen Arbeit zu qualifizieren.

Im Unterschied zu konstruktivistischen Systembegriffen wird hier das System nicht als durch Beobachterunterscheidungen hervorgebracht erkannt, sondern es wird als „konkretes System" durch nichtbegriffliche Relationen zusammengehalten. Soziale Systeme gelten in dieser Systemtheorie als konkrete Systeme, die sich aus Individuen und ihren Artefakten zusammensetzen.[38] Systemisch erfasst werden durch diese Theorie jedoch prinzipiell

---

[33] Lüssi 2001, S. 119 f.

[34] Simmen et al. 2003, siehe insbes. S. 20 ff. In neueren Veröffentlichungen integriert Simmen punktuell konstruktivistische Positionen (vgl. Simmen 2009, S. 21 ff.); allerdings geht es ihm eher um eine methodische Erweiterung als um eine erkenntnistheoretische Neuausrichtung des Ansatzes.

[35] Staub-Bernasconi 1995, 2007.

[36] Obrecht 2000a, 2000b.

[37] Vgl. Geiser 2004.

[38] Obrecht 2000, S. 212. Vgl. zur Gegenüberstellung zum Begriff der sozialen Systeme bei Luhmann auch Hollstein-Brinkmann 2005.

alle Wirklichkeitsbereiche, sie ist daher eine „ganzheitliche", wenn nicht allumfassende Theoriekonstruktion. Umfassend ist auch ihr praktischer Anspruch, nämlich sowohl zu erklären, Prognosen zu ermöglichen, zu bewerten, Ziele zu formulieren und ethisch zu begründen, Methoden zu bestimmen und Evaluationen auszurichten.

5. Eine weitere Linie systemischer Sozialer Arbeit rangiert unter der Bezeichnung „systemisch-konstruktivistisch". Innerhalb dieser Linie sind zumindest zwei Richtungen zu unterscheiden, auch wenn Vermischungen in der Literatur eher die Regel als die Ausnahme sein mögen. Die eine Richtung orientiert sich an der Systemtheorie der Bielefelder Schule, d.h. der Theorie sozialer Systeme nach Niklas Luhmann und ihrer Weiterentwicklung durch Willke und Baecker. Diese ist eine soziologische Systemtheorie, wenn auch nicht die einzige – ihr voraus gingen die strukturell-funktionale Systemtheorie von Parsons[39] und eine kybernetische Systemtheorie erster Ordnung[40] und weitere Systemtheorien scheinen ihr heute zaghaft zu folgen – und so gilt ihre Ausgangsfrage der sozialen Tatsache der Sozialen Arbeit, d.h., sie fragt zunächst nach Funktion und Bedeutung Sozialer Arbeit als einem Teilsystem der Gesellschaft.[41]

Die zweite Richtung ist nicht soziologisch orientiert, sondern argumentiert auf der Grundlage eines neurobiologischen, psychologischen, erkenntnistheoretischen und kommunikationstheoretischen Konstruktivismus. Ihre wichtigsten geistigen Urväter sind Maturana, Varela, Gerhard Roth, von Glasersfeld und von Foerster, S.J. Schmidt und Gebhard Rusch.

Beide Richtungen vereint die Bezugnahme auf einige gemeinsame theoretische und logisch operative Grundlagen (Autopoiese, Beobachtersprachlichkeit, Unterscheidungslogik etc.) und sie lassen sich zuweilen gewinnbringend gemeinsam nutzen. Dies kann aber nicht darüber hinwegtäuschen, dass die primären Stoßrichtungen der Hintergrundstheorien unterschiedlich sind und somit auch der heuristische Nutzen differiert.

---

[39] Sie bildet noch die systemtheoretische Basis der Argumentation von Olk 1986. Siehe auch die historischen Hinweise von Miller 2001, S. 30 f.

[40] Vgl. etwa zum Überblick Müller, K. 1996.

[41] So etwa die deutliche Ausgangsfrage bei Weber/Hillebrandt 1999.

Die *systemisch-konstruktivistische Richtung sensu Luhmann* gewinnt ihre Perspektiven für die Soziale Arbeit aus dem Grundverständnis sozialer Systeme.[42] Neben der Diskussion um die Bestimmung der gesellschaftlichen Funktion Sozialer Arbeit[43] und um ihre grundlegende Beobachtungspraxis und ihre zentralen Binär-Codierungen (Hilfe/Nicht-Hilfe, Fall/Nicht-Fall, usw.)[44] zeichnet sich seit einigen Jahren ein deutlicher Fokus in den Veröffentlichungen ab: die Begriffe „Exklusion" und „Inklusion" sind offenbar zur kategorialen Orientierung des systemischen Selbstverständnisses dieser Richtung geworden und zugleich zu Leitkategorien des Auftragsverständnisses. Soziale Arbeit findet ihre Funktion im Inklusions-Exklusions-Management.[45] Dass von da aus weitreichende Konsequenzen für die Bestimmung von Profession und Mandat in der Sozialen Arbeit ausgehen, zeigt Helmut Lambers auf.[46]

Die Probleme, mit welchen sich Soziale Arbeit zu beschäftigen hat, kann sie, der Logik dieser Sichtweise folgend durch drei Bewältigungsformen angehen:[47]

- durch Exklusionsvermeidung, indem sie durch Prävention oder Krisenbewältigung Individuen oder Gruppen hilft, integrative Potenziale zu bilden oder zu stabilisieren und damit drohende Ausschließung aus Teilsystemen zu vermeiden,

- durch Inklusionsvermittlung, indem sie die Wiedereingliederung von Individuen und Gruppen durch die Förderung eines Kompetenzzuwachses auf Seiten des Individuums oder der Gruppe wie auch durch eine entsprechende Vorbereitung des aufnehmenden Systems vorantreibt,

---

[42] Zum Überblick vgl. Hafen 2004.

[43] Grundlegend Baecker 1994, eine sehr frühe Erörterung findet sich schon bei Harney 1975.

[44] So etwa Merten 1997, Fuchs 2000, Sommerfeld 2000.

[45] Vgl. Stichweh 2005, Hosemann 2006, Merten/Scherr 2004.

[46] Vgl. Lambers 2010, S. 126 ff.

[47] Vgl. Bommes/Scherr 1996 und 2000.

- durch Exklusionsverwaltung, indem sie bestimmte auf Dauer von bestimmten Teilsystemen ausgeschlossen Gruppen betreut und ihnen einen Mindestlebensstandard sichert.

Die Rezeption der Luhmannschen Systemtheorie und ihre Weiterentwicklung und Transformation ist in der Literatur der Sozialen Arbeit inzwischen umfangreich betrieben worden. Es gibt zahlreiche feldspezifische Reflexionsstudien, die mit dem systemtheoretischen und konstruktivistischen Instrumentarium Luhmanns arbeiten, aber auch Theoriesynthesen, wenn man sie so nennen will, etwa bei Heiko Kleves postmodern ambiguitätstheoretischem Konstruktivismus[48] oder dem Konzept der polyglotten Kommunikation bei Matthias Müller.[49] Offenbar amalgamieren die „postmodernen Denkhaltungen" für die Theorie der Sozialen Arbeit besonders fruchtbar mit der Luhmannschen Systemtheorie.

6. Die *systemisch-konstruktivistische Richtung sensu Maturana*, Palo-Alto-Schule und von Glasersfeld hat weniger das Selbstverständnis Sozialer Arbeit im Blick als die Interaktionsverhältnisse und das Methodenverständnis. Die breite Rezeption des grundlegend neurobiologisch argumentierenden Ansatzes von Maturana und Varela in den Humanwissenschaften vermischte sich in der sozialarbeiterischen Rezeption mit der weiterentwickelten familientherapeutischen Methodik, so dass die entsprechenden Veröffentlichungen sozusagen Gemengelagen, Konklusionen und Transformationen aus beiden Traditionsbereichen darstellen. Hierher gehören die zum einen die methodisch orientierten Arbeiten von Pfeifer-Schaupp[50], Ritscher[51] und Hosemann[52], die interaktionstheoretischen Arbeiten von Kraus[53], aber auch teilweise wieder die postmodern ambiguitätstheoretisch orientierten Arbeiten von Kleve.[54]

---

[48] Vgl. Kleve 2000, 2003.

[49] Vgl. Müller 2003, 2008.

[50] Pfeifer-Schaupp 1995, 2002.

[51] Ritscher 2002, 2005, 2007.

[52] Hosemann 2006, Hosemann/Geiling 2005.

[53] Kraus 2000, 2002.

[54] Kleve 2000, 2003; vgl. auch Krieger 2009.

Abweichend vom Luhmannschen Kommunikationsbegriff modelliert diese Richtung Kommunikation als einen Prozess zwischen Personen und nutzt hierzu das neurobiologische Konzept der Interaktion zwischen informationell geschlossenen, selbstorganisierten Systemen als theoretische Basis. Die systemisch-konstruktivistische Richtung sensu Maturana betont daher die Autonomie und Eigensinnigkeit der KlientInnen Sozialer Arbeit und betrachtet die Interventionspraxis als ein grundsätzlich experimentelles Verfahren der „Verstörung" (Perturbation) des kognitiven Systems beim Kienten mit dem Ziel der Entwicklung neuer Orientierungs- und Wahrnehmungsmuster, die in den Transaktionen mit der Umwelt einen gelingenderen Alltag (Thiersch) ermöglichen. Sie setzt dabei vor allem auf die Gewinnung neuer Sichtweisen und die Nutzung der eigenen Stärken und Ressourcen der KlientInnen, aber auch auf die Entwicklung tragfähigerer sozialer Beziehungen und die Förderung des persönlichen Engagements im Alltag.

5. Systemisches Denken in der Praxis der Sozialen Arbeit

Für eine Vielzahl von Praxisfeldern ist heute festzustellen, dass sie sich systemische Denkmodelle zu Nutze machen. Dies geschieht zum Ersten dadurch, dass Praxisfelder in ihren systemischen Strukturen analysiert und in ihrer Abhängigkeit zu anderen Systemen beschrieben werden. Es geschieht ferner zum Zweiten dadurch, dass bestimmte Aspekte einer systemischen Handlungstheorie auf die feldspezifische Praxis transferiert werden und so gewissermaßen eine systemisch fundierte und „konsequente" Praxis der Sozialen Arbeit dargestellt wird. Und es geschieht zum Dritten durch eine systemische Methodenlehre, die teilweise als Reformulierung bekannter Methoden und Handlungstechniken der Sozialen Arbeit, teilweise auch als Neuschöpfung und teilweise auch als Anleihe bei den Methoden der Systemischen Therapien entwickelt wird. Insgesamt kann man diese Entwicklungen als grundlegende Schritte hin zu einer Systemischen Handlungstheorie der Sozialen Arbeit werten.

Welche praktischen Themenfelder sind nun durch systemtheoretische Ansätze heute im Wesentlichen reflektiert? Eine umfassende Darstellung der Veröffentlichungen hinsichtlich dieser Frage ist sicherlich überhaupt nicht mehr leistbar, zum einen weil inzwischen schlicht ihre Zahl zu groß ist, zum anderen, weil systemisches Denken häufig auch nicht explizit hervorgehoben wird und es daher eines fast universellen Überblicks über die Literatur der Sozialen Arbeit überhaupt bedürfte, um alle aussagekräftigen Quellen aufzuspüren. Auch in der „grauen Literatur" tauchen immer wieder systemisch orientierte Artikel auf – in diese Literatur kann mal wohl immer nur einen ausschnitthaften Einblick haben, so dass auf ihre Rezeption hier gänzlich verzichtet werden soll. Die folgende grobe Zusammenstellung von systemischen Ansätzen in und für die Praxis der Sozialen Arbeit soll sich weitgehend auf methodische und methodologische Ansätze und auf einen oberflächlichen Einblick in die arbeitsfeldspezifischen Arbeiten beschränken.

5.1 Methodenlehre

Entsprechend der historisch zunächst vorwiegend praxisorientierenden Funktion systemischen Denkens in der Sozialen Arbeit standen methodische Fragestellungen für die erste Rezeptionsphase der Sozialen Arbeit im Vordergrund. In dieser Phase wurden insbesondere psychotherapeutische systemische Konzepte (Helm Stierlin und die Heidelberger Schule, der systemisch-entwicklungsorientierte Ansatz von Virginia Satir und der systemisch-strukturelle Ansatz von Salvador Minuchin[55]) in ihren Grundlagen auf Beratungssituationen in der Sozialen Arbeit übertragen – ein Unterfangen, welches zuweilen den Unterschied zwischen Psychotherapie und Sozialer Arbeit verwischte. In ähnlicher Weise vollzog sich später die Entwicklung von Konzepten der Supervision und des Coaching in der Sozialen Arbeit.[56]

---

[55] Vgl. Ritscher 2006.

[56] Vgl. etwa Vössing 2000.

Eine Reflektion der *Methodologie* in der Sozialen Arbeit auf systemtheoretischer Basis setzte erst später ein. Hier war es vor allem der Bezug auf den Luhmannschen Theorienfundus, der eine fruchtbare Analyse des Handlungszusammenhangs Sozialer Arbeit ermöglichte.[57]

Eine Auseinandersetzung mit der Methodenfrage unter systemtheoretischer Perspektive sensu Luhmann hatte bereits 1997 Luthe verfolgt.[58] Insbesondere unter den Begriffen Exklusionsvermeidung, Inklusionsvermittlung und Exklusionsverwaltung werden methodische Konsequenzen abgeleitet.[59] Aktuell hat Martin Hafen versucht, die Grundlagen einer systemischen Prävention auf der Basis der Luhmannschen Systemtheorie zu erarbeiten.[60]

2. Erste Ansätze für ein Konzept des *Systemischen Casemanagement* hat eine Arbeitsgruppe um Heiko Kleve und Britta Haye entwickelt.[61] Zentral ist für dieses Konzept eine systemische Kontextklärung und ein Sechs-Phasen-Modell der Hilfeplanung. Im Rahmen des Casemanagement ist auch die Netzwerkarbeit als systemische Interventionsform wieder entdeckt worden.[62] Eine konstruktivistisch reflektierte Konzeption der Fallarbeit findet sich bei Brigitta Michel-Schwartze.[63] Für eine systemische Gemeinwesenarbeit hat Dietmar Müllensiefen eine erste Skizze vorgelegt.[64]

3. Veröffentlichungen zu Konzepten der *systemischen Beratung und zur Supervision* in der Sozialen Arbeit sind Legion. Es muss hier genügen, exemplarisch auf einen neueren Artikel von Sigrid Haselmann zu verweisen, der einen guten Überblick über die methodischen Prinzipien zur Beratung gibt.[65]

---

[57] Eine recht fundierte, aber doch kompakte Einführung hierzu hat Butt 2001 verfasst.

[58] Vgl. Luthe 1997.

[59] Interessanterweise diskutiert auch Hiltrud von Spiegel diese Bewältigungsformen als Grundlagen methodischen Handelns (vgl. 2006, S. 24 ff.).

[60] Hafen 2007; zuvor hatte Hafen auf der Luhmannschen Basis beispielhaft eine systemische Theorie der Sozialen Arbeit in der Schule entwickelt (Hafen 2005).

[61] Kleve et al. 2003.

[62] Vgl. Zwicker-Pelzer 2004; Minuchin/Colapinto/Minuchin 2000.

[63] Vgl. Michel-Schwartze 2002.

[64] Müllensiefen 2002.

[65] Haselmann 2007.

4. Die *Systemische Diagnostik oder Fallanalyse* (ein eher weiterer Begriff) interessiert sich vor allem für die Transaktionsverhältnisse des Individumms, für seine Wahrnehmungs- und Bewältigungsmuster, für das soziale Umfeld und seine Beziehungsstrukturen.[66] In der Systemischen Therapie liegen zur Erfassung dieser Bereiche einige Konzepte und Instrumente vor.[67] Außerhalb des therapeutischen Rahmens von einer ausgearbeiteten Systemischen Diagnostik zu sprechen, wäre angesichts des noch bescheidenen Entwicklungsstandes sicherlich vermessen. Es findet sich zwar nicht selten Forderungen nach einer Systemischen Diagnostik[68], nur andeutungsweise aber werden Konzepte für diese Aufgabe skizziert. Die bisherigen Verfahren in der Sozialen Arbeit beruhen weitgehend auf den klassischen Methoden des Hypothetisierens, des Reframing, der Strukturaufstellungen, des Genogramms, der zirkulären Fragemethoden, des Familienbretts und der lösungsfokussierten Gesprächsführung – entlehnt aus Ansätzen der Systemischen Therapie. Spezieller ausgearbeitet für die Arbeit mit Kindern und Jugendlichen findet sich eine Ressourcenorientierte Diagnostik bei Bodo Klemenz[69], die in ihren Hauptkonzepten sicherlich auch für andere Bereiche der Sozialen Arbeit eine gute Basis bilden würde. Vereinzelt wurden für den Bereich der Ressourcenanalyse eigene Instrumente entwickelt.[70] Systemisch orientierte SozialarbeiterInnen könnten wohl auch aus den im therapeutischen Feld bestehenden Erhebungsinstrumenten ihre Parameter zur Systemischen Diagnostik gewinnen. Es existieren hier diverse Fragebogenvorlagen (FAST, FB, YSR, DEF) wie auch Beobachtungsbögen.

---

[66] Für den systemistischen Ansatz leistet diese Aufgabe der Sozialen Diagnose auf der Grundlage der prozessual-systemischen Denkfigur von Staub-Bernasconi vor allem Kaspar Geiser (2004).

[67] Mitte der Achtzigerjahre bestand allerdings ein kritischer Disput in der Systemischen Psychologie darüber, ob eine systemische Diagnostik überhaupt möglich sei. Einig war man sich darüber, dass der Begriff Diagnostik im herkömmlichen Sinne (Klassifikationen und Gewissheiten) nicht mehr haltbar sei. Da aber auch für den Systemiker tentative Orientierungen, also Wissen und Einschätzungen, zum Klienten und seinen Ressourcen bestehen, die sein Handeln leiten, tritt an die Stelle der Diagnostik zumindest ein funktionales Äquivalent (vgl. etwa Schiepek 1985 und kritisch hierzu Ludewig 1987).

[68] Vgl. Willenbring 2003.

[69] Klemenz 2003; vgl. zur Ressourcendiagnose auch Schemmel/Schaller 2003.

[70] Etwa die VIP-Karte von Herwig-Lempp (2004).

5. Noch immer zu wenig entwickelt ist in der Fachliteratur (anders in der Praxis) der Versuch, *sozialpädagogische Gruppenarbeit* einer umfassenden systemtheoretischen Reflektion zu unterwerfen. Dies ist insofern verwunderlich, als mit der Deutschen Sektion der Gesellschaft für Social Groupwork e.V. (AASWG) seit 1993 eine Institution besteht, die sich u.a. der Aufgabe verschrieben hat, systemische Methoden in die praktische sozialpädagogische Gruppenarbeit einzuführen, und sich auch das Aachener Institut für Beratung und Supervision (IBS) dieser Aufgabe angenommen hat. Wimmer hat 1996 erste systemische Reflexionen zu gruppendynamischen Aspekten am Beispiel der Trainingsgruppe entwickelt (Wimmer 1996). 2002 erschien ein (allerdings eher therapeutisch orientierter) Herausgeberband zum Systemischen Arbeiten mit Gruppen von Molter und Hargens (vgl. Molter/Hargens 2002). Kasenbacher hat in einer Modifizierung der Luhmannschen Systemtheorie neue Perspektiven für das Verständnis von Gruppen und für den Lernprozess in gruppendynamischen Trainingsgruppen entwickelt.[71]

6. Unter methodischem Aspekt kann man auch die Tatsache betrachten, dass mehr und mehr für Einrichtungen im Non-Profit-Bereich ein *systemisches Management* eingefordert wird. Die Multikomplexität der Anforderungen in der Sozialen Arbeit und die hierdurch erforderlichen Gestaltungsspielräume für die PraktikerInnen brauchen im Bereich der Organisation, des personellen Managements und des Fallmanagements Haltungen und Entscheidungsmodelle, die den wechselseitigen systemischen Abhängigkeiten aller Managementbereiche gerecht werden und bei den MitarbeiterInnen Selbstverantwortlichkeit und den Einsatz der persönlichen Stärken nutzen und fördern (vgl. hierzu etwa einige Artikel in Simmen et al. 2009).

7. Naheliegend wäre auch eine Verschränkung der systemischen Sichtweisen mit *ästhetischen Methoden* in der Sozialen Arbeit. Der Blick auf die Erklärungsmuster personaler systemischer Ansätze zeigt, dass ästhetische und systemisch orientierte Methoden hinsichtlich ihrer anthropologischen Fundamente und ihrer Leitprinzipien sehr nahe beieinander liegen. Es muss eigentlich verwundern, dass diese Zusammenhänge – die in der systemischen

---

[71] Vgl. Kasenbacher 2003. Zur geistigen Verwandtschaft von Gruppendynamik und systemischem Denken vgl. auch Königswieser/Pelikan 2006.

Therapie schon lange bekannt sind[72] – in der Entwicklung ästhetischer und systemischer Methoden in der Sozialen Arbeit noch kaum bearbeitet werden.[73]

5.2 Arbeitsfelder der Sozialen Arbeit in der systemischen Reflektion

1. Die Umsetzung systemischer Denkweisen auf praxisanleitende Konzepte hin ist wohl am weitesten im Gebiet der Arbeit mit Familien, Kindern und Jugendlichen fortgeschritten. Systemische Ansätze sind vielfältig für verschiedene Formen Erzieherischer Hilfen entwickelt worden, so etwa bei Hargens (1997) und Herwig-Lempp (2002a) für die Sozialpädagogische Familienhilfe[74], bei Durrant (1996), Schindler (1996) und Conen (2007) für die Heimerziehung, um nur einige zu nennen. Insbesondere wurden Konzepte der systemischen Familienaktivierung und Elternarbeit für die Stationären Erziehungshilfen entwickelt.[75] Eine ganze Reihe von Konzeptdarstellungen für den Kontext Erzieherische Hilfen findet sich in Wolf Ritschers „Buch Systemische Kinder- und Jugendhilfe" 2005; dass auch in Zwangskontexten systemisches Arbeiten erfolgversprechend sein kann, versuchen Russinger und Wagner darzustellen.[76] Michael-Markus Lippka hat die Anwendung eines konstruktivistisch-systemischen Trauermodells für die Soziale Arbeit mit verwaisten Kindern untersucht.[77] Auch die Arbeit im Jugendamt kann durch systemische Ansätze auf eine besondere Weise strukturiert

---

[72] Vgl. etwa Eberhart/Knill 2009.

[73] Schlagwortartig nähert sich das „Lexikon Erlebnispädagogik" von Zuffellato/Kreszmeier 2007 dem ästhetisch-systemischen Zusammenhang an.

[74] Grundlegend ist hier auch das Konzept der sog. „Aufsuchenden Familientherapie" von Conen (2002).

[75] Beispielhaft hierfür die „Neuen Formen der Familienaktivierenden Heimerziehung in Rheinland-Pfalz" (Moos/Schmutz 2005).

[76] Russinger/Wagner 1999. Vgl. auch Conen/Cecchin 2007.

[77] Lippka 2008.

und reflektiert werden, wie Brandl-Nebehay aufgezeigt hat.[78] Der Transfer systemischen Denkens im Praxisbereich der Erzieherischen Hilfen ist für die Soziale Arbeit infolge der Welle systemischer Zusatzausbildungen in den 80er und 90er Jahren vermutlich am stärksten gefördert worden, wie eine Vielzahl von Veröffentlichungen und bestehenden Fortbildungsmöglichkeiten belegen.

2. Im Bereich der Heilpädagogik und der Behindertenarbeit hat die Sozialpädagogik von den intensiven Fortschritten systemischen Denkens in der Pädagogik und insbesondere in der Erwachsenenbildung erheblichen Nutzen ziehen können. Die Beobachterrelativität der Zuschreibung „Behinderung" war für die Behindertenpädagogik eine äußerst fruchtbare Position (vgl. etwa Lindemann/Vossler 1999), die es gestattete, Behinderung nicht mehr als Defizit, sondern als eine Form des Andersseins zu verstehen. Methodisch lenkte diese neue Sicht den Blick auf eine Orientierung an den Stärken statt an den „Defekten". Was die Hilfen betrifft, interessiert nun, mit welchen Mitteln und unter welchen Umständen eine maximale Selbständigkeit und Teilhabe für Behinderte ermöglicht werden kann. Nicht die persönliche Zuschreibung von „Unfähigkeiten" und eine entsprechend stellvertretende Hilfeleistung, sondern ein konstruktiver Umgang mit „Alltagserschwernissen" mit den Mitteln des Behinderten selbst, gilt nun als Richtlinie. Individualität und Eigensinn auch im Zugeständnis von Bedürfnissen, die „nicht-behinderter" Selbstwahrnehmung nicht entsprechen, sind umso ernster zu nehmen. Die systemische Behindertenpädagogik greift damit prägnant die postmoderne differenzlogische Ethik auf[79] und zeigt im Übrigens exemplarisch auf, wie die Prinzipien des Empowerment konsequent auf einer systemtheoretischen Basis aufbauen können.[80] Zahlreiche Orientierungen und methodischen Ansätze ließen sich im Übrigen auf die Soziale Arbeit mit alten Menschen übertragen – ein systemisch noch völlig unexpliziertes Gebiet.[81]

---

[78] Brandl-Nebehay 2005.

[79] Vgl. Knauer 2010.

[80] Vgl. etwa Theunissen/Plaute 2002.

[81] Ansätze zur Gesprächsführung ließen sich hier schon im Prinzip der Validation von Naomi Feil finden. Vgl. diesbezüglich Krieger 2008, S. 165 ff. Ferner gibt es schon

3. Im Bereich der Arbeit mit besonders ausgegrenzten (auch Erwachsenen-) Gruppen sind systemische Konzepte nur punktuell entwickelt worden. Für das Arbeitsgebiet der Krisenintervention haben Egidi und Boxbücher einen ersten systemisch-konstruktivistischen Zugang unternommen.[82] Für das gleiche Arbeitsfeld – eingeschränkt allerdings auf die Arbeit mit Kindern und Jugendlichen – liegt zum Konzept der „Systemorientierten Sozialpädagogik" von Rene Simmen eine Studie vor.[83] Dieses Konzept wurde ferner inzwischen – unter anderem – für das Arbeitsfeld der Schulsozialarbeit, der sozialpädagogischen Familienbegleitung und der Heilpädagogischen Früherziehung zur Anwendung gebracht.[84] Thomas Borrmann hat das systemistische Denkmodell fruchtbar gemacht für eine konzeptionelle Grundlegung der Arbeit mit rechten Jugendcliquen.[85] Die für die Jugendarbeit zentrale Frage nach dem Verhältnis von Sozialer Arbeit zu Jugendkulturen ist Gegenstand einer ebenfalls systemistisch orientierten Arbeit von Spatschek.[86] Grundlegende Ansätze für eine systemisch-interkulturelle Arbeit mit Migranten finden sich in der Arbeit von Radice von Wogau und anderen.[87] Aus dem Blickwinkel des systemistischen Ansatzes bearbeitet diese Thematik aktuell Michael Klassen.[88] Lindner und Steinmann-Berns haben 1998[89] erstmalig Systemische Ansätze in der Schuldnerberatung vorgestellt, Strindl-Nemec hat umfassende konzeptionelle Anregungen für die Soziale Arbeit in der gemeindenahen Psychiatrie entwickelt.[90]

---

seit Jahren ökosystemische Orientierungen in der Gerontologie, die aufgearbeitet werden könnten.

[82] Egidi/Boxbücher 1996.

[83] Buss 2009.

[84] Vgl. diverse Artikel in Simmen et al. 2009.

[85] Borrmann 2005.

[86] Spatscheck 2006.

[87] Radice von Wogau 2004.

[88] Klassen 2010.

[89] Vgl. Lindner/Steinmann-Berns 1998; ein einführender Artikel von Marie-Luise Conen existiert schon im Jahre 1992.

[90] Strindl-Nemec 2001. Vgl. auch Armbruster/Rein 2007.

6. Systemisches Forschen in der Sozialen Arbeit

Da Konzepte systemischer Forschung bisher nur ansatzweise bestehen, zudem Forschung in der Sozialen Arbeit insgesamt noch immer ein eher zartes Pflänzchen darstellt, kann es nicht verwundern, dass systemische Forschung in der Sozialen Arbeit eine absolute Rarität darstellt. Es geht hier also nicht um einen Forschungssurvey zur systemischen Forschung in der Sozialen Arbeit. Der Blick soll hier vielmehr auf die grundsätzliche Frage gelenkt werden, welchen Ertrag systemisches und systemtheoretisches Denken für die Forschung in der Sozialen Arbeit als Praxis und Disziplin haben kann. Diese Frage zu erörtern, heißt eher einen Raum von Möglichkeiten zu beschreiben als auf eine tatsächliche Forschungsgeschichte zurückzugreifen.

Systemische Forschung, dies lässt sich für alle systemischen Schulen beanspruchen, sollte „transdisziplinär" angelegt sein, d.h. sie sollte zum ersten eine multiperspektivische Bearbeitung des Gegenstandes verfolgen, zum zweiten aber auch einen Austausch zwischen den Sichtweisen ermöglichen, welcher seinerseits zu einer „verschränkenden" Hypothesenbildung führt. Systemische Forschung sollte verstanden werden als ein komplexitätssteigernder Gewinn an Sichtweisen in „transdisziplinären Kommunikationsräumen"[91]. Inwieweit man glaubt, dass der Forschungsertrag darin liegt, dass nach der Phase der Komplexitätsgewinne wieder eine reduktive strukturbildende Phase mit „zusammenfassenden Ergebnissen" folgen müsse, ist eine Frage der systemtheoretischen Ausrichtung der ForscherInnen. Postmodern-systemische ForscherInnen würde hierin keinen Gewinn vermuten, systemistische ForscherInnen hingegen mit Sicherheit. Konstruktivistische ForscherInnen werden sich zudem immer dafür interessieren, wie subjektive Sichtweisen mit eigenen Handlungen, Wahrnehmungen und Vorstellungen verknüpft sind.

Systemische Forschung wird ferner immer das Ziel verfolgen, der Differenz von „Gegenstandsbeschreibungen" Rechnungen zu tragen. Insofern liegt auf

---

[91] Reitinger 2008, S. 13; vgl. auch Obrecht 2003.

der Hand, dass sie – soweit sie „Beschreibungen" untersucht – sinnrekonstruktive qualitative Forschungsmethoden verwenden wird. In der Sozialen Arbeit als Wissenschaft wird systemische Forschung darauf bedacht sein, unterschiedliche „Beschreibungen" zu erheben und einander gegenüberzustellen (etwa Sichtweisen von diversen Experten, von Betroffenen und Angehörigen). Sie wird ferner den Vergleich oder auch die Einbindung dieser „Beschreibungen" in/mit solchen aus aktuellen Diskursen und vorliegenden Theorien verfolgen, um festzustellen, inwieweit zum einen Diskurse und Theorien sich mit diesen „Beschreibungen" befassen, inwieweit sie zum anderen möglicherweise auf diese „Beschreibungen" zurückwirken.

Grundsätzlich gilt jedoch auch hier: Systemische Forschung kann nicht als homogenes Forschungskonzept gedacht werden. Dies hat, wie bekannt, zunächst seinen Grund darin, dass sich aus unterschiedlichen systemischen und systemtheoretischen Ansätzen verschiedene Forschungsgegenstände erkennen lassen und unterschiedliche forschungsmethodische Orientierungen ableiten. Es folgert aber zudem auch aus der Tatsache, dass sich der Zusammenhang zwischen Forschung und systemischem Denken höchst unterschiedlich konstruieren lässt. Wenn wir die möglichen Fragestellungen zu diesem Zusammenhang systematisch ordnen, ergeben sich im Groben vielleicht fünf herausragende Betrachtungsweisen zur Bedeutsamkeit des systemischen Denkens für die Forschung:

1. Im einfachsten Sinne kann systemisches Forschen in der Sozialen Arbeit bedeuten, dass sich die Forschung auf einen oder mehrere Gegenstände bezieht, die als Systeme konstruiert/identifiziert werden. Welche Gegenstände hier in den Blick geraten können, wird wesentlich durch den jeweiligen Ansatz determiniert sein (Personen, Institutionen, Praxisfelder, Netzwerke oder gar Soziale Arbeit als gesellschaftliches Teilsystem). Kennzeichnend für diese – noch eher bescheidene – Perspektive ist, dass der Begriff des Systemischen keine komplexe Theorie über Systeme voraussetzt, sondern sich damit begnügt, bestimmte Gegenstände als systemische Entitäten zu betrachten und ihr Verhältnis zu anderen Entitäten als ein Beziehungssystem zu entwerfen. Ein Beispiel hierfür wäre die Anwendung des frühen ökosystemischen Paradigmas von Bateson, der transaktionalen Systemtheorie von

Germain und Gitterman (1983) oder auch mancher Ansätze der Netzwerk-analyse[92].

2. Systemisches Forschen in der Sozialen Arbeit kann auch verstanden werden als die Anwendung eines systemisch orientierten Interpretationsparadigmas für beliebige Gegenstände der Sozialarbeitswissenschaft.[93] Der Anspruch der systemischen Modelle ist hier ein erklärender oder beschreibender: Bestimmte Zusammenhänge oder Prozesse in der Praxis der Sozialen Arbeit werden vor dem Hintergrund soziologischer, kognitionstheoretischer, biologischer oder (neuro)psychologischer systemtheoretischer bzw. im Paradigma der systemistischen Ontologie analysiert. Dieser Typus dürfte der am weitesten entwickelte innerhalb der systemischen Forschung in der Sozialen Arbeit sein, wenn man die inzwischen zahlreichen feldanalytischen bzw. phänomenologisch beschreibenden Veröffentlichungen hier mit einrechnet, die ein systemisches Instrumentarium benutzen.

3. Es müsste ein zentrales Anliegen systemisch orientierter Praxisforschung in der Sozialen Arbeit sein, die Nützlichkeit systemischer Analysemodelle für eine erfolgreiche Intervention zu untersuchen. Man könnte daher zum dritten systemisches Forschen als Evaluation systemischer Erklärungsmodelle und Methoden begreifen. Die systemische Forschung wählt sich hier zum Gegenstand, was systemisches Denken als Interpretationsmuster oder als Handlungskonzept selbst entwickelt hat und erforscht ihre Brauchbarkeit und Nützlichkeit. Im Bereich der Therapie und Beratung liegen solche empirisch fundierten Evaluationsstudien vor. Für die Soziale Arbeit gibt es bisher nur zaghafte Versuche.[94]

4. In einer vierten Variante ist systemisches Forschen gekennzeichnet als systemische Methodologie: Es geht um die Anwendung systemischer Methoden als Forschungsmethoden. In dieser Hinsicht ist es für systemische Forschung konsequent, dass sie auch den Forschungsprozess als einen systemisch fundierten Kommunikationsprozess begreift.[95] Diese Orientierung

---

[92] Vgl. etwa die Überlegungen zu einer systemischen Sozialarbeitsforschung von Löbl/Wilfing 1995.

[93] Vgl. Vogd 2005; typisch für dieses Verständnis Ochs/Schweitzer 2010.

[94] So etwa Becker 2008.

[95] Vgl. Moser2004.

kann sicherlich für alle systemischen und systemtheoretischen Richtungen in der Sozialen Arbeit als gültig erkannt werden. Aus konstruktivistischer Sicht ergeben sich aus dieser Sicht des Forschungsprozesses beispielsweise Ansätze, bekannte methodische Verfahren im Kontakt mit dem Klientel auch auf die „Forschungskommunikation" anzuwenden. Ein Beispiel hierfür wäre Pfeffers Versuch, das „Zirkuläre Fragen" zur Forschungsmethode im Paradigma einer erweiterten Luhmannschen Systemtheorie zu entwickeln.[96]

5. Gewissermaßen als Re-entry einer systemischen Forschungsmethodologie auf sich selbst als Forschungsgegenstand kann systemisches Forschen (in der Sozialen Arbeit) auch heißen, Forschung selbst als systemischen Prozess zu reflektieren. Daniela Beer hat zwei Aspekte solcher Selbstreflexion herausgearbeitet, die die Beziehung zwischen Forscher und Forschungsgegenstand wie auch die Beziehung zwischen Forscher und Forschungssubjekt thematisieren: die Beobachtung der Zirkularität von Forschungsprozessen und die Beobachtung von Forschung als selbstorganisiertem System.[97] Die Beachtung beider Reflexionsaspekte steht im Dienste einer „diskursiven, gelingenden Kommunikation" im Forschungsprozess; für diese ist Voraussetzung, dass die Interessen und Bedürfnisse, die Sprache, die Werte und die Vorstellungen der Forschungssubjekte in der Forschung einen solchen Stellenwert erhalten, dass sie – neben der Kontextsteuerung durch den Forscher – auch ihrerseits den Forschungsprozess mit beeinflussen. Reflektierte systemische Sozialarbeitsforschung hat sich vom Mythos vermeintlicher Objektivität und Neutralität verabschiedet, sie ist in diesem Sinne eine diskursive, verstehensorientierte Aushandlung zwischen Subjekten rund um eine vom Forschenden in Szene gesetzte Thematik. Zu diesem Selbstverständnis gehört auch die Erkenntnis, dass auch der Forschungsgegenstand selbst nicht immer schon existiert, sondern erst durch den Forscher/die Forscherin hervorgebracht wird. Damit verbindet sich das Bewusstsein der Verantwortung für die Wahl und Bestimmung dessen, was als Forschungsgegenstand gelten soll.

Entsprechend dem Grundsatz, dass konstruktivistisch-wissenschaftliche Prozesse nicht Inhalte und Gegenstände von Wahrnehmungen und Bewusst-

---

[96] Vgl. Pfeffer 2004.

[97] Vgl. Beer 2003, S. 114 ff.

sein untersuchen, sondern „sich auf den Erkenntnisvorgang, seine Wirkungen und Resultate (konzentrieren)"[98], müsste sich konstruktivistisches Forschen auf die Voraussetzungen, Prozesse und Konsequenzen jener relevanten Erkenntnisvorgänge ausrichten, die einen wissenschaftlichen Gegenstand konstituieren. „Gegenstände" (wohlgemerkt im Plural) der Sozialen Arbeit als Wissenschaft sind etwa auf einer generalistischen Ebene zentrale aktuelle Diskursthemen und ihre Leitbegriffe (etwa „Hilfe und Kontrolle", „Lebensweltorientierung", „Partizipation", „doppeltes Mandat" etc.), auf der feldspezifischen Ebene die Transformationen dieser Diskurse auf die jeweilige Praxis, die zentralen Probleme und Aufträge der Sozialen Arbeit in dieser Praxis in ihren verschiedenen „Beschreibungen" und vieles mehr. Hinter all diesen Diskursen und Leitbegriffen stehen begriffliche Leitdifferenzen, die die mentale Konstruktion des jeweiligen Gegenstandes ausmachen[99]. Diese festzustellen und in ihrer Tragweite zu diskutieren (auch hinsichtlich ihrer „blinden Flecken") wäre eine wichtige Grundlage zur Hypothesenbildung für eine konstruktivistisch orientierte Forschungsstrategie – freilich nicht die einzige.

Soweit sich systemische Forschung in der Sozialen Arbeit als „Praxisforschung am Einzelfall" konstituiert, befasst sie sich mit den mentalen „Mustern" der Klientel, mit ihren soziokulturellen „Engrammen" und ihren alltäglichen Bewältigungsstrategien. Aus systemischer Sicht bearbeitet sie diese Gegenstände in rekonstruktiver Absicht, d.h. als subjektive Sinnmanifestationen, die es in ihrer Bedeutung für das Handeln und für die Wahrnehmung und Deutung von Situation zu erfassen gilt. Ein konstruktivistisch stimmiges Mittel hierzu ist eine abduktionslogisch (Charles S. Pierce) begründete Hermeneutik, die auf Klassifikationen und erklärende Theorien ebenso verzichtet wie auf die Ableitung von Gesetzmäßigkeiten.[100]

---

[98] Schmidt 1990, S. 13.

[99] Vgl. Schiepek 1988.

[100] Vgl. Eberhard 2003.

7. Impulse für die Weiterentwicklung systemischer Ansätze in der Sozialen Arbeit

1. Für viele Arbeitsfelder der Sozialen Arbeit liegen ansatzweise systemische Analysen und Handlungskonzepte vor. Gerade bei arbeitsfeldspezifischen Darstellungen ist allerdings festzustellen, dass die metatheoretischen Bezugsparadigmata oftmals nur oberflächlich rezipiert und nicht mit der erforderlichen wissenschaftlichen Gründlichkeit und Vorsicht für die feldrelevanten Transfers genutzt werden. Begriffliche Ungenauigkeiten, wenn nicht missbräuchliche Verwendungen von Theoriebegriffen und normative Fehlschlüsse sind hier besonders häufig anzutreffen.

Obschon der systemische Theorietransfer für die meisten Arbeitsfelder der Sozialen Arbeit inzwischen beobachtet werden kann, existieren einzelne Bereiche, für welche dieser Transfer noch gar nicht oder nur andeutungsweise in wissenschaftlichen Veröffentlichungen dokumentiert wird. Die Arbeitsfelder Beschäftigungsförderung und Jugendberufshilfe z.B. bedürften dringend einer besseren methodischen Fundierung durch die akademische Soziale Arbeit. Das ungeliebte Kind „Arbeit" wird bedauerlicherweise auch in den feldspezifischen Arbeiten zur systemischen Sozialen Arbeit bisher weitgehend ignoriert, obschon hier sowohl auf der Makro- und Meso-Ebene systemische Fragen zum Verhältnis von Gesellschaft und Arbeit und auf der Mikro-Ebene Fragen der Anschlussfähigkeit von Maßnahmen an die individuellen Voraussetzungen der Klientel auf der Hand liegen und somit systemisches Denken fraglos gefordert ist. Hier ist zu wünschen, dass dieses Feld endlich beackert wird.

2. Es wäre m.E. für die Soziale Arbeit gewinnbringend, die konstruktivistischen Entwicklungen in den Erziehungswissenschaften, insbesondere in der Erwachsenenbildung als einer ihrer Nachbardisziplinen eifriger mitzuverfolgen.[101] Auch wenn die Soziale Arbeit noch immer sehr bedacht darauf erscheint, ihre Eigenständigkeit durch Abschottung gegenüber anderen Humanwissenschaften herauszustellen, scheint es offenbar vereinzelt wieder

---

[101] Zum Zusammenhang von Erwachsenenbildung und Sozialer Arbeit vgl. Miller 2003.

möglich auch gemeinsame Veröffentlichungsprojekte auf die Beine zu stellen.[102] Insbesondere im Bereich der Didaktik fehlt es für die Soziale Arbeit noch an systemischer Transferarbeit, obschon hier die Vorarbeiten aus dem Bereich der Erziehungswissenschaften umstandslos genutzt werden könnten.

3. Eine systematische Aufarbeitung des Zusammenhangs von Handlungsorientierungen in der Sozialen Arbeit und systemischen Methoden fehlt derzeit noch vollständig. Es gäbe eine ganze Reihe von handlungsorientierenden Leitbegriffen in der Sozialen Arbeit, deren Nähe zu systemischen Denkweisen auf der Hand liegt und die nicht selten im Kontext systemischer Darstellungen zitiert werden, die aber selbst kaum explizit eine systemtheoretische Fundierung erfahren. Ein Beispiel wäre hier der Begriff des Empowerment, der auf der Basis des Paradigmas der „Selbstorganisation" und abgeleiteten Prinzipien wie „Nicht-Instruktivität" und „Beachtung von Eigensinn", „Ressourcenorientierung" oder „Kompetenzorientierung" und vermittelt über eine kontextorientierte Didaktik punktuell bereits in einen systemisch-konstruktivistischen Kontext gestellt wird.[103] Lösungsorientierte Methoden haben in den USA schon Mitte der Neunzigerjahre Eingang in die Empowermentkonzepte gefunden.[104] Dass es dabei nicht nur um die individuelle Ebene („persönliches" oder „psychologisches Empowerment") gehen muss, sondern dass auch das Gruppenempowerment von Selbstorganisationsprozessen geprägt ist und zwischen beiden Ebenen wichtige Synergieprozesse stattfinden, hat schon 1996 Wolfgang Stark aufgezeigt.[105] Nicht minder diskussionswürdig bezüglich ihrer systemtheoretischen „Anschlussfähigkeit" wären sicherlich auch Leitbegriffe wie „Lebensweltorientierung"[106], „Kunden- und Klientenorientierung", „Partizipation", „Aktivierung" etc.

---

[102] So etwa die Arbeit von Balgo und Lindemann 2006.

[103] Explizit etwa bei Dür 2008; vgl. auch Theunissen, 2002, S. 140, Miller 2008 oder das Modell von Miller 2006.

[104] Vgl. Herriger 2002, S. 122 ff.

[105] Vgl. Stark 1996, S. 128 ff.

[106] Vgl. Kraus 2006.

4. Es bieten sich heute auch neue systemtheoretische Ansätze an, die in der Sozialen Arbeit noch gar nicht rezipiert worden sind, in ihrem sozial- und humanwissenschaftlichen Umfeld aber bereits konstruktiv aufgegriffen werden. Hier gilt es dafür Sorge zu tragen, dass die akademische Soziale Arbeit überhaupt in ausreichendem Maße informiert und an den natur- und geisteswissenschaftlichen Diskurs anschlussfähig bleibt, um die Chancen eines interdisziplinären Theorietransfers überhaupt nutzen zu können.

Beispielsweise hat die aus dem Bereich der Physik und Chemie heraus entwickelte Lehre der Synergetik, die durch Hermann Haken bereits auf zahlreiche Phänomene der Wahrnehmung und der Bewegungsorganisation Anwendung gefunden hatte, inzwischen begonnen, in der Psychologie[107] und in der Soziologie modellbildend zu werden. Eine Theorie der Entstehung sozialer Probleme auf der Basis des synergetischen Modells hat Schetsche bereits in Grundlagen entwickelt.[108] Kolhoff hat ansatzweise aufgezeigt, wie auf der Makro-Ebene und auf der Meso-Ebene durch die Veränderung von gesellschaftlichen Kontrollparametern Systeme einen Instabilitätspunkt erreichen und sich neue „Ordner" im Bereich der Wohlfahrtsproduktion herausbilden.[109] Als eine Lehre, die auf die Dynamik systemischer Veränderungen ausgerichtet ist, ist die Synergetik prinzipiell möglicherweise für alle Prozesse in der Sozialen Arbeit ein interessantes Modell, für die sich Tendenzen der Stabilisierung und Destabilisierung, der Musterbildung und des Musterverfalls erkennen lassen. Es wäre daher ebenso spannend, die Synergetik auf interventorische Entwicklungsprozesse in der Sozialen Arbeit anzuwenden, auf Interaktionsdynamiken[110] und gruppendynamische Prozesse[111], auf Problemkarrieren, auf kritische Übergänge in Lebensorientierungen, auf die Durchsetzung konkurrierender Sprachcodes in der Sozialen Arbeit und der Sozialpolitik[112] und vieles mehr.[113]

---

[107] Vgl. etwa Haken/Schiepek 2006.

[108] Schetsche 1996.

[109] Kolhoff 2010.

[110] Vgl. Liska 2004; auch der Artikel von Eberhart in diesem Buch.

[111] So in Grundlagen skizziert in Haken/Schiepek 2006, S. 529 ff.

[112] Vgl. Ritscher 2007, S. 14.

[113] Vgl. die Hinweise von May 2005, S. 57 f.

Literatur

Armbruster, Jürgen/Rein, Gabriele (2007): Systemische Praxis in der Gemeindepsychiatrie. In: Ritscher, S. 148-169.

Baecker, Dirk (1994): Soziale Hilfe als Funktionssystem der Gesellschaft. *Ztschr. f. Soziologie* 23 Jg., S. 93-110.

Balgo, R./Werning, R. (Hrsg.) (2003): Lernen und Lernprobleme im systemischen Diskurs. Dortmund: Borgmann.

Becker, Simone (2008): Soziale Arbeit und Systemtheorie. Eine Studie zum Nutzen der systemischen Betrachtungsweise (Diplomarbeit). Hamburg.

Beer, Daniela (2002): Burnout als Berufsziel? Konstruktivistische Sozialarbeitswissenschaft als Anregung für eine Neuorientierung in der Ausbildung. Heidelberg: Carl-Auer.

Behnisch, Michael/Winkler, Michael (2009) (Hrsg.): Soziale Arbeit und Naturwissenschaft. Einflüsse, Diskurse, Perspektiven. München/Basel: Ernst Reinhardt.

Birgmeier, Bernd Rainer (2003): Soziale Arbeit: „Handlungswissenschaft", „Praxiswissenschaft" oder „Praktische Wissenschaft"? Überlegungen zu einer handlungstheoretischen Fundierung Sozialer Arbeit. Eichstätt: diritto.

Bock, Karin/Miethe, Ingrid (Hrsg.) (2010): Handbuch Qualitative Methoden in der Sozialen Arbeit. Opladen: Barbara Budrich.

Borrmann, Thomas (2005): Soziale Arbeit mit rechten Jugendcliquen. Wiesbaden: VS.

Brandl-Nebehay, Andrea (2005): Systemische Ansätze im Jugendamt – Chancen und Grenzen konstruktivistisch-systemischer Ansätze in der Sozialen Arbeit am Beispiel der Jugendwohlfahrt. In: Hollstein-Brinkmann/Staub-Bernasconi, S. 219-242.

Büschges-Abel, Winfried (2000): Systemische Beratung in Familien mit behinderten oder chronisch erkrankten Angehörigen. Neuwied: Luchterhand.

Buss, Gabriele (2009): Krisenintervention für Kinder und Jugendliche. In: Simmen et al., S. 117-142.

Butt, Stephan (2001): Eine systemisch-konstruktivistische Sicht auf die Methoden in der Sozialen Arbeit. In: Kreuzer, S. 67-83.

Conen, Marie Luise (1992): Schuldnerberatung aus systemischer Sicht. Sozialpädagogik, H.3, S. 127-131.

Conen, Marie-Luise (2002): Aufsuchende Familientherapie. In: Pfeifer-Schaupp, S. 82-101.

Conen, Marie-Luise (2007): Schwer zu erreichende Kinder. Ein systemischer Ansatz der Elternarbeit in der Heimerziehung. In: Homfeldt/Schulze-Krüdener, S. 61-76.

62

Conen, Marie-Luise/Cecchin, Gianfranco (2007): Wie kann ich Ihnen helfen, mich wieder loszuwerden? Therapie und Beratung in Zwangskontexten. Heidelberg: Carl-Auer.

Dür, Wolfgang: Gesundheitsförderung in der Schule. Empowerment als systemtheoretisches Konzept und seine empirische Umsetzung. Bern: Huber.

Durrant, Michael (1996): Auf die Stärken kannst du bauen. Lösungenorientierte Arbeit in Heimen und anderen stationären Settings. Dortmund: modernes lernen.

Eberhard, Kurt (1990): Eine erkenntnistheoretische Antwort auf die Glaubwürdigkeitskrise der Sozialen Arbeit/Sozialpädagogik. *Archiv für Wissenschaft und Praxis der sozialen Arbeit*, Heft 1.

Eberhard, Kurt (2003): Differenzen in der Forschung und Praxis Sozialer Arbeit. In: Kleve, S. 88-99.

Egidi, Karin/Boxbücher, Marion (Hrsg.) (1996): Systemische Krisenintervention. Tübingen: dgvt.

Erler, Michael (2003): Systemische Familienarbeit: Eine Einführung. Weinheim/München: Juventa.

Fuchs, Peter (2000): Systemtheorie und Soziale Arbeit. In: Merten, S. 157-204.

Gänger, Hans (2000): Sozialpädagogik: beobachtet. In: Merten, S. 17-25.

Geiser, Kaspar (2004): Problem- und Ressourcenanalyse in der Sozialen Arbeit. Eine Einführung in die Systemische Denkfigur und ihre Anwendung. 2. überarb. Aufl. Luzern: Interact.

Germain, Carel. B./Gitterman, Alex (1983) Praktische Sozialarbeit. Das "Life Model" der sozialen Arbeit. (Amerik.: The Life Model of Social Work Practice: Advances in Theory and Practice) Stuttgart: Enke.

Götzelmann, Arnd (Hrsg.) (2008): Seelsorge systemisch gestalten. Konstruktivistische Konzepte für die Beratungspraxis in Kirch, Diakonie und Caritas. Norderstedt: Books on demand.

Hafen, Martin (2004): Luhmann in der Sozialen Arbeit. Oder: Wie kann die soziologische Systemtheorie für die professionelle Praxis genutzt werden. In: Mäder/Daub, S. 203-231.

Ders. (2007): Grundlagen der systemischen Prävention. Ein Theoriebuch für Lehre und Praxis. Heidelberg: Systemische Forschung im Carl-Auer-Verlag.

Haken, Herrmann/Schiepek, Günter (2006): Synergetik in der Psychologie. Selbstorganisation verstehen und gestalten. Göttingen: Hogrefe.

Harney, K. (1975): Sozialarbeit als System – Die Entwicklung des Systembegriffs durch N. Luhmann im Hinblick auf eine Funktionsbestimmung sozialer Arbeit. *Ztschr. f. Soziologie* 4. Jg., S. 103-114.

Haselmann, Sigrid (2007): Systemische Beratung und der systemische Ansatz in der Sozialen Arbeit. In: Michel-Schwartze, S. 153-206.

Heiner, Maja (1995a): Nutzen und Grenzen systemtheoretischer Modelle für eine Theorie professionellen Handelns (Teil 1). *Neue Praxis* 5, S. 427 ff.

Heiner, Maja (1995b): Nutzen und Grenzen systemtheoretischer Modelle für eine Theorie professionellen Handelns (Teil 2). *Neue Praxis*, 5, S. 525 ff.

Herriger, Norbert (2002): Empowerment in der Sozialen Arbeit. Eine Einführung. 2. Aufl. Stuttgart/Berlin/Köln: Kohlhammer.

Herwig-Lempp, Johannes (2002): Beziehungsarbeit ist lernbar. Systemische Ansätze in der sozialpädagogischen Familienhilfe. In: Pfeifer-Schaupp, S. 39-62.

Herwig-Lempp, Johannes (2004): Die VIP-Karte – ein einfaches Instrument für die Systemische Sozialarbeit. *Kontext* 35.Jg, H.4, S. 353-364.

Hollstein-Brinkmann, Heino (1992): Soziale Arbeit und Systemtheorien. Freiburg: Lambertus.

Ders. (2005): Möglichkeiten des interparadigmatischen Vergleichs. In: Hollstein-Brinkmann/Staub-Bernasconi, S. 17-34.

Ders./Staub-Bernasconi, Silvia (Hrsg.) (2005): Systemtheorien im Vergleich. Was leisten Systemtheorien für die Soziale Arbeit. Versuch eines Dialogs. Wiesbaden: VS.

Homfeldt, H. G./Schulze-Krüdener, J. (Hrsg): Elternarbeit in der Heimerziehung. München: Reinhardt.

Hosemann, Wilfried/Geiling, Wolfgang (2005): Einführung in die systemische Soziale Arbeit. Freiburg: Lambertus.

Hosemann, Wilfried (Hrsg.) (2006): Potenziale und Grenzen systemischer Sozialarbeit. Freiburg: Lambertus.

Kasenbacher, Karl G. (2003): Gruppen und Systeme. Eine Anleitung zum systemtheoretischen Verständnis der gruppendynamischen Trainingsgruppe. Opladen: Leske + Budrich.

Klassen, Michael (2001): Systemtheorie als wissenschaftlicher Bezugsrahmen für eine Handlungstheorie Sozialer Arbeit. Marburg: Tectum.

Ders. (2004): Was leisten Systemtheorien in der Sozialen Arbeit? Ein Vergleich der systemischen Ansätze von Niklas Luhmann und Mario Bunge. Bern: Haupt.

Ders. (2010): Soziale Problemlösungen als Aufgabe der Sozialen Arbeit, des Case- und Sozialmanagements. Wien: Studia Universitätsverlag.

Klemenz, B (2003). Ressourcenorientierte Diagnostik und Intervention bei Kindern und Jugendlichen. Tübingen: dgvt.

Kleve, Heiko (2000): Die Sozialarbeit ohne Eigenschaften: Fragmente einer postmodernen Professions- und Wissenschaftstheorie Sozialer Arbeit. Freiburg: Lambertus.

Kleve, Heiko (2003): Sozialarbeitswissenschaft, Systemtheorie und Postmoderne: Grundlegungen und Anwendungen eines Theorie- und Methodenprogramms. Freiburg: Lambertus.

Kleve, Heiko/Koch, Gerd/Müller, Matthias (Hrsg.) (2003): Differenz und Soziale Arbeit. Sensibilität im Umgang mit dem Unterschiedlichen. Uckerland: Schibri.

Knauer, Sabine (2010): Zu einem integrationspädagogischen Aufgabenverständnis und erforderlichen Ausbildungsschwerpunkten. Eine systemisch-konstruktivistische Annäherung. http://www.kiwif.de/Vortraege/ Zu einem integrationspaedagogischen Aufgabenverstaendnis und erforderlichen Ausbildungsschwerpunkten.htm

König, Oliver (Hrsg.) (2006): Gruppendynamik. Geschichte, Theorien, Methoden, Anwendungen, Ausbildung. 5. Aufl. München: Profil.

Königswieser, Roswita/Pelikan, Jürgen M. (2006): Anders – gleich – beides zugleich. Unterschiede und Gemeinsamkeiten in Gruppendynamik und Systemansatz. In: König, S. 87-114.

Kraus, Björn (2000): "Lebensweltliche Orientierung" statt "instruktive Interaktion". Eine Einführung in den radikalen Konstruktivismus in seiner Bedeutung für die soziale Arbeit und Pädagogik. Berlin: VWB.

Ders. (2002): Konstruktivismus - Kommunikation - Soziale Arbeit. Heidelberg: Carl-Auer.

Ders. (2006): Lebenswelt und Lebensweltorientierung – eine begriffliche Revision als Angebot an eine systemisch-konstruktivistische Sozialarbeitswissenschaft. *Kontext* 37. Jg., H. 2, S. 116-129.

Kreuzer, Max (Hrsg.): Handlungsmodelle in der Familienhilfe. Neuwied/Kriftel: Luchterhand.

Krieger, Wolfgang (2008): Systemisch-konstruktivistische Gesprächsführung – Kommunikationsgrundlagen und Beratungsprinzipien. In: Götzelmann, S. 151-174.

Krieger, Wolfgang (2009): Soziale Arbeit ohne Standpunkt? Ambivalenzkritische Orientierungen im postmodernen Habitus Sozialer Arbeit. In: Mühlum/Rieger, S. 199-211.

Kühling, Ludger (2004): Was könnten wir tun, um die Bedeutung der Systemischen Sozialarbeit möglichst gering zu halten. *Kontext* 35. Jg., H. 4, S. 374-380.

Kühling, Ludger (2006): Wenn Theoretiker Theorie lieben, Praktiker sie wenig zur Kenntnis nehmen – und sie dennoch wirkt. *Kontext* 37. Jg., H. 2, S. 130 ff.

Kuttenreiter, Verena (2008): Soziologische Systemtheorie und systemische Therapie: Die Rezeption von Niklas in der systemischen Familientherapie. Saarbrücken: VDM.

Lambers, Helmut (2010): Systemtheoretische Grundlagen Sozialer Arbeit. Opladen: Barbara Budrich.

Lenz, Albert/Stark, Wolfgang (Hrsg.) (2002): Empowerment. Neue Perspektiven für psychosoziale Praxis und Organisation. Tübingen: dgvt.

Lessenich, Stephan (1996): Soziale Arbeit als wissenschaftliche Praxis und als praktische Wissenschaft. Systemtheoretische Ansätze einer Praxistheorie Sozialer Arbeit. *Neue Praxis* H. 3, S. 245-252.

Lindemann, Holger/Vossler, Nicole (1999): Die Behinderung liegt im Auge des Betrachters. Konstruktivistisches Denken für die pädagogische Praxis. Neuwied: Luchterhand.

Lindner, Ruth/Steinmann, Ingeborg (1998): Systemische Ansätze in der Schuldnerberatung. Dortmund.

Lippka, Michael-Markus (2008): „... das Leben kann auch weitergehen". Konstruktivistisch-systemische Sozialarbeit mit verwaisten Kindern. Linz: pro mente.

Liska, Gerhard (2004): Grundlegungen eines synergetischen Kommunikationsmodells. *systeme* 18. Jg., H. 2, S. 114-132.

Löbl, Friederike/Wilfing, Heinz (1995): Sozialarbeitswissenschaft und Sozialarbeitsforschung in systemischer Betrachtung. *Soziale Arbeit* 44. Jg., H. Sept., S. 325-331.

Ludewig, Kurt (1987): Vom Stellenwert diagnostischer Maßnahmen in systemischem Verständnis von Therapie. In: Schiepek, S. 155-173.

Lüssi, Peter (2001): Systemische Sozialarbeit. Praktisches Lehrbuch der Sozialberatung. 6. Aufl. Bern: Haupt.

Luhmann, Niklas (1988): Soziale Systeme. Grundriß einer allgemeinen Theorie. Frankfurt/M.: Suhrkamp.

Luthe, E.-W. (Hrsg.) (1997): Autonomie des Helfen. Baden-Baden.

Mäder, Ueli/Daub, Claus-Heinrich (Hrsg.): Soziale Arbeit. Beiträge zu Theorie und Praxis (Social Work: On Theory and Practice). Basel.

May, Michael (2008): Aktuelle Theoriediskurse Sozialer Arbeit. Eine Einführung. Wiesbaden: VS.

Merten, Roland (1997): Autonomie der Sozialen Arbeit. Zur Funktionsbestimmung als Disziplin und Profession. Weinheim/München.

Merten, Roland (Hrsg.): Systemtheorie Sozialer Arbeit. Neue Ansätze und veränderte Perspektiven. Opladen: Leske + Budrich.

Merten, Roland/Scherr, Albert (Hrsg.) (2004): Inklusion und Exklusion in der Sozialen Arbeit. Wiesbaden: VS.

Michel-Schwartze, Brigitta (2002): Handlungswissen der Sozialen Arbeit: Deutungsmuster und Fallarbeit. Opladen: Leske + Budrich.

Michel-Schwartze, Brigitta (Hrsg.) (2007): Methodenbuch Soziale Arbeit. Basiswissen für die Praxis. Wiesbaden: VS.

Miller, Tilly (2001): Systemtheorie und Soziale Arbeit. Ein Lehr- und Arbeitsbuch. Stuttgart: Lucius & Lucius.

Miller, Tilly (2006): Dramaturgie von Entwicklungsprozessen. Ein Phasenmodell für professionelle Hilfe im psychosozialen Bereich. Stuttgart: Lucius & Lucius.

Miller, Tilly (2008): Empowerment im Spagat menschlicher Entwicklungsprozesse. *Forum Sozial* H.1, S. 15-19.

Milowiz, W. (1998): Teufelskreis und Lebensweg – systemisches Denken in der Sozialarbeit. Berlin/Wien: Springer.

Minchin, Patricia/Colapinto, Jorge/Minuchin, Salvatore (2000): Verstrickt im sozialen Netz. Neue Lösungswege für Multiproblem-Familien. Heidelberg: Carl-Auer.

Molter, Haja/Hargens, Jürgen (Hrsg.) (2002): Ich – du – wir – und wer sonst noch dazugehört. Systemisches Arbeiten mit und in Gruppen. Basel: SolArgent Media.

Moos, Marion/Schmutz, Elisabeth (2006): Familienaktivierende Heimerziehung. Werkstattbericht der wissenschaftlichen Begleitung zum Projekt „Neue Formen Familienaktivierender Heimerziehung in Rheinland-Pfalz". Mainz: ism 2005.

Moser, Sibylle (2004): Konstruktivistisch Forschen? Prämissen und Probleme einer konstruktivistischen Methodologie. In: Dies., S. 9-42.

Dies. (Hrsg.) (2004): Konstruktivistisch Forschen. Methodologie, Methoden, Beispiele. Wiesbaden: VS.

Mühlum, Albert (Hrsg.) (2004): Sozialarbeitswissenschaft – Wissenschaft der Sozialen Arbeit. Freiburg: Lambertus.

Mühlum, Albert/Rieger, Günter (Hrsg.) (2009): Soziale Arbeit in Wissenschaft und Praxis. Festschrift für Wolf Rainer Wendt. Lippe: Jacobs.

Müllensiefen, Dietmar (2002): Ressourcen und Lösungen im Stadtteil. In: Ders. (Hrsg.): Systemische Praxis, S. 177-197.

Ders. (Hrsg.) (2002): Systemische Praxis. Modelle – Konzepte – Perspektiven. Freiburg: Lambertus.

Müller, Klaus (1996): Allgemeine Systemtheorie. Geschichte, Methodologie und sozialwissenschaftliche Hermeneutik eines Wissenschaftsprogramms. Opladen: Leske + Budrich.

Müller, Matthias (2003): Polyglotte Kommunikation. Ein Reflex Sozialer Areit auf die funktionale Differenzierung der Gesellschaft. In: Kleve et al., S. 14-35.

Müller, Matthias (2008): Polyglotte Kommunikation. Soziale Arbeit und die Vielsprachigkeit ihrer Praxis. Heidelberg: Carl-Auer.

Müller, Siegfried et al. (Hrsg.) (2000): Soziale Arbeit. Gesellschaftliche Bedingungen und professionelle Perspektiven. Neuwied/Kriftel.

Niederer, Nora (2007): Soziale Arbeit im Spannungsfeld von Systemstabilisierung und Innovation. Perspektiven zum Innovationspotenzial Sozialer Arbeit in ausgewählten systemisch-konstruktivistischen und menschenrechtsorientierten Theorieansätzen. Bern.

Obrecht, Werner (1991): Zur Kritik des radikalen Konstruktivismus oder: Eine andere Art, systemisch zu denken. *Ztschr. f. systemische Therapie* H.4, S. 281-286.

Obrecht Werner (2000a): Soziale Systeme, Individuen, soziale Probleme und Soziale Arbeit. In: Merten, S. 207-223.

Obrecht, Werner (2000b): Das Systemische Paradigma der Sozialarbeitswissenschaft und der Sozialen Arbeit. In: Pfaffenberger, S. 115-139.

Obrecht, Werner (2001): Das Systemtheoretische Paradigma der Sozialen Arbeit als Disziplin und als Profession. Zürcher Beiträge zur Theorie und Praxis der Sozialen Arbeit, Bd. 4.

Obrecht, Werner (2003): Transdisziplinäre Integration in Grundlagen- und Handlungswissenschaften. In: Sorg, S. 119-172.

Obrecht, Werner (2004): Soziale Systeme, Individuen, Soziale Probleme und Soziale Arbeit. Zu den metatheoretischen, sozialwissenschaftlichen und handlungstheoretischen Grundlagen des „systemischen Paradigmas" der Sozialen Arbeit. In: Mühlum, S. 270-294.

Ochs, Matthias/Schweitzer, Jochen (2010): Systemische Forschung. In: Bock/Miethe, S. 163-173.

Olk, T. (1986): Abschied vom Experten. Sozialarbeit auf dem Weg zu einer alternativen Professionalität. Weinheim/München: Juventa.

Oswald, Gerhard (1988): Systemansatz und soziale Familienarbeit. Methodische Grundlagen und Arbeitsformen: Freiburg: Lambertus.

Pfaffenberger, Hans et al. (Hrsg.) (2000): Von der Wissenschaft des Sozialwesens. Standort und Entwicklungschancen der Sozialpädagogik/Sozialarbeitswissenschaft. Rostock: Neuer Hochschulverlag Koch.

Pfeifer-Schaupp, Ulrich (1995): Jenseits der Familientherapie. Systemische Konzepte in der Sozialen Arbeit. Freiburg: Lambertus.

Ders. (2002): Im Westen was Neues? Grundprinzipien und Entwicklungen systemischer Praxis. In: Ders., S. 12-38.

Ders. (Hrsg.) (2002): Systemische Praxis. Modelle – Konzepte – Perspektiven. Freiburg: Lambertus.

Pfeffer, Thomas (2004): Das zirkuläre Fragen als Forschungsmethode zur Luhmannschen Systemtheorie. 2. Aufl. Heidelberg: Carl-Auer.

Reiter, L./Brunner, E.J./Reiter-Theil, S. (Hrsg.) (1988): Von der Familientherapie zur systemischen Perspektive. Heidelberg: Springer.

Reitinger, Elisabeth (2008): Transdisziplinäres Forschen als Balancieren von Widersprüchen. In: Dies., S. 9-15.

Dies. (Hrsg.) (2008): Transdisziplinäre Praxis. Forschen im Sozial- und Gesundheitswesen. Heidelberg: Carl-Auer.

Renolder, Christa/Scala, Eva/Rabenstein, Reinhold (2007): einfach systemisch! Systemische Grundlagen & Methoden für Ihre pädagogische Arbeit. Münster: Ökotopia.

Ritscher, Wolf (2002): Systemische Modelle für die Soziale Arbeit. Ein integratives Lehrbuch für Theorie und Praxis. Heidelberg: Carl-Auer.

Ders. (2006): Einführung in die systemische Soziale Arbeit mit Familien. Heidelberg: Carl-Auer.

Ders. (2007): Soziale Arbeit: systemisch. Ein Konzept und seine Anwendung. Göttingen: Vandenhoeck & Ruprecht.

Ders. (Hrsg.) (2005): Systemische Kinder- und Jugendhilfe. Anregungen für die Praxis. Heidelberg: Carl-Auer.

Russinger, Ulrike/Elisabeth Wagner (1999): Gewalt – Zwang – System. Systemisch-konstruktivistische Konzepte in institutionellen Zwangskontexten. *ZSTB* 17. Jg., H. 3, S. 144-156.

Schemmel, Heike/Schaller, Johannes (Hrsg.) (2003): Ressourcen. Ein Hand- und Lesebuch zur therapeutischen Arbeit. Tübingen: dgvt.

Schiepek, Günter (1985): Möglichkeiten systemischer Diagnostik: Ein Entwurf. Ztschr. f. systemische Therapie H.3, S. 254-269.

Schiepek, Günter (1988): Psychosoziale Praxis und Forschung: ein methodologischer Entwurf aus systemischer Sicht. In: Reiter/Brunner/Reiter-Theil, S. 77-96.

Schiepek, Günter (Hrsg.) (1987): Systeme erkennen Systeme. Individuelle, soziale und methodische Bedingungen systemischer Diagnostik. München/Weinheim: Psychologie Verlags Union.

Schindler, Hans (1996): Un-heimliches Heim. Von der Familie ins Heim und zurück!?! Familientherapeutische und systemische Ideen für die Heimerziehung. Dortmund: Modernes Lernen.

Schmidt, S.J. (1990): Der Radikale Konstruktivismus: Ein neues Paradigma im interdisziplinären Diskurs. In: Ders., S. 11-88.

Ders. (Hrsg.) (1990): Der Diskurs des Radikalen Konstruktivismus. Frankfurt a. M.: Suhrkamp.

Schmitz, M. (1984): Funktionsbestimmung der Sozialarbeit und die Moderne. Vorarbeiten zur Wirkungsanalyse sozialarbeiterischer Interventionen. Bielefeld: Kleine.

Schwarz, Gerhard u.a (Hrsg.) (1996): Gruppendynamik. Geschichte und Zukunft. 2. Aufl. Wien.

Schwing, Rainer/Fryszer, Andreas (2006): Systemisches Handwerk. Werkzeug für die Praxis. Göttingen: Vandenhoeck & Ruprecht.

Simmen, Rene (2009): Grundlagen und Arbeitsweisen in der Systemorientierten Sozialpädagogik – eine Zusammenfassung. In: Simmen, S. 15-38.

Simmen, Rene/Buss, Gabriele/Hassler, Astrid/Maibach, Daniel (Hrsg.) (2003): Systemorientierte Sozialpädagogik. Bern/Stuttgart/Wien: Haupt.

Simmen, Rene/Buss, Gabriele/Hassler, Astrid/Maibach, Daniel (Hrsg.) (2009): Systemorientierte Sozialpädagogik in der Praxis. Bern/Stuttgart/Wien: Haupt.

Sorg, Richard (Hrsg.) (2003): Soziale Arbeit zwischen Politik und Wissenschaft. Münster/Hamburg/London: Lit.

Spatscheck, Christian (2006): Soziale Arbeit und Jugendkulturen - Jugendarbeit und die Dialektik von Herrschaft und Emanzipation im Kontext des Systemtheoretischen Paradigmas der Sozialen Arbeit. Marburg: Tectum.

Stark, Wolfgang (1996): Empowerment. Neue Handlungskompetenzen in der psychosozialen Praxis. Freiburg: Lambertus.

Staub-Bernasconi, Silvia (1995): Systemtheorie, soziale Probleme und Soziale Arbeit: Lokal, national, international oder: vom Ende der Bescheidenheit. Bern: Haupt.

Staub-Bernasconi, Silvia (2007): Soziale Arbeit als Handlungswissenschaft. Bern: Haupt.

Steinert, Erika et al. (Hrsg.) (1998): Sozialarbeitsforschung: was sie ist und leistet. Freiburg: Lambertus.

Stichweh, R. (2005): Inklusion und Exklusion. Studien zur Gesellschaftstheorie. Bielefeld: transcript.

Stindl-Nemec, Elisabeth (2001): Wieder dabei. Systemische Sozialarbeit in der gemeindenahen Psychiatrie. Heidelberg: Carl-Auer.

Theunissen, Georg (2002): Stärken-Perspektive und Empowerment. Impulse für die Behindertenarbeit. In: Lenz/Stark, S. 139-154.

Theunissen, Georg/Plaute, Wolfgang (2002): Handbuch Empowerment und Heilpädagogik. Freiburg: Lambertus.

Mäder, Ueli/Daub, Claus-Heinrich (Hrsg.) (2004): Soziale Arbeit. Beiträge zu Theorie und Praxis. Basel.

Vogd, Werner (2005): Systemtheorie und rekonstruktive Sozialforschung. Eine empirische Versöhnung unterschiedlicher theoretischer Perspektiven. Opladen: Barbara Budrich.

Vössing, Heidrun (2000): Coaching als systemische Intervention. In: Müller et al., S. 583-594.

Wendt, Wolf R. (1990): Ökosozial denken und handeln. Grundlagen und Anwendungen in der Sozialarbeit. Freiburg: Lambertus.

Wendt, Wolf R. (2003): Der ökologische Ansatz und sein Beitrag zur Sozialarbeitswissenschaft. In: Wöhrel, S. 333-346.

Willenbring, M. (2003): Systemdiagnostische Begleitung von Lern- und Lehrprozessen und schulischen Problemsituationen. In: Balgo/Werning, S. 153-172.

Wimmer, Rudolf (1996): Erlebt die Gruppendynamik eine Renaissance? Eine systemtheoretische Reflexion gruppendynamischer Arbeit am Beispiel der Trainingsgruppe. In: Schwarz, S. 115-143.

Wöhrel, Armin (Hrsg.) (2003): Profession und Wissenschaft Sozialer Arbeit. 2. Aufl. Herbolzheim: Centaurus.

Zuffellato, Andrea/Kreszmeier, Astrid Habiba (2007): Lexikon Erlebnispädagogik. Theorie und Praxis der Erlebnispädagogik aus systemischer Perspektive. Augsburg: ZIEL.

Zwicker-Pelzer, Renate (2004): Netzwerkarbeit als systemische Intervention in Sozialer Arbeit. Kontext 35. Jg., H. 4, S. 365-373.

Hans-Ulrich Dallmann

Vom Nutzen und Nachteil der Systemtheorie Niklas Luhmanns für die Soziale Arbeit

Niklas Luhmanns Systemtheorie ist dezidiert als Gesellschaftstheorie angelegt und als solche zu rezipieren. Soziale Arbeit ist jedoch keine angewandte Gesellschaftstheorie, sie bearbeitet vielmehr zumeist gesellschaftlich (mit-) verursachte Probleme bezogen auf Personen. Diese Differenz ist bei der Rezeption von Gesellschaftstheorien prinzipiell sowohl in der Praxis der Sozialen Arbeit wie in der Sozialarbeitswissenschaft zu reflektieren. Es kann in der Rezeption Luhmanns in der Wissenschaft der Sozialen Arbeit nicht um Fragen der „Anwendung" gehen. Theorien lassen sich grundsätzlich nicht umstandslos in Praxis übertragen. Ebenso geht es nicht um Wortübernahmen oder die Einführung eines bestimmten Jargons (auch das eine für die Soziale Arbeit nicht selten anzutreffende „Rezeptions"-form, was sich an marxistischen oder psychologisierenden Terminologien – und mittlerweile auch an systemtheoretischen oder konstruktivistischen – leicht zeigen lässt).Vielmehr liefert eine Gesellschaftstheorie (sei es nun die Luhmannsche oder eine andere) Reflexionsangebote. Die Frage ist, ob sich mit systemtheoretischen Augen mehr oder zumindest anderes sehen lässt als mit anderen Theorieangeboten – oder auch ob sich das Gewohnte anders sehen lässt. Soziale Arbeit kann sich auf diese Weise anregen lassen; Theorierezeption lässt neue Fragen und Probleme erscheinen, an denen sich Praxis dann produktiv abarbeiten kann.

Gefahren der Theorierezeption liegen in der Dogmatisierung und in der Kanonisierung als Klassiker. Dogmatisierung bekommt Theorien grundsätzlich nicht gut, wie man am Marxismus, aber auch an der Luhmann-Orthodoxie wahrnehmen kann. Dogmatisierungen stellen die Theorieentwicklung still, diese werden unproduktiv. Klassiker kennzeichnet Luhmann als Aussagenzusammenhang, „der in dieser Form später nicht mehr möglich ist, aber als Desiderat oder als Problem fortlebt."[1] Hier ist zu fragen, inwieweit Luhmanns Theorie – zehn Jahre nach seinem Tod – selbst als Klassiker gelesen werden muss, oder ob sie Fragen der Gesellschaftsanalyse schlüssig beantwortet.

1. Luhmann-Rezeption in der Wissenschaft der Sozialen Arbeit

Im Bereich der Sozialen Arbeit hat systemtheoretisches Denken seit einigen Jahren Konjunktur.[2] Allerdings beschränken sich die meisten Beiträge der Diskussion auf drei Themenfelder: Inklusion/Exklusion, Beratung und Therapie[3] sowie die Bestimmung der Funktion Sozialer Arbeit.[4] Hinzu kommen im engeren Sinne pädagogische Debatten, die für die Sozialpädagogik anschlussfähig wären, dort aber bislang nur gelegentlich aufgegriffen werden; vor allem hinsichtlich der Einsicht, dass pädagogische Interventionen nicht in der Lage sind, Selbstveränderungen von Personen kausal zu bewirken.[5]

---

[1] Luhmann 1992, S. 7.

[2] Zum Überblick vgl. Bardmann 2000 und Scherr 2000.

[3] Vgl. Lüssi 1991, Ludewig 1992, Pfeifer-Schaupp 1995, von Schlippe/Schweitzer 1996, Barthelmess 2001 oder aktuell Becker 2008.

[4] Vgl. Hollstein-Brinkmann 1993, Weber/Hillebrandt 1999, Merten (Hrsg.) 2000.

[5] Vgl. z. B: Brumlik 1987.

Für die Diskussion der Relevanz der Systemtheorie in der Wissenschaft der Sozialen Arbeit ist es sinnvoll, zunächst knapp die systemtheoretische Beschreibung der Sozialen Arbeit zu skizzieren.[6]

Niklas Luhmann geht in seiner 1973 publizierten Skizze über die „Formen des Helfens im Wandel gesellschaftlicher Bedingungen" von einem weiten Begriff der Hilfe aus, sie bezieht sich auf das „Problem des zeitlichen Ausgleichs von Bedürfnissen und Kapazitäten".[7] Dieses Problem entfaltet sich in der Sach- und Sozialdimension:

> „Strukturell und evolutionär bedeutsam ist an diesem Tatbestand, daß jeder Einzelne für sich sachlich verschiedene Bedürfnisse erlebt, daß die Vielheit der Bedürfnisse also nicht mit der Mehrheit von Personen identisch ist, sondern inkongruent zu ihr auftritt. Sachdimension und Sozialdimension, ‚welches' Bedürfnis und ‚wessen' Bedürfnismüssen müssen unterschieden werden. Daraus entstehen das Problem und die Möglichkeit zeitlichen Bedarfsausgleichs. Es ist bei dieser Struktur nicht damit zu rechnen, daß *dieselben* Bedürfnisse *aller* zum *gleichen* Zeitpunkt akut werden."[8]

Die Art und Weise, wie dieses Problem bearbeitet wird, variiert im Verlauf der gesellschaftlichen Evolution. Luhmann unterscheidet dabei grob zwischen archaischen, hochkulturellen und modernen Gesellschaften (in späteren Texten spricht er differenzierungstheoretisch präziser von segmentären, stratifizierten und funktional differenzierten Gesellschaften; ich werde mich auf diese Begriffe stützen).[9]

In *segmentär differenzierten* Gesellschaften ist *Reziprozität* das wichtigste strukturierende Prinzip:

---

[6] Ich beziehe mich im Folgenden auf meine Darstellung in Dallmann 2005.

[7] Luhmann 1973, S. 22.

[8] Luhmann 1973, S. 22 f.

[9] Zur Luhmannschen Differenzierungstheorie vgl. ausführlich Luhmann 1997, S. 595-865.

„Wie groß auch immer die Einheiten: Beziehungen zwischen ihnen müssen symmetrisch und umkehrbar gebaut sein, denn andernfalls würde die Asymmetrie im Laufe der Zeit Ungleichheiten generieren und die Differenzierungsform ändern. Asymmetrien, zum Beispiel des Alters oder des Geschlechts, aber auch des ökonomisch-demographischen Schicksals werden schon in der kleinsten Einheit, der Familie, absorbiert oder in Zusatzinstitutionen (Heiratsregeln, Korporationen, spendierfreudige Feste etc.) aufgefangen. Der Rest wird auf die Norm der Reziprozität abgeleitet, die zeitbedingte A-symmetrien als Symmetrien erscheinen lässt."[10]

Eine Form, in der die Gegenseitigkeit reproduziert wird, ist die *Gabe*. In gewisser Weise wird mit ihr Zeitlichkeit strukturiert, indem mit der Gabe Dankbarkeitsverpflichtungen ausgelöst werden. Man könnte auch sagen, dass so Reziprozität temporalisiert wird – eine sofortige und äquivalente Gegenleistung galt ebenso als ungehörig wie die Ablehnung einer Gabe, um die Dankesverpflichtung zu vermeiden.[11] Wichtig in diesem Zusammenhang ist, dass Segmentation und Reziprozität die *Reversibilität der Lebenslagen* zur Voraussetzung haben und gleichzeitig reproduzieren. Das lässt sich auch am Phänomen der Hilfe zeigen, die als reziproke persönliche Hilfe unter Stammesangehörigen beschrieben werden kann.[12] Da insbesondere lebens-notwendige Bedürfnisse unmittelbar erfüllt werden müssen, kann Hilfe nicht gestreckt werden, die Dankbarkeitsverpflichtungen hingegen schon. „Bedürfnisse, die nicht autochthon befriedigt werden können, müssen – so-bald sie auftreten – von anderen befriedigt werden, weil alle Beteiligten wissen, daß sie selbst jederzeit in die Lage eines Hilfsbedürftigen geraten können."[13] Wann und wie die Dankespflicht ausgelöst wird, bleibt unspezi-fiziert (und muss, ja darf nicht aus einem gleichsam preisförmig bestimmten Äquivalent bestehen). Damit wird eine hohe Flexibilität erreicht, weil die Hilfe dem konkreten aktuellen Bedarf angepasst bleibt.

---

[10] Luhmann 1997, S. 650.

[11] Luhmann 1997, S. 653 und Mauss 1950, S. 27 ff.

[12] Vgl. Luhmann 1973, S. 25.

[13] Weber/Hillebrandt 1999, S. 58.

Aus Umständen, die hier nicht weiter verfolgt werden können,[14] kann eine Variation der Differenzierungsform entstehen. *Stratifizierte Gesellschaften* strukturieren nicht mehr mittels Gleichheit, sondern mittels *Ungleichheit.* Dabei sind weniger Status und Positionen im Blick, sondern vielmehr die Form der internen Differenzierung:

> „Wir beziehen den Begriff dagegen auf die *interne Systemdifferenzierung* der Gesellschaft und sprechen von Stratifikation, wenn und soweit sich Teilsysteme der Gesellschaft unter dem Gesichtspunkt einer Rangdifferenz im Verhältnis zu anderen Systemen ihrer gesellschaftsinternen Umwelt ausdifferenzieren."[15]

Typisch für stratifizierte Gesellschaften ist in diesem Zusammenhang die stark kontrollierte vertikale Mobilität, die sich aus der Zuweisung der Schichtzugehörigkeit durch Geburt ergibt (der Bedarf an sozialem Aufstieg ergab sich vor allem durch demographische Verluste der Oberschicht, insbesondere durch Krieg).[16] Damit fehlt ein zentrales Merkmal der Hilfeerbringung, das für segmentäre Gesellschaften prägend war, die Reversibilität der Lebenslagen. Eine auf Reziprozität beruhende Hilfe findet sich dann nur noch in speziellen Bereichen, vor allem bei den Gilden und Zünften der Handwerker. Wegen dieses Ausfalls entsteht ein Bedarf zur Motivation zur Hilfe.

Die Erbringung von Hilfe ist in stratifizierten Gesellschaften insofern noch notwendiger geworden, als größere Bevölkerungsteile verarmten und sich nicht mehr durch eigene Leistung versorgen konnten (Sachße/Tennstedt gehen davon aus, dass etwa ein Fünftel der städtischen Bevölkerung an oder unter der Schwelle primärer Armut lebten[17]). Zur Motivation zur Hilfe kann auf die *religiös fundierte Moral* zurückgegriffen werden. Dieser Zusam-

---

[14] Vgl. dazu Luhmann 1997, S. 655 ff.

[15] Luhmann 1997, S. 685.

[16] Vgl. Luhmann 1997, S. 703 ff.

[17] Sachße/Tennstedt 1998, S. 27 f.

75

menhang verdankt sich einer gewissen Ungleichzeitigkeit der gesellschaftlichen Evolution. Denn die

„Fusionierung von Religion und Moral ist ein relativ spätes Resultat der gesellschaftlichen Evolution. Erst mit stärkerer Ausdifferenzierung der Religion verlagert sich ihr Schwerpunkt auf soziale Regulierungen in einer Gesellschaft, die von der Religion aus nun als Umwelt behandelt wird, und erst in Hochreligionen kommt es zur Annahme eines kontingenten, auch anders möglichen Zusammenhangs von Verhalten und religiöser Rettung. Moralisch wird und bleibt zunächst der Gesellschaftsbezug, weil so und nur so eine gesamtgesellschaftliche Relevanz der Religion gesichert werden kann."[18]

Weiterhin stützen Kosmologien, die hierarchisch angelegt sind, die Vorstellung, dass die hierarchische Struktur der Gesellschaft der schöpfungsmäßigen Ordnung entspricht.

Dies wirkt sich auf die Hilfe dadurch aus, dass sie eine doppelte Funktion erhält: Sie dient weiterhin dem Bedarfsausgleich und darüber hinaus der Stabilisierung der Schichtenunterschiede. „Hilfe wird jetzt individualistisch moralisiert (wenngleich noch nicht im modernen Sinne subjektiv verinnerlicht). Sie wird als gute Tat begriffen und soll, entsprechend der Ordnung sozialer Schichten, von oben nach unten gerichtet werden."[19] Da über die Schichtengrenzen hinweg Reziprozität nicht praktiziert werden kann, muss die „Gratifikation" für den Geber über andere Wege bereit gestellt werden. Dies geschieht zum einen durch die *Befriedigung der Heilsinteressen*, zum anderen durch die *Anerkennung der Asymmetrie* zwischen Geber und Empfänger.

„Hilfe ist nicht mehr, wie in elementaren Interaktionen oder auch in archaischen Gesellschaften, ein status*konstituierendes* Prinzip; sie drückt einen schichtenmäßig gefestigten Status nur noch aus, ist Statussymbol, Standespflicht, in mehr häuslich-patrimonialen Verhältnis-

---

[18] Luhmann 1989, S. 276 f.
[19] Luhmann 1973: 28.

sen auch fürsorgliche Verantwortung – in jedem Falle eine Ventilsitte der Schichtendifferenzierung."[20]

Die Hauptformen der Hilfe sind in der mittelalterlichen Gesellschaft das *Spital* und das *Almosen.* Das Almosen wird zwar auch im unmittelbaren Kontakt zwischen Geber und Armen gegeben, häufig jedoch vermittelt über wohltätige Stiftungen und Vermächtnisse, die „Seelengeräte" und „Anniversare".[21] Empfänger und Verwalter dieser Mittel ist die Kirche. Eine Folge davon ist, dass sich Hilfeerbringung und Finanzierung entkoppeln. Dies ermöglicht die Entwicklung der klassischen Professionen, Priester, Ärzte und Juristen, die in außergewöhnlichen Lebenslagen helfen. Neben der Spezialisierung und der Ausbildung von Problemlösungsmustern zeichnen sie sich durch ein hohes Sozialprestige aus. Professionelle Hilfe ist nicht nur asymmetrisch hinsichtlich des Gefälles zwischen Hilfeerbringer und Hilfeempfänger, sondern in der Regel auch hinsichtlich des sozialen Status. Entsprechend werden diese Professionellen nicht reziprok entgolten, sondern honoriert.[22] Allerdings war über die Ausdifferenzierung der klassischen Professionen die Hilfeerbringung nicht insgesamt spezialisiert.

In den stratifizierten Gesellschaften beginnen mit der Ausdifferenzierung spezifischer Subsysteme die Entwicklungen, die zur Durchsetzung des Primats *funktionaler Differenzierung* führen. „Funktionale Differenzierung beruht auf einer operativen Schließung der Funktionssysteme unter Einschluß von Selbstreferenz. Das hat zur Folge, daß die Funktionssysteme sich in den Zustand *selbsterzeugter Unbestimmtheit* versetzen."[23] Ein weit verbreitetes Missverständnis der Luhmannschen Systemtheorie liegt in der Annahme, dass die operative Schließung der Systeme diese von ihrer Umwelt trenne, dass die Systeme gleichsam ohne Umweltkontakt operierten. Das Gegenteil ist der Fall.

---

[20] Luhmann 1973, S. 29.

[21] Vgl. Sachße/Tennstedt 1998, S. 29.

[22] Vgl. Luhmann 1973, S. 29.

[23] Luhmann 1997, S. 745.

Soziale Systeme beschreibt Luhmann als *Kommunikationssysteme*. Damit stellt sich die Frage, woran ein System erkennt, welche Kommunikation zu ihm gehört und nicht etwa zu seiner Umwelt. Gesellschaft als das System, das alle sinnhafte Kommunikation einschließt, hat sich im Verlauf der sozialen Evolution ausdifferenziert in funktional orientierte und operativ geschlossene Subsysteme, zum Beispiel Wirtschaft, Recht, Religion oder Wissenschaft. Diese Subsysteme kristallisieren sich aus der Verwendung eines spezifischen *Codes*. Codes sind dabei nichts anderes als eine Zwei-Seiten-Form, als Unterscheidungsregeln. Sie bestehen aus einem positiven und einem negativen Wert, wobei der Übergang von der einen zur anderen Seite möglich sein muss (auch wenn dieser Übergang Zeit benötigt, da der positive und der negative Wert nicht zugleich aktualisiert sein können).

„Nur unter der Bedingung der Offenheit für positive und für negative Optionen kann ein soziales System sich selbst mit einem Code identifizieren. Geschieht das, dann heißt das, daß das System alle Operationen, die sich am eigenen Code orientieren, als eigene erkennt – und andere nicht. System und Code sind dann fest gekoppelt. Der Code ist die Form, mit der das System sich selbst von der Umwelt unterscheidet und die eigene operative Geschlossenheit organisiert.“[24]

Das hat eine gewichtige Konsequenz: Spezialisierte Subsysteme der Gesellschaft können nur solche Kommunikationen dem eigenen System zurechnen, die sich mit Hilfe des Codes darstellen lassen, andere Kommunikationen werden der Umwelt zugerechnet, zu der auch die anderen Subsysteme gehören. Die Codierung schließt systemexterne Entscheidungskriterien aus. Eine Kreditvergabe wird gerade nicht nach dem Schema Recht/Unrecht oder wahr/falsch beurteilt und auch nicht nach gut/böse. Auch das heißt nicht, dass „die Abhängigkeiten der Teilsysteme voneinander abnehmen. Im Gegenteil: sie nehmen zu.“[25] Die – kontrovers diskutierte – Frage, ob sich für das auf Hilfe spezialisierte System der Sozialen Arbeit ein eigener Code etabliert hat, ja, ob überhaupt sinnvoll von einem eigenen Sub*system* Sozia-

---

[24] Luhmann 1991, S. 89.
[25] Luhmann 1997, S. 745.

ler Arbeit ausgegangen werden kann, soll an dieser Stelle nicht weiter verfolgt werden.[26]

Das hat selbstverständlich Auswirkungen auf die in der Gesellschaft erbrachte Hilfe. Denn:

> „Weder beruht unsere Gesellschaft auf Interaktionen, die als Helfen charakterisiert werden können, noch integriert sie sich durch entsprechende Bekenntnisse; aber sie konstituiert eine Umwelt, in der sich organisierte Sozialsysteme bilden können, die sich aufs Helfen spezialisieren. Damit wird Hilfe in nie zuvor erreichter Weise eine zuverlässig erwartbare Leistung, gleichsam Sicherheitshorizont des täglichen Lebens auf unbegrenzte Zeit in den sachlichen Grenzen der Organisationsprogramme, deren jeweiligen Inhalt man feststellen kann."[27]

Zum einen verliert also die moralische Forderung nach Hilfe zunehmend an Bedeutung, zum anderen werden armutsbedingte Bedarfslagen als *gesellschaftlich* verursacht erkannt. Dies führt zu einer *Organisation von Hilfe* in entsprechenden Einrichtungen, die sich darauf spezialisieren, erwartbare Hilfe abrufen zu können. Als organisierte Hilfe ergeben sich besondere Anforderungen an die Entscheidbarkeit der konkreten Leistung, die in gleichgearteten Fällen immer gleich gewährleistet werden muss. Dazu ist es notwendig, die einzelnen Personen zu „Fällen" zu deklarieren, für deren Bearbeitung entsprechende Konditional- und zunehmend auch Zweckprogramme entwickelt werden müssen: wenn bestimmte Bedingungen gegeben sind, wird in einem vorher bestimmten Maß geholfen oder bestimmte Vorgaben (Kindeswohl) sind auf jeden Fall anzustreben. Dies führt natürlich zu Paradoxien, weil durch die Wenn-dann-Programme Ansprüche an bestimmte Leistungen generiert werden, die ohne diese Programme legitim erst gar nicht hätten erhoben werden können. Ähnliches gilt bei Zweckprogrammen, weil die Vorgaben meist nur approximativ erreicht werden können und immer noch zusätzliche Leistungen (bei abnehmendem Grenznutzen) zu einer weiteren Annäherung beitragen. Zudem führt gerade der Erfolg der organi-

---

[26] Vgl. dazu die Beiträge von Scherr 2000 und Bardmann 2000.

[27] Luhmann 1973, S. 32.

sierten Hilfe zu einer Erosion der nicht organisierten, „zwischenmenschlichen" Hilfe, die zumeist gar nicht mehr in der Lage ist, entsprechende Bedarfe auszugleichen.

Schließlich entsteht mit der Umstellung auf die funktional differenzierte Gesellschaft ein neues Bezugsproblem: die *Inklusion bzw. Exklusion* der Individuen in die Funktionssysteme der Gesellschaft.[28] Während in früheren Gesellschaften der gesellschaftliche Ort, „Stand", in der Regel durch Geburt zugewiesen war, wird die Inklusion zunehmend eine Sache der verschiedenen Funktionssysteme selbst. Während die Inklusionen in die verschiedenen Funktionssysteme die Personen nur locker integrieren, verstärken sich Exklusionen zu einer hohen Integration. „Hochintegriert deshalb, weil der Ausschluß aus einem Funktionssystem quasi automatisch den Ausschluß aus anderen nach sich zieht."[29] Keine Bildung, kein Arbeitsplatz, kein regelmäßiges Einkommen, keine Wohnung etc. An dieser Problematik setzt Soziale Arbeit an. „Soziale Arbeit kann vor diesem Hintergrund als eine spezifische Form der Bearbeitung von Problemlagen bestimmt werden, die aus den Inklusions-/Exklusionsverhältnissen der modernen Gesellschaft, ihrer Funktionssysteme und Organisationen, resultieren."[30] Allerdings kann der Sozialen Arbeit keine stellvertretende Inklusion gelingen; sie kann allenfalls Strategien der Exklusionsvermeidung verfolgen oder Hilfen zur Re-Inklusion bieten.[31] Möglich ist allerdings auch, dass es statt zu einer Re-Inklusion in andere Funktionssysteme zu einer dauerhaften Inklusion in das System Sozialer Hilfe kommt, was viele Armuts- und Sozialhilfebiographien eindrucksvoll belegen.

Kennzeichen der Hilfe in funktional differenzierten Gesellschaften ist der *Primat der organisierten Hilfe.* Damit entstehen die für Organisationen typischen Probleme und Folgen. Organisationen, als auf Entscheidungen basierende Sozialsysteme,[32] unterscheiden z. B. Mitglieder von Nichtmitgliedern. Mitgliedschaft hat unter anderem die Funktion, die Organisation nach

---

[28] Vgl. dazu ausführlicher Bommes/Scherr 2000, S. 124 ff.

[29] Luhmann 1995a, S. 259.

[30] Scherr 2000, S. 460.

[31] Anders hingegen Baecker 1994, S. 102 ff.

[32] Vgl. Luhmann 2000.

außen abzugrenzen, um dadurch intern Spielräume zu erzeugen. „Nichtzugehörigkeit markiert prinzipielle Indifferenz, die nur ausnahmsweise nach Maßgabe der Eigendynamik des Systems in Relevanz umgewandelt wird."[33] Für organisierte Hilfe ist weiterhin typisch, dass dann und nur dann geholfen wird, wenn die Voraussetzungen, die durch die interne Programmierung des Systems bestimmt werden, erfüllt sind. Damit spielen die Motive der Hilfeerbringer für die Hilfeleistung keine Rolle mehr – und dürfen es auch nicht (bei Max Weber: Unpersönlichkeit als Merkmal der Bürokratie). Sie sind bestenfalls für die Berufswahl von Bedeutung und verlieren dann typischerweise während der Ausbildung und spätestens im Beruf ihre Relevanz; die Ausbildung und Berufspraxis kann sogar umgekehrt die Hilfeerbringer desillusionieren und moralisch entmotivieren.[34]

2. Desiderate der Luhmann-Rezeption in der Wissenschaft der Sozialen Arbeit

Im Blick auf die Luhmannrezeption innerhalb der Wissenschaft der Sozialen Arbeit wird deutlich, dass zumeist ein „halbierter Luhmann" rezipiert wird. Man bezieht sich vorwiegend auf die Differenzierungstheorie, insbesondere auf die Frage, ob die Soziale Arbeit sich bereits zu einem autonomen gesellschaftlichen Subsystem ausdifferenziert hat oder nicht (und ob sich ein entsprechender Code identifizieren lässt). Selbst das in den letzten Jahren prominent gewordene Exklusions-/Inklusionstheorem verbleibt in diesem Zusammenhang. Hier wäre eine erweiterte Luhmannrezeption für die Soziale Arbeit ein sinnvoller Schritt. Luhmann verknüpft in seiner Theorie vier Theoriestränge: allgemeine Systemtheorie, Kommunikations-, Evolutions- und Differenzierungstheorie. Ich sehe diesbezüglich – ohne Anspruch auf Vollständigkeit – insbesondere folgende „Baustellen":

---

[33] Luhmann 2000, S. 112.

[34] Vgl. dazu für die Pflege Kersting 2002.

Codierung – Der Code der Sozialen Arbeit wird meist durch Begriffe wie Hilfe/Nicht-Hilfe oder Hilfebedarf/kein Hilfebedarf formuliert. Was nicht reflektiert wird, ist die Figur des Re-entry, also der Eintritt der Unterscheidung in das Unterschiedene. Entsprechend verbleibt die Soziale Arbeit beim Anschlusswert (Hilfe bzw. Hilfebedarf) und behält nur diese Seite im Blick. Ähnlich wie bei der Moral, wo oft nur das Gutsein des Guten proklamiert wird, verbleibt die Soziale Arbeit bei der Hilfe und beim gesellschaftlich produzierten Elend (wer hilft, hat immer Recht) und wird so differenzblind. Entsprechend fehlen meist – auch wenn sich die Soziale Arbeit in jüngster Zeit dieses Themas annimmt – Vorstellungen von gelingenden Lebensvollzügen. Nur wenn einbezogen wird, was von Seiten der Klientinnen und Klienten an Vorstellungen von gelingendem Leben in die Hilfebeziehung eingebracht wird, kann diese Einseitigkeit aufgebrochen werden. Neben einer Hermeneutik des (gesellschaftlich induzierten) Elends muss eine der gelingenden Lebensführung treten – und beide müssen aufeinander bezogen werden. Ansonsten bleiben Theorie und Praxis Sozialer Arbeit dem Negativen verhaftet, dessen Linderung oder Abschaffung sie doch eigentlich betreiben will.

Der Seitenblick auf Ethik und Moral enthüllt eine weitere Problemanzeige. In der Sozialen Arbeit liegt es offensichtlich nahe, die eigene Praxis – und bisweilen auch die zugrundeliegende Theorie – ethisch aufzuwerten. Selbstbeschreibungen der Sozialen Arbeit als „moralische"[35] oder als „Menschenrechtsprofession"[36] sowie als „ethische Wissenschaft"[37] zeigen überdeutlich die moralische Aufladung sozialarbeiterischer Praxis. Bekanntlich steht die Systemtheorie Luhmanns moralischer Codierung und deren ethischer Legitimation dezidiert kritisch gegenüber.[38] Daher bedarf die erst in Ansätzen diskutierte Verbindung zwischen systemtheoretischer Beschreibung der Moral und der Ethik der Sozialen Arbeit einer eingehenderen Auseinandersetzung.[39] Dabei wird es eine entscheidende Rolle spielen, inwieweit es der

---

[35] So der Titel von Pantucek/Vyslouzil (Hrsg.) 1999.

[36] Vgl. dazu aktuell Staub-Bernasconi 2006 und 2007.

[37] Schumacher 2007.

[38] Vgl. beispielhaft Luhmann 1990a.

[39] Vgl. dazu Dallmann 2007.

Sozialen Arbeit gelingt, „Gelingensbilder" zu entwickeln, die weder trivial noch – im schlechten Sinne – utopisch sind.[40]

Schließlich bedürfen der Begriff der Hilfe sowie der Begriff des Hilfebedarfs einer weiteren Reflexion. Dies gilt zum einen hinsichtlich des Verhältnisses von Hilfe und Kontrolle – und diesbezüglich einer systemtheoretischen Bestimmung der zugehörigen Begriffe der Asymmetrie und Macht.[41] Zum anderen ist noch nicht hinreichend geklärt, wie genau in diesem Zusammenhang zu fassen ist, dass die Klientinnen und Klienten Sozialer Arbeit am – wie auch immer zu bestimmenden – Erfolg hilfreicher Interaktionen maßgeblich beteiligt sind. Schließlich stellt sich, wie bei allen Codes, die Frage, nach welcher Programmatik die Zuordnung der Codewerte vorgenommen werden soll. Hier ist zu beachten, dass der Sozialen Arbeit in vielen Fällen solche Programmatiken durch andere Systeme vorgeschrieben werden, insbesondere durch Politik und Recht. Die Frage nach der Selbststeuerung der Sozialen Arbeit ist also nicht nur professionstheoretisch von Bedeutung. Vielmehr stellt sich die Frage nach der Verhältnisbestimmung von Sozialer Arbeiten zu anderen gesellschaftlichen Subsystemen. Ich komme unter dem Stichwort „strukturelle Kopplung" gleich darauf zu sprechen. Zusammenfassend mit anderen Worten gesprochen: die Bestimmung dessen, was sozialarbeiterische Hilfe überhaupt ausmacht, ist auch und gerade unter systemtheoretischer Perspektive erst noch systematisch vorzunehmen.

Strukturelle Kopplung – Innerhalb der Differenzierungstheorie legt Luhmann besonderen Wert auf strukturelle Kopplungen.[42] Die Unterscheidung zwischen Autopoiesis und struktureller Kopplung ersetzt theoriearchitektonisch die zwischen Differenzierung und Integration. Strukturelle Kopplung bedeutet „Umformung analoger (gleichzeitiger, kontinuierlicher) Verhältnisse in digitale, die nach einem Entweder/oder-Schema behandelt werden können, und ferner Intensivierung bestimmter Bahnen wechselseitiger Irritation bei hoher Indifferenz gegenüber der Umwelt im übrigen."[43] Operative

---

[40] Vgl. dazu die Ansätze in Kiesel/Volz 2008.

[41] Ansätze hierzu finden sich in Kraus/Krieger (Hrsg.) 2007.

[42] Vgl. Luhmann 1997, S. 776 ff.

[43] Luhmann 1997, S. 779.

Autonomie und Selbstorganisation haben dabei zur Voraussetzung, dass eine Vielzahl solcher Kopplungen zu verschiedenen Segmenten der Umwelt bestehen.

In der Diskussion innerhalb der Wissenschaft der Sozialen Arbeit wird die mit dem Kopplungsbegriff gefasste Problematik oft eindimensional unter begriffen wie z. B. „Hilfe und Kontrolle" diskutiert, wobei in erster Linie die Instrumentalisierung Sozialer Arbeit für staatliche Herrschaftsinteressen fokussiert werden. Es mag ja sein, dass das in gewisser Weise zutrifft. Aber es wird der Komplexität der Verhältnisse nicht gerecht. Eine ähnliche Engführung ist im Verhältnis zur Ökonomie zu beobachten; hier wird der Diskurs unter dem pejorativ gemeinten Begriff der „Ökonomisierung" geführt. Auch hier trifft es sicherlich zu, dass der Code der Sozialen Arbeit nicht durch den der Wirtschaft ersetzt werden kann. Gelänge das (aber wer betreibt gegenwärtig überhaupt diesen Versuch?), wäre Soziale Arbeit mit Wirtschaft identisch – übrigens eine Strategie, die in den sich sozialistisch nennenden Staaten vorherrschend war: durch staatlich organisierte Planwirtschaft und eine (Gleich-) Verteilung der Güter entsprechend der jeweiligen Bedürfnisse sollte soziales Elend abgeschafft werden, womit für Soziale Arbeit keine gesellschaftliche Funktion bestünde. Für den Rest waren Therapie und Umerziehung vorgesehen.

Den jeweiligen Eindimensionalitäten könnte man entgehen, wenn systemtheoretisch Soziale Arbeit hinsichtlich ihrer multiplen Kopplungen analysiert würde. Dadurch könnte deutlich werden, wie eine Vielzahl von Kopplungen gerade die Abhängigkeit von nur einem Funktionssystem verhindert und Selbstorganisation und -steuerung verstärkt.

Weiter ist Soziale Arbeit, weil sie mit Kommunikation arbeitet, an Personen als Adressen der Kommunikation gekoppelt. Hier tritt systemtheoretisch die Person, die Klientin oder der Klient auf den Plan, die systemtheoretisch als Teil der Umwelt des Systems gesehen werden muss. Eine Analyse dieses Kopplungsverhältnisses könnte ansetzen beim Begriff der doppelten Kontingenz.

Doppelte Kontingenz – Luhmann übernimmt bekanntlich den Begriff der doppelten Kontingenz von Parsons, der die Lösung des Problems der doppelten Kontingenz als Bedingung der Möglichkeit von Handeln versteht. Luhmann radikalisiert diesen Parsonsschen Begriff, doppelte Kontingenz wird für ihn der Kristallisationspunkt für die Emergenz sozialer Systeme.[44] Die aus der doppelten Kontingenz erwachsende Unsicherheit wird nun nicht dadurch absorbiert, dass Verhalten, sondern dass Erwartungen stabilisiert werden. Beobachtet man den oder die an einer Interaktion Beteiligten normativ (also unter der Prämisse stabiler generalisierter Verhaltenserwartungen), hält man die Erwartungen auch bei ihrer Enttäuschung konstant. Im entgegengesetzten Fall (also der Änderung der Erwartungen) spricht Luhmann von Lernen.

Da Soziale Arbeit aus Kommunikation „besteht", ist die Analyse des Aufbaus wechselseitiger Erwartungen und Erwartungserwartungen und weiter auch deren Erwartung von grundlegender Bedeutung. Hier könnten Untersuchungen zu wechselseitigen Zuschreibungs- und Interpretationsversuchen ansetzen, um Probleme der sozialarbeiterischen Kommunikation besser zu verstehen. Weil sozialarbeiterische Interaktionen in der Regel mehr oder minder auf Dauer gestellt sind, ist es sinnvoll, dabei weniger auf die Analyse von Kommunikation selbst zu zielen, sondern stattdessen auf den Systemcharakter der Interaktion. Darüber hinaus wäre eine angemessene Theorie sozialarbeiterischer Kommunikation zu formulieren (bislang verbleibt diese oftmals zu stark „praxisgebunden", etwa an systemische, humanistische oder andere therapeutische Schulen). Zu prüfen wäre in diesem Zusammenhang, ob und gegebenenfalls wie an eine systemtheoretisch angelegte Kommunikationstheorie angeschlossen werden könnte.[45]

Schließlich verweist der Systemcharakter sozialarbeiterischer Interaktion auf den Rahmen, innerhalb dessen sich diese Interaktionen ereignen: Organisationen.

---

[44] Vgl. Luhmann 1984, S. 157: „Sie [scil. die an einer Interaktion beteiligten Systeme] bleiben getrennt, sie verschmelzen nicht, sie verstehen einander nicht besser als zuvor; sie konzentrieren sich auf das, was sie am anderen als System-in-einer-Umwelt, als Input und Output beobachten können, und lernen jeweils selbstreferentiell in ihrer je eigenen Beobachterperspektive. Das, was sie beobachten, können sie durch eigenes Handeln zu beeinflussen versuchen, und am feedback können sie wiederum lernen. Auf diese Weise kann eine emergente Ordnung zustandekommen, die *bedingt ist* durch die Komplexität der sie ermöglichenden Systeme, die *aber nicht davon abhängt, daß diese Komplexität auch berechnet, auch kontrolliert werden kann.* Wir nennen diese emergente Ordnung soziales System."

[45] Ein elaboriertes Theorieangebot liegt z. B. in Baecker 2005 vor.

Organisation: Technologiedefizit und lockere Kopplung – Von verschiedenster Seite wird betont, dass sich in der Sozialen Arbeit ein Rationalitäts- und ein Technologiedefizit ausmachen lässt. Von einem Technologiedefizit spricht Luhmann im Kontext der Pädagogik.[46] War dieser Befund zunächst kritisch gemeint, hat sich im Anschluss, vor allem unter Einbeziehung organisationstheoretischer Überlegungen, eine differenziertere Betrachtungsweise durchgesetzt. Denn es ist deutlich geworden, dass in Organisationen hierarchische Durchgriffe auf Schwierigkeiten stoßen. Gleichzeitig lässt sich das organisationale Handeln nicht mehr durch Rationalität – im Sinne bestmöglicher Auswahl von Optionen unter der Prämisse stabiler Präferenzen – beschreiben. Stattdessen ist zu fragen, „wie eine Organisation ohne nachweisbare Rationalität überleben und anscheinend gut überleben und sogar wachsen könne."[47] Was Luhmann für das Erziehungssystem konstatiert, lässt sich auf die Soziale Arbeit übertragen: „Denn weder die Individuen noch das Interaktionssystem des Unterrichts sind Trivialmaschinen, die, wenn man den richtigen Input eingibt, die gewünschten Resultate liefern."[48] Übertragen lässt sich dieser Befund, weil in der Sozialen Arbeit wie in der Pädagogik Interaktionen im Mittelpunkt stehen und die Betroffenen, seien es Schülerinnen und Schüler oder Klientinnen und Klienten, als Koproduzenten am Erfolg der Interaktion beteiligt sind. Diese Interaktionen sind jedoch nicht – und unter anderem darin besteht das Technologiedefizit – durch die Organisation mit „guten Absichten" zu steuern. Da der direkte Zugriff auf die Interaktion fehlt, reagiert das Organisationssystem durch die Personalisierung von Problemen bei gleichzeitigem Fehlen von effektivem Controlling. Hier ist es ein wichtiges Desiderat, Untersuchungen zu den Rationalitätsannahmen und -unterstellungen Sozialer Arbeit anzustellen. Wie Raimund Hassemer zurecht bemerkt, ist dies etwa in der Jugendhilfe ein zentrales Problem, welches die Fachlichkeit Sozialer Arbeit vor ernste Probleme stellt: Das Technologiedefizit ist eben „nicht das Zeichen einer insuffizienten Theorie oder Praxis Sozialer Arbeit, sondern bleibt für jede Arbeit ,mit dem' Menschen so lange konstitutiv, als es unmöglich ist, diesen wie

---

[46] Luhmann/Schorr 1982.

[47] Luhmann 2002, S. 156.

[48] Luhmann 2002, S. 157.

eine Maschine oder einen Produktionsablauf eindeutig und vollständig zu berechnen oder sein Verhalten zu determinieren – also hoffentlich für alle Zukunft."[49]

Soziale Arbeit vollzieht sich in Organisationen. Hier könnten die organisationssoziologischen Arbeiten Luhmanns fruchtbar gemacht werden. Insbesondere der Blick auf die Entscheidungen, mit deren Hilfe die Organisation Unsicherheit absorbiert, könnte neue Einblicke in die Praxis Sozialer Arbeit erlauben. Ebenso könnte die Programmierung Sozialer Arbeit (Konditional- oder Finalprogrammierung) zu Fragen der Steuerung Sozialer Arbeit unter anderen Vorzeichen diskutiert werden.

Erziehung – Wenigen Subsystemen hat Luhmann so viel Aufmerksamkeit gewidmet wie dem Erziehungssystem. Auch wenn Luhmann fast ausschließlich die schulische Erziehung im Blick hat, könnten seine Ansätze sehr wohl auf weitere pädagogische Felder übertragen werden. Die gegenwärtige „Pädagogikabstinenz" der Sozialen Arbeit und ihrer Wissenschaft behindert eine fruchtbare Anknüpfung an die pädagogische Forschung – vielleicht verpasst sie wieder einmal eine wichtige Entwicklung.

3. Vom Nachteil der Systemtheorie für die Soziale Arbeit

Schaut man unbefangen auf die sozialwissenschaftliche Theorielandschaft, wird deutlich, dass es in der Theorieentwicklung Konvergenzpunkte gibt. Der zurzeit wichtigste lässt sich als „cultural turn" innerhalb der Sozialwissenschaften kenntlich machen.[50] Niklas Luhmann hat sich nur selten explizit[51] – und dann zumeist skeptisch hinsichtlich des theoretischen Gehalts des Begriffes – zum Thema Kultur geäußert; an einer Stelle nennt er ihn gar

---

[49] Hassemer 2010, S. 742.

[50] Vgl. dazu ausführlich Reckwitz 2000.

[51] Z. B. Luhmann 1995b.

„einen der schlimmsten Begriffe, die je gebildet worden sind."[52] Gleichwohl ergeben sich auch kulturtheoretisch eine Reihe von Anknüpfungsmöglichkeiten an Luhmann.[53] Ein anderer – eher erkenntnis- oder wissenschaftstheoretischer Konvergenzpunkt in der Theorieentwicklung liegt in der zunehmenden Popularität konstruktivistischer und holistischer Theorien, zu denen Luhmann oft gezählt wird, obwohl es sich bei seiner Theorie weder um eine holistische[54] noch um eine im engeren Sinne radikal-, aber dennoch: konstruktivistische handelt.[55] Im Blick auf aktuelle Trends erscheint so die Luhmannsche Systemtheorie – mehr als zehn Jahre nach Luhmanns Tod eigentlich kein Wunder – als unmodern, eben nicht mehr trendy.

Unabhängig davon, wie groß man die Anschlussfähigkeit der Luhmannschen Theorie an diese gegenwärtige Entwicklung einschätzt, liegt die Gefahr einer Theorie mit solch umfassenden Anspruch (ähnlich der marxistischen Theorie) in der Versuchung des Theoriemonismus, der Erklärung der Welt aus einem Prinzip. Nicht dass Luhmann selbst solche Ansprüche, obwohl er von einer universalen Theorie spricht, formuliert hätte – dazu war er viel zu ironisch, auch in Bezug auf sich selbst –, aber in der Rezeption Luhmanns finden sich entsprechende Beispiele. Verspielt wird dort die Möglichkeit, durch eine Vielzahl von Perspektiven Gleiches jeweils anders zu sehen und zu deuten; verspielt wird mit anderen Worten das kreative Element.

Hinsichtlich der Systemtheorie geht darüber hinaus der Verdacht um, es handele sich bei ihr, da sie funktionalistisch ausgerichtet sei, um eine Theorie, die sich der Sicherung und Verteidigung der bestehenden Verhältnisse verpflichtet habe. Die Gesellschaftsanalyse systemtheoretischer Art müsse deshalb um eine gesellschaftskritische Perspektive erweitert, ergänzt oder aber durch sie ersetzt werden.[56] Dieses (Vor-) Urteil wurde durch Luhmann

---

[52] Luhmann 1995c: 398. Inwieweit Luhmann dabei auf den Goebbels zugeschriebenen, aber von seinem Gesinnungsgenossen Hanns Johst stammenden, Satz „Wenn ich Kultur höre, entsichere ich meinen Revolver." (bei Johst im Original: „entsichere ich meine Browning") rekurriert, kann an dieser Stelle offen bleiben.

[53] Vgl. dazu den Sammelband von Burkart/Runkel 2004.

[54] Vgl. Schützeichel 2003, S. 66 ff.

[55] Vgl. dazu Luhmann 1990b.

[56] Diese Meinung habe ich selbst eine Zeit lang vertreten; vgl. Dallmann 1994.

insofern gestützt, als er sich vielfach skeptisch hinsichtlich der Möglichkeit gesellschaftlicher Veränderung und spöttisch hinsichtlich deren Protagonisten geäußert hat.[57] Aber der – zumindest intendierte – Verzicht auf normative Festlegung ist zum einen nicht verbunden mit einem auf Sensibilität in z. B. ökologischen oder sozialen Fragen[58] und zum anderen nicht mit einem kritischen Blick auf die Welt. Luhmann hat sich selbst in seinen Schriften insofern kritisch gegenüber gesellschaftlichen Entwicklungen geäußert, als er in Zweifel zog, dass z. B. die ökologischen Gefährdungen der Gesellschaft werden bewältigt werden können. Meines Erachtens liegt in der Systemtheorie Niklas Luhmanns ein gesellschaftskritisches Potential, das erst noch entdeckt und entfaltet werden muss. Allerdings verzichtet Luhmann – und darin ähnelt er mehr als Jürgen Habermas, sein theoretischer „Gegenspieler", Theodor W. Adorno, dessen Lehrstuhl er nach seinem Tod vertrat – darauf, positiv Bilder einer gelingenden Gesellschaft zu entwerfen. Ohne theoretisch der negativen Dialektik etwas abgewinnen zu können, geht es Luhmann – in Adornoscher Diktion – um den unverstellten Blick auf das Bestehende.

Welcher Nachteil erwächst der Sozialen Arbeit also, wenn sie das Reflexionsangebot der Luhmannschen Systemtheorie nutzt? Mit Sicherheit geht ihr die moralische Unbefangenheit verloren. Aber nicht allein die moralische. Jegliche Form von Legitimationen sind in Luhmannscher Perspektive genau das, Legitimationen, die aus Selbstbeschreibungs- und Selbstrechtfertigungszwecken entwickelt werden und keinen Halt, keine Dignität in irgendetwas „Höherem" haben. In allen ihren Legitimationsformen rechtfertigt Soziale Arbeit sich selbst, ihr Operieren, die Validität ihres Codes, ihren Bedarf an Mitteln und Stellen. Aus systemtheoretischer Perspektive fehlt dieser kühlen Analyse jeglicher Ton moralischer Empörung, jeglicher Entlarvungsgestus. Die Dinge sind so wie sie sind, oder besser: wie sie vom Standpunkt eine Beobachters mit dessen Unterscheidungen beobachtet werden. Allein: Diese kühle Analyse lässt jede moralische Emphase schal erscheinen.

---

[57] Hinreichend viele Belege dafür finden sich in Luhmann 1986.

[58] Vgl. z. B. das Radiogespräch mit Wolfgang Hagen, Luhmann 1998.

Was verliert die Soziale Arbeit noch? Mit Sicherheit das Vertrauen in die Möglichkeit, Menschen und deren Verhältnisse ändern zu können – aber hat dieses Vertrauen je wirklich bestanden? Nimmt man die theoretischen Grundlagen ernst, kann es sich bei sozialarbeiterischen Interventionen nur um Störungen, Perturbationen im Maturanaschen Sinne handeln, bei denen die Reaktion der derart gestörten Personen nicht vorhergesagt werden können. In diesem Sinn entzieht die Anlehnung an systemtheoretisches Denken jeglichen Machbarkeitsphantasien den Boden.

Man mag dies vielleicht als Verlust betrauern. Meines Erachtens sind diese Nachteile für Theorie und Praxis Sozialer Arbeit wertvoller als andere Reflexionsgewinne.

Literatur

Baecker, Dirk (1994): Soziale Hilfe als Funktionssystem der Gesellschaft. Zeitschrift für Soziologie 23, S. 93-110.

Baecker, Dirk (2005): Form und Formen der Kommunikation. Frankfurt a. M.: Suhrkamp.

Bardmann, Theodor M. (2000): Soziale Arbeit im Licht der Systemtheorie Niklas Luhmanns. In: Gripp-Hagelstange, Helga (Hrsg.): Niklas Luhmanns Denken. Interdisziplinäre Einflüsse und Wirkungen. Konstanz: UVK, S. 75-103.

Barthelmess, Manuel (2001): Systemische Beratung. Eine Einführung für psychosoziale Berufe. 2. Auflage, Weinheim/Basel: Juventa.

Becker, Simone (2008): Soziale Arbeit und Systemtheorie. Eine Studie zum Nutzen der systemischen Betrachtungsweise. Hamburg: Diplomica.

Bommes, Michael; Scherr, Albert (2000): Soziologie der Sozialen Arbeit. Eine Einführung in die Formen und Funktionen organisierter Hilfe. Weinheim/München: Juventa.

Brumlik, Micha (1987): Reflexionsgewinne durch Theoriesubstitution? Was kann die Systemtheorie der Sozialpädagogik anbieten? In: Oelkers, Jürgen; Tenorth, Heinz-Elmar (Hrsg.): Pädagogik, Erziehungswissenschaft und Systemtheorie. Weinheim/Basel: Juventa, S. 232-258.

Burkart, Günter; Runkel, Gunter (Hrsg.) (2004): Luhmann und die Kulturtheorie. Frankfurt a. M.: Suhrkamp.

Dallmann, Hans-Ulrich (1994): Die Systemtheorie Niklas Luhmanns und ihre theologische Rezeption. Stuttgart: Kohlhammer.

Dallmann, Hans-Ulrich (2005): Geben, Schenken, Stiften – ein Anachronismus in modernen Gesellschaften? In: Andrews, Claudia/Dalby, Paul/Kreuzer, Thomas

(Hrsg.): Geben, Schenken, Stiften. Theologische und philosophische Perspektiven. Münster: Lit, S. 33-51.

Dallmann, Hans-Ulrich (2007): Ethik im systemtheoretischen Denken. In: Lob-Hüdepohl, Andreas; Lesch, Walter (Hrsg.): Ethik Sozialer Arbeit. Ein Handbuch. Paderborn: Schöningh, S. 57-68.

Hassemer, Raimund (2010): Garantenpflicht, Fachlichkeit und Technologiedefizit – Anmerkungen zur Unterlassungsstrafbarkeit in der Jugendhilfe. In: Herzog, Felix/Neumann, Ulfrid (Hrsg.): Festschrift für Winfried Hassemer. Heidelberg: C. F. Müller, S. 729-744.

Hollstein-Brinkmann, Heino (1993): Soziale Arbeit und Systemtheorien. Freiburg: Lambertus.

Kersting, Karin (2002): Berufsbildung zwischen Anspruch und Wirklichkeit. Eine Studie zur moralischen Desensibilisierung. Bern: Huber.

Kiesel, Doron/Volz, Fritz Rüdiger (2008): „Anerkennung und Intervention". Moral und Ethik als komplementäre Dimensionen interkultureller Kompetenz. In: Auernheimer, Georg (Hrsg.): Interkulturelle Kompetenz und pädagogische Professionalität. Wiesbaden: Verlag für Sozialwissenschaften, S. 67-80.

Kraus, Björn/Krieger Wolfgang (Hrsg.) (2007): Macht in der Sozialen Arbeit. Interaktionsverhältnisse zwischen Kontrolle, Partizipation und Freisetzung. Lage: Jacobs.

Ludewig, Kurt (1992): Systemische Therapie. Grundlagen klinischer Theorie und Praxis. Stuttgart: Klett-Cotta.

Luhmann, Niklas/Schorr, Karl Eberhard (1982): Das Technologiedefizit der Erziehung und die Pädagogik. In: Dies. (Hrsg.): Zwischen Technologie und Selbstreferenz. Fragen an die Pädagogik. Frankfurt a. M.: Suhrkamp, S. 11-40.

Luhmann, Niklas (1973): Formen des Helfens im Wandel gesellschaftlicher Bedingungen. In: Otto, Hans-Uwe; Schneider, Siegfried (Hrsg.): Gesellschaftliche Perspektiven der Sozialarbeit, erster Halbband. Neuwied/ Darmstadt: Luchterhand, S. 21-43.

Luhmann, Niklas (1984): Soziale Systeme. Grundriß einer allgemeinen Theorie. Frankfurt a. M.: Suhrkamp.

Luhmann, Niklas (1986): Ökologische Kommunikation. Kann die moderne Gesellschaft sich auf ökologische Gefährdungen einstellen? Opladen: Westdeutscher Verlag.

Luhmann, Niklas (1989): Die Ausdifferenzierung der Religion. In: ders.: Gesellschaftsstruktur und Semantik. Studien zur Wissenssoziologie der modernen Gesellschaft Band 3. Frankfurt a. M.: Suhrkamp, S. 259-357.

Luhmann, Niklas (1990a): Paradigm lost: Über die ethische Reflexion der Moral. Rede von Niklas Luhmann anläßlich der Verleihung des Hegel-Preises 1989. Frankfurt a. M.: Suhrkamp.

Luhmann, Niklas (1990b): Das Erkenntnisprogramm des Konstruktivismus und die unbekannt bleibende Realität. In: ders.: Soziologische Aufklärung 5. Konstruktivistische Perspektiven. Opladen: Westdeutscher Verlag, S. 31-58.

Luhmann, Niklas (1991): Soziologie des Risikos. Berlin, New York: de Gruyter.

Luhmann, Niklas (1992): Arbeitsteilung und Moral. Durkheims Theorie. In: ders.: Die Moral der Gesellschaft, hrsg. von Detlef Horster. Frankfurt a. M.: Suhrkamp 2008, S. 7-24.

Luhmann, Niklas (1995a): Inklusion und Exklusion. In: ders.: Soziologische Aufklärung 6. Die Soziologie und der Mensch. Opladen: Westdeutscher Verlag, S. 237-264.

Luhmann, Niklas (1995b): Kultur als historischer Begriff. In: ders.: Gesellschaftsstruktur und Semantik. Studien zur Wissenssoziologie der modernen Gesellschaft Band 4. Frankfurt a. M.: Suhrkamp, S. 31-54.

Luhmann, Niklas (1995c): Die Kunst der Gesellschaft. Frankfurt a. M.: Suhrkamp.

Luhmann, Niklas (1997): Die Gesellschaft der Gesellschaft. Frankfurt a. M.: Suhrkamp.

Luhmann, Niklas (1998): Es gibt keine Biografie. Niklas Luhmann im Radiogespräch mit Wolfgang Hagen. In: Wolfgang Hagen (Hrsg.): Warum haben Sie keinen Fernseher, Herr Luhmann? Letzte Gespräche mit Niklas Luhmann. Dirk Baecker, Norbert Bolz, Wolfgang Hagen, Alexander Kluge. Berlin: Kulturverlag Kadmos 2004, S. 13-47.

Luhmann, Niklas (2000): Organisation und Entscheidung. Opladen, Wiesbaden: Westdeutscher Verlag.

Luhmann, Niklas (2002): Das Erziehungssystem der Gesellschaft. Hrsg. von Dieter Lenzen. Frankfurt a. M.: Suhrkamp.

Lüssi, Peter (1991): Systemische Sozialarbeit. Praktisches Lehrbuch der Sozialberatung. Bern, Stuttgart: Haupt.

Mauss, Marcel (1950): Die Gabe. Form und Funktion des Austauschs in archaischen Gesellschaften. Frankfurt a. M.: Suhrkamp 1990.

Merten, Roland (Hrsg.) (2000): Systemtheorie Sozialer Arbeit. Neue Ansätze und veränderte Perspektiven Opladen: Leske und Budrich.

Pantucek, Peter; Vyslouzil, Monika (Hrsg.) (1999): Die moralische Profession. Menschenrechte und Ethik in der Sozialarbeit. St. Pölten: SozAKTIV.

Pfeifer-Schaupp, Hans-Ulrich (1995): Jenseits der Familientherapie. Systemische Konzepte in der sozialen Arbeit. Freiburg: Lambertus.

Reckwitz, Andreas (2000): Die Transformation der Kulturtheorien. Zur Entwicklung eines Theorieprogramms. Weilerswist: Velbrück.

Sachße, Christoph/Tennstedt, Florian (1998): Geschichte der Armenfürsorge in Deutschland. Band 1: Vom Spätmittelalter bis zum 1. Weltkrieg. Stuttgart: Kohlhammer.

Scherr, Albert (2000): Luhmanns Systemtheorie als soziologisches Angebot an Reflexionstheorien der Sozialen Arbeit. In: de Berg, Henk; Schmidt, Johannes (Hrsg.): Rezeption und Reflexion. Zur Resonanz der Systemtheorie Niklas Luhmanns außerhalb der Soziologie. Frankfurt a. M.: Suhrkamp, S. 440-468.

von Schlippe, Arist/ Schweitzer, Jochen (1996): Lehrbuch der systemischen Therapie und Beratung. Göttingen/Zürich: Hogrefe.

Schumacher, Thomas (2007): Soziale Arbeit als ethische Wissenschaft. Topologie einer Profession. Stuttgart: Lucius und Lucius.

Schützeichel, Rainer (2003): Sinn als Grundbegriff bei Niklas Luhmann. Frankfurt, New York: Campus.

Staub-Bernasconi, Silvia (2006): Der Beitrag einer systemischen Ethik zur Bestimmung von Menschenwürde und Menschenrechten in der Sozialen Arbeit. In: Dungs, Susanne; Gerber, Uwe; Schmidt, Heinz; Zitt, Renate (Hrsg.): Soziale Arbeit und Ethik im 21. Jahrhundert. Ein Handbuch. Leipzig: Evangelische Verlagsanstalt, S. 267-289.

Staub-Bernasconi, Silvia (2007): Soziale Arbeit: Dienstleistung oder Menschenrechtsprofession? Zum Selbstverständnis Sozialer Arbeit in Deutschland und einem Seitenblick auf die internationale Diskussionslandschaft. In: Lob-Hüdepohl, Andreas; Lesch, Walter (Hrsg.): Ethik Sozialer Arbeit. Ein Handbuch. Paderborn: Schöningh, S. 20-53.

Weber, Georg/Hillebrandt, Frank (1999): Soziale Hilfe – ein Teilsystem der Gesellschaft? Wissenssoziologische und systemtheoretische Überlegungen. Wiesbaden: Westdeutscher Verlag.

Björn Kraus

Erkenntnistheoretisch-konstruktivistische Perspektiven auf die Soziale Arbeit

1. Einführung

In der Sozialen Arbeit lässt sich spätestens seit den 1980er-Jahren eine zunehmende Bezugnahme auf systemische und systemtherapeutische Modelle beobachten. Und schon alleine im Zuge dessen, dass diese Modelle gerade ab den 1990er Jahren vermehrt konstruktivistische Überlegungen aufgriffen, fanden auch konstruktivistische Perspektiven Eingang in die Soziale Arbeit.[1] Zwischenzeitlich lässt sich konstatieren, dass konstruktivistische Überlegungen „ein Dauerbrenner in der sozialarbeitswissenschaftlichen Diskussionslandschaft"[2] zu sein scheinen. Allerdings gilt hier ähnlich, wie etwa beim ebenso häufigen Rückgriff auf Lebensweltmodelle, dass der häufige Gebrauch nicht unbedingt der Präzision eines Begriffs oder einer Kategorie gut tut.[3] Im Gegenteil: Was genau gemeint sein soll, wenn auf konstruktivistische Grundlagen verwiesen wird, ist oft unklar. Dies mag zum einen damit zusammenhängen, dass es eine relativ große Zahl unterschiedlicher Konstruktivismen gibt, die zudem in verschiedenen Disziplinen entwickelt wurden.[4] Hier finden sich etwa die Verbindung philosophischer und strukturge-

---

[1] Zur Übersicht etwa: Pfeifer-Schaupp 1995, Merten 2000, Kraus 2002.

[2] Ostheimer 2009.

[3] Vgl. Kraus 2006.

[4] Jensen 1999, Diesbergen 2000, Kraus 2002.

netischer Perspektiven,[5] die Auswertung neurophysiologischer und -biologischer Ergebnisse,[6] die Weiterführung der Kybernetik,[7] kommunikationstheoretische Perspektiven[8] und soziologische Perspektiven[9]. Zudem ist diese Theorienlandschaft auch dadurch relativ unübersichtlich, dass es teilweise disziplinübergreifende Bezugnahmen gibt – etwa bei Luhmann, der auf von Foersters Beobachterkategorie und Maturanas Autopoiesekonzept zurückgreift[10] – und die Zuordnung der einzelnen Autoren schon durch die Autoren selber nicht immer eindeutig und nachvollziehbar ist.[11] Zum anderen wird die Situation dadurch erschwert, dass in der sozialarbeiterischen Rezeption teilweise ohne ausdrückliche Explizierung in vermischter Form auf verschiedene Konstruktivismusmodelle zurückgegriffen wird.[12] Trotz der hier nicht aufzuarbeitenden Differenzen dieser Traditionslinien lässt sich so etwas wie ein kleinster gemeinsamer Nenner konstruktivistischer Modelle ausmachen: eine grundlegende Skepsis nämlich bezüglich unserer Erkenntnismöglichkeiten. D.h.: Es wird konstruktivistisch bezweifelt, dass darüber Sicherheit erlangt werden kann, ob ein Wahrnehmungsergebnis dem Anlass dieser Wahrnehmung entspricht.

---

[5] Glasersfeld 1978, 1996.

[6] Maturana, Varela 1987, Roth 1997, 2003.

[7] Foerster 1996.

[8] Schmidt 1996, Rusch/Schmidt 1999, NIKOL-Gruppe 1996.

[9] Luhmann 1984, 1998.

[10] Letzteres nimmt Luhmann indes gegen Maturanas ausdrückliche Ablehnung der Anwendung seiner biologisch-kognitistischen Theorie auf kulturelle Systeme (Krüll, Luhmann, Maturana 1987, S. 12) vor.

[11] Vgl. Kraus 2002, S. 9 ff. In der Sekundärliteratur wir die Zuordnung offenbar noch schwieriger – etwa wenn das Autopoiesiskonzept von Maturana und Varela als zentraler Bezugspunkt des „Radikalen Konstruktivismus" ausgewiesen wird (Ostheimer 2009, S. 86), hingegen von Glasersfeld als Namensgeber des Radikalen Konstruktivismus in seinen grundlegenden Werken keinerlei Bezug darauf nimmt (vgl. Glasersfeld 1996).

[12] Kraus 2002, S. 19 ff.

2. Grundlagen eines erkenntnistheoretischen Konstruktivismus

2.1 Operationsbedingungen menschlicher Kognition

Die von mir vertretene Position eines erkenntnistheoretischen Konstruktivismus geht von der Frage nach den Bedingungen menschlichen Erkennens aus und greift dabei die in der abendländischen Philosophie immer wieder betonte Skepsis bezüglich menschlicher Erkenntnismöglichkeiten auf.[13] Zentral ist hierbei die Einsicht, dass menschlicher Kognition immer nur die Ergebnisse eines Wahrnehmungsprozesses, nicht aber dessen Anlässe zugänglich sind. Versuchen wir also Sicherheit über die Beschaffenheit eines „Objektes" zu erlangen, so können wir zwar Ergebnisse unterschiedlicher Wahrnehmungsprozesse miteinander vergleichen, die „Sache" selbst aber (als Anlass dieser Wahrnehmungsprozesse) ist uns nicht direkt zugänglich. Diese Überlegung brachte prominent Immanuel Kant auf den Punkt, indem er betonte, dass wir die Realität nicht unmittelbar, sondern nur im Rahmen unserer Wahrnehmungsmöglichkeiten erfahren können.[14] Ob aber die „Gegenstände, wie sie uns erscheinen"[15] (also die Ergebnisse eines Wahrnehmungsprozesses) den tatsächlichen Gegenständen (also den Anlässen dieser Wahrnehmungsprozesse) entsprechen, kann nicht überprüft werden. Hierzu müsste es nämlich möglich sein, unsere Wahrnehmungsbedingungen zu umgehen und das Ergebnis eines Wahrnehmungsprozesses mit dem zu Grunde liegenden realen Wahrnehmungsanlass direkt (also ohne erneute Nutzung unserer ja gerade zu überprüfenden Wahrnehmungsmöglichkeiten) zu vergleichen – eine Voraussetzung, die schon von den Vorsokratikern bestritten wurde.[16]

---

[13] Vgl. Glasersfeld 1996, S. 56-97.

[14] Kant 1798, 1800.

[15] Ebda, BA 26.

[16] Vgl. Glaserfeld 1996, S. 158.

Insoweit wir unsere Wahrnehmungsmöglichkeiten nicht umgehen und deswegen immer nur verschiedene Wahrnehmungsergebnisse miteinander vergleichen können, wird Kognition im konstruktivistischen Diskurs als ein operational geschlossener Prozess beschrieben. Soll heißen: Kognition hat keinen direkten Zugang zur Welt an sich, sondern nur zu den eigenen Bewusstseinszuständen. In Folge dessen richten sich konstruktivistische Modelle gegen den Anspruch, die Welt abbilden oder tatsächlich erkennen zu wollen, und zielen stattdessen auf brauchbare Modelle zur Ordnung und Erklärung unserer Erfahrungen. Dabei ist zu betonen, dass nun keinesfalls behauptet wird, unsere Wahrnehmungen der Welt wären „falsch" und würden der tatsächlichen Welt widersprechen. Nur, da nicht überprüft werden kann, ob unsere Wahrnehmungen die tatsächliche Welt abbilden, soll konsequenterweise auf solche Überprüfungsbestrebungen verzichtet werden. Dass hieraus jedoch keineswegs Beliebigkeit folgert (und etwa Forschung als unsinniges Unterfangen gelten muss), lässt sich an den Überlegungen zur Strukturellen Koppelung und zur Viabilität verdeutlichen, die im Abschnitt 2.3 expliziert werden.

2.2 Neurobiologische Überlegungen

An dieser Stelle soll ein kurzer Blick auf einige neurobiologische Überlegungen zu unseren Wahrnehmungsbedingungen erlaubt sein. Mit diesen möchte ich nun keineswegs die Position eines erkenntnistheoretischen Konstruktivismus begründen oder gar „beweisen". Jedoch bringen Erfahrungen neurobiologischer Forschung Ergebnisse hervor, die mit konstruktivistischen Überlegungen zumindest vereinbar sind. Insofern diese Ergebnisse nämlich der Annahme widersprechen, man könne die Realität erkennen, führen sie zu Irritationen auf der Ebene welterklärender Wirklichkeitskonstruktionen. In Folge dessen werden Modifikationen oder Neuentwicklungen welterklärender Modelle notwendig. Ein mögliches Ergebnis dieses Prozesse könnten nun konstruktivistische Erklärungsmodelle sein. Schließlich erlauben diese die widerspruchsfreie Integration zentraler neurobiologischer Forschungsergebnisse.[17]

2.2.1 Die Grenzen der sensorischen Wahrnehmung des Menschen

Der Mensch ist zur Wahrnehmung seiner Umwelt auf Sinnesorgane angewiesen, die quasi die Verbindung zwischen dem Gehirn und der Umwelt darstellen. Die zur Verfügung stehenden Sinnessysteme sind vielfältig und ermöglichen etwa das Wahrnehmen physikalischer Ereignisse (z.b. mittels Gehör, Lichtsinn und Tastsinn), chemischer Ereignisse (z.b. mittels Geruchs- und Geschmacksinn). Nun ist diese Liste der Sinnessysteme schon für den Menschen nicht vollständig. Im Tierreich lässt sich aber darüber hinaus feststellen, dass es in der Natur weitere Sinnessysteme gibt, die dem Menschen nicht zur Verfügung stehen. So gibt es etwa Fische und Amphibien, die mittels Elektrorezeptoren in der Lage sind elektrische Spannungen zu orten. Offensichtlich gibt es Umweltgegebenheiten, zu deren Erfassung Menschen nicht über die notwendigen Sinnessysteme verfügen. Damit haben wir einen ersten Punkt des Zweifels an der „realistisch welterfassenden" Funktion unserer Sinnesorgane – zunächst hinsichtlich der Vollständigkeit des Wahrnehmbaren – begründet.

Wenden wir uns nun den uns zur Verfügung stehenden Sinnessystemen zu, so müssen wir feststellen, dass diese nur innerhalb recht enger Grenzen auf Umweltparameter reagieren können. So können wir etwa Schallwellen nur im Bereich vom ca. 50 bis 20.000 Hz wahrnehmen oder Lichtwellen nur im Bereich von ca. 400 bis 750 nm, wohingegen die Sinnesrezeptoren einiger Tiere auf Schallwellen bis zu 100 kHz oder auf Lichtwellen auch im UV Bereich (etwa Bienen: 350-400 nm) reagieren können. Damit müssen wir also annehmen, dass wir auch die Parameter von Umweltereignissen, zu deren Erfassung wir grundsätzlich über die notwendigen Sinnessysteme verfügen, nur innerhalb bestimmter Grenzen erfahren können.

In Folge dessen müssen wir zumindest die Idee aufgeben, dass wir die Welt vollständig wahrnehmen können. Gehen wir nun der Frage nach, wie es

---

[17] Wie Sie etwa von Roth (1997, 2003) dargestellt werden; vgl. auch Kraus 2000, S. 13-34.

denn um die Qualität unserer Wahrnehmung innerhalb der hier skizzierten Grenzen bestellt ist.

2.2.2 Die Qualität der Wahrnehmung innerhalb ihrer Operationsgrenzen

Zunächst ist festzuhalten, dass unser Gehirn auf Ereignisse der Umwelt in der Regel nicht direkt reagieren kann, da es nur für bestimmte elektrische Potentiale (Nervenpotentiale) oder bestimmte chemische Moleküle (Transmitter und Neuropeptide) empfindlich ist. Deswegen müssen die Irritationen des peripheren Nervensystems, die das Ergebnis der Auseinandersetzung mit Umweltereignissen sind, erst entsprechend in die „Sprache" des zentralen Nervensystems „übersetzt" werden. Nun bedingt allein dies schon zumindest die Möglichkeit von Übersetzungsfehlern und Übertragungsverlusten. Damit nun eine ikonische Abbildung der Realität im Gehirn möglich wäre, müssten unsere Sinnesapparaturen die Strukturen der Umwelt in ihrer Komplexität erfassen und mit möglichst geringem Informationsverlust an das zentrale Nervensystem vermitteln können.

„Im Grunde müsste daher die durch die Sinnessysteme „transportierte" Information von einer so umfassenden Komplexität sein, daß darin alle Nuancen qualitativer Eigenschaften eingeschlossen sein könnten."[18]

Die hierzu notwendigen Voraussetzungen stellt aber das überaus simple „Alles-oder-Nichts-Prinzip" des neuronalen Impulses keineswegs zur Verfügung. Die Rezeptoren unseres Nervensystems können lediglich auf das Vorhandensein oder das Fehlen von physikalischen oder chemischen Ereignissen reagieren. Hierbei reagieren sie auf entsprechende Veränderungen durch den Aufbau eines elektrischen Potentials, welches sie (bei Überschreiten eines gewissen Schwellenwertes) an andere Nervenzellen weiterleiten. Damit kann eine Nervenzelle aber nur melden, *ob* oder bestenfalls *wie viel* an einer bestimmten Stelle ist, nicht aber, *was* da sein soll. Mit der „Umwandlung" von physikalischen oder chemischen Umweltereignissen in neu-

---

[18] Krieger 2004, S. 261.

99

ronale Signale ist eine derartige „Entspezifizierung" verbunden, dass es keine Möglichkeit mehr gibt, auf den Ursprung oder den Anlass der neuronalen
Signale zu schließen („neuronale Einheitssprache" des Gehirns).[19] Für die
Bewertung der Erregungszustände ist weder das auslösende Umweltereig-
nis, noch das jeweilige Sinnessystem verantwortlich, sondern die bewerten-
de Instanz.[20] Dementsprechend bilanzierte der Neurobiologe Gerhard Roth[21]
schon in den 1980er Jahren:

„Wahrnehmung ist demnach Bedeutungszuweisung zu an sich bedeu-
tungsfreien neuronalen Prozessen, ist Konstruktion und Interpretation."[22]

Weiterhin ist bedenkenswert, dass Wahrnehmung ein aktiver Vorgang ist,
der nach den Regeln unserer Sinne und unseres Gehirns erfolgt. Der Vorgang der Wahrnehmung (Reizung des peripheren Nervensystems ▶ Übersetzung und Weiterleitung dieser Reizung zum Gehirn ▶ Interpretation der
hierdurch bedingten Aktionspotenziale durch das Gehirn) ist eine aktive Tätigkeit unserer Sinne und unseres Gehirns. Beide bestimmen somit wesentlich das Ergebnis und bilden nicht einfach passiv die physikalischen Eigen-

---

[19] Diese Überlegung diskutierten schon im 19. Jahrhundert verschiedenen Forscher
(Hermann von Helmholtz [ein Schüler des Sinnesphysiologen Johannes Müller
(1801-1858), der das „Gesetz der unspezifischen Sinnesenergien" formulierte], Du
Bois-Reymond et al.) als sie feststellten, dass die Codierung der „Sprache des Gehirns" weder von den auslösenden Umweltereignissen noch von den rezipierenden
Sinnessystemen abhängt (vgl. Roth 1997, S. 78-125, insbes. S. 100 f.; Roth 2003, S.
81).

[20] Die Diskussion darüber, ob der Ort der Erregung für deren Interpretation entscheidend ist („topologisches Prinzip", etwa Roth 2003, S. 82) oder ob stattdessen eher
„holistische" Theorien der Sinneidentifikation notwendig sind, sei an dieser Stelle
ausgeklammert (vgl. hierzu Krieger 2004, S. 261 ff.).

[21] Nun mag es Kritiker geben, die Roth ebenfalls als Kritiker des Radikalen Konstruktivismus verorten möchten. Zwar differenziert Roth 2003 zwischen einem Neurobiologischen und einem Radikalen Konstruktivismus, aber er kritisiert nicht die Grundannahmen des Radikalen Konstruktivismus (die er im Gegenteil an gleicher Stelle
explizit bestätigt), sondern er kritisiert radikalkonstruktivistische Autoren, die den
Eindruck erwecken, dass die Konstruktion der Wirklichkeit eine *bewusste* Leistung
des Gehirns sei.

[22] Roth 1986, S. 14.

schaften eines Wahrnehmungsobjektes ab. Neurophysiologisch zeigt sich dies u.a. darin, dass unsere Sinnesrezeptoren nicht nur auf bestimmte Umweltereignisse reagieren können, sondern sich auch aktiv auf diese Umweltereignisse einstellen.

Und schließlich ist Wahrnehmung notwendig selektiv und erfahrungsabhängig. Hier geht es um zwei Aspekte unserer Wahrnehmung mit – wenn man so mag – entgegengesetzten Folgen: Der eine Aspekt führt dazu, dass Umweltereignisse auch innerhalb der Funktionsbereiche unserer Sinnessysteme ausgeklammert werden, wohin gegen der andere berücksichtigt, dass Wahrnehmungsinhalte ergänzt werden (teils präkognitiv, teils erfahrungsabhängig).

Die Selektivität unserer Wahrnehmung ist notwendig, damit wir angesichts eines allgegenwärtigen und nahezu grenzenlosen „Reizangebotes" nicht in völliger Orientierungslosigkeit in eben dieser „Reizflut" versinken. In diesem Zusammenhang ist auch relevant, dass wir oftmals nur erkennen, was wir schon kennen, dass wir also Sachverhalte am ehesten „beobachten" können, zu deren Beobachtung wir über die notwendigen Erwartungsmuster und begrifflichen Schemata verfügen. Ein Beispiel: So lassen sich in der Interaktion von Menschen mit ihrer sozialen und materiellen Umwelt nur dann etwa Merkmale eines Aufmerksamkeitsdefizitsyndroms (ADHS) erkennen, wenn es die zur Symptombeobachtung notwendige begriffliche Kategorie schon gibt. Dies gilt jedoch nicht nur bezüglich solcher sozial festgelegter Kategorien, sondern auch bezüglich ganz basaler Wahrnehmungsinhalte wie etwa der räumlichen Struktur unserer Umgebung. Das Gehirn wählt unter den zur Verfügung stehenden Möglichkeiten der Mustererkennung nach Maßgabe weitreichender Ordnungsprinzipien der Einfachheit, der Symmetrie, der Regelmäßigkeit u.a., um so dem Wahrnehmungsinhalt „prägnante" Strukturen zu verleihen. Aber das Gehirn selektiert, fokussiert und sortiert nicht nur die zur Verfügung stehenden Impulse, sondern es fügt auch zu wahrgenommenen Teilen eigenständig Aspekte hinzu, um Teile zu einem Ganzen zu ergänzen („Prinzip der guten Gestalt" nennt dies die Gestaltpsychologie). Mit diesen meist automatisierten Prozessen zielt das Gehirn auf die Stabilisierung von Wahrnehmungsstrukturen und -mustern, damit eine Identifikation sinnvoller Einheiten und Bedeutungen möglich wird. Ein ähnlicher Effekt bedingt auch die Ergänzung von Sinnesdaten unter Rückgriff auf Gedächtnisleistungen. Im Gedächtnis werden Signalkomplexe gespeichert, die schon im Ganzen aktiviert werden, wenn nur eine bestimmte „kritische" Menge wahrgenommen wird. So „genügen zum Teil nur Bruchstücke von aktuellen Sinnesdaten, um in uns ein vollständiges Wahrnehmungsbild zu erzeugen, das dann gar nicht von den Sinnesorganen, sondern aus dem Gedächtnis stammt."[23]

Wir können bislang also festhalten, dass aus den unterschiedlichsten Perspektiven an der realitätsabbildenden Qualität unserer Wahrnehmung gezweifelt werden kann. Damit soll nun nicht postuliert werden, dass unsere Wahrnehmung grundsätzlich fehlgeht, indem die Ergebnisse eines Wahrnehmungsprozesses den Anlässen dieses Prozesses widersprechen. Ich behaupte nicht die grundsätzliche Fehlerhaftigkeit von Wahrnehmungsprozessen, sondern deren grundsätzliche Unüberprüfbarkeit. Diesbezüglich lässt von Glasersfeld den Vorsokratiker Xenophanes zu Wort kommen:

„Selbst wenn ein menschliches Wesen die Welt erkennen würde, wie sie wirklich ist, könnte es das selbst doch nie wissen."[24]

Folgt man den bisherigen Ausführungen, so scheint es, als könne die Wirklichkeit eines Menschen als das Ergebnis einer *beliebigen* Konstruktionsleistung beschrieben werden. Diese Folgerung wäre indes nicht das konsequente Ergebnis konstruktivistischer (selbst nicht radikal-konstruktivischer) Theorienbildung, sondern einseitiger Überziehungen, die ausschließlich die subjektiven Bedingungen von Wirklichkeitskonstruktion beachten. Meine Position nimmt ihren Ausgang von der Annahme, dass Wirklichkeitskonstruktionen zwar die Leistung operational geschlossener Kognitionsprozesse sind, nur geschehen diese nicht im luftleeren Raum, sondern unter sozialen, pragmatischen und materiellen Rahmenbedingungen. Die Relevanz dieser Rahmenbedingungen für die subjektive Konstruktion von Welt werde ich im Folgenden mit den Konzepten der Viabilität (von Glasersfeld) und der Strukturellen Koppelung (Maturana) verdeutlichen.

---

[23] Roth 1997, S. 263.
[24] Glasersfeld 1997, S. 47 f.

2.3 Rahmenbedingungen subjektiver Wirklichkeitskonstruktion

Konstruktivistische Positionen sehen sich oft mit der Unterstellung konfrontiert, sie würden die solipsistische Position vertreten, es gäbe keine Realität und nur das ‚dem Bewusstsein Gegebene' sei real. Diese Kritik richtet sich jedoch gegen „don quichotische Strohmänner",[25] da sogar im radikalkonstruktivistischen Diskurs ausdrücklich von der Existenz einer realen Welt ausgegangen wird, der zumeist der Begriff der „Realität" zugeordnet wird.[26] Dieser existierenden Realität wird begrifflich eine konstruierte „Wirklichkeit" entgegen gestellt, die die subjektive Erlebenswelt eines Menschen bezeichnen soll. Entscheidend ist, dass nicht die Existenz der Realität verneint wird, sondern deren Erkennbarkeit. Insofern gilt die subjektiv konstruierte Wirklichkeit nicht als das Abbild der Realität.

Dass nun diese Wirklichkeit, obschon sie das Ergebnis subjektiver Konstruktionsprozesse ist, keine beliebige Konstruktionsleistung sein kann, lässt sich mit Ernst von Glasersfelds Konzept der ‚Viabilität' verdeutlichen.[27] Dieses Konzept betont, dass die subjektiven Wirklichkeitskonstruktionen funktionieren müssen und deswegen nicht im Widerspruch zur Realität stehen dürfen. Der Begriff der Viabilität wurde von Glasersfeld der Evolutionsbiologie entlehnt, innerhalb derer er ursprünglich für die ‚Gangbarkeit' eines Weges steht.[28] Wirklichkeitskonstruktionen gelten nur dann als viabel, wenn sie gangbare Wege ermöglichen. Hierzu müssen sie der Realität zwar nicht entsprechen, dürfen aber unter der Maßgabe erfolgreichen Handelns, nicht im Widerspruch zu dieser stehen. Mit Varelas Unterscheidung zwischen „Präskription und Proskripiton" lässt sich auch sagen: Unter den Bedingungen der Realität sind nicht nur bestimmte Möglichkeiten „erlaubt" (Präskription), sondern auch bestimmte Möglichkeiten „verboten"

---

[25] Vgl. Kraus 2002, S. 38 ff.

[26] Vgl. Roth 1985, S. 228 ff.; 1997, S. 316; Stadler/Kruse 1986, S. 75 ff.; Glaserfeld 1997, S. 47.

[27] Vgl. Glasersfeld 1978, S. 65-75.

[28] Innerhalb der Evolutionsbiologie steht der Begriff der Viabilität für die Überlebensfähigkeit von Arten, Individuen und Mutationen.

(Proskription).[29] Unter Berücksichtigung einschränkender Grenzen ist nicht jegliche, aber auch keineswegs nur eine einzige Konstruktion möglich. Oder auf den Punkt gebracht: Die Wirklichkeit wird durch die Realität zwar nicht determiniert, aber doch beeinflusst und beschränkt.

Ein weiteres zentrales Konzept zur Auseinandersetzung mit den Umweltbedingungen subjektiven Konstruierens ist Maturanas Modell der strukturellen Koppelung.[30] Zentral für diese Modell ist die Annahme, dass kognitive Systeme zwar von außen perturbiert werden können, die Reaktionen auf diese Perturbation aber strukturell durch die internen Zustände bestimmt werden. In diesem Sinne beschreibt Maturana Menschen als strukturdeterminierte Einheiten. Zentrales Merkmal solcher Einheiten ist die informationelle Geschlossenheit. Informationen können nicht von außen eingebracht, sondern nur innerhalb eines solchen Systems generiert werden.[31] Entscheidend ist aber, dass trotz dieser informationellen Geschlossenheit lebende Systeme nicht unabhängig von ihrer Umwelt existieren können, d.h., dass sie notwendig energetisch offen sind.[32] Durch diese Offenheit können sich lebende Systeme strukturell an ihre Umwelt ankoppeln und sich von dieser beeinflussen lassen. Für die Reflexion sozialer Fragen von besonderem Interesse ist die damit erklärbare Möglichkeit wechselseitiger Beeinflussung. Lebende Systeme können sich in ihrer strukturellen Entwicklung durch wechselseitige Irritation an einander koppeln und damit etwa die Ausbildung „konsensueller Bereiche" befördern.[33] Natürlich überwindet die Strukturelle Koppelung nicht die informationelle Geschlossenheit selbstreferentiell operierender Systeme. Allerdings ermöglichen wiederholte rekursive Perturbationen – auf Grund der strukturellen Plastizität – die Entwicklung von aufeinander abgestimmten Bereichen. Konsensuelle Bereiche sind somit ein besonderes Ergebnis struktureller Koppelung zwischen lebenden Systemen, ein Ergebnis nämlich von Routinen der beteiligten Systeme, die als Reaktion auf das Verhalten des jeweils anderen Systems aktiviert werden.

---

[29] Varela 1988, S. 115.

[30] Maturana/Varela 1987, 196 f.; Maturana 2000, S. 104 f. und S. 115 ff.

[31] Damit gilt kommunikative Informationsübertragung (vgl. Kraus 2002, S. 86 ff.) ebenso unmöglich wie die externe Steuerung (vgl. Dell 1990, S. 99-106).

[32] Böse/Schiepek 2000, S. 175.

[33] Maturana/Varela 1987, S. 196 f.; Maturana 2000, S. 121 ff.

Für meine Überlegungen ist grundlegend, dass die menschliche Strukturentwicklung einer grundsätzlichen Doppelbindung unterliegt.[34] Einerseits bedingt die operationale Geschlossenheit menschlicher Kognition, dass die Wirklichkeit eines jeden Menschen dessen subjektives Konstrukt ist. Andererseits ist dieses Konstrukt nicht beliebig, sondern auf Grund der strukturellen Koppelung des Menschen an seine Umwelt – eben durch die Rahmenbedingungen dieser Umwelt – beeinflusst und begrenzt.

Insoweit lässt sich feststellen, dass die „Lebenswelt" eines Menschen zwar das Ergebnis subjektiver Konstruktionsprozesse ist, dieses Ergebnis aber nicht in einem „luftleeren Raum", sondern unter den vorhandenen sozialen und materialen Bedingungen Bestand haben muss. Die „Lebenswelt" eines Menschen korreliert also mit dessen „Lebenslage" in der gleichen Weise wie die „Wirklichkeit" mit der „Realität". Die „Lebenswelt" ist das Ergebnis eines subjektiven Konstruktionsprozesses in Auseinandersetzung mit der zur Verfügung stehenden „Lebenslage".[35]

3. Konsequenzen für die Soziale Arbeit

Die Brisanz der bislang entfalteten Grundlagen für die Soziale Arbeit mag auch die große Resonanz in diesem Bereich erklären. Die Radikalität, mit der nun die Welt der Adressaten als unhintergehbar subjektiv gilt, erschütterte nämlich das Selbstverständnis der Sozialen Arbeit grundlegend. Konstruktivistische Annahmen stellen bisherige Sicherheiten auf der Ebenen der Zielfestlegung („Zieldiffusion")[36] und auf der Ebene der Zielerreichung („Technologiedefizit") in Frage. Wenn die Wirklichkeit eines Menschen das Ergebnis dessen subjektiver Konstruktionsprozesse ist, wie soll dann noch

---

[34] Zur grundsätzlichen Doppelbindung der Strukturentwicklung lebender Systeme vgl. Kraus 2007, S. 81 ff.

[35] Zur konstruktivistischen Reformulierung der Begriffe Lebenswelt und Lebenslage vgl. Kraus 2006.

[36] Der Aspekt der „Zieldiffusion" sozialarbeiterischen Handelns wird natürlich auch im Kontext der „Postmoderne" erörtert – vgl. hierzu Krieger 2009.

zu entscheiden sein, was für diesen Menschen passend, gut oder schlecht ist? Wenn Kognition selbstreferentiell und damit informationell geschlossen operiert, wie sollen Adressaten zu verstehen oder gar zu beeinflussen sein? Die erste Perspektive führt etwa zu der systemischen Haltung der „Neutralität"[37], die zweite Perspektive findet ihren Ausdruck in der Feststellung, dass Menschen keine „trivialen Maschinen"[38] und instruktive Interaktionen unmöglich sind[39]. Für die SozialarbeiterInnen liegt der Nutzen dieser Perspektive in der Auseinandersetzung mit den Grenzen der eigenen Entscheidungs- und Handlungsmöglichkeiten, für die Adressaten in der dadurch bedingten Aufwertung der eigenen Person und der eigenen Perspektiven. Problematisch könnten konstruktivistische Grundannahmen werden, wenn sie – wie oben kritisiert – subjektivistisch überzogen werden und Entscheidungs- und Handlungsunfähigkeit gefolgert würde. Dieser Gefahr soll abschließend mit einem Blick auf die Grenzen und Möglichkeiten professioneller Entscheidungs- und Einflussmöglichkeiten in der Sozialen Arbeit entgegengewirkt werden.

Soziale Arbeit zielt auf die Gestaltung des Sozialen – und zwar hin zu einem Besseren sowohl für das einzelne Individuum als auch für die Gesellschaft als Ganzes.[40] Mit dieser Zielsetzung ist die Maßgabe verbunden, sich einerseits an den lebensweltlichen Perspektiven und Bedürfnissen des einzelnen Adressaten zu orientieren, andererseits aber auch die gesamtgesellschaftlichen Interessen im Blick zu halten und diese gegebenenfalls gegen die Interessen des Einzelnen in Anschlag zu bringen. Mit Blick auf den ersten Teil stellt sich die Frage, ob die Orientierung an unhintergehbar subjektiven Wirklichkeitskonstruktionen überhaupt möglich ist, hinsichtlich des zweiten Teils ist die Frage, ob Soziale Arbeit beispielsweise ihren Kontrollaufträgen („Wächteramt des Staates") nachkommen kann und darf.

Wenden wir uns zunächst dem ersten Aspekt zu und überlegen, ob die in der Sozialen Arbeit allenthalben geforderte lebensweltliche Orientierung überhaupt möglich sein kann. Insoweit konstruktivistisch (und phänomenolo-

---

[37] Vgl. Mücke 2003.

[38] Foerster 1996, S. 206-208.

[39] Vgl. Dell 1990.

[40] Vgl. hierzu etwa die Definition von Sozialer Arbeit der IFSW 2000, S. 1.

gisch) nämlich die „Lebenswelt"[41] eines Menschen als dessen subjektive Konstruktion gilt und damit für andere nicht einsehbar ist, scheint die Forderung, sich an eben diesen subjektiven Vorstellungen zu orientieren, zumindest paradox. Der Beobachtung zugänglich ist bestenfalls die „Lebenslage"[42] eines Menschen, nicht aber dessen Lebenswelt.

Nutzen wir hier Arnold Retzers Differenzierung der Phänomenbereiche von Körper, Psyche und Erzählung, so lässt sich zwischen gelebtem, erlebtem und erzähltem Leben unterscheiden.[43]

> Erzähltes Leben
>
> *Alles was kommunikativ zugänglich ist – Verbale und*
> *Nonverbale Kommunikation (Sprache, Verhalten, Mimik)*

> Erlebtes Leben
>
> *Alle geistigen und psychischen Zustände und Prozesse*
> *(Bewusstsein, Kognition, Psyche)*

> Gelebtes Leben
>
> *Alle organischen und physiologischen Sachverhalte,*
> *Zustände und Prozesse („biologisches Leben")*

Die lebensweltlich relevante Kategorie ist die des erlebten Lebens. Zugänglich ist uns aber bestenfalls das gelebte Leben oder das erzählte Leben. Das gelebte Leben etwa dann, wenn wir im Rahmen der Jugendhilfe oder der Sozialpädagogischen Familienhilfe am tatsächlichen Leben unserer Adressaten teilhaben. Allerdings sind uns auch dann a) nur Ausschnitte des Gelebten Lebens und b) diese nicht objektiv, sondern nur durch den Filter unserer eigenen Wahrnehmungs- und Interpretationsmöglichkeiten zugänglich.

---

[41] Zur konstruktivistischen Reformulierung der Begriffe „Lebenswelt" und „Lebenslage" vgl. Kraus 2006.

[42] Ebda.

[43] Retzer 2007, S. 818.

Wir haben also eher Zugang zu Ausschnitten der Lebenslage unserer Adressaten als zu deren Lebenswelt. Gleiches gilt mit Blick auf das erzählte Leben. Zugänglich sind uns nur die Ausschnitte, die uns die Adressaten zugänglich machen, und „verstehen" können wir Sie nur im Rahmen unser Interpretationsmöglichkeiten. Kommunikation ermöglicht eben keinen Informationstransport vom kognitiven Bereich der Person A zu dem der Person B, sondern die von den Kommunikationspartnern produzierten Kommunikate ermöglichen lediglich ein wechselseitiges Spekulieren über die zu Grunde liegenden Kommunikationsbasen.[44] Konstruktivistisch scheitert semantisches Verstehen[45] letztlich „an der Innen-Außen-Dichotomie menschlichen Handelns."[46] Doch obwohl das sichere Erfassen der „inneren Zustände" des Kommunikationspartners unüberprüfbar bleibt, ist Kommunikation keineswegs beliebig oder grundsätzlich erfolglos. Für Kommunikationen gelten, wie für alle Konstruktionsprozesse, die Bedingungen der Viabilität und Strukturellen Koppelung. Aus diesen erwächst die Möglichkeit der reziproken Verknüpfung und wechselseitigen Orientierung. Lebensweltliche Orientierung ist somit nicht im Sinne tatsächlichen Erfassens, wohl aber im Sinne interessierten Wertschätzens möglich. Bleibt die Frage, wie Entscheidungen getroffen und vertreten werden können, die ausdrücklich den lebensweltlichen Interessen unserer AdressatInnen widersprechen. Denn wenn die Lebenswelt eines Menschen nicht durch dessen Lebenslage determiniert wird, mithin nicht nur eine Lebenswelt als „richtig" oder einzig „passend" beurteilt werden kann, dann sollte dieser zunächst möglichst neutral begegnet werden. Eine Überlegung, aus der die im Rahmen systemischer Methodik empfohlene Haltung der Neutralität[47] resultiert. Der Gewinn dieser Haltung liegt in der Einsicht, dass nicht für andere Menschen entschieden werden kann, welche Kosten und Nutzen mit deren Lebensentwürfen verbunden sind und deswegen auch keine allgemeingültigen Entscheidungen darüber möglich sind, welche Lebensmodelle die gelingenderen oder gar am gelingendsten sind. Dennoch bleibt die professionelle Möglichkeit bestehen, um

---

[44] Vgl. Kraus 2002, S. 86-144, insbesondere S. 139 f.

[45] Im Sinne des tatsächlichen Erfassens der inneren Handlungen und Erfahrungen des Kommunikationspartners.

[46] Juchem 1987, S. 13.

[47] Mücke 2003.

Modelle gelingenden Lebens zu ringen und AdressatInnen bei deren subjektiven Kosten-Nutzen-Rechnung zu unterstützen. SozialarbeiterInnen können kosten- und nutzenverursachende Aspekte in den Blick rücken oder gegebenenfalls durch Eingriffe in die Lebenslage einführen – nur eben immer dessen eingedenk, dass deren Bewertung und die damit verbundene Kosten-Nutzen-Rechnung in letzter Konsequenz nur die Betroffenen selbst vornehmen können. Deswegen können im Bereich der Hilfe Entscheidungen nicht mehr *für*, sondern nur noch *mit* den AdressatInnen getroffen werden. Im Bereich der Kontrolle gilt dies jedoch nicht. Stehen die lebensweltlichen Konstrukte der AdressatInnen im Widerspruch zu gesellschaftlichen Schutzaufträgen (bspw. Kindeswohlgefährdung) so endet hier die Haltung der Neutralität. Es gilt, gesellschaftlichen Konsens durchzusetzen. Aus den konstruktivistisch begründeten Grenzen unserer Erkenntnismöglichkeiten folgt schließlich nicht, dass überhaupt keine Entscheidungen mehr getroffen werden können. Im Gegenteil, gerade da nicht „objektiv" feststellt werden kann, wie etwas ist oder sein soll, sind Entscheidungen möglich und notwendig, die die Lebenslage betreffen – aber immer in Rücksicht darauf, dass diese Entscheidungen nicht auf „objektiven Wahrheiten" beruhen, sondern auf konsensuellen Übereinkünften als Ergebnis kommunikativer Aushandlungsprozesse.[48] Auch wenn diese Entscheidungen keine durch die Realität bestimmten Erkenntnisse sind, so sind es doch zu einem bestimmten Zeitpunkt gültige Vereinbarungen, die auf Veränderungen der Lebenslagen zielen.[49]

---

[48] Insofern sind diese Entscheidungen auch zu verantworten und transparent zu Begründen (vgl. Hejl 1995; Kraus 2000, S. 58 ff.).

[49] Die Durchsetzung solcher Normen wirft erneut die Frage nach den Möglichkeiten zwischenmenschlicher Einflussnahme auf. Hier sei darauf verwiesen, dass neben den skizzierten Einflussbestrebungen, die am Eigensinn der Adressaten scheitern können (instruktive Macht, instruktive Hilfe und Kontrolle), konstruktivistisch auch Einflussmöglichkeiten beschrieben werden können, die hiervon unabhängig wirksam werden (destruktive Macht, destruktive Kontrolle, vgl. Kraus 2007).

Literatur

Böse, Reimund/Schiepek, Günter (2000): Systemische Theorie und Therapie: ein Handwörterbuch. 3. Aufl. Heidelberg: Asanger.

Dell, Paul (1990): Klinische Erkenntnis: Zu den Grundlagen systemischer Therapie. 2. Aufl. Dortmund: Verlag Modernes Lernen.

Diesbergen, Clemens (2000): Radikal-konstruktivistische Pädagogik als problematische Konstruktion. Eine Studie zum Radikalen Konstruktivismus und seiner Anwendung in der Pädagogik. 2. Aufl. Bern/Berlin/Bruxelles/Frankfurt a. M./New York/Wien: Lang.

Foerster, Heinz von (1996): Wissen und Gewissen: Versuch einer Brücke. 3. Aufl. Frankfurt a. M.: Suhrkamp.

Glasersfeld, Ernst von (1978): The construction of knowlege. Constribution of conceptual semantics. Seaside, Ca.: Fritter Systems Publications.

Glasersfeld, Ernst von (1996): Radikaler Konstruktivismus. Ideen, Ergebnisse, Probleme. Frankfurt a. M.: Suhrkamp.

Glasersfeld, Ernst von (1997): Wege des Wissens: konstruktivistische Erkundungen durch unser Denken. Heidelberg: Carl-Auer-Systeme.

Hejl, Peter M. (1995): Ethik, Konstruktivismus und gesellschaftliche Selbstregelung. In: Rusch, G./Schmidt, S. J. (1995) (Hrsg.): Konstruktivismus und Ethik. Frankfurt a. M.: Suhrkamp, S. 28-121.

IFSW – International Federation of Social Workers (2000): Definition of Social Work. Montréal. Internet: http://www.avenirsocial.ch/cm_data/DefSozArbeit IFSWIASSW. pdf [Stand 25.07.2009].

Jensen, Stefan (1999): Erkenntnis - Konstruktivismus - Systemtheorie. Eine Einführung in die Philosophie der konstruktivistischen Wissenschaft. Opladen/Wiesbaden: Westdeutscher Verlag.

Juchem, Johann G., (1987) (Hrsg.): Ungeheuer, Gerold. Kommunikationstheoretischen Schriften I: Sprechen, Mitteilen, Verstehen. Aachen: Alano.

Kant, Immanuel (1798, 1800): Anthropologie in pragmatischer Hinsicht. Reprint der Theorie-Werkausgabe (1968). Bd XII. Frankfurt a. M.: Suhrkamp.

Kraus, Björn (2000): „Lebensweltliche Orientierung" statt „instruktive Interaktion". Eine Einführung in den Radikalen Konstruktivismus in seiner Bedeutung für die Soziale Arbeit und Pädagogik. Reihe Forschen & Lernen, Bd. 8. Berlin: VWB.

Kraus, Björn (2002): Konstruktivismus – Kommunikation – Soziale Arbeit. Radikalkonstruktivistische Betrachtungen zu den Bedingungen des sozialpädagogischen Interaktionsverhältnisses. Heidelberg: Verlag für Systemische Forschung im Carl-Auer-Systeme.

Kraus, Björn (2006): Lebenswelt und Lebensweltorientierung – eine begriffliche Revision als Angebot an eine systemisch-konstruktivistische Sozialarbeitswissenschaft. *Kontext* Jg. 37, H. 2, S. 116-129 (auch im www im „Portal Sozialarbeitswissenschaft" in der Rubrik „Beiträge").

Kraus, Björn (2007): Soziale Arbeit – Macht – Hilfe und Kontrolle: Die Entwicklung und Anwendung eines systemisch-konstruktivistischen Machtmodells. In: Kraus, B./Krieger, W. (Hrsg.): Macht in der Sozialen Arbeit. Interaktionsverhältnisse zwischen Kontrolle, Partizipation und Freisetzung. Lage: Jacobs, S. 79–102 (auch im www im „Portal Sozialarbeitswissenschaft" in der Rubrik „Beiträge").

Krieger, Wolfgang (2004): Wahrnehmung und ästhetische Erziehung. Zur Neukonzeption ästhetischer Erziehung im Paradigma der Selbstorganisation. Bochum: Projekt Verlag.

Krieger, Wolfgang (2009): Soziale Arbeit ohne Standpunkt? Ambivalenzkritische Orientierungen im postmodernen Habitus Sozialer Arbeit. In: Mühlum, Albert/Rieger, Günter (Hrsg.): Soziale Arbeit in Wissenschaft und Praxis. Lage: Jacobs, S. 199-212.

Krüll, Marianne, Luhmann, Niklas, Maturana, Humbero R. (1987): Grundkonzepte der Theorie autopoietischer Systeme. Neun Fragen an Niklas Luhmann und Humberto Maturana und ihre Antworten. *Zeitschrift für systemische Therapie* Jg. 5, H. 1, S. 4-25.

Luhmann, Niklas (1984): Soziale Systeme: Grundriß einer allgemeinen Theorie. Frankfurt a. M.: Suhrkamp.

Luhmann, Niklas, (1998): Die Wissenschaft der Gesellschaft. 3. Aufl. Frankfurt a. M.: Suhrkamp ().

Maturana, Humberto R., Varela, F. J. (1987): Der Baum der Erkenntnis. Die biologischen Wurzeln menschlichen Erkennens. München.

Maturana, Humberto R. (2000): Biologie der Realität. Frankfurt a. M.: Suhrkamp.

Merten, Roland (2000) (Hg.): Systemtheorie Sozialer Arbeit. Neue Ansätze und veränderte Perspektiven. Opladen: Leske + Budrich.

Mücke, Klaus (2003): Probleme sind Lösungen. Systemische Beratung und Psychotherapie – ein pragmatischer Ansatz. Lehr- und Lernbuch. 3. Aufl. Potsdam: Klaus Mücke Systemeverlag.

NIKOL (1996): Siegener Gespräche über Radikalen Konstruktivismus. Ernst von Glasersfeld im Gespräch mit NIKOL (1982, 1984). In: Schmidt, S. J. (1996) (Hrsg.), S. 401-440.

Ostheimer, Jochen (2009): Die Realität der Konstruktion. Zur Konstruktivismus-Debatte in der Sozialen Arbeit. *Neue Praxis*, 1/09, S. 85-93.

Pfeifer-Schaupp, Hans-Ulrich (1995): Jenseits von Familientherapie. Systemische Konzepte in der Sozialen Arbeit. Freiburg: Lambertus.

Retzer, Arnold (2007): Systemische Psychotherapie: theoretische Grundlagen, klinische Anwendungsprinzipien. In: Möller, Hans-Jürgen, et. al. (Hrsg.): Psychiatrie und Psychotherapie (2007). 3. Aufl. Berlin, Heidelberg: Springer, S. 816-839.

Roth, Gebhard (1985): Die Selbstreferentialität des Gehirns und die Prinzipien der Gestaltwahrnehmung. *Gestalt Theory* Jg. 7, S. 228-244.

Roth, Gebhard (1986): Selbstorganisation – Selbsterhaltung – Selbstreferentialität: Prinzipien der Organisation der Lebewesen und ihre Folgen für die Beziehung zwischen Organismus und Umwelt. In: Dress, Andreas, et al. 1986 (Hrsg.): Selbstorganisation. Die Entstehung von Ordnung in Natur und Gesellschaft. München, S. 149-180.

Roth, Gebhard (1997): Das Gehirn und seine Wirklichkeit. Kognitive Neurobiologie und ihre philosophischen Konsequenzen. Frankfurt a. M.: Suhrkamp.

Roth, Gebhard (2003): Aus Sicht des Gehirns. Frankfurt a. M.: Suhrkamp.

Rusch, Gebhard/Schmidt, Siegfried, J. (1999) (Hrsg.): Konstruktivismus in der Medien- und Kommunikationswissenschaft. Frankfurt a. M.: Suhrkamp.

Schmidt, Siegfried, J. (1996): Kognitive Autonomie und soziale Orientierung. Konstruktivistische Bemerkungen zum Zusammenhang von Kognition, Kommunikation, Medien und Kultur. 2. Aufl. Frankfurt a. M.: Suhrkamp.

Stadler, Michael, Kruse Peter (1986): Gestalttheorie und Theorie der Selbstorganisation. *Gestalt Theory* Jg. 8, S. 75-98.

Varela, Francisco J. (1988): Autopoiese, strukturelle Kopplung und Therapie - Fragen an Francisco Varela. In: Simon, F.B. (Hrsg.): Lebende Systeme. Wirklichkeitskonstruktion in der systemischen Therapie. Berlin/Heidelberg: Springer, S. 108-120.

Stefan Borrmann/Michael Klassen/Christian Spatscheck

Das Systemistische Paradigma der Sozialen Arbeit

Über die Notwendigkeit der Integration vorhandener Theorien

Im Folgenden soll ein einführender Überblick über das Systemistische Paradigma der Sozialen Arbeit[1] (SPSA) gegeben werden; dabei werden die wichtigsten Elemente angesprochen, ihre Reichweite verdeutlicht, Grenzen aufgezeigt und, das ist das Hauptanliegen, die innere Logik dieses Paradigmas offen gelegt. Freilich kann nicht auf jedes Detail eingegangen werden und es ist zwangsläufig, dass Lücken bleiben und dort lediglich allgemeine Ausführungen stehen, wo es vielleicht intensiverer Diskussionen bedurft hätte.

Damit ist auch angesprochen, was dieser Artikel nicht sein kann. Es geht weder um einen Vergleich verschiedener Paradigmen (in) der Sozialen Arbeit noch um einen umfassenden Überblick über das SPSA; einen solchen haben die Personen, die das SPSA maßgeblich entwickelt haben, in Teilen bereits vorgelegt.[2] Die folgenden Ausführungen sollen vielmehr als eine leicht verständliche Einführung verstanden werden. Nicht mehr, aber auch nicht weniger.

---

[1] Das Paradigma findet sich auch unter der Bezeichnung „Systemtheoretisches Paradigma der Disziplin und Profession der Sozialen Arbeit".

[2] Vgl. z.B. Obrecht 2000a, 2001b, 2005, 2009a, 2009b, 2009c; Staub-Bernasconi 2007, 2009a, 2009b.

1. Die disziplinäre Matrix des Systemistischen Paradigmas

Die Notwendigkeit, einen transdisziplinären theoretischen Bezugsrahmen für die Soziale Arbeit zu formulieren, ergibt sich unter anderem aus der Komplexität sozialer Probleme (vgl. 3.3) und der sich bei ihrer Beschreibung, Erklärung und der Entwicklung von Handlungswissen zur Intervention in soziale Probleme ergebenden Notwendigkeit der Verknüpfung von Theorien aus unterschiedlichen Wissensbereichen und Disziplinen (Transdisziplinarität). Die Bedingungen, die ein solcher Bezugsrahmen erfüllen muss, formuliert Werner Obrecht[3] wie folgt: Er muss (a) allgemeiner als die für die Soziale Arbeit relevanten Einzeldisziplinen sein, (b) auf wissenschaftlichen Theorien beruhen, (c) nicht nur Grundlagentheorien, sondern auch Erklärungs- und Handlungstheorien miteinander verbinden und (d) ein Modell des Individuums enthalten, das sowohl die Beziehung des Individuums zur Gesellschaft beinhaltet, wie auch die Beziehung zwischen professionellem Wissen und praktischem Handeln erhellt.

Kern des Systemtheoretischen Paradigmas der Sozialen Arbeit ist solch ein transdisziplinärer Bezugsrahmen und die im Paradigma enthaltenen Theorien sind in diesem Rahmen miteinander verknüpft.

Wie die Abb. 1 zeigt, kann das Systemistische Paradigma der Sozialen Arbeit in einem Diagramm mit fünf Stufen dargestellt werden. Die Stufen I und III verbindet eine Gemeinsamkeit, die für den transdisziplinären Charakter des Systemistischen Paradigmas der Sozialen Arbeit besonders wichtig ist – sie sind sowohl auf der Horizontalen als auch in der Vertikalen theoretisch integrativ. Die Stufe I integriert multidisziplinäres Wissen über Systeme verschiedener ontologischer Niveaus und ist deshalb eher auf einer allgemeinen Ebene der metatheoretischen Integration anzusiedeln (vgl. 2). Die Stufe III (vgl. 4) hingegen ermöglicht „die Verknüpfung und Sequenzierung verschiedener Wissensformen (Beschreibungen, Theorien [Erklärungen], Werte, Problemwissen, Handlungswissen u.a.) im Rahmen rationa-

---

[3] Obrecht 1996, S. 123.

ler, d.h. zielgerichteter (oder problemlösungsorientierter) Handlungen".[4]
Auf der Stufe II des Systemistischen Paradigmas der Sozialen Arbeit finden
sich die für die Beschreibung und Erklärung sozialer Probleme relevanten
Objekttheorien (vgl. 3) und schließlich finden sich auf der Stufe IV die Methoden der Sozialen Arbeit (vgl. 5).

Die fünfte Stufe kennzeichnet die Ebene, auf der die Profession der Sozialen
Arbeit an der Lösung praktischer Probleme arbeitet. Dabei lässt sich die
Wirklichkeit (= Realität) als zusammenhängende Arten konkreter Systeme
beschreiben; diese können physikalisch, biologisch, psychisch, sozial oder
kulturell sein (vgl. 2.1).

Die Wissenschaft Soziale Arbeit (Lösung kognitiver Probleme)	
I. Metatheorie	Emergentistischer Systemismus
II. Objekttheorien	Physik, Biologie, (Bio)Psychologie, Soziologie, Öko-nomie, Politologie, Kulturtheorie
III. Allgemeine Hand-lungstheorien	Allgemeine erklärende Handlungstheorie
	Allgemeine normative Handlungstheorie
IV. Spezielle Hand-lungstheorien	Methoden
Praktisches problemlösungsorientiertes, rationales Handeln	

Soziale Arbeit in der Praxis (Lösung praktischer Probleme)	
V. Wirklichkeit (Arten konkreter Systeme)	kulturelle, soziale, psychische, biologische und physi-kalisch-chemische Systeme

Abb. 1: Vereinfachte Darstellung der disziplinären Matrix des Systemisti-schen Paradigmas[5]

---

[4] Obrecht 2001b, S. 21.
[5] Angelehnt an Obrecht 2001b, S. 20.

2. Metatheorie: Der Emergentistische Systemismus

Mit Hilfe eines theoretischen Bezugsrahmens wie des Systemistischen Paradigmas muss die Frage beantwortet werden können, wie die in ihm definierten Systeme miteinander in Beziehung stehen. Es handelt sich hierbei um so unterschiedliche Gebilde wie begriffliche Systeme als Elemente von Kultur, dem Menschen als biopsychisches System oder auch biologische Zusammenhänge. Gehen wir von den von Werner Obrecht eingangs formulierten vier Bedingungen aus, die der Bezugsrahmen erfüllen muss, so ergibt sich als erstes folgende Erfordernis: Es gilt, eine Metatheorie zu konzeptualisieren, die so allgemein ist, dass Gemeinsamkeiten der unterschiedlichen Systemebenen und -niveaus aufzeigt werden können und dabei auf Verbindungen dieser untereinander verwiesen werden kann. Diese gesuchte Verbindung ist die naturalistische und systemische Ontologie des Emergentistischen Systemismus, welche vom argentisch-kanadischen Wissenschaftler Mario Bunge entwickelt wurde.[6]

2.1 Ontologie

Im Bungeschen Systemverständnis ist alles, was existiert, ein System oder gehört einem System an. Objekte (u.a. Moleküle, Organismen, Menschen) können sich zu einem System und die Systeme sich zu einem Supersystem (selbst)organisieren. Darüber hinaus verfügen alle Systeme über emergente

---

[6] Es sei an diese Stelle erwähnt, dass die Bungesche Systemtheorie im Hinblick auf ihre sozialarbeiterischen Anwendungen von Werner Obrecht (u.a. 2000, 2001, 2003, 2005, 2009a, 2009b, 2009c) weiterentwickelt wurde; unter anderem, indem er Bunges Theorie der Sozialen Systeme mit der Theorie sozietaler Systeme von Peter Heintz (1972) verknüpfte. Zur ausführlichen Darstellung der Bungeschen Systemtheorie und deren sozialarbeiterischen Anwendungen vgl. Klassen 2004, 2009. Für die laufende interdisziplinäre Debatte über Bunges systemistische Ontologie vgl. *Philosophy of the Social Science, Vol. 34 (2004), No. 2 and 3*, in welchen er sich ausführlich mit dem neuen Begriff des Erklärens über Mechanismen auseinandersetzt.

Eigenschaften, die ihre Komponenten nicht aufweisen. Emergenz kann mit folgender Definition illustriert werden: „P ist eine emergente Eigenschaft eines Dinges b, wenn und nur wenn entweder b ein komplexes Ding (System) ist, von dessen Komponenten keine P besitzt, oder b ein Individuum ist, das P dank dem Umstand besitzt, dass es Komponente eines Systems ist (d.h. b würde P nicht besitzen, wenn es unabhängig oder isoliert wäre)".[7] Systeme sind in ihrem Entstehen, ihrem Aufbau und ihrem Verhalten gesetzeshaft, wobei vier Arten von Gesetzmäßigkeiten unterschieden werden können: kausale, stochastische, wechselseitig auf- und abschaukelnde und teleonome Gesetzmäßigkeiten. Die jeweiligen Systeme können nach der physikalischen, biologischen, psychischen, sozialen und kulturellen Wirklichkeitsebene unterschieden werden.

2.2 Erkenntnis- und Wissenschaftstheorie

Menschen verfügen über eine Reihe von Erkenntnisquellen, die es ihnen erlauben, ihre (Um-)Welt – die unabhängig davon existiert, ob jemand an diese glaubt, denkt oder beobachtet – zu erkunden, zu beschreiben und zu verstehen.[8] Zu nennen sind vor allem: Intuition, Erfahrung, Handlungskompetenz, Vernunft, (theoretische) Konstruktion und kommunikative Kompetenz. Im Sinne des von Bunge vertretenen Wissenschaftlichen Realismus sind alle diese menschlichen Wissensquellen notwendige, aber, für sich allein genommen, nicht hinreichende Bedingungen für wissenschaftliches Erkennen. Hinzu muss das Ziel kommen, trotz aller unterschiedlich bedingten Fehlerquellen im Erkennen, die annähernde Übereinstimmung zwischen Repräsentanz und Wirklichkeit, d.h. Fakten herbeizuführen. Diese Fakten verstehen wir, indem wir sie mit Hilfe von Theorien und Daten erklären. Dabei werden Theorien als Produkte der Vernunft begriffen, welche aber anhand empirischer Operationen überprüft werden müssen; und diese empirischen Operationen wiederum sind mit Hilfe von Theorien zu konzipieren.

---

[7] Bunge 1996, S. 18; Übersetzung durch Obrecht 2001, S. 27.

[8] Bunge 1996, S. 305 ff.

Wissenschaft ist in diesem Verständnis ein Teilsystem der Gesellschaft, das sich durch explorierende, interagierende/kommunizierende Forscher als Mitglieder von Teams, Organisationen des Bildungs- bzw. Wissenschaftssystems etc. konstituiert. Es ist das Produkt der forschenden Suche nach Gesetzmäßigkeiten in der Entstehung, dem Aufbau und im Verhalten von Dingen aufgrund einer transparenten und dadurch intersubjektiv kontrollierbaren Methodologie. Wahrheit ist keine Eigenschaft von Dingen, sondern von Aussagen über Daten (Beziehungen zwischen Bedeutungen und Fakten) und wird damit korrespondenztheoretisch interpretiert.

Die Grundaussagen des wissenschaftlichen Realismus lassen sich wie folgt zusammenfassen. Wissenschaftlicher Realismus...

- fordert klare wissenschaftliche Begriffs- und Hypothesenbildung, ohne rationalistisch zu sein, d.h. sich nur auf Ideen abzustützen;

- lässt Intuition zu, lehnt jedoch Intuitionismus ab;

- fordert empirische Überprüfung, ohne naiv positivistisch zu sein oder jedes wissenschaftliche Ergebnis blindlings zu akzeptieren;

- lässt Praxis zu, lehnt jedoch Pragmatismus, Effizienz oder Wirksamkeit als wissenschaftliche Wahrheitskriterien ab. Diese gehören zu Technologien, die von Objektwissenschaften unterschieden werden müssen. Es existieren allerdings Wechselbeziehungen zueinander;

- bejaht den erkenntnistheoretischen, aber nicht den wirklichkeitstheoretischen Konstruktivismus;

- lässt Verständigungsprozesse und Aushandeln, aber nicht Konventionalismus und Konsens als Wahrheitskriterien zu.[9]

Wissen ist in Form von (a) verschiedenen Arten von Vergangenheits-, Gegenwarts- und Zukunftsbildern, (b) von Theorien und (c) von Techniken und Technologien mit Handeln verknüpft.

---

[9] Bunge 1996.

2.3 Menschenbild

In Bezug auf das Geist-Körper-Verhältnis vertritt Bunge die Auffassung, dass allein die Theorie des emergentistischen Systemismus als dem gegenwärtigen Wissensstand der psychobiologischen Forschung entsprechend betrachtet werden kann. Demnach ist Geist die Gesamtheit der emergenten psychischen Funktionen eines Individuums, die durch die neuronale Struktur des Zentralnervensystems gebildet wird.[10]

Menschen stehen ständig Problemen der Bedürfnisbefriedigung und Wunscherfüllung gegenüber, wobei normalerweise diese Bedürfnisse selbst ständig befriedigt werden können (vgl. 3.2). Dazu lernen wir innerhalb der Struktur sozialer Systeme und in Kooperation und Konflikt mit anderen Menschen, individuelle und kollektive Lösungen zu finden. Um solche Lösungen zu entwickeln, ist es notwendig, dass Individuen ihre Umwelt erfassen, beschreiben, bewerten, erklären und dieses Wissen in Pläne und Verhalten umsetzen.

2.4 Gesellschaft

Gesellschaft ist ein soziales Suprasystem, dessen Komponenten Menschen mit Bedürfnissen, Wünschen, Interessen, Lern- und Handlungskompetenzen, ferner mit spezifischen, sprachlich kommunizierten Bedeutungssystemen sowie ihren Aktivitäten als Interaktionspartner in sozialen (Austausch)Beziehungen und als formelle und informelle Mitglieder von sozialen Systemen sind.[11] Da die Befriedigung von zahlreichen Bedürfnissen und Wünschen von Individuen nicht autonom erreicht werden kann, interagieren diese mit anderen Individuen innerhalb der Gesellschaft und setzen Vergesellschaftungsprozesse in Gang (vgl. 3.2).

---

[10] Bunge/Ardila 1990, S. 11; Mahner/Bunge 2000.

[11] Bunge 1996, 1998.

Im Rahmen dieser Gesellschaftstheorie[12] spielen sowohl die funktionale Differenzierung einer Gesellschaft (als biologische, ökonomische, politische und kulturelle Subsysteme), als auch vertikale, niveaunale, lebenszeitliche, sozialräumliche und ethnische Differenzierungsformen sowie Geschlechterdifferenzierung eine gesellschaftsprägende Rolle. Die Teilsysteme der Gesellschaft stehen aber durch die einzelnen Mitglieder der entsprechenden Systeme miteinander in Verbindung und diese üben unterschiedlichen Einfluss aufeinander aus. Die Umwelt der sozialen Systeme der Gesellschaft ist physikalischer, biologischer, psychischer und soziokultureller Natur.[13]

2.5 Moralphilosophie

Moral bezieht sich bei Bunge[14] auf beabsichtigte menschliche Handlungen. Handlungen können moralisch richtig, falsch oder neutral sein – je nachdem, ob sie die Ausübung von moralischen Rechten und Pflichten fördern, behindern oder unberührt lassen. Ein moralisches Problem ist ein Konflikt zwischen den Pflichten und Rechten. Jedes moralische Problem ist ein Normen- und Wertekonflikt und ein soziales Problem. Nicht jedes soziale Problem hingegen begründet ein moralisches Problem (vgl. 3.3). Die Funktion von moralischen Normen – als Regeln für soziales Verhalten begriffen – besteht darin, die Verwirklichung von menschengerechten Werten durch die faire Verteilung von Rechten und Pflichten zu erreichen. Die ethische Doktrin von Bunge zeichnet sich dadurch aus, dass (a) alle moralischen Prinzipien sich in einer moralischen Maxime zusammenfassen lassen: „Enjoy life and help others to enjoy it"[15], dass (b) Moral eine reale Welt mit konkreten richtigen und falschen Handlungen betrifft, obgleich nur wenige Werte objektiv sind und dass (c) die Existenz von moralischen Gefühlen

---

[12] Bunge 1979, S. 186 ff., 1996, 1998.

[13] Ebda.

[14] Bunge 1989, S. 111 ff.

[15] Bunge 1989, S. 218.

und Intuitionen nicht subjektiver Natur ist. Ethik ist für die Wissenschaft und für Professionen (professionelle ethische Codes) von großer Bedeutung.

3. Objekttheorien im Systemistischen Paradigma

Eine Kategorisierung des Gegenstandes der Sozialen Arbeit ist die nach sozialen Problemen. „Beschreibungen von sozialen Problemen sind zum einen Aussagen über Fakten, die sich auf von außen, bei Mitmenschen feststellbares menschliches Leiden und Nöte, Unrechtserfahrungen sowie bestimmte Merkmale bedürfnisversagender sozialer Systeme, zum andern Aussagen über das, was Menschen – mit eingeschlossen gesellschaftliche Akteure – als Leiden und Nöte, Unrechtserfahrungen oder als soziale Probleme bezeichnen."[16] Die Bestimmung des Gegenstandes Sozialer Arbeit ausgehend von sozialen Problemen hat sich in der Disziplin und Profession Sozialer Arbeit international weitgehend durchgesetzt – dennoch ist sie nicht unumstritten. Selbst innerhalb des Systemistischen Paradigmas gibt es eine weitere Position, die zwischen dem Gegenstand und der Problematik der Sozialen Arbeit unterscheidet und sich auf eine im Vergleich zu Staub-Bernasconi andere Definition sozialer Probleme stützt (vgl. 3.3). Obrecht bestimmt den Gegenstand Sozialer Arbeit als Individuen und soziale Systeme. Genauer: Individuen als Komponenten sozialer Systeme und soziale Systeme mit Individuen als Komponenten. Ihre Problematiken sind soziale Probleme als spezifische Probleme neben anderen (physischen, chemischen, biologischen und psychischen) Problemen. Der entscheidende Grund für die Intervention in soziale Systeme durch Soziale Arbeit ist, in Obrechts Verständnis, das Vorhandensein sozialer Probleme, verstanden als praktische Probleme der Einbindung von Individuen oder sozialen Systemen in ihre Umwelten.[17]

---

[16] Staub-Bernasconi 2007, S. 181.

[17] Vgl. Staub-Bernasconi 1994; Obrecht 2000; IFSW/IASSW 2001.

3.1 Soziale Systeme

„Ein soziales System ist ein konkretes System, das zusammengesetzt ist aus geselligen Tieren, die (a) eine gemeinsame Umwelt teilen und die (b) auf andere Mitglieder des Systems auf die Art und Weise einwirken, die zumindest in einer Hinsicht kooperativ ist. Ein menschliches Sozialsystem ist ein soziales System, das gebildet wird aus menschlichen Individuen und ihren Artefakten". Soziale Systeme lassen sich anhand zweier Dimensionen beschreiben, nämlich mittels Struktur- und Kulturmerkmalen.[18] Bei den Strukturmerkmalen ist u.a. die Differenzierung nach sozialem Niveau (Individuen, Familie, Nation, Weltgesellschaft), die vertikale Differenzierung (gesellschaftliche Schichten), die funktionale Differenzierung (Bildung, Politik, Wirtschaft, Kultur), die sozialräumliche Differenzierung, die Differenzierung nach Lebensalter und die Geschlechtsdifferenzierung möglich. Als Kulturmerkmale können Sprache, Werte, Bilder und Codes (Systeme von Aussagen über Zusammenhänge und über Regeln) und kodifizierbares, allgemein zugängliches Wissen verstanden werden. Die Differenzierung nach Struktur- und Kulturmerkmalen ist verbunden mit der Feststellung, dass „die Strukturmerkmale sozialer Systeme nicht ohne Berücksichtigung kultureller Hintergründe und umgekehrt verstanden werden können; [und dass] die strukturellen und kulturellen Gegebenheiten die soziale Position und damit Art und Ausmaß von sozialen Chancen und sozialen Problemen von Individuen (mit)bestimmen."[19] Die Eigenschaften sozialer Systeme sind also interdependent.

Gestaltungsmöglichkeiten sozialer Gebilde (z.B. der Gesellschaft) und ihrer Teilsysteme sind insofern gegeben, als (a) interne Steuerung über die Mitglieder des Systems (Lernchancen, Pläne, Ressourcenausstattung, Zuweisung von Positionen, Koordination, positive und negative Sanktionen, Gewalt etc.) möglich ist und (b) Einwirkungen von außen durch Individuen, kollektive Akteure/soziale Bewegungen und durch Mitglieder anderer sozialer Teilsysteme erfolgen können. Dabei sind die Mittel dieser Einwirkungen

---

[18] Bunge 1996, S. 271; Obrecht 2009a.

[19] Geiser 2004, S. 137.

nicht nur Kommunikationen, sondern auch und vor allem tatsächliche Verhaltensweisen der Individuen.[20]

3.2 Individuen

Der Mensch ist eine Einheit als psychobiologischer Organismus.[21] Deshalb werden im Systemistischen Paradigma Menschen als lern- und selbstwissensfähige, neugierige, aktive, beziehungs- und mitgliedschaftsbezogene, Wirklichkeit erforschende psychobiologische Lebewesen begriffen. Das Zentralnervensystem agiert als Steuerungsinstanz des Menschen. Im Besonderen sind es drei funktionale psychische Subsysteme, die strukturell menschliches Erleben, Denken und Handeln bestimmen: (a) eine Reihe von im Gehirn verankerten Bedürfnissen; (b) ein in der Struktur des Kortex repräsentiertes kognitives System, sowie (c) das Vermögen der Handlungssteuerung (Wille, Absichten, Handlungsüberwachung, Pläne) auf der Grundlage der Bedürfnisse, des Wissens und der Fertigkeiten des menschlichen Systems. Die im Gehirn verankerten biologischen, biopsychischen und biopsychosozialen Bedürfnisse des Menschen dienen als Erklärungsgrundlage menschlichen Verhaltens und Lernens und sind im biopsychosoziokulturellen Modell menschlicher Individuen von Werner Obrecht näher spezifiziert.

Was Bedürfnisse betrifft, kann darunter „(...) ein interner Zustand weit weg vom für den Organismus befriedigenden Zustand (Wohlbefinden) verstanden werden, der innerhalb des Nervensystems registriert wird und, davon ausgehend, den Organismus zu einer Kompensation des entstandenen Defizits ein nach außen gerichtetes (overtes) Verhalten „motiviert".[22] Wohlbefinden ist dabei ein Zustand, der dem Organismus signalisiert, dass er momentan das für das Überleben Notwendige besitzt. „Während bei nicht lernfähigen Organismen Verhalten (...) stereotyp (...) ist, sind Organismen mit plastischen Nervensystemen lernfähig und damit in der Lage, ihr Verhalten

---

[20] Bunge 1979, S. 196 ff., 1996.

[21] Vgl. Bunge 1980; Bunge/Ardila 1990; Bunge/Mahner 2000; Obrecht 2009a.

[22] Obrecht 2009a, S. 38.

in Abhängigkeit von Erfolgen und Misserfolgen bei der Kompensation von Bedürfnisspannungen zu modifizieren und langfristig zu optimieren; selbstwissensfähige menschliche Individuen sind darüber hinaus fähig, diesen Prozess der Optimierung durch die Untersuchung und Evaluation der Wirksamkeit ihrer Verhaltensweisen zu perfektionieren (...) und vor allem das durch die Erfahrung erreichte Wissen via sprachliche Kommunikation anderer Individuen zugänglich zu machen und auf diese Weise zu akkumulieren (...)."[23] Bedürfnisse müssen von Präferenzen und Wünschen unterschieden werden. Diese werden durch die kulturelle und strukturelle Umgebung geprägt, in der das Individuum aufwächst. Bedürfnisse sind organismischer Art, Wünsche beziehen sich auf angeeignete kulturelle Codes. Diese Unterscheidung ist deshalb grundlegend, weil im Alltagsverständnis oft Bedürfnisse und Wünsche verwechselt werden. Erstere sind aber universell, eben weil sie im Organismus verankert sind, während Präferenzen und Wünsche das Ergebnis individuellen Lernens im Rahmen einer lokalen Gesellschaft sind und kulturell erworben werden. Sie unterscheiden sich deshalb auch von Mensch zu Mensch. Dasselbe gilt auch für die Form der Bedürfnisbefriedigung, denn es ist die spezifische Form der Bedürfnisbefriedigung, d.h. „die lokalen und individuellen Präferenzen, sowie die Deutungen, die sie in den Köpfen von Individuen erfahren, die interkulturell und interindividuell variieren."[24]

Es lassen sich theoretisch drei Bedürfnisgruppen bilden, nämlich soziale, psychische und biologische Bedürfnisse. Diese bilden eine transitive Ordnung, d.h. soziale Bedürfnisse setzen psychische voraus und diese wiederum biologische. Trotzdem sind die sozialen für menschliche Individuen am bedeutsamsten, denn sie sind verantwortlich für die Teilnahme des Einzelnen in seiner sozialen Umgebung und gleichzeitig auch für die Form und den Rahmen der Befriedung biologischer und psychischer Bedürfnisse[25].

Die Theorie menschlicher Bedürfnisse hat für die normative Handlungstheorie des Systemistischen Paradigmas (vgl. 4) insofern eine große Bedeu-

---

[23] Ebda, S. 40.

[24] Ebda, S. 55.

[25] Obrecht 1996, S. 142, 2009a; vgl. auch den Beitrag von Klassen „Systemtheorie, Theorie Menschlicher Bedürfnisse und Case Management" in diesem Band.

tung, als sie mit der Unterscheidung von universellen Bedürfnissen, aber individuell (und interkulturell) unterschiedlichen Arten der Bedürfnisbefriedigung, eine entscheidende Grundlage zur Formulierung einer Ethik Sozialer Arbeit liefert, die wiederum die Grundlage für die Bewertung von Handlungsweisen sowie sozialer Probleme bilden kann. Diese Ethik kann legitimer Weise als universell bezeichnet werden, da sie sich auf Bedürfnisse, die jeder Mensch unabhängig von Kultur, nationalen oder regionalem Kontext besitzt, bezieht. Gleichzeitig wird mit der Theorie menschlicher Bedürfnisse die vierte zu Beginn des Beitrags angeführte Bedingung erfüllt. Es ist dadurch ein Modell des Individuums in das Systemistische Paradigma integriert, welches auch die Beziehung zwischen Individuum und Gesellschaft erhellt und verständlich macht.

3.3   Theorie sozialer Probleme

Die Theorie sozialer Probleme[26] baut z.T. auf der Theorie menschlicher Bedürfnisse auf und definiert soziale Probleme als versagte Bedürfnisbefriedigung. Durch diese inhaltliche Verknüpfung wird es möglich, die Definition sozialer Probleme nicht mehr allein herrschenden Interessensgruppen und Sichtweisen zu überlassen. Stattdessen können soziale Probleme anhand der (un)befriedigten Bedürfnissituation der beteiligten Personen verstanden werden. Für die Profession Sozialer Arbeit heißt dies, dass die bedürfnisorientierten Problemdefinitionen gegenüber den jeweils dominierenden gesellschaftlichen Trends (z.B. des derzeitigen Abbaus des Sozialstaates) immer wieder vertreten und durchzusetzen sind.

Grundannahme der Theorie ist, dass der Mensch ständig mit der Lösung von kognitiven und praktischen (physikalischen, biologischen, psychischen, sozialen und kulturellen) Problemen beschäftigt ist. „Wir können sagen, ein praktisches Problem liegt vor, wenn es einem Individuum nicht gelingt, eine in Frage stehende Bedürfnisspannung innert der erforderlichen Zeit, die durch die unterschiedliche Elastizität verschiedener Bedürfnisse gegeben ist,

---

[26] Staub-Bernasconi 1983, 1986, 1995, 2007; Obrecht 2009a, 2009b; Geiser 2004.

abzubauen".[27] Über diese Grundannahme sind sich die VertreterInnen des Systemistischen Paradigmas einig, Differenzen bestehen jedoch darin, wie genau soziale Probleme definiert werden können.[28]

4. Allgemeine Handlungstheorie

Für die Soziale Arbeit als Disziplin und Profession sind Objekttheorien deshalb von Bedeutung, weil sie die Grundlage für die Beschreibung und Erklärung der Probleme mit dessen zentralen Eigenschaften bilden. Für die Soziale Arbeit sind vor allem die Humanbiologie, Psycho(bio)logie, Sozialpsychologie, Soziologie, Ökonomie, Politologie, Ethnologie und die Kulturtheorie relevant.[29] Soziale Probleme können mit Hilfe dieser Wissenschaften aus ihrer jeweiligen Perspektive beschrieben und erklärt werden, hier steht also ein Erkenntnisinteresse im Vordergrund. Soziale Arbeit als Handlungswissenschaft hat darüber hinaus ein Veränderungsinteresse und versucht durch Interventionen die sozialen Probleme zu verändern.[30]

Aufgrund des erläuterten systemischen Wirklichkeitsverständnisses (vgl. 2) kann man nun davon ausgehen, dass, wenn man erklären kann, wie ein Problem entstanden ist, man gleichzeitig annehmen kann, dass, wenn durch Handeln einige zentrale Determinanten des Problems verändert werden, sich auch das Problem verändert.[31]

Methodisches, wissenschaftlich begründetes Handeln unterscheidet professionelles von nicht professionellem Handeln.[32] Genauer lässt sich professionelles Handeln als ein ziel- und damit problemlösungsorientiertes rationales

---

[27] Obrecht 2009a, S. 13.

[28] Staub-Bernasconi 2007, Obrecht 2009a.

[29] Vgl. auch Engelke/Spatscheck/Borrmann 2009.

[30] Staub-Bernasconi 2007, S. 245 ff.

[31] Borrmann 2006, S. 30.

[32] Vgl. Bunge 1998; Staub-Bernasconi 1986, 2002, 2007, 2009b; Obrecht 1996, 2001, 2009b.

Handeln beschreiben, welches Problemanalysen ausgehend, explizite Ziele formuliert und diese Ziele mit Hilfe von Verfahrensweisen (Methoden) im Rahmen einer Reihe von Schritten zu erreichen sucht. Teil dieser Schritte ist die Formulierung von wissenschaftlich begründeten Handlungsleitlinien, die ein zusammenhängendes System von Aussagen sind und so auch als Technologien bezeichnet werden können. Die allgemeine normative Handlungstheorie ist ein Modell rationalen Handelns und lässt sich mit Hilfe einer Abfolge von Fragen, die, weil sie alle mit einem W beginnen, auch als W-Fragen bezeichnet werden, darstellen. Die nachfolgende Tabelle gibt einen kurzen Überblick über diese W-Fragen und die durch die Beantwortung dieser erhaltenen Wissensformen.[33]

Anhand der Darstellung zeigt sich das integrative Element der allgemeinen normativen Handlungstheorie des Systemistischen Paradigmas. Denn mit ihrer Hilfe kann das Wissen, welches mit Hilfe der Objekttheorien gewonnen wurde (Stufe II in der Matrix des Systemistischen Paradigmas (vgl. Abb. 1)), mit den speziellen Handlungstheorien (Stufe IV) verknüpft werden.

W-Fragen	Wissensform
1. Was-, Wann-, Wo- und Woher-Frage	Bilder (Beschreibungswissen (Zukunfts-, Gegenwarts- und Vergangenheitsbilder))
2. Warum-, Weshalb-Frage	Theorien (Erklärungswissen)
3. Wohin-Frage	Zukunftsbilder
4. Was-ist-gut-/ Was-ist-nicht-gut Frage	Werte (Bilder des Wünschbaren)
5. Woraufhin-Frage	Ziele (Zielwissen)
6. Wie-Frage	Interventionswissen
7. Womit-Frage	Wissen über Ressourcen

---

[33] Vgl. Obrecht 2001; vgl. auch den Beitrag von Klassen „Systemtheorie, Theorie Menschlicher Bedürfnisse und Case Management" in diesem Band.

| 8. Wer-Frage | Wissen über Handelnde |
| 9. Wirksamkeits-Frage | Evaluationswissen |

Abb. 2: Die W-Fragen der allgemeinen normativen Handlungstheorie

Die Beantwortung der Was-Frage erlaubt es, Zustände und Prozesse von Dingen zu beschreiben – es werden also Bilder erzeugt. Diese Bilder besitzen Eigenschaften mit deren Hilfe sie kategorisiert werden können. Ein Charakterisierungsmerkmal ist dabei die Unterscheidung nach der Systemebene auf die sich diese beziehen, sprich: kulturelle, soziale, psychische, biologische oder physikalische Bilder und Mischformen aus diesen.

Mit der Beschreibung wird die Was-Frage beantwortet, es wird jedoch nicht geklärt, wie der beschriebene Realitätsausschnitt bzw. das System entstanden ist. Um die Warum-Frage beantworten zu können, bedarf es des Wissens über Erklärungen. Diese Theorien müssen nicht nur Gesetzmäßigkeiten innerhalb eines Niveaus aufzeigen, sondern mehrere Systemniveaus miteinander verbinden. Es muss „das Wissen der zugänglichen (wissenschaftlichen) Theorien über den physikalischen-chemischen, biologischen, psychischen, sozialen und kulturellen Wirklichkeitsbereich"[34] berücksichtigt werden.

Denken wir zurück an die systemistischen Grundlagen des Paradigmas und die Ausführungen über die Merkmale professionellen Handelns, dann wird auch deutlich, warum es so wichtig ist, Erklärungswissen in den handlungstheoretischen Ansatz zu integrieren. Denn die Grundannahme war, dass eine Intervention bezüglich der Determinanten, die zum Entstehen eines sozialen Problems führen, mit einiger Wahrscheinlichkeit auch das soziale Problem verändern wird. Und um dies zu bewirken, muss man die zugrundeliegenden Gesetzmäßigkeiten kennen.

Die Antwort auf die Wohin-Frage sind bewusste Prognosen zukünftiger Zustände oder Ereignisse.

Wurde der gewählte Wirklichkeitsausschnitt beschrieben und erklärt, gilt es zu fragen, aufgrund welcher Werte der beschriebene und erklärte Realitäts-

---

[34] Staub-Bernasconi 1995, S. 135.

ausschnitt als problematisch und unerwünscht bezeichnet werden muss und ob er ein von der Sozialen Arbeit zu bearbeitendes Problem darstellt.

Kern der allgemeinen normativen Handlungstheorie ist die Entwicklung wissenschaftlich begründeter Handlungsleitlinien, die mit Hilfe von Methoden der Sozialen Arbeit (vgl. 5) umgesetzt werden können. Es geht also um die Beantwortung der Wie-Frage – dem Weg oder Verfahren der Intervention. In die allgemeine Handlungstheorie des Systemistischen Paradigmas integriert, ist ein Verfahren zur Transformation von nomologischen Aussagen in wissenschaftlich begründete Handlungsleitlinien: der transformative Dreischritt.[35] Ziel dieses Dreischrittes ist die Formulierung von wissenschaftlich begründeten Handlungsleitlinien.

Die allgemein formulierten Handlungsleitlinien geben die Antwort auf die prinzipielle Möglichkeit, das Handlungsziel zu erreichen, darüber hinaus muss der/die Handelnde aber noch auf der Grundlage seiner/ihrer Fertigkeiten (z.B. Methodenkompetenz) überlegen, wie er unter den lokalen Gegebenheiten die gewählte Leitlinie umsetzen kann. Dieser Prozess kann mit der Formulierung eines Handlungsplanes beschrieben werden.

Eng mit der Aufstellung der geplanten zielgerichteten Abläufe verbunden, ist die Bearbeitung der Womit- und Wer-Fragen. Diese müssen beantwortet werden, um die zur Verfügung stehenden materiellen und personellen Ressourcen zu bestimmen.

Und schließlich sind die umgesetzten Handlungen und der diesen zugrundeliegende Plan zu evaluieren. Das Kriterium ist hierbei die Wirksamkeit, und nicht wie bei nomologischen Theorien eine korrespondenztheoretisch definierte Wahrheit.

An dieser Stelle sei darauf verwiesen, dass durch die Integration der dargestellten allgemeinen normativen Handlungstheorie in das Systemistische Paradigma auch die letzte der zu Beginn dieses Artikels formulierten Anforderungen an den notwendigen theoretischen Bezugsrahmen eines theoretisch integrativen Paradigmas erfüllt ist. Durch das Einbeziehen der allgemeinen normativen Handlungstheorie ist der dritten Bedingung, also der Notwendigkeit, Handlungs- und Erklärungstheorien zu verbinden, entsprochen.

---

[35] Vgl. Obrecht 2001; Staub-Bernasconi 2002; Borrmann 2006.

5. Spezielle Handlungstheorien: Methoden der Sozialen Arbeit

Auf der Stufe IV der disziplinären Matrix des Systemistischen Paradigmas (vgl. Abb. 1) finden sich die speziellen Handlungstheorien der Sozialen Arbeit. Der Zusammenhang zwischen allgemeiner normativer Handlungstheorie und den speziellen Handlungstheorien wurde schon im vorangegangen Abschnitt verdeutlicht und wird von Werner Obrecht[36] zusammenfassend wie folgt dargestellt: „Die allgemeine normative Handlungstheorie beschreibt die allgemeine Form zielorientierten bzw. problemlösenden Handelns – die speziellen Handlungstheorien sind Konkretisierungen dieser allgemeinen Form im Hinblick auf die Lösung spezifischer Probleme. Entsprechend bilden sie das Handlungswissen spezifischer Professionen." Einen Überblick über Arbeitsweisen der Sozialen Arbeit gibt Silvia Staub-Bernasconi[37]; eine andere, jedoch nicht metatheoretisch fundierte Zusammenstellung der gängigsten Methoden der Sozialen Arbeit, legt Michael Galuske[38] vor.

6. Ausblick

In diesem Artikel wurde das Systemistische Paradigma der Sozialen Arbeit in einer sehr knappen Art und Weise dargestellt. Es ist uns dabei bewusst, dass der Versuch, ein solches Paradigma auf nur wenigen Seiten vorzustellen, gewisse inhaltliche Verkürzungen mit sich bringt. Ziel war es jedoch, dem Leser und der Leserin einen Überblick über die Gesamtstruktur dieses Theorieansatzes zu geben und zu zeigen, welchen Nutzen eine solche Herangehensweise für die Soziale Arbeit haben kann. Dabei möchten wir be-

---

[36] Obrecht 2001, S. 72.

[37] Staub-Bernasconi 1986, 1995, S. 175 ff.

[38] Galuske 2007.

sonders die integrativen Elemente des Paradigmas hervorheben, denn mit diesen gelingt es, metatheoretische Überlegungen theoretisch stringent mit der Handlungsebene in der Praxis der Sozialen Arbeit zu verbinden. Die allgemeine normative Handlungstheorie des Systemistischen Paradigmas kann als ein „Instrument" gesehen werden, welches es sowohl in der Sozialen Arbeit Forschenden wie auch an theoretisch-konzeptioneller Arbeit interessierten PraktikerInnen der Sozialen Arbeit ermöglicht, wissenschaftlich begründetes Interventionswissen zur Bearbeitung sozialer Probleme zu erhalten. Mit diesem gewinnt Soziale Arbeit auch ein Stück weit an Autonomie gegenüber Problemdefinitionen und Handlungsaufträgen, die von anderen gesellschaftlichen Akteursgruppen an sie herangetragen werden. Denn einerseits kann so die Wahl von spezifisch auf ein beschriebenes Problemfeld anzuwendenden Methoden Sozialer Arbeit durch den systematischen Bezug auf Erklärungswissen begründet werden und anderseits entzieht die in dem Paradigma integrierte bedürfnistheoretisch begründete Ethik jenen Denkmodellen die ethische Legitimation, die den Wert eines Menschen nur nach betriebswirtschaftlichen Gesichtspunkten oder anhand dessen Nutzens messen und sich dabei nicht an den Bedürfnissen und legitimen Wünschen der KlientInnen orientieren.

Literatur

Borrmann, Stefan (2006): Soziale Arbeit mit rechten Jugendcliquen. Wiesbaden.

Bunge, Mario (1967): Scientific Research II: The Search for Truth. NY.

Bunge, Mario (1977): Furniture of the World. Ontology I. Dordrecht/Boston.

Bunge, Mario (1979): A World of Systems. Ontology II. Dordrecht, Boston.

Bunge, Mario (1983): Epistemologie. Aktuelle Fragen der Wissenschaftstheorie. Mannheim/Wien/Zürich.

Bunge, Mario (1989): Ethics: The Good and the Right. Dordrecht/Boston/ Lancaster.

Bunge, Mario (1996): Finding Philosophy in Social Science. New Haven/ London.

Bunge, Mario (1998): Philosophy of Science, Volume 2: From Explanation to Justification. New Brunswick, London.

Bunge, Mario/Mahner, Martin (2000): Philosophische Grundlagen der Biologie. Berlin/Heidelberg/New York.

Engelke, Ernst/Spatscheck, Christian/Borrmann, Stefan (2009): Die Wissenschaft Soziale Arbeit. Werdegang und Grundlagen. Freiburg.

Galuske, Michael (2007): Methoden der Sozialen Arbeit. Eine Einführung. Weinheim/München.

Geiser, Kaspar (2004): Problem- und Ressourcenanalyse in der Sozialen Arbeit. Eine Einführung in die Systemische Denkfigur und ihre Anwendung. 2. Aufl. Luzern/Freiburg i. Br.

Heintz, Peter (1969): Ein soziologisches Paradigma der Entwicklung; mit besonderer Berücksichtigung Lateinamerikas. Stuttgart.

Heintz, Peter (Hrsg.) (1972): A Theory of Societal Systems. With Special Reference to the International System, 2 Volumes. Bern.

IFSW/IASSW (2001): International Definition of Social Work. Aus: www.iassw.soton.ac.uk/generic./definitionofsocialwork.asp?lang=en, Ausdruck vom 10.3.2005.

Klassen, Michael (2004): Was leisten Systemtheorien in der Sozialen Arbeit? Ein Vergleich der systemtheoretischen Zugänge von Niklas Luhmann und Mario Bunge. Bern.

Klassen, Michael (2009): (System)Theorien der Sozialen Arbeit. Lehrbuch. Innsbruck.

Obrecht, Werner (1996): Sozialarbeitswissenschaft als integrative Handlungswissenschaft. Ein metawissenschaftlicher Bezugsrahmen für die Wissenschaft Sozialer Arbeit. In: Merten, Roland/Sommerfeld, Peter/Koditek, Thomas (Hrsg.): Sozialarbeitswissenschaft - Kontroversen und Perspektiven. Neuwied/Kriftel/Berlin, S. 121-160.

Obrecht, Werner (2000): Das Systemische Paradigma der Sozialarbeitswissenschaft und der Sozialen Arbeit. Eine transdisziplinäre Antwort auf die Situation der Sozialen Arbeit im deutschsprachigen Bereich und die Fragmentierung des professionellen Wissens. In: Pfaffenberger, Hans/Scherr, Albert/Sorg, Richard (Hrsg.): Von der Wissenschaft des Sozialwesens. Rostock, S. 115-143.

Obrecht, Werner (2001): Das Systemtheoretische Paradigma der Disziplin und der Profession der Sozialen Arbeit. Eine transdisziplinäre Antwort auf das Problem der Fragmentierung des professionellen Wissens und die unvollständige Professionalisierung der Sozialen Arbeit. Zürcher Beiträge zur Theorie und Praxis Sozialer Arbeit, Band 4/2001, Fachhochschule Zürich.

Obrecht, Werner (2003): Transdisziplinäre Integration in Grundlagen- und Handlungswissenschaften. In: Sorg, Richard: Soziale Arbeit zwischen Politik und Wissenschaft. Münster, S. 119-169.

Obrecht, Werner (2005): Ontologischer, sozialwissenschaftlicher und sozialarbeitswissenschaftlicher Systemismus. Ein integratives Paradigma der Sozialen Arbeit. In Hollstein-Brinkmann, Heino/Staub-Bernasconi, Silvia (Hrsg.): Systemtheorien im Vergleich – Versuch eines Dialogs. Wiesbaden: Verlag für Sozialwissenschaften, S. 93-172.

Obrecht, Werner (2009a): Was braucht der Mensch? Umrisse einer erklärenden biopsychosoziokulturellen Theorie menschlicher Bedürfnisse und sozialer Probleme. Luxembourg.

Obrecht, Werner (2009b): Probleme der Sozialen Arbeit als Handlungswissenschaft und Bedingungen ihrer kumulativen Entwicklung. In: Birgmeier, Bernd/Mührel, Eric (Hrsg.): Die Sozialarbeitswissenschaft und ihre Theorie(n). Wiesbaden, S. 113-129.

Obrecht, Werner (2009c): Die Struktur professionellen Wissens. Ein integrativer Beitrag zur Theorie der Professionalisierung. In: Becker-Lenz, Roland et al. (Hrsg.): Professionalität in der Sozialen Arbeit. Standpunkte, Kontroversen, Perspektiven. Wiesbaden, S. 47-72.

Staub-Bernasconi, Silvia (1983): Soziale Probleme – Dimensionen ihrer Artikulation. Umrisse einer Theorie Sozialer Probleme als Beitrag zu einem theoretischen Bezugsrahmen Sozialer Arbeit. Diessenhofen.

Staub-Bernasconi, Silvia (1986): Soziale Arbeit als eine besondere Art des Umgangs mit Menschen, Dingen und Ideen. Zur Entwicklung einer handlungstheoretischen Wissensbasis Sozialer Arbeit. Sozialarbeit, Heft 10, S. 2-71.

Staub-Bernasconi, Silvia (1995): Systemtheorie, soziale Probleme und Soziale Arbeit: lokal, national, international. Oder: Vom Ende der Bescheidenheit. Bern/Stuttgart/Wien.

Staub-Bernasconi, Silvia (2002): Vom transdisziplinären wissenschaftlichen Bezugswissen zum professionellen Handlungswissen am Beispiel der Empowerment-Diskussion. In: Dokumentation der Fachtagung „Themen der Sozialarbeitswissenschaft und ihre transdisziplinäre Verknüpfung" vom 5.3.2002. Fachhochschule Zürich, Fachhochschule Solothurn Nordwestschweiz. Solothurn/Zürich

Staub-Bernasconi, Silvia (2007): Soziale Arbeit als Handlungswissenschaft. Systemtheoretische Grundlagen und professionelle Praxis. Bern/Stuttgart/Wien.

Staub-Bernasconi, Silvia (2009a): Soziale Arbeit als Handlungswissenschaft. In: Birgmeier, Bernd/Mührel, Eric (Hrsg.): Die Sozialarbeitswissenschaft und ihre Theorie(n). Wiesbaden, S. 131-146.

Staub-Bernasconi, Silvia (2009b): Der Professionalisierungsdiskurs zur Sozialen Arbeit (SA/SP) im deutschsprachigen Kontext im Spiegel internationaler Ausbildungsstandards. Soziale Arbeit – eine verspätete Profession? In: Becker-Lenz, Roland et al. (Hrsg.): Professionalität in der Sozialen Arbeit. Standpunkte, Kontroversen, Perspektiven. Wiesbaden, S. 21-45.

Björn Kraus/Christian Spatscheck

Macht in der Sozialen Arbeit

Zwei systemische Ansätze im Dialog

Dieser Beitrag widmet sich der Frage, welcher Erkenntnisgewinn aus der Anwendung systemtheoretischer Ansätze zur Analyse von Machtverhältnissen gewonnen werden kann. Wir beziehen uns dabei auf zwei Konzepte systemtheoretischer Machtanalysen, den vom Emergentistischen Systemismus[1] geprägten Zugang nach Silvia Staub-Bernasconi und den systemisch-konstruktivistisch[2] geprägten Zugang nach Björn Kraus. Im Rahmen dieses Beitrages werden wir uns darauf beschränken, einige zentrale Analysen im Kontext der beiden genannten Ansätze herauszuarbeiten. Eine umfassende Auseinandersetzung mit den unterschiedlichen metatheoretischen Hintergründen und wissenschaftstheoretischen Provenienzen kann in diesem Zusammenhang nicht geleistet werden. Ziel dieses Beitrags ist es, möglichen Erkenntnisgewinnen nachzuspüren, die durch eine vergleichende Zusammenschau im schulenübergreifenden Diskurs erreicht werden können. Hierzu sollen insbesondere die zentralen Kategorien der Begrenzungs- und Behinderungsmacht (Staub-Bernasconi)[3] und die der Instruktiven und Destruktiven Macht (Kraus) aufeinander bezogen werden. Abschließend werden Forschungsfragen aufgeworfen, die aus dem Vergleich heraus zur weiteren Klärung verblieben.

---

[1] Vgl. hierzu auch den Beitrag von Borrmann/Klassen/Spatscheck in diesem Band.

[2] Vgl. hierzu den Beitrag von Kraus in diesem Band.

[3] Vgl. aktuell hierzu die Konkretisierungen in Staub-Bernasconi 2010.

1. Machttheorie nach dem Emergentistischen Systemismus (Silvia Staub-Bernasconi)

Die Machttheorie Silvia Staub-Bernasconis ist innerhalb einer im Emergentistischen Systemismus begründeten Theorie Sozialer Arbeit verortet, welche auch unter dem Terminus „Systemistisches Paradigma der Sozialen Arbeit[4]" (SPSA) oder „Züricher Schule" bekannt ist.

Dieser Theorieansatz Sozialer Arbeit gründet sich auf den Emergentistischen Systemismus nach Mario Bunge[5] und wurde unter Hinzunahme soziologischer Ansätze von Peter Heintz seit den Siebzigerjahren vor allem durch Silvia Staub-Bernasconi, Werner Obrecht und Kaspar Geiser an der Hochschule für Soziale Arbeit in Zürich entwickelt.[6]

1.1 Definition von Macht

Macht wird von Staub-Bernasconi als „soziale Beziehung zwischen Individuen als Mitgliedern von sozialen Interaktionsprozessen und Systemen"[7] definiert. Wichtig zu verstehen ist, dass Machtbeziehungen hier nicht als Merkmal von Individuen betrachtet werden, sondern als emergente Merkmale von Sozialstrukturen. Macht wird als ein Verhältnis sozialer Über- und

---

[4] In einigen Publikationen wird dieses auch als „Systemisches Paradigma der Sozialen Arbeit" bezeichnet. Diese Bezeichnung ist tendenziell irreführend, statt von *dem* „Systemtheoretischen Paradigma der Sozialen Arbeit" muss von *mehreren* systemischen Paradigmen in der Sozialen Arbeit ausgegangen werden; alleine dieser Beitrag bezieht sich auf zwei Paradigmen.

[5] Vgl. etwa Bunge 1996.

[6] Vgl. Staub-Bernasconi 1995; 2007a; Obrecht 2001; 2009, Geiser 2009; Klassen 2004, Schmocker 2006 oder der Beitrag von Borrmann/Klassen/Spatscheck in diesem Band.

[7] Staub-Bernasconi 2007b, S. 6.

Unterordnung zwischen Menschen verstanden, das, direkt oder indirekt, über soziale Regeln ausgeführt wird.[8]

Damit sind Machtverhältnisse immer Ergebnisse von Ungleichheitsvorstellungen. Sie bestehen in Interaktionen über die Gewährung des Zugangs zu knappen, aber benötigten Ressourcen und führen durch ihre Form zu sozialen Ordnungen. Dabei wird die Herausgabe von Ressourcen stets an Bedingungen geknüpft, die der/die Besitzende der Ressourcen vorgibt und die von dem/der an den Ressourcen Interessierten (notgedrungen) akzeptiert werden. Somit beginnen alle Erklärungsansätze zur Macht „beim Individuum, seinen Bedürfnissen, Ressourcen und seiner Organisationsfähigkeit"[9], sind aber letztlich nur im Zusammenhang mit Ungleichheitsvorstellungen und sozialer Interaktion erklärbar.

Folgende Abschnitte erläutern, wie Silvia Staub-Bernasconis Machttheorie ein Kategoriensystem liefert, mit dem gesellschaftliche Über- und Unterordnungsverhältnisse analysiert werden können.

1.2 Arten der Macht

Anhand verschiedener Arten von Ressourcen, die zu Machmitteln werden können, werden von Silvia Staub-Bernasconi sechs unterschiedliche Arten der Macht unterschieden, die sie folgendermaßen charakterisiert:[10]

- *Körperliche Macht:* Hier wird der Körper, insbesondere qua Kraft oder Attraktivität, als Machtmittel eingesetzt.

- *Ressourcenmacht:* Hier wird materieller Besitz als Machtmittel eingesetzt.

- *Artikulationsmacht:* Hier wird die Fähigkeit, sich gut auszudrücken und mitteilen zu können, als Machtmittel eingesetzt.

---

[8]   Vgl. ebda.

[9]   Ebda.

[10] Vgl. Staub-Bernasconi 2007b, S. 8; Geiser 2009.

- *Modellmacht:* Hier werden Wissen und Definitionen als Machtmittel eingesetzt.
- *Positionsmacht:* Hier werden soziale Rollen und die daran geknüpften Befugnisse als Machtmittel eingesetzt.
- *Organisationsmacht:* Hier wird die soziale Vernetzung mit anderen als Machtmittel eingesetzt.

All diese Machtformen können in sozialen Verhältnissen einzeln oder in kombinierter Weise angewandt werden. Sie werden dann wirksam, wenn Menschen, die über die genannten Ressourcen verfügen, die Herausgabe dieser Ressourcen in sozialen Beziehungen an Bedingungen knüpfen und damit die Interessenten an diesen Ressourcen zu bestimmten Verhaltensweisen bewegen können.

1.3 Normative Einschätzungen über Macht

Mit Analysen von Popitz[11] oder auch Foucault[12] muss von der Universalität der Macht ausgegangen werden. Machtfreie Räume sind somit nur dann denkbar, wenn diese in sozialer Interaktion machtfrei gestaltet werden.

In diesem Zusammenhang formuliert Staub-Bernasconi den kontroversen Standpunkt, dass machtbesetzte Sozialbeziehungen in normativer Sicht nicht per se negativ und genauso machtfreie Räume nicht per se positiv bewertet werden sollten.[13] Für eine normative Einschätzung von Machtsituationen formuliert sie folgende Leitfragen: „Wann sind Ungleichheitsordnungen menschengerecht, wann sind sie Ungerechtigkeitsordnungen? Welche Regeln bilden die Basis für legitime Ungleichheits- und illegitime Ungerechtigkeitsordnungen?"[14]

---

[11] Vgl. Popitz 2004.
[12] Vgl. Foucault 1977; 1978; 1992.
[13] Vgl. Staub-Bernasconi 2007b, S. 9.
[14] Staub-Bernasconi 2007b, S. 9.

Die Frage nach menschengerechten sozialen Ordnungen kann durch einen Bezug auf die menschlichen Bedürfnisse und die Bedingungen ihrer Befriedigung beantwortet werden.[15] Die Frage hinsichtlich legitimer und illegitimer Ungleichheitsordnungen wird von Staub-Bernasconi anhand einer begrifflichen Unterscheidung zwischen (illegitimer) *Behinderungsmacht* und (legitimer) *Begrenzungsmacht* beantwortet.

1.3.1 Behinderungsmacht

Behindernde Machtstrukturen oder Behinderungsmacht liegen nach Staub-Bernasconi dann vor, wenn:

- „die Verteilung von knappen Ressourcen so geregelt wird, dass sie sich auf unveränderbare Merkmale, etwa familiäre Abstammung/Erbfolge, Geschlecht, Alter, Hautfarbe, ethnische oder religiöse Mitgliedschaft, sozialräumliche Herkunft bezieht (Macht als biologisch oder sozial determinierte Schicksalsfrage)

- die soziale Anordnung von Menschen so geregelt wird, dass bereits Mächtige selektionieren, entscheiden und befehlen, während bereits Ohnmächtige ausführen und gehorchen (Macht als Herrschaftsstruktur)

- die Anordnung machtlegitimierender Ideen, wie Werte, Ordnungsvorstellungen, Gesetze so gestaltet wird, dass sie von einer wesensmäßigen Ungleichheit zwischen verschiedenen Gruppen ausgeht und diese Ordnungen als von höheren Mächten (z.B. von Gott, Herrschern, der Natur oder „der Geschichte") bestimmt betrachtet. Damit einher geht die Vorstellung, dass den Mächtigen mehr Rechte als Pflichten eingeräumt werden, während den Ohnmächtigen mehr Pflichten als Rechte zugeteilt werden (Macht als vorgegebene Ordnung)

- die Kontrolle der Einhaltung sozialer Regeln auf willkürlicher Anwendung und auf personaler, direkter Gewalt als letztes Durchsetzungsmittel beruht (Macht als illegitimer Zwang, Willkürakt und direkte Gewalt)"[16]

Im Sinne der Bedürfnisse der Beteiligten sind Machtverhältnisse dieser Art nach menschenfeindlichen sozialen Regeln strukturiert und sollten deshalb durch geeignete Mittel beseitigt werden.[17]

---

[15] Vgl. die Theorie Menschlicher Bedürfnisse nach Obrecht 1998.

[16] Staub-Bernasconi 2007b, S. 11.

1.3.2 Begrenzungsmacht

Begrenzende Machtstrukturen oder Begrenzungsmacht liegen nach Staub-Bernasconi (2007b) dann vor, wenn:

- „die soziale Verteilung knapper Ressourcen so geregelt wird, dass Individuen ihre Bedürfnisse befriedigen (Bedürfnisgerechtigkeit) und ihre legitimen Wünsche aufgrund ihrer Leistungen (Leistungsgerechtigkeit) erfüllen können (Macht als faire Schichtung)

- die Anordnung sozialer Positionen so geregelt wird, dass Gewaltenteilung, willkürfreie, demokratische Kontrolle, Rotation und Absetzung der Machthaber durch die Basis durch Mitsprache und Mitbestimmung garantiert und institutionalisiert sind (Macht als demokratisch strukturierte Hierarchie)

- die machtlegitimierenden symbolischen Ideen zur sozialen Ordnung so entstanden sind, dass sie sich auf die Vernunftfähigkeit und Würde der Menschen, menschliche Bedürfnisse und legitime Wünsche sowie menschliche Leistungen berufen und die Rechte und Pflichten für jedes Individuum innerhalb der Sozialstruktur im Gleichgewicht sind (Macht als legitime Gesellschaftsordnung)

- die Kontrolle und Erzwingung sozialer Regeln durch Normenverdeutlichung, Sanktionen, Zwang und, vor allem, unter Verzicht auf Gewalt erfolgen"[18]

Im Sinne der Bedürfnisse der Beteiligten sind Machtverhältnisse dieser Art nach menschengerechten sozialen Regeln strukturiert und sollten deshalb durch geeignete Mittel gefördert werden.[19]

---

[17] Vgl. ebda.

[18] Vgl. ebda.

[19] Vgl. ebda.

139

2. „Systemisch-konstruktivistische" Macht-theorie (Björn Kraus)

Während sich der Ansatz von Staub-Bernasconi primär mit Fragen der Verteilung von Macht und Fragen der normativen Bewertung von Macht auseinander setzt,[20] ist die Kraussche Perspektive eine erkenntnistheoretische, die die Bedingungen der Möglichkeit von Macht fokussiert. Insoweit sind die Fragen, ob Macht nun positiv oder negativ zu bewerten ist oder wozu sie eingesetzt werden kann und soll, zunächst gar nicht im Blick. Stattdessen geht es wesentlich darum zu entscheiden, welche Qualität Macht zugesprochen werden kann, oder anders gefragt: Was soll Macht sein, bzw. was kann mit dem Begriff der Macht beschrieben werden? Insoweit dieser Zugang ein erkenntnistheoretischer ist, werden im Folgenden zunächst einige der Grundlagen dieser Perspektive skizziert. Dabei gründet die erkenntnistheoretische Basis auf dem im Beitrag von Kraus in diesem Band vorweg dargestellten erkenntnistheoretischen Konstruktivismus.

Grundlegend für die Kraussche Sichtweise ist, dass Kognition selbstreferentiell operiert und keinen direkten Zugang zur Welt, sondern nur Zugang zu den je eigenen, jeweils relativ veränderten Bewusstseinszuständen hat.[21] Wichtig ist dabei, dass hier ein intersystemisch perspektivierter Konstruktivismus[22] vertreten wird, der sowohl von der Grundannahme kognitiver Selbstreferentialität ausgeht als auch die außerhalb der Person oder von Personen liegenden Rahmenbedingungen des subjektiven Konstruierens mit in den Blick nimmt.[23] Insofern liegt die Betonung auf der grundsätzlichen Doppelbindung der Entwicklung lebender Systeme: Einerseits ist die Lebenswirklichkeit eines Menschen aufgrund der kognitiven Selbstreferentialität stets ein subjektives Konstrukt. Andererseits ist sie aufgrund der struktu-

---

[20] Vgl. Staub-Bernasconi 1998, 2000.

[21] Vgl. Kraus 2007, S. 80 ff.

[22] … bei dem aus einer konstruktivistischen Perspektive vor allem Interaktionen zwischen Menschen als auch die strukturelle Koppelung zwischen Mensch und Umwelt betrachtet werden.

[23] Vgl. Kraus 2007, S. 82.

rellen Kopplung des Menschen an seine Umwelt keine beliebige Konstruktionsleistung, sondern eine Konstruktion, die (unter anderem aufgrund des
Primats der Viabilität) durch die Rahmenbedingungen der Umwelt beeinflusst und begrenzt ist. Wenden wir uns vor dem Hintergrund konstruktivistischer Überlegungen der Frage nach den Möglichkeiten von Macht zu, so
scheint diese zunächst einmal dahingehend entschieden, dass es Macht nicht
geben kann. Denn wenn Kognition selbstreferentiell operiert und somit von
außen bestenfalls irritiert, aber keinesfalls determiniert werden kann, wie
soll dann die Steuerung des Menschen von außen möglich sein?

Fasst man Macht mit Weber als „jede Chance innerhalb einer sozialen Beziehung, den eigenen Willen auch gegen Widerstreben durchzusetzen,
gleichviel worauf diese Chance beruht"[24], stellt sich die Frage, wie der eigene Wille durchgesetzt werden soll, wenn doch instruktive Interaktionen[25] als
unmöglich gelten. In diesem Sinne hat Dell instruktive Interaktion als Mythos ausgewiesen[26] und von Foerster Menschen als nicht-triviale Maschinen
beschrieben, deren wesentliches Charakteristikum die Nicht-Steuerbarkeit
ist.[27] Unter Bezugnahme auf diese Annahmen hat schließlich Portele gefolgert, dass es genau genommen gar keine Macht geben kann, sondern lediglich soziale Phänomene, die wie Macht scheinen, die aber letztlich nur
durch die Unterwerfung der Ohnmächtigen zustande kommen.[28]

Nun stellt sich die Frage, ob diese Schlussfolgerungen aus einer konstruktivistischen Anthropologie heraus die einzig möglichen sind oder ob nicht
doch soziale Phänomene als Macht beschrieben werden können, die trotz
der Annahme kognitiver Selbstreferentialität nicht von den Unterwerfenden
oder den Ohnmächtigen zu verantworten sind. Bei der Beantwortung dieser
Frage hält Kraus am Paradigma der kognitiven Selbstreferentialität fest,
entwickelt dann aber unter Rückgriff auf die für seine Überlegungen zentrale „Doppelbindung menschlicher Strukturentwicklung" ein Machtmodell,

---

[24] Weber 1972, S. 28.

[25] … verstanden als Chance, das Denken oder Verhalten eines Menschen zu determinieren; vgl. Kraus 2007, S. 90.

[26] Vgl. Dell 1990.

[27] Vgl. von Foerster 1996.

[28] Vgl. Portele 1989.

dass es erlaubt, Machtkategorien zu beschreiben, die unabhängig vom Eigensinn eines Menschen ihre Wirksamkeit entfalten. Hierzu differenziert er den Begriff der Macht selbst und unterscheidet zwischen „Instruktiver Macht" und „Destruktiver Macht".[29]

Bemühen wir zur Verdeutlichung dieser Unterscheidung ein Beispiel und stellen uns vor, dass zwischen zwei Personen die Ressourcen ungleich verteilt sind – etwa dadurch, dass die Person A bewaffnet der unbewaffneten Person B gegenübersteht. Auf den ersten Blick scheint hier die Verteilung der Macht eindeutig. Kann nun aber A gegenüber B „… den eigenen Willen auch gegen Widerstreben durchzusetzen …"[30]? Bei näherer Betrachtung wird deutlich, dass diese Frage nicht mit „ja" oder „nein" beantwortet werden kann, sondern dass sie mit „sowohl als auch" also „ja *und* nein" beantwortet werden muss. „Ja" nämlich, so lange der Wille von Person A darauf zielt, die Möglichkeiten von Person B zu *beschränken*. Möchte etwa A, dass B den Ort des Geschehens nicht verlässt, so braucht sie zur Durchsetzung ihres Willen nicht die Zustimmung oder Unterwerfung von B und kann somit auch nicht am Eigensinn der selbstreferentiellen Kognition von B scheitern. Zur Durchsetzung dieses Willens genügt es, B zu erschießen. „Nein" jedoch, wenn Person A Person B zu einem bestimmten Verhalten oder gar Denken zwingen möchte. Hierzu wäre B's Unterwerfung notwendig. Denn auch wenn A aufgrund ihrer Verfügungsgewalt die Möglichkeiten von B drastisch reduzieren kann, so verbleibt die Bewertung dieser Reduktionsmöglichkeiten letztlich bei B. Die Androhung des Erschossenwerdens hat für B nur die Qualität einer Perturbation und die Reaktion darauf ist von A so wenig vorhersehbar wie bestimmbar.

Zielt Macht also auf ein instruktives Ansinnen, so hat dieses Ansinnen immer nur die Qualität einer Perturbation. Die Entscheidung wie auf diese Perturbation reagiert wird, verbleibt bei dem Reagierenden, also dem „vermeintlich" Ohnmächtigen. Denn auch der scheinbar Ohnmächtige kann sich jeglichem Ansinnen verweigern, wenn auch – wie im dargestellten Beispiel – um den Preis des Erschossenwerdens. Hier wird deutlich, dass es offenbar einen qualitativen Unterschied zwischen den Bemühungen instruktiver und

---

[29] Kraus 2000, S. 128-152; 2002, S. 173-212; 2007.

[30] Weber 1972, S. 28.

den Bemühungen destruktiver Einflussnahme gibt. Dieser qualitative Unterschied lässt sich an den Möglichkeiten der Verweigerung verdeutlichen. Er wird begrifflich fassbar, wenn der Begriff der instruktiven Interaktion dem der destruktiven Interaktion gegenüber gestellt und dementsprechend das Phänomen Macht in Instruktive Macht und Destruktive Macht unterschieden wird.[31] Die Idee dabei ist, dass Destruktive Macht die Möglichkeiten eines Menschen einschränkt, indem eben bestimmte Möglichkeiten destruiert, das heißt zerstört werden. Hingegen zielt Instruktive Macht auf die Steuerung eines Menschen. Während nun die „Ohnmächtigen" sich gegenüber Instruktiver Macht verweigern können, ist dies gegenüber Destruktiver Macht nicht möglich. Dieser qualitative Unterschied macht eine sprachliche Differenzierung des Machtbegriffs notwendig, um Interaktionsverhältnisse adäquater und differenzierter beschreiben und analysieren zu können. Kraus definiert diese Differenz folgendermaßen:

> „*Instruktive Macht* bezeichnet die Chance, das Verhalten oder Denken eines Menschen zu determinieren. (*Instruktive Macht als Gelegenheit zu instruktiven Interaktionen ist vom Eigensinn der zu Instruierenden abhängig, die sich letztlich Instruktiver Macht auch verweigern können.)*
>
> *Destruktive Macht* bezeichnet die Chance, die Möglichkeiten eines Menschen zu reduzieren. (*Destruktive Macht als Gelegenheit zu destruktiven Interaktionen ist unabhängig vom Eigensinn der zu Instruierenden, die sich Destruktiver Macht nicht verweigern können.)"*
> [32]

Wie schon eingangs betont, geht mit den Begriffen Instruktiver und Destruktiver Macht keinerlei normativen Implikationen einher. Es geht hier lediglich um die begriffliche Erfassung bestimmter Wirksamkeiten, beziehungsweise Qualitäten. Das heißt, die Reflexion ob Macht gut oder schlecht ist, ist in der begrifflichen Unterscheidung zwischen Instruktiver und Destruktiver Macht nicht angelegt. Schwierig ist, dass umgangssprachlich mit dem Begriff der Destruktion zumeist negative Wertungen assoziiert werden.

---

[31] Kraus 2000, S. 137, 2002, S. 183.

[32] Kraus 2007, S. 90.

Dennoch lässt sich gerade hieran festmachen, dass etwa der Eingriff in die elterliche Sorge und das Herausnehmen des Kindes aus einem Kindeswohl gefährdenden Familienverhältnis eine Form Destruktiver Macht ist, die dem Schutze des Kindes dient und unabhängig vom Eigensinn der Eltern ihre Wirkung entfaltet. Instruktive Macht hingegen, etwa die Beförderung eines dem Kindeswohl dienlichen, liebevollen Umgangs mit dem Kind, ist nicht erzwingbar, sondern nur unter tätiger Einwilligung der Eltern zu erreichen.

Dass jedoch auch Destruktive Macht positiv bewertet werden kann, lässt sich ebenfalls am Beispiel der Kindeswohlgefährdung verdeutlichen. Hier stellt etwa der Eingriff in die elterliche Sorge durch das Herausnehmen eines Kindes aus kindeswohlgefährdenden Familienverhältnissen eine Form Destruktiver Macht gegenüber den Eltern dar, die zumindest aus gesellschaftlicher Perspektive positiv gewertet werden kann.

3. Die sechs Arten der Macht im normativen und interaktionsbezogenen Vergleich

In den folgenden Abschnitten sollen die beiden Machtmodelle insbesondere anhand der Leitbegriffe „Behinderungs- und Begrenzungsmacht" sowie in „Instruktive und Destruktive Macht" auf praktische Situationen angewandt und abschließend verglichen werden.

3.1 Beispiele zur normativen Einschätzung von Macht: Behinderungsmacht und Begrenzungsmacht

Anhand der sechs Arten von Macht und der Kategorien von Macht nach Staub-Bernasconi lassen sich folgende Beispiele für behindernde oder begrenzende Machtverhältnisse finden.

	Behinderungsmacht (illegitim)	Begrenzungsmacht (legitim)
Physische Macht	Vater verprügelt Sohn	SozialarbeiterIn schützt Kind vor gewalttätigen Jugendlichen
Sozioökonomische Macht	Familie erhält Haushaltsgeld nur nach willkürlichem Gutdünken des Familienvaters	Lohn erst nach (fair) vereinbarter Arbeitslei-stung
Artikulationsmacht	Hilfeplan in Fachsprache, die der Klient nicht versteht	Kind fordert legitime Aufmerksamkeit der Eltern durch „Störungen"
Modellmacht	Ideologie: Modelle, die Mächtigen mehr nützen, als Ohnmächtigen (z.B. „Jeder ist seines Glückes Schmied")	Durchsetzung von objektiv begründeten Ideen über Gerechtigkeit
Positionsmacht	Missbrauch von Untergebenen durch Vorgesetzte	Inobhutnahme eines Kindes zu dessen Schutz
Organisationsmacht	Lobbyismus für privilegierte Gruppen	Gewerkschaft setzt sich für Arbeitnehmerrechte und Mindeststandards ein

3.2 Normative und qualitative Machtmodelle im Vergleich

Im Folgenden werden einige Unterschiede zwischen und Ergänzungsmöglichkeiten der vorgestellten Machtmodelle skizziert. Dazu verschränken wir exemplarisch zwei für das jeweilige Modell zentrale Kategorien, nämlich die der Begrenzungs- und Behinderungsmacht (Staub-Bernasconi) mit denen der Instruktiven- und Destruktiven Macht (Kraus). Gerade im direkten Bezug wird deutlich, dass mit den Kategorien der Destruktiven und Instruktiven Macht zunächst keine normativen Implikationen verbunden sind, hingegen mit den Kategorien der Behinderungs- und Begrenzungsmacht sehr wohl. So werden eben mit der Kategorie der Behinderungsmacht grundsätzlich illegitime Machtformen, mit der Kategorie der Begrenzungsmacht legitime Machtformen beschrieben. Die normative Ebene ist zunächst nicht im Fokus der Kategorien der Instruktiven und Destruktiven Macht; sie zielen statt dessen auf die qualitative Einschätzung der Wirksamkeit von Macht und unterscheiden hier zwischen Machtformen, die abhängig (Instruktive Macht) oder unabhängig (Destruktive Macht) vom Eigensinn der Zielpersonen sind.

Pointiert kann man also festhalten, dass beide Perspektiven unterschiedliche Schwerpunkte und insoweit auch unterschiedliche offene Fragen haben. Denn genauso wenig, wie die Kategorien der Instruktiven und Destruktiven Macht etwas über die normative Bewertung aussagen, sagen die Kategorien der Behinderungs- und Begrenzungsmacht etwas über die Möglichkeiten der Entfaltung der Wirksamkeit der Macht aus. Gerade in dieser Hinsicht ist eine Verschränkung der beiden Ansätze gewinnbringend. Das erkenntnistheoretische Modell von Kraus, das die Wirkmöglichkeiten von Machtausübung analysiert, kann hier auch auf die Differenz zwischen Behinderungs- und Begrenzungsmacht zurückgreifen, um entscheidende Schritte in der für die Soziale Arbeit unumgänglichen Auseinandersetzung mit der Bewertung von Formen der Machtausübung zu erreichen. Das eher auf Bewertung von Machtformen zielende Modell von Staub-Bernasconi kann auf die Differenz zwischen Instruktiver und Destruktiver Macht zurückgreifen, um die Wirkmöglichkeiten von Macht differenzierter zu reflektieren.

Denn es gilt sowohl mit Blick auf Behinderungs- als auch mit Blick auf Begrenzungsmacht zu fragen, welche Verfügungspotentiale überhaupt vorliegen. Und zwar immer in zwei Richtungen: Wird nämlich die eigene Begrenzungsmacht unterschätzt, so werden die professionellen Möglichkeiten nicht ausgeschöpft, Verantwortlichkeiten nicht wahrgenommen und deswegen rechtliche, fachliche und/oder moralische Standards unterschritten. Wird hingegen die eigene Begrenzungsmacht überschätzt, so werden die Grenzen der eigenen Mittel übersehen, was u.a. die Gefahr der Selbstüberschätzung und -überforderung vermehrt. Im Zusammenhang mit Behinderungsmacht ist zu fragen, ob oder in wie weit diese vom Eigensinn der Unterdrückten abhängig ist. Denn wenn Behinderungsmacht mittels Instruktiver Macht realisiert werden soll, so kann man sich dieser verweigern. Wird jedoch Destruktive Macht in Anschlag gebracht, so erwächst hieraus ein Maximum an Wirkungssicherheit und damit auch die entsprechende Verantwortung derer, die über solche Macht verfügen.

Die folgende Tabelle bietet eine Erläuterung der Verschränkung anhand von Beispielen.

	Instruktive Macht	*Destruktive Macht*
Behinderungs-macht:	Illegitime Vorgabe von Verhaltensweisen	Illegitime Einschränkung der Möglichkeiten
	Bspw. das Gebot, über Misshandlungen/Missbrauch nicht zu sprechen oder Regierungssysteme nicht zu kritisieren bzw. unkritisch gut zu heißen	Bspw. durch Beschränken der Bewegungsfreiheit (Haft, Mauer), Vorenthalten von Ressourcen, Information …
Begrenzungs-macht:	Legitime Vorgabe von Verhaltensweisen	Legitime Einschränkung der Möglichkeiten
	Bspw. Definition und Vorgabe adäquaten Umgangs mit Kindern	Bspw. durch Eingriff in die „Elterliche Sorge" und damit Reduktion der Verfügungsgewalt über das Kind

Bei der Differenz „Behinderungs- vs. Begrenzungsmacht" geht es immer um die Bewertung der Machtausübung als legitim oder illegitim. Die Differenz „Instruktive vs. Destruktive Macht" hingegen fragt mit Blick auf die Verweigerungsmöglichkeiten nach der Wirksamkeit der Machtausübung. So

lässt sich das Gebot, ein Regierungssystem nicht kritisieren zu dürfen, ebenso wie die Inhaftierung derer, die diesem Gebot nicht Folge leisten, als illegitime Behinderungsmacht charakterisieren. Die Wirkmächtigkeit ist jedoch
unterschiedlich. Denn während das Gebot am Eigensinn der Zielpersonen
scheitern kann, entfaltet die Inhaftierung ihre Wirkung unabhängig von diesem. Hier zeigt sich auch eine gängige Verknüpfung von Destruktiver und
Instruktiver Macht. Meist wird mit Destruktiver Macht (Inhaftierung) ge-
droht, um die Erfolgsaussichten Instruktiver Macht (Gebotsbefolgung) zu
erhöhen. Genauso deuten sich aber auch die Grenzen jeglicher Machtausübung an. Wirksicherheit gibt es immer nur im einschränkenden (destruktiven), nicht aber im bestimmenden (instruktiven) Bereich. Dies mag man ja
mit Blick auf illegitime Behinderungsmacht begrüßen, allerdings gilt es diesen Grundsatz auch bezüglich legitimen Begrenzungsmacht zu berücksichtigen. Auch in diesem Bereich gibt es Wirksicherheit nur mit der Ausübung
Destruktiver Macht. Betrachten wir etwa die Zielsetzung, das Kindeswohl
zu schützen, so gehen damit Vorstellungen über den Umgang mit Kindern
einher, bei deren Nichterfüllung Soziale Arbeit gleichermaßen unterstützend
wie kontrollierend eingreift. Hierbei handelt es sich um legitime Begrenzungsmacht gegenüber den Eltern zum Schutz der Kinder. Und auch hier
gilt, dass alle instruktiven Bestrebungen am Eigensinn der Eltern scheitern
können, hingegen der Einsatz Destruktiver Macht, etwa durch die räumliche
Trennung von Eltern und Kindern, davon unabhängig ist.

4. Macht in systemisch-dialogischer Perspektive – ein Zwischenfazit und ein Ausblick

Durch die Zusammenschau der beiden systemischen Machtmodelle werden
die Gelingens- und Bedingungsfaktoren von Macht im Kontext Sozialer Arbeit beleuchtet. Diese Analysen ermöglichen u.a. Einschätzungen hinsichtlich der Voraussetzungen und Bedingungen, der Qualität und Wirksamkeit
sowie der Legitimität von Macht. Damit können dann sowohl die kontrollie-
renden, begrenzenden und konfrontativen Seiten Sozialer Arbeit als auch

die befreienden und schützenden Anteile in ihren Zusammenhängen mit Fragen der Macht reflektiert werden. Anhand der Machttheorie Silvia Staub-Bernasconis werden zunächst die Dimensionen und Relevanzen verschiedener Machtmittel erklärbar. Hierbei kann Erklärungswissen über die Voraussetzungen eigener und fremder Macht gewonnen werden. Über die Auseinandersetzung mit den Machtmitteln hinaus ermöglichte Staub-Bernasconis Zugang vor allem auch die normative Auseinandersetzung mit Fragen eines ethisch verantwortlichen Umgangs mit Macht.

Mit Blick auf die Machttheorie von Kraus bleibt festzuhalten, dass diese insbesondere die Auseinandersetzung mit der intersubjektiven Wirksicherheit von Macht ermöglicht. Dabei kann sowohl die Ebene der direkten Interaktion als auch die Ebene gesellschaftlicher Interaktionen hinsichtlich ihrer Machtverhältnisse reflektiert werden. Gerade die Auseinandersetzung mit den Mechanismen und Gelingensbedingungen sowie den Wirksicherheiten von Machtausübung ermöglicht die notwendige Reflexion der daraus resultierenden Verantwortungsverteilungen.[33]

Die Zusammenschau der beiden Machtmodelle ermöglicht eine vielschichtige Perspektive auf Machtphänomene. Hierbei lassen sich im Sinne einer Multiebenenanalyse Machtphänomene in der Wechselwirkung komplexer Wirkungsebenen analysieren. Damit wird das möglich, was in der Sozialen Arbeit aus unserer Sicht zu einem zentralen Kompetenzbereich zählen sollte: Ein bewusster und reflektierter Umgang mit den Phänomenen der Macht sowohl bezüglich der persönlichen und berufsständischen Anteile als auch als Gegenstandsphänomen sozialen Handelns in der Gesellschaft.

Auch in wissenschaftstheoretischer Hinsicht erscheint uns ein Vergleich zweier systemischer Ansätze der Sozialen Arbeit bereichernd, gerade auch mit Blick auf die in der Vergleichsperspektive entstehenden Fragestellungen, die im Rahmen dieses Beitrags noch gar nicht aufgegriffen werden konnten.

So wären zunächst die Unterschiede der erkenntnistheoretischen Grundannahmen zu reflektieren und herauszuarbeiten. In einem nächsten Schritt wäre zu prüfen, welche Folgerungen aus diesen Grundannahmen in unüber-

---

[33] Vgl. Kirchoff/Kraus 2010.

windbarem Widerspruch zueinander stehen (gerade mit Blick auf die Frage menschlicher Erkenntnis-, Entscheidungs- und Handlungsmöglichkeiten). In ähnlicher Weise könnten ontologische und axiologische Grundannahmen der beiden Paradigmen verglichen werden. Bei diesen Vergleichen wäre auch zu prüfen, ob es nicht trotz unterschiedlicher Grundannahmen miteinander vereinbarliche oder sich gegenseitig zumindest befruchtende, wenn nicht gar ergänzende Annahmen gibt. Hierzu zeigt dieser Beitrag erste Möglichkeiten auf, die in weiteren Analysen aufgegriffen werden könnten.

Literatur

Bunge, Mario (1996): Finding Philosophy in Social Science. New Haven: Yale University Press.

Dell, Paul F. (1990): Klinische Erkenntnis: Zu den Grundlagen systemischer Therapie. 2. Aufl. Dortmund: Verlag Modernes Lernen.

Foerster, Heinz von/Schmidt, Siegfried J. (1996). Wissen und Gewissen: Versuch einer Brücke. 3. Aufl. Frankfurt a. M.: Suhrkamp.

Foucault, Michel (1977): Überwachen und Strafen. Frankfurt a.M.: Suhrkamp.

Foucault, Michel (1978): Dispositive der Macht. Berlin: Merve.

Foucault, Michel (1992): Was ist Kritik? Berlin: Merve.

Geiser, Kaspar (2009): Problem- und Ressourcenanalyse in der Sozialen Arbeit. Eine Einführung in die Systemische Denkfigur und ihre Anwendung. 4. Aufl. Freiburg i. Br.: Lambertus.

Kirchhoff, Renate/Kraus, Björn (2010): Verantwortung. In: Herrmann/Hoburg/Zitt (Hrsg.): Theologie und Soziale Wirklichkeit. Grundbegriffe. Stuttgart-Vaihingen: Kohlhammer (im Druck).

Klassen, Michael (2004): Was leisten Systemtheorien in der Sozialen Arbeit? Ein Vergleich der systemtheoretischen Zugänge von Niklas Luhmann und Mario Bunge. Bern: Haupt.

Kraus, Björn (2000): „Lebensweltliche Orientierung" statt „instruktive Interaktion". Eine Einführung in den Radikalen Konstruktivismus in seiner Bedeutung für die Soziale Arbeit und Pädagogik. Reihe Forschen & Lernen, Bd. 8. Berlin: VWB.

Kraus, Björn (2002): Konstruktivismus – Kommunikation – Soziale Arbeit. Radikal-konstruktivistische Betrachtungen zu den Bedingungen des sozialpädagogischen Interaktionsverhältnisses. Heidelberg: Verlag für Systemische Forschung im Carl-Auer-Systeme Verlag.

Kraus, Björn (2007): Soziale Arbeit – Macht – Hilfe und Kontrolle: Die Entwicklung und Anwendung eines systemisch-konstruktivistischen Machtmodells. In:

Kraus, Björn/Krieger, Wolfgang (Hrsg.): Macht in der Sozialen Arbeit. Interaktionsverhältnisse zwischen Kontrolle, Partizipation und Freisetzung. Lage: Jacobs, S. 79–102.

Obrecht, Werner (1998): Umrisse einer biopsychosozialen Theorie menschlicher Bedürfnisse. Arbeitspapier der Hochschule für Soziale Arbeit Zürich.

Obrecht, Werner (2001): Das Systemtheoretische Paradigma der Disziplin und der Profession der Sozialen Arbeit. *Zürcher Beiträge*, Bd. 4, Fachhochschule Zürich.

Obrecht, Werner (2009): Problem der Sozialen Arbeit als Handlungswissenschaft und Bedingungen ihrer kumulativen Entwicklung. In: Birgmeier, Bernd/Mührel, Eric (Hrsg.): Die Sozialarbeitswissenschaft und ihre Theorie(n). Wiesbaden: VS, S. 111-129.

Popitz, Heinrich (2004): Phänomene der Macht. 2. Aufl. Tübingen: Mohr.

Portele, Gerhard (1989): Autonomie, Macht, Liebe: Konsequenzen der Selbstreferentialität. Frankfurt a. M.: Suhrkamp.

Schmocker, Beat (2006) (Hrsg.): Liebe, Macht und Erkenntnis. Silvia Staub-Bernasconi und das Spannungsfeld Sozialer Arbeit. Freiburg i.br.: Lambertus.

Staub-Bernasconi, Silvia (1995): Systemtheorie, soziale Probleme und Soziale Arbeit: lokal, national, international. Bern: Haupt.

Staub-Bernasconi, Silvia (1998): Soziale Probleme – Soziale Berufe – Soziale Praxis. In: Heiner, Maja et al. (Hrsg.): Methodisches Handeln in der Sozialen Arbeit. 4. Aufl. Freiburg i. Br.: Lambertus, S. 11–137.

Staub-Bernasconi, Silvia (2000): Systemische Soziale Arbeit. In: Stimmer, Franz et al. (Hrsg.): Lexikon der Sozialpädagogik und Sozialarbeit. 4. Aufl. München: Oldenbourg, S. 737-740.

Staub-Bernasconi, Silvia (2007a): Soziale Arbeit als Handlungswissenschaft. Bern: Haupt.

Staub-Bernasconi, Silvia (2007b): Macht in der Sozialen Arbeit. Vortrag im Rahmen einer Ringvorlesung an der Universität Fribourg/CII, Departement Sozialarbeit und Sozialpolitik – Sommersemester 2007.

Staub-Bernasconi, Silvia (2010): Macht und (Kritische) Sozialarbeit. In: Kraus, Björn/Krieger, Wolfgang (Hrsg.): Macht in der Sozialen Arbeit. Interaktionsverhältnisse zwischen Kontrolle, Partizipation und Freisetzung. 2. Aufl. Lage: Jacobs (im Druck).

Weber, Max (1972): Wirtschaft und Gesellschaft: Grundriß der verstehenden Soziologie. 5. Aufl. Tübingen: Mohr.

Georg Singe

Lernprozesse systemischer Sozialarbeit

Didaktische Anmerkungen zur Ausbildung einer systemischen Berufsidentität

1. Herausforderungen

Die Kompetenzentwicklung in der Ausbildungs- und Berufseinführungsphase professioneller Fachkräfte Sozialer Arbeit stellt einen Lernprozess dar, der über die wissenschaftliche Auseinandersetzung mit den Fragestellungen der Sozialarbeitswissenschaften und ihrer Bezugswissenschaften weit hinausgeht. Scheint sich in letzter Diskussion die Debatte um die systemtheoretische Fundierung der Disziplin durchzusetzen, richtet sich die Praxis der Profession in den verschiedenen Handlungsfeldern eher nicht nach systemtheoretisch fundierten Handlungskonzepten. Die Entwicklung einer spezifisch systemischen Berufsidentität ist daher eine besondere Herausforderung. Die meisten Fort- und Weiterbildungen stellen diesbezüglich die Methodenfrage in den Mittelpunkt. Systemische Sozialarbeit lernen bedeutet dann, systemische Methoden und Techniken kompetent anwenden zu können. Dabei gibt es wenige Ausbildungskonzepte und noch weniger Bachelor- und Master-Studienkonzepte, die die politischen, soziologischen und organisationsbezogenen Rahmenbedingungen Sozialer Arbeit systemisch in den Blick nehmen. Ebenso wird in vielen Ausbildungskonzepten der entsprechenden Entwicklung der Persönlichkeit nicht ausreichend Raum gegeben. Denn im Mittelpunkt der Profession steht die Persönlichkeit der Fachkraft Sozialer Arbeit in ihrer jeweiligen Rolle gegenüber dem Klienten. So gehören neben der Fachkompetenz vor allem die soziale und personale Kompetenz zu den wesentlichen Zielen der beruflichen Sozialisation. Obwohl in fast allen Studienordnungen mittlerweile die Förderung der Persönlichkeit und der sozialen Kompetenzen oben an steht, kommt sie in der praktischen Umsetzung der Studieninhalte dann doch wieder zu kurz. Der Aufbau einer systemischen Grundhaltung und die Verortung der Berufsidentität in der Systemtheorie sind wesentliche Voraussetzungen für die Lernprozesse systemischer Sozialarbeit. Untersuchungen zeigen, dass sich die professionelle Kompetenz vor allem durch Praxiserfahrungen in den studienbegleitenden Praktika und Forschungsprojekten sowie in den Berufseinführungsphasen aufbaut.

Wie sich die Sozialarbeitswissenschaft als Handlungswissenschaft versteht, so bedarf es auf Seiten der Profession der entsprechenden Handlungskompetenz, die sich nicht nur aus der Qualifikation des erworbenen Wissens zusammensetzt, sondern vor allem das berufliche Handeln-Können im praktischen Feld Sozialer Arbeit meint.[1] Dabei ist es wichtig, die professionelle Kompetenz als systemische Handlungskompetenz zu beschreiben.

Die Auswertung einer repräsentativen qualitativen Analyse von 40 Praktikumsberichten, die Studierende im Rahmen ihres Bachelorstudiums Soziale Arbeit geschrieben haben, zeigt, wie sich die praktische Handlungskompetenz nur langsam aufbaut und sich anfangs sehr undifferenziert darstellt. Die Lernprozesse gestalten sich oft mühsam, obgleich Theorie-Praxisseminare begleitend die Reflexionskompetenz unterstützen. Bereits im ersten Semester werden die Studierenden mit systemtheoretischen Grundlagen Sozialer Arbeit vertraut gemacht. Dennoch werden diese wie auch andere Theorien Sozialer Arbeit in der Regel für die Reflexion der praktischen Arbeit wenig genutzt.

Die Praktikumsberichte wurden im Hinblick auf die kritische Anwendung von Theorien Sozialer Arbeit, auf den Umgang mit den Rahmenbedingungen Sozialer Arbeit und der Reflexion der eigenen sich entwickelnden Berufsrolle ausgewertet. Es zeigt sich, dass Soziale Arbeit in diesen ersten Erfahrungen oft als das Anwenden von richtigen und falschen Handlungskonzepten verstanden wird. Es herrscht ein lineares Verständnis der Arbeitsab-

---

[1] Pfaffenberger 2001, S. 87 ff.

läufe vor. Die persönlichen und sozialen Kompetenzen entwickeln sich vor allem auf dem Hintergrund der Bewältigung spezifischer Krisen in den ersten Phasen beruflicher Tätigkeit. Die innere dynamische Wechselwirkung der Einflussfaktoren wird als Begrenzung und nicht als Bereicherung erlebt. Der Wunsch, alles im Griff haben zu wollen, verhindert den Prozess, Soziale Arbeit als kritische Handlungswissenschaft systemisch zu verstehen.

Ein genauerer Blick auf die Einflussfaktoren der Lernprozesse sozialarbeiterischer Handlungskompetenz wird nötig, um die Dynamik der Profilbildung sozialarbeiterischer Professionalität systemisch verstehen zu können. Denn die Wechselwirkungen dieser Faktoren, die als innere Dynamik des Lern- und Lehrsystems die Didaktik des Lernprozesses Sozialer Arbeit steuern, müssen systemisch auf der Metaebene analysiert werden, um die Komplexität der Lernprozesse zu verstehen. Ein systemisches Verständnis der Lernprozesse hat den Vorteil, der Komplexität dieser Entwicklung der beruflichen Identität den nötigen Entfaltungsraum zu geben. Ohne die Entfaltung der Selbstorganisationskräfte im System wird Soziale Arbeit in ihrer Professionalität sich selbst beschneiden und sich weiter als reine Anleitungs- statt Handlungswissenschaft verstehen.

2. Lernprozesse Sozialer Arbeit aus systemtheoretischer Sicht

2.1 Grundlegung einer systemischen Didaktik

Angesichts der gesellschaftlichen Herausforderungen ist die weitere Professionalisierung Sozialer Arbeit und einer entsprechenden Sozialarbeitswissenschaft eine dringende Aufgabe. Dabei spielt die Systemtheorie in ihren unterschiedlichen Ausprägungen eine immer größere Bedeutung. Sowohl die systemtheoretisch funktionalistischen Ansätze der soziologischen Schule

Luhmanns[2], der ontologisch systemistisch geprägten Konzepte auf dem Hintergrund der Ansätze von Bunge und Obrecht[3] und die von einem mehr oder weniger radikalen Konstruktivismus geprägten Modelle[4] prägen die unterschiedlichen Konzeptualisierungen einer sich weiter entwickelnden Sozialarbeitswissenschaft. Bei aller Reflexion auf die Theorieentwicklung Sozialer Arbeit muss aber im Mittelpunkt die Praxis der Fachkräfte Sozialer Arbeit und ihre Aus- und Weiterbildung stehen. Denn diese sind die eigentlichen Träger der Professionalität in den verschiedenen Berufsfeldern. Empirische Forschungsbeiträge zur Generierung einer professionellen Berufsidentität gibt es nur in Ansätzen.[5]

Doch neben den inhaltlichen Fragestellungen müssen auch didaktische Aspekte berücksichtigt werden. Während die inhaltliche Diskussion um die Bedeutung der professionellen Rolle der Sozialarbeit und Sozialpädagogik in der Gesellschaft offensiv geführt wird, kommen didaktische Aspekte der Umsetzung der Leitbilder professioneller Sozialer Arbeit zu kurz. Im Gegensatz zu den vielen didaktischen Konzepten in verschiedenen Handlungsfeldern der Sozialen Arbeit[6] gilt es daher, eine Didaktik der Sozialen Arbeit und Sozialarbeitslehre aus systemischer Sicht zu entwickeln.

Der Aufbau von Identität, auch von Berufsidentität, geschieht – so die Ergebnisse der strukturgenetischen Epistemologie – auf der Basis der Strukturierung verinnerlichter Handlungsprozesse im individuellen System. Die zentrale Bedeutung struktureller Lernprozesse ist in der Bildungsforschung zur Genüge dargestellt worden und braucht an dieser Stelle nicht wiederholt zu werden. Im Kontext des Ansatzes von Jean Piaget besteht die Aufgabe, die Strukturen der inneren Verarbeitungsprozesse zu steuern. Die Entwicklung und Entfaltung der Selbstorganisationskräfte geschieht also primär nicht über die Inhalte, sondern über die strukturellen Kopplungen der beteiligten Systeme. Wenn die Soziale Arbeit als eigenständiges System mit einer eigenen Systemlogik funktioniert, kann sie nicht allein über monokausa-

---

[2] Merten 2000.

[3] Staub Bernasconi 2007.

[4] Kleve 1999.

[5] Heiner 2004; 2007.

[6] Gorges 1996.

le Steuerungsmechanismen analysiert und weiterentwickelt werden. Die Eigendynamik des Systems der Sozialen Arbeit kann aber in ihrer inneren Struktur beschrieben werden. Um die Entwicklung der Berufsidentität zu steuern, bedarf es der Offenlegung der grundlegenden Strukturen sowohl im Hinblick auf die beteiligten Subjekte als auch auf das Gesamtsystem der Sozialen Arbeit. Dies wird an dieser Stelle durch eine Analyse der didaktischen Struktur des Handlungsfeldes Sozialer Arbeit getan.

2.2 Didaktische Grundstruktur systemischer Sozialarbeit

Im Gegensatz zu anderen Modellen der Ausbildung von Berufsidentität, die vor allem von einer inhaltlichen Diskussion geprägt sind, geht es in dem vorgestellten Modell der didaktischen Grundstruktur Sozialer Arbeit um die Beziehung zwischen einzelnen Strukturelementen und ihren gegenseitigen Rückkopplungsprozessen. Unter diesem Blickwinkel der Metaebene der didaktischen Grundstruktur Sozialer Arbeit kann von der Hypothese ausgegangen werden, dass Soziale Arbeit in sich schon immer systemisch angelegt ist, da eine generalistische Aufgabenstellung die Gegenstandbestimmung Sozialer Arbeit im Hinblick auf die Lösung sozialer Probleme prägt.

Soziale Arbeit ist in ihrer didaktischen Struktur beeinflusst von vier Grundelementen: Der *Klientel* steht das personale Angebot der *Fachkräfte* gegenüber. Ihre Beziehung ist geprägt von dem jeweiligen Beziehungsaufbau und der Kontraktschließung. Die Fachkräfte arbeiten mit ausgewählten *Methoden* an der Erreichung einer festzulegenden *Zielsetzung*. Die vier Grundelemente, welche die Soziale Arbeit prägen, sind nun gekoppelt an vier weitere Elemente, die für die Beziehungen zwischen den Grundelementen wesentlich sind. So sind die Fachkräfte ihrerseits eingebunden in Zusammenhänge von *Organisationen*, die die jeweiligen Zielsetzungen prägen. Aus den Zielsetzungen ergeben sich in der Kontraktabklärung mit der Klientel *Inhalte und Aufgabenstellungen*, die der ständigen *Evaluation* bedürfen. Die Auswahl der für die Zielerreichung wichtigen Arbeitsformen und Methoden ist vor allem von den zur Verfügung stehenden *Ressourcen* geprägt. Das Zusammenspiel dieser Faktoren ist systemtheoretisch ein sich selbstorganisierendes System, das nur im ständigen Prozess der Herstellung eines Gleichgewichts seine Identität entfalten kann. Wesentliche Veränderungen sind in Phasen der Systeminstabilität möglich, die eine adäquate Anpassung der Struktur an neue Situationen zulassen. Für die Systemstabilität sind vor allem äußere Rahmenbedingungen zu analysieren, deren Integration in das Zusammenspiel der acht Grundelemente einer ständigen Reflexion bedarf.

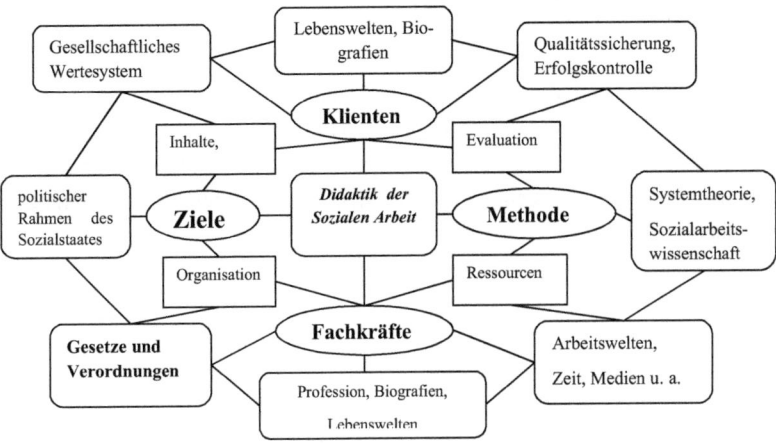

Abb. 1: Strukturgitter Sozialer Arbeit

Die innere Selbstorganisationsdynamik Sozialer Arbeit und die Selbstreferentialität ihrer Elemente bedeuten ein neues Verständnis der Systemsteuerung, das nicht mehr von der Differenz zwischen „Norm" und „Abweichung", sondern von der Differenz zwischen „Helfen" oder „Nicht-Helfen" geprägt ist.[7] Nur so kann dem Dilemma zwischen der diskursethisch eingeforderten Autonomie des Klienten und der tatsächlichen oftmals entmündigenden Praxis begegnet werden.[8]

In der Kontraktabklärung zwischen der Fachkraft und dem Klienten spielen die jeweiligen lebensbiographischen Hintergründe der Akteure eine wesent-

---

[7]   Bäcker 1994, S. 95 ff.

[8]   Luthe 1997.

liche Rolle, um die Ziele in der sozialen Arbeit festzulegen. Übergeordnete Leitbilder der demokratischen Zukunftsgestaltung des Sozialstaates, einer gerechten und solidarischen Gesellschaftsordnung, der Fortschrittsgläubigkeit gesellschaftlicher Innovationen oder auch nur technokratische Ordnungsvorstellungen prägen die Zielsetzungen und Methoden. Die sich aus dem System ergebenden Inhalte und Aufgabenstellungen werden an das gesamtgesellschaftliche Wertesystem rückgebunden. Von dorther sind auch die institutionellen Rahmenbedingungen der Organisationen als Träger Sozialer Arbeit vor allem durch die Sozialgesetzgebung geprägt. Gleichzeitig beeinflussen die allgemeinen Arbeitsbedingungen, die Entwicklungen des Umgangs mit den Faktoren „Zeit", „Medien", „Macht" und „Geld" sowie andere materielle und immaterielle Basisfaktoren den Handlungsrahmen Sozialer Arbeit, der angesichts der gesellschaftlichen Normierungen im Rahmen der Qualitätssicherung unter den Anforderungen einer ständigen Evaluation steht.

2.3 Die Dynamik systemischer Lernprozesse

Das Zusammenspiel all dieser in einer Sozialarbeitswissenschaft zu analysierenden Faktoren ist geprägt von strukturellen Identitäten, die sich jeweils individuell, gruppen- und organisationsspezifisch aufbauen und die Soziale Arbeit prägen.[9] Wird ein stringenter strukturgenetischer Ansatz des Aufbaus dieser Identitäten verfolgt, steht eine Prüfung an, inwieweit sich die Praxis und die Theorie Sozialer Arbeit in ihrer Systemdynamik mit den Stufenhierarchien von Piaget, Kohlberg und Oser in ihren kognitiven, moralischen und auch religiösen Implikationen abbilden lassen.[10]

Wenn dies möglich wäre – intensive Forschungen der erst jungen Disziplin der Sozialarbeitswissenschaft sind hier zu leisten –, ginge es in der Professionalisierungsdebatte der Sozialen Arbeit nicht mehr so sehr um die inhaltliche Ausrichtung Sozialer Arbeit, sondern um die Entwicklung einer adäqua-

---

[9] Keupp 1999.
[10] Oser 1981.

ten strukturellen Identität, die sich in der Qualität ihrer Argumentations- und Handlungsvollzüge als vorkonventionelles, konventionelles oder postkonventionelles Stufenniveau beschreiben ließe.

Auf einem vorkonventionellen Niveau gestaltet sich Soziale Arbeit dann weiterhin als fremdgesteuerte Anleitungswissenschaft. Dies ist heute vor allem in Konzepten Sozialer Arbeit der Fall, in denen sich die Ökonomisierung Sozialer Arbeit durchsetzt.[11] Erkenntnisse über die Eigenständigkeit des Funktionssystems Sozialer Arbeit in der Gesellschaft prägen dann eher die klassischen gesellschaftskonformen Konzepte, in denen auf einem konventionellem Niveau der Beitrag der Profession zur Stabilität der Gesellschaft im Mittelpunkt der Reflexion steht.[12] Erst auf einem Reflexionsniveau der postkonventionellen Ebene kann sich die an universalen Gerechtigkeitsvorstellungen orientierende Autonomie der Sozialen Arbeit im Rahmen einer systemtheoretisch fundierten kritischen Handlungswissenschaft als eigenständige Sozialarbeitswissenschaft neben der Ökonomie, Politik, Pädagogik und Psychologie entwickeln.

Statt einer inhaltlichen Fixierung wäre dann der Entwicklungsprozess selbst das Ziel der Professionalisierung Sozialer Arbeit und ihrer Akteure. Da sich dieser Entwicklungsprozess nicht monokausal steuern lässt, kann er nur unter systemtheoretischen Gesichtspunkten analysiert und reflektiert werden. Interventionen in diesem Prozess wirken entsprechend den systemtheoretischen Grundsätzen nur als Irritationen im Prozess der Identitätsausbildung. Um den Prozess der strukturellen Verankerung der Identität Sozialer Arbeit in der Sozialarbeitslehre zu verdeutlichen, kann im Rahmen der Hochschulausbildung und der Fort- und Weiterbildungen das didaktische Strukturgitter als Grundlage dienen, die praktische Einführung in das Berufsfeld der Sozialen Arbeit zu reflektieren. Theoretische und praktische Erfahrungen in verschiedenen Handlungsfeldern der Sozialen Arbeit können mit dem Strukturgitter einer differenzierten Analyse unterworfen werden. Erlebte Differenzen zwischen eigenem Berufsbild und der Berufspraxis können strukturell aufgearbeitet, weitere Lernprozesse initiiert werden, um so zu einer neuen Identität der konkreten sozialen Arbeit zu gelangen. Dabei dient der fachli-

---

[11] Krajewski 2002; vgl. Buestrich/Wohlfahrt 2008.

[12] Lüssi 1995.

che Austausch der weiteren Differenzierung der jeweiligen Berufsrolle und Berufskompetenz der Fachkräfte Sozialer Arbeit und der konzeptionellen Weiterentwicklung des ganzen Systems Sozialer Arbeit. Dieser Prozess ist über das didaktische Strukturgitter von einer einheitlichen Sprache gekennzeichnet, während die Argumentationsfiguren je nach struktureller Identität von unterschiedlichen Faktoren geprägt sind. So ermöglicht eine gegenseitige Stimulation die Entwicklung adäquaterer Strukturen des individuellen und sozialen Systems.

Die didaktische Struktur bildet ein Raster für die Integration der sehr vielen Informationen verschiedenster Fachdisziplinen. Lernprozesse können individuell gesteuert werden, die Teileelemente des Strukturgitters werden mit Inhalten gefüllt, sowie immer im Kontext des Gesamtbildes und der entstehenden Rückkopplungen gesehen. Verändert sich an einem Merkmal des Strukturgitters die inhaltliche Präzisierung, so ergeben sich dadurch gleichzeitig Veränderungen in anderen Teilbereichen. Stimulierungen dieser interaktiven und kognitiv, aber auch emotional gesteuerten Strukturbildung sind damit die Hauptaufgaben in der Ausbildung der Fachkräfte Sozialer Arbeit. Von da her lässt sich systemtheoretisch der Aufbau der Berufsidentität eher strukturell erfassen als inhaltlich bestimmen. Vor allem kann die Spannung zwischen der erlebten Steuerungsfähigkeit und Interventionswirksamkeit von sozialarbeiterischem und sozialpädagogischem Handeln gegenüber den Kräften der Selbstorganisation des Systems reflektiert werden. Die Professionalitätsfrage spitzt sich damit auf die Profession der Beobachtung der Beobachterrolle zu. Die Beobachterrolle kann im Rahmen des konstruktivistischen Ansatzes der Selbstorganisation sozialer Systeme nach Bardmann als „Rolle des Störers"[13] beschrieben werden. Damit wird die Autonomie auf einem postkonventionellen Niveau im Rahmen einer kritischen Handlungswissenschaft gestärkt.

---

[13] Bardmann 1996, S. 15 ff.

3. Die Rolle der Methodenfrage

Im Laufe der Geschichte sind vielfältige Methoden der Sozialen Arbeit entwickelt worden, die in die Handlungskompetenz sozialarbeiterischer und sozialpädagogischer Professionalität integriert werden müssen. Die jeweils gewählten Methoden müssen geeignet sein, die definierten Ziele im Kontext der Lebenswelt des Klienten zu erreichen. Das setzt voraus, dass den Fachkräften Sozialer Arbeit die nötigen Ressourcen zur Verfügung stehen. Materielle und immaterielle Voraussetzungen und vor allem die Zeitkapazität bedürfen genauer Reflexion. Der Einsatz der jeweiligen Methoden muss im Hinblick auf die Effektivität und Effizienz ständig evaluiert werden, um einerseits den Einsatz der Mittel gesellschaftlich zu legitimieren, die Professionalität darstellen zu können und gleichzeitig den Klienten gegenüber erfolgreich wirken zu können.

In der fachwissenschaftlichen Diskussion der Methoden zeigt sich, dass unter systemtheoretischer Perspektive die Verknüpfungen zwischen Konzepten der Einzelhilfe, der Gruppen- und der Gemeinwesenarbeit immer enger werden. Einzelhilfekonzepte verstehen sich im Kontext von Case-Management immer als netzwerkorientierte Ansätze, die den Blick auf die Ressourcen der Lebenswelt der Klienten richten. Gemeinwesenorientierte Ansätze im Kontext von Sozialraumorientierung stellen die gegenseitige Bedingtheit von fallspezifischer Arbeit, fallübergreifender Arbeit und fallunspezifischer Arbeit dar. Gerade auch das Handlungsfeld der Kinder- und Jugendhilfe zeigt, wie gerade die Systemtheorie sich eignet, die Reflexion des professionellen Handelns voranzutreiben und strukturell in ihren Elementen zu erfassen.

Bei aller Diskussion um die Methoden wird deutlich, dass sich Lernprozesse systemischer Sozialarbeit nicht auf die Methodenfrage und das Erlernen systemischer Techniken beschränken dürfen. Fort- und Weiterbildungen systemischer Sozialarbeit müssen sich also neben der Ausbildung der Methodenkompetenz auf die Entwicklung systemischer Haltungen und die systemtheoretische Analysekompetenz komplexer sozialarbeiterischer Aufgabenstellungen erstrecken. Die systemtheoretische Reflexion der Methodenfrage bedarf zudem der Berücksichtigung der komplexen Kontextbedingungen Sozialer Arbeit. Denn die zu erreichenden Ziele sind nicht nur abhängig von den gewählten Methoden aufgrund des Kontraktes zwischen den Klienten und den Fachkräften, sondern von den Aufgabenstellungen und Aufträgen, die sich aufgrund der gesellschaftspolitischen Diskussion für die Soziale Arbeit ergeben. Nur aufgrund der jeweiligen gesellschaftlichen Wertmaßstäbe wird eine Notsituation überhaupt als soziales Problem anerkannt. Und nur wenn dies gegeben ist, stellt die Gesellschaft der Sozialen Arbeit auch die nötigen Ressourcen zu Verfügung. Nur aufgrund sozialgesetzlicher Rahmenbedingungen können professionelle Organisationen mit ihrem Repertoire Angebote Sozialer Dienste entwickeln, innerhalb derer sich dann Soziale Arbeit als Profession entfaltet. Wenn diese Profession dann – wie Staub-Bernasconi es einfordert[14] – ihre Identität nicht nur im Spannungsfeld des klassischen Doppelmandates zwischen gesellschaftlichem Auftrag und den Interessen der Klienten entfaltet, sondern im Sinne eines Tripelmandats die gesamte Praxis unter die Realisierung der Menschenrechte reflektiert, wird die Komplexität dieser systemtheoretischen Analyse besonders deutlich.

4. Zusammenfassung

Lernprozesse systemischer Sozialarbeit sind eng gekoppelt an die innere Dynamik der Entwicklung des Professionssystems in der umfassenden Komplexität des Gegenstandsbereiches Sozialer Arbeit. Eine Fixierung auf die Ausbildung einer systemischen Methodenkompetenz ist bei Weitem nicht ausreichend, die Identitätsentwicklung der Profession systemtheoretisch zu konzeptualisieren. Die systemtheoretische Reflexion der Eigendynamik des ganzen Systems in ihrer inneren didaktischen Struktur muss in den Mittelpunkt rücken. Dabei kann das Modell der genetischen Epistemologie von Piaget und Kohlberg geeignet sein, die systemimpliziten Phasensprünge differenziert darzustellen.

---

[14] Staub-Bernasconi 2007, S. 198 f.

Literatur

Baecker, Dirk (1994): Soziale Hilfe als Funktionssystem der Gesellschaft. In: Zeitschrift für Soziologie, 23, S. 93-110.

Bardmann, Theodor (1996): Eigenschaftslosigkeit als Eigenschaft. Soziale Arbeit im Lichte der Kybernetik des Heinz von Foerster. In: Bardmann, Theodor; Hansen, Sandra (Hrsg.): Kybernetik der Sozialarbeit. Aachen: Kersting-Verlag, S. 15-33.

Buestrich, Michael/Wohlfahrt, Norbert (2008): Die Ökonomisierung der Sozialen Arbeit. In: "Das Parlament" mit der Beilage "Aus Politik und Zeitgeschichte" Ausgabe 12 vom 17.03.2008 - Thema: Wandel der Sozialen Arbeit, Hrsg.: Deutscher Bundestag und Bundeszentrale für politische Bildung, Berlin, Internet: http://www.das-parlament.de/2008/12-13/Beilage/003.html (Abruf am 20.12.2008)

Gorges Roland (1996): Didaktik. Eine Einführung für soziale Berufe. Freiburg i. B.: Lambertus.

Heiner, Maja (2004): Professionalität in der Sozialen Arbeit. Theoretische Konzepte, Modelle und empirische Perspektiven. Stuttgart: Kohlhammer.

Heiner, Maja (2007): Soziale Arbeit als Beruf. Fälle – Felder – Fähigkeiten. München: Ernst Reinhardt.

Keupp, Heiner (1999): Identitätskonstruktionen. Hamburg: Rowohlt.

Kleve, Heiko (1999): Postmoderne Sozialarbeit. Ein systemtheoretisch-konstruktivistischer Beitrag zur Sozialarbeitswissenschaft. Aachen: Kersting Verlag.

Krajewski, Markus (2002): GATS und der „Markt" für Dienstleistungen. In: Buchholz, Christine et al. (Hrsg.): Unsere Welt ist keine Ware. Handbuch für Globalisierungskritiker. Köln: Kiepenheur & Witsch, S. 61-73.

Lüssi, Peter (1995): Systemische Sozialarbeit. Praktisches Lehrbuch der Sozialberatung. Bern: Haupt.

Luthe, Ernst-Wilhelm (Hrsg.) (1997): Autonomie des Helfens, Baden-Baden: Nomos.

Merten, Roland (2000): Soziale Arbeit als autonomes Funktionssystem der modernen Gesellschaft, 2000. In: Merten, Roland (Hrsg.): Systemtheorie Sozialer Arbeit. Neue Ansätze und veränderte Perspektiven. Opladen: Leske & Budrich, S. 177- 204.

Oser, Fritz (1981): Moralisches Urteil in Gruppen. Soziales Handeln. Verteilungsgerechtigkeit. Stufen der interaktiven Entwicklung und ihre erzieherische Stimulation. Frankfurt a. M.: Suhrkamp.

Pfaffenberger, Hans (2001): Professionelle sozialpädagogische Handlungskompetenz – ein Schlüsselbergriff der Weiterentwicklung der Sozialarbeit/Sozialpädagogik zur Profession und Disziplin. In: Pfaffenberger, Hans (Hrsg.): Identität –Eigenständigkeit – Handlungskompetenz der Sozialarbeit/Sozialpädagogik als Beruf und Wissenschaft. Münster: Lit-Verlag, S. 87-114.

Ritscher, Wolfgang (2002): Systemische Modelle für die Soziale Arbeit. Heidelberg: Carl Auer.

Staub-Bernasconi, Silvia (2007): Soziale Arbeit als Handlungswissenschaft. Systemtheoretische Grundlagen und professionelle Praxis – Ein Lehrbuch. Bern, Stuttgart: Haupt.

Teil 2

Konzepte und Anwendungsfelder systemischer Interventionen

Silke Gahleitner

Beziehungshandeln im systemischen Kontext: Klinische Soziale Arbeit in der stationären Jugendhilfe

> *„Das therapeutische Milieu sollte so angelegt sein, daß es nichts dem Zufall überläßt; es sollte durch sorgfältige Planung und Forschung eine gesunde Integration der Persönlichkeit bewirken."* [1]

1. Einleitung

Biografien von Kindern und Jugendlichen sind in der postmodernen globalisierten Welt – wie der aktuelle Kinder- und Jugendbericht aufzeigt[2] – von fragmentierten Erfahrungen, pluralen Lebenslagen und Milieus gekennzeichnet. „Ein ‚innerer Kompass' ist notwendig, um die Vielfältigkeiten von Handlungsanforderungen und Aktionsalternativen sinnvoll einzuschätzen

---

[1] Bettelheim 1990, S. 240.

[2] BT-Drs. 16/12860, 2009.

und zu bewältigen."[3] Kinder und Jugendliche aus sozial benachteiligten Familien, die im Laufe ihres Aufwachsens neben den anstehenden Entwicklungsaufgaben auch Armut, Benachteiligung und Ausgrenzungsprozesse zu bewältigen haben, erleiden ein deutlich erhöhtes Risiko, an Entwicklungshürden zu scheitern.[4]

Geballt findet sich diese Überforderungsthematik in stationären Jugendhilfeeinrichtungen. Nach aktuellen Untersuchungen weisen über 60% der Kinder und Jugendlichen in Heimen psychische Störungen auf, über ein Drittel komplexe oder komorbide Störungsbilder.[5] 75% der BewohnerInnen haben ein traumatisches Ereignis, 51% mehrere unterschiedliche Arten von Traumatisierung erlitten (ebenda). Eine Berliner Untersuchung über Jugendliche, die in Therapeutischen Jugendwohngruppen leben, kam zu ähnlichen Ergebnissen.[6] Die BewohnerInnen leiden unter meist mehreren manifesten, in der Regel lebensgeschichtlich bedingten, Verhaltensauffälligkeiten. Ein erheblicher Anteil der aufgenommenen Jugendlichen war zuvor in psychiatrischen Kliniken untergebracht.[7]

Jugendliche mit diesen Problematiken haben nach §§ 27 in Verbindung mit 34 oder 35a SGB VIII einen gesetzlichen Anspruch auf eine psychologisch-therapeutisch geleitete, sozialpädagogische Hilfe. Der Unterschied zwischen regulären Jugendwohngemeinschaften und Therapeutischen Wohngruppen besteht dabei nicht in einer längeren Betreuungsdauer, sondern einer grundsätzlich anderen Betreuungsqualität. Die Arbeit beinhaltet die Einbeziehung der Komplexität eines professionellen Verständnisses von Problematiken, Dynamiken und Ressourcen in der Wahrnehmung der Jugendlichen durch das interdisziplinäre Betreuungsteam sowie eines qualifizierten interdisziplinär angelegten Fall- und Systemmanagements.

Im Folgenden wird nach einer konzeptionellen Vorstellung des Arbeitsbereiches das komplexe Anforderungsprofil an stationäre Jugendhilfeeinrich-

---

[3] Hurrelmann 2009, S. 5.

[4] Mielck 2005.

[5] Schmid 2007.

[6] Arbeitskreis der Therapeutischen Jugendwohngruppen Berlin 2009.

[7] Krause et al. 2009.

tungen erläutert. An einem konkreten Fallbeispiel wird das Zusammenspiel sehr unterschiedlicher Arbeitsweisen veranschaulicht, die in Praxis wie Theorie Sozialer Arbeit, jedoch auch systemischer Ansätze häufig nicht zusammengedacht werden. Die im Anschluss erfolgende skizzenhafte theoretische Einbettung verdeutlicht, dass eine fundierte professionelle Beziehungsgestaltung eine ausreichende Berücksichtigung dyadischer *und* systemischer Aspekte benötigt, um gelingen zu können. Der Artikel widmet sich damit einer bedeutsamen und häufig vernachlässigten Schnittstelle, die nicht allein, aber doch in besonderem Maße für das Gelingen von Hilfeprozessen in der stationären Jugendhilfe relevant ist.

2. Das Angebot Therapeutischer Jugendwohngruppen

Das Angebot Therapeutischer Jugendwohngruppen richtet sich an Jugendliche und junge Erwachsene zwischen 14 und 21 Jahren sowie an deren Eltern. Ziel sind die Erlangung von Selbstverantwortung und ein eigenständiges Leben außerhalb psychiatrischer oder sozialpädagogischer Institutionen. Die Jugendlichen sollen in die Lage versetzt werden, mit ihren speziellen Störungen bzw. Problematiken zu leben und trotz der erschwerten biografischen Bedingungen die nächste psychosoziale Entwicklungsstufe zu erreichen.[8] Ein Zuviel an Unselbstständigkeit wird laut den Konzepten der einzelnen Einrichtungen dabei ebenso vermieden wie der Aufbau eines psychiatrieähnlichen Rahmens und Milieus.[9] Inklusionsprozesse und eine grundsätzlich dialogisch und partizipativ orientierte Vorgehensweise gehören zum angestrebten Ziel der Einrichtungen.[10]

---

[8] Lindauer 2005.

[9] Gahleitner/Schmude 2005.

[10] Meybohm 2005.

Hilfeziele im Einzelnen sind insbesondere die Förderung innerpsychischer, jedoch zugleich alltags- und realitätsbezogener Entwicklungsprozesse, für die ein multiprofessionelles Team als Basis ein ,Therapeutisches Milieu' etabliert.[11]. Dazu gehören z. B. die Arbeit an den Themen Selbstwert und Autonomie und die Stärkung vorhandener bzw. der Aufbau neuer Ressourcen und Kompetenzen zur adäquaten Selbstregulation und zur eigenverantwortlichen Alltagsbewältigung. Unterstützung brauchen Jugendliche dabei i. d. R. bei der konstruktiven Bewältigung von Ablösungskonflikten, der Herbeiführung von Klärungen familiärer Verstrickungen und bei der Integration in altersentsprechende schulische, berufliche und soziale Kontexte.[12]

Auch wenn sich die Einrichtungen konzeptuell unterscheiden, haben sie jedoch gemeinsam, innerhalb des multiprofessionellen, gemischtgeschlechtlichen Teams das Therapeutische Milieu auf eine Weise zu etablieren, dass sozialarbeiterische Unterstützung, sozialpädagogisches Handeln und psychotherapeutisches Verstehen im Lebensalltag miteinander in Einklang gebracht werden. Die Teams sind dafür interdisziplinär zusammengesetzt und bestehen aus weiblichen und männlichen Fachkräften mit sozialpädagogischer, psychologischer oder ErzieherInnenausbildung, zumeist mit diversen Zusatzqualifikationen aus den Bereichen Beratung, Psychotherapie, Kinder- und Jugendlichenpsychotherapie, Gruppentherapie, Kunsttherapie und Familienberatung bzw. -therapie.

In dauerhafter Vernetzung mit dem Alltagsbereich, jedoch auch mit ausreichend Distanz dazu, bieten Angebote wie Kinder- und Jugendlichenpsychotherapie, Familientherapie und/oder Gruppentherapie einen zusätzlichen Reflexions- und Entwicklungsraum für die Jugendlichen zur Bearbeitung spezifischer Thematiken. Das psychotherapeutische Angebot beinhaltet Aspekte wie Diagnostik[13], Prozessbegleitung, Therapieanbahnung, Durchführung von Psychotherapie, Gruppentherapie und Krisenintervention. Im Zuge des familientherapeutischen Angebots geht es um Diagnostik in Bezug auf familiäre Interaktionsmuster, um Begleitung des Prozesses der gesamten Fa-

---

[11] Vgl. die beiden Herausgeberbände des Arbeitskreises der Therapeutischen Jugendwohngruppen Berlin 2005, 2008.

[12] Lindauer 2005.

[13] Gahleitner/Rajes 2008; Pauls 2008; Wolfrum 2008.

milie während der Unterbringung und um familiäre Krisenintervention. Allen Familien, Eltern oder wichtigen Bezugspersonen werden regelmäßige familientherapeutisch orientierte Gespräche angeboten, die je nach Einzelfall in unterschiedlichen Settings stattfinden.[14]

Die enge Verzahnung von pädagogischer und therapeutischer Arbeit findet in kleinen gemeinsamen Wohnbereichen statt und beinhaltet wöchentliche interdisziplinäre Fachgespräche innerhalb des Betreuungsteams. In regelmäßiger Kooperation mit Jugendämtern, Kliniken und Ärzten, Schulen, Ausbildungs-/Arbeitsstätten und anderen zentralen Sozialisationsagenturen arbeiten alle Therapeutischen Jugendwohngruppen trotz konzeptueller Unterschiede am jeweiligen Einzelfall orientiert, mit Hilfe kontinuierlicher Einzelgespräche unter aktivem Einbezug der Jugendlichen und mit klarer Tagesstruktur, ob es sich nun den Besuch einer Schule, einer Ausbildungsstätte, einer Tagesklinik oder eines Praktikums handelt. Begleitung bei alltagspraktischen Anforderungen wie z. B. dem Umgang mit Behörden sowie hygienischen, hauswirtschaftlichen und finanziellen Aspekten gehören zum selbstverständlichen Angebot.[15]

Felicitas: „Ich habe immer ein paar Leute im Hinterkopf, wo ich weiß, ich könnte ... anrufen, und sie wären dann da"[16]

Felicitas kommt auf eigenen Wunsch nach einer langen Irrfahrt durch verschiedene Institutionen in die Jugendhilfeeinrichtung. In ihrer Heimatstadt war sie immer wieder in alte destruktive Familiendynamiken geraten, die in einen schweren Suizidversuch einmündeten: *„Ich war damals noch nicht so weit ... ich hatte alles im Kopf geklärt, also ich wusste alles, was ... in der Familie nicht stimmt ... bin dann auch wieder an meine neue, alte Schule gegangen ... und ich konnte mich da überhaupt nicht zurechtfinden ... und dann habe ich halt den einzigen und letzten Selbstmordversuch gemacht, der auch ziemlich knapp ausgegangen ist".*

---

[14] Nürnberg/Wolfrum 2008; Otto 2008; Rosemeier/Hestermeyer 2005.

[15] Lindauer 2005.

[16] Das Fallbeispiel entstammt der bereits genannten Studie zu Therapeutischen Wohngruppen: Arbeitskreis der Therapeutischen Jugendwohngruppen Berlin 2009.

Ihre Kindheit und Jugend bis zum 15. Lebensjahr beschreibt Felicitas einerseits als eine ressourcenreiche Zeit mit einer guten Schullaufbahn und sinnvollen Freizeitgestaltung, in der die psychische Problematik ihrer Mutter immer wieder aufgefangen werden konnte. Als sie jedoch begann, die mütterliche Fürsorge aktiv einzuklagen, spitzte sich die Situation zu: *„Als Kind war es für mich irgendwie normal, dass meine Mutter zu mir sagt, sie bringt sich demnächst um ... das war halt die ersten 15 Jahre nicht so vordergründig, bis ich halt mit 16 meinte: ‚Ich möchte jetzt, Mama, dass du mal für mich da bist!‘ ... und das konnte sie nicht"*. Felicitas entwickelte eine schwere Essstörung und selbstverletzendes Verhalten. Die Selbstdestruktion eskaliert schließlich in eigenen suizidalen Handlungen.

Nach einem zweiten längeren Aufenthalt in der Klinik gelang der Schritt nach draußen durch die Entscheidung, ganz woanders einen neuen Anfang zu machen. Sie hat zunächst einen sehr guten Start in der Therapeutischen Jugendwohngruppe, obschon ihr der Abschied von der Klinik schwer fiel. In kurzer Zeit fand sie Anschluss an das gesamte Team: *„Ich bin auf ein Betreuerteam von sechs Personen gestoßen, die schon vier Jahre lang zusammenarbeiten. Und es war deutlich, es war ein Team, es war eine Linie, und es gab quasi, egal wen man anspricht, immer eine konsequente Meinung dahinter ... man war schnell aufgehoben ... und ich hatte auch ganz schnell zwei Bezugsbetreuer, ... zu denen man so einen persönlichen Bezug hat"*.

Die positive Beziehung zur Psychotherapeutin in der Klinik und eine gelungene Reittherapie hatten ihr nach eigenem Empfinden den Weg in diesen Neustart und in neue Beziehungsverhältnisse geebnet. Der gute Einstieg erfährt jedoch ein halbes Jahr später eine tiefe Erschütterung, von der sie sich nur schwer erholt. Durch den Weggang gleich mehrerer Teammitglieder entsteht eine hohe Fluktuationssituation in der Einrichtung. Felicitas wird mit neuen BezugsbetreuerInnen konfrontiert und erfährt zu Beginn der neuen Einschulung im Gymnasium eine tiefe Verunsicherung: *„Also für alle, die Linie war total unruhig, keiner wusste, ob irgendwas passiert, weil, wenn da keine Betreuer mehr dahinter sind, man weiß man ja nicht, was passiert so in der Nacht, und bei mir war es dann noch so, dass ich gerade in eine neue Schule gegangen bin ... musste ich mich halt irgendwie neu orientieren"*. Für Felicitas aktualisiert sich dadurch eine alte Problematik. Innerlich beschließt sie *„Nee, ich lasse mich jetzt auf gar keine Leute mehr ein!"*

Aus heutiger Sicht reflektiert sie, dass sie daraufhin der neuen Bezugsbetreuerin anfangs kaum eine Chance geben konnte: *„Ich habe sie einfach nicht an mich ran gelassen"*. Felicitas kann gut beschreiben, dass diese Abwehr nichts mit den Betreuungsqualitäten der Fachkraft zu tun hatte, sondern nahezu das Gegenteil der Fall war: Gerade weil sie das Gefühl hat, dass sie eigentlich eine große Nähe zu ihr haben könnte, ist sie nur schwer in der Lage, sich aus dem Teufelskreis der Beziehungsenttäuschung zu befreien: *„Dann war es noch so, dass sie auch halt versucht hat, an mich ranzukommen, am Anfang, weil ich da abgeblockt habe ohne Ende. Problem war aber, sie hat das immer geschafft ... und ich war danach immer total sauer auf mich, dass sie das geschafft hatte, weil ich wollte das gar nicht"*.

Die Bezugsbetreuerin akzeptiert Felicitas' Verletztheit und bleibt präsent, ohne in irgendeine Richtung Druck zu machen: *„Sie hat sich immer an den Frühstückstisch bei uns gesetzt. Und am Anfang ging das überhaupt nicht klar, ich hab dann immer gedacht: „Boah, was will die denn jetzt von mir?", aber sie hat dann einfach nichts gesagt, das fand ich dann ok ... und dann, irgendwann, entwickelte es sich dann aber so, dass wir doch irgendwie ein Gespräch hatten und dann immer so doch beim Frühstück gesprochen haben, und dann haben wir irgendwann Karten gespielt und so, und dann entwickelte sich da auch eine Beziehung. Aber halt auch durch ziemlich viel Geduld. Und, also sie hat quasi abgewartet, und ich habe langsam Frieden geschlossen"*.

Hilfreich für Felicitas in dieser Situation der Neuorientierung ist – ihrer eigenen Schilderung zufolge –, stets auf ein Netz von Personen und Einrichtungen zurückgreifen zu können. Insbesondere die Vernetzung zu den externen Institutionen Schule und Psychotherapie gelingt demnach gut: *„Das, was mir geholfen hat, ist, glaube ich, so ein Netz aus Klinik, WG und Schule gewesen ... also die drei Faktoren mussten zusammen wirken, damit es mir wieder besser geht"*. Als in der TWG der Betreuungswechsel destabilisierend wirkt, setzen sich eine Lehrerin und der Rektor des Gymnasiums stark für sie ein. Trotz aller Enttäuschungen gelingt es ihr immer wieder, von unterschiedlichen Bezugspersonen in unterschiedlichen Institutionen zu profitieren. Der Kontakt mit vielen dieser Personen besteht bis heute.

Mit dieser Unterstützung schafft Felicitas trotz eines starken Rückfalls in selbstverletzendes Verhalten, sich angemessene und erreichbare Ziele zu setzen. Dabei hilft ihr auch der Bezug zur TWG-Gruppe, in der sich alle mit irgendwelchen Problemen herumschlagen. *„Wir waren halt wirklich eine Gruppe, also so dieses Gemeinschaftsgefühl ... dadurch haben sich auch so ein bisschen meine Prioritäten verschoben. Das ... sind halt viele kleine Sachen, die sich so verknüpfen ... so war das dann alles so ein bisschen verbunden, Therapie, WG und Schule".* Auf diese Weise entsteht Raum für Weiterentwicklung. Sie schafft in der Folge nicht nur den Weg zum Abitur, sondern probiert sich aus, entwickelt neue Wege und vor allem tragfähige Freundschaften außerhalb der TWG, die bis heute stabil geblieben sind. So hat sie *„einen Kreis gefunden, wo ich so halt reingehöre".*

Mit der Zeit verbessert sich auch wieder der Kontakt zum neuen Betreuungsteam, insbesondere durch gelungene Gruppenaktivitäten, bei denen sie die BetreuerInnen nochmals von einer anderen, viel persönlicheren Seite, kennen lernen kann und ein gewisses Heimatgefühl entsteht: *„und auch ein bisschen so familiärer, quasi Zuhause-Ersatz".* Felicitas profitiert dabei sehr von einem stufenweisen Ablösungskonzept, das die Einrichtungen Jugendlichen zur Verfügung stellt, die bereits von einzelbetreutem Wohnen profitieren können. Gegen Ende des Aufenthaltes gibt es nochmals ein Muttergespräch, was für sie sehr anstrengend, letztlich aber erfolgreich verläuft: *„Und dass ich ... danach aber keinen Einbruch hatte, also ich mich so weit stabilisiert habe, dass ich danach nicht irgendwie das Bedürfnis hatte, ich muss mich jetzt irgendwie ritzen oder weglaufen oder irgendwas, ... ich hatte irgendwann einen Heulkrampf, und ich war total fertig, aber mehr war dann auch nicht".*

Und wenn es ihr doch schlecht geht, so sagt Felicitas, *„egal was passiert, ich habe immer ein paar Leute im Hinterkopf, wo ich weiß, ich könnte die auf jeden Fall anrufen, und sie wären dann da".* Am Ende resümiert sie: *„Im Prinzip ... ist jetzt alles fast normal so".*

3. Beziehungshandeln im systemischen Kontext

Wie Felicitas' Beispiel zeigt, haben Jugendliche in Therapeutischen Wohngruppen häufig fortgesetzt negative Beziehungserfahrungen gemacht. Konzepte Therapeutischer Wohngruppen versuchen daher insbesondere Alternativerfahrungen auf Bindungs-, Beziehungs- und sozialer Ebene bereitzustellen, das – bereits angesprochene – ‚Therapeutische Milieu'.[17] ‚Therapeutisches Milieu' bedeutet dabei nicht etwa eine Therapeutisierung des Alltags, sondern die Art der Wahrnehmung der Jugendlichen durch das Betreuungsteam vor einem komplexen professionellen Hintergrund.[18]

Die Herstellung des ‚Therapeutischen Milieus' erfolgt optimalerweise auf drei Ebenen: (1) auf der Alltagsebene durch die Etablierung einer stationären Bezugsbetreuung, (2) auf der psychotherapeutischen Ebene durch das Angebot einer tragfähigen – vom Alltag entlasteten – therapeutischen Beziehung und (3) auf der Systemebene durch eine Vernetzung der (Beziehungs-)Angebote innerhalb der Einrichtung als auch darüber hinaus in den Lebensalltag. In gelungener Verknüpfung ermöglichen die Angebote mehrere Beziehungsräume bzw. -netze: eine klar strukturierte und nach außen orientierte Alltagsbeziehung inmitten ihrer tagtäglichen Lebensfelder, eine nach innen orientierte, Raum gebende, vor dem Alltag geschützte therapeutische Beziehung und darüber hinaus ein unterstützendes Beziehungsnetzwerk als konstanter, einbettender Umgebungsfaktor.

In den folgenden Abschnitten soll ein Bezug hergestellt werden zu einigen theoretischen Bezugskonzeptionen aus den Bereichen Bindungstheorie bzw. Psychologie, Pädagogik und Psychotherapie bzw. psychosozialer Beratung aus dem systemischen Spektrum, die zu einem besseren Verständnis des Geschehens klinisch orientierter Sozialer Arbeit in der stationären Jugendhilfe beitragen.

---

[17] Egel/Strutzke 2008; Gahleitner 2008, 2009; Rosemeier et. al. 2005; Schleiffer 2008.

[18] Gahleitner et al. 2005.

Die Abwesenheit tragfähiger Beziehungen verursacht Kindern wie Erwachsenen physiologischen Stress,[19] das Bestehen förderlicher Bindungen hingegen kann nach dem Konzept sogenannter ‚schützender Inselerfahrungen‘[20] auch bei vorherrschenden negativen Erfahrungen als wirksamer Schutzfaktor ausgleichen helfen. Zum Verständnis lohnt sich ein Blick auf die sogenannten Mentalisierungsprozesse des Kindes aus Sicht der Bindungstheorie[21]: Werden emotional wichtige Erlebnissequenzen bereits früh von bedeutsamen Bezugspersonen empathisch unterstützt, so werden demnach „innere Gefühlszustände ... für das Kind auf der Ebene bewusster sprachlicher Diskurse ‚verfügbar‘“.[22]

Auch in der Sozialen Arbeit arbeitet man auf Rekonstruktionen des Weltbildes und der Modelle von sich selbst und anderen hin. Helfende Professionen sind aus dieser Perspektive „im Sinne der Bindungstheorie für das Reparieren und das Anknüpfen an die unterbrochene Kommunikation zuständig“.[23] Im Idealfall bedeutet dies, dass die neu erworbenen Begegnungserfahrungen verinnerlicht und zu einer positiven Weiterentwicklung im Umgang mit sich und anderen genutzt werden können (Konzept der sog. ‚earned secure‘[24]). So wird das „Bezugssystem jeweils um Nuancen erweitert“.[25] ‚Bezugssystem‘ jedoch bedeutet mehr, als eine stützende Alternativ-Beziehung aufzubauen, nämlich – im stationären Kontext der Jugendhilfe – eine theoretisch interdisziplinär und im Gesamtsystem wirksam angelegte konsequente ‚emotional korrektive Beziehungsorientierung‘ und soziale Einbettung[26], ein ‚Beziehungsprimat‘, vor allen anderen anstehenden Betreuungsaufgaben

---

[19] Grossmann 2002.

[20] Gahleitner 2005, 2009.

[21] Vgl. insbesondere Fonagy et al. 2002/2004; vgl. auch Bowlby 1957/2005; 1969/2006, 1973/2006, 1980/2006.

[22] Grossmann/Grossmann 2004, S. 419.

[23] Döring 2004, S. 196.

[24] Main 1995; vgl. auch Hauser/Endres 2002.

[25] Finke 2004, S. 4; vgl. bereits Rogers 1959/1987.

[26] Vgl. Alexander/French 1946; Brisch 2003; Nestmann 1988; Orlinsky et al. 1994; Rogers 1959/1987; Schleiffer 2001.

oder mit dem Jugendamt vereinbarten Hilfeplaninhalten.[27] Erst dann entwickelt sich ein ,Therapeutisches Milieu'.

Bereits Bettelheim[28] und Redl[29], die diese Begrifflichkeit im Kinder- und Jugendbereich maßgeblich geprägt haben, verbanden in ihrer Arbeit psychoanalytische Erkenntnisse mit pädagogischen Erfahrungen zu einer Art ,psychotherapeutischer Erziehung'. Die Kernthese, dass alle Faktoren in der Lebensumwelt des Kindes auch therapeutische Auswirkungen haben und damit therapeutische Hilfen nicht alleine auf die kurze Dauer von Einzel- oder Gruppentherapiesitzungen begrenzt bleiben, sondern im natürlichen Lebensalltag des Kindes präsent sein sollten, hat nicht nur in der Jugendhilfe kaum an Aktualität verloren. Demnach muss jede Intervention bzw. Interaktion therapeutisch wie auch auf den Alltag bezogen begründbar sein.[30]

Redls Forderungen nach Entwicklungsorientierung, Nachnährung, Milieu- und Umfeldorientierung, der Minimierung schädlicher Einflüsse sowie einer angemessenen Mischung aus Beziehungsorientierung und Strukturgebung im Alltag und einer grundsätzlichen Flexibilität in einer teamabgestimmten Interventionsgestaltung lassen sich mit den oben genannten Forderungen gut in Übereinstimmung bringen und besitzen bis heute Aktualität.[31]

Bedeutsam für eine Umsetzung dieses anspruchvollen Konzepts ist eine Übertragung des häufig dyadisch verstandenen bindungstheoretischen bzw. personzentrierten Hintergrunds auf ein systemisches Beziehungsnetzwerk. Das Beziehungsnetzwerk eröffnet – ähnlich wie in der Bindungstheorie betont – unterschiedliche, jedoch gleichermaßen bedeutsame korrektive Alternativerfahrungen.[32] Es ermöglicht bei einem konstruktiven Zusammenspiel Unterstützung und Verbundenheit im Zweier-, Gruppen- und Systemkontext, angemessene Strukturgebung und Grenzsetzung sowie einen vorsichtigen Wiederaufbau der Selbstorganisation und Dialogfähigkeit innerhalb des

---

[27] Übersicht bei Gahleitner 2005; vgl. auch Konzepte der integrativen Therapie, Beratung und Pädagogik Orth/Petzold 1996; Rahm 2004

[28] Bettelheim 1990.

[29] Redl 1971.

[30] Ebda.

[31] Vgl. u. a. Behr 2002.

[32] Gahleitner 2005.

Gesamtsystems für die Jugendlichen. Auch die Therapie entfaltet sich besonders fruchtbar auf dem Boden dieses Beziehungsgefüges. Die Aufarbeitung z. B. traumatischer Ereignisse ist ebenfalls nur auf einer stabilen Alltagsbasis und einer gelungenen Gesamtbeziehungskonstellation möglich, die die pädagogischen und therapeutischen Beziehungsräume in ihrer Verschiedenheit angemessen und konstruktiv für den Aufarbeitungsprozess zu nutzen versteht.[33]

Ähnlich verhält es sich mit dem Einfluss der Peers, sei es nun die Gruppe als Ganzes oder Freundschaftsbeziehungen im Einzelnen. In der Regel entfaltet auch der gemeinsame Alltag mit der Gruppe oder mit Peerbeziehungen außerhalb der Einrichtung seine positive Wirkung besser auf dem Boden des vorhandenen Betreuungsnetzes – inkl. aller darin enthaltenen positiven dyadischen Beziehungskonstellationen. Gelingt innerhalb dieses sozialen Netzwerkes ein positives Zusammenwirken, spielen Alltagserfahrungen und atmosphärisch positiv gestaltete Freizeitmomente eine große sozialisatorische Rolle, wie auch Felicitas das beschreibt. Sie wirken offenbar ähnlich wie die pädagogische und therapeutische Einzelbeziehung als bedeutsame ‚emotional wie kognitiv korrektive Erfahrungen' – in diesem Falle aber mehr im Sinne ‚atmosphärischer Umgebungskomponenten'.[34]

Das von Felicitas hervorgehobene Qualitätsmerkmal ist demnach nicht einfach dyadische Bindungs- und Beziehungskompetenz, sondern ein eng geknüpftes Netz aus Bindungsbezügen, das durch eine angemessene Sozialisationsstruktur und fundiertes Fachwissen über die jeweiligen Problematiken hindurch gewebt wird und die Möglichkeit nach angemessenem Aufgehobensein auf der einen und authentischer Nachsozialisation und pädagogischer Konfrontation auf der anderen Seite bietet. Dies erfordert disziplinäre sowie methodische Vielfalt, verknüpft mit Systemkompetenz im Angebot der Einrichtung. Ohne das konstruktive Anknüpfen an die vorherige Klinikerfahrung, ohne eine passfähige Eltern-, Angehörigen- und Vernetzungsarbeit mit der Schule und der begleitenden Psychotherapie wäre die Hilfe für Felicitas nicht in dem Maße oder eventuell überhaupt nicht gelungen. Die häufig durch Sparmaßnahmen erzwungene Fluktuation wiegt für die Ju-

---

[33] Arbeitskreis der Therapeutischen Jugendwohngruppen Berlin 2009.
[34] Ebda; vgl. auch Egel/Rosemeier 2008.

gendlichen dabei schwer, gehört jedoch zur Arbeitsrealität vieler Einrichtungen der Jugendhilfe.

Dass nicht mehr das Individuum, sondern die sozialen Beziehungen einschließlich der über Kommunikation und Sprache vermittelten Wirklichkeitsdefinitionen im Zentrum der Betrachtung stehen sollten, ist aus systemischer Perspektive eine Banalität.[35] Bei der Vielzahl der Ansätze teilen alle systemischen Konzeptionen das gemeinsame Verständnis, den Blick auf das gesamte KlientInnensystem zu richten, mit dem Ziel, die aktuellen Verstrickungen aufzudecken und den Beteiligten im System Anstöße zu geben, durch die sie neue Muster und Organisationsgefüge entwickeln können. Dabei wird die vorliegende Problematik jeweils als bestmögliche derzeitige Lösung verstanden. An sie ist ressourcenorientiert anzuknüpfen und ähnlich wie von Redl[36] gefordert auf normative und objektivierende Zielsetzungen in Diagnostik oder Intervention zugunsten von Flexibilität in der Interventionsgestaltung zu verzichten.

Aufgrund der Komplexität der Situation im Kontext der stationären Jugendhilfe sind systemische Konzepte daher als zentrale Grundperspektiven der dortigen Praxis zu begreifen, eine Blickrichtung, die der Bindungstheorie nur zögernd und nach einiger öffentlicher Kritik gelungen ist[37]. Der Blick allein *auf* System- und Beziehungsstrukturen kann jedoch genau jenes monokausale lineare Denken bedingen, das zu überwinden die Systemische Bewegung eigentlich angetreten war. Klinische Prozesse fast ausschließlich als kommunikative Muster zu beschreiben, kann leicht zu Verkürzungen führen. Einige einflussreiche Hauptvertreter der strukturellen Konzepte der Familientherapie[38] empfehlen ursprünglich zur professionellen Beziehungsgestaltung, „so unbeteiligt und kühl wie möglich zu spielen, so, als handle es sich um einen reinen Schachwettbewerb, bei dem man von den Gegnern

---

[35] Kriz 2001; Schlippe/Schweitzer 2007.
[36] Redl 1971.
[37] Vgl. dazu Beck-Gernsheim 1981
[38] Minuchin et al. 1967.

als Individuen so gut wie nichts weiß. Wichtig ist nur, ihr Spiel zu begreifen, damit man sich entsprechend verhalten kann."[39]

Obwohl einige bedeutende PionierInnen systemischer Therapie- und Beratungskonzepte – besonders explizit Virginia Satir – ausgesprochen ‚emotional ausgerichtet' und ‚humanistisch orientiert' gearbeitet haben, hat die Idee, wie bedeutsam Affekte und damit die dyadische Beziehungen innerhalb der betrachteten Systemkonstellationen sind, in der Folge zugunsten strukturell-strategischer Konzepte und aufgrund des zunehmenden Einflusses der Soziologie in der Systemtheorie an Aufmerksamkeit verloren. In letzter Zeit jedoch gibt es erneut Bemühungen, die affektive Komponente der Beziehungsgestaltung verstärkt in den Vordergrund zu rücken. Indem der Therapeut im Gespräch zu jedem einzelnen Systemmitglied einen persönlichen und stabilen Kontakt herstellt, schafft er einen vertrauensvollen „affektiven Rahmen"[40], innerhalb dessen sich dann die Dynamik des therapeutischen Prozesses entfalten kann.[41]

Von der anderen Seite aus betrachtet hat die Entwicklung bindungstheoretischer und gesprächspsychotherapeutischer Konzeptionen zu stark individualisierenden Verkürzungen geführt. Dass der Begriff ‚Person' eine lange Geschichte mit unterschiedlichen etymologischen, philosophischen, theologischen und letztlich auch psychologischen Wurzeln hat, in der der Bezug zum Gegenüber und zur Gemeinschaft als Kern der Existenzphilosophie und Humanistischen Psychologie bereits in der ersten Hälfte des 20. Jahrhunderts mit dem komplexen Konzept der Einheit einer „Person in der Situation"[42] beschrieben wurde, geriet dabei auch zeitweise in Vergessenheit. Erst in den letzten Jahren gibt es wieder erste Versuche gezielter Verknüpfungen zu einer ‚personzentrierten Systemtheorie', in denen gemeinsame Prinzipien naturwissenschaftlicher Systemtheorie und humanistischer Psychologie zusammengedacht werden.[43] Gleiches gilt für Bestrebungen, bin-

---

[39] Selvini Palazzoli et al. 1975/1977, S. 121.

[40] Welter-Enderlin/Hildenbrand, 2004; Enderlin 2006.

[41] Vgl. zu den einzelnen Diskussionssträngen ausführlich Kriz 2001, S. 274.

[42] Lewin 1963, S. 245.

[43] Kriz 1991, 1999.

dungstheoretisches Gedankengut in die Komplexität von Jugendhilfesettings bzw. die Soziale Arbeit zu übertragen.[44]

Verschiedene Aufmerksamkeitsrichtungen in ihrer Komplexität transversal zusammenzudenken, ist und bleibt an vielen Stellen eine Überforderung. Das Zusammendenken der oben genannten interdisziplinärer Wissensbestände erweist sich jedoch gerade in diesem Jugendhilfesegment als äußerst hilfreich, um umfangreiche und komplexe Netzwerke aus Aufträgen und Beziehungen zwischen KlientIn, Familie, Betreuungsfachkräften, Heimgruppe, Jugendamt und weiteren Beteiligten im HelferInnensystem sorgfältig und sensibel zu handhaben.[45] Alle (mit)verursachenden Faktoren in den pädagogisch-therapeutischen Prozess einzubeziehen kann helfen, Rollenzuweisungen und damit verbundene Erwartungen innerhalb des Familiensystems zu erkennen *und* in der unmittelbaren helfenden Begegnung zu korrigieren und damit entsprechende Verhaltensänderungen anzustoßen.[46]

4. Schlussgedanken

Beim Zusammendenken der soeben aufgeführten verschiedenen Interventionskonzeptionen ergibt sich als Qualifikationsprofil eine Kombination aus Anforderungen im Bereich Bindungs- und Beziehungsarbeit, Fachwissen zur vorherrschenden Problematik, Strukturgebung, Flexibilität, Teamgeist, Systemkompetenz, Selbstreflexion und Psychohygiene, letztlich eine produktive Korrespondenz sozialarbeiterischer Unterstützung, sozialpädagogischen Handelns und psychotherapeutischen Verstehens. So können unterschiedliche Beziehungs-, Bearbeitungs- und Behandlungsräume hergestellt

---

[44] Brisch 2006; Gahleitner 2009; Krappmann 2001; Schleiffer 2001; Herausgeberbände Arbeitskreis der Therapeutischen Jugendwohngruppen Berlin 2005, 2008; Suess et al. 2001 sowie Suess/Pfeiffer 1999.

[45] Gahleitner 2005, 2009.

[46] Günder 2003.

und in ein fruchtbares Zusammenspiel gebracht werden. Die Bereitstellung dieses für die Jugendlichen Veränderung anregenden Angebots muss für sie – nach ihren eigenen Aussagen – im Alltag ‚erfahrbar' werden.[47] Es realisiert sich als nachsozialisierender Rahmen inmitten der Lebenswelt, jedoch durch ein vorhandenes positives Netz von Beziehungs- und Dialogangeboten.

Aufgrund der Multiproblemlagen braucht es dazu eine Vielfalt von Personen, Disziplinen und Angeboten, die den Jugendlichen mehrere Entwicklungs- und Lösungswege zur Verfügung stellen können. Individuell zugeschnittene, personzentrierte, indikationsspezifische und situationsadäquate Angebote zu machen, erfordert disziplinär, methodisch wie personell eine große Mannigfaltigkeit im Team und große Vernetzungs- und Fallmanagementkompetenzen zu anderen Einrichtungen und Institutionen, letztlich eine fachkompetente psychosoziale Fallarbeit.[48] Der ‚Filmriss zwischen der Person auf der einen und der Situation auf der anderen Seite' verläuft jedoch keineswegs ‚nur' durch Interventionskonzeptionen, sondern vor allem durch die Soziale Arbeit als Disziplin und Profession. Obwohl nachweislich der Bedarf an genau diesem ‚doppelt fokussierten Angebot'[49] ansteigt und ohne eine hinreichende Förderung der individuellen Lebenslage mit ihren psychosozialen Faktoren ebenso wenig beantwortet werden kann wie durch eine zu enge Fokussierung auf psychophysische Aspekte,[50] ist psychosoziale Theorie und Praxis Sozialer Arbeit nur bedingt in der Lage, beide Aspekte miteinander zu verknüpfen.

Soziale Arbeit mit dem Fokus auf der „Bearbeitung gesellschaftlich und professionell als relevant angesehener Problemlagen"[51] hat im Gegensatz zur Psychologie und Psychotherapie einen sozialpolitisch ethischen Auftrag. Über das ‚Erleben und Verhalten' hinaus wird ‚Verhalten in Verhältnissen' adressiert, statt personaler ist soziale Integration das Ziel.[52] Soziale Integra-

---

[47] Arbeitskreis der Therapeutischen Jugendwohngruppen Berlin 2009.

[48] Pauls 2004.

[49] Geißler-Piltz et al. 2005.

[50] Pauls 2004; Gahleitner 2006.

[51] Klüsche 1999, S. 44.

[52] Gildemeister/Robert 2005.

tion hängt jedoch neben der Struktur, die durch gesellschaftliche (Macht)verhältnisse gegeben ist, auch davon ab, „welche Optionen der Person durch ihre innere Struktur zur Verfügung stehen"[53]. Im Abgrenzungsdiskurs der Sozialen Arbeit von psychotherapeutisch geprägten Konzepten und Kompetenzen[54] ist dieser Aspekt zuweilen verloren gegangen, obwohl PionierInnen der Sozialen Arbeit in Deutschland wie international bereits sehr viel komplexere Modelle vertreten haben und politisch ambitioniert eingefordert haben.[55]

In den letzten 15 Jahren hat sich als Antwort auf diese Entwicklungen die ‚Klinische Sozialarbeit'[56] entwickelt. Klinische Sozialarbeit bemüht sich um konstruktive Veränderungsimpulse für den Einzelnen im Kontext seiner Umfeld- und Lebensbedingungen und entwirft auf dieser Basis dialogische und kooperative Hilfeformen sowie geeignete Setting-Projekte zum Abbau sozial bedingter und sozial relevanter Belastungen, Krisen und Erkrankungen.[57] Sie versteht Gesundheit, Krankheit und Beeinträchtigung biografisch, d.h. in soziokulturellen Milieus verankert;[58] die Lebenswelt wird als sozialer Raum mit einer spezifischen Sozial- und Gesellschaftsstruktur aufgefasst, „damit das Zusammenwirken von sozialstrukturellen und psychosozialen Einflussfaktoren thematisiert und strukturiert werden kann"[59], ohne dabei jedoch, wie es lebensweltorientierten Konzepten häufig eigen ist,[60] die affektive Begegnungs- und Bindungssituation aus den Augen zu verlieren.[61]

SozialarbeiterInnen sind folglich nicht nur gefordert, neben zahlreichen anderen Wissensbeständen auch über Kenntnisse und Anwendungskompetenz beraterischer und psychotherapeutischer Grundorientierungen zu verfügen, sondern zusätzlich, diese für ihre Berufspraxis kritisch zu reflektieren, auf

---

[53] Erath/Göppner 1996, S. 39.

[54] Galuske 1998.

[55] Richmond 1917, 1922; Salomon 1926/2002.

[56] Mühlum 2001; Pauls 2004.

[57] Pauls/Mühlum 2005; Gahleitner 2006.

[58] Schulze 2006.

[59] Böhnisch 2005, S. 203; vgl. auch Staub-Bernasconi 1995.

[60] Thiersch 1992.

[61] S. o.; Enderlin 2006; Gahleitner 2009; Gahleitner/Pauls, im Druck; Levold 1998.

das Spektrum sozialarbeiterischer Anforderungen und Zielgruppen zu beziehen und sie sich „berufs- und situationsangemessen zunutze"[62] zu machen.[63] In seinen Versuchen, Person- und Systemorientierung zusammen zu denken, spricht Kriz von ‚Ko-Evolution', einer stets aufeinander bezogenen Evolution der ‚Unter-Systeme'.[64] Es geht im Kern darum, der Tatsache besser Rechnung zu tragen, dass der Mensch als soziales Wesen seine Identität immer schon und immer nur in sozialen Prozessen gewinnen und aufrecht erhalten kann und andererseits jede Interaktion stets „durch das Nadelöhr persönlicher Verstehensprozesse und Sinndeutungen" gehen muss.[65] Beides zugleich im Blick zu behalten und auch nachdrücklich sozialpolitisch – im Sinne angemessener Finanzierungsmodelle – zu vertreten, ist und bleibt eine berufliche Herausforderung insbesondere Sozialer Arbeit, und dies keineswegs nur in der Jugendhilfe.

Literatur

Alexander, F./French, T. M. (1946): Psychoanalytic therapy. New York: Rolande.

Arbeitskreis der Therapeutischen Jugendwohngruppen Berlin (Hrsg.) (2005): Das Therapeutische Milieu als Angebot der Jugendhilfe. Konzepte und Arbeitsweisen Therapeutischer Jugendwohngruppen in Berlin. Berlin: Verlag allgemeine jugendberatung. (zit. ATJ 2005)

Arbeitskreis der Therapeutischen Jugendwohngruppen Berlin (Hrsg.) (2008): Das Therapeutische Milieu als Angebot der Jugendhilfe. Band II: Beziehungsangebote – Diagnostik – Interventionen. Berlin: Verlag allgemeine jugendberatung. (zit. ATJ 2008)

Arbeitskreis der Therapeutischen Jugendwohngruppen Berlin (Hrsg.) (2009): Abschlussbericht der Katamnesestudie therapeutischer Wohngruppen in Berlin KATA-TWG. Berlin: Verlag allgemeine jugendberatung. (zit. ATJ 2009)

Beck-Gernsheim, Elisabeth (1981): Für eine soziale Öffnung der Bindungsforschung. *Familiendynamik*, 20, S. 193-200.

---

[62] Galuske/Müller 2005, S. 495.

[63] Mühlum/Gahleitner 2008.

[64] Kriz 2001, S. 222.

[65] Ebda, S. 236.

Behr, M. (2002): Therapie als Erleben der Beziehung. In: Boeck-Singelmann et al. (Hrsg.): Personzentrierte Psychotherapie mit Kindern und Jugendlichen. Bd. 1. Göttingen: Hogrefe, S. 95-122.

Bettelheim, B. (1990): Der Weg aus dem Labyrinth. Leben lernen als Therapie. München: Deutscher Taschenbuch Verlag.

Böhnisch, L. (2005): Lebensbewältigung. Ein sozialpolitisch inspiriertes Paradigma für die Soziale Arbeit. In: Thole, W. (Hrsg.), Grundriss Soziale Arbeit. Ein einführendes Handbuch. 2. überarb. u. aktual. Aufl. Wiesbaden: VS, S. 199-213.

Bowlby, J. (2005): Frühe Bindung und kindliche Entwicklung. 5. neugest. Aufl. München: Reinhardt (Engl. Original erschienen 1957).

Bowlby, J. (2006): Bindung und Verlust. 3 Bde. München: Reinhardt (Engl. Originale erschienen: Vol. 1 1969, Vol. 2 1973, Vol. 3 1980).

Brisch, K. H. (2003): Bindungsstörungen und Trauma. Grundlagen für eine gesunde Bindungsentwicklung. In: Brisch/Hellbrügge (Hrsg.) 2003, S. 105-135.

Brisch, K. H. (2006): Bindungsstörung. Grundlagen, Diagnostik und Konsequenzen für sozialpädagogisches Handeln. *Blickpunkt Jugendhilfe*, H. 3, S. 43-55.

Brisch, K. H./Hellbrügge, T. (Hrsg.) (2003): Bindung und Trauma. Stuttgart: Klett-Cotta.

BT-Drs. 16/12860 (Deutscher Bundestag, Drucksache vom 30.04.2009). Bericht über die Lebenssituation junger Menschen und die Leistungen der Kinder- und Jugendhilfe in Deutschland – 13. Kinder- und Jugendbericht – und Stellungnahme der Bundesregierung. Berlin: Deutscher Bundestag. Verfügbar unter: http://dip21.bundestag.de/dip21/btd/16/128/ 1612860.pdf [15.09.2009].

Döring, E. (2004): Personzentrierte Psychotherapie mit Kindern und Jugendlichen. Was hilft Spielen mit traumatisierten Kindern und Jugendlichen? *Gesprächspsychotherapie und Personzentrierte Beratung,* Jg. 35, H. 3, S. 193-198.

Egel, A./Rosemeier, C.-P. (2008): Gruppenleben – Struktur, Dynamik und Interventionen. In: ATJ 2008, S. 180-191.

Egel, A./Strutzke, A. (2008): Haltgebende Strukturen gegen das innere Chaos – Theorie und Praxis des therapeutischen Milieus. In: ATJ 2008, S. 85-97.

Erath, P./Göppner, H.-J. (1996): Einige Thesen zur Begründung und Anlage einer Sozialarbeitswissenschaft. *Sozialmagazin,* Jg. 21, H. 2, S. 30-41.

Finke, J. (2004): Gesprächspsychotherapie. Grundlagen und spezifische Anwendungen. Stuttgart: Thieme.

Fonagy, P./Gergely, G./Jurist, E. L./Target, M. (2004): Affektregulierung, Mentalisierung und die Entwicklung des Selbst. Stuttgart: Klett-Cotta (Amer. Original erschienen 2002).

Gahleitner, S. B. (2005): Neue Bindungen wagen. Beziehungsorientierte Therapie bei sexueller Traumatisierung. München: Reinhardt.

Gahleitner, S. B. (2006): ‚ICD plus' und ‚Therapie plus' – Diagnostik und Intervention in der Klinischen Sozialarbeit. Klinische Sozialarbeit, Sonderausgabe, S. 12-22. Verfügbar unter: www.klinische-sozialarbeit.de/KlinSa_Sonderaus gabe% 20Tagung_05.pdf [11.04.2009].

Gahleitner, S. B. (2008): ‚Emotional korrigierende Erfahrungen' als Kernkonzept des ‚therapeutischen Milieus' in TWGs. In: ATJ 2008, S. 136-149.

Gahleitner, S. B. (2009): Persönliche Beziehungen aus bindungstheoretischer Sicht. In: Lenz, K./Nestmann, F. (Hrsg.): Handbuch Persönliche Beziehungen. Weinheim: Juventa, S. 145-169.

Gahleitner, S. B./Ossola, E./Mudersbach, A. (2005): Das T in der TWG: Interdisziplinäre Arbeit mit traumatisierten Jugendlichen im sozialtherapeutischen Kontext. In: ATJ 2005, S. 94-107.

Gahleitner, S. B./Pauls, H. (im Druck): Soziale Arbeit und Psychotherapie – zum Verhältnis sozialer und psychotherapeutischer Unterstützungen und Hilfen. In: Thole, W. (Hrsg.): Grundriss Soziale Arbeit. Ein einführendes Handbuch. 3. überarb. Aufl. Wiesbaden: VS. (erscheint voraussichtlich 2010.)

Gahleitner, S. B./Rajes, K. (2008): Psychosoziale Diagnostik im TWG-Bereich – Von der Theorie zur Praxis. ATJ 2008, S. 47-62.

Gahleitner, S. B./Schmude, M. (2005): Jugendliche zwischen Regression und Selbständigkeit – Betreuung zwischen Versorgung und Anforderung. In: ATJ 2005, S. 147-161.

Galuske, M. (1998): Methoden der Sozialen Arbeit. Eine Einführung. Weinheim: Juventa.

Galuske, M./Müller, C. W. (2005): Handlungsformen der Sozialen Arbeit – Geschichte und Entwicklung. In: W. Thole (Hrsg.), Grundriss Soziale Arbeit. Ein einführendes Handbuch (2. überarb. u. aktual. Aufl. ed.). Wiesbaden: VS, S. 485-508.

Geißler-Piltz, B./Albert, M./Pauls, H. (2005): Klinische Sozialarbeit. München: Reinhardt. (Soziale Arbeit im Gesundheitswesen, 7).

Gildemeister, R./Robert, G. (2005): Sozialpädagogik und Therapie. In: Otto, H.U./Thiersch, H. (Hrsg.), Handbuch der Sozialarbeit/ Sozialpädagogik. Neuwied: Luchterhand, S. 1901-1909.

Grossmann, K. (2002): Praktische Anwendungen der Bindungstheorie. In: Endres, M./Hauser, S. (Hrsg.): Bindungstheorie in der Psychotherapie. München: Reinhardt, S. 54-80.

Grossmann, K./Grossmann, K. E. (2004): Bindungen. Das Gefüge psychischer Sicherheit. Stuttgart: Klett-Cotta.

Günder, R. (2003): Praxis und Methoden der Heimerziehung. Entwicklungen, Veränderungen und Perspektiven der stationären Erziehungshilfe. 2., völlig neu überarb. Aufl. Freiburg: Lambertus.

Hauser, S./Edres, M. (2002): herapeutische Implikationen der Bindungstheorie. In: Endres, M./Hauser, S. (Hrsg.): Bindungstheorie in der Psychotherapie. München: Reinhardt, S. 159-176.

Hurrelmann, Klaus (2009): Erfordert die neue Generation von Kindern und Jugendlichen neue Ansätze der Therapie? Unveröffentlichtes Vortragsmanuskript.

Klüsche, W. (1999): Zum Gehalt der für die Bestimmung des Gegenstandes Sozialer Arbeit verwendeten Begriffe. In: Klüsche, W. (Hrsg.): Ein Stück weitergedacht ... Beiträge zur Theorie und Wissenschaftsentwicklung der Sozialen Arbeit. Freiburg: Lambertus, S. 44-49.

Krappmann, L. (2001): Bindungsforschung und Kinder- und Jugendhilfe. Was haben sie einander zu bieten? *Neue Praxis*, H. 4, S. 338-346.

Krause, B./Wachsmuth, I./Rosemeier, C.-P./Meybohm, U./Gahleitner, S. B. (2009): Katamnesestudie therapeutischer Jugendwohngruppen – Eine retrospektive Aktenanalyse zur Untersuchung von Einflussfaktoren auf den Erfolg. In: Gahleitner, S.B./Hahn, G. (Hrsg.): Klinische Sozialarbeit. Forschung aus der Praxis – Forschung für die Praxis. Bonn: Psychiatrie-Verlag, S. 238-252.

Kriz, J. (1991): Systemisches Denken und Gestalten bei klinischen Prozessen. In: Kratky, K. W. (Hrsg.): Systemische Perspektiven. Interdisziplinäre Beiträge zu Theorie und Praxis. Heidelberg: Carl Auer, S. 113-125.

Kriz, J. (1999): Fragen und Probleme der Wirksamkeitsbeurteilung von Psychotherapie. In H. G. Petzold/M. Märtens (Hrsg.), Wege zu einer effektiven Psychotherapie. Psychotherapieforschung und Praxis (Bd. 1). Opladen: Leske + Budrich, S. 273-281.

Kriz, J. (2001): Self-organization of cognitive and interactional processes. In: Matthies, M./Malchow, H./Kriz, J. (Eds): Integrative systems. Approaches to natural and social dynamics. Heidelberg: Springer, pp. 517-537.

Lewin, K. (1963): Feldtheorie in den Sozialwissenschaften. Ausgewählte theoretische Schriften. Bern: Huber.

Levold, T. (1998): Affektive Kommunikation und systemische Therapie. In: Welter-Enderlin, R./Hildenbrand, B. (Hrsg.): Gefühle und Systeme. Die emotionale Rahmung beraterischer und therapeutischer Prozesse. Carl-Auer-Systeme-Verlag, Heidelberg, S. 18-51.

Lindauer, U. (2005): Das therapeutische Milieu der Jugendwohngruppen. In: ATJ 2005, S. 16-33.

Main, M. (1995): Recent studies in attachment: Overview with selected implications for clinical work. In: Goldberg, S./Muir, R./Kerr, J. (Hrsg.): Attachment theory: Social, developmental, and clinical perspectives. Hillsdale, NJ: The Analytic Press, pp. 407-474.

Meybohm, U. (2005): Die Situation der Berliner Jugendhilfe für psychisch beeinträchtigte Jugendliche und junge Erwachsene in therapeutischen Jugendwohngemeinschaften. In: ATJ 2005, S. 83-88.

Mielck, A. (2005): Soziale Ungleichheit und Gesundheit. Empirische Ergebnisse, Erklärungsansätze, Interventionsmöglichkeiten. Bern: Huber.

Minuchin, S./ Montevalo, B./Guerney, B./Rosman, B./Schumer, F. (1967): Families of the slums. New York: Basic Books.

Mühlum, A. (2001): Wie viel Spezialisierung braucht – und verträgt – die Soziale Arbeit? *Forum Sozial*, H. 2, S. 12-15.

Mühlum, A./Gahleitner, S. B. (2008): Klinische Sozialarbeit als Fachsozialarbeit. In: Gahleitner, S.B./Hahn, G. (Hrsg.): Klinische Sozialarbeit. Beiträge zur psychosozialen Praxis und Forschung. Bonn: Psychiatrie Verlag, S. 44-59.

Nestmann, F. (1988): Die alltäglichen Helfer. Berlin: de Gruyter.

Nürnberg, R./Wolfrum, P. (2008): Elterliche Präsenz: Gemeinsames Lernen von Pädagogen, Therapeuten und Eltern – ein Abenteuer zwischen Begeisterung und Ernüchterung. In: ATJ 2008, S. 205-211.

Orlinsky, D. E./Grawe, K./Parks, B. K. (1994): Process and outcome in psychotherapy – noch einmal. In: Bergin, A. E./Garfield, S. L. (Hrsg.): Handbook of psychotherapy and behavior change. 4th ed. New York: Wiley, pp. 270-376.

Orth, I./Petzold, H. G. (1996): Beziehungsmodalitäten – ein integrativer Ansatz für Therapie, Beratung, Pädagogik. In: Petzold, H. G./Sieper, J. (Hrsg.): Integration und Kreation. Modelle und Konzepte der Integrativen Therapie, Agogik und Arbeit mit kreativen Medien. Bd. 1. 2. Aufl. Paderborn: Junfermann, S. 117-124.

Otto, T. (2008): Störungsbild und Familienarbeit. In: ATJ 2008, S. 98-106.

Pauls, H. (2004): Klinische Sozialarbeit. Grundlagen und Methoden psychosozialer Behandlung. Weinheim: Reinhardt.

Pauls, H. (2008): Was ist der Fall und was ist zu tun? – Was macht psycho-soziale Diagnostik Klinischer Sozialarbeit neben der psychologischen und der psychiatrischen Diagnostik aus? In: ATJ 2008, S. 32-46.

Pauls, H./Mühlum, A. (2005): Klinische Kompetenzen. Eine Ortsbestimmung der Sektion Klinische Sozialarbeit. *Klinische Sozialarbeit*, Jg. 1, H. 1, S. 6-9.

Rahm, D. (2004): Gestaltberatung: Grundlagen und Praxis integrativer Beratungsarbeit. 9. neubearb. Aufl. Paderborn: Junfermann.

Redl, F. (1971): Erziehung schwieriger Kinder. Beiträge zu einer psychotherapeutisch orientierten Pädagogik. München: Piper.

Richmond, M. (1917): Social diagnosis. New York: Sage.

Richmond, M. (1922): What is social casework? New York: Sage.

Rogers, C. R. (1987): Eine Theorie der Psychotherapie, der Persönlichkeit und der zwischenmenschlichen Beziehungen. Entwickelt im Rahmen des klientenzentrierten Ansatzes. Köln: GwG. (Amer. Original erschienen 1959).

Rosemeier, C.-P./Hestermeyer, B. (2005): Nicht mit, aber auch nicht ohne! – Familientherapeutische Arbeit in therapeutischen Jugendwohngruppen. In: ATJ 2005, S. 171-180.

Rosemeier, C.-P./Lopes, A./Gerstenberger, J./Scheel, V. (2005): Beziehungsarbeit im pädagogischen Alltag – Mögliches und Unmögliches. In: ATJ 2005, S. 140-146.

Salomon, A. (2002): Soziale Diagnose. Berlin: Alice Salomon Fachhochschule. (Original erschienen 1926.)

Schleiffer, R. (2001): Der heimliche Wunsch nach Nähe. Weinheim: Beltz.

Schleiffer, R. (2008): Konsequenzen desorganisierter Bindungsmuster für Pädagogik und Therapie. In: ATJ 2008, S. 116-135.

Schlippe, A. von/Schweitzer, J. (2007): Lehrbuch der systemischen Therapie und Beratung. 10. Aufl. Göttingen: Vandenhoeck & Ruprecht.

Schmid, M. (2007): Psychische Gesundheit von Heimkindern. Erste Studie zur Prävalenz psychischer Störungen in der stationären Jugendhilfe. Weinheim: Juventa.

Schulze, H. (2006): Biographietheoretische Konzeptualisierung als soziale und geschichtliche Dimensionierung des Psychischen. *Klinische Sozialarbeit,* Jg. 2, H. 2, S. 10-12.

Selvini Palazzoli,M./Boscolo, L./Cecchin, G./Prata, G. (1977): Paradoxon und Gegenparadoxon. Ein neues Therapiemodell für die Familie mit schizophrener Störung. Stuttgart: Klett-Cotta (Ital. Original erschienen 1975).

Staub-Bernasconi, S. (1995): Systemtheorie, soziale Probleme und Soziale Arbeit: lokal, national, international. Bern: Haupt.

Suess, G. J./Pfeifer, W.-K. P. (1999): Frühe Hilfen. Die Anwendung der Bindungs- und Kleinkindforschung in Erziehung, Beratung, Therapie und Vorbeugung. Gießen: Psychosozial.

Suess, G., J./Scheurer-Englisch, H./Pfeifer, W.-K. P. (Hrsg.) (2001): Bindungstheorie und Familiendynamik. Anwendung der Bindungstheorie in Beratung und Therapie. Gießen: Psychosozial.

Thiersch, H. (1992): Lebensweltorientierte soziale Arbeit. Aufgaben der Praxis im sozialen Wandel. Weinheim: Juventa.

Welter-Enderlin, R. (2006): Wie aus Familiengeschichten Zukunft entsteht. Heidelberg: Carl-Auer.

Welter-Enderlin, R./Hildenbrand, B. (Hrsg.) (2004): Systemische Therapie als Begegnung. Stuttgart: Klett-Cotta.

Wolfrum, P. (2008). Übergänge gestalten – Diagnosen im Aufnahmeprozess einer Familien-therapeutischen Wohngruppe. In: ATJ 2008, S. 63-68.

Bettina Hünersdorf

Hilfeplanung als „klinischer Ort" einer Reflexionstheorie des Hilfesystems

1. Einleitung

Was bedeutet es, vom „klinischen Blick" in der Sozialen Arbeit zu sprechen? Wenn in der klinischen Sozialarbeit der Begriff „klinisch" gebraucht wird, wird auf das Thema Gesundheit verwiesen und auf die Soziale Arbeit als eine heilkundliche Tätigkeit, die über das Gesundheitswesen hinausgeht und auch das Sozialwesen mit einbezieht, hingewiesen.[1] Ziel der „Behandlung" sei eine (Re-)Integration in die soziale Umgebung und die Ermöglichung eines psychischen und sozialen Wohlbefindens. Darüber hinaus wird in der klinischen Sozialarbeit systematisch nach einem Ort der Vermittlung zwischen Theorie und Praxis gesucht.[2] Mir hingegen geht es weniger um einen sich auf „Behandlung" verstehenden psycho-sozialen Ansatz der Sozialarbeit, sondern um eine sozialpädagogische Perspektive. Möglicherweise ruft das sofort die Assoziation hervor, dass hier wieder an eine alte Debatte über das Verhältnis von Fürsorgewissenschaft und Sozialpädagogik ange-

---

[1] Vgl. Wendt 2000, S. 4.

[2] Vgl. Crefeld 2002; Ortmann/Schaub 2004.

knüpft wird,[3] – auf welche ich aber an dieser Stelle nicht näher eingehen werde.

Stattdessen beziehe ich mich auf einen systemtheoretischen Ansatz zu einer Reflexionstheorie des Hilfesystems. Reflexionstheorien haben sich als systeminterne Selbstbeschreibung von Funktionssystemen als Korrelate von Funktionssystemen entwickelt.[4] Sie weisen eine imaginäre Realität auf, um die logischen Probleme des Sich-Selbst-Enthaltens lösen zu können. Diese Projektionen werden im System akzeptiert, da es keine anderen Möglichkeiten der Selbstvergewisserung gibt.[5] Reflexionstheorien sind aber von einem abstrakten Überbau oder einer idealen Existenz, wie in der geisteswissenschaftlichen Pädagogik, zu unterscheiden.

Die geisteswissenschaftliche Pädagogik formulierte verallgemeinerungsfähige Sätze und normative Appelle an die Verantwortung des Pädagogen, Förderliches zur Entwicklung der Individualität des Jugendlichen beizutragen. Sie war aber weit von der empirischen Realität ihrer Praxis entfernt. Die geisteswissenschaftliche Pädagogik ist als Ethisierung der Reflexion der Praxis deutlich ein akademischer Diskurs gewesen, mit dem Ziel, den Asymmetrieverlust der klassischen Professionellen mit einem funktionalen Äquivalent zu kompensieren. Es gelang es ihr nicht, die Schnittstelle zwischen Organisation und Wissenschaft zu konditionieren.

Davon zu unterscheiden ist die Konstituierung von Sprecherpositionen in Organisationen, die in Deutschland seit den 90er Jahren vorangetrieben worden sind und sich rechtlich unter anderem im Kinder- und Jugendhilfegesetz (KJHG), konkret in der Hilfeplanung (§ 36 KJHG) für die Maßnahmen der „Hilfen zur Erziehung" niedergeschlagen hat. Hier werden rechtlich Sprecherpositionen in der Jugendhilfe etabliert und es wird zwischen dem Willen und dem Wohl der Adressaten vermittelt. Damit ist die Grundlage für das Verfahren der Hilfeplanung als einem „klinischen Ort" des Hilfesystems gelegt, welche ich im ersten Teil meiner Ausführungen näher darstellen werde.

---

[3]   Vgl. Nohl 1965, S. 45.

[4]   Vgl. Kurtz 2004, S. 15.

[5]   Vgl. Luhmann 2002, S. 203.

Sozialpädagogik stellt durch den „klinischen Blick" als Reflexionstheorie das entsprechende Wissen zur Verfügung, das Sozialpädagogen in der Hilfeplanung unter Handlungszwang verwenden.[6] Die sozialpädagogische Reflexionstheorie kann als der „klinische Blick" im engeren Sinne betrachtet werden, welchen ich im zweiten Teil darstellen werde. Der Begriff „klinisch" bringt zunächst den Verdacht hervor, dass eine Orientierung an der Medizin vorliege. Dieser Verdacht wird durch Begriffe wie Anamnese, Diagnose, Intervention und Evaluation verstärkt, die bestenfalls noch mit einem Beratungskonzept assoziiert werden. Sie scheinen denkbar weit von Sozialpädagogik im landläufigen erziehungswissenschaftlichen Sinne entfernt zu sein. Ich werde jedoch zeigen, dass die Hilfeplanung durchaus in diese Dimensionen Anamnese (2.1.), Diagnose (2.2.), Intervention (2.3.) und Evaluation (2.4.) eingeteilt werden kann, dass aber diese Einteilung keineswegs als Widerspruch zu einer sich erziehungswissenschaftlich verstehenden Sozialpädagogik zu verstehen ist. Wenn ich dabei, wie es sich durch die Verwendung des Begriffes „Erziehungswirklichkeit" anzudeuten scheint, auf eine geisteswissenschaftliche Tradition der Pädagogik zurückgreife, so stelle ich damit doch nicht die geisteswissenschaftliche Pädagogik dar, sondern reformuliere sie aus systemtheoretischer Perspektive. Aus dieser Perspektive heraus verbietet es sich, von einer konsensualen Gemeinschaftsbildung oder von der Unhintergehbarkeit der Individualität auszugehen. Der Verzicht auf diese Vorannahmen hat den Vorteil, dass Kontingenzerfahrungen deutlicher in die sozialpädagogische Reflexionstheorie eingebaut werden können. Es geht nicht normativ um eine Ausrichtung an einer gelungenen Verständigung, sondern um eine Beschreibung, wie Kommunikation auch bei Dissens fortgesetzt werden kann. Die systemtheoretische Reformulierung gestattet zugleich, dass die empirische Anschlussfähigkeit systematisch hergestellt werden kann.

Ziel der folgenden Ausführungen ist es nicht, ein normatives Programm für die Hilfeplanung zu entwerfen, sondern vielmehr einen begrifflichen Rahmen zur Verfügung zu stellen, der empirische Anschlüsse erlaubt, so dass die operative Wirksamkeit der Hilfeplanung rekonstruiert werden kann.

---

[6] Vgl. Marotzki 2004; Nittel 2004.

2. Hilfeplanung als „klinischer Ort" des (Jugend-)Hilfesystems

Die Hilfeplanung (§ 36 KJHG) ist das Interventionssystem, durch das die sozialpädagogische Ordnung im Hilfesystem entfaltet wird. Die Hilfeplanung bezieht sich ausschließlich auf solche Fälle, bei denen das Wohl des Kindes nicht gewährleistet oder sogar gefährdet ist[7] und aus diesem Grunde ein Zugang zu den Hilfen zur Erziehung (§ 27 KJHG) eröffnet werden soll. Das setzt eine Ermittlung des erzieherischen Bedarfs als auch die Beachtung des Wunsch- und Wahlrechts der Betroffenen voraus (§ 5 KJHG). Durch Letzteres werden Betroffene rechtlich betrachtet zum Subjekt des Hilfeprozesses gemacht.[8] Das hat zur Folge, dass das Sozialrecht als materielles Recht zivilrechtlich reflektiert wird. Es geht darum, Autonomie auch für diejenigen zu verbürgen, die einen sozialrechtlichen Anspruch geltend machen.

Die Hilfeplanung ist als Beobachtungsebene 2. Ordnung „über der Durchführung der Hilfeleistung"[9] in den Organisationen der Jugendhilfe zu ,verorten'. Die Hilfeplanung kann der Reflexivität der Hilfeprozesse auch in den Organisationen dienen, wenn sie dazu beiträgt, dass die Durchführung der Hilfe im Hinblick auf die Hilfeplanung sowohl von den sozialpädagogischen Fachkräften der Leistungsanbieter als auch von den Adressaten reflektiert wird.

---

[7]   Vgl. Münder et al. 2003, S. 278.

[8]   Vgl. Münder 2003, S. 284.

[9]   Vgl. Schefold 2002, S. 1096.

3. Der „klinische Blick" als Reflexionstheorie des (Jugend-)Hilfesystems

Foucault stellt in „Die Geburt der Klinik" dar, was der entscheidende Schritt für die Professionalisierung der Medizin gewesen sei. Er zeigt auf, dass in der Medizin der Wendepunkt darin gelegen habe, dass der Blick nicht mehr das Individuum reduziere, sondern es begründe, wodurch eine rationale Sprache um es herum organisiert würde.[10] Der „klinische Blick" ermögliche eine „neue Gliederung der Dinge wie auch das Prinzip ihrer Artikulierung in einer Sprache, in der wir die Sprache einer ‚positiven Wissenschaft' zu sehen pflegen"[11]. Sowohl im Frankfurter Kommentar des KJHGs als auch im Selbstverständnis einer sich in der hermeneutischen Tradition verstehenden Sozialpädagogik wird die Bedeutung des Subjekts betont. Genau dadurch steht Sozialpädagogik aber in der Gefahr, nicht als positive Wissenschaft zu gelten. Ich möchte durch eine systemtheoretische Reformulierung der geisteswissenschaftlichen Sozialpädagogik Nohls diese Gefahr zu umgehen suchen. Das bedeutet aufzuzeigen, wie in der Interaktion in der Hilfeplanung eine solche Kommunikation erkannt werden kann, die eine Konstituierung der „Individualität" des Adressaten wahrscheinlicher macht. Es geht sozusagen um die sozialen Bedingungen der Autonomiegenerierung, die in den Blick genommen werden sollen.

Systemtheoretisch kann davon ausgegangen werden, dass ein Konflikt bzw. ein Widerstand des Adressaten die Bedingung der Möglichkeit für die Generierung von Individualität des Adressaten ist und durch eine Abweichung im „körperlichen Verhalten" von dem, was seitens des/der Sozialpädagogen/-in erwartet wird, beobachtet werden kann. Durch die Abweichung nimmt der Sozialpädagoge den Jugendlichen in seiner Andersheit wahr. Luhmann weist darauf hin, dass „die Abweichung stärker individualisiert als die Konformität, einfach deshalb, weil das konforme Verhalten mühelos mit der Erwartung läuft, während das Abweichen gegen die Erwartung durchge-

---

[10] Vgl. Foucault 1999, S. 12.

[11] Foucault 1999, S. 16.

setzt, oft mit Sicherheitsvorkehrungen ausgestattet werden muss und dadurch höheren Aufmerksamkeitswert hat"[12]. Die Hilfeplanung kann als eine solche Form der Sicherheitsvorkehrung bezeichnet werden, eine Vorkehrung, die es ermöglicht, dass die Abweichung von den sozialen Erwartungen, sich einem Hilfeprozess zu unterwerfen, erwartet wird. Die Besonderheit dieses Interventionssystems bestehe darin, „sich durch die Kommunikation von Normalität irritieren zu lassen, also seine eigentliche Normalität darin zu finden, daß es eine quasi mikroskopische Sicht auf individuelle Abweichungsmöglichkeiten"[13] gibt.

Das setzt aber eine Beobachtung voraus, durch die das abweichende körperliche Verhalten als Zeichen für die Konstituierung einer elementaren Individualitätsfunktion „gesehen" wird. Dann vollzieht sich das, was Luhmann als die Semantik der Liebe beschreibt und als das symbolisch generalisierte Kommunikationsmedium der Familie herausstellt. Da dieser semantische Prozess hier im Kontext des Hilfeplanung stattfindet und nicht in der Familie, kann von einer quasi-familären Kommunikationsform gesprochen werden, die nur durch einen entsprechenden professionellen Habitus wahrscheinlich wird. Der professionelle Habitus kennzeichnet sich dadurch, dass ein Wissen darüber besteht, dass durch das Eingehen auf die Eigenart des Individuums die Abweichung ihren potenziell pathologischen Status verliert und sich so das erweitert, was unter Normalität zu verstehen ist.[14]

3.1 Anamnese als Erziehungswirklichkeit: Die soziale Praxis des ‚Liebesspiels' und ihre Transformation in eine Praxis der Selbstregierung

Die „Fernstenliebe"[15] ist ein Selbstanspruch, der in seiner operativen Wirksamkeit und damit in der sozialen Praxis unwahrscheinlich ist. Es ist mög-

---

[12] Luhmann 1995, S. 90.

[13] Fuchs 1999, S. 146.

[14] Vgl. Freud 1981, S. 157, vgl. Fuchs 1999, S. 146.

[15] Salomon beschrieb diese Form der Liebe als „Fernstenliebe" (Salomon (1908/1997). Sie ist historisch betrachtet Ausdruck der geistigen Mütterlichkeit (Sachße 1994).

lich, dass sich der Sozialpädagoge durch die Konfrontation mit dem abweichendem Verhalten des Adressaten von der Prämisse distanziert, dass es sich um ein Liebesspiel (play) handelt, und stattdessen reflektiert, ob es ein Liebesspiel (game) ist.[16] Dadurch wird die Voraussetzung für einen kritischen Blick geschaffen. Der kritische Blick trägt dazu bei, dass nicht nur Eigenarten wahrgenommen werden, sondern, so Heyting, die Gewohnheit der Eigenart unter dem Gesichtspunkt von „besser" oder „schlechter" beobachtet werden kann. Dadurch kann beachtet werden, dass Gewohnheiten/Eigenarten gelernt werden.[17] Eigenarten können daraufhin reflektiert werden, ob sie möglicherweise „Nebenfolgen" produzieren, die die Voraussetzung, dass es sich um ein Liebesspiel handelt, in Frage stellen. Es kann so gelernt werden, dass unter bestimmten sozialen Bedingungen die Abweichungen von den sozialen Erwartungen nicht mehr als Liebesspiel wahrgenommen wird. Gerade dadurch entwickelt sich ein soziales System: Es weist zunächst einen positiven Code auf, die Wertschätzung der Eigenart des Anderen. Es ermöglicht aber auch den Wechsel auf den negativen Codewert, ohne dass dadurch die Form des Liebesspiels verloren ginge. Im Gegenteil, der Negativwert trägt dazu bei, dass sich das Liebesspiel überhaupt als Liebesspiel konstituiert, indem es sich nämlich als selbstreferentielles System objektiviert. Für den Kontext der Hilfeplanung heißt dies: Das symbolisch generalisierte Kommunikationsmedium der Liebe wird pädagogisch überformt und zugleich in das symbolisch generalisierte Kommunikationsmedium der Macht überführt. Durch die Androhung von Sanktionen wird es zudem wahrscheinlicher, dass die Weisung, das Liebesspiel wie ein Liebesspiel zu spielen, in das eigene Verhalten übernommen wird. Dadurch vollzieht sich eine „quasi-politische Kommunikation", da eine Form der Selbstregierung/-steuerung für den Adressaten ermöglicht wird. Von „quasi-politisch" kann gesprochen werden, da Machtkommunikation sich hier nicht im politischen System vollzieht, es aber dennoch wie im poli-

---

[16] Vgl. Goffman 1997, S. 41.

[17] Vgl. Heyting 1992.

tischen System um die Möglichkeit der Regierung zur Selbstregierung geht, wie es im Anschluss an Foucault in der Sozialen Arbeit formuliert wird.[18]

Auf diese Art und Weise kann sich Vertrauen in der Hilfeplanung entwickeln, welches über das persönliche Vertrauen hinausgeht und in ein Systemvertrauen einmündet. Dieses Vertrauen ist die Grundlage dafür, dass überhaupt eine auf den Adressaten bezogene selbstreferentielle Hilfeplanung möglich wird. Vorausgesetzt ist, dass in der Hilfeplanung ein solcher Prozess erlaubt ist, der zunächst, um es pädagogisch auszudrücken, ausschließlich auf die Willensbildung und damit auf die Bedingung der Möglichkeit, Hilfe selbstreferentiell zu attribuieren, ausgerichtet ist, ohne die Gefährdung des Wohls zu thematisieren.[19] Das ist die Voraussetzung für die 2. Phase der Hilfeplanung der sozialen Diagnose, welche sich in der Form des „sozialpädagogischen Unterrichts" vollziehen kann, welcher die Einheit der Differenz von Wille und Wohl bearbeitet.

3.2 Soziale Diagnose: Bildungswirklichkeit als sozialpädagogischer Unterricht

Bei der sozialen Diagnose sind die Freiheiten wesentlich eingeschränkter als in der Anamnese, da das Entscheidungskriterium für die Inklusion in die Hilfen zur Erziehung in der Nicht-Gewährleistung einer dem Wohl des Kindes oder des Jugendlichen entsprechenden Erziehung (§27 Abs. 1 KJHG/SGB VIII) liegt.

In der Hilfeplanung muss zwischen dem Willen und dem Wohl des Adressaten vermittelt werden. Während das Wohl des Kindes bzw. des Jugendlichen durch Professionelle der Medizin bzw. der Psychologie vertreten wird, welche körperliche bzw. psychische Beeinträchtigungen bei der Entwick-

---

[18] Vgl. Kessl 2005. Macht fungiert in systemtheoretischer Perspektive nicht als symbolisch generalisiertes Kommunikationsmedium, sondern als Medium, welches im Hilfesystem als Zweitcodierung dient (vgl. Luhmann 2003, S. 48). Voraussetzung ist, dass sich Macht mit dem binären Schema des Hilfesystems verknüpft und sich dadurch mobilisieren lässt (vgl. ebda).

[19] Vgl. Müller 1997, S. 80.

lung des Kindes diagnostizieren und entsprechend Vorschläge für Interventionen unterbreiten (§36 Abs.2, Satz 1), wird der Wille des Adressaten dadurch berücksichtigt, dass Sozialpädagogen/-innen einen Aushandlungsrahmen bereitstellen. Darüber hinaus kann der Adressat die Informationen zur Anamnese einbringen. Falls der Adressat nicht zur Selbststeuerung/Selbstregierung in der Lage ist, kann der Sozialpädagoge/die Sozialpädagogin „advokatorisch"[20] für ihn eintreten. Durch diese Praxis kann ein Ausgleich dafür geschaffen werden, dass durch Nichteinbringen sich der Freiheitsspielraum bei der Durchführung der Hilfeleistungen verringert. Beide Parteien tauschen sich darüber aus, welche Entwicklungsmöglichkeiten sich ihres Erachtens durch die Hilfeplanung ergeben bzw. welche Gefährdungen damit einhergehen, wenn eine bestimmte Hilfe nicht in Anspruch genommen wird. Diese Aushandlung ermöglicht, Dissens als eine „normale" Organisationsform[21] der „Bildungswirklichkeit" zu betrachten. Mit „Bildungswirklichkeit" ist eine zeit-räumliche Einheit gemeint, die mit einem Lernzweck verbunden wird und „künstlich" hergestellt wird.[22] Prozessual vollzieht sie sich als ein „Unterricht"[23], der als eine Art „Sehlabor" fungiert, „das zwischen Welteinnahme und Rückzug aus der Welt seine Operationen vollführt"[24]. Im „Unterricht" werden die „Motive" bzw. Gründe dargestellt, die den Adressaten bei seinem Widerstand gegen die geplante oder schon durchgeführte Hilfe geleitet haben. In der Didaktik dieses Unterrichts geht es thematisch um eine „Synthese von Anforderungen der Gesellschaft und Interessen des Individuums"[25]. Sie bezieht sich auf die Ziel- und Wertvorstellungen der auf das Wohl bezogenen Diagnosen und sie thematisiert, wie diese mit dem Willen der Erziehenden zu vermitteln sind.[26] Einer solchen Didaktik entspricht das Prinzip der Adressatenorientierung.[27]

---

[20] Vgl. Brumlik 1992.

[21] Vgl. Wilke 1999, S. 231.

[22] Vgl. Hünersdorf 2009.

[23] Giesecke 1990.

[24] Vgl. Waldenfels 1999, S. 122.

[25] Vgl. Helsper/Keuffer 1995, S. 82.

[26] Ebda.

[27] Vgl. Giesecke 1990, S. 101.

Auch wenn diese Didaktik teilnehmerorientiert ausgerichtet ist, kann der Sozialpädagoge nicht wissen, ob es ihm gelingt, die Teilnehmer adäquat zu berücksichtigen, da er keinen Einblick in die psychischen Systeme gewinnen kann. Die Methodik kompensiert dieses Technologiedefizit der Didaktik, indem sie dazu beiträgt, dass in der Auseinandersetzung mit den Adressaten darüber reflektiert wird, ob die Teilnehmerorientierung gelungen ist. Ausgangspunkt dieser Reflexion ist die Frage, inwieweit sich der Adressat abweichend zu den Erwartungen der Fachkräfte in der Hilfeplanung verhält. Diese Frage wird thematisiert und diskursiv zwischen dem Adressaten und dem Sozialpädagogen bearbeitet.[28] Eine den „objektiven" Mächten gegenübergestellte „Subjektivierung" wird über die Didaktik nicht nur angestrebt[29], sondern insbesondere über die Einheit der Differenz von Methodik und Didaktik sichergestellt. Der Unterricht wird reflexiv, weswegen von der Einheit der Differenz von Methodik und Didaktik gesprochen werden kann. Während Didaktik, auch wenn der Unterricht Konsequenzen für das Wohl des Kindes adressatenspezifisch darstellt, asymmetrisch im Sinne einer Lehrerrolle und eines Publikums strukturiert ist, zeigt sich Methodik symmetrisch als Face-to-Face-Kommunikation. Der sozialpädagogische Unterricht gewährleistet als Einheit der Differenz zwischen Methodik und Didaktik, dass die Selbststeuerung des Adressaten ermöglicht wird, indem „auftretende Zufälle in Strukturgewinn"[30] überführt werden.

3.3 Intervention: Hilfewirklichkeit durch Kontrakt

Mit Intervention im Kontext der Hilfeplanung ist das Kontraktmanagement zwischen den Hilfe anbietenden Organisationen, den Leistungsberechtigten und dem Jugendamt gemeint. Durch das Kontraktmanagement wird die Hilfeplanung zu einem rechtskräftigen Verwaltungsakt.[31]

---

[28] Vgl. Luhmann/Schorr 1988, S. 211
[29] Vgl. Weniger 1926, S. 194.
[30] Luhmann 2004, S. 22.
[31] Vgl. Pies/Schrapper 2003.

Für die Intervention steht die Vermittlung zwischen dem Bedürfnis des Adressaten, das im Unterricht als Einheit der Differenz von Wille und Wohl herausgearbeitet wurde, und dem sozialpolitisch definiertem Bedarf, der sich in der bereitgestellten Infrastruktur der Jugendhilfe widerspiegelt, im Vordergrund. Die Auswahl eines Leistungsangebotes basiert auf dem aus dem Unterricht entwickelten Urteil. Dieses wird durch Kenntnisse über die Bedingungen der Möglichkeit der bedürfnisgerechten Gestaltung der Leistungsangebote erweitert. Der durch den Unterricht auf den Bürgerstatus vorbereitete Adressat kann in der Aushandlung mit den Leistungsträgern via Kontrakt als Bürgerin konstituiert werden. Ziel ist es, „AdressatInnen Zugänge zu Gütern und Ressourcen zu schaffen – seien sie nun lokal oder nicht – und sie dabei zu unterstützen, diese Ressourcen in reale Freiheitsräume zu transformieren"[32]. Dabei würden die Adressatinnen – nach Otto/Ziegler – „enabelt", das von ihnen gewünschte Leben zu führen.[33]

Der Erfolg der Verhandlungen zwischen den durch den Unterricht informierten Bürgern und den Leistungsträgern ist von der materialisierten Infrastruktur abhängig.[34] Ein individuelles Passungsverhältnis wird bei einer differenzierten Infrastruktur wahrscheinlicher. Der „Markt" der Leistungsträger ist keine natürliche ökonomische Realität, sondern kann als Quasi-Markt bezeichnet werden, da er sich im Hilfe- und nicht im Wirtschaftssystem vollzieht. Das Hilfesystem ist – im Gegensatz zum Wirtschaftssystem – nicht durch eine reine Wettbewerbslogik gekennzeichnet.[35] Die Einführung einer gewissen Konkurrenz wird zwar als Garant für Effektivität und Effizienz gesehen.[36] Im Hilfesystem bezieht sich Effektivität aber auf die fachliche Optimierung, d.h. den „gerechten Zugang" zu den als Bedarf ermittelten Leistungsangeboten für potentielle Adressaten.

Effizienz bezieht sich auf die Kosten-Nutzenkalkulation.[37] Der Leistungsanbieter muss zeigen, dass er die Leistungserbringung in besserer Qualität,

---

[32] Otto/Ziegler 2005, S. 135.

[33] Vgl. Otto/Ziegler, ebda.

[34] Vgl. Stöver 2005, S. 301.

[35] Vgl. Olk 2001, S. 1920.

[36] Vgl. Bröckling 2000, S. 133.

[37] Vgl. Rauschenbach 1999, S. 235; Müller 1998, S. 20.

schneller und günstiger leisten kann als andere vergleichbare Organisationen.[38] Die Leistungsempfänger werden zu Kunden (obwohl sie es strukturell im Hilfesystem nicht sind), die mit der Nachfrage Leistungsangebote steuern. Dennoch trägt die Form der Hilfeplanung zur Flexibilisierung der Hilfe bei.[39] Im Kontrakt werden die Erwartungen an die einzelnen Akteure formuliert, um die versprochene Qualität sicher zu stellen. Darüber hinaus werden die Folgen thematisiert, die Abweichungen von diesem Erwartungen nach sich ziehen. Es entsteht eine ergebnisorientierte Steuerung, durch die im Vorhinein festgelegt wird, was im Nachhinein durch eine Reflexion der durchgeführten Maßnahmen kontrolliert wird. Im Kontraktmanagement wird weitgehend auf Verfahrenskontrolle, Einzelanweisungen und -eingriffe verzichtet.[40]

Differenzen zwischen der Urteilsbildung im Unterricht und dem Kontrakt mit den Organisationen der Jugendhilfe können zum Ausgangspunkt für eine Infrastrukturentwicklung durch Jugendhilfeplanung (§ 80 KJHG) genommen werden, weil sie Hinweise darauf geben, welche Dienstleistungsangebote durch die Hilfeplanung zwar nachgefragt werden, aber nicht vorhanden sind, und welche weniger von Bedeutung sind.

3.4 Evaluation: Reflexive Gestaltung der Hilfeprozesse

In der Evaluation des Hilfeprozesses der Hilfen zur Erziehung, an dem der „Hilfeplaner", der Adressat und die Leitungsträger bzw. -rollen beteiligt sind, werden Abweichungen von denen im Kontrakt festgelegten Bedingungen als Sachthema kommuniziert. Der Hilfeverlauf wird historisiert und dadurch in sich reflexiv. Das, was im Hilfeprozess passiert ist, kann rückblickend darauf hin relativiert werden, dass die Akteure in der Interaktion noch nicht wussten bzw. sicher wissen konnten, wie sich eine Hilfe entwickelt. Indem mit dem neuen Wissen auch immer wieder „(um-) gesteuert" werden

---

[38] Vgl. Bröckling 2000, S. 134.

[39] Vgl. Neuberger 2004, Wendt 2007, S. 464.

[40] Vgl. Wohlfahrt 1996, S. 93; vgl. Flösser 1994, S. 134.

kann, werden Widersprüche durch Zeit aufgelöst.[41] In diesem Prozess interpunktieren sich die Hilfeplanung und der Vollzug der Hilfe wechselseitig.

4. Schluss

Hilfeplanung basiert auf einem Wissen darüber, wie selbstreferentielle Attribuierung ermöglicht werden kann.[42] Dabei gilt es zu unterscheiden zwischen der Hilfeplanung als „Verfahren", das vollzogen wird, und den daraus sich konkret entwickelnden Prozessen.[43] Es macht einen großen Unterschied, ob das Verfahren der Hilfeplanung als solches anerkannt oder kritisiert wird, oder ob einige aus seinem Vollzug resultierende Prozesse anerkannt oder abgelehnt werden. Es ist möglich, der Hilfeplanung als Verfahren zuzustimmen und auch prinzipiell die daraus resultierenden Folgerungen anzuerkennen und doch im konkreten Fall die eine oder andere Folgerung abzulehnen.[44] Fälle wie der Tod „Kevins" weisen auf ein Versagen der Hilfeplanung hin, das aus einer Missachtung dieser Differenz resultiert.[45]

Der Positivierung der Hilfeplanung entspricht es, den Begriff der Legitimation auf die Anerkennung der mit der Hilfeplanung einhergehenden Prozesse für verbindlich zu halten.[46] Professionelle Sozialpädagogen müssen an der Hilfeplanung ausgerichtete Entscheidungen als Prämisse ihres eigenen Verhaltens übernehmen und ihre Erwartungen entsprechend umstrukturieren. „Legitimität beruht aber nicht auf „frei-williger" Anerkennung, auf persönlich zu verantwortender Überzeugung, sondern im Gegenteil auf einem

---

[41] Vgl. Luhmann 1998, S. 158.

[42] Vgl. Klug 2006, S. 19.

[43] Vgl. Hansen 2009, S. 511.

[44] Vgl. Luhmann 1975, S. 31.

[45] Vgl. Bremische Bürgerschaft 2007; Hoppensack 2007, S. 301.

[46] Vgl. Luhmann 1975, S. 31.

sozialen Klima."[47] Entsprechend weist auch Hansen auf dem Hintergrund der Analysen des Untersuchungsberichts des Falls Kevin auf das Problem einer Individualisierung der Verantwortung auf den Case Manager hin, anstatt zu erkennen, dass das Jugendamt als Organisation Verfahrensgrundsätze etablieren muss, die voraussetzen, dass sie von den fallführenden Fachkräften für verbindlich gehalten werden.[48]

Durch die mit der Hilfeplanung einhergehende Umstellung auf die Beobachtungsebene zweiter Ordnung kann der intervenierende Zugriff auf der Beobachtungsebene erster Ordnung, d.h. bei der „Produktion der Hilfe", gebrochen werden: Durch die iterative Methode als antitechnische ‚Arbeitsführungs-' bzw. ‚Lebensführungstechnologie' wird sukzessiv eine sozialpädagogische Ordnung im Hilfesystem generiert.[49] Die sozialpädagogische Ordnung wirkt dabei selbst erzieherisch und hat damit sowohl einen funktionalen Einfluss auf die an dem Prozess beteiligten Fachkräfte als auch auf die Adressaten. Als selbstreferentielles Verfahren ermöglicht die Hilfeplanung eine Selbststeuerung des Hilfesystems, d.h. eine Steuerung „von innen". Sie kann somit als sozialpädagogische Reflexionstheorie des Hilfesystems bezeichnet werden, deren operative Wirksamkeit aber empirisch durch die Rekonstruktion der Interaktion und der Entscheidungen in den Organisation überprüft werden müsste.

---

[47] Luhmann 1975, S. 35.

[48] Vgl. Hansen 2009, S. 513. Im Vergleich mit dem englischen System macht er darauf aufmerksam, dass die Zuschreibung der Verantwortung auf den „Case-Manager" in der Hilfeplanung in Deutschlang dazu führt, dass der Sozialpädagoge persönlich verantwortlich ist, während in England der Schwerpunkt auf die Organisation gelegt wird und nur bei skandalisierten Verfehlungen der Fachkräfte eine Zulassung für die Berufsausübung verloren geht. Die Form, wie die Verfahren in England geregelt sind, schränken aber nicht die Professionalität der Fachkräfte ein. Vielmehr werden die Verfahrensregeln als Werkzeuge betrachtet, mit denen professionell umgegangen werden muss (vgl. Hansen 2009, S. 514 ff.).

[49] Vgl. Tenorth 1992, S. 211 ff.

Literatur

Benner, Dietrich (2001): Allgemeine Pädagogik. Eine systematisch-problemgeschichtliche Einführung in die Grundstruktur pädagogischen Denkens und Handelns. Weinheim: Juventa.

Bremische Bürgerschaft (2007): Bericht des Untersuchungsausschusses zur Aufklärung von mutmaßlichen Vernachlässigungen der Amtsvormundschaft und Kindeswohlsicherung durch das Amt für Soziale Dienste. Drucksache des Landtags Bremen 16/1381.

Bröckling, Ulrich (2000): Totale Mobilmachung. Menschenführung im Qualitäts- und Selbstmanagement. In: Ders./Krasmann, Susanne/Lemke, Thomas (Hrsg.): Gouvernementalität der Gegenwart. Frankfurt a. M.: Suhrkamp, S. 131–167.

Brumlik, Micha (1992): Advokatorische Ethik. Zur Legitimation pädagogischer Eingriffe. Bielefeld: KT-Verlag.

Crefeld, Wolf (2002): Klinische Sozialarbeit – nur des Kaisers neue Kleider? In Dör, Margret (Hrsg.): Klinische Sozialarbeit – eine notwendige Kontroverse. Baltmannsweiler: Schneider Hohengehren, S. 23-28.

Flösser, Gaby (1994): Soziale Arbeit jenseits der Bürokratie. Neuwied: Luchterhand.

Foucault, Michel (1999): Die Geburt der Klinik. Eine Archäologie des ärztlichen Blicks. 5. Aufl. Frankfurt a. M.: Fischer.

Freud, Sigmund. Über libidinöse Typen [1931/1981]. In: Ders.: Beiträge zur Psychologie des Liebeslebens und andere Schriften. Frankfurt a. M.: Fischer, S. 157–60.

Fuchs, Peter (1999): Intervention und Erfahrung. Frankfurt a. M.: Suhrkamp.

Giesecke, Hermann (1990): Einführung in die Pädagogik. Weinheim: Juventa.

Goffman, Erving (1997): The Self and Social Roles. In: Lemert, Charles/ Branaman, Ann (Hrsg.): The Goffman Reader. Malden: Blackwell Publisher, S. 35-41.

Hansen, Eckhard (2009): Das Case Management als „Art of the State". *Neue Praxis,* Jg. 39, H. 5, S. 507-522.

Heiner, Maja (2001): Diagnostik: Psychosoziale. In: Otto, Hans-Uwe/Thiersch, Hans (Hrsg.): Handbuch Sozialarbeit/Sozialpädagogik. Neuwied: Luchterhand, S. 253–265.

Heiner, Maja/Schrapper, Christian (2004): Diagnostisches Fallverstehen in der Sozialen Arbeit. Ein Rahmenkonzept. In: Schrapper, Christian (Hrsg.): Sozialpädagogische Diagnostik und Fallverstehen in der Jugendhilfe. Anforderungen, Konzepte, Perspektiven. Weinheim: Juventa, S. 201–222.

Helsper, Werner/Keuffer, Josef (1995): Unterricht. In: Krüger, Heinz-Hermann/Helsper, Werner (Hrsg.): Einführung in Grundbegriffe und Grundfragen der Erziehungswissenschaft. Opladen: Leske und Budrich, S. 91–92.

Heyting, Frieda (1992): Pädagogische Intention und pädagogische Effektivität. Beschreibungsformen und Perspektiven der Pädagogik. In: Luhmann, Niklas/Schorr, Karl Eberhard (Hrsg.): Zwischen Absicht und Person. Fragen an die Pädagogik. Frankfurt a. M.: Suhrkamp, S. 125-154.

Hoppensack, Hans-Christoph (2007): Kevins Tod – eine Beispiel für missratene Kindeswohlsicherung. *Unsere Jugend,* Jg. 59, H.7/8, S. 290–305.

Kessl, Fabian (2005): Der Gebrauch der eigenen Kräfte: eine Gouvernementalität Sozialer Arbeit. Weinheim: Juventa.

Klug, Wolfgang (2006): „Fallmanagement" – Eine Konstruktion des SGB II. *Sozialmagazin,* 31. Jg., H. 2, S. 18-24.

Kurtz, Thomas (2004): Zur Respezifikation der pädagogischen Einheitsformel. In: Lenzen, Dieter (Hrsg.): Irritationen des Erziehungssystems. Pädagogische Resonanzen auf Niklas Luhmann. Frankfurt a. M.: Suhrkamp, S. 12-36.

Luhmann, Niklas (1975): Legitimation durch Verfahren. Neuwied 1975: Luchterhand.

Luhmann, Niklas (1995) Soziologische Aufklärung. Bd. 6. Die Soziologie und der Mensch Opladen: Westdeutscher Verlag.

Luhmann, Niklas (1998): Die Wissenschaft der Gesellschaft. 3. Aufl. Frankfurt a. M.: Suhrkamp.

Luhmann, Niklas (2002): Das Erziehungssystem der Gesellschaft. Frankfurt a. M.: Suhrkamp.

Luhmann, Niklas (2003): Macht [1975]. Stuttgart: Lucius & Lucius.

Luhmann, Niklas (2004). Erziehender Unterricht als Interaktionssystem. In: Luhmann, Niklas: Schriften zur Pädagogik [1985], hrsg. von Dietrich Lenzen. Frankfurt a. Main: Suhrkamp, S. 11–22.

Luhmann, Niklas/Schorr, Karl Eberhard (1988): Reflexionsprobleme im Erziehungssystem. Frankfurt a. M.: Suhrkamp.

Merchel, Joachim (1998a): „Hilfen aus einer Hand" – Ein Traum sozialpädagogisch ambitionierter Reformer? Von den Schwierigkeiten eines seine Realisierungsbedingungen nicht ausreichend reflektierenden Reformkonzeptes. In: Peters, Friedhelm/Trede, Wolfgang/Winkler, Michael (Hrsg.): Integrierte Erziehungshilfen. Qualifizierung der Jugendhilfe durch Flexibilität und Integration? Frankfurt a. M.: Internationale Gesellschaft für erzieherische Hilfen, S. 297–321.

Merchel, Joachim: (1998b): Hilfeplanung bei den Hilfen zur Erziehung § 36 SGB VII. Stuttgart: Boorberg.

Merchel, Joachim (2003): „Diagnose" in der Hilfeplanung. Anforderungen und Problemstellungen. *Neue Praxis,* Jg. 33, H. 6, S. 527–541.

Müller, Burkhard (1997): Sozialpädagogisches Können. Ein Lehrbuch zur multiperspektivischen Fallarbeit. 2. Aufl. Freiburg im Breisgau: Lambertus.

Münder, Johannes et al. (2003): Frankfurter Kommentar zum SGB VIII: Kinder- und Jugendhilfe. Stand 1.1. 2003. München: Juventa Verlag.

Neuberger, Christa. (2004). Fallarbeit im Kontext flexibler Hilfen zur Erziehung. Sozialpädagogische Analysen und Perspektiven. Wiesbaden, Deutscher Universitätsverlag.

Nohl, Hermann (1965): Die Pädagogische Idee in der öffentlichen Jugendhilfe [1928]. In: Ders.: Aufgaben und Wege der Sozialpädagogik. Weinheim: Beltz, S. 45-50.

Olk, Thomas (2001): Träger Sozialer Arbeit. In: Otto, Hans-Uwe/ Thiersch, Hans (Hrsg.): Handbuch Sozialarbeit/ Sozialpädagogik, 2. Auflage Neuwied: Luchternhand, S. 1910-1926.

Ortmann, Karlheinz/Schaub, Heinz-Alex (2004): Die Bedeutung des Zusammenwirkens von Praxis, Theorie und Forschung für eine praxeologisch begründete Sozialarbeit. *Neue Praxis*, Jg. 34, Heft 6, S. 598-607.

Otto, Hans-Uwe./Ziegler, Holger (2005): Sozialraum und sozialer Ausschluss. Die analytische Ordnung neo-sozialer Integrationsrationalitäten in der Sozialen Arbeit. In: Anhorn, Roland/Bettinger, Frank (Hrsg.): Sozialer Ausschluss und Soziale Arbeit. Positionsbestimmungen einer kritischen Theorie und Praxis Sozialer Arbeit. Wiesbaden: Verlag für Sozialwissenschaften, S. 115–146.

Pies, Silke/Schrapper, Christian (2003): Hilfeplanung als Kontraktmanagement? Konzepte und erste Befunde eines Bundesmodellprojektes. *Neue Praxis*, Jg. 33, H. 6, S. 585 - 593.

Rauschenbach, Thomas (1999): Grenzen der Lebensweltorientierung – Sozialpädagogik auf dem Weg zu systemischer Effizienz. Überlegungen zu den Folgen der Ökonomisierung Sozialer Arbeit. *Zeitschrift für Pädagogik*. Jg. 39, S. 223–244.

Salomon, Alice: Salomon, Alice (1997): Die soziale Ausbildung in der 'Frauenschule' [1908]. In: Dies.: Frauenemanzipation und soziale Verantwortung. Neuwied: Luchterhand.

Schefold, Werner (1999): Sozialstaatliche Hilfen als „Verfahren". Pädagogisierung der Sozialpolitik – Politisierung Sozialer Arbeit? *Zeitschrift für Pädagogik*. Jg. 39, Beiheft, S. 277–290.

Schefold, Werner (2002): Hilfeprozesse und Hilfeverfahren. In: Schröer, Wolfgang/Struck, Norbert/Wolff, Mechthild (Hrsg.): Handbuch Kinder- und Jugendhilfe. Weinheim: Juventa, S. 1085–1111.

Schefold, Werner/Glinka, Hans-Jürgen./Neuberger, Christa/Tilemann, Friedericke (1998): Hilfeplanverfahren und Elternbeteiligung. Frankfurt a. Main: Deutscher Verein für öffentliche und private Fürsorge.

Stöver, Heino (2005): Sozialer Ausschluss, Drogenpolitik und Drogenarbeit – Bedingungen und Möglichkeiten akzeptanz- und integrationsorientierter Strategien. In: Bettinger, Frank/Anhorn, Roland (Hrsg.): Sozialer Ausschluss und Soziale Arbeit. Wiesbaden: Westdeutscher Verlag für Sozialwissenschaften, S. 289–306.

Tenorth, Heinz-Elmar (1992): Intention – Funktion – Zwischenreich. Probleme von Überschneidungen. In: Luhmann, Niklas/Schorr, Karl Eberhard (Hrsg.):

Zwischen Absicht und Person. Fragen an die Pädagogik. Frankfurt a. M.: Suhrkamp, S. 194–217.

Uhlendorff, Uwe (2002): Hilfeplanung. In: Schröer, Wolfgang/Struck, Norbert/Wolff, Mechthild (Hrsg.): Handbuch Kinder- und Jugendhilfe. Weinheim: Juventa, S. 847–868.

Waldenfels, Bernhard (1999): Sinnesschwellen. Studien zur Phänomenologie des Fremden. Teil 3. Frankfurt a. M.: Suhrkamp.

Wendt, Rainer (2000): Zukunftsperspektiven für die klinische Sozialarbeit an der Schwelle zum nächsten Jahrtausend. In: DVSK: Krankenhaussozialarbeit - Forum (2000), 1, S. 4-17.

Wendt, Rainer (2007): Die Zukunft des Case Managements. *Soziale Arbeit,* H. 11-12, S. 460-468.

Weniger, Erich (1926): Die Grundlagen des Geschichtsunterrichts. Untersuchungen zur Geisteswissenschaftlichen Didaktik. Leipzig/Berlin: Teubner.

Wilke, Helmut (1999): Systemtheorie II. Interventionstheorie. 3. Aufl. Stuttgart: Lucius und Lucius.

Wohlfahrt, Norbert (1996): Steuerungsprobleme 'Neuer Steuerungsmodelle'. Welche Rolle spielt die kommunale Politik bei der Modernisierung der Verwaltung? In: Merchel, Joachim/Schrapper, Christian (Hrsg.): Neue Steuerung. Tendenzen der Organisationsentwicklung in der Sozialverwaltung. Münster: Votum, S. 90–107.

Frank Natho

Systemische Seelsorge und Trauerarbeit in der stationären Jugendhilfe

Eine konzeptionelle und methodische Anregung

Einführung

Die durchschnittliche Verweildauer von Kindern und Jugendlichen in der stationären Jugendhilfe beträgt laut einschlägiger Statistiken mehr als ein Jahr. In dieser Zeit leben die meisten Kinder hin und her gerissen zwischen Bindung und Trennung, zwischen Familie und Heim. Sie erleben oft intensive Trauer- und Ablöseprozesse. Nicht immer ist ihre Trauer offensichtlich, oft versteckt sie sich hinter aggressiven Verhaltensweisen oder anderen Verhaltensauffälligkeiten. Verschiedene Gründe, wie eine radikale Ressourcenorientierung in vielen Bereichen der Jugendhilfe und auch das herkömmliche eher wenig systemische Verständnis von Trauerprozessen, diese Aspekte werden hier auch ausführlicher diskutiert, erschweren die Wahrnehmung von Trauer und die Interpretation von Verhaltensauffälligkeiten als Trauerreaktionen. So spielt die Trauerarbeit und erst recht die Seelsorge in der sozialen Arbeit als Handlungskonzept eine eher unbeachtete Rolle. Erfahrungen zeigen, dass eine seelsorgerliche Begleitung eine hilfreiche Alternative sein kann, um die Persönlichkeitsentwicklung zu begünstigen und die Verfestigung von Trauersymptomen zu vermeiden. Mit diesem Beitrag soll der mögliche Nutzen einer systemisch seelsorgerlichen Begleitung von

Kindern und Jugendlichen in der stationären Jugendhilfe dargestellt werden. Darüber hinaus werden einige konzeptionelle Schritte zur Umsetzung einer seelsorgerlichen Arbeit im Heim und eine methodische Vorgehensweise zur Externalisierung von Emotionen im Rahmen einer systemisch orientierten Trauerarbeit vorgestellt.

1. Trennungserleben, Stresserleben – Situation von Kindern in der stationären Jugendhilfe

Was Kinder, die von ihren Eltern und Familien getrennt werden, tatsächlich erleben und wie sie sich fühlen, werden Erzieher und Sozialarbeiter wohl immer nur erahnen können. Dennoch geben ihre Erzählungen und Antworten zu speziellen Fragen eine Idee davon, was wohl innerlich mit ihnen passiert. Im Rahmen eines Projekts zum Thema Bindung und Trennungserfahrungen von Kindern in der stationären Jugendhilfe wurden im Herbst 2006 betroffene Kinder zu ihrem Trennungserleben befragt und über einige Zeit seelsorgerlich begleitet.[1] Ein Großteil der Befragten fühlt sich angesichts der Herausnahme aus dem Elternhaus massiv verunsichert, alleingelassen, ängstlich und traurig. Sie beklagen nicht nur die Trennung von der Herkunftsfamilie, sondern auch das Herausgerissensein aus der Schule am Heimatort, dem Freundeskreis und der ihnen vertrauten heimatlichen Umgebung. Starke Gefühle von Angst, Ärger und Trauer treten als Reaktion auf die Unterbrechung von Beziehungen auf. Befindet sich das Heim, in dem sie untergebracht wurden, nicht an ihrem ehemaligen Wohnort, sind sie zudem noch gezwungen, in sämtlichen sozialen Bereichen neue Beziehungen aufzubauen. Eine ungeheure Leistung, zu der gerade Kinder und Jugendliche gezwungen sind, deren soziale und emotionale Kompetenzen als defizitär gelten. Eine Begleiterscheinung dieser Anpassungsleistung ist emotionaler Stress, der sich in depressiven oder aggressiven Verhaltensweisen zeigt und entlädt. Die oft unklare Perspektive bezüglich der Dauer des Verbleibs

---

[1] Natho 2007.

in der Einrichtung und der Bedingungen für eine eventuelle Rückführung ins Elternhaus lassen für viele Kinder den Ausgang und den Sinn der Unterbringung ungewiss erscheinen. Auf die Frage, wer wohl verantwortlich für ihren Heimaufenthalt ist, antworteten immerhin ein Drittel der Befragten, dass sie wohl selbst bzw. ihr eigenes Verhalten Schuld an der Herausnahme aus der Familie seien. Neben der Trennung, der Unsicherheit und Angst fühlen sich viele zudem noch schuldig und kämpfen gegen Scham- und Schuldgefühle an.

Die Herausnahme aus dem Elternhaus und die Unterbringung in einem Heim haben oft starken emotionalen Stress zur Folge und stellen generell Bedrohung und Verunsicherung für das psychische System dar. Das limbische System, aus Sicht der Neurobiologie[2] hauptverantwortlich für die Erzeugung emotionaler Reaktionen, reagiert auf diese Bedrohung keineswegs vernünftig, sondern mit starken Affekten, die im Kontext von Jugendhilfe auch gerne als aggressives Verhalten vor allem negativ gedeutet werden. Ich halte dies für eine Fehlinterpretation, die manchmal sogar soweit geht, dass den betroffenen Kindern eine absichtlich bösartige und vorsätzliche Aggression unterstellt wird. So glauben einige Erzieher und Sozialarbeiter, dass starke Affekte von Kindern und Jugendlichen bewusst eingesetzt werden, um beispielsweise Grenzen auszutesten. Dies ist jedoch in den seltensten Fällen so, denn schenkt man der modernen Hirnforschung Glauben, so ist das limbische System nicht bewusstseinsfähig und kann in Bedrohungssituationen von den bewusstseinsfähigen oberen Schichten des Gehirns, dem so genannten assoziativen Cortex, nicht oder nur sehr begrenzt beeinflusst bzw. gesteuert werden. Befindet sich der Organismus in einer akuten emotionalen Stresssituation, ist eine Kontrolle der Affekte kaum möglich. Welche soziale Situation vom limbischen System als Bedrohung eingestuft wird, hängt nicht zuletzt von der Qualität früher Bindungserfahrungen ab. Eine bewusste Bewertung dieser frühkindlichen Bindungs- und Verlusterfahrungen und das Herstellen eines Zusammenhangs dieser mit ihrem Verhalten, ist den betroffenen Kindern in der Regel selbst nicht einmal möglich. Das heißt emotionale Reaktionen sind größtenteils unbewusst und entziehen sich unserer direkten rationalen Kontrolle. Das soll nicht heißen, dass wir gene-

---

[2] Roth 2003a, S. 256 ff.

rell keine Kontrolle über unser emotionales Verhalten haben, sondern, dass die Kontrollmöglichkeiten in akuten Bedrohungssituationen sehr eingeschränkt sind. Eine längere Trennung von den Eltern und von der Familie mit ungewissem Ausgang und nicht eindeutig definierter Dauer stellt insbesondere für jüngere und unsicher gebundene Kinder eine akute Stresssituation dar.

Dieses hier dargestellte, durch Heimunterbringung hervorgerufene Trennungserleben soll den Sinn und die Nützlichkeit von stationärer Unterbringung auf gar keinen Fall in Frage stellen, sondern sensibilisieren für die besonderen Aufgaben und sozialpädagogischen sowie heilpädagogischen Anforderungen, die in diesem Zusammenhang hilfreich sein können. Wenn das Wohl des Kindes in seiner Familie gefährdet ist, bedarf es der frühzeitigen Herausnahme. Heimerziehung ist dann eine gute und wichtige Hilfe, die dennoch Risiken und Nebenwirkungen aufweist, die der seelischen Entwicklung des Kindes schaden können. Diese gilt es im Blick zu behalten und angemessen hilfreich darauf zu reagieren.

2. Trennung und Traumatisierung – neue Anforderungen an Erzieher und Sozialarbeiter

Neben der Trennung der Kinder von Elternhaus, die das emotionale System verunsichert, belastet noch ein weiterer Umstand deren seelisches Wohl. So kommt erschwerend hinzu, dass der Anteil der traumatisierten Kinder in der stationären Jugendhilfe in den letzten Jahren extrem zugenommen hat. Dieses Phänomen, das jeder Erzieher und Sozialarbeiter im Heim täglich erlebt und zu bewältigen hat und das ihn vor völlig neue Herausforderungen stellt, ist wohl auch ein Resultat des Ausbaus unterschiedlicher ambulanter Hilfen in den letzten Jahren. Eine Entwicklung, die dazu führte, dass nur noch Kinder aus besonders belasteten Familien, Kinder mit Erfahrungen von Traumatisierung aus der Familie herausgenommen werden. Ein Umstand, der die Entwicklung neuer sozialpädagogischer Konzepte insbesondere für die stationäre Jugendhilfe verlangt.[3] Weiß (2008) fordert in diesem Zusammenhang sogar eine geistige Neuorientierung der Pädagogik. Eine wichtige Aufgabe der zukünftigen Heim-Pädagogik besteht ihrer Meinung darin, betroffene Kinder bei der Verarbeitung von traumatischen Erfahrungen aktiv zu unterstützen und die psychischen Folgen von Gewalt zu korrigieren. Eine Forderung, der sich auch andere Autoren und Entwickler neuerer Konzepte für die stationäre Jugendhilfe anschließen.[4] Pädagogen und Sozialarbeiter in der Heimerziehung stehen deshalb vor einer schwierigen Aufgabe. Sie müssen mehr psychologisches Wissen integrieren und pädagogische Handlungsansätze entwerfen, die im Alltag des Kindes therapeutisch wirken. Seelische Heilung ereignet sich nicht in einer ausgelagerten Therapiestunde, sondern in den alltäglichen Begegnungen und Beziehungen im Heimalltag des Kindes.

Da ein Großteil der Kinder, die aktuell im Heim untergebracht sind, neben der oft chronischen Traumatisierung durch Deprivation und Gewalterfahrungen zugleich noch die Trennung von der Familie zu bewältigen haben, ist es wohl notwendig, neben der Integration von psychologischem Wissen auch noch seelsorgerliches Verhalten bzw. Feinfühligkeit für die Trauer dieser Kinder zu entwickeln. Die Persönlichkeitsentwicklung der Kinder steht auf dem Spiel. Wir wissen, dass zwei Faktoren ganz wesentlich die Entwicklung von Heranwachsenden gefährden, das sind Traumatisierungen[5] und Bindungsabbrüche bzw. abrupte Trennungen von Bindungspersonen.[6] Beide Faktoren wirken bedauerlicherweise auch noch direkt aufeinander zurück. So zeigen Forschungen, dass Kinder, die Vernachlässigung und Gewalt erfahren, eine eher desorganisierte Bindung zu den Eltern entwickeln. Das heißt, sie verhalten sich deutlich ängstlicher als beispielsweise sichergebundene Kinder. Ihnen fehlen die emotionale Sicherheit, Selbstwert und Selbstbewusstsein. Sie ruhen daher weniger in sich selbst und ihr Verhalten

---

[3] Schmidt et al 2007, S. 3.

[4] Kluwe-Schleberger/Bierbrauer 2009.

[5] Paris 2000.

[6] Bowlby 2001.

bei Trennung ist deutlich aggressiver und unangemessener.[7] Sie entwickeln viel eher Bindungsstörungen, die durch abrupte Trennungen, durch wechselnde Betreuungssysteme, wie etwa bei Kindern, die mehrfach das Heim oder die Hilfeform wechseln, noch verstärkt werden.[8] Erzieher und Sozialarbeiter brauchen, um diese Herausforderung zu meistern, mehr therapeutische bzw. spezielle heilpädagogische Kompetenzen, vor allem aber benötigen sie Feinfühligkeit, Achtsamkeit, Offenheit für die Gefühle ihrer Klienten.

Eine Besonderheit stellt auch die Arbeit mit den Eltern dar, die ihren Kindern in der eigenen Familie eine traumatisierende Umwelt zumuteten, die letztlich zur Herausnahme des Kindes aus dem Elternhaus führte. Die Elternarbeit steht im Zentrum aller Jugendhilfemaßnahmen. Bevor es zu einer stationären Unterbringung des Kindes kommt, haben die Familien insbesondere aber die Eltern bereits meist über mehrere Jahre hinweg intensive Hilfe, vielleicht im Rahmen von ambulanter Familienhilfe, sozialpädagogischer Tagesgruppe, aufsuchender Familientherapie und Erziehungsberatung erfahren. Werden die Kinder dann doch im Heim untergebracht, kann man die Elternarbeit als gescheitert betrachten. Diese Eltern zeigen typischerweise keine oder nur eine unzureichende Mitwirkungsbereitschaft. Ihre erzieherischen Kompetenzen sind ungenügend und die emotionale Feinfühligkeit ihren Kindern gegenüber ist gering. Oft leiden sie selbst unter psychischen Störungen, Suchtmittelmissbrauch oder weisen eine Intelligenzminderung auf. Die Defizite sind bei allem Respekt und der professionellen Bereitschaft, Ressourcen zu finden, offensichtlich und nicht zu übersehen. Sie sollten daher akzeptiert und die Anforderungen entsprechend reduziert werden. Wenn Eltern ihren Kindern Schaden zufügen, müssen sie von ihnen ferngehalten bzw. die Kinder vor ihnen geschützt werden. Die seelsorgerliche Begleitung sollte sich bei diesen Gegebenheiten auf die Kinder konzentrieren. Ihnen stehen die seelsorgerliche Loyalität, Feinfühligkeit und Trost zu. Man weiß als Erzieher oder Sozialarbeiter letztlich nicht, wie sich das Schicksal des Kindes gestalten und die Bindung zu den Eltern verändern wird, die Aufmerksamkeit richtet sich jedoch in erster Linie auf die Befind-

---

[7] Hesse/Main 2002.

[8] Brisch 2002.

lichkeit des Kindes. Es muss die Defizite der Eltern in sein Persönlichkeits-
und Identitätskonzept und in sein emotionales System integrieren und ausgleichen. Eine Seelsorge in der Heimerziehung sieht die Eltern überwiegend
aus der Perspektive des Kindes und ist daher nicht prinzipiell allparteilich,
wie sonst in systemischen Beratungskonzepten üblich. Sie ist aber auch
nicht elternfeindlich! Der Seelsorger steht emotional an der Seite des Kindes
bzw. geht den vom Kind eingeschlagenen Weg mit, der sich in der Wut des
Kindes gegen die Eltern und in der Liebe zu den Eltern richten kann. So
entsteht beim Kind am ehesten das Gefühl, dass Erzieher, Sozialarbeiter
emotional verfügbar und feinfühlig sind. Dieses Erleben vermittelt Sicherheit, Geborgenheit und ermöglicht bestenfalls ein emotionales Nachreifen
bzw. eine Neuordnung des emotionalen Erlebens und das ist Trauerarbeit
und Traumatherapie zugleich.

3. Trauer, ein sich selbst organisierender Prozess – eine systemische Interpretation

Mein Verständnis von Trauer als Emotion hat sich in den letzten Jahren verändert. Noch vor einiger Zeit[9] teilte ich die grundsätzliche Idee der differen-
tiellen Emotionsforschung[10], das Trauer als eine eigenständige und von anderen abgrenzbare Form affektiven Verhaltens beschreibt. Erfahrungen aus
der Praxis zeigen aber, dass die Aussage, *Ich bin traurig,* ein äußerst komplexes Gefühlserleben umschreibt. Das Gefühl von Trauer wird in komplexen Trauerprozessen kaum isoliert erlebt, sondern tritt gleichzeitig mit anderen Grundgefühlen wie Angst, Ärger und Liebe (Bindung) auf, die wie die
Trauer das Ziel haben, die Bindung zu erhalten. An anderer Stelle beschrei-
be ich dieses Phänomen als diffuses Gefühlserleben[11]. Die Reaktion des

---

[9] Natho 2007, S. 105 ff.

[10] Izard 1994.

[11] Natho 2007, S. 106.

limbischen Systems auf eine drohende Trennung von den Menschen, an die wir uns gebunden fühlen, lässt sich am ehesten als eine emotional chaotische Reaktion, wie wir sie in akuten Stresssituationen erleben, verstehen. Trennung, der Verlust von Beziehung bedeutet für das psychische System in erster Linie Stress. Auf einer kognitiv nicht erfassbaren und bewusst kaum steuerbaren Ebene beginnt ein Kampf ums Überleben. Das limbische System nutzt dabei jedes ihm zur Verfügung stehende Muster, um die Gefahr abzuwenden. Angst und Ärger, Hass und Liebe treten an und versuchen, regulierend auf die Umwelt zu wirken, so dass das Band der Bindung nicht zerreißt. Emotionen steuern dabei wenig planvoll und kaum aufeinander abgestimmt das Verhalten des Trauernden. Der Trauernde fühlt sich zwischen seinen Emotionen oft hin und her gerissen. Ich glaube inzwischen auch nicht mehr, dass es einen strukturierten und linear ablaufenden Trauerprozess, so wie er in verschiedenen bekannten Trauerphasenmodellen[12] beschrieben wird, gibt. Der Zweifel an einer grundsätzlichen Phasenstruktur des Trauerprozesses, stellt auch dessen zielgerichtete Funktionalität in Frage. Ist das Endziel, das Ergebnis des Trauerprozesses denn wirklich die Lösung von der Bindungsperson? Die Forschungsergebnisse zur Stabilität des emotionalen Gedächtnisses, zur Modularität des Nervensystem[13] und damit zur frühkindlichen emotionalen Konditionierung im Rahmen des Bindungsprozesses, weisen eher darauf hin, dass die Bindung zu den Eltern ein Leben lang anhält, dass sie sich nur qualitativ mit der Entwicklung der eigenen Persönlichkeit verändert. Das erklärt auch, warum sich viele erwachsene Menschen sogar über den Tod der eigenen Eltern hinaus, an diese gebunden fühlen und bei deren Tod trauern. Bindung ist offenbar nur in dem Maße lösbar, wie sich die Strukturen des limbischen Systems verändern können.

Trauer- oder Trennungsprozesse sind im höchsten Maße selbstorganisiert. Wie dieser Prozess abläuft, hängt vermutlich von sehr frühen emotionalen Konditionierungen des limbischen Systems auf der Grundlage von verschiedenen angeborenen Persönlichkeitsstrukturen ab. Die in dieser Entwicklung steckende Komplexität führt, trotz Ähnlichkeit mit anderen Menschen, zu einer gewissen Einzigartigkeit der Person. Die emotionale Intensi-

---

[12] Kast 1982 und Bowlby 2001.

[13] Roth 2008.

tät und Vielschichtigkeit, Dauer und nicht zuletzt das Ergebnis eines Trauerprozesses sind von unzähligen Faktoren abhängig, die sich kaum gezielt beeinflussen lassen. Selbst die Intensität und die Qualität eines Gefühls wie beispielsweise Angst oder Ärger, wird sehr unterschiedlich erlebt. Die Trauerprozesse sind so unterschiedlich, wie die Menschen, die sie durchleben und die jeweilige Bindung, die auf dem Spiel steht. Menschliche Trauer lässt sich grundsätzlich unter systemischen Prämissen verstehen. Sie ereignet sich in einem geschlossenen emotionalen, neuronalen System und generiert sich aus sich selbst heraus und sie ist nicht direkt von außen steuerbar. Mit dem systemischen, von Luhmann (1984) entworfenen und aus der Biologie stammenden Konzept der Autopoiese lässt sich das Phänomen Trauer sinnvoll interpretieren und man kann den Menschen unterstellen, dass sie Bindung und Trennung unterschiedlich erleben und ausagieren.

So gibt es durchaus affektive Verhaltensweisen, die auf den ersten Blick für Außenstehende unverständlich sind und kaum dem Erhalt der Bindung zu dienen scheinen und dennoch lassen sie sich als Versuch des limbischen Systems verstehen, Einfluss auf die unmittelbare soziale Umwelt auszuüben, um günstigere Bedingungen für das Überleben zu schaffen. Neben der körperlichen Erstarrung und dem Empfinden von emotionaler Leere lassen sich im Zusammenhang mit Trauer auch starke emotionale Impulsivität und Aggressivität beobachten. „Ein gewisses aggressives Verhalten spielt paradoxerweise eine Schlüsselrolle bei der Aufrechterhaltung affektiver Bindungen.“[14] Welche Verhaltensweisen lassen nun auf ein Trauererleben schließen? Wenn ein Kind weint, so ist dies wohl ein eindeutiges Zeichen für dessen Traurigkeit. Doch sind Kinder nicht auch traurig, wenn ihre Zuneigung zu den Eltern nicht erwidert wird und wenn sie deshalb immer stiller werden, vielleicht Essstörungen, aggressive Verhaltensweisen entwickeln oder überhaupt nicht mehr sprechen? Die vorangegangene Darstellung von der Vielschichtigkeit und Selbststeuerung des emotionalen Systems in Verlust- und Trennungssituationen und der Fakt, dass das limbische System überwiegend ohne Bewusstsein ist, eröffnen einen neuen Interpretationsspielraum, auch für die traditionell eher negativ bewerteten Aggressionen. Der neue Kontext, zu dem uns ein systemisches Verständnis von der Selbst-

---

[14] Bowlby 2001, S. 91.

steuerung des Trauerprozesses und die moderne Neurobiologie verhilft, erlaubt uns, auffällige aggressive Verhaltensweisen und auch anderes bislang trauer-untypisches Verhalten als Reaktionen auf Bedrohung und Trennung und damit als Trauerverhalten zu verstehen. So können selbst- oder fremd-verletzendes Verhalten, Ess- und Appetitstörungen, Schlafstörungen und vieles mehr Hinweise auf ein Trauererleben des Kindes sein.

4. Seelsorgerliche Begleitung und Trauerarbeit in der stationären Jugendhilfe

Wenn im Folgenden von Seelsorge die Rede ist, so meint dieser Begriff eine generelle Haltung des Helfenden, während ich unter Trauerarbeit ein spezielles methodisches Vorgehen aus einer seelsorgerlichen Haltung heraus, mit dem Ziel den Trauerprozess anzuregen, verstehe.

Betrachtet man die durchschnittliche Verweildauer von Kindern und Jugendlichen in stationären Formen der Jugendhilfe genauer, so fällt auf, dass etwa 33,5% der Kinder und Jugendlichen über zwei Jahre von ihren Familien getrennt in einer Einrichtung leben.[15] Die Dauer macht deutlich, dass es sich bei einer Heimunterbringung nicht nur um ein zweiwöchiges Ferienlager oder einen kleinen Erholungsurlaub von zu Hause handelt. Die Herausnahme aus der Familie und die Unterbringung in einer stationären Jugendhilfemaßnahme ist für die meisten Kinder ein einschneidendes, belastendes und über Monate hin anhaltendes Ereignis, das die Persönlichkeitsentwicklung oft negativ beeinflusst. Vielen Erziehern und Sozialarbeitern fällt es schwer zu verstehen, dass die Hilfe, die sie anbieten, auch zu schmerzvollen Erfahrungen bei den von ihnen betreuten Kindern führt. Gerade wenn Kinder Gewalt und Missbrauch in der Herkunftsfamilie erfahren haben, ist es schwierig, die Trauer über den Verlust familiärer Bindung und die dennoch ungebrochene Liebe der Kinder ihren Eltern gegenüber nachzuvollziehen.

---

[15] Fuchs et al. 2004, S. 52.

Demzufolge ist es nicht verwunderlich, dass auch in der theoretischen Reflexion das Thema Trauerarbeit in der Heimerziehung kaum eine Rolle spielt. Hinzu kommt, dass in den letzten fünfzehn Jahren die Idee der Ressourcenorientierung im Jugendhilfebereich exzessiv vermarktet wurde und dass diese Entwicklung zu einer eher einseitig positiven Fokussierung der Herausnahme aus der Familie führte. So wird die Herausnahme überwiegend positiv als Chance zum Neuanfang[16] oder als Übergang und Lösung[17] beschrieben. In dem achtenswerten Versuch, die Fokussierung von Defiziten und Fehlern zu vermeiden, werden leider allzu leicht die Tragik und die Schwere von Trennung übersehen. Diese Feststellung soll keineswegs den lösungsorientierten Ansatz, dem ich selbst sehr nahe stehe, in Frage stellen, sondern das Nachdenken darüber anregen, ob und wie weit es für Kinder und Jugendliche unterstützend sein kann, auch der Trauer und der Belastung, die sie durch Trennung und Bindungsverlust erfahren, Raum zu geben. Dabei geht es weniger darum, ausschließlich das Trennende in den Mittelpunkt der Aufmerksamkeit zu stellen, sondern eher darum, die Eltern-Kind-Bindung ernst zu nehmen und die durch Trennung entstehenden Gefühle wie Liebe, Angst und Trauer zuzulassen und auszuhalten. Der Trauerprozess selbst stellt die Ressource dar, die es zu nutzen gilt. Die Trauer an sich muss nicht bewältigt werden, sie gehört zum Schicksal des Kindes als ein an die Eltern gebundener Teil.

Seelsorge und Trauerarbeit im Heim kann nicht automatisch bei jeder Neuaufnahme verordnet werden. Eher geht es darum, dass Erzieher und Sozialarbeiter eine Beobachtungsgabe für unterschiedliche Trauerreaktionen und ein feinfühliges Verhalten und Begleiten entwickeln. Eine solche Trauerarbeit kann ganz unterschiedlich aussehen, sie reicht von tröstenden Worten im Alltag, über kontinuierliche seelsorgerliche Gespräche bis hin zur bewussten Gestaltung von Ritualen in Zusammenhang mit Bindung und Trennung. Es ist zu vermuten, dass Seelsorge nicht nur kurzfristig im Heim das seelische Gleichgewicht des Kindes stabilisiert und zu einem Wohlbefinden führt, sondern dass die Erfahrung von Seelsorge, und Trauerarbeit die Persönlichkeit auch nachhaltig positiv beeinflusst. So liegt ihr Nutzen auch in

---

[16] Juchmann 2002.

[17] Durrant 1999, S. 39 ff.

der langfristigen Erhaltung der psychischen Vitalität der in Heimerziehung untergebrachten Kinder und Jugendlichen. Sie sind die Eltern von morgen und von ihrer psychischen Stabilität wird es abhängen, wie sie ihre Kinder erziehen und ob sie ihnen eine stabile emotionale Basis bieten können.

4.1 Drei Schritte zu einer seelsorgerlichen Arbeit im Heim

Den Begriff Seelsoge assoziieren die meisten Menschen mit Kirche, Pfarrer und Gebet. So sieht man vielleicht vor seinem inneren Auge einen Pfarrer oder Diakon, der Hausbesuche bei kranken Mitgliedern seiner Gemeinde unternimmt, mit diesen betet und ihnen ein paar tröstende Worte aus der Bibel zuspricht. Natürlich ist das ein wichtiger Dienst innerhalb der Kirche, doch das evangelische Verständnis bindet die Seelsorge nicht generell an die Person des Pfarrers oder an irgendein Amt. Seelsorger kann jeder sein, der einem anderen der Nächste ist. Das heißt, wenn ich einem Menschen nahe bin, der sich in seelischer Not befindet, so bin ich aufgefordert zu helfen. Seelsorge ist in erster Linie Mitmenschlichkeit und sollte in allen gesellschaftlichen Bereichen geübt werden. Da, wo die seelische Not groß ist und sich häuft und das ist in der stationären Jugendhilfe der Fall, können Helfer sich zusätzliche Kompetenzen aneignen, um ihre Seelsorge so wirkungsvoll wie nötig zu gestalten. Die sozialpädagogische Arbeit wird um den Aspekt der Seelsorge von Kindern, die in seelische Not geraten sind, erweitert. Seelsorge steht den Kindern zu und ist nicht an eine Kirchenzugehörigkeit, an ein Amt, ein religiöses Bekenntnis oder einen Glauben gebunden. Drei konzeptionelle Schritte scheinen hilfreich, um die pädagogische Aufmerksamkeit auf die seelische Not von Kindern im Heim zu richten und sie angemessen seelsorgerlich zu begleiten. Das sind: 1.) Selbsterfahrung zur Herstellung erzieherischer Feinfühligkeit, 2.) Integration von psychologischem Wissen und seelsorgerlichem Handwerkszeug und 3.) Seelsorgerliche Anwendung unterstützt durch Supervision.

Zunächst sind im ersten Schritt Erzieher und Sozialarbeiter selbst aufgefordert, sich mit dieser Thematik zu beschäftigen. Die Tür zum Verständnis von Trauer öffnet sich nach innen. Das heißt, die eigenen persönlichen Erfahrungen mit Trauer, Abschied und Trennung bilden die Basis für die Entwicklung einer Sensibilität für das Trennungserleben ihrer Klienten. Trauerarbeit setzt ganz wesentlich voraus, dass man selbst Trauer zulassen und sich einfühlen kann in das Erleben von Verlust. Hier kann es zunächst darum gehen, eigene Verlusterfahrungen im geeigneten Rahmen zu reflektieren. Wie erleben Helfer eigene Trauer und welche Verluste mussten sie selbst im Leben bewältigen. Der erste Schritt lässt sich als Selbsterfahrung bezeichnen. Da Fachhochschulen und Universitäten ihren Studierenden kaum die Möglichkeit zur Selbsterfahrung bieten, ist dies eine spezielle Aufgabe, die im Praxisfeld der Erzieher und Sozialarbeiter realisiert werden muss. Fortbildungen mit Selbsterfahrungscharakter und Themen, die oben genannte Fragen aufnehmen, bieten dafür einen geeigneten Rahmen.

Der zweite Schritt ist die Integration von psychologischem Wissen und seelsorgerlichem Handwerkszeug. Helfer können sich mit den verschiedenen theoretischen Konzepten von Trauer auf Fortbildungen beschäftigen. Welche Ideen, Erfahrungen und Theorien gibt es zur Entstehung und zum hilfreichen Umgang mit Emotionen? Was wissen Familienforscher und Familientherapeuten über die Kraft der familiären Bindung? Warum sind Menschen ihr Leben lang emotional an Vater und Mutter gebunden? Frühkindliche Bindungserfahrungen wirken auf die Persönlichkeitsentwicklung des Menschen zurück. Doch wie geschieht dies und welche Möglichkeiten gibt es im Umgang mit Bindungsstörungen, Traumatisierungen oder Trennungen? Welche Gesprächstechniken und praktischen Vorgehensweisen haben sich in der Seelsorge bewährt? Die Antworten auf diese Fragen bilden eine Basis, um flexibel, individuell und dem jeweiligen Fall angemessen seelsorgerlich zu wirken.

Der dritte Schritt hat die seelsorgerliche Nähe oder Beziehung zum trauernden Kind zum Schwerpunkt. Sensibilisiert durch Selbsterfahrung und ausgerüstet mit speziellem Wissen und Fertigkeiten stellt der Helfer nun den Bedarf und die Form der Unterstützung fest und begleitet den Klienten in seinem Trennungserleben. Es gilt dabei, immer wieder die Angemessenheit von Nähe und das Maß an Unterstützung genau auf das Bedürfnis des Klienten abzustimmen. Jedes methodische Vorgehen wird von der Fähigkeit des Helfers, sich emotional einfühlen zu können, getragen. Nähe ist hier eine ganz wesentliche Voraussetzung, um Beziehung herzustellen. Leider herrscht vielerorts noch die Ansicht vor, dass man sich als Erzieher und Sozialarbeiter emotional nicht zu sehr auf seinen Klienten einlassen bzw. dass man sich dessen Schicksal nicht zu sehr zu Herzen nehmen sollte. Diese Haltung wird bedauerlicherweise noch immer als besonders professionell beschrieben und ein solches Verhalten als „professionelle Distanz" gelobt. Für die Seelsorge ist dieses Verständnis nicht nützlich. Es stellt kein Problem dar, mit dem Klienten zu trauern oder gar zu weinen. Im Gegenteil, emotionale Nähe wird von Trauernden als sehr heilsam empfunden. Hier bedarf es möglicherweise der begleitenden Supervision, um eigene Befindlichkeiten zu ordnen, sich mit Kollegen auszutauschen und neue Werte hinsichtlich der Beziehungsgestaltung zum Klienten zu entwickeln.

5. Trauer und Trauerarbeit

Die einschlägigen theoretischen Konzepte zum Verständnis von Trauer und Trauerarbeit sind traditionell psychoanalytisch und tiefenpsychologisch orientiert. Sie beruhen im Wesentlichen auf der Vorstellung, dass Menschen sich an Objekte binden und dass der Verlust dieser Objekte zu einer negativen psychischen Reaktion bzw. in eine Krise führt. Gelingt es längerfristig nicht, die Fixierung vom Objekt zu lösen und die Realität des Verlustes zu akzeptieren, entwickeln Betroffene oft pathologisches Verhalten. Trauerarbeit soll unter diesem Aspekt die Lösung vom Objekt begünstigen und zu einer Annahme der Realität führen. Dieser Prozess kann unterstützt werden, indem das Bewusstsein für die Realität und den Verlust gestärkt wird. Die Trauerarbeit führt dann das Ich dazu, auf das Objekt zu verzichten.[18] Diese sehr verbreitete Vorstellung vom Sinn der Trauerarbeit führte möglicherweise auch dazu, dass sich in verschiedenen Trauerarbeitskonzepten die Idee manifestierte, dass es in erster Linie wichtig sei, den Betroffenen mit der ganzen Härte der Realität des Verlustes zu konfrontieren. Erst wenn der

---

[18] Freud 1989, S. 119.

Betroffene durch das Tal der Tränen und des Leides gewandert ist und sich den Schmerzen des Verlustes aussetzt, ist eine Lösung vom Objekt möglich. So besteht die Aufgabe von Trauerarbeit bei vielen traditionellen Ansätze darin, den Widerstand gegen die Annahme des Verlustes zu brechen und den Trauerprozess so schnell wie möglich anzuschieben bzw. voranzutreiben, um das Ich von der Objektfixierung zu befreien und es zu einer neuen Reife und Unabhängigkeit zu führen. In diesem Zusammenhang wurden verschiedene Konzepte zum phasenhaften Ablauf des Trauerprozesses entwickelt.[19] Sie vermitteln die Idee eines gesetzmäßigen Ablaufs von Trauer nach Verlusterfahrungen. Am Ende des Trauerprozesses steht immer die Lösung vom Objekt, die zu einer Reifung des Menschen führt. Wird die Trauer verdrängt oder verschleppt, dann führt dies zu Depressionen oder anderen affektiven Störungen.[20] Die Idee der Objektfixierung, welche die traditionelle Trauerarbeit lösen will, basiert auf der Vorstellung, dass es außerhalb der eigenen Wahrnehmung eine objektive Welt gibt. Diese wird Wirklichkeit oder auch Realität genannt. Bei dieser Denkweise kann man sich als Subjekt auch an ein Objekt binden. Das scheint logisch, weil wir uns und auch die anderen um uns herum vordergründig als Körper wahrnehmen. Dass diese Vorstellung nicht der Arbeitsweise unseres Gehirns entspricht, vermuteten Konstruktivisten wie Paul Watzlawick, Heinz von Foerster oder Humberto Maturana, die das systemische Denken schon seit einigen Jahrzehnten beeinflussen. Inzwischen wissen wir Konkreteres über die Strukturen und das Funktionieren unseres Gehirns und die Neurobiologie bestätigt die Thesen des Konstruktivismus, „die wahrgenommene, phänomenale Welt, die Wirklichkeit, ist ein Konstrukt des Gehirns".[21] Wir haben keinen Zugang zu einer von uns unabhängigen, realen Welt mit Objekten. Mittels komplizierter neuronaler Prozesse konstruieren wir uns und unsere Umwelt. Nur unser Gehirn ist real und die Welt, die durch das Gehirn entsteht.[22] Demzufolge gibt es für das Gehirn auch keine tatsächlich lösbare Objektfixierung. Es gibt nur neuronale Netzwerke, die, wenn sie den Ver-

---

[19] Bowlby 2001, S. 105 und Kast 1982, S. 59 ff.

[20] Kast 1982, S. 80 ff.

[21] Roth 1996, S. 53.

[22] Roth 1997.

lust eines wichtigen Menschen konstruieren, zugleich auch Angst, Liebe, Ärger und Trauer produzieren.

Aus systemisch-konstruktivistischer Sicht kann das Ziel von Trauerarbeit daher nicht darin bestehen, den Betroffenen mit der Realität zu konfrontieren und ihn möglichst schnell von seiner Objektfixierung zu befreien. Vielmehr sollte es darum gehen, dem Gehirn Entwicklungsanreize für die Neuorganisation neuronaler Strukturen zu verschaffen. Besonders stimulierend wirken hierbei emotionale, soziale Erfahrungen und menschliche Nähe. Das Gehirn ist nachweislich sozial und empathisch orientiert und spricht besonders auf Interventionen an, die in einer emotional fürsorglichen Beziehung angeboten werden und die zudem die Fähigkeit des Kindes nutzen, sich einzufühlen, Perspektiven zu wechseln und eigene emotionale Anteile auszuagieren.[23] Eine methodische Vorgehensweise, die sich dafür eignet, ist die Arbeit mit inneren Anteilen, die Versammlung der Gefühle. Sie wurde im Rahmen einer systemisch orientierten Trauerarbeit entwickelt[24] und soll im Folgenden kurz skizziert werden.

6. Versammlung der Gefühle mit Tierfiguren

Konzeptionell handelt es sich bei der Technik um eine Teilearbeit, welche auf der Vorstellung von Multiplizität der menschlichen Psyche basiert und die in fast allen psychotherapeutischen Schulen zu finden ist. In der familientherapeutisch und später dann systemischen Tradition sind vor allem die Teilearbeitskonzepte von Satir (1988) und Schwarz (2007) bekannt und vielfach variiert worden. Analog zu diesen Multiplizitätskonzepten lässt sich auch die Trauer als akute Stressreaktion des gesamten emotionalen Systems und damit als vielschichtiges und komplexes Gefühlserleben verstehen. Unterschiedliche Gefühle, wie Angst, Ärger, Liebe, Trauer, Stolz usw.

---

[23] Born 2009, S. 20.

[24] Natho 2007, 2009.

mit unterschiedlichen Motivationen, wechseln im Trauererleben einander ab und ringen um den Zugriff auf das Handlungssystem. Trauernde beschreiben ihren Zustand als emotionales Chaos. Sie fühlen sich ihren Gefühlen oft ausgeliefert und sind unfähig zu handeln. Zu widersprüchlich sind die Motive der verschiedenen Emotionen, um ins Handeln zu kommen. Insbesondere Kindern und Jugendlichen fehlen sinnstiftende Vorstellungen und Erklärungen hinsichtlich der Bedeutung des inneren emotionalen Chaos. Die Trennung dieser einzelnen Emotionen und deren Externalisierung mit Tierfiguren helfen Kindern, die eigene Gefühlswelt zu verstehen, abzubilden und bei Bedarf zu ordnen. Die einzelnen Gefühle werden mittels Tierfiguren (siehe Abb.) externalisiert und vom Betroffenen als Tierfigurenskulptur auf ein Brett aufgestellt. In der seelsorgerlichen Praxis hat sich die Methode der „Versammlung der Gefühle"[25], die drei Arbeitsschritte beinhaltet, bewährt.

1. Arbeitsschritt: Differenzierung des Gefühlserlebens

Der Erzieher oder Sozialarbeiter erarbeitet in einem seelsorgerlichen Gespräch die verschiedenen Gefühle des Klienten im Zusammenhang mit seinem Trauererleben. Er fragt nach, nimmt die Beschreibungen des Klienten auf, grenzt sie voneinander ab und lässt so für den Klienten eigenständige Konstrukte entstehen. Am Ende dieser Gesprächsphase hat der Klient mit Unterstützung des Erziehers oder Sozialarbeiters die verschiedenen widerstreitenden Gefühle seines Trauererlebens herausgearbeitet. Vor allem unterschiedsbildende Fragetechniken, wie sie in der systemischen Arbeit üblich sind, sind geeignet das Gefühlschaos zu differenzieren. Am Ende dieser Phase sollten die einzelnen Emotionen voneinander abgegrenzt sein. Zum Beispiel kann der Klient in diesem ersten Arbeitsschritt feststellen: ...„Meine Mutter hat mir bis jetzt noch keinen einzigen Brief geschrieben, das macht mich wütend und ärgerlich. Ich könnte schreien vor Wut. ... Aber wenn ich an meine Großmutter denke, die mich oft im Arm gehalten hat, wenn es mir schlecht ging, dann fühlt sich das ganz warm an und ich denke, es ist Liebe und ich habe Angst, dass ich Weihnachten nicht zu Hause sein kann. ... Ich will aber meine Eltern nicht darum bitten. Das verbietet mir mein Stolz. ...

---

[25] Natho 2009.

2. Arbeitsschritt: Zuordnung der einzelnen Tiere

Studien zeigen, dass bereits 4- bis 5-jährige Kinder in der Lage sind, Emotionen zu abstrahieren und Begriffen wie Symbolen zuzuordnen.[26] Eine Praxisanalyse[27] in der Kinder ihre Emotionen ihnen vorgelegten Tierfiguren zuordnen sollten, bestätigte die Theorie. Gezeigt hat sich auch, dass Kinder für die Darstellung einiger Emotionen, wie beispielsweise Liebe, ganz bestimmte Tierfiguren bevorzugen. Im zweiten Schritt dieser Methode wird nun der Klient gebeten, aus einer Sammlung von etwa 50 bis 60 Tierfiguren die von ihm benannten Gefühle in Tierfiguren zu verwandeln und auf ein quadratisches Brett zu stellen. In der Arbeit mit Kindern leitet folgende Instruktion üblicherweise diesen Arbeitsschritt ein. *„Du kennst das ja aus Märchen, da verwandeln sich oft Menschen in Tiere und umgekehrt. Manchmal nimmt auch das Böse oder das Gute eine Tiergestalt an. Stell dir nun mal vor, die von dir eben genannten Gefühle (z.B.: Ärger, Wut, Liebe, Angst und Stolz) verwandeln sich in eins der hier vor dir stehenden Tiere. In welches Tier würde sich die Wut verwandeln?"* usw.

Abb. Beispiel: Versammlung der Gefühle in Tierfiguren

---

[26] Kersebaum 2006.

[27] Natho 2007, S. 182 f.

In unseren Beispiel (siehe Abb. oben) symbolisiert das Nilpferd den Ärger und die Wut des Kindes auf die Mutter, die von sich aus keinen Kontakt zu der im Heim lebenden 10-jährigen Tochter aufnimmt. Den jungen kleinen Löwen in der Mitte des Bildes hat die Klientin für ihre Liebe zur Großmutter ausgewählt und das kleine Nilpferd steht für ihre Angst, Weihnachten nicht bei der Familie und bei der Großmutter sein zu können. Der Pfau steht für den Stolz der Klientin.

3. Arbeitsschritt: Das Gespräch in der Versammlung der Tierfiguren (der Gefühle)

Die emotionalen Anteile des komplexen Trauererlebens werden nun miteinander ins Gespräch gebracht. Einige zirkuläre und unterschiedsbildende Fragen vom Erzieher bzw. Seelsorger schaffen den Gesprächsrahmen. Der Klient wird befragt, was wohl die einzelnen Tierfiguren (Gefühle) zu erzählen haben, welches Interesse sie verfolgen und wie es ihnen in der Versammlung mit den anderen Gefühlen geht. Ziel des Gespräches ist es nicht, dass sich am Ende alle emotionalen Anteile einig sind oder Kompromisse aushandeln. Es geht eher darum, die innere Dynamik der Skulptur transparent werden zu lassen und auf der Ebene der Symbole spielerisch verschiedene Lösungsvarianten zu erarbeiten. Im Rahmen von Trauerarbeit heißt es hier, den Klienten auf dem Weg, den er vorgibt, zu begleiten und ihm eine Möglichkeit zu eröffnen, die eigenen Gefühle aushalten und verstehen zu können. Die Arbeit zeichnet sich eher jedoch eher durch eine Prozessorientierung als durch eine Lösungsorientierung aus.

So stellt die Klientin vielleicht in dieser Phase fest, dass ihr Stolz (Pfau) einerseits ihre Gefühle Liebe und Angst schützt, andererseits aber auch verhindert, dass diese Gefühle nach außen sichtbar werden. Deshalb erhält sie vielleicht auch nur wenige Hilfsangebote von anderen. In ihr kämpft vor allem der Stolz gegen die Gefühle Liebe und Angst. Die beiden Gefühle wiederum stacheln das Nilpferd an, sich zu wehren, zu schreien. Was sich im Alltag oft als Aggression gegen andere und sich selbst zeigt. Das Nilpferd und der Pfau schützen ihre verletzlichen Gefühle. Das Wissen um ihre Verletzlichkeit macht sie traurig in jeder schlaflosen Nacht. Morgens aber stehen nur der Ärger und der Stolz auf und gehen zur Schule…

Die Versammlung der Gefühle mit Tierfiguren ist ein ganzheitlicher Ansatz, spielerisch lernt der Klient seine Emotionen und den inneren emotionalen Konflikt näher kennen und kann sich wahlweise einfühlen. Die Arbeit berührt einerseits den Klienten emotional, stellt andererseits aber auch eine kognitive Distanz zu den Gefühlen her. Diese Spannung zwischen Gefühl und Verstand ermöglicht am ehesten eine Neubewertung alter emotionaler Inhalte und damit die Schaffung kompensatorischer Muster. Wie die kompensatorischen Muster letztlich auf das Bindungserleben wirken und zu welchem Verhalten sie dauerhaft führen, kann man nicht sagen. Das emotionale System ist ein geschlossenes System, das sich zwar anregen, aber nicht zielsicher von außen beeinflussen lässt.

7. Fazit

Seelsorge kennt keine Grenzen, sie soll dort helfen und trösten, wo es seelische Not gibt. Seelsorgerliche Begleitung in der Heimerziehung bietet den vom Elternhaus getrennten Kindern und Jugendlichen einen Rahmen, ihren Verlust, ihre Bindung emotional zu regulieren und gegebenenfalls zu trauern. Beziehungen, die durch die seelsorgerliche Begleitung zwischen Erziehern und ihren Klienten entstehen und die sich durch eine hohe Emotionalität auszeichnen können, schaffen einen Raum zum Nachreifen und zur Entwicklung einer gesunden Persönlichkeit. So erhöht sich die Chance der Kinder, Bindungsverlust zu integrieren, Bindungsfähigkeit zu erhalten und psychisch gesund zu bleiben. Seelsorgerliche Begleitung lebt von feinfühliger Zuwendung und menschlicher Wärme. Sie braucht kaum finanzielle oder zeitliche Ressourcen, sondern lediglich Mitmenschlichkeit und Nächstenliebe und Geschick im Umgang mit den Emotionen des Trauernden.

Literatur

Born, J. (2009): Vom Nutzen der Hirnforschung für die systemische Praxis. In: Natho, F. (Hrsg.). 2009, S. 127-149.

Bowlby, J. (2001): Das Glück und die Trauer. Herstellung und Lösung affektiver Bindungen. Stuttgart: Klett-Cotta.

Brisch, K. (2002): Bindungsstörungen. Theorie, Psychotherapie, Interventionsprogramme und Prävention. In: Brisch et al. (Hrsg.) 2002, S. 353-373.

Brisch, K./Grossmann K.H./Grossmann K./Köhler L. (Hrsg.) (2002): Bindung und seelische Entwicklungswege. Stuttgart: Klett-Cotta.

Durrant, M. (1999): Auf die Stärken kannst du bauen. Lösungsorientierte Arbeit in Heimen und anderen stationären Settings. 2. Aufl. Dortmund: Verlag modernes lernen.

Freud. S. (1989): Trauer und Melancholie. In: Sigmund Freud Essays. Bd. 2. Berlin: Volk und Welt, S. 102-120.

Fuchs, K./Pothmann, J./Schilling, M. (2004): Erziehungshilfebericht. Expertise für den 3. Kinder- und Jugendbericht. Forschungsverbund Deutsches Jugendinstitut/Universität Dortmund. Arbeitsstelle Kinder- und Jugendhilfestatistik.

Hesse, E./Main, M. (2002): Desorganisiertes Bindungsverhalten bei Kleinkindern, Kindern und Erwachsenen. Zusammenbruch von Strategien des Verhaltens und der Aufmerksamkeit. In: Brisch et al. (Hrsg.) 2002, S. 219-248.

Izard, C. (1994): Die Emotionen des Menschen. Eine Einführung in die Grundlagen der Emotionspsychologie. 3. Aufl. Weinheim: Beltz.

Juchmann, U. (2002): Über sieben Brücken musst Du geh'n. Rituale in der stationären Jugendhilfe. In: Vogt-Hillmann/Burr (Hrsg.) 2002, S. 311-344.

Kast, V. (1982): Trauern. Phasen und Chancen des psychischen Prozesses. Stuttgart: Kreuz.

Kernberg, O./Dulz, B./Sachsse, U. (Hrsg.): Handbuch der Borderline-Störungen. Stuttgart: Schattauer.

Kersebaum, S. (2006): Sprachentwicklung. Wenn die Wörter laufen lernen. In: Gehirn & Geist 6/2006 Heidelberg: Spektrum der Wissenschaft.

Kluwe-Schleberger, G./Bierbrauer, Y. (2009): Zur Integration von Psychotraumatherapie und Traumatisiertenpädagogik – Aspekte eines salutogenetischen Konzepts in der stationären wie ambulanten Jugendhilfe. In: Natho, F. (Hrsg) 2009, S. 127-149.

Luhmann, N. (1984): Soziale Systeme. Grundriss einer allgemeinen Theorie. Frankfurt a.M.: Suhrkamp.

Natho, F. (2007): Bindung und Trennung. Von Eltern und Familie getrennt. Trauer- und Trennungsprozesse von Kindern und Jugendlichen professionell begleiten. Dessau: Gamus.

Natho, F. (2009): Gespräche mit dem inneren Schweinehund. Arbeit mit Tierfiguren in systemischer Beratung und Therapie. Göttingen: Vandenhoeck & Ruprecht.

Natho, F. (Hrsg.) (2009): Hinter dem Horizont geht's weiter. Systemische Wege und Lösungen für Beratung und Erziehung. Dessau: Gamus.

Paris, J. (2000): Kindheitstrauma und Borderline-Persönlichkeitsstörung. In: Kernberg et al. (Hrsg.) 2000, S. 159-166.

Roth, G. (1996): Schnittstelle Gehirn. Zwischen Geist und Welt. Bern: Benteli.

Roth, G. (1997): Das Gehirn und seine Wirklichkeit. Kognitive Neurobiologie und ihre philosophischen Konsequenzen. Frankfurt/M.: Suhrkamp.

Roth, G. (2003a): Fühlen, Denken, Handeln. Wie das Gehirn unserer Verhalten steuert. Frankfurt/M.: Suhrkamp.

Roth, G. (2008): Persönlichkeit, Entscheidung und Verhalten. Warum es so schwierig ist, sich und andere zu ändern. 4. Aufl. Stuttgart: Klett-Cotta.

Satir, V. (1988): Meine vielen Gesichter. Wer bin ich wirklich? München: Kösel.

Schmidt, M./Wiesinger, D./Lang, B./Jaszkowic, K./Fegert, J. (2007): Brauchen wir eine Traumapädagogik? – Ein Plädoyer für die Entwicklung und Evaluation von traumapädagogischen Handlungskonzepten in der stationären Jugendhilfe. *Kontext* Jg. 38, H. 4, S. 330-357.

Schwartz, R. (2007): Systemische Therapie mit der inneren Familie. (5.Aufl.). Stuttgart: Klett-Cotta.

Vogt-Hillmann, M./Burr, W. (Hrsg.) (2002): Lösungen im Jugendstil. Systemisch-lösungsorientierte kreative Kinder- und Jugendlichentherapie. Dortmund: Verlag modernes Lernen.

Weiß, W. (2008): Philipp sucht sein Ich. Zum pädagogischen Umgang mit Traumata in den Erziehungshilfen. 4. Aufl. Weinheim/München: Juventa.

Beschäftigungsförderung

Ralf Osthoff

Systemisch-konstruktivistisches Denken und Handeln in der Beschäftigungsförderung

Ausgangslage – Ansatzpunkte – Perspektiven

---

1. Ausgangslage

1.1 Das Arbeitsfeld Beschäftigungsförderung

1.1.1 Auftrag, gesetzlicher Rahmen und Institutionalisierung

Mit der Einführung des Sozialgesetzbuchs (SGB) II fand eine Zusammenlegung der Leistungssysteme Arbeitslosenhilfe und Sozialhilfe zu einem neuen Leistungsrecht der „Grundsicherung für Arbeitsuchende" statt.[1] Es handelt sich dabei um ein Aktivierungssystem mit einem Grundsicherungsauftrag. Unter der Erstrangigkeit der Beschäftigungsorientierung besteht das Hauptziel von Interventionen seitens der Bedarfsträger in der (Wieder-) Erlangung der Vermittlungsfähigkeit der „erwerbsfähigen Hilfebedürftigen"

---

[1] Arbeitslosengeld II, ALG II; Viertes Gesetz für moderne Dienstleistungen am Arbeitsmarkt: „Hartz IV"; verkündet 12/2003, in Kraft seit 1/2005.

und in deren Integration in den so genannten „ersten Arbeitsmarkt". Die Umsetzung erfolgt im Rahmen von Bewerbungsmanagement, Einzelcoaching, Maßnahmen zur Feststellung oder zur Orientierung und Aktivierung, Maßnahmen zur beruflichen Eingliederung sowie zur Minderung oder Beseitigung von Vermittlungshemmnissen durch Qualifizierung, Training und Arbeitserprobung.

Das Zusammenwirken von arbeitsmarktlichen und sozialen Integrationsleistungen wird im SGB II in der Leitbildsemantik „Fördern und Fordern" mit dem Primat des Forderns pointiert zum Ausdruck gebracht. Das Aktivierungsparadigma knüpft die Erbringung bedarfsorientierter staatlicher Unterstützungsleistungen im Rahmen der Grundsicherung für Arbeitsuchende an Kontrollbedingungen mit finanzieller Sanktionskraft und steht damit in Kontrast zu Prinzipien der Jugendhilfe und Jugendberufshilfe (SGB VIII), nach denen Fordern Bestandteil eines pädagogischen Konzepts ist.[2] Das an Grundsätzen der Wirtschaftlichkeit und Sparsamkeit orientierte beschäftigungsorientierte Fallmanagement oszilliert zwischen an arbeitsmarktpolitischen Maßstäben orientierten Interventionsformen der Aktivierung und Kontrolle auf der einen Seite und den an sozialpolitischen Maßstäben ausgerichteten Interventionsformen Integrationshilfe und Beratung auf der anderen Seite.

Die „Arbeitsförderung" nach dem SGB III ist orientiert an der beschäftigungspolitischen Zielsetzung, Arbeitslosigkeit zu vermeiden oder die Dauer von Arbeitslosigkeit zu verkürzen. Vorrangig ist auch hier die Vermittlung in Ausbildung und in Arbeit. Die bei der Agentur für Arbeit ausbildungsplatzsuchend oder arbeitsuchend gemeldeten Personen sollen in ihrer individuellen Beschäftigungsfähigkeit gefördert werden. Hierzu gehören neben dem Bewerbungsmanagement insbesondere berufliche Qualifizierungsmaßnahmen, die meist in modularer Form angeboten werden.

---

[2] Siehe Beschäftigungsorientiertes Fallmanagement im Rahmen der Grundsicherung für Arbeitsuchende (SGB II) als ein Dienstleistungsansatz bzw. eine Betreuungsmethode der „aktiven Arbeitsmarktpolitik" – die grundlegende ausführliche und differenzierte Abhandlung bei Göckler [3]2009. Außerdem zum Fachkonzept für Fach- und Führungskräfte der Jobcenter bzw. optierenden Kommunen Göckler (Hrsg.) 2005.
Zu den unterschiedlichen „Handlungsrationalitäten" von SGB II und SGB III auf der einen und SGB VIII auf der anderen Seite siehe Michel-Schwartze (Hrsg.) [2]2009, S. 14-19.

Für Leistungsangebote aus dem Produktsegment „Fördermaßnahmen der beruflichen Fort- und Weiterbildung" schreibt die Bundesagentur für Arbeit den Weiterbildungsträgern mit öffentlicher Förderung eine systematische Sicherung und Entwicklung der Bildungsqualität (Prozess- und Ergebnisqualität) vor. Die Träger müssen zertifiziert sein, andernfalls erhalten sie keine Maßnahmezulassung für berufliche Qualifizierungsmodule und für Umschulungen, was bedeutet, dass sie dann keine den Arbeitslosen von den örtlichen Agenturen für Arbeit ausgestellten „Bildungsgutscheine" annehmen dürfen. Die Träger- und Maßnahmenzertifizierung nach der Anerkennungs- und Zulassungsverordnung (AZWV) findet turnusmäßig statt, wobei diese normative Vorgabe ihrerseits in ein funktionierendes Qualitätsmanagementsystem, z. B. nach DIN EN ISO 9001, beim Weiterbildungsträger eingebunden sein muss, das ebenfalls regelmäßig intern auditiert sowie extern auditiert und re-zertifiziert wird. „Funktionierend" heißt in diesem Zusammenhang, dass ein umfassender Prozess der kontinuierlichen Verbesserung von Verfahren und Ergebnissen auf allen Hierarchieebenen des Unternehmens sichergestellt und nachgewiesen werden muss. Diese Anforderung verlangt danach, systematisch die strategischen und die operativen Tätigkeiten nach einem Regelkreismodell bezogen auf die Bildungseinrichtung als Ganzes, die Qualifizierungsmaßnahmen und die einzelnen arbeitsuchenden Bildungskunden zu planen, umzusetzen, zu evaluieren und nachhaltig weiterzuführen. Dem aus der Managementlehre stammenden PDCA-Zyklus (Plan–Do–Check–Act) als Modell für die Steuerung des Unternehmens, der Regelung externer Kundenbeziehungen und der zielfokussierten Überprüfung von Bildungsmaßnahmen entsprechen bezogen auf die operativen Kerntätigkeiten der Dienstleistungserbringung für die Bildungskunden aus der Pädagogik bekannte Regelkreismodelle wie die Vollständige Handlung oder die Leittextmethode sowie die in der Sozialen Arbeit eingesetzten Hilfe- und Förderpläne.

Besonders zu erwähnen ist im Rechtskreis des SGB III die institutionalisierte Unterstützung zur Chancenverbesserung von Jugendlichen im Übergang zwischen allgemeinbildender Schule und betrieblicher Berufsausbildung.[3]

---

[3] Vgl. hierzu Dressel/Plicht 2006, S. 48-58: Das neue Fachkonzept der Berufsvorbereitung SGB III von 2004.

Neben der schulischen Berufsvorbereitung in Form von Berufsvorbereitungsjahr, Berufsgrundbildungsjahr und einjähriger Berufsfachschulen gibt es von der Agentur für Arbeit geförderte außerschulische berufsvorbereitende Maßnahmen und Qualifizierungen für noch nicht ausbildungsgeeignete Jugendliche, unterstützende Hilfen während der Ausbildung, sog. „Ausbildungsbegleitende Hilfen", sowie Berufsausbildungen in außerbetrieblichen Ausbildungseinrichtungen, die an externe Bildungsträger vergeben werden.

Es existiert ein ergebnisorientiertes System der beruflichen Benachteiligtenförderung[4] mit dem Ziel, Mädchen und Jungen die Aufnahme und den erfolgreichen Abschluss einer Berufsausbildung sowie den Übergang in eine Beschäftigung zu ermöglichen. Hierfür gibt es geregelte Zuweisungsprozesse der ausschließlichen Zuteilung durch die regionalen Agenturen und Jobcenter von „sozialbenachteiligten und/oder lernbeeinträchtigten Jugendlichen". Die Maßnahmen sind konzeptionell orientiert am individuellen Förderbedarf der Mädchen und Jungen.

1.1.2 Akteure, deren Aufgaben und Zusammenarbeit

Die Bundesagentur für Arbeit, die von ihr beauftragten Regionalen Einkaufszentren, zentrale Trägerbüros der Agentur für Arbeit sowie die örtlichen Agenturen für Arbeit und die Jobcenter für Arbeitsmarktintegration/AREN/Optionskommunen bilden den institutionellen Kontext für die umgangssprachliche Sammelbezeichnung „Arbeitsamt".

Im Bereich der Grundsicherung für Arbeitsuchende gibt es Vermittlungsfachkräfte und „Persönliche Ansprechpartner", die für die individuelle Beratung und Betreuung der erwerbsfähigen Hilfebedürftigen zuständig sind. Letztere erhalten einerseits Unterstützung bei der Beschäftigungssuche, Vermittlungen von Stellenangeboten, werden über Dienstleistungen und Bildungsangebote informiert und werden andererseits in einer Eingliederungsvereinbarung zur aktiven Mitarbeit im Eingliederungsprozess verpflichtet.

---

[4] „(Berufliche) Benachteiligtenförderung" ist ein unscharfer relationaler Sammelbegriff für die Schnittstelle zwischen schulischem Bildungssystem, betrieblicher Berufsausbildung und Arbeitsmarkt. Ausführlich hierzu: Bojanowski u. a. (Hrsg.) 2005, S. 10 ff.

Den persönlichen Ansprechpartnern stehen gegebenenfalls unterstützend Fallmanager zur Seite, die bei multiplen Problemlagen der Arbeit- oder Ausbildungsuchenden, welche eine berufliche Integration erheblich erschweren, intervenieren. Zu diesen Vermittlungshemmnissen zählen insbesondere Suchterkrankungen, Verschuldung, Krankheit, drohender Verlust der Wohnung sowie eine ungesicherte Kinderbetreuung bei Alleinerziehenden.

Die „Arbeitslosen" im Sinne von bei der Agentur für Arbeit oder dem Jobcenter als arbeitsuchend gemeldeten Personen sind die eigentlichen „Kunden".[5] Im Rechtskreis des SGB II werden auch eventuell zugehörige „Bedarfsgemeinschaften" mit in den Kontext von Fördern und Fordern einbezogen.

Bei der Einbindung unterstützender „geeigneter Einrichtungen und Dienste Dritter" haben Bildungsträger eine besondere Bedeutung. Es handelt sich dabei insbesondere um Wohlfahrtsverbände und freie private Anbieter, deren Leistungen hauptsächlich von den Regionalen Einkaufszentren der Bundesagentur für Arbeit abgenommen werden. Die „Träger" werden mit Teilaufgaben beauftragt, zu denen insbesondere Profiling, unterstützende Vermittlung und Bewerbungstraining gehören.[6]

Es besteht ein freier Bildungsmarkt mit zahlreichen Einzelanbietern, die sich zwischen Konkurrenz, Koexistenz und Kooperation positionieren.

So bewerben sich die Bildungsträger bei Ausschreibungen der Agentur für Arbeit meist getrennt voneinander, gehen mitunter bei größeren Produktpaketen (sog. „Losen") allerdings auch kurz- oder mittelfristige maßnahmenbezogene Kooperationen im Rahmen von Bietergemeinschaften ein.

---

[5] Andeutungsweise hier unterscheidungslogisch mögliche Leitdifferenzen zur Begriffsbestimmung: Nicht Erwerbstätige (ohne Arbeit vs. Minijob) oder Arbeitsuchende (suchend vs. nicht suchend; wiederum differenzierbar das Merkmal nicht suchend: nicht eigenaktiv suchend vs. suchend, wenn Hilfe zur Verfügung steht).

[6] Zum Personal der Träger gehören Frauen und Männer, die als Ausbilder, Lehrkräfte, Bildungsbegleiter, sozialpädagogische Betreuer, Trainer, Berater, Coachs arbeiten.

1.2 Die Arbeitswelt in der Gegenwartsgesellschaft

Die Erwerbsformen in Deutschland weisen im letzten Jahrzehnt eine deutliche Zunahme von Teilzeitbeschäftigungen, geringfügigen Beschäftigungen, Befristungen und Zeitarbeit auf. Die Auflösung der klaren Grenze zwischen Arbeit im Sinne von Erwerbstätigkeit in Vollbeschäftigung und Nichtarbeit im Sinne von Arbeitslosigkeit und die damit einhergehende Pluralisierung von Formen zwischen diesen beiden Polen ist eines der Hauptmerkmale der postmodernen Berufswelt. Hierzu gehört auch der Faktor Kurzfristigkeit mit der Folge „Heterogenität moderner Knappheitsvielfalt"[7]. Die Individualisierung darauf bezogener Strukturierungen von Optionen ermöglicht und fordert vom einzelnen Menschen Selektionsleistungen und stellt ihn in Entscheidungs- und Handlungsverantwortung. „Wahlbiografie", reflexive Biografie", „Bastelbiografie" verweisen auf die permanente, ungewisse, mit Chancen und Risiken behaftete Herausforderung an die Eigentätigkeit des Subjekts.

Helferstellen für Ungelernte und wenig Qualifizierte haben deutlich abgenommen, und die wenigen vorhandenen Stellen können den Arbeitenden zudem oft keine materielle Existenzsicherung bieten; zunehmend sind sie Ergänzungen zur staatlichen Unterstützung. Der Wille zur Verantwortung bei Arbeitsuchenden für den beruflichen Wiedereinstieg, und deren Bemühen Arbeit zu finden, eröffnet unter solchen Bedingungen nicht zwangsläufig Perspektiven für mehr Sicherheit und ein besseres Auskommen.

Permanente Beschäftigungsunsicherheit und eine deutliche Zunahme prekärer Beschäftigungsverhältnisse sind in der Gegenwartsgesellschaft zu verzeichnen. Der Mangel an „Einkommensplätzen" ist entstanden durch eine Zunahme kurzfristiger oder/und nicht existenzsichernder Arbeitsverhältnisse, bedingt durch geringen Beschäftigungsumfang, unregelmäßige Arbeitszeiten, Befristung und größere räumliche Entfernung zwischen Wohnung und Arbeitsort(en). Rasche zeitliche, räumliche und fachliche Wechselnotwendigkeiten mit ungewissen Zukunftsaussichten sind somit wesentliche

---

[7] Füllsack 2009, S. 102. Nachfolgend grundlegend Beck 2007, Beck/Beck-Gernsheim (Hrsg.) 1994 sowie bezogen auf die sozialpädagogische Beschäftigungsförderung Arnold/Böhnisch/Schröer (Hrsg.) 2005.

strukturelle Bedingungen für die Entwicklung von Bewerbungsstrategien im Jobcoaching mit Arbeitsuchenden.

Bewerbungsmanagement bedeutet unter solchen Voraussetzungen ein permanentes Ausloten von Ambivalenzen: Mehrere „flexible" Jobs gleichzeitig, dann ist zumindest in zeitlicher Hinsicht keine Flexibilität mehr möglich. Als Stolperfallen erweisen sich häufig Minijobs, die finanziell nicht existenzsichernd und zugleich zeitlich unstetig sind.

Unter der Etikette „Flexibilität" werden Knappheiten und Engpässe beseitigt und gleichzeitig neue geschaffen. Der Einzelne muss nach Pro-und-Kontra-Kriterien entscheiden: vielleicht eine Berufsausbildung nach der Familienphase machen, eine Teilzeitarbeit oder einen Minijob suchen, die Kinder in die Obhut anderer Personen geben, Kurzzeitbefristungen oder Zeitarbeit annehmen, dafür zwischen Wohnort und Arbeitsplatz hin und her pendeln, unbezahlte Praktika oder betriebliche Erprobungen machen, wegen einer befristeten Teilzeitstelle umziehen, die Familie einige Zeit zurücklassen, die Bedeutung von familiärer Nichtverfügbarkeit für Partnerschaft, Kindererziehung und die Interaktion mit sonstigen nahen Angehörigen abschätzen.

Eine kurzfristige und insbesondere längerfristige Teilhabe an der Arbeitswelt im Rahmen prekärer Beschäftigungsverhältnisse führt zu einer zerrissenen raum-zeitlichen Lebensstrukturierung und gefährdet die gewachsenen sozialen Strukturen und Beziehungen.

2. Ansatzpunkte

2.1 Gesellschaftstheoretische Verortung der Beschäftigungsförderung

In seiner elaborierten allgemeinen soziologischen Systemtheorie unterscheidet Luhmann gesellschaftliche Teilsysteme, die er als autopoietische „Funktionssysteme" ausführlich in ihren System-Umwelt-Relationen theoretisch analysiert.[8] Wissenschaft, Wirtschaft, Politik, Recht, Religion, Kunst, Erziehung, Familie und Medizin werden als solche gesellschaftlichen Teilsysteme verstanden. Diese Funktionssysteme haben unterschiedliche gesellschaftliche Aufgaben und steuern sich selbst nach jeweils spezifischen Begründungslogiken und Handlungsrationalitäten.

Auch die für eine soziologisch-systemtheoretische Betrachtung der Beschäftigungsförderung besonders relevanten Funktionssysteme Wirtschaft, Politik und Erziehung/Bildung erzeugen und reflektieren ihre eigenen Operationen durch interne Festlegungen ihres Systems und ihrer Umwelt. Als bedeutsam für Verstehensansprüche und Verständigungsleistungen im Hinblick auf die nichteigenen Systeme erweist sich, dass jedes Funktionssystem die Beobachterperspektive dafür, wie und weshalb es von den anderen Funktionssystemen jeweils unterschiedlich beschrieben wird, zwangsläufig ausklammert. Denn alle Funktionssysteme arbeiten mit der internen Unterscheidung von Selbstreferenz und Fremdreferenz. Dadurch nehmen diese gesellschaftlichen Teilsysteme nicht wahr, wie sie von den anderen Funktionssystemen jeweils unterschiedlich beschrieben werden. Die gesellschaftlichen Teilsysteme Wirtschaft, Politik und Bildung bleiben füreinander intransparent und unkalkulierbar, sie können sich nicht so verhalten, als ob sie ein anderes Funktionssystem wären. So ist das Wirtschaftssystem lediglich als Beschäftigungssystem für das Erziehungssystem relevant unter dem Gesichtspunkt der Verfügbarkeit von Ausbildungs- und Arbeitsplätzen. Einer Langfristigkeit von Lebenslaufplanungen im Kontext ausdifferenzierter Berufsausbildungen steht die Kurzfristigkeit wirtschaftlicher Bedarfe mit Chancenunsicherheiten trotz Fort- und Weiterbildungsmöglichkeiten entgegen. Andererseits sind alle Funktionssysteme in umfänglicher Weise vom Wirtschaftssystem abhängig, sie können und müssen sich aneinander orientieren; sie können sich jedoch aufgrund ihrer funktionalen Differenzierung in ihrer operativen Geschlossenheit nicht wechselseitig ersetzen, sondern nur sich selbst über ihre eigenen Systemreferenzen spezifiziert steuern. Das Funktionssystem Politik kann lediglich durch kollektiv bindende Entscheidungen Einfluss auf das Funktionssystem Wirtschaft nehmen. Strukturell

---

[8] Nachfolgend insbesondere Luhmann: Wirtschaft (1994), Politik (2002a) und Erziehung (2002b).

237

gekoppelt sind Politik und Wirtschaft bezogen auf Eingriffe in den Arbeits-markt.

Es gibt in unserer modernen funktional differenzierten Gesellschaft keine die Teilsysteme übergreifende gesamtgesellschaftliche Steuerungsinstanz, die Beziehungen der Funktionssysteme zueinander werden durch strukturel-le Kopplungen hergestellt und aufrechterhalten. Diese wirken zweiseitig in die beiden beteiligten Funktionssysteme hinein, bleiben jedoch innerhalb der Systeme als Anschlüsse unsichtbar. Die zunehmende Verschränkung des schulischen Bildungssystems mit der Beschäftigungsförderung und de-ren arbeitsmarktpolitischen, berufspädagogischen und sozialpädagogischen Zugänge liefert Anhaltspunkte für solche strukturelle Kopplungen.[9]

2.2 Die Unterscheidungslogik als Heuristik für eine Neu-relationierung von begrifflichen und inhaltlichen Zu-sam-menhängen in der Beschäftigungsförderung

Als ein weiteres Theorieangebot für systemisch-konstruktivistische Deutun-gen institutioneller und insbesondere begrifflicher Zusammenhänge im Ü-bergangssystem Beschäftigungsförderung sowie als methodische Vorlage für Anwendungen im Beratungs- und Coachingprozess lässt sich die aus der

---

[9]   Eine Verortung der Beschäftigungsförderung als „Übergangssystem" wäre in ihren Verarbeitungsweisen von Vorgaben und Anregungen, die sie insbesondere aus den Funktionssystemen Wirtschaft, Politik, Recht und Bildung erhält, noch auszuarbei-ten; z.B. die Kopplung an das politische System durch die Zusammenarbeit mit der Agentur für Arbeit, die für viele Bildungsträger der „Monopolkunde" ist; oder Kopp-lungen der Beschäftigungsförderung an das Erziehungs-/Bildungssystem und an das Wirtschaftssystem in seiner Funktion der Integration von Personen in den Ausbil-dungs- und Arbeitsmarkt; Mehrfachkopplungen wie im Förderbereich Kompetenz-entwicklung und Lebensbewältigung im Kontext von Bildung, Arbeit und Ökono-mie. Auch: Bezüge zur Sozialen Arbeit im Hinblick auf materielle und immaterielle Ressourcen, Kompetenzen und soziale Teilhabe im Code Helfen-Nicht-Helfen (vgl. hierzu Hosemann/Geiling 2005, S. 61) bzw. in der Ambivalenz zwischen Ansprü-chen nach Wirtschaftlichkeit (Selektion) und sozialer Gerechtigkeit (Integration).

Protomathematik stammende Unterscheidungslogik von Spencer Brown fruchtbar machen.[10] Diese gibt Anregungen für die Analyse der Erzeugung von Unterscheidungsprozessen und liefert dabei Anlässe, bislang gewohnte Denkmuster zu hinterfragen.

In logischen Schritten kann mithilfe dieser Metatheorie der konstitutive Zusammenhang zwischen dem Prozess des Treffens einer Unterscheidung, dem Hinweisen bzw. Bezeichnen und Benennen sowie dem Entstehen eines Inhalts aufgezeigt und weiterentwickelt werden. Die Pragmatik der Unterscheidungslogik stellt eine Aufforderung dar, als Akteur im professionellen Setting selbst eigene bzw. neue Unterscheidungen zu treffen und diese zu gebrauchen, indem Sachverhalte in systematischer Weise anders betrachtet und benannt werden. Als Ausgangspunkt dient die erkenntnistheoretische Prämisse, wonach nicht nur die Beobachtungen von Dingen und Ereignissen, sondern auch Selbstreflexionen ausschließlich auf der Grundlage der Operation des Treffens von Unterscheidungen und des stets an sie anschließenden Bezeichnens[11] erfolgen. Erkenntnisse über die Welt und über einen selbst können niemals vollständig sein, weil sie als ein Unterscheiden stets eine „Form" bestehend aus zwei Seiten, einer Grenze zwischen diesen beiden Seiten und einem Kontext konstituieren, wobei diese Form notwendigerweise blinde Flecken der Beobachtung enthält.

Als perspektivisch erweiternd im Hinblick auf neue Erkenntnisgewinne kann sich eine Sensibilisierung für das durch jede getroffene Unterscheidung produzierte „Ausgeschlossene" und die sich im Prozess des Unterscheidens mitkonstituierende Grenze zwischen den beiden Seiten der Unterscheidung erweisen. Denn ein jedes Beobachten blendet andere mögliche Sichtweisen, Inhalte, Themen zumindest vorübergehend aus und liefert damit potenzielle Anlässe für neue Unterscheidungen. Es gibt somit keinen festen Ausgangspunkt für Erkenntnisgewinne, keine gesicherten methodi-

---

[10] Siehe umfassendes Einführungsmaterial zur Unterscheidungslogik allgemein sowie bezogen auf mehrere thematische Anwendungsbereiche bei Schönwälder-Kuntze u.a. 2009 sowie bei Lau 2008. Im vorliegenden Beitrag werden für den Kontext Beschäftigungsförderung lediglich erste Impulse gesetzt.

[11] Das semantische Umfeld von „Bezeichnen" lässt sich vielfältig entwickeln: Benennen, Verwenden, Gebrauchen, Zuschreiben, Hinweisen, Hervorheben, Aktualisieren, Anzeigen, Andeuten, Konstruieren.

schen Anfänge, sondern fortlaufende Herstellungsprozesse aus immer wieder neu vollzogenen Unterscheidungen. Aus diesem Blickwinkel sind auch Selbstreferenzen keine statischen Wiederholungen, sondern komplexitätssteigernde oder -reduzierende Neuerungen.

Alle wissenschaftlichen und alltäglichen Reflexionen über Gegenstände, Personen, Ereignisse und Themen beschränken sich nicht auf ein Ordnen von als stabil wahrgenommenen Sachverhalten und Identitäten, sondern erschaffen in ihrem Vollzug unweigerlich gleichermaßen Einheiten und Differenzen. Somit besteht Einheit aus Differenzen, die erst aufeinander bezogen, das was wir als Identität bezeichnen, konstituieren.

Die Unterscheidungslogik liefert ein interessantes metatheoretisches Angebot für eine Dekonstruktion des systemischen Lobliedes auf die „Ganzheitlichkeit", insofern diese als Ganzheit im Sinne von Totalität verstanden wird, indem sie Identität nicht als Entität, sondern als Ergebnisse (Plural) von vollzogenen Unterscheidungen, und somit als beobachterrelative aktiv konstruierte fragile Einheiten, als lediglich momentane Zustände, entstanden aus dem Oszillieren zwischen Einheit und Differenz, betrachtet. Jedes Sein (So ist es) konstituiert sich aus Beobachtungen und Benennungen, die „Anderes" (d. h.: was es nicht ist) ebenfalls – jedoch verdeckt – beinhalten.

Somit setzen auch Fremd- und Selbstbeobachtungen im Coachingprozess beispielsweise bei einer bewerbungsbezogenen Stärken-Schwächen-Analyse im Profiling Unterscheidungen und Bezeichnungen voraus, konstituieren sich aus Trennungen und erzwingen geradezu den Verzicht auf eine zu erkennende Ganzheit im Sinne von „So wie ich wirklich bin". Sehr wohl bleibt jedoch die rechtfertigbare Haltung, den Arbeitsuchenden in seiner Ganzheitlichkeit – sprich: als ganzen Menschen – ernst zu nehmen. Beide Aspekte zusammengenommen mahnen den Bewerbungscoach in seiner professionellen Haltung zu einer systemischen Bescheidenheit.

Auch im Hinblick auf methodische Umsetzungen im Jobcoaching mit Arbeitsuchenden bietet die Unterscheidungslogik ein abstraktes Denkgerüst für die multiperspektivische Erörterung zahlreicher berufsbezogener komplexer und insbesondere ambivalenter Themen sowie für Fragen nach der durch gängige Unterscheidungen verdeckten „anderen Seite der Medaille": Haben Ihre Niederlagen und Krisen vielleicht auch gute Seiten? Was haben Sie in diesen schwierigen Lebensphasen für sich selbst oder für andere Personen Sinnvolles getan? Was denken Sie, sagen Ihre artikulierten Erfolge und Misserfolge dem Arbeitgeber über Sie und über Ihre Passung zum angestrebten Arbeitsplatz aus? Können Sie aus zugestandenen Schwächen im Vorstellungsgespräch, sichtbaren Lücken im Lebenslauf oder aus schlechten Noten in Zeugnissen vielleicht sogar Pluspunkte für sich im Bewerbungsverfahren verbuchen? Und umgekehrt: Unter welchen Bedingungen können ihre vorhandenen Kompetenzen sogar kontraproduktiv sein?

In der Beratungspraxis heißt Unterscheiden immer auch Veränderungen anzuregen, indem gedanklich und handlungsbezogen neue Wege eingeschlagen werden, oder Sichtweisen, Artikulationen und Verschriftlichungen zu ergänzen und zu erweitern, aber gleichzeitig auch danach zu schauen, welche Errungenschaften der Arbeitsuchenden bewahrt, geschützt und verteidigt werden sollten/könnten.

Systemisch-unterscheidungslogisches Beobachten ist ein geistiges Oszillieren zwischen verschiedenen Referenzbereichen wie Auftragszielen, Aktivitäten oder Kundengruppen unter der Fragestellung, welche Aspekte durch die jeweilige Unterscheidung und Benennung eingeschlossen und welche ausgeschlossen werden – sowie darüber hinaus, unter welchen Bedingungen das gerade Ausgeschlossene vielleicht latent wirkt und wie es wiederum in die Betrachtung hinein genommen werden kann. Die Differenzbildungen sind je nach Anlass und Intention vielfältig möglich: Fördern – Fordern mit den weiteren Unterscheidungen Forderungsaspekte im Fördern, Unterstützung im Zusammenhang mit dem Fordern oder Ausdifferenzierungen der Unterscheidungen Helfen – Aktivieren, Beraten – Trainieren.

2.3 Systemisch-konstruktivistische Intervention am Beispiel Bewerbungscoaching

Frauen und Männer, die arbeitsuchend gemeldet sind, bekommen häufig von der Agentur für Arbeit oder dem Jobcenter die Aufforderung, an einem Bewerbungstraining teilzunehmen. Dieses findet überwiegend in heterogenen Gruppen statt, wobei meist in solche Trainingsmaßnahmen auch Einzelcoachinganteile integriert sind. Dort wird ein Profiling durchgeführt, bei dem neben der Anamnese von persönlichen und sozialen Grunddaten insbesondere ausbildungs- und arbeitsbezogene Daten erhoben werden. Ziel ist es, dass Jobcoach und Teilnehmer/-in gemeinsam eine Bewerbungsstrategie entwickeln und auf den Weg bringen. Neben der Erstellung marktgerechter aussagekräftiger Bewerbungsunterlagen gehören die Vor- und Nachbereitung von Vorstellungsgesprächen sowie die Akquise von Arbeits- und Ausbildungsstellen zu den grundlegenden Aufgaben.

Im Bewerbungscoaching geht es um das gemeinsame Ausloten des Möglichkeitsraumes für das Erschließen und Ausführen von bewerbungsbezogenen Handlungen zwischen Kompetenzen und Ressourcen sowie Defiziten und Vermittlungshemmnissen der Arbeitsuchenden auf der einen Seite und allgemeinen sowie speziellen branchenbezogenen und firmenbezogenen Erwartungen und Anforderungen der Arbeitgeber auf der anderen Seite. Dieses komplexe und anspruchsvolle Ziel legt eine schrittweise Vorgehensweise nahe, bei der zunächst Wissen, Fähigkeiten, Fertigkeiten, Erfahrungen und Ressourcen, aber auch Interessen und Motivationen der Arbeitsuchenden bewusst gemacht und anschließend in einem zweiten Schritt in eine artikulierfähige Form gebracht werden, die der Teilnehmende dann als erfahrbare Kompetenzen auf seine Weise im Bewerbungsverfahren zum Ausdruck bringen kann und will. Hierzu gehört eine Relevanzabschätzung, was von den Stärken und Schwächen, Erfahrungen, Leistungen und Nachweisen sowie sonstigen positiven und negativen Ereignissen in die Anforderungssituation passen könnte.

Die Vier-Felder-Matrix mit der Unterteilung von Kompetenzen in Fach-Personal-, Sozial- und Methodenkompetenz erweist sich in der Beschäftigungsförderung als nützliches heuristisches Modell für die Diagnose von Selbst- und von Fremdzuschreibungen der Arbeitslosen im Bewerbungsmanagement und für den Abgleich dieser festgestellten Kompetenzen mit schriftlich niedergelegten Firmenprofilen oder mit verbal artikulierten Erwartungen von Arbeitgebern.

In einem höherwertigen Bewerbungsmanagement kann ein Portfolio[12] als Entwicklungsinstrument gewinnbringend eingesetzt werden. Über die Bewerbungsstandards von Deckblatt mit Bewerbungsfoto, Lebenslauf, Bewer-

---

[12] Zum Instrument Portfolio detailliert Strauch u. a. 2009, S. 73-86.

bungsanschreiben sowie Zeugnisse, Zertifikate und Teilnahmebescheinigungen an Kursen und Weiterbildungen hinaus entsteht aus der Bewerbungsmappe dann ein Portfolio, wenn Ergebnisse von bildungs- und arbeitsbezogenen Tätigkeiten systematisiert aufgelistet, Profilblätter (Ich bin/habe gemacht/biete/suche) beigelegt oder Fotos ausgewählter Arbeiten aus Schule, Beruf oder Freizeit/Hobby hinzugefügt werden. Eine solche systematische Dokumentation kann als geordnete Vorlage für Ausbildungsbetriebe und Arbeitgeber oder auch als Instrument für die eigene Standortbestimmung im Hinblick auf berufliche Neuorientierungen und Planungen weiterer Bewerbungsschritte dienen. Es schließen sich Fragen an wie z. B.: Was habe ich bislang gemacht bzw. nachzuweisen? Wo kann und will ich mich bewerben? Soll es wie gehabt oder ähnlich weitergehen oder schlage ich neue Wege ein?

Voraussetzungen für den sinnvollen Einsatz des Bewerbungsportfolios ist eine grundsätzliche Bereitschaft zur Selbsteinschätzung sowie die Fähigkeit zur Erstellung einer persönlichen Bestandsaufnahme mit der aktiven Beteiligung der Arbeitsuchenden und der Zielsetzung zur Offenheit für Erkundungsprozesse, aus denen die daraus gewonnenen Resultate nicht als statische Bestände angesehen, sondern vielmehr als veränderbare Momentaufnahmen oder Zwischenergebnisse für Dritte oder für sich selbst genutzt werden können.

Gerade der systemische Blick auf Ressourcen und Lösungen verpflichtet indes den Berater und Trainer zur Bescheidenheit bezüglich der Erreichbarkeit von optionssteigernden Zielen. Insbesondere Menschen, die schon längere Zeit arbeitslos sind, müssen ihre Selbstwirksamkeit häufig überhaupt erst als mögliches Konzept kognitiv und emotional erfassen und erleben. Eine professionalisierte Bewerbungsstrategie mit aussagekräftigen Bewerbungsunterlagen, Initiativbewerbungen, Online-Bewerbungen oder eine selbstreflektierte Präsentationsfähigkeit bei Vorstellungsgesprächen können Selbstbewusstsein und Selbstwertgefühl steigern – aber auch zum gegenteiligen Effekt führen, nämlich dann, wenn trotz professioneller Hilfe und eigener Anstrengung auch weiterhin nur Absagen kommen. Neben dieser möglichen Erfahrung von Diskrepanz nach dem Motto „Was nützt die beste Strategie, wenn (für mich) keine Arbeitsplätze da sind" müssen Überforderungen bei den Arbeitsuchenden einkalkuliert werden. Dies gilt sogar besonders dann, wenn der Jobcoach dem Arbeitsuchenden eine wertschätzende Haltung entgegenbringt, ihn für seine Bemühungen lobt und ihn anregt, diesen Weg weiterzugehen, ein Bewerbungserfolg jedoch ausbleibt.

Darüber hinaus können die Anliegen von zwangsweise den Trainingsmaßnahmen zugeteilten Personen konträr sein zu den arbeitsuchenden Menschen, die von sich aus Bewerbungscoaching in Anspruch nehmen wollen. Erstere kommen nicht unbedingt, weil sie ein Problem haben, sondern haben ein Problem, weil sie kommen müssen. Eine solche motivationale Grundhaltung kann sogar wohlbegründet sein, wenn die betreffenden Personen beispielsweise eine „erfolgreiche Maßnahmenkarriere" hinter sich haben, oder wenn sie nicht wissen, wie sie während der festgelegten Präsenzzeiten in der Trainingsmaßnahme ihre Kinder unterbringen können; andere dieser „Skeptiker" haben Angst davor, durch eine vorübergehende Nichtverfügbarkeit ihren „zeitlich flexiblen" Minijob zu verlieren.

Der systemisch denkende Jobcoach versucht behutsam die Verfügbarkeit von Widerstandsressourcen der arbeitslosen Menschen zu erkennen und diese als Antreiber oder Anker wertzuschätzen sowie darüber hinaus die in Abwehrhaltungen enthaltenen wichtigen Markierungspunkte im persönlich-privaten und berufsbezogenen Leben der Arbeitsuchenden zu identifizieren und in die Bewerbungsstrategie einfließen zu lassen. Es geht ihm darum, Widerstände einzukalkulieren, anzunehmen, als Anlass aufzugreifen, diese vielleicht umzulenken, die Abwehrhaltungen als Aktiva zu betrachten, deren Energie produktiver genutzt werden kann als ein gleichgültiger Rückzug der Teilnehmenden. Der systemisch denkende Bewerbungscoach muss zudem ins Kalkül ziehen, dass für die Arbeitsuchenden die Abweichung vom Vertrauten, von Alltagsroutinen, nicht zu groß sein darf, damit durch eine „dosierte Verstörung" die Anschlussfähigkeit zwischen Trainer- und Kundensystem erhalten bleibt und eine strukturelle kognitive, emotionale und handlungsbezogene Kopplung der Akteure im Bewerbungscoaching erfolgen kann. Auch sind in unterscheidungslogischer Perspektive die Nicht-Förderbedarfe der Arbeitsuchenden mit zu bedenken unter der Fragestellung, in welchen arbeitsweltbezogenen und privaten Lebensbereichen bereits gelingendes Handeln stattfindet.

Im Zusammenhang mit der Anfertigung von Bewerbungsunterlagen hat der Lebenslauf einen besonderen Stellenwert. Systemisch betrachtet kann der

Prozess der (gemeinsamen) Entwicklung des Dokuments „Lebenslauf" zu einer Neubeschreibung der Biografie der Arbeitsuchenden führen. Die vielleicht erstmalige Verschriftlichung oder die Überarbeitung eines bereits vorhandenen Lebenslaufs im Bewerbungscoaching ist ein Anlass für Neubeschreibungen, Erzählungen und Sinngebungen.

Der Jobcoach findet dann einen systemischen Zugang, wenn er zusammen mit dem Arbeitsuchenden den Lebenslauf nicht lediglich als einen Text aufsetzt oder überarbeitet, sondern gemeinsam mit dem Bewerber oder der Bewerberin auch informell erworbene Fähigkeiten einbezieht und deren Transfermöglichkeiten in den Rahmen beruflicher Anforderungen stellt.

Darüber hinaus soll der Teilnehmende am Coaching sich selbst im Lebenslauf und insbesondere im Bewerbungsanschreiben wiederfinden. Es gilt für den Jobcoach und für den Bewerber gleichermaßen, das eigene normative Verständnis einer Linearität von Lebenslauf als Dokument zu hinterfragen und dabei zu erkennen, dass in biografischen Brüchen, kritischen Lebensereignissen, persönlichen und beruflichen Wendepunkten unter Umständen für Arbeitgeber sogar Interesse erweckende Aspekte stecken können, insofern als diese Punkte Indikatoren liefern, die für die Firma eine Nutzenerwartung darstellen. Die Robustheit, persönliche, schulische oder berufliche Krisen gemeistert zu haben, wäre ein solcher Hinweis im Hinblick auf Willensstärke, Belastbarkeit und Durchhaltevermögen.

Zu einem systemisch-konstruktivistisch orientierten Bewerbungstraining gehört es, dass der Jobcoach kontinuierlich den Maßnahmeteilnehmenden Hinweise auf alternative bzw. konkurrierende Sichtweisen bezüglich der Arbeitsmarktangemessenheit von Bewerbungsunterlagen und der erfolgversprechenden Selbstpräsentation bei Vorstellungsgesprächen gibt, gleichzeitig aber auch formale und inhaltliche Bewerbungsstandards benennt und begründet, an denen nicht zu rütteln ist. So gibt es beispielsweise sowohl Gründe, die dafür als auch dagegen sprechen, im Lebenslauf Zeiten aufzuführen, in denen Angehörige von der arbeitsuchenden Person gepflegt wurden und ob bzw. welche Ehrenämter und Hobbys nennenswert sind. Zu den „Normen" gehört es, dass Bewerbungsanschreiben nicht umfangreicher als eine Seite sind und dass sie ebenso wie der Lebenslauf mit aktuellem Datum unterschrieben werden.

Für den Bewerbungscoach gehört es zur „systemischen Achtsamkeit"[13] zu berücksichtigen, dass gerade für Frauen und Männer, die schon seit längerer Zeit arbeitslos sind, eine vielleicht erstmalige systematische Interpretationsarbeit von beruflichen Lebensstationen emotional und in sachlicher Hinsicht, bei einigen Personen auch geistig, eine Überforderung darstellen kann. Grundsätzlich ist es in diesem Zusammenhang angebracht, den arbeitslosen Menschen Zeit zu geben, sich zu orientieren, deren Ängste vor der Selbstbegegnung einzukalkulieren und auch eventuell vorhandene kulturelle Schranken im Hinblick auf eine im Vorstellungsgespräch bei deutschen Arbeitgebern als selbstverständlich vorausgesetzte offensive Selbstartikulation der Bewerber zu berücksichtigen.

Die Anforderung an eine Selbstreflexivität des Coachs impliziert die Grenzen der eigenen Kompetenz als Bildungseinrichtung und als Person im Bewerbungsmanagement gegenüber den Arbeitsuchenden an dafür angebrachten Stellen zu benennen; meist genügen in diesem Zusammenhang bereits Andeutungen. Auch kann der Coach durchaus erwähnen, wenn er selbst ungesicherte Beschäftigungsverhältnisse oder Phasen der Arbeitslosigkeit hatte, um mit den Maßnahmeteilnehmern „Augenhöhe" herzustellen. Vertrauensbildend können authentisch artikulierte Sprachskripte sein, wie: „Ich habe als Mitarbeiter/-in in dieser Einrichtung über die Jahre hinweg viele und sehr unterschiedliche Menschen kennen gelernt und lerne immer wieder von IHNEN etwas dazu" oder überzeugend vorgetragene Aussagen im Sinne von „Ich brauche IHRE Hilfe, um meine Arbeit als Berater richtig machen zu können".

---

[13] Begriff von Arnold/Gomez Tutor 2007, S. 184.

3. Perspektiven

3.1 Anregung für eine Dekonstruktion von Trainingsmaßnahmen als „Anthropotechnik"[14]

In einer kritisch-dekonstruktiven Perspektive sind Trainingsmaßnahmen häufig Verlegenheitskonzepte zur Selbstoptimierung in einem Förderkontext von Fremdoptimierung. Je komplexer und damit unschärfer die Anforderungen auf dem durch permanente Engpässe gekennzeichneten Arbeitsmarkt, umso größer sind die Anstrengungen im Rahmen von „Maßnahmen der aktiven Arbeitsmarktpolitik", diese Anforderungen durch Training zu erfüllen.[15] Mit dem Instrumentarium „Immer mehr desselben" und im Modus Hochdruck-Aktivierung werden Arbeitsuchende bei Trainingsmaßnahmen von wenigen Wochen mit mehreren Modulen von Berufsorientierung, intensiver Bewerbung und Praxiserprobung in Betrieben konfrontiert. Dabei werden ökonomische Prämissen der beiden gesellschaftlichen Funktionssysteme Politik und Wirtschaft in ethische Prämissen transformiert und dem einzelnen Arbeitslosen unter der Etikette „Empowermentansatz" eingepflanzt: Anstrengung, Übung, Effizienz bei zunehmend ungewissem Ergebnis, denn durch Training, Coaching, Beratung und Betreuung werden keine neuen „Arbeitsplätze" geschaffen.

Coaching- und Trainingsmaßnahmen in der Beschäftigungsförderung lassen sich mit Sloterdijk als „Übungssystem" zur Überwindung von Trägheit bezeichnen.[16] Der Trainer fungiert als „Führer in die Unwahrscheinlichkeit", indem er versucht, dem Arbeitsuchenden durch Anspornen einen zweiten Willen zu implementieren; denn er will, dass der Arbeitslose will. Der Trainierende seinerseits bekommt als „Kurzzeitarbeitsloser" die Aufgabe zuge-

---

[14] Ausführlich der sozialgeschichtliche Entwurf zur Anthropotechnik von Sloterdijk 2009.

[15] Vgl. hierzu Maier (Hrsg.) 2008, S. 36 f.

[16] Nachfolgend eigene Übertragung der Ausführungen von Sloterdijk 2009 auf arbeitsweltbezogene Trainingsmaßnahmen (siehe hierzu als Bezugspunkte die Seiten 312, 430, 455 f., 501, 13 f., 23, 46 f., 515).

wiesen, Sich-in-Form-zu-Halten und als „Langzeitarbeitsloser" Sich-in-Form-zu-Bringen.

Als implizite Erkenntnistheorie liegt dieser Aufforderung eine Konstruktion des Menschseins zugrunde, nach der die Selbsterzeugung des Menschen durch sein Leben in Übungen erfolgt. Anstrengung und Übung werden als Handlungsmaxime in die Selbstbezüglichkeit des Systems Beschäftigungsförderung eingeführt, und daran strukturell gekoppelt in das psychische System von Jobcoach und Arbeitslosem eingewoben unter der anthropologischen Prämisse, wonach der Mensch zum Menschen wird nicht durch Arbeit, sondern durch Arbeit an sich selbst. Die Trainingsethik für Maßnahmen mit Arbeitsuchenden definiert dabei ein individualisiertes Risiko des Versagens und Scheiterns der Betroffenen unter dem absoluten Imperativ: „Du musst *Dein* Leben ändern" mit radikalem und unbedingtem Verweis auf den Einzelnen in der Selbstreflexion seines „Noch-nicht". Die passgenaue Bewerbungsstrategie besteht danach in der „persönlichen Aktualisierung von Könnenschancen", durch Anstrengung vom Jobcoach gewonnen aus Trainingskonzepten in der didaktischen Schrittfolge vom Müssen zum Können und vom Können zum Wollen.

3.2 Anregung für eine Rekonstruktion im Methodischen: „Strategisches Unterlassen" im Bewerbungstraining

Professionelles Handeln ist ein methodisches, prinzipienorientiertes und zielgerichtetes Handeln, das der Begründung und ggf. der Rechtfertigung bedarf. Dies gilt sowohl bezogen auf pro-aktive Intervention im bewerbungsbezogenen Kontext von Beratung, Coaching und Training als auch im Hinblick auf Überlegungen, was man vielleicht nicht tun sollte oder nicht machen muss. Wichtige Leitfragen für die Relevanzprüfung von Verzicht sind: „Was wird während des Unterlassens getan?" und „Was läuft auch ohne mich als Jobcoach gut?" In diesem Sinne könnte Unterlassen als Umsetzungsstrategie auf der Grundlage von Prinzipien pädagogischer Gelassenheit im Rahmen eines „Ermöglichungscoachings"[17] entwickelt werden: Unterlassen von Intervention im Sinne eines aktiven Perturbationsverzichts, eines intendierten Nicht-Handelns, als Bindeglied zwischen den dynamischen Polen Selbstregulation (Ermöglichung) und Instruktion (Vermittlung, Erzeugung).

Das strategische Unterlassen kann angekündigt oder unangekündigt erfolgen, nachträglich thematisiert oder nicht angesprochen werden. Vielfältige Formen sind möglich: Schweigen, Überhören, Kontaktunterbrechungen, Pausen, Ruhephasen, aber auch Auszeiten außerhalb definierter Pausenzeiten, sonstige Unterbrechungen, Abwarten, Dulden.

Einige mögliche Ziele seien genannt: maßnahmefremde Themen zulassen, um sachliche oder emotionale Widerstände abzubauen und um Gruppendynamiken zu verändern; einen neuen Aufgabenraum konstituieren, um anschließend wieder zurückzukehren; Raum und Zeit für andere Interventionen geben bzw. weitere Prozessbeteiligte ein- oder ausschließen; Übergänge für neue Zielbestimmungen ermöglichen, wenn bisherige Ziele erreicht sind oder verfehlt wurden bzw. als nicht erreichbar angesehen werden; Ambivalenzen reduzieren bei konkurrierenden Zielen, Werten und Geschehnissen; ein Wartenkönnen, um eine neue Richtung nicht vorschnell einzuschlagen. Durch Unterlassen kann man vielleicht Zeit gewinnen, Nachdenken ermöglichen und festgefahrene Abläufe und Routinen stören.

Strategisches Unterlassen kann Symmetriebrechungen verursachen, denn Unerwartetes tritt ein und die sich einstellende Irritation dient dazu, einen Perspektivenwechsel in der Wahrnehmung anzuregen und dadurch Neukontextualisierungen zu ermöglichen.

Kriterien für den Einsatz dieser „Interventionsform" sind Punkte wie deren Einbindung in einen Handlungszusammenhang und deshalb eine raumzeitliche Befristung mit einem definierten Anfang und Ende als markierter Übergang zwischen zwei (weiteren) Interventionsformen. Strategisches Unterlassen bedeutet, dass es als Handlungsweise methodisch intendiert ist, begründet und gerechtfertigt werden kann, indem eine Folgeabschätzung

---

[17] Zum Begriff und zum Programm von Ermöglichungscoaching siehe Schlieper-Damrich u. a. (Hrsg.) 2006; grundlegend zur Ermöglichungsdidaktik siehe Anold/Gomez Tutor 2007.

und Evaluation des Ertrags bzw. der Effekte geleistet wird. Hierzu bedarf es einer sensiblen Beobachtung von Grenzziehungen und Grauzonen im Hinblick auf phänomenale und begriffliche Abgrenzbarkeit. Das Unterlassen darf kein Vorwand für „Nichtstun" oder „Verweigerung" sein oder grenzwertiges Verhalten wie „Aussitzen" legitimieren. Bedacht werden müssen insbesondere Markierungsgrenzen zu illegalem oder illegitimen Unterlassen in sachlicher, juristischer (unterlassene Hilfeleistung) und ethischer Perspektive (Verweigerung einer Dienstleistung).

Ein Beispiel im Bewerbungscoaching wäre das wertbezogene Skript „Mensch geht vor Papier, die Dokumentation muss noch warten", insbesondere im Hinblick auf die Paradoxie des Dokumentierens von Bewerbungstrainings mit Personen, die schon längere Zeit arbeitslos sind und bei denen deshalb notgedrungen in erster Linie Misserfolge systematisch verschriftlicht werden. Strategisches Unterlassen ließe sich auch als Interventionsmethode im Förder-/Hilfeprozess systematisch als bestimmbare Phase im Handlungskreis zwischen oder innerhalb der Funktionen Planung, Umsetzung und Kontrolle einbinden.

Literatur

Arnold, H./Böhnisch, L./Schröer, W. (Hrsg.) (2005): Sozialpädagogische Beschäftigungsförderung. Lebensbewältigung und Kompetenzentwicklung im Jugend- und jungen Erwachsenenalter. Weinheim/München: Juventa.

Arnold, R./Gomez Tutor, C. (2007): Grundlinien einer Ermöglichungsdidaktik. Bildung ermöglichen – Vielfalt gestalten. Augsburg: Ziel.

Beck, U. (2007): Schöne neue Arbeitswelt. Frankfurt a. M.: Suhrkamp.

Beck, U./Beck-Gernsheim, E. (Hrsg.) (1994): Riskante Freiheiten. Individualisierung in modernen Gesellschaften. Frankfurt a. M.: Suhrkamp.

Bojanowski, A./Ratschinski, G./Straßer, P. (Hrsg.) (2005): Diesseits vom Abseits. Studien zur beruflichen Benachteiligtenförderung. Bielefeld: wbv.

Dressel, K./Plicht, H. (2006): Das neue Fachkonzept der Berufsvorbereitung und sein Einfluss auf die Übergangswege jugendlicher Ausbildungssuchender. Aus: Wirtschafts- und sozialpolitisches Forschungs- und Beratungszentrum der Friedrich-Ebert-Stiftung. Bonn, S. 48-58.

Füllsack, M. (2009): Arbeit., Wien: Facultas.wuv.

Göckler, R. (2009): Beschäftigungsorientiertes Fallmanagement. Betreuung und Vermittlung in der Grundsicherung für Arbeitsuchende (SGB II), Case Management in der Praxis. 3. Aufl. Regensburg: Walhalla.

Göckler, R. (Hrsg.) (2005): Fachkonzept „Beschäftigungsorientiertes Fallmanagement im SGB II". Abschlussfassung des Arbeitskreises. Handlungsempfehlung. Bundesagentur für Arbeit 4/2005.

Hosemann, W./Geiling, W. (2005): Einführung in die systemische Soziale Arbeit. Freiburg i. Br.: Lambertus.

Lau, F. (2008): Die Form der Paradoxie. Eine Einführung in die Mathematik und Philosophie der „Laws of Form" von G. Spencer Brown. 3. Aufl. Heidelberg: Carl-Auer.

Luhmann, N. (1994): Die Wirtschaft der Gesellschaft. Frankfurt a. M.: Suhrkamp.

Luhmann, N. (2002a): Die Politik der Gesellschaft. Frankfurt a. M.: Suhrkamp.

Luhmann, N. (2002b): Das Erziehungssystem der Gesellschaft. Frankfurt a. M.: Suhrkamp.

Maier, K. (Hrsg.) (2008): Soziale Arbeit in der „Krise der Arbeitsgesellschaft". Freiburg: FEL.

Michel-Schwartze, B. (Hrsg.) (2006): Methodenbuch Soziale Arbeit. Basiswissen für die Praxis. 2. Aufl. Wiesbaden: VS.

Schlieper-Damrich, R, Schulz, P., Netzwerk CoachPro (Hrsg.) (2006): Ermöglichungscoaching. Vom Klienten-Dompteur zum Entwicklungs-Arrangeur. Bonn: Manager Seminare.

Schönwälder-Kuntze, T./Wille, K./Hölscher, T. (2009): George Spencer Brown. Eine Einführung in die „Laws of Form". 2. Aufl. Wiesbaden: VS.

Sloterdijk, P. (2009): Du mußt dein Leben ändern. Über Anthropotechnik. Frankfurt a. M.: Suhrkamp.

Strauch, A./Jütten, S./Mania, E. (2009): Kompetenzerfassung in der Weiterbildung. Instrumente und Methoden situativ anwenden. Bielefeld: W. Bertelsmann.

Brigitta Michel-Schwartze

Kontinuum Beschäftigungsförderung: Beobachtungen einer Abhängigkeit

Vorbemerkung

Dieser Beitrag stellt quasi eine Vergegenständlichung von Kontingenz dar: Es könnte auch alles ganz anders (gewesen) sein.[1] Anlass für die folgende Explikation von Beobachtungen der Beschäftigungsförderung gaben Beobachtungen von Polarisierung in der Sozialen Arbeit zwischen mehr oder weniger (un-)kritischer „Mainstream-Sozialarbeit"[2] im Sinne eines „Neo-Liberalismus"[3] und begründeter Kritik an den sicht- und spürbaren Veränderungen der Sozialen Arbeit, die „involviert ist in den neoliberalen Umbau der Gesellschaft"[4].

Das Hilfesystem wird in dieser Perspektive funktionalisiert. Nun erscheint Beschäftigungsförderung als Kristallisationspunkt ökonomisch motivierter Entwicklungen in der Sozialen Arbeit. Folglich stellt sich die Frage, welche Bedeutung gerade Beschäftigungsförderung in der Sozialarbeit hat und hat-

---

[1] Unser Wissen kann ohnehin nur hypothetischen Charakter haben; vgl. von Glasersfeld 2003 und 2007, von Foerster 2007

[2] Roer 2009.

[3] Dahme/Wohlfahrt 2005.

[4] Roer 2009, S. 1.

te. Im Rahmen dieses Beitrags wird die Antwort in einem Blick auf Ausdifferenzierungen und Entwicklungslinien der Beziehung zum Politiksystem gesucht und gefunden, wobei Parallelen zu gegenwärtigen Prozessen erkennbar sind. Danach werden aktuelle politische Strategien sowie ihre Nebenwirkungen auf das Hilfesystem beobachtet. Das Fazit dieser Beobachtungen besteht in Überlegungen zu den Möglichkeiten des Hilfesystems, der hier skizzierten Funktionalisierung mit Eigengesetzlichkeit entgegen zu treten.

Beobachtungen sind bekanntlich Konstruktionen von Beobachtern[5]. Sie dienen als Operationen zur Gewinnung von Erkenntnis. Die vorausgegangenen Annahmen und die Interessegeleitetheit der Blicke auf die Vorder- und die Hinterbühne von Beschäftigungsförderung haben die durch Beobachtung gewonnenen Einblicke determiniert und zu den im Folgenden vorgestellten Einschätzungen geführt.

1. Die Genese von Beschäftigungsförderung

In ihrer Entstehungsgeschichte wie in der Gegenwart ist Soziale Arbeit strukturell eng an das Politiksystem, und zwar an das der Wirtschafts- und Sozialpolitik[6], gekoppelt.[7] Aus der strukturellen Kopplung an das Politiksystem folgern Funktionalisierungszumutungen an das Hilfesystem, die sich in der Beschäftigungsförderung beobachten lassen. Aus dieser Auftragslage

---

[5] Vgl. v. Glasersfeld 2007, Reich 1998

[6] Die getrennte Wahrnehmung der beiden Politikbereiche ist ein Artefakt, denn beide sind eng miteinander verbunden. Sozialpolitik dient dazu, Auswirkungen des Wirtschaftslebens zu kompensieren, ist somit der Wirtschaftspolitik subsumiert und supportiert sie; vgl. Dahme/Trube/Wohlfahrt 2009.

[7] Die von Kleve (2005) skizzierten Kopplungen an das Rechtssystem sowie an Massenmedien und soziale Bewegungen sollen hiermit nicht bestritten, sondern um eine relevante Dimension ergänzt werden.

ergeben sich zugleich Optionen und nutzbare Positionen, die als parasitäre Partizipation[8] beschrieben werden können.

Die Geschichte der Beziehung zwischen Hilfe- und Politiksystem lässt sich lesen als Unterstützungsfunktion der sozialen Hilfe *für* die Politik, insbesondere für die Wirtschaftspolitik, eine Unterstützung, die vor allem in Phasen steigender Bedarfe und in Krisen des Wirtschaftssystems eine spezifische Rolle einnimmt. Bereits der Beginn von Armenfürsorge ist gekennzeichnet durch ökonomische Bedarfe am Beginn eines sich ausdifferenzierenden Wirtschaftssystems. Armenarbeit hatte stets wichtige politische und wirtschaftliche Funktionen: So waren Arbeits- und Zuchthäuser zunächst gegründet worden „als Stätte der Arbeitsbeschaffung und Arbeitsförderung für alle Arbeitswilligen"[9] mit explizit wirtschaftsfördernden Aufgaben, bevor Zuchthäuser infolge polizeilicher Bettelbekämpfung ihren punitiven Charakter als Strafanstalt erhielten[10], sich aber gleichwohl durch die „produktive Verwendung der Arbeitskraft der Züchtlinge" sich wirtschaftlich zu tragen hatten.[11]

Das Politik-, aber auch das Wirtschaftssystem profitierten stets von der Produktivität von Armenarbeit, vor allem in Bedarfsschüben der Industrialisierung: durch Arbeitsbeschaffungen im Rahmen des Hamburger, des Elberfelder und des Straßburger Systems[12] in der Funktionalisierung für infrastrukturelle Maßnahmen wie den Chaussee- und Eisenbahnbau im 19. Jahrhundert[13] oder in den Notstandsarbeiten nach dem ersten Weltkrieg[14]. Spe-

---

[8] Zur systemtheoretischen „Parasitologie" vgl. Serres 1987, Baecker 1994.

[9] Sachße/Tennstedt, Bd. I, 1998, S. 116.

[10] Zur Neufunktionalisierung der Zuchthäuser trugen wesentlich die im 18. und 19. Jahrhundert geänderten Strafpraktiken der Gerichte durch Ausdifferenzierung des Rechtssystems bei; vgl. Foucault 1992.

[11] Vgl. ebda.

[12] Vgl. Schilling 2005, S. 35 ff.

[13] Der von Willke (2006, S. 239) thematisierte bemerkenswert hohe Grad von Komplexität des Wirtschaftssystems in jener Zeit lässt, in diesem Kontext betrachtet, noch andere Rückschlüsse auf die politische Steuerung (zur Beschäftigungsförderung) zu.

[14] Vgl. Burghardt 2005; Hering/ Münchmeier 2000, S. 30; Sachße/Tennsted 188 Bd. II. Die Verpflichtung zu so genannten Notstandsarbeiten, die der infrastrukturellen Entwicklung dienten (Erd- und Tiefbauarbeiten, Straßen- und Kanalbau, Flussbauten und Bahnanlagen) galt, vergleichbar der aktuellen Rechtslage, für alle Erwerbslosen-

zielle Formen der Armenfürsorge wie z.b. die Wohltätigkeit der Wohnungs-losenhilfe wurden mit sehr ähnlichen Inhalten und Zielen entwickelt.[15]

Die Funktionslogik des Hilfesystems resp. der Fürsorge basiert folglich seit ihrer Entstehung auf individueller Erwerbsarbeit und bestand damit, wenn-gleich unter verschiedenen Namen, schon immer in Beschäftigungsförde-rung. Das sozialpolitische Instrumentarium sowie die Maßnahmen zielten kontinuierlich auf (Re-) Integration Betroffener in den Arbeitsmarkt. Die Leistungen der Erwerbslosenfürsorge wurde bereits am Beginn einer Institu-tionalisierung von kommunaler Armen- und staatlicher Erwerbslosenhilfe zunehmend auf einen funktionierenden Arbeitsmarkt zugeschnitten. Den Systemimperativ beruflicher Reintegration versuchte die Fürsorge auch in Zeiten zu realisieren, in denen der Arbeitsmarkt nicht absorptionsfähig war.[16] Dieses paradoxe Strategie können wir seit den 90er Jahren erneut be-obachten.

2. Strategien des Politiksystems

Das Politiksystem operiert im Feld der Beschäftigungsförderung durch un-terschiedliche Strategien. Im Rahmen dieses Beitrags sollen drei Strategien kurz umrissen werden:

---

unterstützungsempfänger, sofern sie körperlich geeignet waren und keine kleinen Kinder zu versorgen hatten (vgl. Sachße/Tennstedt 1988, Bd. II).

[15] Vgl. Simon 2005. Spätere Theoriebildungen in der Sozialarbeit und in der Sozialpä-dagogik haben durch Präferierung einer individualpsychologischen Perspektive zu einer Bewusstseinsimprägnierung gegenüber der politischen Abhängigkeit geführt, die bis in die 70er Jahre des 20. Jahrhunderts reichte. Die dann einsetzende Politisie-rung der Sozialen Arbeit ist seit einer ökonomischen Funktionalisierung ab den 90er Jahren zugunsten eines Mainstreams der „Vermarktwirtschaftlichung" (Roer 2009) zurück getreten.

[16] Sachße/Tennstedt 1988, Bd. II, S. 216 f.

2.1 Die weitere Ausdifferenzierung

Das System der Politik hatte ab dem Merkantilismus die Entwicklung der Armenfürsorge reziprok mit der Arbeiterpolitik verknüpft durch den Abbau traditioneller Hindernisse sowie durch Gewerbefreiheit und Freizügigkeits-regelungen[17]. Eine weitere Ausdifferenzierung erfolgte nach dem ersten Weltkrieg durch die Trennung dieser beiden Teilfunktionen: für die Arbeiterpolitik wurde eine zentrale Institution eingerichtet und explizit vom kommunal organisierten Hilfesystem getrennt.[18] Die politische Steuerung differenzierte auf institutionellem Wege mit der Arbeitsvermittlung (und der verknüpften Arbeitslosenversicherung) eine bürokratische Koordinierung von Wirtschafts- und Sozialpolitik aus. Deren Funktion besteht in der Regulierung des Arbeitsmarktes, wobei ihre Steuerungsmöglichkeiten auf der Beschäftigtenseite weitaus größer sind als auf der Beschäftigungsseite.[19] Politiksystem und Rechtssystem haben machtvolle Eingriffsmöglichkeiten in das Wirtschaftssystem nicht vorgesehen.

Ein System ist permanent mit Selbstregulierungsprozessen beschäftigt, um ein Gleichgewicht im Sinne der Systemlogik zu erhalten.[20] Mit dem Ziel funktionslogischer Homöostasierung[21] hat nun das Politiksystem im Rahmen der so genannten Arbeitsmarktreform eine weitere Ausdifferenzierung vorgenommen. Die Differenzierung bezieht jenen Teil des Hilfesystems unter kommunaler Trägerschaft ein, der aufgrund seiner Behördenstruktur eine große Anschlussfähigkeit aufweist: An der Schnittstelle von Arbeitsagentur und Sozialamt wurden neue Institutionen auf kommunaler Ebene gebildet. Ihre Funktion besteht in der marktorientierten Steuerung jener Prozesse, die die beschäftigungsfördernden Aufgaben des Hilfesystems mit den vermit-

---

[17] Vergleichbare Strategien sind im Kontext der vermutlich noch nicht abgeschlossenen Arbeitsmarktreform zu beobachten.

[18] Vgl. Sachße/Tennstedt Bd. II. Die Trennung der Funktionen ermöglichte eine Teilung der Perspektiven auf Armut und auf Arbeitslosigkeit, verstellte damit den Blick auf Zusammenhänge und ermöglichte eine zunehmende Individualisierung.

[19] Vgl. SGB III passim.

[20] Vgl. Luhmann 1987.

[21] Die Homöostase zielte auf verbesserte Steuerungsoptionen im Rahmen staatlicher Aktivierungspolitik (vgl. Dahme/Wohlfahrt 2005).

telnden der Arbeitsagentur verbindet. Auf diese Weise ist ein Job-Center bzw. ArGe (= Arbeitsgemeinschaft) genanntes Konstrukt als Teilsystem entstanden, das der wirtschafts- und sozialpolitischen Funktionslogik der Arbeitsagentur unterliegt.[22]

2.2 Die adressatenorientierte Steuerung

Grundsätzlich lassen sich in hochentwickelten Gesellschaften trotz wachsenden Steuerungsbedarfs die Steuerungskapazitäten nicht steigern.[23] Autopoiesis und Selbstreferenz der Systeme setzen Steuerungsversuchen von außen ohnehin eine Grenze.[24] Die Steuerungsmöglichkeiten von Beschäftigungsförderung orientieren sich an der unterschiedlichen Adressabilität ihrer Kopplungssysteme. Soziale Adressen der Beschäftigungsförderung sind vorrangig jene Mitglieder der Gesellschaft, die nach langfristiger Arbeitslosigkeit keinen Zugang zum Arbeitsmarkt finden. Der fehlende Marktzugang, der wesentlich auf der mangelnden Absorptionsfähigkeit des Arbeitsmarktes insbesondere im Segment niedrig qualifizierter Tätigkeiten beruht, wird über das Konstrukt der mangelnden Vermittlungsfähigkeit auf dem Weg der Beschäftigungsförderung zu einem persönlichen Defizit generiert. Mangelnde Vermittlungsfähigkeit beruht in dieser Perspektive auf so genannten persönlichen Merkmalen, die angesichts aktueller regionaler Marktlagen keinen Erfolg von Vermittlungsbemühungen versprechen. Diese „Vermittlungshemmnisse" (=Nichtentsprechung unternehmerischer Erwartungen an Verfügbarkeit und Qualifikation) sind alters- und geschlechtsspezifisch ungleich verteilt bzw. werden nach Alter und Geschlecht unterschiedlich bewertet;[25] vor allem sind sie abhängig von der quantitativen Relation offener Stellen zur Bewerberlage und sie werden den Individuen als

---

[22] Vgl. SGB II; Michel-Schwartze 2008.

[23] Vgl. Willke 2006, S. 235.

[24] Vgl. Luhmann 1987, von Foerster 1999.

[25] Z.B. gelten Kinder bzw. Familie als Vermittlungshemmnis für Frauen, Krankheiten vor allem für Ältere.

persönliche Mängel zugerechnet, verstärkt durch länger andauernde Arbeitslosigkeit.[26]

Mit den persönlich zugerechneten „Defiziten" werden Verhaltensmerkmale verknüpft, die durch Beobachtung der Fachkräfte in allen Stationen der Beschäftigungsförderung gesammelt und bewertet werden. Die Bewertung des Verhaltens der Betroffenen entscheidet über die An- oder Aberkennung von Leistungs- und Förderungsansprüchen[27] oder Aktivierungszumutungen und damit über die Adressabilität. Die Zurechnung von bewertetem Verhalten und die Zuschreibung von positiv oder negativ bewerteten „Merkmalen" wird in eine an Defiziten orientierte Typologie als Bewertungsstruktur überführt.[28] Bei der Typenbildung handelt es sich folglich um Werturteile, die auf einer „Subjektivierung der Schuld an der Arbeitslosigkeit"[29] beruhen und die eine förderungsrelevante Prognose bezüglich der Zukunftschancen der Betroffenen einschließt.

Durch dieses Bewertungsverfahren wird das so genannte Creaming (=Bestenauslese) des Arbeitsmarktes in der Beschäftigungsförderung vertieft und verfeinert. Damit soll der besondere Beratungs- und Betreuungsbedarf der Betroffenen erkannt und in eine entsprechende Behandlung überführt werden, weil nach dem sozialtechnologischen Verständnis des Politiksystems und dessen Teilsystemen eine typengerechte „Aktivierung" zu dem angestrebten Resultat führen müsste.[30] Auch derartige Strategien der *Diskreditierung Betroffener* (als Verantwortliche für ihren nicht gelingenden Marktzugang) oder die mit einer Vermittlung einher gehende *verschärfte Zumutbarkeit* von Arbeitsbedingungen (jede Arbeit gilt grundsätzlich als zumutbar) haben Beispiele in der Geschichte der Ausdifferenzierung des

---

[26] Vgl. Göckler 2004; Michel-Schwartze 1995.

[27] Die vom Rechtssystem kodifizierten Leistungsansprüche bestehen vor allem in der so genannten Grundsicherung für bedürftige Langzeitarbeitslose. Die Kommunikation wird getragen von prinzipiellem behördlichem Misstrauen gegenüber Leistungsempfängern mit Unterstellungen/Beobachtungen von „Leistungsmissbrauch"; vgl. hierzu auch das SGB II, vor allem die im Kapitel 1 (§§ 1- 6 c) enthaltene Programmatik.

[28] Vgl. Göckler 2004; 2009.

[29] Ludwig-Mayerhofer/Behrend/Sondermann 2009, S. 166.

[30] Vgl. Göckler 2004, Göckler 2009, Ludwig-Mayerhofer/Behrend/Sondermann 2009, Maier 2008.

Politik- und Hilfesystems.[31] So wurden auch schon nach dem ersten Weltkrieg wegen zunehmender Struktur- und Dauerarbeitslosigkeit Prüfungen der Arbeitswilligkeit eingeführt, die Finanzierung neu geregelt und eine institutionelle Umstrukturierung der Zuständigkeiten durch eine neue gesetzliche Regelung[32] geschaffen. Derzeitig lassen sich infolge der Ausdifferenzierung der Systeme Strategien beobachten, die in verfeinerten Verfahren prozessiert werden und zu stärkerer Individualisierung tendieren. Orientierungspunkt aller Strategien in der Beschäftigungsförderung ist der (Arbeits-)Markt als Maßstab für gesellschaftliche Integration.[33]

Soziale Adressen der Beschäftigungsförderung sind außerdem die Mitglieder des Wirtschaftssystems, die über die Möglichkeit verfügen, Langzeitarbeitslose zu beschäftigen: lokale oder regionale Betriebe. Diese Adressaten stehen nicht in der gleichen Abhängigkeitsbeziehung zum Politiksystem. Deren Kooperationsbereitschaft im Sinne ihrer eigenen Sinnstruktur finden die ungleich größere Akzeptanz der sozialpolitischen Instanzen. Steuerungsversuche bzw. Kommunikationsmedien von Seiten der Beschäftigungsförderung können sich wegen der politisch und rechtlich supportierten Selbstreferenz des Wirtschaftssystems nur auf Anreize und auf Appelle beschränken.[34]

---

[31] Vgl. Sachße/Tennstedt 1988, Bd II, S. 94 ff.

[32] Ebda.

[33] Belege hierfür lassen sich in der relevanten rechtlichen Grundlage des SGB II und im Fachkonzept für das beschäftigungsorientierte Fallmanagement der Bundesagentur für Arbeit finden (zu dessen Realisierung vgl. Ludwig-Mayerhofer/Behrend/Sondermann 2009). Zugleich weist das Curriculum des Studiengangs „Beschäftigungsorientiertes Fallmanagement" der Hochschule der Bundesagentur für Arbeit auf entsprechende Bestrebungen zur beruflichen Sozialisation des Fachpersonals hin: Der Schwerpunkt liegt auf wirtschaftswissenschaftlichen Inhalten und Managementstrategien.

[34] Vgl. hierzu Göckler 2009, S. 132 ff.

2.3 Die Delegation von Aufgaben der Wirtschafts- und Sozialpolitik an das Hilfesystem der Beschäftigungsförderung

Die geringen Möglichkeiten der Kooperation mit den Mitgliedern des Wirtschaftssystems einerseits, die kaum von Sanktionen bedrohten Erträge aus Instrumenten der Beschäftigungsförderung andererseits haben den Effekt hervorgerufen, dass das Hilfesystem selbst den unternehmerischen Part übernimmt und auf diese Weise von Beschäftigungsförderung profitiert. Insbesondere viele Kommunen haben so genannte Beschäftigungsgesellschaften gegründet, in denen Langzeitarbeitslose in zum Teil dreistelliger Zahl arbeiten. Folglich operiert das Hilfesystem im Bereich der Beschäftigungsförderung sowohl im Auftrag der Wirtschafts- und Sozialpolitik als auch im eigenen Interesse als vermittelnde und als nutzende Instanz. In der Selbstreferenz des Hilfesystems verbinden sich Solidarität mit und Verantwortung für die Adressaten mit der Nutzenseite des Engagements.

Mit der Delegation der Aufgabe verbindet sich die Delegation der Selektions- bzw. Identifikationsmuster. Die dem Hilfesystem zugewiesene Klientel ist nach der Funktionslogik des Teilsystems der Job Center bereits einem bestimmten Typus von „Kunden" zugewiesen worden.

Nach dem „Fachkonzept für das beschäftigungsorientierte Fallmanagement" werden die potenziellen Klienten des Hilfesystems mit dem Ziel, eine „kompatible Kundendifferenzierung"[35] zu schaffen, vordefiniert. Nach dem Fachkonzept handelt es sich ausnahmslos um Personen, die durch geringe berufliche Qualifikation, zahlreiche Probleme und inadäquates Verhalten (d.h. nicht aktivierbar im Sinne des aktivierenden Sozialstaates) identifiziert werden können. Zu Verhalten und Lebensplanung nennt das Fachkonzept unter anderem die folgende Defizitdiagnose: „Brüche in den Lebens- und Erwerbsbiografien, instabile soziale Beziehungen, Kumulationen von personen- oder marktbedingten Vermittlungshemmnissen, marginalisierte Lebenszusammenhänge oder fatalistische Lebenseinstellungen nach lang an-

---

[35] Ebda, S. 3 und passim.

haltender Arbeitslosigkeit" seien zu erwarten; während in der Regel Arbeit „biografiekonform" angelegt sei, wird sie bei den „Kundengruppen" des Fallmanagements als „biografiediskrepant oder sogar biografiekonträr"[36] vorausgesetzt. Einige Seiten später wird ausgeführt: „Es kann unterstellt werden, dass die *Vermittlungshindernisse*, die der Aufnahme einer Ausbildung oder Arbeit im Wege stehen, in vielen Fällen in weniger günstigen Einstellungs- und Verhaltensmustern von Kunden begründet sind".[37] Derartige Zuschreibungen können für die Fachkräfte, die mit ihnen arbeiten, einen präskriptiven, zumindest suggestiven Charakter annehmen. Die Beobachtungen der Fachkräfte in den ArGen werden damit entsprechend justiert. Arbeitsvermittler und Fallmanager richten ihre Wahrnehmungs-, Deutungs- und Handlungsschemata, wie Ludwig-Mayerhofer/Behrend/ Sondermann (2009) in ihrer empirischen Studie beobachten, an den zugeschriebenen Defiziten aus.

In der strukturellen Kopplung mit der Wirtschafts- und Sozialpolitik und ihren Institutionen müssen die kommunizierten Klientenbeschreibungen partiell deren Rationalität zumindest nominell angepasst werden. So werden beispielsweise in Konzeptionen sozialer Träger Darstellungen von der Klientel bevorzugt, die deren Defizite in den Vordergrund stellen, um Finanzierungen für geplante Vorhaben zu erhalten.[38] In der Beschäftigungsförderung stellt sich die Frage der generalisierten Definition der Klientel neu. Hier wird eine nach wirtschafts- und sozialpolitischen Kriterien urteilende Sicht auf die so genannten Kunden an das Hilfesystem gegeben, damit dieses im Rahmen von Beschäftigungsförderung eine „Normalisierung" der Betroffenen produziert. Damit wird das Hilfesystem an der Defizitorientierung beteiligt. Grundsätzlich ist das System durch seine Selbstreferentialität vor ungefilterter Penetration geschützt.[39] Das Prinzip selektiver Information

---

[36] Ebda, S. 7.

[37] Göckler 2004, S. 17; Hervorhebung im Original. Der Begriff *Vermittlungshindernisse* entstammt, wie oben angedeutet, dem an Markterfordernissen orientierten Vokabular der Institution; die hier umrissene Deutung könnte als diskreditierende Operationalisierung dieses Terminus′ gewertet werden, die zugleich programmatischen Charakter hat.

[38] Vgl. Michel-Schwartze 2009.

[39] Vgl. Luhmann 1987.

als systemspezifische Selektion des von außen gegebenen Inputs als „In-Formation"[40] müsste vor der Übernahme delegierter Problembeschreibungen und Denkmuster bewahren.

Mit der Delegation von Aufgabe und Klientenleitbild wird das generelle Ziel des Teilsystems derzeitiger Wirtschafts- und Sozialpolitik delegiert: marktgängige Qualifikationen und Fähigkeiten zu produzieren und eine rasche Vermittlung auf dem ersten Arbeitsmarkt zu ermöglichen. Auch angesichts dieser Zielsetzung stellt sich für das Hilfesystem in vielen Fällen die Frage, ob Marktgängigkeit die angemessene Perspektive für Jede/n darstellt.

3. Beobachtete Nebenwirkungen

Beschäftigungsförderung wird grundsätzlich nach Marktlogiken sowie wirtschafts- und sozialpolitischen Rationalitäten prozessiert. Die enge strukturelle Kopplung des Hilfesystems führt nun, so die hier behauptete Beobachtung, durch selektive Information (im Sinne Baeckers, s.o.) und autopoietische Um-Deutung zu Anpassungsbewegungen in Form zunehmender Marktförmigkeit von Strukturen und Prozessen. Diese Entwicklung soll am Beispiel dreier Bereiche kurz skizziert werden:

3.1 Marktförmige Konkurrenz zu Betrieben der freien Wirtschaft

Kommunale Beschäftigungsgesellschaften und Beschäftigungsprojekte arbeiten nach den Mustern von Wirtschaftsunternehmen. Wenngleich Non-Profit-Unternehmen, operieren sie in (Rand-)Zonen des freien Marktes. Die

---

[40] Baecker 1999, S. 59 ff.; „In-Formation" ist nach Baecker also die nach systemimmanenter Logik vorgenommene Selbstinformation und funktionslogische Verarbeitung dieser Selbstinformation.

Logik der Konkurrenzen auf dem freien Markt führt nicht selten zu Klagen über drohenden Verdrängungswettbewerb von Seiten der Wirtschaftsunternehmen oder deren Interessenvertretungen. Je nach gewähltem Marktsegment entstehen Optionen von Anschlussfähigkeit. Das Hilfesystem kann über Kommunikation mit dem Wirtschaftssystem Kopplungsprozesse als Ereignisfolgen generieren, was wiederum auf dem Wege reflektierten Transfers in die eigene Struktur zu „Lernprozessen" im System führt und weitere Anpassungsprozesse zu evozieren geeignet ist. So können sich unternehmerische Denk- und Handlungsmuster im Hilfesystem ausdifferenzieren mit der Folge, dass sowohl Klientel als auch trägerinterne personelle Ressourcen unter utilitaristischer Perspektive bewertet werden.

3.2 Marktförmige Konkurrenzen unter den Trägern Sozialer Arbeit

Job Center und Arbeitsagenturen als Teilsysteme der Wirtschafts- und Sozialpolitik agieren als potente Auftraggeber für das Hilfesystem nach Marktgesetzmäßigkeiten. Im Sinne ihrer Methode des *beschäftigungsorientierten Fallmanagements*, einer strukturell devianten Form des Case Managements[41], operiert das Teilsystem auf der Systemebene (neben der Klientenebene), um eine funktionslogische Angebotsstruktur für Aktivierungsprozesse im Rahmen der Beschäftigungsförderung zu sichern. Als Auftraggebende legen die Institutionen die Rahmenbedingungen für die Angebote fest. Das gilt vor allem für so genannte Auftragsmaßnahmen. Die „freie Träger" genannten Mitglieder des Hilfesystems bewerben sich um diese Aufträge und stehen einander als Mitbewerber gegenüber. Die Kommunikation innerhalb des Hilfesystems wird in diesen Ereignisfolgen von Konkur-

---

[41] Vgl. Michel-Schwartze 2008.

renz geprägt, einer nicht auf Solidarität, sondern auf Koexistenz gegründeten Beziehung.[42]

3.3 Marktförmige Arbeitgeber-Attitüden

Mitglieder des Hilfesystems lassen sich, in Kriterien des Arbeitsmarktes übersetzt, in Arbeitgeber(kommunikation) und Arbeitnehmer(kommunikation)[43] unterscheiden. Außerhalb des Hilfesystems ist die Beziehung zwischen beiden Gruppen als längere konfliktträchtige Geschichte erzählbar, die mit der Entstehungsgeschichte des Hilfesystems dort zusammenfällt, wo Armen- und Arbeiterpolitik zunächst ungeteilt geführt wird (s. weiter oben), um später institutionell getrennt zu werden. Der Beginn der hier skizzierten Prozesse um Entwicklung von Marktförmigkeit im Hilfesystem markiert auch einen Prozess von fortschreitender Professionalisierung bei gleichzeitiger Abwertung der Profession durch ihre Arbeitsbedingungen. Während von den Fachkräften weit überwiegend eine Attraktivitätssteigerung durch Zusatzqualifikationen über den Studienabschluss verlangt wird, werden zugleich die Arbeitsbedingungen unattraktiver. Eine – zugegebenermaßen nicht sehr systematische – Beobachtung der Arbeitssituation von diplomierten Sozialarbeiterinnen und Sozialpädagogen durch Befragung und eine Analyse von Stellenanzeigen ergab, dass das Gros der Stellen im sozialen Bereich auf Teilzeitbasis und befristet besetzt wird sowie mit abgesenkter Vergütung einher geht. Gründe für diese Prozesse sind zahlreich und perspektivabhängig[44]. In der hier vertretenen Beobachtungsperspektive lässt sich zumindest ein zeitlicher Zusammenhang

---

[42] Das wird immer dort deutlich, wo beim Aufbau neuer, auf Kooperation fußender Projekte die Zusammenarbeit von Trägern aufgrund wechselseitigen Misstrauens nicht zustande kommt.

[43] Die Semantik dieses Beitrags führt dort zu konflikthaftem Gebrauch der Sprache, wo die Unterscheidung von purer Systemtheorie und der Beschreibung alltagsweltlicher Phänomenen schwer zu vereinen sind. In diesem Falle erfolgt der Rückgriff auf so genannte Sonderzeichen. Die geneigte Leserschaft möge mir diese Krücke verzeihen.

[44] Die wohl am häufigsten genannten Gründe werden angegeben mit der ökonomischen Situation der sozialen Einrichtungen, mit der Bewerberlage am Arbeitsmarkt und mit der Tatsache, dass Soziale Arbeit ein Frauenberuf sei und damit der geschlechtstypischen Schlechterstellung unterliege.

perspektive lässt sich zumindest ein zeitlicher Zusammenhang mit anderen hier skizzierten Marktstrategien feststellen.

4. Fazit

Die Penetration Sozialer Arbeit durch Wirtschafts- und Sozialpolitik scheint evident. Doch für den Transport von Sinn ergibt sich daraus keine Einbahn-straße. Das Verhalten eines penetrierenden Systems wird durch das aufneh-mende System mitbestimmt.[45] Mit dieser Aussage dürfte Luhmann mehr als bloßes Widerstandspotenzial gemeint haben. Selbstreferentialität besteht darin, nach Eigengesetzlichkeiten Informationen aufzunehmen und zu ver-arbeiten. Das Hilfesystem hat sich zu einem eigenen Funktionssystem der Gesellschaft ausdifferenziert.[46] Infolge eigener Perspektive und Informati-onsaufnahme sowie deren systemlogischer Verarbeitung verfügt das Hilfe-system über funktionsinterne Kriterien und über eine autopoietische Sinn-produktion. In seiner Selbstreferenz stehen dem Hilfesystem weitere Optio-nen zur Verfügung, die sich aus der Möglichkeit von Interpenetration erge-ben. Zwei Systeme – in diesem Falle Hilfe- und Politiksystem – können im Bereich ihrer Intersystembeziehung „sich wechselseitig dadurch ermögli-chen, dass sie in das jeweils andere ihre vorkonstituierte Eigengesetzlichkeit einbringen"[47].

Die Beschäftigungsförderung als großer und tradierter Überschneidungsbe-reich von Hilfe- und Politiksystem bietet zu einer Intersystembeziehung im Luhmannschen Sinne einen fruchtbaren Boden. Die Eigengesetzlichkeit des Hilfesystems kann und könnte auf allen Ebenen der Kommunikation vermit-telt werden.

---

[45] Vgl. Luhmann 1987.

[46] Vgl. Baecker 1994.

[47] Luhmann 1987, S. 290.

Literatur

Baecker, Dirk (1994): Soziale Hilfe als Funktionssystem der Gesellschaft. *Zeitschrift für Soziologie*, Jg. 23, H. 2, April, S. 93 – 110.

Baecker, Dirk (1999): Organisation als System. Frankfurt a. M.: Suhrkamp.

Bielefelder Arbeitsgruppe 8 (Hrsg.) (2008): Soziale Arbeit in Gesellschaft. Wiesbaden: VS Verlag.

Bundesagentur für Arbeit (BA): Analytikreport der Statistik 04/2008.

Dahme, Hans-Jürgen/Wohlfahrt, Norbert (Hrsg.) 2005: Aktivierende Soziale Arbeit: Theorie – Handlungsfelder – Praxis. Baltmannsweiler: Schneider Hohengehren.

Dahme, Hans-Jürgen/Wohlfahrt, Norbert (2005): Sozialinvestitionen: zur Selektivität der neuen Sozialpolitik und den Folgen für die Soziale Arbeit. In: dies. (Hrsg.), S. 6 – 20.

Foerster, Heinz von (1999): Sicht und Einsicht: Versuche zu einer operativen Erkenntnistheorie. Reihe Konstruktivismus und systemisches Denken. Heidelberg: Auer Verlag.

Foerster, Heinz von (2007): Das Konstruieren einer Wirklichkeit. In: Watzlawick (Hrsg.), S. 39 – 60.

Foucault, Michel (1977): Überwachen und Strafen: Die Geburt des Gefängnisses. stw 184. am Main: Suhrkamp.

Glasersfeld, Ernst von (2007): Einführung in den radikalen Konstruktivismus. In: Watzlawick (Hrsg.), S. 16 – 38.

Göckler, Rainer (Hrsg.) (2004): Fachkonzept „Beschäftigungsorientiertes Fallmanagement im SGB II". Abschlussfassung des Arbeitskreises.

Göckler, Rainer ([3]2009): Beschäftigungsorientiertes Fallmanagement: Betreuung und Vermittlung in der Grundsicherung für Arbeitsuchende (SGB II) Case Management in der Praxis. Regensburg: Walhalla.

Hollstein-Brinkmann, Heino/ Staub-Bernasconi, Silvia (Hrsg.) (2005): Systemtheorien im Vergleich: Was leisten Systemtheorien für die Soziale Arbeit? Versuch eines Dialogs. Wiesbaden: VS Verlag.

Kleve, Heiko (2005): Der systemtheoretische Konstruktivismus: Eine postmoderne Bezugstheorie Sozialer Arbeit. In: Hollstein-Brinkmann/Staub-Bernasconi (Hrsg.), S. 63 – 92.

Ludwig-Mayerhofer, Wolfgang/Behrend, Olaf/Sondermann, Ariadne (2009): Auf der Suche nach der verlorenen Arbeit: Arbeitslose und Arbeitvermittler im neuen Arbeitsmarktregime. Konstanz: UVK.

Luhmann, Niklas (1987): Soziale Systeme: Grundriß einer allgemeinen Theorie. stw 666. Frankfurt a. M.: Suhrkamp.

Maier, Konrad (2008): Krise des Erwerbssystems – Krise der Arbeitsgesellschaft? In: Maier, Konrad (Hrsg.): Soziale Arbeit in der Krise der Arbeitsgesellschaft. FEL Unterrichtsmaterialen. Lehrbücher. Band 1. Freiburg i.Br.: FIVE.

Michel-Schwartze, Brigitta (1995): Beratung gegen Resignation: zur Praxis der sozialen Beratung von Langzeitarbeitslosen. Kritische Texte: aktuell. Bielefeld: KT Verlag.

Michel-Schwartze, Brigitta (2008): Die strukturelle Devianz des beschäftigungsorientierten Fallmanagements: Wie viel Case Management steckt im Fallmanagement? In: Müller/Ehlers, S. 66 – 86.

Michel-Schwartze, Brigitta (2009): Konzeptionsentwicklung als Steuerungsmethode. In: Michel-Schwartze, S. 293 – 316.

Michel-Schwartze, Brigitta (Hrsg.) (2009): Methodenbuch Soziale Arbeit: Basiswissen für die Praxis. 2. Aufl. Wiesbaden: VS Verlag.

Müller, Matthias/Ehlers, Corinna: Case Management als Brücke. Reihe Praxis, Theorie, Innovation Band IV. Berliner Beiträge zu Bildung, Gesundheit und Sozialer Arbeit. Berlin/Milow/Strasburg: Schibri Verlag.

Reich, Kersten (1998): Die Ordnung der Blicke. Perspektiven des interaktionistischen Konstruktivismus. Band I: Beobachtungen und die Unschärfen der Erkenntnis. Neuwied et al.: Luchterhand.

Roer, Dorothee (2009): Soziale Arbeit und Sozialpolitik. Der Beitrag der Mainstream-Sozialarbeitswissenschaften zur (Ent-?)Politisierung der Profession. Vortrag, gehalten anlässlich der Jahrestagung der Deutschen Gesellschaft für Soziale Arbeit am 28. und 29.11.2008 in Jena.

Sachße, Christoph/Tennstedt, Florian (^{2}1980): Geschichte der Armenfürsorge in Deutschland. Band 1 und Band 2 (1988). Stuttgart/Berlin/Köln: Kohlhammer.

Schilling, Johannes (^{2}2005): Soziale Arbeit: Geschichte, Theorie, Profession. München/Basel: Reinhardt.

Serres, Michel (1987): Der Parasit. Frankfurt a. M.: Suhrkamp.

Simon, Titus (2005): Aktivierende und repressive Strategien: Nichts (völlig) Neues in der Wohnungslosenhilfe. In: Dahme/Wohlfahrt (Hrsg.), S. 150 – 159.

Trube, Achim (2005): Casemanagement als Chancemanagement? Zur ambivalenten Professionalisierung Sozialer Arbeit im aktivierenden Sozialstaat. In: Dahme/Wohlfahrt, S. 88 – 99.

Wacquant, Loic (2009). Bestrafen der Armen: zur neoliberalen Regierung der sozialen Unsicherheit. Opladen/Farmington Hills: Barbara Budrich.

Watzlawick, Paul (Hrsg.) (2007): Die erfundene Wirklichkeit: Wie wissen wir, was wir zu wissen glauben? Beiträge zum Konstruktivismus. 2. Aufl. München. Zürich: Piper.

Willke, Helmut (2001): Systemtheorie III: Steuerungstheorie. 3. Aufl. Stuttgart: Lucius & Lucius.

Willke, Helmut (2005): Systemtheorie II: Interventionstheorie. 4., bearbeitete Aufl. Stuttgart: Lucius & Lucius.

Willke, Helmut (2006): Systemtheorie I: Grundlagen. 7., überarb. Aufl. Stuttgart: Lucius & Lucius.

Reinald Faß

Steuerung von Hilfesystemen

Ein systemtheoretisches Paradoxon?

1. Einleitung

Der Gedanke einer zielgerichteten Steuerung sozialer Systeme kam mit der Entstehung der Systemtheorie Niklas Luhmanns[1] in arge Bedrängnis. Durch die von Luhmann postulierte Autonomie in der Sinnkonstruktion sozialer Systeme sollen Steuerungen von außen nur mit Einwilligung des zu steuernden Systems in Handlungen umsetzbar sein. Erfolgt diese nicht, so bleiben Steuerungsversuche wirkungslos.

Auf der anderen Seite hat sich in Deutschland seit den 90er Jahren das aus den USA stammende Konzept des Case Managements[2] (CM) etabliert, das

---

[1] Vgl. Luhmann 1987.

[2] Vgl. zu Konzepten des CM in Deutschland z.b. Wendt 2008 oder Neuffer 2009. Allerdings erfreut sich auch der Begriff CM einer ziemlichen Beliebtheit und wird oft verwendet, ohne dass in jedem Fall auch bei kritischer Betrachtungsweise wirklich von CM gesprochen werden kann. In dieser Arbeit sollen daher unter Case Management nur diejenigen Konzepte verstanden werden, die den Einzelfall mit seinen individuellen Bedürfnissen und seinem daraus resultierenden auf ihn spezifisch zugeschnittenen Erfordernissen von Hilfe- und Unterstützungsleistungen im Fokus haben und die damit die Hilfe- und Unterstützungsleistungen fallbezogen nach den individuellen Bedürfnissen des Einzelfalls erheben, planen und zuordnen, so dass nicht allein das verfügbare Angebot sondern vielmehr die Erfordernis des Einzelfalls die benötigte Hilfeleistungen bestimmt. Vgl. dazu Faß 2009, S. 130 ff.

neben der Steuerung der Fälle an sich (Fallsteuerung) auch die Steuerung[3] der Hilfebereitstellung, d.h. des Hilfesystems[4] (Systemsteuerung) einfordert. Betrachtet man nun systemtheoretisch[5] diese Forderungen, so kommt man schnell zu der Frage, ob der steuerungsbezogene Anspruch des Case Managements überhaupt realisierbar ist, oder ob, anders ausgedrückt, der Steuerungsanspruch des Case Managements lediglich eine Fiktion darstellt.

Im Folgenden soll daher der Frage nachgegangen werden, ob sich System-theorie und Steuerungsanspruch tatsächlich, so wie im Untertitel signali-siert, ausschließen und damit ein steuerungstheoretisches Paradoxon konsti-tuieren, oder ob trotz der systemtheoretisch postulierten Autonomie sozialer Systeme dennoch wirksame Möglichkeiten zu deren Steuerung bestehen.

2. Steuerungserfordernisse am Beispiel des Case Managements

Ein Case Management im Rahmen der zuvor gemachten Begriffsbestim-mung muss als eine wesentliche Aufgabe sicherstellen, dass Hilfeleistungen sich auch tatsächlich am konkreten Bedarf des Einzel-Falls orientieren. Da-

---

[3] Unter Steuerung soll in dieser Arbeit nun ein bewusstes, zielgerichtetes Handeln ei-nes Steuernden verstanden werden, durch das der Adressat der Steuerung zu einem bestimmten Verhalten (Tun oder Unterlassen) gebracht werden soll. Systemtheore-tisch gesprochen hat Steuerung die Intention, die Selektion bestimmter Handlungsop-tionen im zu steuernden System wahrscheinlicher (oder unwahrscheinlicher) zu ma-chen. Vgl. dazu z.B. Luhmann 1987, S. 399 ff. oder Baecker 1999.

[4] Der Terminus ‚Hilfesystem' (d.h. die Gesamtheit aller Hilfe leistenden sozialen Sys-teme) ist, obwohl oft verwendet, nicht ganz unproblematisch. Dazu müsste ein sol-ches ‚Hilfesystem' gegen seine Systemumwelt eindeutig abgrenzbar sein (vgl. dazu z.B. Simon 1988, S. 95) und eine von der Umwelt unterscheidbare Sinnkonstruktion aufweise (vgl. dazu z.B. Luhmann 1987, S. 92 ff.). Dies lässt sich aber bei den An-bietern von vom CM genutzten Hilfeleistungen in der Praxis nicht oder nur schwer-lich vollziehen, so dass eher von strukturell gekoppelten Organisationssystemen aus-zugehen ist. Vgl. dazu auch Faß 2009, S. 161 ff.

[5] Diese Arbeit legt dabei die Systemtheorie Niklas Luhmanns zugrunde ohne zu ver-kennen, dass es auch andere systemtheoretische Ansätze (z.B. Mario Bunge) gibt.

her wurde bewusst die Abgrenzung vorgenommen, dass Hilfeleistungen alleine aus dem vorhandenen Repertoire heraus nicht den Anforderungen eines echten Case Managements entsprechen. In diesem Fall würde das, was als Hilfe geleistet werden kann, sich aus der „Optik der Programme"[6] heraus bestimmen und nicht am tatsächlichen Bedarf des Falls.

So flexibel wie auch immer sich Hilfeleistungen selbst darstellen, so darf nicht übersehen werden, dass eine individuell zugeschnittene Hilfeleistung stets mit einem deutlichen (Mehr-)Aufwand verbunden ist, als wenn sie quasi ‚von der Stange' angeboten würde. Und Aufwand ist bei jeder organisierten Hilfe eine nicht wegzudiskutierende Größe. Hilfe bekommt damit – zumindest zu einem erkennbaren Teil – die Eigenschaften einer Ware, die einen Aufwand verursacht und die daher in Konsequenz auch einen Preis hat. Und die hilfeerbringenden Organisationssysteme handeln – auch hier wieder zumindest zum Teil – nach wirtschaftlichen Maximen. Auch eine Non-Profit-Organisation[7] kann ihre eigene Reproduktion nur durch Einnahmen aus ihren Tätigkeiten sicherstellen und hat daher das daraus folgende Interesse, die hilfeleistenden Tätigkeiten in einem Umfang zu halten, der ein Fortbestehen sicher gewährleisten kann. Jede Entscheidung gegen eine Hilfe (oder deren Beendigung oder Reduzierung) hat damit auch automatisch eine Entscheidung über den Zugang von Reproduktionsmittel zur Folge. Aussagen vor allem aus Untersuchungen zur der Kinder- und Jugendhilfe, die sich über unnötige Verlängerung oder Verkürzung von Hilfeleistungen beklagen, illustrieren, dass sich auch Non-Profit-Organisationen nicht wirtschaftlichen Überlegungen entziehen können.[8]

---

[6] Luhmann 1973, S. 33; Luhmann verweist schon sehr früh darauf, dass organisierte Hilfe sich verselbstständigen kann und sich so aus dem Blickwinkel der ‚vorprogrammierten Hilfe' heraus bestimmt, welchen Notlangen abgeholfen werden kann. Der Ansatz des Case Management stellt, konsequent umgesetzt, hier eine Abkehr von einer eher angebotsorientierten Hilfe hin zu einer wirklich sich am konkreten Bedarf bemessenden Hilfe dar.

[7] Der aus dem amerikanischen übernommene Begriff ist eigentlich irreführend, denn nach deutschem Steuerrecht ist das „Profit machen" gemeinnützigen (dieser deutsche Begriff passt besser) Organisationen nicht verwehrt; es ist lediglich u.a. untersagt, Gewinnanteile an Mitglieder auszuschütten und unverhältnismäßig hohe Begünstigung zu gewähren; siehe dazu §§ 52, 55 u. 58 der Abgabenordnung (AO).

[8] Vgl. dazu z.B. Hinte 2002, Merten 2002 oder Schäfer 2002.

Case Management kann daher nicht *automatisch* davon ausgehen, dass von den Hilfeanbietern *genau das* bereitgestellt und das geleistet wird, was der konkrete Einzelfall tatsächlich benötigt. Die logische Konsequenz aus dieser Feststellung ist die Notwendigkeit, hier steuernd einzugreifen zu müssen. Auf der Fallebene, um sicherzustellen, dass Hilfe tatsächlich nach den individuellen Erfordernissen geleistet wird, statt ‚von der Stange'[9] und auf der Systemebene, um die Bereitstellung genau solcher Angebote von Hilfe einzufordern, die die von der Fallebene benötigte Anpassungsfähigkeit an den konkreten Fallbedarf überhaupt zulassen. Case Management muss also Hilfeleistungen sowohl auf der Fall- als auch auf der Systemebene steuern. Die Inhalte dieser Steuerungen sind auf der Fallebene im Bereich von Anpassungsleistungen der Hilfe an den Bedarf des konkreten Einzelfalls wie auch in Vernetzungsleistungen (wie z.B. der Informationsaustausch mit dem Case Management und der Vernetzung mit anderen parallel oder vorher/nachher stattfindenden Hilfen) zu suchen. Auf der Systemebene geht es dagegen um die Bereitstellung flexibel anpassbarer Hilfen, die überhaupt erst die zuvor beschriebene Anpassung an den Einzelfall ermöglichen. Zudem müssen Verfahren etabliert werden, Erkenntnisse aus der Inanspruchnahme von Hilfen in die Definition des Bedarfs zukünftiger Hilfen einfließen zu lassen.[10]

3. Steuerungsmöglichkeiten aus Sicht der Systemtheorie

Während zuvor die Steuerungsbedürfnisse des Case Managements kurz skizziert wurden, soll es im Folgenden um die prinzipiellen Möglichkeiten zur Steuerung von im Bereich der Hilfeleistung vorzufindenden Organisationssystemen gehen. Die Systemtheorie setzt – zumindest in der Fassung von Niklas Luhmann – diesem Steuerungsintentionen indes enge Grenzen. Ist daher die gezielte Steuerung an sich autonomer Organisationssysteme

---

[9] Vgl. dazu z.B. das „Stuttgarter Modell" der Erziehungshilfen bei Stiefel 2002.

[10] Vgl. dazu die Vorschläge des Verfassers (Faß 2009, S. 224 ff.).

ein in der Praxis nicht leistbares Unterfangen oder bieten sich hier auch systemtheoretisch betrachtet praktikable Handlungsoptionen, mit denen der zuvor skizzierte Steuerungsbedarf gedeckt werden kann?

3.1 Autonomieaspekte sozialer Systeme

Niklas Luhmann hat in seiner Theorie Sozialer Systeme[11] vor allem deren Autonomie betont, die vor allem daher komme, dass es an der Systemgrenze (zur Umwelt) zu keinerlei direktem Kontakt, zu keinerlei direktem Austausch mit der Umwelt kommen würde: "Soziale Systeme, die ihre Umwelt bzw. etwas in ihrer Umwelt beobachten, gewinnen [...] keinen unmittelbaren Kontakt zu ihrer Umwelt. [...] Vielmehr wird unter Beobachtung eine *systeminterne* Operation verstanden. Beobachtung ist somit immer eine *Konstruktion* eines Systems."[12] Ein soziales System kann daher nur als Steuerung gedachte Signale seiner Umwelt beobachten und muss diesen zunächst systemkompatiblen Sinn zuweisen. Und je nach dem Ergebnis dieser Sinnzuweisung kann dann erst überhaupt das derart ‚umgeformte' Umweltsignal Gegenstand von Entscheidungen des sozialen Systems werden. Und diese ‚umgeformten Beobachtungen' sind, wie es schon im o.a. Zitat ausgedrückt wird, stets nur Konstruktionen des Systems und schon keine objektiven Abbildungen von so etwas wie Realität.[13] Luhmann kennzeichnet dies wie folgt: "Informationsverarbeitende Systeme sind [...] operativ geschlossene Systeme. Das heißt nicht zuletzt, daß sie sich systemintern um eine aktive Rolle im Verhältnis zu ihrer Umwelt bemühen müssen. Die Umformung von irritierenden Signalen in Informationen kann deshalb nicht als eine bloße Verlängerung der Umweltveränderungen im System verstanden werden. Es handelt sich nicht um eine rein passive Aufnahme von Umweltveränderungen durch das System. Kein operativ geschlossenes System könnte von

---

[11] Vgl. Luhmann 1973.

[12] Kneer/Nassehi 1993, S. 98.

[13] Dies verweist auf konstruktivistische Grundannahmen der Systemtheorie; vgl. dazu z.B. Herwig-Lempp 1987.

einer strikt passiv begriffenen Kognition leben und auf eine aktive Rolle gegenüber seiner Umwelt (in anderen Worten: auf Willen) verzichten. Der systeminterne Gewinn von Informationen ist immer auch mitbestimmt durch Rücksicht auf das, ‚was man damit anfangen kann‘. Informationsselektionen erhalten damit immer auch ein volitives Moment."[14] Die systeminterne Verarbeitung von als Steuerung intendierten Signalen der Umwelt hängt damit zentral von den Fragen ab, wie das System operieren will, was seine Absichten und Pläne für seine Existenzsicherung darstellen, also was aus Sicht des Systems ‚Sinn‘ macht. Und so kann es durchaus sein, dass eine Vertragsstrafe, die als Steuerungsinstrument dazu gedacht war, gewisse Handlungen zur Vermeidung eben dieser Strafzahlung vorzunehmen, systemintern schon im Voraus eingeplant wird, da die zu Vermeidung führende Handlung als aufwendiger und damit unattraktiver eingeschätzt wird.[15] Einem Umweltsignal (Vertragsstrafe) wurde damit systemintern Sinn zugewiesen und dies führte zu Entscheidungen und damit zu Handlungen, die aber nicht den Intentionen des (von außen) Steuernden entsprachen. Jedes Signal der Umwelt, will es die Systemgrenze passieren, muss daher diesen Umwandlungsprozess durchmachen: "Sinnsystemen ist zwar im Prinzip alles zugänglich, aber alles nur in der Form von Sinn. Universalität heißt auch in dieser Hinsicht nicht Ausschließlichkeit. Aber alles, was in der Welt der Sinnsysteme rezipiert und bearbeitet werden kann, muß diese Form von Sinn annehmen; sonst bleibt es momenthafter Impuls, dunkle Stimmung oder auch greller Schreck ohne Verknüpfbarkeit, ohne Kommunikabilität, ohne Effekt im System."[16] Luhmann kommt damit aus seiner Sicht folgerichtig zum Entschluss, dass soziale Systeme gegenüber ihrer Umwelt völlig autonom agieren und daher Steuerung lediglich eine Fiktion bleibt, die durch die zuvor skizzierte Sinnzuweisungserfordernis systemintern stets anders interpretiert werden kann, als dies zuvor systemextern intendiert war.[17]

---

[14] Luhmann 1996, S. 4.

[15] Vgl. auch die ausführlichere Darstellung des Verfassers (Faß 2009, S. 122).

[16] Luhmann 1987, S. 97 f.

[17] Portele kommt daher zum Schluss, dass damit alle denkbaren Entscheidungen eines sozialen Systems autonom sind (s. Portele 1989, S. 205 f.)

3.2 Möglichkeiten und Grenzen der Steuerung von „außen"

Die zuvor beschriebenen Umformungsprozesse von Umweltsignalen zu systemintern verarbeitbarem Sinn machen daher als Steuerung gedachte Interventionen schwierig: "Interventionen sind möglich, aber ihre Erfolge sind ungewiss. Je nachdem, welcher Akteur in welcher Konstellation in welches System hinein interveniert, ist alles möglich: von direkter, linearer Wirkung über Indifferenz bis zum Bewirken des genauen Gegenteils der beabsichtigten Wirkung."[18]

Systemtheoretisch müsste damit die Fiktion einer ‚linearen' Steuerung sozialer Systeme aufgegeben werden. Aus diesen Überlegungen heraus findet sich in der Literatur zumeist der Begriff der ‚Kontextsteuerung'[19], bei der zunächst die systeminterne Sinnkonstruktion analysiert wird und dann Steuerungen so gesetzt werden, dass sie die Rahmenbedingungen (Umweltbedingungen) so gestalten, dass auch unter Berücksichtigung der systeminternen Sinnzuweisung erwartet werden darf, dass die Entscheidungen des Systems in die intendierte Richtung gehen. Damit lässt sich zumindest innerhalb eines groben Rahmens Steuerung bewerkstelligen, ohne aber dabei eine Garantie zu haben, dass die Entscheidungen des Systems stets im gewünschten Sinne erfolgen. Dennoch meinen z.B. Mayntz/Scharpf, dass selbst in der Politik mit einer solchen Steuerung Resultate erzielbar sind.[20] Die Möglichkeit zur Steuerung sozialer Systeme scheint also nur in den von ihren Wirkungen her stets risikobehafteten Methode der Kontextsteuerung zu bestehen. Steuerung ist daher wenn, dann stets nur indirekt möglich. Eine direkte, lineare Steuerung scheint so nur im Bereich der Fiktion zu bestehen.

---

[18] Willke 2005, S. 9; vgl. auch Baecker 1999, S. 153.

[19] Vgl. Reis/Schulze-Böing 1998, S. 20 oder Willke 2001, S. 230.

[20] "Aber reagieren nicht Funktionssysteme höchst sensibel – und oft auch in durchaus vorhersehbarer Weise – auf politische Entscheidungen, die Recht setzen und die Zufuhr oder den Entzug von Geld bewirken?" (Mayntz/Scharpf 2005, S. 2).

4. Über Luhmann hinausgehende Steuerungs-optionen

Die zuvor beschriebene Reduktion von Steuerung sozialer Systeme auf in ihrer Wirkung eher ungewisse Kontextsteuerung kann indes zumindest in Teilen aufgebrochen werden, wenn neben Luhmann auch weitere Ansätze herangezogen werden, die die Luhmannsche Systemtheorie aus Sicht des Verfassers weiterentwickelt haben. Hierzu zählen vor allem die Arbeiten von Björn Kraus und Helmut Willke.

4.1 Björn Kraus: Instruktive und destruktive Steuerung

Kraus trifft in Abkehr vom ‚Autonomiepostulat' sozialer Systeme[21] die höchst nachvollziehbare Unterscheidung zwischen instruktiver und destruktiver Macht.[22] Instruktive Macht oder Kontrolle ist der Versuch zur Erwirkung erwünschter Verhaltensweisen durch, wie schon die Namensgebung aussagt, Instruktionen, also für das zu steuernde System interpretationsbedürftige (mit Sinn zu belegende) Signale aus der Umwelt. Instruktive Macht ist daher zur Durchsetzung prinzipiell von der Einwilligung (des damit adressierten Systems) abhängig.

Davon abzugrenzen ist jedoch die destruktive Macht und Kontrolle, bei der der Ausübende die Handlungs*möglichkeiten* des Adressaten reduzieren kann – destruktive Macht kann also ansonsten selektierbare Handlungsalternativen destruieren. Kraus zeigt dies plastisch an dem Beispiel auf, in dem jemand (Alter) auf einen Anderen (Ego) eine Waffe richtet.[23] Geht es Alter

---

[21] Vgl. Kap. 3.1.

[22] Vgl. dazu Kraus 2003 und Kraus 2007. Vgl. dazu auch die ausführlichere Darstellung des Verfassers (Faß 2009, S. 108 ff.).

[23] Kraus 2003, S. 88. Kraus führt im Weiteren aus, dass mit dem Konstrukt von instruktiver und destruktiver Macht der wesentliche Kritikpunkt der ‚Machtblindheit' systemtheoretischer und konstruktivistischer Ansätze widerlegt werden kann, denn mit diesem Konstrukt ist auch das Vorenthalten materieller und immaterieller Güter

darum, Ego zu einer bestimmten Handlung zu bewegen, bleibt ihm trotz seiner Waffe nur instruktive Macht, denn letzten Endes entscheidet Ego autonom, ob er der Forderung nachkommen will (oder die Konsequenzen in Kauf nimmt bzw. sich über diese nicht im Klaren ist). Die beabsichtigte Wirkung des Alter entfaltet sich mithin nur durch Einwilligung von Ego. Geht es hingegen Alter lediglich darum, Ego am Verlassen (oder Betreten) des Ortes zu hindern und setzen wir voraus, dass Alter auch seine Waffe einsetzen wird, bedarf es nicht mehr der Einwilligung von Ego. Alter kann so mittels destruktiver Macht (zumindest) diese Handlungsalternativen von Ego destruieren.

Auf das Case Management übertragen ist somit die Forderung nach qualitativer Leistungsverbesserung einer Hilfe stets nur instruktiv möglich. Die entsprechende destruktive Alternative wäre dann z.B. der Entzug der Beauftragung bzw. die Übertragung der Hilfeerbringung an einen Wettbewerber. Der Hilfeanbieter muss im ersten Fall stets einwilligen, während im zweiten Fall es keiner Einwilligung bedarf. Auch Systemsteuerung im Case Management hat auf diese Weise stets eine ‚destruktive Option'. Es ist dabei aber festzuhalten, dass destruktive Macht lediglich Handlungsoptionen ausschließen, nicht aber den Adressaten zu bestimmten Handlungen veranlassen kann. Wie die beiden o.a. Beispiele zeigen, besteht allerdings im Ausschluss bestimmter Handlungsoptionen eine hohe Gewissheit der Zielerreichung.

Instruktive Macht hingegen erfordert, wie es ja auch schon die Systemtheorie hinreichend dargestellt hat, stets die Einwilligung des Adressaten. Eine Erreichung des mittels instruktiver Machtausübung angestrebten Ziels ist daher niemals sicher, da in diesem Fall zuvor eine autonome Entscheidung des Adressaten erforderlich ist, und diese hängen bei autonomen (operativ geschlossenen) Systemen stets davon ab, wie die aus ihrer Sicht von der Umwelt stammenden ‚Machtimpulse' systemintern interpretiert werden.

---

diesem Konstrukt ist auch das Vorenthalten materieller und immaterieller Güter (z.B. Bildung) als Machthandeln der Gesellschaft (oder einzelner Funktionssysteme darin) erklärbar. Die Freiheit des Einzelnen zur autonomen Entscheidung zwischen Handlungsoptionen ist so nur noch im Rahmen der noch vorhandenen Alternativen möglich (die durch destruktive Macht deutlich begrenzt werden können) – siehe S. 97 ff.

Wie an dem an Kraus angelehnten Beispiel mit der Waffe ersichtlich, besteht zwar eine hohe Wahrscheinlichkeit, dass auch eine Aufforderung, sein Bargeld herauszugeben (=instruktive Macht), mit hoher Wahrscheinlichkeit befolgt wird, indes kann man sich aber dessen nie sicher sein, da auch eine Verweigerung mit einer Vielzahl weiterer Anschlusshandlungen (weglaufen, um Hilfe rufen, sich auf den Räuber stürzen …) denkbar ist.

Beide Varianten sind aber auch in Kombination einsetzbar, z.B. die Aufforderung nach Qualitätssteigerung von Hilfeleistungen (instruktiv) in Verbindung mit der Androhung des Entzugs der Beauftragung (destruktiv) bei Nichtbefolgen. Der Hilfeanbieter hat zwar auch in diesem Fall die autonome Entscheidung, allerdings mit deutlich reduzierten Alternativen. Wobei in diesem Fall es für die Entscheidung wesentlich sein wird, wie ernsthaft die Androhung des Beauftragungsentzugs eingeschätzt wird.

Als Zwischenergebnis kann damit festgehalten werden, dass mittels destruktiver Macht eine Steuerung sozialer (und psychischer) Systeme insofern möglich ist, da auf diese Weise Handlungsalternativen reduziert werden können. Noch konkreter: Destruktive Macht kann bestimmte Verhaltensweisen verhindern. Destruktive Macht alleine kann jedoch keine (gewünschten) Verhaltensweisen erzeugen, da dies nur mittels instruktiver Macht möglich ist, die wiederum stets die Einwilligung des Adressaten erfordert. Destruktive Macht hat somit ontologische Qualität, sie existiert auch ohne soziale Prozesse (die Einwilligung des Adressaten). Instruktive Macht hingegen ist ein soziales Phänomen, sie wirkt nur dann, wenn der Adressat einwilligt – z.B., weil dieser dem ‚Mächtigen' die zur Durchsetzung erforderliche Macht zuschreibt.[24]

---

[24] Siehe obiges Beispiel mit der Aufforderung zur Qualitätsverbesserung: Neben Überlegungen des Hilfesystems über Sinnhaftigkeit der (instruktiven) Forderung wird für die Entscheidung zum Befolgen dieser Forderung auch von Relevanz sein, ob dem ‚Forderer' auch tatsächlich zugeschrieben wird, die Drohung der Auftragsentziehung (destruktiv) wahr zu machen. Dies ist aber wie schon der Begriff aussagt, eine Zuschreibung des Hilfesystems aufgrund dessen eigener Wirklichkeitskonstruktion.

4.2 Helmut Willke: Steuerungsmedien

Willke erweitert die systemtheoretische Betrachtungsweise der Steuerung von Organisationssystemen durch den Begriff der Steuerungsmedien. Hierbei unterscheidet er zwischen Macht, Geld und Wissen.[25] Macht ist für ihn ein „... Modus der Einflussnahme, deren Besonderheit in der Verweisung auf die Möglichkeit physischer Gewaltanwendung ...“[26]. Da wo diese in letzter Konsequenz (z.B. vermittels des Rechtssystems) möglich ist, kann machtbasierte Steuerung Systemverhalten determinieren, wohingegen (Wirtschafts-)Organisationen laut Willke keine Macht ausüben können, da sie eine „... geldbasierte Sprache, nicht aber eine machtbasierte"[27] sprechen und so immer die Möglichkeit offen lassen, sich der geldvermittelten Steuerung zu entziehen. Eine Ausnahme hiervon lässt Willke nur dann gelten, wenn geldbasierte Steuerung die Bedrohung mit existenziellen Notlagen konstituieren, so dass diese „... faktisch wie physische Gewaltanwendungen"[28] wirken. Geld als ein zentrales Medium materieller Steuerung kann damit sowohl (in Ausnahmenfällen) destruktiv als auch instruktiv wirken.

Aus Sicht des Verfassers ist aber eine mehr generelle Unterteilung in materielle und immaterielle Steuerungsmedien sinnvoller, da sich eine solche Unterscheidung gut in die zuvor dargestellte Differenzierung zwischen instruktiver und destruktiver Macht einfügen lässt. Durch die Kombination von materiellen in immateriellen Steuerungsmedien und destruktiven und instruktiven Steuerungswirkungen ist es nun möglich, eine in vier generelle Macht- (Steuerungs-)optionen unterteilbare Darstellung der (externen) Einflussnahmen auf das Systemverhalten zu entwickeln.

---

[25] Siehe Willke 2001, S. 150 ff.

[26] Ebda, S. 166.

[27] Ebda, S. 165.

[28] Ebda.

4.3 Steuerungsoptionen aus Sicht einer „erweiterten Systemtheorie"

Die zuvor bereits angesprochene Kombination der weiterführenden Ansätze von Kraus und Willke lässt sich dann grafisch zu einer in vier Felder gegliederten Matrix der Steuerungsoptionen sozialer Systeme aufbereiten. Mit der Unterscheidung der Steuerungsmedien von materiell und immateriell und deren Wirkungen in destruktiv und instruktiv erhält man auf diese Weise die verfügbaren Steuerungsoptionen sozialer Systeme:

	MEDIUM		
	materiell: Reproduktionsgüter	**immateriell (kognitiv):** Wissen, Informationen	
destruktive **Macht:** Reduktion von Alternativen	**Ziel:** Verhinderung von Handlungen **Maßnahmen:** Wegnahme, Vorenthaltung von Gütern	**Ziel:** Verhinderung von Wissen / Partizipation **Maßnahmen:** Vorenthaltung von Informationen	**Adressat:** **passiv** (Unterlassen) keine Einwilligung erforderlich
instruktive **Macht:** Einwirkung auf Handlungen / Einstellungen	**Ziel:** Veränderung von Handlungen **Maßnahmen:** Belohung, Bestrafung, bzw. deren Ankündigung	**Ziel:** Veränderung von Einstellungen / Handlungen **Maßnahmen:** Forderungen, Normen, Vorbilder, Rituale	**Adressat:** **aktiv** (tun, denken) Einwilligung erforderlich

Abb. 1: Matrix der Steuerungsoptionen sozialer Systeme

Die Folgerung der Systemtheorie, dass aufgrund der nur systemintern erfolgenden Sinnkonstruktion eine prinzipielle Steuerungsunabhängigkeit sozialer Systeme resultiert, ist daher unter Einbezug der Erkenntnisse von destruktiver und instruktiver Macht zumindest deutlich relativiert. Die völlige Unabhängigkeit sozialer Systeme bei ihrem Verhalten auf Einflüsse aus ihrer Umwelt, wie noch Luhmann sie vehement vertrat, kann damit als überzogene Interpretation der Autopoiesis verworfen werden. Wie aber Kraus bei seinem Theorem der instruktiven Macht verdeutlicht hat, ist bezüglich der aktiven Handlungs- und Einstellungsdetermination (d.h. Tun statt Unterlassen), die Mitwirkung des Adressaten nach wie vor erforderlich. Insofern bleibt es hier bei dem systemtheoretischen Problem, dass soziale Systeme sich der direkten Kontrolle ihrer aktiven Handlungen entziehen.

Allerdings ist auch eine ‚nur‘ instruktive Steuerung vor allem dann wirksam, wenn es gelingt, Steuerungssignale an der (antizipierten) Sinnkonstruktion des adressierten Systems ‚anzudocken‘. Willke verdeutlicht diesen ‚Mechanismus’ mit folgender Aussage: "Gehe nicht von deinen eigenen Absichten und Vorstellungen von Veränderung aus, sondern versetze dich in die Lage des zu verändernden Systems, transportiere dessen Eigenlogik und lass es die gewünschten Veränderungen bewirken."[29] Mit anderen Worten: Wenn Steuerungsaktionen gegenüber sozialen Systemen an deren Sinnkonstruktion anknüpfen, vergrößert sich so die Wahrscheinlichkeit, dass die Interpretation dieser durch die Systemumwelt verursachten Störungen eher im intendierten Sinn des Steuernden vorgenommen und in Handlungen umgesetzt werden. Eine instruktive Steuerung sozialer Systeme erfordert also quasi als Wirksamkeitsvoraussetzung die Beschäftigung mit dem Sinnsystem des zu steuernden Systems. Instruktive Steuerung ist daher nur als „Kontextsteuerung"[30] denkbar, so dass statt dem Versuch einer direkten Einwirkung in das System, das Steuern „… Bedingungen setzt, an denen sich das zu steuernde System in seinen eigenen Selektionen orientieren kann, und im gelingenden Fall im eigenen Interesse orientieren wird."[31] Dies hat insbesondere dann immer eine besonders hohe Erfolgswahrscheinlichkeit, wenn die Kontextbedingungen sich an den Selektionsmechanismen der systemischen Autopoiesis orientieren. Kontextsteuerung hat damit keine

---

[29] Willke 2005, S. 7.

[30] Vgl. z.B. Willke 2001, S. 194 f.; Willke 2005, S. 89 oder Brülle 1998, S. 65.

[31] Willke 2001, S. 194 f.; Willke gibt hierzu auch ein plastisches Negativ-Beispiel für Steuerungsversuche ohne Berücksichtigung des Kontextes: Die Androhung von Höllenstrafen gegenüber einem Atheisten (s. ebda).

andere Alternative, als die spezifische Sinnkonstruktion sozialer Systeme zu berücksichtigen und entsprechende Impulse setzen. Bei Organisationssystemen des Wirtschaftssystems sind daher geldbasierte Kontexte wirksamer als moralbasierte[32], während es z.B. im Religionssystem eher umgekehrt sein dürfte.

Die eingangs gestellte Frage, ob aufgrund der vielfach dargestellten „Steuerungs-Resistenz" sozialer Systeme das Case Management bezüglich seiner systemsteuernden Absichten mit einem ‚Steuerungs-Paradoxon' konfrontiert ist, kann daher nun beantwortet werden: Systemsteuerung ist auch aus systemtheoretischer Sicht möglich und leistbar. Sie darf nur nicht als ‚1:1-Steuerung' erwartet werden, wo jeder Steuerungsimpuls direkt und unmittelbar in Systemhandlungen (quasi als „triviale Maschine") umgesetzt wird. Steuerung von Hilfesystemen ist vielmehr vor allem instruktive Steuerung, wo gezielt Kontextbedingungen der zu steuernden Systeme so verändert werden, dass die betroffenen Systeme im Rahmen ihrer Eigensteuerung sich in die gewünschte Richtung bewegen. Die Steuerung sozialer Systeme bedarf damit der sorgsamen Analyse derjenigen Bedingungen, wie die zu steuernden Systeme ihre Umwelt beobachten und daraus systemintern verarbeitbaren Sinn konstruieren. Durch destruktive Steuerungseingriffe können zudem unerwünschte Handlungsoptionen der zu steuernden Systeme ausgeschlossen oder zumindest reduziert werden, so dass hiermit noch ein weiteres Steuerungsinstrument bei der Beeinflussung des Verhaltens von Hilfesystemen zur Verfügung steht.

---

[32] Es sei denn, der moralbasierte Kontext würde als Reduzierung von Marktchancen interpretiert und so doch wieder geldbasiert umgedeutet.

5. Grundsätzliche Anmerkungen zur Steuerung sozialer Systeme

5.1 Destruktive Steuerung als ‚ultima ratio'

Auch wenn zur Steuerung sozialer Systeme mit der zuvor beschriebenen Option der destruktiven Steuerung ein durchaus machtvolles Instrument zur Verfügung steht, zumindest ansonsten mögliche Handlungsalternativen des zu steuernden Systems auszuschließen, so darf nicht verkannt werden, dass derartige Eingriffe in die Autonomie sozialer Systeme nicht folgenlos bleiben werden. Selbst destruktive immaterielle Steuerungen durch Vorenthalten von Informationen über ansonsten zumindest theoretisch denkbaren Handlungsalternativen laufen stets Gefahr, früher oder später doch noch vom Steuerungsadressaten erkannt zu werden. Ihre Wirkung haben sie dann zwar intentionsgemäß entfaltet, aber es ist unschwer anzunehmen, dass eine Organisation die Erkenntnis, Adressat derartiger Steuerung gewesen zu sein, für nachfolgende Entscheidungen berücksichtigen wird, sei es, indem Alternativen zur Kooperation mit dem zuvor destruktiv Steuernden gesucht werden, sei es, indem durch Vernetzung mit anderen Organisationen versucht wird, künftig ‚Informations-Embargos' durch Informationsgewinnung über andere Kanäle zu umgehen. Destruktive Steuerung kann daher nur die ‚ultima ratio' der Steuerung darstellen und muss in ihren möglichen Folgen vor einem potenziellen Einsatz wohl überlegt werden.

Die Steuerung im instruktiven Bereich birgt im Vergleich dazu deutlich geringere Risiken für die künftige Zusammenarbeit mit dem zu steuernden System, wenn sie auch dafür deutlich geringere Erfolgsaussichten beinhaltet. Der mögliche Ausweg, die systeminterne Sinnkonstruktion so weit als möglich zu ergründen und in den Steuerungsaktivitäten an diesen ‚anzudocken', erfordert zunächst eine intensive Beschäftigung mit dem künftig zu steuernden sozialen System. Vor allem dann, wenn es sich um zeitlich stabile Austauschbeziehungen handeln soll[33], ist es zunächst höchst sinnvoll, so etwas wie einen gemeinsamen Sinnbezug herzustellen, oder anders ausgedrückt, die Sinnkonstruktionen der einzelnen Systeme strukturell zu koppeln.[34] Eine derartige ‚Systembildung' erschafft zwar immer noch nicht ein einheitliches ‚Hilfesystem'[35], kann aber ganz wesentlich dazu beitragen, dass zumindest grundsätzliche Positionen, wie z.b. die prinzipielle Zielsetzung der zu leistenden Arbeit, miteinander geteilt werden. Dies verhindert nicht Entscheidungen von Organisationen dieses ‚Hilfesystems', sich konträr zu Erwartungen des Steuernden (z.b. des Jugendamtes) zu verhalten, unterstützt aber deutlich eine weitgehend einheitliche Grundausrichtung der einzelnen Hilfeleistungen.[36]

5.2 Andockung an Sinnkonstruktionen und doppelte Kontingenz

Auch das von Luhmann dargestellte Prinzip der doppelten Kontingenz[37] im Zusammenhang von Kommunikationen erweist sich aus Sicht des Verfassers für das Feld von Steuerungen ebenfalls als virulent: Wenn aufgrund von doppelter Kontingenz der ‚gesteuerte' Alter antizipiert, dass Ego sich ‚steuerungstechnisch' an seinen eigenen Sinnkonstruktionen ‚andockt' und dass Ego ebenfalls antizipiert, dass Alter sich seiner sinnbezogenen ‚Andockversuche' bewusst ist, kann dies zwar eine generelle Unsicherheit von

---

[33] Beispiele sind hierfür u.a. die Einrichtungen der Kinder- und Jugendhilfe, der beruflichen Integrationsarbeit wie auch Unterstützungsangebote im Bereich Schulden, Sucht, chronische Krankheiten, Pflege usw.

[34] Luhmann benützt dafür den Begriff der „Interpenetration" (Luhmann 1987, S. 289 ff.). Vgl. dazu auch Kämper/Schmidt, die strukturelle Kopplungen innerhalb von Netzwerken beschreiben (Kämper, Schmidt 2000).

[35] Vgl. dazu Anm. 4 und ausführlicher Faß 2009, S. 161 ff.

[36] Zum möglichen Vorgehen bei der Systembildung vgl. Faß 2009, S. 171 ff. Vgl. dazu auch andere Modelle bei Mennemann oder Löcherbach (Mennemann 2006, Löcherbach 2007).

[37] Vgl. Luhmann 1987, S. 148 ff.

Ego bewirken, ob seine Steuerung die gewünschte Wirkung zeitigt und bei Alter Zweifel auslösen oder hier seitens Ego manipulativ gearbeitet wird, allerdings bleibt Ego bei instruktiven Steuerungen auch keine andere Wahl. Wenn Steuerungsadressaten als soziale (oder psychische) Systeme nur dann Umwelteinflüsse (wie z.b. Steuerungsversuche) systemintern verarbeiten können, wenn diese systembezogen eine sinnbasierte Verarbeitung zulassen, muss eine Steuerung mit Aussicht auf Wirksamkeit gerade diese ‚Andockarbeit' leisten, um zum zu steuernden System ‚durchzudringen'. Die Unsicherheit, ob dies auch gelingt, bleibt damit aber weiter bestehen. Andererseits ist auch das Risiko kontingent, dass das zu steuernde System die ‚Andockversuche' als Manipulation bewertet und damit nicht die eigentlich intendierte Sinnzuweisung leistet. Auch hierzu gibt es keine Möglichkeit, dies vom Prinzip her bei der Steuerung zu vermeiden, denn, wie bereits Luhmann hierzu treffend ausgesagt hat, ist Aufrichtigkeit (also die Mitteilung, dass eben keine Manipulation intendiert wird) „inkommunikabel".[38] Eine Lösung ergibt sich hierbei systemtheoretisch wie auch praktisch nur durch eine Verstetigung der Steuerungskommunikation, was die Bildung von Erwartungen bei Alter begünstigt, wie Ego sich bei seinen Steuerungen verhält und andererseits bei Ego die Reaktionen von Alter auf seine Steuerungen erwartbarer macht.[39]

5.3 Zusammenfassung

Die von Luhmann entworfene rigide Auffassung der völligen Autonomie sozialer Systeme muss also deutlich relativiert werden. Da soziale Systeme hier vor allem Organisationssysteme zur Bewerkstelligung ihrer Autopoiesis mit ihrer Umwelt interagieren müssen, sind sie darauf angewiesen, ihre Interaktionen und damit die sie begründenden Entscheidungen so zu gestalten, dass sie im Kern ihren Fortbestand gewährleisten können. Dies bedeutet,

---

[38] Vgl. Luhmann 1987, S. 207.

[39] Aus Sicht des Verfassers ist z.B. mit dem Postulat der ‚authentischen Führung' bzw. Steuerung u.a. auch gemeint, Führungshandeln für die Geführten erwartbar zu machen und so die jeder Führung innewohnende doppelte Kontingenz zu reduzieren.

dass ein Organisationssystem, dass sich z.B. auf die Bereitstellung von Dienstleistungen in der Kinder- und Jugendhilfe oder in der beruflichen Integrationsarbeit spezialisiert hat, seinen Fortbestand nur dadurch sichern kann, dass die bereitgestellten Dienstleistungen den zumeist öffentlichen Nachfragern (Jugendämter, Grundsicherungsträger und Arbeitsagenturen) im Austausch gegen Reproduktionsgüter (Geld) angeboten werden. Dies bedingt damit ein – zumindest grundsätzliches – ,Sich-zugänglich-Machen' für Steuerungsaktivitäten dieser Nachfrager. Auch wenn im Detail auch andere Entscheidungen des Organisationssystems möglich sind, als die durch Steuerungsaktivitäten intendierte, so besteht doch grundsätzlich eine Abhängigkeit von den Nachfragern, die durch ihre Bereitstellung von Geld im Austausch mit bezogenen Dienstleistungen alleine die Voraussetzungen für den Fortbestand gewährleisten können. Und es ist nun die ,Kunst' des Steuernden, seine Steuerungsmittel so zu wählen, dass sie eine möglichst große Chance auf eine systeminterne ,Übersetzung' (Sinnbelegung) in der Art aufweisen, dass die darauf folgenden Entscheidungen des so adressierten Organisationssystems das zum Gegenstand haben, was mit der Steuerung bezweckt wurde. Nichts Anderes ist mit der gewählten Begrifflichkeit des ,Andockens' an die systeminterne Sinnkonstruktion gemeint. Und gerade Steuerungen, die auf längerfristige und damit zentral mit dem Fortbestand des adressierten Organisationssystems verbundene Effekte setzen, haben daher eine weit größere Chance auf Übernahme als eher kurzfristig wirkende Effekte wie (finanzielle) Boni oder Strafzahlungen. Ein durchaus bemerkenswertes Beispiel für solche anzustrebenden Steuerungen illustriert Stiefel bei der Darstellung des ,Stuttgarter Modells' in der Kinder- und Jugendhilfe, wo sie beschreibt, dass Hilfeanbieter (Organisationssysteme) bei Erreichung einer vordefinierten Quote von Qualitätsmerkmalen ihrer Arbeit eine automatische Verlängerung ihrer Beauftragung erhalten, während bei Unterschreitung dieser Quote die Leistung neu ausgeschrieben wird.[40] Ein finanzieller Bonus hätte hingegen lediglich systeminterne (und damit eher nicht voraussagbare) Abwägungen bewirkt, ob der mit der Erreichung der Qualitätsvorgaben verbundene Aufwand in einem als günstig bewerteten Verhältnis zum ausgelobten Bonus bzw. Malus steht und könnte somit durchaus zu Entscheidungen führen, eben nicht die Qualitätsvorgaben ein-

---

[40] Vgl. Stiefel 2002.

zuhalten und dafür lieber auf den Bonus zu verzichten bzw. den Malus hinzunehmen. Ist hingegen mit der Erreichung der Qualitätsvorgaben eine weitere Planungssicherheit (Vertragsverlängerung) verbunden, hat diese systemintern ein ganz anderes Gewicht und damit weitaus größere Chancen auf korrespondierende Systementscheidungen.

Mit den zudem stets bestehenden Optionen der destruktiven Steuerung zusammen verfügt das Case Management damit durchaus über Möglichkeiten, das Verhalten von Sozialen Systemen (Organisationssysteme als Hilfebereitsteller) im Sinne einer am konkreten Bedarf der Klienten ausgerichteten Hilfeleistung zu beeinflussen. Trotz aller Unwägbarkeiten bei der Anwendung instruktiver Steuerungsoptionen kann damit ein ‚Steuerungsdilemma‘ deutlich relativiert, wenn nicht sogar verneint werden.

Literatur

Baecker, Dirk (1999): Organisation als System. Frankfurt a. M.: Suhrkamp.
Brülle, Heiner (1998): Sozialplanung und Verwaltungssteuerung. Dienstleistungsproduktion in der kommunalen Sozialverwaltung. In: Reis, Claus/Schwabe, Mathias (Hg.): Planung und Produktion sozialer Dienstleistungen. Die Herausforderung "neuer Steuerungsmodelle". Berlin: edition sigma, S. 83–103.
Faß, Reinald (2009): Helfen mit System. Systemsteuerung im Case Management. Marburg: Tectum.
Herwig-Lempp, Johannes (1987): Soziale Systeme existieren. Stimmt's? Stimmt nicht. *DELFIN*, Jg. 5, H. IX, S. 5–10. Online verfügbar unter http://systemagazin.de/bibliothek/texte/herwiglempp-sozialesysteme.pdf.
Hinte, Wolfgang (2002): Fälle, Felder und Budgets. Zur Rezeption sozialräumlicher Ansätze in der Jugendhilfe. In: Merten, Roland (Hrsg.): Sozialraumorientierung. Zwischen fachlicher Innovation und rechtlicher Machbarkeit. Weinheim: Juventa, S. 91–126.
Kämper, Eckard; Schmidt, Johannes F.K. (2000): Netzwerke als strukturelle Kopplung. Systemtheoretische Überlegungen zum Netzwerkbegriff. In: Weyer, Johannes (Hg.): Soziale Netzwerke. Konzepte und Methoden der sozialwissenschaftlichen Netzwerkforschung. München/Wien/Oldenbourg, S. 211–235.
Kneer, Georg; Nassehi, Armin (1993): Niklas Luhmanns Theorie sozialer Systeme. Eine Einführung. München: UTB.

Kraus, Björn (2003): "Instruktive Macht" vs. "Destruktive Macht". ein neuer Lösungsweg im Streit um die Machtmetapher. (Das gepfefferte Ferkel, September 2003). Online verfügbar unter http://www.ibs-networld.de/altesferkel/juli-2003-kraus-macht.shtml, zuletzt geprüft am 21.04.2008.

Kraus, Björn (2007): Soziale Arbeit – Macht – Hilfe und Kontrolle. Die Entwicklung und Anwendung eines systemisch-konstruktivistischen Machtmodells. In: Kraus, Björn/Krieger, Wolfgang (Hrsg.): Macht in der Sozialen Arbeit. Interaktionsverhältnisse zwischen Kontrolle, Partizipation und Freisetzung. Lage: Jacobs, S. 79–102.

Löcherbach, Peter (2007): Leitprinzipien der Vielfalt ja – Beliebigkeit nein. *Case Management*, Jg. 4, H. 1, S. 20–25.

Luhmann, Niklas (1973): Formen des Helfens im Wandel gesellschaftlicher Bedingungen. In: Otto, Hans-Uwe/Schneider, Siegfried (Hrsg.): Gesellschaftliche Perspektiven der Sozialarbeit. 2 Bände. Hier: Bd.1, Neuwied: Luchterhand, S. 21–43.

Luhmann, Niklas (1987): Soziale Systeme. Grundriß einer allgemeinen Theorie. 1. Aufl., [Nachdr.]. Frankfurt a. M.: Suhrkamp.

Luhmann, Niklas (1996): Entscheidungen in der Informationsgesellschaft. Online verfügbar unter: http://www.fen.ch/texte/gast_luhmann_informationsgesell schaft.htm, zuletzt geprüft am 14.03.2008.

Mennemann, Hugo (2006): Case Management auf der Systemebene – Aufbau von Netzwerken. *Case Management*, Jg. 2, H. 1, S. 12–17.

Merten, Roland (2002): Sozialraumorientierung im Widerstreit zwischen fachlicher Innovation und rechtlicher Machbarkeit. In: Merten, Roland (Hg.): Sozialraumorientierung. Zwischen fachlicher Innovation und rechtlicher Machbarkeit. Weinheim: Juventa, S. 9–17.

Neuffer, Manfred (2009): Case Management. Soziale Arbeit mit Einzelnen und Familien. 4. überarb. Aufl. Weinheim, München: Juventa.

Portele, Gerhard (1989): Autonomie, Macht, Liebe. Konsequenzen der Selbstreferentialität. 1. Aufl. Frankfurt a. M.: Suhrkamp.

Reis, Claus/Schulze-Böing, Matthias (1998): Einleitung: Neue Steuerungsmodelle für die Planung und Produktion sozialer Dienstleistungen. Folgerungen aus einem produktiven Mißverständnis. In: Reis, Claus/ Schwabe, Mathias (Hrsg.): Planung und Produktion sozialer Dienstleistungen. Die Herausforderung "neuer Steuerungsmodelle". Berlin: edition sigma, S. 9–31.

Schäfer, Georg (2002): Realisierung der Sozialraumorientierung: Praktische Perspektiven. Beispiel der Stadt Celle/Bundesmodell INTREGRA/ Projektverlauf und Veränderungen in der Praxis. In: Merten, Roland (Hrsg.): Sozialraumorientierung. Zwischen fachlicher Innovation und rechtlicher Machbarkeit. Weinheim: Juventa, S. 69–87.

Simon, Fritz B. (Hrsg.) (1988): Lebende Systeme. Wirklichkeitskonstruktionen in der systemischen Therapie. Berlin: Springer.

Stiefel, Marie-Luise (2002): Reform der Erziehungshilfen in Stuttgart. In: Merten, Roland (Hg.): Sozialraumorientierung. Zwischen fachlicher Innovation und rechtlicher Machbarkeit. Weinheim: Juventa, S. 55–67.

Wendt, Wolf Rainer (2008): Case Management im Sozial- und Gesundheitswesen. Eine Einführung. 4., überarb. Aufl. Freiburg im Breisgau: Lambertus.

Willke, Helmut (2001): Systemtheorie III: Steuerungstheorie. Grundzüge einer Theorie der Steuerung komplexer Sozialsysteme. 3., bearb. Aufl. Stuttgart: Lucius & Lucius.

Willke, Helmut (2005): Systemtheorie II: Interventionstheorie. Grundzüge einer Theorie der Intervention in komplexe Systeme. 4., bearb. Aufl. Stuttgart: Lucius & Lucius.

Stefan Hannen/Thomas Krestel

Konstruktivistische Entwicklungszusammenarbeit

Eine „Impulstheorie" für intersystemische Kooperationen

1. Entwicklung – Begriffsbestimmung

Der Begriff Entwicklung wird inflationär gebraucht, ohne sich darüber im Klaren zu sein, was damit eigentlich gemeint sein könnte. Jeder will Entwicklung und die Wortbedeutung scheint so offensichtlich, dass ein umfassender Diskurs ausbleibt. Der Begriff wird je nach anvisiertem Nutzen unterschiedlich definiert und verwendet und bietet gerade dadurch, dass er zumindest im westlichen Kulturkreis emotional positiv belegt ist, Raum für Missbrauch.[1] Einigkeit besteht lediglich darin, dass Entwicklung irgendetwas mit sozialem Wandel zu tun hat.

Bei der Analyse von Entwicklungsdefinitionen lassen sich Tendenzen der Grundhaltung und die damit verbundenen Intentionen von Entwick-

---

[1] Kabou betont, dass der Begriff in Afrika gerade nicht positiv belegt ist, da mit dem Begriff Rückständigkeit betont und die Notwendigkeit der Bevormundung assoziiert wird: „Man kann also nicht genug wiederholen, dass sich Afrika bereits durch den Begriff der Entwicklung gedemütigt vorkommt." (Kabou 1993, S. 48).

lungsorganisationen herausarbeiten. Die Autoren möchten einen möglichst praktikablen Versuch machen, um den Begriff Entwicklung, wie er ihrem Grundverständnis und ihrer Haltung entspricht, inhaltlich zu präzisieren:

Entwicklung ist, nach dem Willen der betroffenen Gesellschaft (Gemeinschaft), zielgerichteter, sozialer Wandel, der auf der Basis lokaler Ressourcen zu einer Vergrößerung personaler, sozialer und ökonomischer Kompetenzen beiträgt.

In der Entwicklungszusammenarbeit stehen sich Akteure unterschiedlicher Kulturkreise gegenüber, die bestimmte Erwartungen und Interessen auf der Grundlage des eigenen Wertesystems bezüglich Entwicklung haben.

Die (individuelle) Lebenswelt entsteht in Relation zu kollektiven, intersubjektiv verhandelten Wirklichkeitskonstruktionen der Gesellschaft/ Gemeinschaft, in der die Sozialisation und Enkulturation stattgefunden hat und stattfindet. Wir nennen diese kollektiven, intersubjektiv verhandelten Wirklichkeitskonstruktionen Bedeutungsstruktur. Wenn wir im Folgenden von „*lokaler*" Bedeutungsstruktur reden, meinen wir die kollektiven, intersubjektiv verhandelten Wirklichkeitskonstruktionen der Hilfeempfänger. Der lokale Kooperationspartner in der Entwicklungszusammenarbeit ist in diese eingebunden. Wenn wir von „*westlicher*" Bedeutungsstruktur reden, meinen wir die kollektiven, intersubjektiv verhandelten Wirklichkeitskonstruktionen des Hilfegebers. Der westliche Kooperationspartner in der Entwicklungszusammenarbeit ist dem entsprechend in diese eingebunden.

Bedeutungsstrukturen bedingen Kognitionen und Normen, die wiederum das emotionale Erleben, Handeln, Verhalten, Wahrnehmen und Beobachten steuern. Nach der oben angeführten Definition ist Entwicklung nur auf der Basis der lokalen Bedeutungsstruktur möglich.

2. Bedingungen sozialen Wandels

In diesem Abschnitt möchten wir darauf eingehen, was die Voraussetzungen für sozialen Wandel sind. Insbesondere werden dabei die Konsequenzen für die Gestaltung interkultureller Kooperationen in der Entwicklungszusammenarbeit aufgezeigt.

Um den Prozess sozialen Wandels zu beschreiben, greifen wir auf Giddens strukturierungstheoretisches Modell zurück. Strukturierung wird als aktiver Prozess sozialen Wandels verstanden, der ein Resultat der vorgegebenen Struktur (status quo) und der Interaktion der sich darin befindlichen Akteure ist.[2] Die Bedeutungsstruktur bedingt die Handlungen der Individuen und individuelle Handlungen verändern Struktur. Giddens bezeichnet das als „Dualität der Struktur"[3]. In diesem Modell eines sozialen Systems werden drei Ebenen sozialer Konstanten unterschieden.

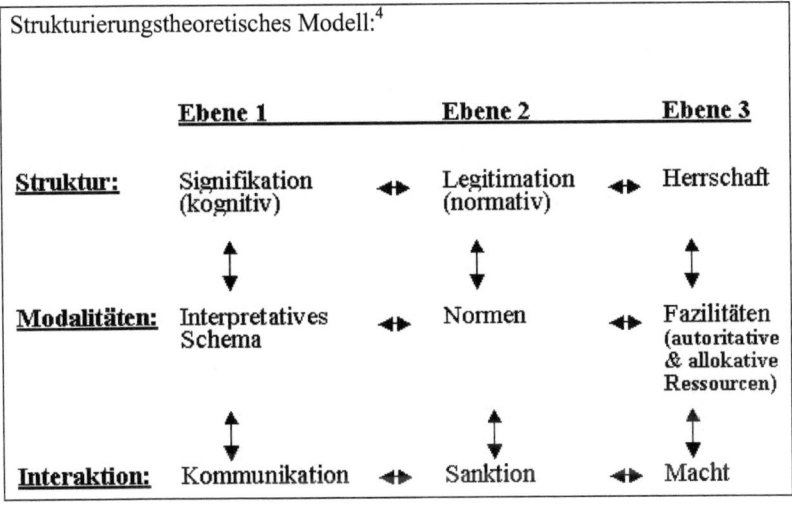

Strukturierungstheoretisches Modell:[4]

	Ebene 1	**Ebene 2**	**Ebene 3**
Struktur:	Signifikation (kognitiv)	Legitimation (normativ)	Herrschaft
Modalitäten:	Interpretatives Schema	Normen	Fazilitäten (autoritative & allokative Ressourcen)
Interaktion:	Kommunikation	Sanktion	Macht

Die Ebene der Signifikation steht für das, was innerhalb der Bedeutungsstruktur kognitiv als plausibel angesehen wird, die Ebene der Legitimation für das, was normativ relevant ist. Über die Ebene der Herrschaft wird mittels allokativen (materielle Dinge) und autoritativen (Ansehen, Rhetorik,

---

[2] Vgl. Pfeiffer 2007, S. 46 f.

[3] Vgl. ebda, S. 41.

[4] Vgl. Giddens 1997 nach Pfeiffer 2007, S. 46.

Wissen) Ressourcen versucht, Macht auf das soziale System auszuüben. Die horizontalen Pfeile zeigen an, dass sich jede Ebene der Struktur der verschiedenen Modalitäten und Interaktionen bedient und in komplexen Relationen zu diesen steht. Somit nimmt jede Ebene der Struktur auf die anderen Ebenen in begrenzender und verstärkender Weise Einfluss. Sozialer Wandel (Ontogenese) ist somit das Ergebnis von Austauschprozessen der einzelnen Ebenen der Bedeutungsstruktur. Auch hier bestätigt sich die systemisch-konstruktivistische Einsicht: Ein System kann sich nur innerhalb seiner Systemgrenzen autopoietisch neu erschaffen.[5] Die Bedeutungsstruktur strebt dabei einen Zustand des Gleichgewichts an (Homöodynamik).[6]

Sozialer Wandel mittels interkultureller Kooperation?

Die Implementierung eines Projektes der Entwicklungszusammenarbeit kann als Versuch, sozialen Wandel (Ontogenese) zu fördern, verstanden werden.

Will ein Projekt erfolgreich sein, muss es an der lokalen Bedeutungsstruktur anschlussfähig sein. Die interpretativen Schemata[7] und Normen des lokalen Umfeldes müssen beachtet werden.

In der interkulturellen Entwicklungszusammenarbeit sind ungleiche Machtverhältnisse der Kooperationspartner strukturell gegeben. Durch die materielle und immaterielle Unterstützung verfolgt der westliche Kooperationspartner bewusst und unbewusst Ziele einer gelingenden Entwicklung. Der intendierte soziale Wandel fußt auf impliziten Erwartungen der eigenen Bedeutungsstruktur gemäß, die in den meisten Fällen nicht anschlussfähig ist. Das betrifft in erster Linie die Ebene der Legitimation, aber auch die der Signifikation und Herrschaft.

Den Ausweg aus diesem Dilemma suchen viele westliche Hilfsorganisationen in der Einführung von Konditionalitäten, die sozialen Wandel im intendierten Sinne gewissermaßen zu erzwingen suchen. Hilfe wird konditionali-

---

[5] Vgl. Kap. 4.2.

[6] Vgl. hierzu die Kap. 4.1: Homöodynamik-Thesis.

[7] Interpretative Schemata sind die je individuellen, doch kulturspezifisch geprägten, kognitiven Muster.

siert, also an Voraussetzungen geknüpft. Sie läuft weiter, wenn die Interessen der westlichen Partner umgesetzt werden, andernfalls bleibt sie aus. Dass sozialer Wandel (Ontogenese) nicht zwangsweise über Konditionalitäten zu erreichen ist, sondern ein *autopoietischer Prozess* ist, der auf kognitiven Mustern und Wertsystemen aufbaut und nicht allein durch die Herrschaft mittels der Bereitstellung materieller Ressourcen erreicht werden kann, wird in der Praxis der Entwicklungszusammenarbeit nicht ausreichend beachtet.

Für die westlichen Kooperationspartner ist es sehr mühsam, interpretative Schemata (Ebene 1) und Normen (Ebene 2) der Hilfsempfänger nachzuvollziehen, sich darauf einzulassen und als Grundlage für Entwicklung zu akzeptieren. Der einfachste Weg scheint es zu sein, sich auf die 3. Ebene der Struktur, die Herrschaft, zu begeben und die Interessen über allokative Ressourcen durchzusetzen. Diese Machtbeziehung, in der der Geldgeber über die Verwendung der Mittel entscheidet, scheint auf den ersten Blick natürlich, fördert allerdings defensiven Widerstand[8] seitens des lokalen Kooperationspartners, der nicht in der Lage sein kann, systemfremde Bedeutungsgebung in der lokalen Bedeutungsstruktur zu implementieren.

In welchem Zusammenhang die Bedeutungsstruktur und die Lebenswelten stehen, wird im folgenden Kapitel dargestellt. Beispielhaft werden auszugsweise Bedingungen der Sozialisation und Enkulturation von Kindern und Jugendlichen in Südafrika dargestellt.

---

[8] Pfeiffer gibt einen Einblick was unter defensivem Widerstand zu verstehen ist: „Um den weiteren Mittelfluss, der auch für die eigene Arbeitsstelle zentral ist, zu sichern, täuschen Gesprächspartner Akzeptanz vor. Im Hintergrund üben sie jedoch Kritik und lenken Vorhaben, sofern dies möglich ist, nach eigenen Vorstellungen." (2007, S. 121).

3. Kritik der Lebenswelt[9] – Bedeutungsstrukturen individueller Lebenswelten

Der Diskurs von Sozialisationstheorien besteht aus klassischen Fragen der wirtschaftlichen Ressourcenzugänglichkeit und Einflussfaktoren im Bildungsprozess.[10] Für den direkt von einem Konstrukt sozialer Systeme (vgl. Kap. 4.2.) betroffenen Menschen ergeben sich spezifische Wirklichkeitsbeschreibungen. Dies äußert sich explizit in der Kommunikationsstruktur, die in Abhängigkeit von Bedeutungsstrukturen und den darauf aufbauenden Lebenswelten steht. Sprache konstruiert Wirklichkeit und folglich bilden unterschiedliche (systemabhängige) Kommunikationsstrukturen auch diverse Konstruktmöglichkeiten. Somit kann beispielsweise die Lebenslage eines Jugendlichen in Südafrika sowohl mit „Options-Vielfalt" als auch mit „Options-Losigkeit" beschrieben werden.

Der Begriff von „Option" wird in der klassischen Sozialisationssemantik[11] als Perspektive gedeutet und reicht deshalb in seiner Bedeutung auch von „Perspektivvielfalt" bis „Perspektivlosigkeit". Doch wann besitzt ein Kind oder Jugendlicher eine Vielfalt von Optionen, Perspektiven und wann das genaue Gegenteil? Welche Normen und Werte stecken hinter solch einer Bewertung?

Es gilt zunächst die systemischen Interdependenzen weitestgehend offen zu legen, in denen wir uns im ländlichen Südafrika befinden.

- Familie

- Freunde

- Bildungsinstitution (Kindergarten, Schule, After School Care Programs)

---

[9] Kritik im Sinne der Kantschen Semantik – „untersuchen".

[10] Vgl. Erikson 1980 und 1991, Keupp 1997 .

[11] Vgl. Barsch 2007, Ohlbrecht 2006.

- Bantustan[12] (Xhosa, Zulu, Venda, etc.) → Auswirkung von „Ubuntu"[13]

- Regionaler Abgleich (vgl. zu Weißen oder anderen Kulturen in SA, HIV/Aids-Problematik)

- Gesellschaftlicher Abgleich (Stellung in der Gesellschaft)

- Transnationaler Abgleich (Vergleich Nation zu Nation, Kultureller Kreis zu anderen Kulturen)

- Globalisierung und dessen Abgleich (individuell und kultureller Zugehörigkeit)

In diesem Zirkel von Einflussfaktoren gleicht sich ständig primär die Lebenswelt ab und überprüft die Viabilität. Sekundär kommt es zu einer Kosten-Nutzen-Rechnung, welche die Person zu einer dualistischen Entweder/Oder-Entscheidung zwingt.

Das Handeln im Sinne der omnilogischen Vernunft,[14] die eine Vielfalt gültiger Bedeutungsstrukturen (-systeme) neutral anerkennt, ist eine Herausforderung, die Annährungsweise nur durch ständige Selbstreflexion zu leisten ist. Eine Person, die ihre Welt in subjektiver und affektiver Art und Weise reflektiert, wird mit bisherigen Konzepten der Entwicklungszusammenarbeit an (angeblich) „objektive" und „vernunftgemäße" Bedeutungsstrukturen herangeführt. Dass diese Konzepte zumeist westlichen Bedeutungsstrukturen entspringen, bleibt im Glauben des „guten Handelns" verborgen und verhindert eine reflexiv-neutrale, sprich omnilogische Vernunft.

In Bezug auf das Erwachsenwerden fehlen Instanzen, die Wichtigkeit und Akzeptanz von Bedeutungsstrukturen als homöodynamisches[15] Entwicklungselement artikulieren.

---

[12] Bantu umschreibt die Zuordnung der schwarzen Bevölkerung zu ihrem jeweiligen Stammesursprung. Es gibt zahlreiche Substämme, die ein Bantuvolk definieren und diesem auch zuzuschreiben sind (z.B. Xhosa, Zulu, Venda, etc.).

[13] Ubuntu beinhaltet die afrikanischen Werte von Vergebung, Harmonie, Heilung, Abhängigkeit und Zusammengehörigkeit. Es umschreibt den Gefühlsausdruck von Verbundenheit auf persönlicher und gesellschaftlicher Ebene. Näher betrachtet gibt es keine exakte Übersetzung für Ubuntu (vgl. hierzu Allsopp/Thumbadoo 2002).

[14] Vgl. Kap. 4.

[15] Vgl. Kap. 4.

4. Die Impulstheorie[16] als konstruktivistischer Analyserahmen für intersystemische Kooperationsstrukturen

Im Rahmen unserer Tätigkeit beim Zentrum für Impulspädagogik und Interaktion haben wir die folgenden Modelle entwickelt. Sie dienen dem Verständnis intersystemischer Kooperationsprozesse und bieten darüber hinaus eine Handlungstheorie für professionelle Beratungs- und Entwicklungsangebote. In Kap. 4.1. werden die handlungsleitenden Grundgedanken vorgestellt. Kap. 4.2. beschreibt ein Konstrukt sozialer Systeme. Die noch näher zu erläuternden Begriffe „Neutralität" und „Linearität" bilden hierbei die Unterscheidung für Systemzustände. Darauf aufbauend wird in Kap. 4.3. eine Kommunikationstheorie für professionelles Hilfehandeln in intersystemischen Kooperationsstrukturen entworfen. Die Besonderheiten von Kooperationen in der Entwicklungszusammenarbeit (kulturspezifisch, machtspezifisch, zielspezifisch) werden dabei exemplarisch dargestellt und in Kap. 4.4. in einem „Best-Process-Modell" weitergeführt.

4.1 Philosophisch-konstruktivistische Grundgedanken

Unsere Modelle bewegen sich auf den Spuren systemisch-konstruktivistischer Erkenntnisse. Von immenser Bedeutung für unser Denken ist der soziale Konstruktionismus von Kenneth Gergen.[17] Die von ihm

---

[16] Impulse sind im heutigen Sprachgebrauch kleinere (Denk-)Anstöße, die zur Fort- oder Weiterentwicklung anregen sollen. Das Wort verweist auf Möglichkeiten neuen Denkens und Handelns. Ein Impuls ist zunächst die Summe innerer und äußerer Kommunikation in Auseinandersetzung mit der subjektiven Bedeutungsstruktur. Weiterhin ist der Begriff Impuls mit relativ neutraler Semantik belegt, was unseres Erachtens den Ausgangspunkt darstellt, um das eigene Denken und Handeln zu reflektieren.

[17] Vgl. Gergen 2009, 2002.

vertretene Vielfalt von Wirklichkeitskonstruktionen, die sich kontextspezifisch ausbilden, lässt sich besonders in interkulturellen Projekten erleben. Zudem sind wir von der konstruktivistischen Pädagogik, wie sie beispielsweise Horst Siebert vertritt, beeinflusst.[18] Weiter berufen wir uns auf das Modell der Autopoiesis und Homöodynamik von Humberto Maturana und Francisco Varela.[19] Die konstruktivistische Haltung der Neutralität nach Björn Kraus ist ein wichtiges Element unseres pädagogischen Grundverständnisses.[20]

Die Innovation der vorliegenden Impulstheorie besteht darin, lineare sowie neutrale Systemanteile beim Interaktionspartner aufzudecken, um Anknüpfungspunkte an die Lebenswelt und Bedeutungsstruktur aufzuzeigen und dadurch bedürfnisorientiertes, professionelles Hilfehandeln zu ermöglichen.

Konstruktivistisch-impulstheoretischer Abgleich von Begrifflichkeiten:

Wirklichkeit		*Realität*
Lebenswelt	Bedeutungsstruktur	Lebenslage
Gemeinsamkeiten		Universalien
Individualität		Relationalität
linear	neutral-dialogisch	neutral-reflexiv
unreflektierte Wahrheit	Wertorientierung	reflektierte Wahrheit
Konzept (Lösung)	Prozesse (Lösungsanreize)	Konzepte (Lösungen)
Expertise	Prozess- & Methodenwissen	Expertisen
monologisch	dialogisch	omnilogisch

---

[18] Vgl. Siebert 2008.

[19] Vgl. Maturana/Varela 1980.

[20] Vgl. Kraus 2005.

subjektive Vernunft	kommunikative Vernunft	objektive Vernunft
Wissensvermittlung (allgemeingültiges Handeln)	Impulse (bedürfnisorientiertes Handeln)	Wissensvermittlung (anschlussfähiges Handeln)
„wenn-dann"	„sowohl-als-auch"	„entweder-oder"
minimal-integrierend	akzeptierend	maximal-integrierend

Homöodynamik

Das einzige Streben von Geburt eines jeden Menschen an, womöglich ab oder bei der Zeugung, ist die Homöodynamik.

Der Prozess der Homöodynamik, also des bewussten oder unbewussten Strebens nach Gleichgewicht, initiiert[21] und akkommodiert[22] sich in der Ontogenese. Unter *Homöodynamik*[23] verstehen wir eine Balance der eigenen Lebenswelt in kooperativ-reziproker Abhängigkeit zur Bedeutungsstruktur, die eine Summierung aus den relevanten Lebenswelten darstellt. Die Begrifflichkeit *Ontogenese* stellt den Prozess von „System-Entwicklung", exemplarisch „Sozialer Wandel", dar.

Neutralität als Bestandteil impulstheoretischer Interaktion

Diese impulstheoretische Perspektive zielt auf einen Zustand von größtmöglicher Neutralitätsbedeutung. Sie wird als professionelle Haltung gegenüber unterschiedlichster Bedeutungsstrukturen in ihrer ursprünglichen Semantik verstärkt. Neutralität bietet der eigenen Wahrnehmung die Option, den Prozess der Unterschiedsbildung anzuregen. Der reziproke Prozess der Unterschiedsbildung, bei dem beide Interaktionspartner mitwirken und folglich

---

[21] Anregung zur Überprüfung der Lebenswelt.

[22] Abgleich der Lebenswelt zu externen Impulsen.

[23] Vgl. Maturana/Varela 1980

tangiert werden, setzt sich aus der Initiierung und Akkomodation von Lebenswelten und Bedeutungsstrukturen zusammen. Neutralität wird zum Bestandteil einer neutral-dialogischen, neutral-reflexiven Lebenswelt.

Eine Neutralitätshaltung führt zu einem größeren Verständnis von intersystemischen Kommunikationsstrukturen.

Als permanenter Indikator in der Interaktion kann Neutralität Leistungen für ein professionelles Hilfehandeln erbringen. Bisherige Selbst- und Handlungsregulationen können aufgedeckt und mit weiteren Verhaltensoptionen unterstützt werden. Durch diese Auffassung gewinnt die Kooperation im ureigensten Sinne und darüber hinaus in all ihren vorhandenen systemischen Perspektiven und deren Kommunikationsstrukturen neue Bedeutung.

4.2 Konstrukt sozialer Systeme

Jedes beliebige soziale System *(gestrichelte Kreisfläche)* hat immer einen Anteil an Linearität und Neutralität. Linearität bedeutet eine unreflektierte Bedeutungserzeugung – der eigenen, tradierten Bedeutungsstruktur gemäß. Im Alltagshandeln überwiegt dieser Systemzustand, da er die alltägliche Handlungsfähigkeit sicherstellt. Neutralität bedeutet in diesem Zusammenhang das Zulassen einer reflexiven Aufarbeitung der eigenen Bedeutungsstruktur und das Sich-Öffnen für verschiedene Perspektiven. Die Anteile eines Systems an Neutralität und Linearität variieren in chronologischem und absolutem Sinne. Mit anderen Worten: Jedes soziale System durchläuft Veränderungen auf der Skala zwischen neutral und linear und hat eine Disposition zu mehr oder weniger Anteilen an Neutralität.

Soziale Systeme handeln sowohl selbstreferentiell als auch interreferentiell. Ihre Identität initiiert und akkomodiert sich systemintern als auch im Austausch mit der Umwelt.

Zur besseren Verständlichkeit stelle ich die idealtypischen linearen Systeme den idealtypischen neutralen Systemen gegenüber.

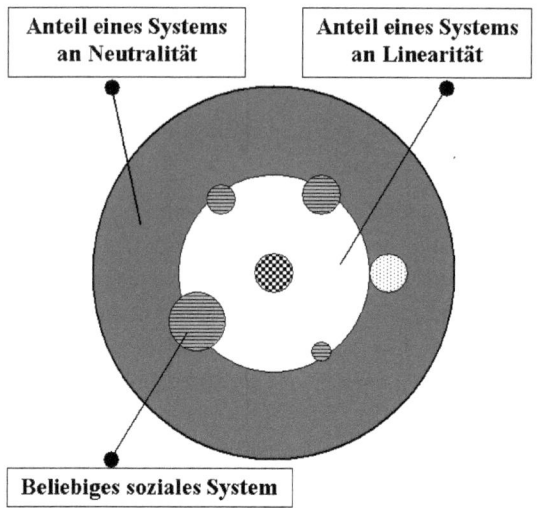

Karsiertes System: Dieses idealtypische System funktioniert rein linear-monologisch. Es basiert auf seinen Überzeugungen, Werten, Motiven, etc., wie sie der Bedeutungsstruktur entsprechen. Das System ist nicht offen für systemfremde Einflüsse. Tradition und Kultur werden als stereotype Instanz für Wahrheit und richtiges Handeln anerkannt.

Gepunktetes System: Dieses idealtypische soziale System funktioniert rein neutral-reflexiv. Die Selbstvergewisserung und Selbstaufwertung besteht gerade in der Wahrnehmung und Anerkennung von Vielfalt. Die eigene Bedeutungsstruktur stellt sich stets zur Disposition. Dadurch hat es einen maximalen Grad an Offenheit für systemfremde Einflüsse. Die Flexibilität hat eine unklare, stets wandelbare Identität zur Folge.

Fazit: Soziale Systeme tendieren zu verschiedenen Zeiten einmal mehr zur Linearität und einmal mehr zur Neutralität.

4.2.1 Interkulturelle Kooperationen in Projekten der Entwicklungszusammenarbeit

Bei der interkulturellen Zusammenarbeit treffen Menschen mit unterschiedlichen Deutungs-, Wert- und Handlungsmustern aufeinander. Ganz im Sinne von Gergen definiert Siebert „Kultur" folgendermaßen:

> „Unserer individuellen Wirklichkeitskonstrukte sind eingebettet in kulturelle „Programme". *Kultur* kann als eine kollektive Beschreibung der Wirklichkeit mit viablen, d.h. bewährten Verhaltensmustern definiert werden."[24]

Das Resultat der Enkulturation in verschiedenen Räumen sind divergierende Bedeutungsstrukturen und folglich auch Lebenswelten, die sowohl die Beobachtung, die Wahrnehmung, das Handeln, das Verhalten, das Denken und die Emotionen steuern. Elwert weist darauf hin, dass in der interkulturellen Kooperation die Schwierigkeit gerade darin besteht, dass diese Bedeutungsstrukturen vorbewusst sind, sich also unserer Aufmerksamkeit entziehen.[25] Vor dem Hintergrund dieses Wissens bleibt es – insbesondere im interkulturellen Kontext, wo die jeweiligen Bedeutungsstrukturen relativ wenige Überschneidungspunkte haben – eine Illusion, sich in den anderen hineinversetzen zu können. Die Konsequenzen für interkulturelle Kooperationen der Entwicklungszusammenarbeit können nur sein, lineare Anteile der lokalen Bedeutungsstruktur neutral anzuerkennen, und neutrale Anteile mit Impulsen zu „füttern". Wie das in der konkreten Interaktion der Kooperationspartner aussehen kann, soll im kommenden Abschnitt deutlich werden.

---

[24] Siebert 2008, S. 173.
[25] Vgl. Elwert 1997, S. 266.

4.3 Konstrukt der Kommunikation

Einleitend möchten wir die Auswirkungen der Unterscheidung von neutralen und linearen Systemanteilen auf kognitive Prozesse herunterbrechen, um die sich für lineare und neutrale Systemanteile ergebenden Kommunikationsstrukturen abzuleiten. Das abschließende Modell der „Impulskommunikation" stellt einen Versuch dar, professionelles Handeln in Interaktionen zu begründen.

Subjektive Vernunft vs. kommunikative Vernunft vs. omnilogische Vernunft: Was bedeutet rationales Handeln? Eine Antwort hierauf liefert aus kulturphilosophischer Perspektive Richard Rorty (2008). Die Unterscheidung zwischen subjektiver und kommunikativer Vernunft, die auf Habermas zurückgeht,[26] scheint hier sehr hilfreich für die Arbeit in interkultureller Kooperation.

„Die subjektzentrierte Vernunft ist eine Quelle der Wahrheit – einer Wahrheit, die irgendwie mit dem menschlichen Geist gleichursprünglich ist. Die kommunikative Vernunft ist keinerlei Form von Quelle, sondern schlicht die Tätigkeit der Rechtfertigung von Ansprüchen durch Begründungsangebote statt durch Drohung."[27]

Die subjektzentrierte Vernunft beansprucht für sich universell, das heißt in jeder Situation, gültig zu sein. Ihr zugrunde liegt der Glaube an eine für jeden Menschen nachvollziehbare objektive Wahrheit. Die Bedeutungsstruktur wird verabsolutiert. Wer diese Wahrheit erkannt hat, der braucht sich der kommunikativen Aushandlung nicht zu stellen, denn die darin verborgene Logik spricht für sich selbst. Rationales Handeln bedeutet unter dieser Perspektive die Verbreitung der einen richtigen Weltsicht und die Ablehnung systemfremder Einflüsse. Die subjektzentrierte Vernunft ist ein Merkmal linearer Anteile eines Systems. In der Entwicklungszusammenarbeit hat sich diese Form der Vernunft darin geäußert, dass die westliche Zivilisation sich

---

[26] Vgl. Rorty 2008, S. 91 ff.

[27] Ebda, S. 98.

im Besitz dieser Wahrheit wähnte und diese in andere Teile der Welt „exportieren" wollte (und will?).

Kommunikative Vernunft beruft sich im Gegensatz dazu nicht auf die Existenz einer objektiven Wahrheit. Vernunft ist nicht das Erkennen des Wesens der Dinge, sondern ergibt sich aus einem dialogisch geführten Prozess. Das Ergebnis dieses Aushandlungsprozesses ist der Kompromiss oder aber, in seltenen Fällen, die Übereinstimmung. Voraussetzung für rationales Handeln muss ein hierarchiefreier Dialog sein, dessen Ausgang offen ist. Die kommunikative Vernunft ist ein Merkmal von neutral-dialogischen Anteilen eines Systems im Rahmen der eigenen Bedeutungsstruktur.

Wir möchten nun hier das Konzept um das theoretische Modell der „omnilogischen Vernunft" erweitern.[28] Vernunft ergibt sich nicht aus einem dialogisch geführten Prozess, sondern bedeutet eine Annäherung an das Prinzip der Neutralität. Die Folge ist eine wertfreie Akzeptanz jeglicher Bedeutungsstrukturen und die Bewusstmachung eigener linearer und neutraler Systemanteile. Die omnilogische Vernunft ist das Merkmal von neutral-reflexiven Anteilen eines Systems.

Intersystemische Basisstruktur der Systeme:

Jedes System kommuniziert auf der Basis von

- Linearität und
- Neutralität

in einem der drei Kommunikationsmodi

1. linear-monologisch
2. neutral-dialogisch
3. neutral-reflexiv

mit anderen Systemen.

---

[28] Vgl. Kap. 4.1.: Konstruktivistische Gegenüberstellung von Begrifflichkeiten.

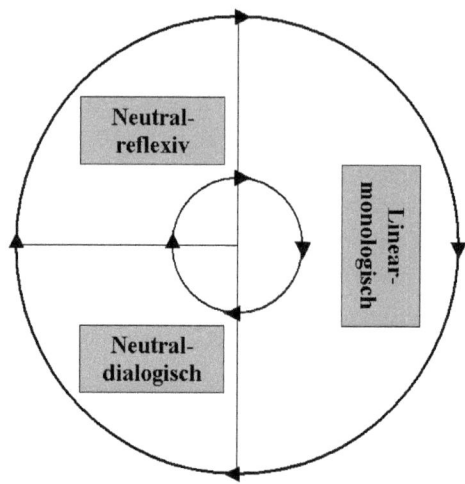

Ein System besitzt zu jeder Zeit und in jeder Situation alle Optionen der Systemzustände und bestimmt bewusst oder unbewusst die Interaktionsmöglichkeiten.

Folgende Systemeigenschaften gelten für die nun angeführten intersystemischen Kommunikationsstrukturen:

	Bedeutungsstrukturerzeugung	*Kommunikationsmodus*
System A:	Subjektive Vernunft	Monolog
System B:	Kommunikative Vernunft	Dialog
System C:	Omnilogische Vernunft	Reflexiv

Interaktionspartner: System A trifft auf System A

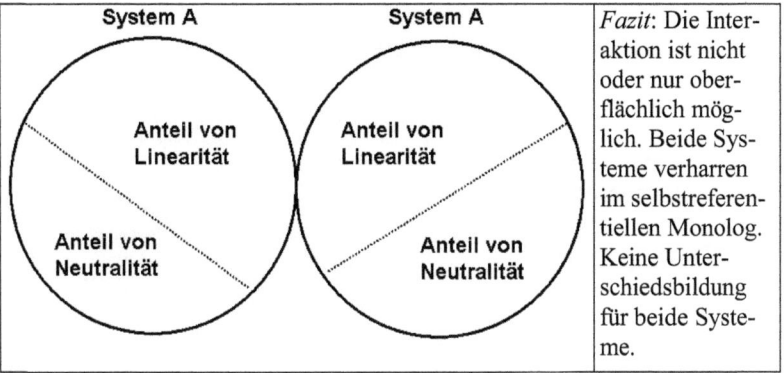

	Fazit: Die Interaktion ist nicht oder nur oberflächlich möglich. Beide Systeme verharren im selbstreferentiellen Monolog. Keine Unterschiedsbildung für beide Systeme.

Interaktionspartner: System B trifft auf System B

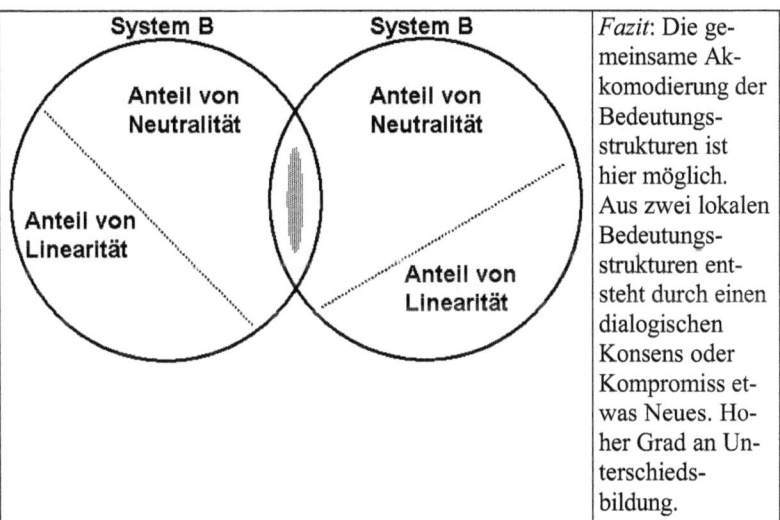

	Fazit: Die gemeinsame Akkomodierung der Bedeutungsstrukturen ist hier möglich. Aus zwei lokalen Bedeutungsstrukturen entsteht durch einen dialogischen Konsens oder Kompromiss etwas Neues. Hoher Grad an Unterschiedsbildung.

Interaktionspartner: System C trifft auf System C

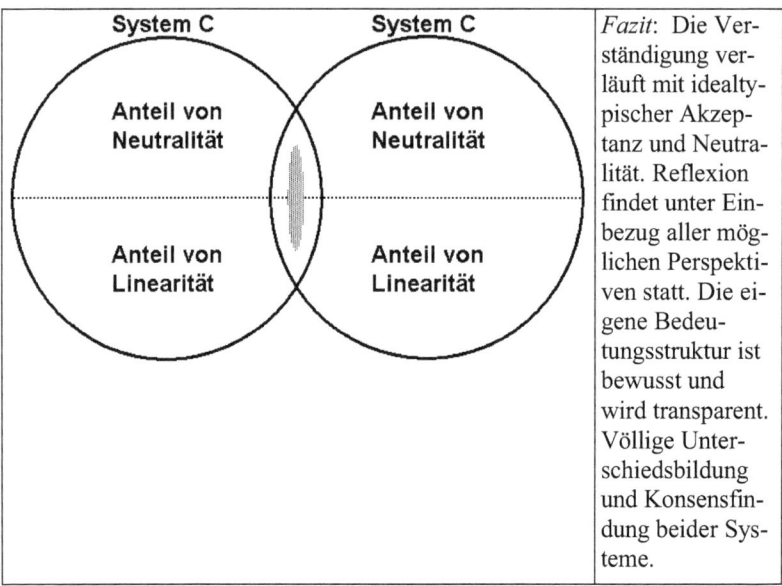

| | | Fazit: Die Verständigung verläuft mit idealtypischer Akzeptanz und Neutralität. Reflexion findet unter Einbezug aller möglichen Perspektiven statt. Die eigene Bedeutungsstruktur ist bewusst und wird transparent. Völlige Unterschiedsbildung und Konsensfindung beider Systeme. |

Interaktionspartner: System A trifft auf System B

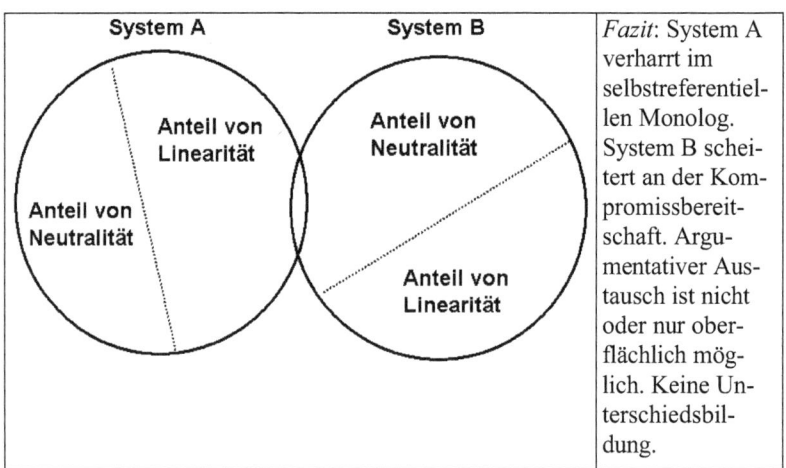

Fazit: System A verharrt im selbstreferentiellen Monolog. System B scheitert an der Kompromissbereitschaft. Argumentativer Austausch ist nicht oder nur oberflächlich möglich. Keine Unterschiedsbildung.

Interaktionspartner: System A trifft auf System C

	Fazit: Vielfältige Optionen und Deutungsmöglichkeiten von C können von A nicht angenommen werden. Interaktion ist nur tangential möglich. Schwache Unterschiedsbildung bei C. Keine Unterschiedsbildung bei A.
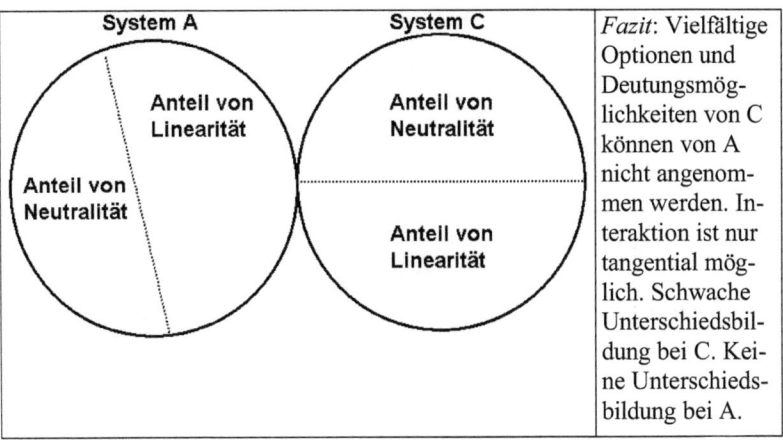	

Interaktionspartner: System B trifft auf System C

	Fazit: B stellt eigene Bedeutungsstruktur argumentativ zur Disposition. C liefert vielfältige Deutungsmöglichkeiten. Starke Unterschiedsbildung für System B. Schwache Unterschiedsbildung bei System C.
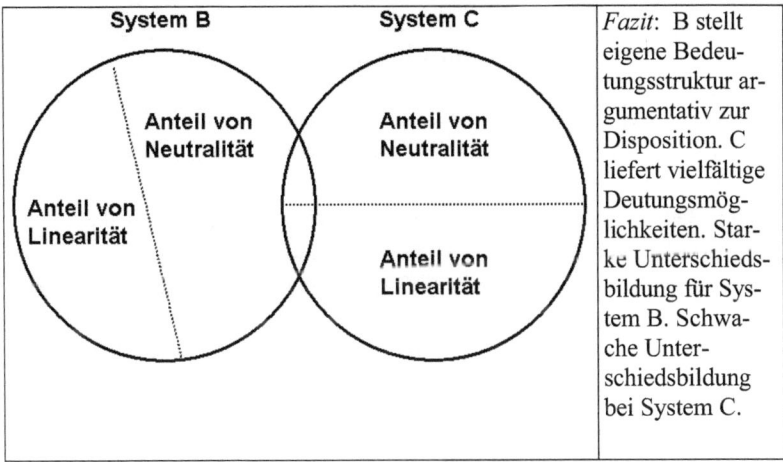	

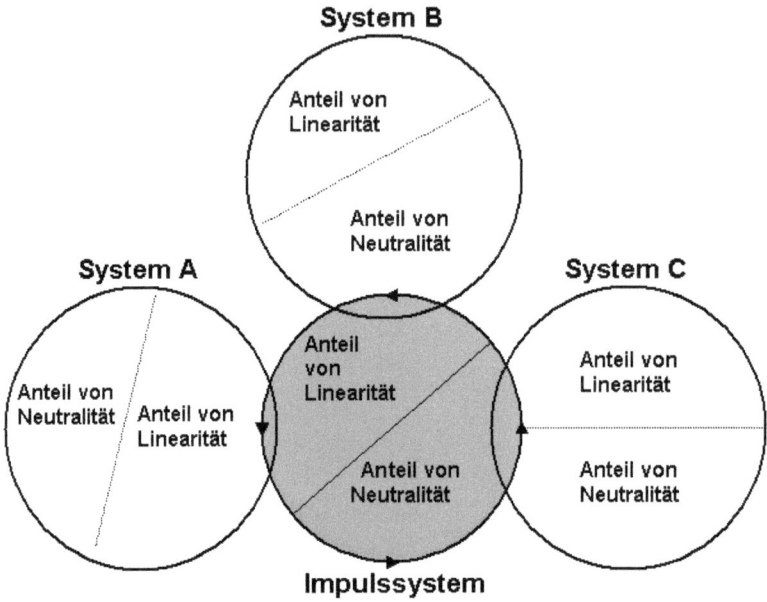

Die *Impulskommunikation* (IK) als professionelles Handlungsmodell soll, unserer Entwicklungsdefinition gemäß, sozialen Wandel auf der Basis der lokalen Bedeutungsstruktur ermöglichen. Durch die IK kann auf die unterschiedlichen Anteile und die daraus erwachsenden Bedürfnisse eines Systems eingegangen werden. Interaktion ist durch IK dem Systemzustand des Kooperationspartners angemessen zu realisieren. Impulskommunikation geht über das Konzept der Neutralität hinaus, indem es den Kommunikationsmodi der Interaktionspartner gerecht wird.

Der Impulskommunikator erkennt die Kommunikationsstruktur des Gegenübers und geht zielorientiert auf diesen ein.

Hieraus erschließt sich der IK-Effekt. Die Offenheit bzw. die Anteile an Neutralität und Linearität des Interaktionspartners können erkannt werden, um Impulse, die Ontogenese begünstigen, zu initiieren. Zunächst kommt es zur Unterschiedsbildung im Sinne des Erkennens von Bedeutungsstruktur-diversität. Subjektive und zunächst systemfremde Bedeutungsstrukturen werden in ihrem Systemzustand verglichen.[29] Weiterhin steht es nun offen, ob es zu einer Akkomodation systemfremder Impulse kommt, welches von der Viabilität, Plausibilität und dem Systemzustand abhängig ist.

Wie kann mit Hilfe der Impulskommunikation auf ein System reagiert werden, bei dem ...

linear-monologische Anteile überwiegen?

→ Bedeutungsstruktur des Systems A wertschätzen, Stärken und Ressourcen herausstellen, möglichst keine eigenen linearen Anteile offenbaren. Linearen Bedürfnissen entsprechen. Mit reflexiv-neutralen Anteilen darauf eingehen.

neutral-dialogische Anteile überwiegen?

→ Eigene Bedeutungsstruktur in den Aushandlungsprozess mit einbringen und zur Debatte stellen. Den dialogischen Bedürfnissen entsprechen. Mit neutral-dialogischen Anteilen darauf eingehen.

bei dem neutral-reflexive Anteile überwiegen?

→ Aufzeigen verschiedener Perspektiven und die Wichtigkeit subjektiver und systemfremder Bedeutungsstrukturen hervorheben. Duales System aus Linearität und Neutralität als System-Basisstruktur kenntlich machen. Reflexiven Bedürfnissen entsprechen. Mit neutral-reflexiven Anteilen darauf eingehen.

Fazit

Die Impulskommunikation bietet die Möglichkeit, einen wertfreien Abgleich zu den drei Interaktionssystematiken linear-monologisch, neutral-dialogisch und neutral-reflexiv zu machen.

Es entsteht eine systemimmanente, reziproke *Interaktions-Vernunft,* die sich aus neutral-reflexiven Systemanteilen nährt.

---

[29] Vgl. Kraus/Krieger 2007, S. 84 – Doppelbindung der Strukturentwicklung lebender Systeme.

4.4 Ein „Best-Process-Modell" für die Entwicklungszusammenarbeit

Die vorliegenden Überzeugungen zu gelingenden Interaktionen in Kooperationen werden in der nachfolgenden Darstellung in ein exemplarisches Handlungsmodell für die Entwicklungszusammenarbeit überführt:

Prozesseinleitende und -übergreifende Beziehungsgestaltung:

- Impulskommunikation als Ausgangslage für professionelle Entwicklungszusammenarbeit
- Vorstellungen einer ergebnisoffenen Entwicklung darlegen (Entwicklungsdefinition) → Westlicher Kooperationspartner betont die Haltung eines Beraters und Begleiters
- Perspektivenvielfalt (Unterschiedliche Bedeutungsstrukturen) zulassen und fördern → Kooperation nicht von Erfolg eines Projektes abhängig machen
- Lokale Ressourcen nutzen und ausbauen
- Hierarchiefreies Setting ermöglichen
- Kulturspezifische Bedeutungsstruktur spiegeln und eigene Bedeutungsstruktur transparent machen

Planungsphase:
→ Projekteigentümerschaft herstellen
  ▪ Methoden der Entscheidungsfindung festlegen
→ Vorläufige Ziele formulieren / Ist-Zustand untersuchen
→ Aktionen und Maßnahmen in einem Durchführungsplan festlegen
  ▪ Rolle und Aufgaben der Kooperationspartner verbindlich festlegen
→ Personen für einzelne Aufgaben verantwortlich machen / Projektleitung bestimmen
→ Ziele in einem Zeitplan konkretisieren
→ Methoden der Zielevaluation festlegen
→ Mechanismen zur Bewertung der Ergebnisse der Zielevaluation festlegen
  ▪ Rolle des westlichen Kooperationspartners bestimmen

Durchführungs- und Wirkungsphase:
→ Plangemäß die Aktionen und Maßnahmen durchführen
→ Monitoring auf Grundlage der Ziele des Durchführungsplans
→ Evaluation des Projektes und Nachjustierung
→ Evaluation des Best-Process-Modells
→Erfahrungen für zukünftiges Handeln nutzbar machen

Literatur

Allsopp, M./Thumbadoo, Z. (2002): Child and Youth Care in Post-Apartheid South Africa: Inovative Responses to the Challenges of Poverty and AIDS. *The international child and youth care network*, 43, 1-17. Zugriff am 25.08.08 unter http://www.cyc-net.org/cyc-online/cycol-0802-allsopp.htm.

Barsch, G. (2007): Aufwachsen im Südlichen Afrika – traditionale afrikanische Lebenswelten, neue Fragen und das Damoklesschwert AIDS; westliche Perspektiven auf eine kaum gekannte Kultur. Frankfurt a. M.: IKO-Verlag.

Elwert, G. (1997): Schmückendes Gerede und reale Entwicklungsbedingungen. Über soziokulturelle Bedingungen von Entwicklung. In: Schulz, M. (Hrsg.): Entwicklung. Die Perspektive der Entwicklungssoziologie. Opladen: Westdeutscher Verlag, S. 261-290.

Erikson, E. H. (1991): Identität und Lebenszyklus. 12., neu bearbeitete Aufl. Frankfurt/M.: Suhrkamp.

Gergen, K. und M. (2009): Einführung in den sozialen Konstruktionismus. Heidelberg: Carl-Auer compact.

Gergen, K. (2002): Konstruierte Wirklichkeiten. Eine Hinführung zum sozialen Konstruktionismus. Stuttgart: Kohlhammer.

Kabou, A. (1993). Weder arm noch ohnmächtig. Eine Streitschrift gegen schwarze Eliten und weiße Helfer. Basel: Lenos.

Keupp, H. (1997): Identitätsarbeit heute. Klassische und aktuelle Perspektiven der Identitätsforschung. Frankfurt/M.: Suhrkamp.

Kraus, B. (2005): Neutralität als professionelle methodische Haltung in der Sozialen Arbeit. *Unsere Jugend*, H. 4, S. 146-155.

Kraus, B./Krieger, W. (2007) (Hrsg.): Soziale Arbeit – Macht – Hilfe und Kontrolle. Interaktionsverhältnisse zwischen Kontrolle, Partizipation und Freisetzung. Lage: Jacobs.

Maturana, H./Varela, F. (1980): Autopoiesis and Cognition: The Realization of the Living. *Boston Studies in the Philosophy of Science*, v. 42.

Ohlbrecht, H. (2006): Jugend, Identität und chronische Krankheit. Opladen: Budrich.

Pfeiffer, C. (2007): Die Erfolgskontrolle der Entwicklungszusammenarbeit und ihre Realitäten. Eine organisationssoziologische Studie zu Frauenrechtsprojekten in Afrika. Bielefeld: transcript.

Rorty, R. (2008): Philosophie als Kulturpolitik. München: Suhrkamp.

Siebert, H. (2008): Konstruktivistisch lehren und lernen. Augsburg: ZIEL.

Ina Borkenstein

Zum Nutzen systemischer Handlungskonzepte für den interkulturellen Beratungskontext in der Sozialen Arbeit

Einführung

Der vorliegende Artikel befasst sich mit der Verbindung von systemtheoretischen und interkulturellen Beratungsansätzen. Es soll gezeigt werden, dass sich systemische Konzepte für den interkulturellen Beratungskontext in der Sozialen Arbeit als hilfreich erweisen.

In der interkulturellen Beratung treffen verschiedene Kultursysteme aufeinander, die sich in ihren Glaubens- und Wertesystemen teilweise stark unterscheiden. Das erfordert von den Beteiligten einen permanenten Wechsel zwischen verschiedenen Perspektiven und Lebenswirklichkeiten. Systemische Beratungskonzepte bieten Prinzipien und Methoden, die sowohl durch kulturelle Vielfalt bestehende Herausforderungen berücksichtigen als auch die darin liegenden Chancen anerkennen und für die beraterischen Interventionen nutzen.

1. Kulturelle Zugehörigkeit und Integration aus systemischer Perspektive

Aus systemischer Perspektive stellt Kultur ein symbolisches System dar. Als Rollenträger sind die Menschen einerseits in das Kultursystem eingebunden, gleichzeitig verfügen sie aber auch über Autonomie, die es ihnen ermöglicht, eigenständig zu handeln und sich an andere Kultursysteme anzupassen.[1] Durch Beobachtung differenzieren sie ihr Umfeld und konstruieren mittels Sprache subjektive Beschreibungen über die Welt.[2] Diese Beschreibungen konstruieren die Differenz der jeweiligen Kultur zu anderen Kultursystemen. Entsprechend der systemspezifischen Struktur reproduziert das Kultursystem seine Elemente (Werte, Normen, Lebensstile, Sprache, Religion etc.) autopoietisch durch Kommunikation und Handeln. Die Unterscheidung einer Kultur von anderen Kultursystemen definiert die Grenze, innerhalb derer die autopoietischen Prozesse stattfinden.[3] Die identifikatorische Funktion von Kultur bewirkt sowohl eine innere Stabilisierung des Kultursystems als auch eine Abgrenzung des Systems zur Außenwelt. Kulturelle Identität und Abgrenzung bedingen sich somit wechselseitig.[4]

In einer Gesellschaft, die von Menschen verschiedener Kulturen geprägt ist, wird ein Integrationsprozess angestrebt, um die Stabilität des Systems zu wahren. Menschen, die von einem Gesellschaftssystem in ein anderes migrieren, werden mit den Wirklichkeitskonstrukten der autochthonen Kultur konfrontiert. Sie erleben die Identität des eigenen Systems in Frage gestellt. Eine solche Situation wird von dem System als bedrohlich empfunden.[5] Um die wahrgenommene Differenz nicht zu vergrößern und Kulturangehörige auf ihre kulturellen Eigenschaften zu reduzieren, bedarf es selbstreferentieller Leistungen. Dafür müssen von der Mehrheitsgesellschaft

---

[1] Vgl. Miller 2001, S. 121.

[2] Vgl. Kersting 2002, S. 192.

[3] Vgl. Miller 2001, S. 117 ff.

[4] Vgl. Grosch/Leenen 2000, S. 36.

[5] Vgl. von Schlippe/Schweitzer 2003, S. 108; Zacharaki 2006, S. 176.

und den Minderheiten Gemeinsamkeiten gefunden werden, an die im Rahmen des autopoietischen Prozesses angeschlossen werden kann. Je mehr Identifikationspunkte eine fremde Kultur bietet, desto stärker ist das Interesse an struktureller Koppelung und damit die Wahrscheinlichkeit, dass über Fremdreferenz Veränderungen in die eigene kulturelle Adaption eingeleitet werden.[6]

2. Grundlegende Aspekte systemischer Beratung im interkulturellen Kontext

Beratung ist als zentrale Handlungsform in der Sozialen Arbeit allgegenwärtig. Bei einem Beratungskontext, an dem Menschen verschiedener ethnisch-kultureller Hintergründe beteiligt sind, wird üblicherweise von interkultureller Beratung gesprochen. Interkulturelle Beratung bezeichnet sowohl ein Arbeitsfeld der Sozialen Arbeit (Beratung in speziellen Beratungsstellen für Migranten) als auch eine Querschnittsaufgabe der sozialen Beratungsarbeit (Beratung von Migranten in allgemeinen Beratungsstellen).

In der Beratung von Klienten mit Migrationshintergrund entstehen interkulturelle Überschneidungssituationen, die von den Interaktionspartnern die Bereitschaft verlangen, sich auf einen Austausch einzulassen.[7] Die Fähigkeit interkulturell erfolgreich zu kommunizieren erfordert interkulturelle Kompetenz. Darunter wird eine um die kulturelle Kompetenz erweiterte Sozialkompetenz verstanden, die es dem Berater ermöglicht, in der interkulturellen Beratungssituation wirkungsvoll, kultursensibel und dominanzkritisch zu interagieren.[8] Der Berater muss sich der eigenen kulturspezifischen Ste-

---

[6] Vgl. Miller 2001, S. 121 ff.

[7] Vgl. Tuna 1998, S. 55.

[8] Vgl. Mecheril 1998, S. 247.

reotypen bewusst sein und die Dominanz der eigenen kulturellen Wertvorstellungen reflektieren und relativieren.[9]

Die Konstruktionen sozialarbeiterischer Beratung betrachten die Adressaten häufig als Opfer von Stigmatisierungs- und Ausgrenzungsproblemen. Eine solche problembezogene Sicht trägt maßgeblich zur Produzierung und Aufrechterhaltung von Stigmatisierung bei. Die Klienten verhalten sich in den meisten Fällen komplementär. Sie tolerieren die problemorientierte Sichtweise und bilden ihrerseits Konstrukte im Hinblick auf die Kultur des Beraters. Die konstruierten Zuschreibungen erschweren eine Identifikation innerhalb des Beratungssystems und verhindern den Aufbau einer vertrauensvollen und konstruktiven Beratungsbeziehung.[10]

Die Qualität der Beratung wird wesentlich davon bestimmt, ob es gelingt eine interkulturelle Verständigung herzustellen. Interkulturelle Beratung beabsichtigt dabei nicht den Abbau kultureller Differenzen. Sie zielt vielmehr auf einen veränderten Umgang damit. Eine Überbetonung der Differenz schafft Distanz und wirkt einer Anschlussbildung entgegen. Der Berater wird darüber hinaus verleitet, sozialstrukturelle Bedingungen auf die kulturelle Problematik zu reduzieren. Ignoriert er die kulturellen Differenzen, bleiben wichtige Aspekte der Lebensrealität von Migranten unberücksichtigt.

Aus den Ausführungen resultiert das Erfordernis eines spezifischen Beratungskonzepts, das die migrations- und kulturspezifischen Aspekte in die Beratungspraxis einbezieht, ohne jedoch das Auftreten von Konflikten ausschließlich im Zusammenhang dieser Faktoren zu analysieren.

Aus systemisch-konstruktivistischer Perspektive liegt das Problem interkultureller Begegnungen weniger in der kulturellen Differenz als in den darüber gebildeten Beschreibungen begründet.[11] Die grundlegende Prämisse für eine kooperative Beratungsbeziehung im interkulturellen Kontext besteht darin, kulturelle Vielfalt als Bereicherung anzuerkennen.

---

[9] Vgl. von Schlippe et al. 2004, S. 88.

[10] Vgl. Miller 2001, S. 120.

[11] Vgl. El Hachimi 2004, S. 4.

Die systemische Grundhaltung der *Neutralität* verlangt von dem Berater, die unterschiedlichen Weltsichten der Klienten als gleichberechtigt anzuerkennen. *Wertschätzung, Offenheit* und eine *Haltung respektvoller Neugier* an der Migrations- und Familienbiographie sowie an den Lebensvorstellungen der Klienten sind bedeutsame systemische Prinzipien, die es dem Berater erleichtern, eine gemeinsame Basis für den Beratungsprozess zu schaffen. Über die *Berücksichtigung der zirkulären Wechselbeziehungen* versucht der systemisch-denkende Berater sich den kulturellen Bezugsrahmen, den kulturellen Landkarten der Klienten, anzunähern. Er berücksichtigt die kulturelle Identität des Klienten bei der *Hypothesenbildung* und bezieht den kulturellen Kontext in den Problemlösungsprozess mit ein. Er ist sich dabei der Grenzen seines eigenen (Nicht-) Wissens bewusst und begreift den Beratungsprozess als gemeinsame Suche nach Erkenntnissen und Lösungswegen.[12]

Migranten sind es gewohnt, dass im sozialen und gesellschaftlichen Kontakt mit dem fremden Kultursystem ihre Defizite fokussiert werden. Der systemische Ansatz erweist sich als hilfreich, um die systemeigenen *Ressourcen* zu aktivieren und den Klienten ein positives und selbstbewusstes Selbstverständnis von sich zu vermitteln. Durch *lösungsorientierte Fragen* wird den Ratsuchenden die Fähigkeit zugesprochen, eigene Lösungen für das Problem zu finden. Indem der Berater bereits erzielte Erfolge in der Bewältigung der Migrationsgeschichte *positiv konnotiert*, bestärkt er die Klienten in dem Gefühl, Einfluss auf die Situation nehmen zu können. Auf diese Weise kann ein nachhaltiger Veränderungsprozess initiiert werden.[13]

Berücksichtigung der familiären Bindungen in Migrantenfamilien

Für die Mehrzahl von Migranten spielt der familiäre Zusammenhalt eine zentrale Rolle. Im Kontext des Migrationsprozesses gewinnt die Solidarität mit der Familie zusätzlich an Bedeutung. In den Kulturen vieler Migranten nimmt die Großfamilie einen besonderen Stellenwert ein. Im systemischen Beratungsprozess ist es daher bedeutsam zu ergründen, wer zu dem Famili-

---

[12] Vgl. Oesterreich 2001, S. 153 u. S. 163.

[13] Vgl. Schwabe/Palmowski 1999, S. 82 f.

ensystem dazu gehört.[14] Selbst wenn Angehörige ohne ihre Familien migrieren, stellen die Mitglieder einen wichtigen Bezugspunkt für die Betroffenen dar. Die Technik des *zirkulären Fragens* ermöglicht es hier, bedeutende, in der Heimat gebliebene Bezugspersonen in den Beratungsprozess einzubeziehen.

Familieninterne Werte- und Loyalitätskonflikte

Der Akkulturationsprozess ist geprägt von familienspezifischen Regelveränderungen. Um die Stabilität des Familiensystems zu gewährleisten, ist es erforderlich, die Regeln an die veränderten Umweltbedingungen zu adaptieren. Es gilt ein Gleichgewicht herzustellen zwischen der Bezugnahme auf das traditionelle Glaubenssystem der Heimat und der Öffnung gegenüber den kulturellen Lebensmustern des Aufnahmelandes. Innerhalb des Familiensystems orientiert sich häufig ein Teil der Familienmitglieder an den Werten und Normen des Aufnahmelandes, während der andere Teil an denen des Heimatlandes festhält. In der Regel fällt es den Jugendlichen leichter als den Eltern, sich an die neue Kultur anzupassen. Dadurch bedingt können Werte- und Loyalitätskonflikte auftreten.[15] Die Anforderungen der Migration führen darüber hinaus häufig zu einem Wandel in der familiären Rollenaufteilung. Diese kann im Widerspruch zu den kulturellen Geschlechtsrollendefinitionen der Herkunftskultur stehen und in konflikthaften Auseinandersetzungen münden.[16]

Systemische Konzepte verfügen in diesem Kontext über verschiedene hilfreiche Handlungsansätze. Um die intrafamiliären Spannungen nicht zu vertiefen, bedarf es einer *allparteilichen Grundhaltung*, die allen Familienmitgliedern gleichermaßen Wertschätzung entgegenbringt. Der Berater wird so zu einem *Anwalt der Ambivalenz*. Durch ein *Splitting* kann er zum Ausdruck bringen, dass es möglich ist, beide Seiten der Familiendynamik anzuerkennen. *Systemische Fragen* haben sich bewährt, um die Familienmitglieder herauszufordern neue Perspektiven einzunehmen. Eine bedeutende Inter-

---

[14] Vgl. von Schlippe et al. 2004, S. 78.

[15] Vgl. von Schlippe et al. 2004, S. 29 ff.

[16] Vgl. Radice von Wogau 2001, S. 57.

vention besteht darin, die bisherigen Leistungen der Familie *positiv zu konnotieren*. Es ist wichtig, den Sinn und die Funktion wertzuschätzen, die gewisse Regeln zu einem bestimmten Zeitpunkt für den Familienzusammenhalt gehabt haben. Die Anerkennung vergangener Wege und Lösungen stärkt das Selbsthilfepotenzial der Familie.[17]

Differente Wirklichkeitskonstruktionen

Ein grundlegendes Prinzip systemischen Handelns besteht in der *Erweiterung des Denk- und Handlungsspielraums*. Der systemisch-konstruktivistische Denkansatz geht davon aus, dass Systeme die Wirklichkeit so konstruieren, wie sie diese in ihrem Kontext als passend erleben. Die Tatsache, dass eine Person Stimmen wahrnimmt, kann in einer Kultur als psychische Erkrankung diagnostiziert werden, während der Person in einem anderen kulturellen Bezugsrahmen damit hellseherische Fähigkeiten zugesprochen werden.[18]

Die kulturelle Bedingtheit von Wirklichkeitskonstruktionen impliziert, dass die Probleme der Klienten möglicherweise eine Lösung verlangen, die auf der kulturellen Landkarte des Beraters nicht verzeichnet ist.[19] Im Veränderungsprozess geht es nicht darum herauszufinden, ob eine Beschreibung wahr oder falsch ist, sondern ob sie sich in dem betreffenden kulturellen Kontext als nützlich erweist.[20] Die interkulturelle Perspektive kann sich dabei als Ressource herausstellen. Eigenschaften, die in einem Kultursystem negativ konnotiert sind, können in einem anderen positiv beurteilt werden. Der jeweils andere Bezugsrahmen kann für ein *Reframing* des beklagten Problems dienen.[21]

---

[17] Vgl. von Schlippe et al. 2004, S. 100 u. S. 133.

[18] Vgl. von Schlippe et al. 2004, S. 29.

[19] Vgl. Schwabe/ Palmowski 1999, S. 82.

[20] Vgl. Oesterreich 1998, S.147.

[21] Vgl. von Schlippe et al. 2004, S.100 f.

Perspektivenwechsel bei divergenten Wertvorstellungen

Eine zentrale Forderung sowohl interkultureller Konzepte als auch der systemischen Sichtweise besteht in der Fähigkeit neue Perspektiven einzunehmen. In der interkulturellen Beratungsarbeit entstehen Thematiken, wie beispielsweise die Zwangsheirat, bei denen die Perspektivenübernahme zu einem persönlichen Wertekonflikt führt. Die professionelle Rolle verlangt es, auch in diesem Kontext Verständnis für die dem Handeln des Klienten zugrundeliegenden Wertvorstellungen zu entwickeln. Damit ist nicht gemeint, die Handlungsweisen zu akzeptieren.

Die systemische *Grundhaltung respektvoller Neugier* bietet einen konstruktiven Ansatz, um mit einer solchen Situation umzugehen.[22]

3. Systemische Handlungskonzepte in der interkulturellen Beratung

3.1 Der systemische Zugang zu migrationsspezifischen Spannungsfeldern

Trauer und Verlust

Der Migrationsprozess ist für viele Migranten mit Erfahrungen von Trauer und Verlust gekoppelt. Oftmals resultieren daraus große Anpassungsschwierigkeiten des Familiensystems. In der systemischen Arbeitsweise hat sich der Einsatz von *Ritualen* als eine Möglichkeit bewährt, um bewusst Abschied zu nehmen. Eine kreative Gestaltung kann dazu beitragen, die Trauer um den Abschied des Heimatlandes zu bewältigen. Eine weitere Funktion von Ritualen besteht darin, Veränderungen in das System einzuleiten. Die Klienten können eingeladen werden, über die Ausübung von Ritualen aus

---

[22] Vgl. Hegemann 2001, S. 120.

beiden Kulturen, sowohl die ursprüngliche als auch die fremde Kultur in ihren Alltag zu integrieren.[23] Das *Reframing* einer Geschichte von Trauer und Verlust zu einer Geschichte von Mut und Opferbereitschaft kann dazu beitragen, den Betroffenen ein Bewusstsein für die innere Stärke und Kraft zu vermitteln.[24]

Überlebensschuld

Ein Phänomen, das in der Beratungsarbeit mit Migranten auftreten kann, ist die sogenannte Überlebensschuld. Die Betroffenen fühlen sich schuldig und nicht berechtigt, ein glückliches Leben zu führen. Um sich mit den Toten zu solidarisieren, entwickeln sie Symptome, die ihre eigene Lebensqualität mindern. Das Erleben der Klienten ist darum oft ambivalent. Der Berater darf die systemische Funktion des Leidens nicht ignorieren. Er muss die ambivalenten Gefühle respektieren und anerkennen. Ein *Splitting* kann dazu auffordern, beide Seiten wertzuschätzen. Das Splitting nimmt die Klientin in ihrer Ambivalenz ernst. Es führt eine zusätzliche Perspektive ein und bietet einen neuen Bedeutungsrahmen für das Gefühl der Freude. Migranten kann es schwer fallen, ein so hoch emotionales Thema wie die Überlebensschuld zu artikulieren. In diesem Fall eignet sich die Methode der *Skulpturarbeit.*[25]

Familienmythen

Teilweise wählen Migrantenfamilien die Bewältigungsstrategie, an dem gemeinsamen Mythos einer baldigen Rückkehr ins Heimatland festzuhalten.[26] Eine Adaption an die neue Lebenswelt mit ihren gültigen Normen und Wertvorstellungen wird dadurch erschwert. *Zirkuläre Fragen* können dazu beitragen, die Funktion, die der Mythos für das Familiensystem besitzt, aufzudecken. Für die anschließende Suche und Entwicklung neuer Lösungs-

---

[23] Vgl. von Schlippe/ Schweitzer 2003, 191 ff.

[24] Vgl. von Schlippe et al. 2004, S. 112.

[25] Vgl. von Schlippe et al. 2004, S. 161 ff.

[26] Vgl. Sluzki 2001, S.107.

konstruktionen erweisen sich *ressourcen- und lösungsorientierte Methoden* als nützlich.

3.2 Beispiele systemischer Interventionen im interkulturellen Beratungskontext

Genogrammarbeit

Als Einstieg in die Problemlösungsphase bietet sich die Genogrammarbeit an. Sie ist besonders geeignet, da die Visualisierung die Verständigung erleichtert. In das Genogramm werden Daten und Ereignisse, die im Zusammenhang mit der Migration stehen, eingezeichnet. Ressourcen, wie Sprachkenntnisse und wichtige soziale Bezugspersonen, können ebenfalls eingetragen werden.[27] Durch farbige Kenntlichmachung kann hervorgehoben werden, welches Familienmitglied sich welchem Kulturkreis zugehörig fühlt. Die Zuordnung kann ein Hinweis auf einen durch den Migrationsprozess bedingten Generationenkonflikt sein.[28] Das Genogramm kann als Ausgangspunkt genommen werden, um die jeweilige individuelle Migrationsgeschichte zu erzählen. Wichtige Aspekte und Phasen des Migrationsprozesses können so reflektiert werden.

Systemische(s) Fragen

Durch gezielte systemische Fragen erforscht der Berater die inneren Landkarten der Klientensysteme. Zirkuläre Fragen eignen sich besonders, um neue Informationen zu gewinnen und andere (kulturelle) Sichtweisen in das System einzuführen. Im Folgenden werden systemische Fragen beschrieben, anhand derer der Berater den Prozess der Informationsgewinnung und Ge-

---

[27] Vgl. von Schlippe et al. 2004, S. 107.

[28] Vgl. Schwabe/Palmowski 1999, S. 81.

nerierung von Informationen leiten kann. Der Fragenkatalog enthält überwiegend Elemente von Oesterreich[29].

Entscheidung der Migration:

- Wer hat die Entscheidung für die Migration am ehesten akzeptiert? Wer am wenigsten?
- Wie haben Verwandte, Nachbarn, Freunde auf die Entscheidung reagiert?
- Welche Alternativen hätten bestanden?

Migrationsbedingte Veränderungen:

- Auf einer Skala von 1-10, wie hoch würden Sie Ihre mit der Migration verbundenen Belastungen einstufen?
- Welche Wünsche haben sich mit der Migration erfüllt, welche nicht?
- Welche Veränderungen bezüglich Macht und Entscheidungsfindung gibt es in Ihrer Familie?
- Angenommen, Sie wären nicht nach Deutschland migriert, wäre das Symptom Ihrer Einschätzung nach ebenfalls aufgetreten?

Kulturelles Zugehörigkeitsgefühl:

- Beurteilen Sie Vorkommnisse nach den Werten Ihrer Heimat oder nach den hier geltenden Regeln?[30]
- Welche kulturellen Aspekte werden Ihre Kinder, Ihrer Meinung nach, aus der Kultur Ihrer Heimat übernehmen, von welchen werden sie sich distanzieren? Wie stehen Sie, die Großeltern und andere Familienangehörige dazu?

Rückkehroption:

- Würde die Lösung des Problems die Wahrscheinlichkeit der Rückkehr in die Heimat erhöhen oder verringern?
- Was müsste geschehen, damit Sie nicht mehr den Wunsch verspüren würden, in Ihre Heimat zurückzukehren?

---

[29] Oesterreich 2001, S. 153 ff.

[30] Vgl. von Schlippe et al. 2004, S. 115.

- Bestehen Überlegungen, dass nur ein Teil der Familie zurückkehrt? Welche Konsequenzen hätte das für die einzelnen Familienmitglieder? Wie würden die Menschen in Ihrer Heimat eine solche Entscheidung beurteilen?

- Wer würde sich in der Heimat am meisten über die Rückkehr freuen? Wer am wenigsten?

Bikulturelle Partnerschaften:

- Aus wessen Kultur werden überwiegend kulturelle Elemente gelebt (Esskultur, Wohnungseinrichtung, Jahresfeste und Religion, Sprache etc.)? Wie stehen die Großeltern in der anderen Heimat zu dieser Entscheidung?

- Wie schaffen Sie es, Ihren Kindern beide Kulturen nahe zu bringen (Erzählungen, Lieder, Besuche etc.)?

- Wie wird es Ihren Kindern gelingen, beide Kulturen wertzuschätzen und sie als Bereicherung für ihr Leben zu nutzen?

Ressourcenorientierte Fragen:

- Über welches unterstützende Netzwerk verfügen Sie in der Heimat?

- Gibt es in Ihrem Verwandten- oder Bekanntenkreis Beispiele für eine erfolgreiche Migration?

- Was haben Sie aus Ihrem Heimatland mitgenommen an Traditionen, Ritualen und stärkenden Erinnerungen?[31]

- Sie arbeiten und Ihre Kinder haben eine abgeschlossene Berufsausbildung. Wie ist es Ihnen trotz der schwierigen Migrationsbedingungen gelungen, Ihren Job als Eltern so gut zu erfüllen?[32]

- Was meinen Sie, wie im Heimatland lebende Verwandte die Situation beurteilen würden? Wie würden sie das Problem lösen?

---

[31] Vgl. von Schlippe et al. 2004, S. 114.

[32] Vgl. Schwabe/Palmowski 1999, S. 83.

Wunderfrage:

- Angenommen, es geschähe ein Wunder und Ihr Problem würde über Nacht verschwinden. Woran würden Sie bemerken, dass genau das geschehen wäre? Welches Familienmitglied würde es als erstes bemerken? Wo würde die Familie leben? Wie würden die Menschen in Ihrer Heimat darauf reagieren?

Skulpturarbeit

Die Skulpturbildung stellt eine kreative Methode dar, deren Anwendung weitestgehend auf Sprache verzichtet und aus diesem Grund für die Arbeit mit Migranten prädestiniert ist. Die Bildersprache der Skulptur wird insbesondere von Migrantenfamilien als intensiver und nachhaltiger empfunden. Über Symbole können Themen wie beispielsweise die Migration visualisiert und in die Veränderungsdynamik einbezogen werden.[33] Im Folgenden werden einige Aspekte beschrieben, die während der Phase des Problemlösungsprozesses von der Familie als Skulptur gestellt und durch systemische Fragen begleitet werden können. Einzelne Fragestellungen orientieren sich an denen von Schlippe et al.[34]

Zugehörigkeit und Abgrenzung:

- Wie stehen sich Ihre Familie und Deutschland gegenüber (es kann hierfür ein Gegenstand gewählt werden, der das Land symbolisiert)?

- Was bräuchten Sie von den Institutionen und der Gesellschaft des Landes, um sich aufgenommen zu fühlen?

- Welche Bindungen gibt es zum Herkunftsland (auch hierfür kann ein Symbol gewählt werden)?

Familienkonstellation im Kontext von Migration:

- Wie hat Ihre Familie vor der Migration ausgesehen, wie heute?

- Wie würden die Beziehungen aussehen, wenn Sie in Ihr Heimatland zurückkehren würden?

---

[33] Vgl. von Schlippe et al. 2004, S. 117 f.

[34] Von Schlippe et al. 2004, S. 120 ff.

Scham/ Tabus/ Familiengeheimnisse:

- Welche kulturellen Elemente aus der Heimat verbergen Sie aus Scham oder Angst in der Öffentlichkeit des Gastlandes?
- Welche Elemente Ihres Lebens im Gastland verheimlichen Sie gegenüber Freunden oder Verwandten aus der Heimat?
- Wie würden sich die Beziehungen verändern, wenn offen darüber gesprochen werden würde?

4. Fazit

Zusammenfassend lässt sich formulieren, dass die systemische Perspektive einen multidimensionalen Handlungsansatz begründet, mit dem es gelingt, das Konzept interkultureller Kompetenz in die Praxis umzusetzen. Systemische Konzepte beziehen die interkulturelle Dimension in den Beratungsprozess mit ein und verfügen über eine Vielzahl von Prinzipien und Methoden, die sich eignen, um die Wirklichkeitskonstruktionen von Migranten auf kreative Weise zu erschließen und die Entwicklung neuer Lösungen anzuregen. Systemische Konzepte stellen somit ein sinnvolles Handwerkszeug für die interkulturelle Beratung in der Sozialen Arbeit dar.

Literatur

Bundeszentrale für politische Bildung (Hrsg.) (2000). Interkulturelles Lernen. Arbeitshilfen für die politische Bildung. Neudruck. Bonn: Bundeszentrale für politische Bildung.

El Hachimi, Mohammed/Schlippe, Arist von (2000): Systemische Therapie und Supervision in multikulturellen Kontexten. *System Familie,* Jg. 13, S. 3-13.

Fischer, Veronika/Springer, Monika/ Zacharaki, Ioanna (2006): Interkulturelle Kompetenz. Fortbildung, Transfer, Organisationsentwicklung. Reihe Politik und Bildung, Band 35. 2. Aufl. Schwalbach/Ts: Wochenschau.

Grosch, Harald/ Leenen, Wolf Rainer (2000): Bausteine zur Grundlegung interkulturellen Lernens. In: Bundeszentrale für politische Bildung (Hrsg.). Interkulturelles Lernen. Arbeitshilfen für die politische Bildung. Neudruck. Bonn: Bundeszentrale für politische Bildung, S. 29-46.

Hegemann, Thomas (2001): Transkulturelle Kommunikation und Beratung. Die Kompetenz, über kulturelle Grenzen hinweg zu kommunizieren. In: Hegemann Thomas/Salman, Ramazan (Hrsg.): Transkulturelle Psychiatrie: Konzepte für die Arbeit mit Menschen aus anderen Kulturen. 2. Aufl. Bonn: Psychiatrie-Verlag, S. 116-129.

Hegemann, Thomas/Salman, Ramazan (2001): Transkulturelle Psychiatrie: Konzepte für die Arbeit mit Menschen aus anderen Kulturen. 2. Aufl. Bonn: Psychiatrie-Verlag.

Kersting, Heinz J. (2002): Möglichkeiten erweitern. Interkulturalität und interprofessionelle Arbeit. In: Neumann-Wirsig, Heidi/Kersting, Heinz J. (Hrsg.): In Arbeit. Systemische Supervision und Beratung. Aachen: Kersting, S. 189-203.

Körner, Wilhelm/Hörmann, Georg (1998): Handbuch der Erziehungsberatung. Bd. 1. Anwendungsbereiche und Methoden der Erziehungsberatung. Göttingen: Hogrefe.

Mecheril, Paul (1998): Auch das noch. Ein handlungsbezogenes Rahmenkonzept interkultureller Beratung. In: Körner, Wilhelm/Hörmann, Georg (Hrsg.): Handbuch der Erziehungsberatung. Bd. 1. Anwendungsbereiche und Methoden der Erziehungsberatung. Göttingen: Hogrefe, S. 237-257.

Miller, Tilly (2001): Systemtheorie und Soziale Arbeit. Entwurf einer Handlungstheorie. 2. überarb. u. erw. Aufl. Stuttgart: Lucius und Lucius.

Neumann-Wirsig, Heidi/Kersting, Heinz J. (2002): In Arbeit. Systemische Supervision und Beratung. Aachen: Kersting.

Radice von Wogau, Janine (2004): Systemische Theorie in interkultureller Beratung und Therapie. In: Radice von Wogau, Janine/Eimmermacher, Hanna/Lanfranchi, Andrea (Hrsg.): Therapie und Beratung von Migranten. Systemisch-interkulturell denken und handeln. Weinheim: Beltz, S. 45-64.

Radice von Wogau, Janine/Eimmermacher, Hanna/Lanfranchi, Andrea (2004): Therapie und Beratung von Migranten. Systemisch-interkulturell denken und handeln. Weinheim: Beltz.

Schlippe, Arist von/El Hachimi, Mohammed/Jürgens, Gesa (2004): Multikulturelle Systemische Praxis. Ein Reiseführer für Beratung, Therapie und Supervision. 2. Aufl. Heidelberg: Carl-Auer-Systeme.

Schlippe, Arist von/Schweitzer, Jochen (2003): Lehrbuch der systemischen Therapie und Beratung. 9. Aufl. Göttingen: Vandenhoeck & Ruprecht.

Schwabe, Katja/Palmowski, Winfried (1999): Aspekte der systemischen Beratung mit Migrantenfamilien. *Zeitschrift für systemische Therapie,* Jg. 17, H. 2, S. 76-85.

Sluzki, Carlos E. (2001): Psychologische Phasen der Migration und ihre Auswirkungen. In: Hegemann, Thomas/Salman, Ramazan (Hrsg.): Transkulturelle Psychiatrie: Konzepte für die Arbeit mit Menschen aus anderen Kulturen. 2. Aufl. Bonn: Psychiatrie-Verlag, S. 101-115.

Tuna, Soner (1998): Psychotherapie im interkulturellen Kontext. Beziehungsaufbau und Störung in der Psychotherapie mit Migranten gleicher kultureller Herkunft. In: Heise, Thomas (Hrsg.): Transkulturelle Psychotherapie. Hilfen im ärztlichen und therapeutischen Umgang mit ausländischen Mitbürgern. Berlin: VWB, S. 49-65.

Zacharaki, Ioanna (2006): Interkulturelle Kompetenz in der Beratung. In: Fischer, Veronika/Springer, Monika/Zacharaki, Ioanna (Hrsg.): Interkulturelle Kompetenz. Fortbildung, Transfer, Organisationsentwicklung. Reihe Politik und Bildung, Band 35. 2. Aufl. Schwalbach/ Ts: Wochenschau Verlag, S. 173-194.

Evi Kehrt

Systemisch-konstruktivistische Ansätze zur Sprachförderung

Impulse für den Zweit- und Fremdsprachenunterricht

1. Vorbemerkung

Die Forschungsergebnisse der letzten Jahre im Bereich der soziostrukturellen Benachteilungen in unserem Schulsystem haben deutlich gezeigt, dass eine Umstrukturierung unseres Bildungssystems unumgänglich ist, wenn wir Kindern mit Migrationshintergrund in der Zukunft eine Chance auf einen guten Schulabschluss einräumen wollen. Ein wesentlicher Bestandteil einer solchen Umstrukturierung muss die Förderung der deutschen Sprache sein, denn ausreichende Deutschkenntnisse stellen eine wichtige Voraussetzung für den schulischen Erfolg und somit für eine erfolgreiche Integration in die Gesellschaft dar. Viele Anbieter auf dem Markt des Sprachenlernens haben auf diese „Lücke" in unserem Bildungssystem reagiert und eine ganze Reihe neuer Sprachförderkonzepte entwickelt. Oft beinhalten diese in der traditionellen Fremdsprachendidaktik verwendeten Konzepte aufeinander aufbauende Sprachbausteine, die, um eine schnelle Aneignung der deutschen Sprache zu erreichen, den Schülern in einer festgelegten Reihenfolge vermittelt werden sollen. Für Lehrer sind solche „vorgefertigten" Konzepte sehr hilfreich, denn sie ermöglichen eine einfache und schnelle Unterrichtsvorbereitung. Die Lernerperspektive, die Lehrmethoden und die pädagogische Grundhaltung, mit der Lehrer ihren Schülern begegnen, spielt in diesen

„starren" Konzepten leider nur eine untergeordnete Rolle. Damit das in der Sprachförderung erarbeitete neue Sprachwissen jedoch nachhaltig bleibt, sollte nicht die Rolle des Lehrers und der Lerngegenstand im Vordergrund stehen, sondern vielmehr der Lernprozess selbst. Eine Sprachförderung, die auf systemisch-konstruktivistische Erkenntnisse aufbaut, stellt eine mögliche Alternative zu traditionellen Sprachförderkonzepten dar. Durch die im Konstruktivismus geforderte reflexive und kritische Grundhaltung gegenüber den Begründungen für pädagogisches Handeln, können Diskurs- und Entscheidungsräume geschaffen werden, in denen die direkt beteiligten Personen aktiv an der Gestaltung der Lehrsituation mitwirken. Das konstruktivistische Menschenbild betont die autonome Selbstwerdung des Menschen und trägt damit zu einem Perspektivenwechsel bei, welcher die Möglichkeit eröffnet wird, „die Rolle und das Selbstbild des Lehrers zu relativieren und demgegenüber die Prozesse im Kopf des Lerners in ihrer Eigendynamik und in ihrer Vernetztheit mit Umwelt, Körperwelt und Ichwelt zu betonen."[1]

Im Bereich der Übersetzungswissenschaften existieren solche lernpsychologisch fundierten Unterrichtskonzepte, die sich vom traditionellen instruktionistischen und lehrerzentrierten Unterricht zu einem individualisierten und zugleich kollaborativen Lernen in Gruppen hinbewegen, bereits in Ansätzen. Auf der Grundlage des Sozialen Konstruktivismus hat etwa Kiraly ein Modell des Problem Based Learning entwickelt, welches Studierende von Anfang an als aktive Sprachgestalter in den Lehr-Lern-Prozessen auftreten lässt. Ähnliche Konzepte, die der Entwicklung einer Methode des kooperativen Übersetzens dienen, finden sich aktuell in Deutschland etwa bei Orbán.[2]

In Deutschland ist im Bereich Deutsch als Zweitsprache – trotz der seit den Siebzigerjahren propagierten „Lernerzentrierung" – eine an den Ergebnissen der Hirnforschung und der neueren Lerntheorien orientierte, konsequente didaktische Umorientierung noch kaum zu erkennen. Gegenüber den erkenntnistheoretischen Positionen des Radikalen Konstruktivismus bestehen – meist basierend auf gravierenden Missverständnissen und einer umfassenden Ratlosigkeit angesichts der semantischen Geschlossenheit autopoieti-

---

[1] Vgl. Meixner 1997, S. 11.

[2] Vgl. Orbán 2008.

scher Systeme – sogar erhebliche Bedenken.[3] Es ist so erklärbar, dass – wenn überhaupt – zur Zeit vorläufig nur ein Interesse für einen „gemäßigten" konstruktivistischen Ansatz, den informationstheoretischen Konstruktivismus von Groeben und Scheele besteht.[4] Zugleich ist festzustellen, dass lern- und gedächtnispsychologische Erklärungen zum Spracherwerb und Sprachlernmotivation allmählich wahrgenommen werden.

2. Ausgangspunkte systemisch-konstruktivistischen Denkens

In pädagogischen Zusammenhängen wird die Erkenntnistheorie des Konstruktivismus seit Anfang der 80er Jahre diskutiert.[5] Der Diskurs des Konstruktivismus wird beherrscht von der Auseinandersetzung mit Grundbegriffen des Erkennens, des Lernens, der Entwicklung, der Kommunikation und einem Verständnis sozialer und gesellschaftlicher Prozesse. Der Konstruktivismus hat insbesondere durch das Autopoiesis-Konzept von Humberto Maturana und durch die Systemtheorie Niklas Luhmanns die Praxis des systemischen Denkens im pädagogischen Feld geprägt.[6] Die vorliegende Arbeit beschränkt sich auf einen spezifischen Ansatz konstruktivistischen Denkens, den so genannten Radikalen Konstruktivismus.

Die zentrale Erkenntnis des Radikalen Konstruktivismus beruht auf der Annahme, dass alle kognitiven Prozesse wie etwa die Wahrnehmung und das Denken einem autopoietischen, selbstgesteuerten Prozess folgen. Wir erschaffen uns unser Bild von der Wirklichkeit nicht unmittelbar, sondern als Ergebnis unserer strukturellen Koppelungen mit der Umwelt. Das heißt,

---

[3] Vgl. etwa Holstein/Wildenauer-Józsa 2010, S. 82 f.

[4] Vgl. etwa Wolff 2002.

[5] Vgl. Lindemann 2006, S. 9.

[6] Vgl. Lindemann 2006, S. 9.

Impulse werden von außen in unserem Nervensystem „strukturdeterminiert" interpretiert – auf der Grundlage biografisch geprägter kognitiver und emotionaler Strukturen. Wir konstruieren aufgrund von individuellen Erfahrungen ein Bild der Wirklichkeit, welches gemessen an unserem bisherigen Wissen schlüssig und nützlich erscheint. Dabei darf das entworfene Bild nicht mit Einschränkungen und Hindernissen in Konflikt geraten, die sich uns in der unerkennbaren physikalischen Wirklichkeit stellen. Es muss in dieser Wirklichkeit als brauchbar bzw. „viabel" (gangbar) bewertet werden. Die Gegenstände dieses Denkens und Wahrnehmens sind somit ausschließlich selbsterzeugte Mittel des Gehirns. Eine Informationsübertragung zwischen Organismus und Außenwelt findet nicht statt. Wir sprechen von der informationellen oder semantischen Geschlossenheit des Gehirns. Eine direkte Steuerung menschlichen Verhaltens durch äußere Einflüsse ist daher ebenfalls ausgeschlossen, unsere kognitiven Strukturen können allenfalls „gestört" – perturbiert – werden und dadurch zur Reorganisation, d.h. zum Lernen, angeregt werden.[7] Dies gilt selbstverständlich auch für Lehr-Lern-Prozesse beim Sprachenlernen.

3. Sprache und Kommunikation

Die Sprache ist ein sehr komplexes und abstraktes Regelsystem. Mit Hilfe von verschiedenen Begriffen, die auf unzählige Weisen angewandt und kombiniert werden können, entsteht im Laufe unserer Entwicklung in unserem Denken ein Netz von Symbolen (Signifikanten) und Bedeutungen (Signifikaten), auf das wir zurückgreifen, wenn wir Sprache als Kommunikationsmittel benutzen und so eine symbolische Interaktion von Subjekten ermöglichen.[8] Symbolische Interaktion heißt daher nicht, dass für diese Interaktion gesichert sei, dass die kommunizierenden Subjekte mit den sprach-

---

[7] Vgl. Siebert 2005, S. 11.

[8] Vgl. Iven 2006, S. 11.

lichen Symbolen, den Begriffen, die gleichen Bedeutungen verbinden, sondern nur, dass beide mit den verwendeten Symbolen überhaupt Bedeutungen verknüpft haben. Sprache kann im konstruktivistischen Verständnis daher nicht als Transportmittel von Informationen (Signifikaten) angesehen werden. Die Beziehungen zwischen den sinnlichen und gedanklichen Aktivitäten des einzelnen Organismus, welche autonom auf der Basis seiner kognitiven Operationen hergestellt werden, sind einem anderen Organismus nicht zugänglich. Unter dem Gesichtspunkt der „Konstruktion der Wirklichkeit" ist Sprache zunächst ein *Orientierungssystem*, mit dem die durch Re-Präsentation, Abstraktion und Reflexion gebildeten Elemente benannt werden können.[9]

„Von der Position eines Subjektes aus betrachtet kann Sprache nur solche Elemente bezeichnen, die das Subjekt in seiner Erfahrung als eigenständig isoliert hat. Sprache ist daher konnotativ (zuweisend) und deskriptiv (beschreibend) auf die innere Ordnung eines Subjektes bezogen, also auf seine Re-Präsentationen, Abstraktionen und seine Reflexionen."[10]

Trotz der beschriebenen Subjektivität der Sprache können wir im Alltag miteinander offenbar erfolgreich kommunizieren. Dazu müssen sich die Subjekte in einem Bereich gegenseitiger Wahrnehmung befinden und im Sinne von Perturbationen (Störungen) aufeinander einwirken können. Dieser von Maturana als konsensueller Bereich bezeichnete „Raum" abgestimmter Interaktionen ermöglicht einem Subjekt Handlungen durchzuführen, die sein Gegenüber für eigene Konstruktionen werten kann.[11] Es handelt sich dabei

„... im strengeren Sinne um eine „Kon-Versation", um ein Sich-Miteinander-Wenden-und-Drehen, und zwar auf solche Weise, daß alle

---

[9] Vgl. Lindemann 2006, S. 108 f.

[10] Ebda, S. 109.

[11] Vgl. Lindemann 2006, S. 114.

Beteiligten ... Strukturveränderungen solange erfahren, bis ... Kommunikation stattfinden kann."[12]

Entscheidend bei diesem Zusammenspiel ist, dass jeder Kommunikationsteilnehmer für sich beurteilt, ob er bei seinem Gegenüber die erwünschten Konstruktionen angestoßen und dieser ihn verstanden hat. Es kann jedoch von keinem Beobachter aus eine Aussage darüber getroffen werden, inwieweit der Kommunikationspartner den Sachverhalt tatsächlich erfasst und begriffen hat. Verstehen bedeutet in diesem Sinne lediglich die *Annahme*, dass die individuellen Bedeutungszuweisungen miteinander vereinbar sind.[13]

„Kommunikation heißt nicht: Geben und Nehmen oder Austauschen; es heißt vielmehr, sich gegenseitig Chancen der kognitiven Veränderung, der Auswahl und Konstruktionen von uns selbst abhängiger Information einräumen, eben weil jeder Kommunikationspartner für sich eine selbständige, autonomisierte und operational geschlossene Wesenheit ist."[14]

Das Sprachenlernen, die Sprachverarbeitung und der Sprachgebrauch ist aus systemisch-konstruktivistischer Perspektive als Konstruktionsprozess zu betrachten: Der Zweit- bzw. Fremdsprachenlerner ist vor dem Hintergrund seines „defizitären" Sprach- und Weltwissens als „Konstrukteur" von mentalen Repräsentationen tätig.[15] Beim Erlernen einer Sprache werden sowohl kooperative Prozesse des gemeinsamen Konstruierens von Bedeutung als auch die sprachlichen Mittel, wie lexikalisches Wissen und Grammatik erworben, die der Lerner zur Umsetzung seiner mentalen Repräsentationen benötigt.[16] Das mit der Umwelt oder den Mitmenschen strukturell gekoppelte kognitive System wird durch „Inputs" der sozialen Gruppe immer wieder herausgefordert seine Wirklichkeitskonstruktionen zu überprüfen. Nach

---

[12] Wagner 2000, S. 84.

[13] Vgl. Lindemann 2006, S. 117.

[14] Schmidt nach Lindemann 2006, S. 118.

[15] Vgl. Williams 2008, S. 49.

[16] Vgl. Wolff 2002, S. 3 f.

Bleyl (2000) kann dies nur dann gelingen, wenn der Überprüfung von Bedeutung genug Raum und Zeit eingeräumt wird. Wichtig ist dabei, dass der Lerner ausreichend kritische Erfahrungen in der funktionalen Wirklichkeit der Sprache machen kann, so dass sich die individuellen Bedeutungs- und Wirklichkeitskonstruktionen als viabel erweisen.[17]

„Kommunikation ist also notwendig um unsere eigenen Bedeutungen und das zu ihrer Äußerung notwendige Sprachsystem zu viabilisieren. Auch die Lernersprache kann nicht einfach von außen nach innen transportiert werden, sondern sie muss persönlich anhand von Inputs erfahren und viabilisiert werden."[18]

4. Lernen als Konstruktion der Wirklichkeit

Wie die Wahrnehmung und das Denken ist auch Lernen ein aktiver konstruktiver Prozess der Selbststeuerung. Wir lernen ein Leben lang und aus all dem, was wir gelernt haben, besteht unsere Wirklichkeit. Aus der Neurobiologie ist bekannt, dass Wahrnehmung, Denken und somit auch Lernen das Ergebnis einer Informationsverarbeitung im Gehirn ist.[19] Pädagogisches Handeln im Sinne einer Wissensvermittlung, bei der durch bestimmte Inputs bestimmte Outputs erzeugt werden sollen, ist daher nicht möglich. Wissen lässt sich nicht einfach in das Gehirn „implantieren", Lernen baut vielmehr auf vorhandenes Wissen auf und findet immer im Zusammenhang von Denken, Fühlen und körperlichen Empfindungen in einem bestimmten Kontext statt (dazu gehören die Lernumgebung, das soziale Umfeld und die Situationen, aus denen sich die Anlässe des Lernens ergeben und in denen das Gelernte angewendet und erprobt werden kann).[20] Demnach können auch die

---

[17] Vgl. Williams 2008, S. 50.

[18] Williams 2008, S. 51.

[19] Vgl. ebda, S. 37.

[20] Vgl. ebda, S. 38.

Auswirkungen und Ergebnisse des Lernens in keinem Fall berechenbar und vorhersagbar sein. Siebert formuliert in diesem Sinne:

„Lernen – so der Konstruktivismus – ist ein autopoietischer, selbst gesteuerter, eigenwilliger und eigensinniger Prozess. Lernen benötigt zwar Informationen, Anregungen, Rückmeldungen, Lernhilfen, aber Lernen lässt sich nicht „von außen" determinieren. Das psychische „System" entscheidet, was es verarbeiten kann und will. Lernen ist kein Transport des Wissens von A nach B, „Bedeutungen" können nicht linear mitgeteilt werden, sondern das System konstruiert seine Welt des Bedeutungsvollen."[21]

In Bezug auf den Spracherwerb verdeutlicht Dieter Wolff (2002): In dem Maße wie Menschen die Strukturen einer Sprache, ihre Bedeutung und ihre Nützlichkeit erfahren, ihr also einen spezifischen Sinn zuweisen, werden sie dazu befähigt die Sprache zu lernen. Sprachenlernen ist daher auch gleichzeitig Sprachgebrauch, Hinwendung zum Medium Sprache und Strukturierung des lexikalischen und grammatischen Wissens und demnach wiederum aktive Konstruktion.[22] Für einen Lehrer in der Zweit- bzw. Fremdsprachenförderung stellt sich deshalb nicht die Frage, wie er in seinen didaktischen Bemühungen den Lerngegenstand „die neue Sprache" in die Köpfe der Schüler transportiert, sondern wie er deren Konstruktionsprozesse beim Sprachenlernen und Sprachgebrauch fördern kann.[23] Ein Weg, diese Erkenntnisse innerhalb von Lehr- und Lernsituationen umzusetzen, bietet die im folgenden Kapitel vorgestellte Ermöglichungsdidaktik.

---

[21] Siebert 2005, S. 31.

[22] Vgl. Wolff 2002, S. 3 f.

[23] Vgl. Williams 2008, S. 45.

5. Von der Vermittlungs- zur Ermöglichungs-didaktik

Dass jeder Mensch anders lernt bzw. bestimmte Lernstrategien favorisiert, wird inzwischen in der Lerndidaktik kaum noch angezweifelt, und so ist das „Lernen zu lernen" als vorbereitendes Fach für die Sekundarstufen zum festen Bestandteil vieler Lehrpläne geworden. Dennoch findet die Erkenntnis der Individualität des Lernens in den meisten Unterrichtsfächern wenig Beachtung und viele Lehrende verharren ungeachtet der neuen Erkenntnisse, die wir aus der Lernforschung in den letzten Jahren erhalten haben, im Glauben an eine Vermittelbarkeit im Sinne einer „Übermittelung" von Wissen. Lernen wird jedoch nicht unweigerlich durch Lehren erzeugt und ist daher nicht das lineare Ergebnis von Lehre, Unterweisung oder Training, sondern ein Aneignungsprozess, der von vielen verschiedenen Faktoren wie z.B. den subjektiven Wirklichkeitskonstruktionen der Beteiligten, dem situativen Kontext und dem sozialen Umfeld beeinflusst wird. Ingeborg Schüßler und Rolf Arnold weisen in diesem Zusammenhang darauf hin, dass Lernprozesse „... nicht vom Lehrenden i.S. didaktischer Linearität instruktionsmäßig geplant werden (können), sondern es kann lediglich ein Lernarragement geschaffen werden, das die Aneignung signifikanter Wissensbestände ermöglicht und die Lernenden dabei in ihren Selbsterschließungsaktivitäten unterstützt."[24]

In Abgrenzung zur Erzeugungsdidaktik verwenden die Autoren daher den Begriff der „Ermöglichungsdidaktik", der ein verändertes Verständnis von Lehr- und Lernprozessen charakterisiert, bei dem die Konstruktivität und Eigendynamik sowie die begrenzte „Machbarkeit" von Lernergebnissen betont wird. Eine Ermöglichungsdidaktik gibt den Lernenden die Möglichkeit, aktiv, selbstorganisiert bzw. selbstgesteuert und konstruktiv eigene Lernprozesse zu realisieren.[25]

---

[24] Vgl. Schüßler/Arnold 2003, S. 1 f.

[25] Vgl. Schüßler/Arnold 2003, S. 2.

Für die Rolle des Lehrenden ist der Aspekt des „Gestaltens" von besonderer Bedeutung. Denn eine systemisch-konstruktivistische Sicht auf Lehr- und Lernprozesse erfordert zwar das Aufgeben des didaktischen Vermittlungsanspruchs; das bedeutet jedoch nicht, dass die Didaktik vollständig an die Subjektivität des Lerners rückgebunden wird. Der Lehrende muss akzeptieren, dass sich Systeme von außen nicht steuern lassen und seine Funktion in der strategischen Begleitung des Lehr-Lern-Prozess besteht. Mit Lehr-Lern-Arrangements lassen sich die Selbsttätigkeitsräume des Subjektes erweitern und so die Aneignungschancen von Wissen eröffnen. [26] Eine Ermöglichungsdidaktik gibt keine „richtigen" Lehrmethoden vor, sondern erfordert von den Lehrenden einen grundlegenden Wechsel der Betrachtungsweise.

6. Die pädagogische Grundhaltung

Das eigene Menschenbild der Lehrenden ist für das pädagogische Handeln und für die Gestaltung der pädagogischen Praxis im höchsten Maße relevant. Aus einer trivialen Sichtweise auf Systeme sind diese analysierbar, vorhersehbar, steuerbar und fremdbestimmt. An solche Systeme kann man klare Erwartungen stellen und die Gewissheit haben, dass sie diese entweder erfüllen oder „defekt" sind. Ein nicht-triviales Verständnis von Systemen, wie es der Konstruktivismus für lebende Systeme vertritt, hat nicht nur die Komplexität eines unanalysierbaren Handlungsbereichs zu meistern, sondern muss sich hierbei auch eingestehen, dass jeder Versuch der direkten Steuerung prinzipiell zum Scheitern verurteilt ist. Daher ist es aus einer systemisch-konstruktivistischen Perspektive notwendig, dass man sich auf die Unsicherheiten einlässt, die es mit sich bringt, eine Pädagogik zu entwerfen, die ihren Gegenstandsbereich als ein Handeln zwischen nicht-trivialen Systemen definiert.[27]

---

[26] Vgl. Arnold 2007, S. 37 f.

[27] Vgl. Lindemann 2006, S. 148 f.

Grundlegend für einen pädagogischen Konstruktivismus ist, dass er nicht eine allgemein gültige Handlungsanweisung, ein Patentrezept bzw. eine neue Methode von Lehren aufzeigt, sondern dass er einen erkenntnistheoretischen Hintergrund bereitstellt, der eine besondere pädagogische Haltung impliziert, vor der man methodische und didaktische Entscheidungen reflektieren kann.[28] Für Lehrende bedeutet dies, dass sie über Orientierungen und besondere Verhaltensmöglichkeiten verfügen müssen, um mit der prinzipiellen Wirkungsunsicherheit ihrer Intervention in einer Weise umgehen können, dass Aneignung oder Verhaltensänderung wahrscheinlicher werden. Somit erweisen sich ein Loslassen von der Kontrolle und Steuerung und ein Sich-Steuern-Lassen als die innerlichen Voraussetzungen ermöglichungsdidaktischer Professionalität. Rolf Arnold spricht etwas zugespitzt von einem Wechsel vom pädagogischen Narzissmus zur pädagogischen Gelassenheit.[29] Die Lehrenden müssen sich von der Offenheit und Nichtlinearität von Lernprozessen leiten lassen und müssen dabei die Vielfalt der unterschiedlichen Aneignungslogiken erkennen, um diese dann adäquat „bedienen" zu können. Dazu ist eine systemisch-konstruktivistische Haltung notwendig, die beim Lehrer ihrerseits auch nicht durch Belehrungen angebahnt werden kann, sondern nur durch Reflexion der eigenen Lernprozesse. Da viele Lehrenden selbst ihre Bildung und ihr Lernen in linearen Prozessen erlebt haben, ist es für sie von besonderer Bedeutung, dass sie sich die grundlegenden systemisch konstruktivistischen Begrifflichkeiten und Einsichten aneignen.[30]

---

[28] Vgl. ebda, S. 200.

[29] Vgl. Arnold 2003, S. 24.

[30] Vgl. ebda, S. 27.

7. Prinzipien einer systemisch-konstruktivistischen Sprachförderung

Aus der systemisch-konstruktivistischen Perspektive auf Lernprozesse und unter Berücksichtigung sprachwissenschaftlicher Erkenntnisse werden in den folgenden Abschnitten drei Grundprinzipien einer Sprachförderung herausgearbeitet, die eine systemisch-konstruktivistische Lerndidaktik grundsätzlich beachten sollte. Die dargelegten Prinzipien sollen dabei nicht als eine abgeschlossene Aufzählung betrachtet werden, sondern lassen sich durch weitere Prinzipien ergänzen, die sich für die jeweiligen Lerngruppen als sinnvoll und wirksam erwiesen können. Ein Versuch, allgemein gültige Aussagen zu treffen, birgt die Gefahr vermeintlicher Sicherheit über den „richtigen" Umgang mit der Selbststeuerung von Lern- und Entwicklungsprozessen und führt zu einer Beschränkung der Komplexität von Lernprozessen.

7.1 Das Prinzip der Akzeptanz und Wertschätzung

Wenn Menschen in erhöhtem Ausmaß eine geringe Wertschätzung gegenüber ihren sprachlichen Äußerungen erleben, kann dies zu einer negativen Selbstbeurteilung führen und es besteht die Gefahr, dass sie die Freude und das Interesse an der eigenen Sprache verlieren.[31] Daher ist eine wertschätzende Grundhaltung in der Sprachförderung von besonderer Bedeutung.

„Die eigene Sprache und die der anderen haben als Gegenstand des Wissens und Erkennens hohe Relevanz im Spracherwerbsprozess, in dem das Kind [sowie der erwachsene Lerner] seine Theorien über Sprache aufbaut und stetig vervollständigt. Deshalb können Gefühle der Minder-

---

[31] Vgl. Frigerio Sayilir 2007, S. 55.

340

wertigkeit den eigenen Produkten gegenüber diesen Prozess erheblich stören."[32]

Die Akzeptanz und Wertschätzung gegenüber der Erstsprache, der Herkunft und dem kulturellen Hintergrund sowie der Lebenswelt der Lerner spiegelt somit die Grundhaltung des pädagogischen Handelns wider. Insbesondere die Vielfalt fremder Kulturen, die sich im Zweit- bzw. Fremdsprachenunterricht aufweisen lassen, sollte als Herausforderung gesehen werden. Um Lernbarrieren vorzubeugen, dürfen ungewohnte Deutungs- und Verhaltensmuster nicht zu schnell beurteilt werden. In der Sprachförderung gilt es vielmehr, der „Andersartigkeit" neugierig zu begegnen, sie als interessant, anregend und als „perturbierend" zu akzeptieren. Ein Fehlen solcher Offenheit kann zur Verfestigung tradierter Muster und Konstrukte der Lerner und Lehrer beitragen; „die Bereitschaft zu staunen"[33], die eine Voraussetzung für Lernerfahrungen darstellt, wird so nicht gefördert. Siebert weist im Zusammenhang mit interkulturellen Fremdheitserfahrungen auch darauf hin, dass ein vernetztes Denken und eine mentale Flexibilität durch Fremdheitserfahrungen angeregt werden.[34] Diese positive Auswirkung, die ein „Sich-Einlassen auf fremde Kulturen" innerhalb einer Gruppe haben kann, sollte auch beim Zweit- bzw. Fremdspracherwerb genutzt werden.

Diese systemisch-konstruktivistische Haltung impliziert ebenso die bewusste Achtung und Beachtung der Erstsprache der Lerner: Die sprachlichen Zeichen werden als „Signale" bezeichnet, die vorhandene Wirklichkeitskonstruktionen aktivieren und mit individuellen Erfahrungen oder operativen Konstanten verbunden sind. Diese Wirklichkeitskonstruktionen stabilisieren sich durch Sozialisation. Das bedeutet, dass die individuellen Bedeutungen, die den Erfahrungen in der gesprochenen Sprache zugewiesen werden, durch den Kontakt mit anderen Menschen auf ihre Viabilität überprüft werden und beibehalten oder verändert werden. Man kann also sagen, dass jeder Einzelne die Bestätigung der anderen braucht, um Stabilität im Erleben zu erlangen. Daraus lässt sich schließen, dass die Sprache, die ein Mensch

---

[32] Frigerio Sayilir 2007, S. 55.

[33] Siebert 2005, S. 121.

[34] Vgl. Siebert 2005, S. 121 f.

in seinen ersten Lebensjahren lernt, nicht nur eine kommunikative Bedeutung hat, sondern auch entscheidend zur Persönlichkeitsentwicklung und
zum Weltwissen des Individuums beiträgt. Diesen Aspekt gilt es bei einer
Sprachförderung, die an den Sprachkompetenzen und nicht den Defiziten
eines Lerners ansetzen möchte, zu beherzigen. Die Erziehungswissenschaft-
lerin Caprez-Krompàk betont in diesem Zusammenhang, dass der konsequente Gebrauch der Erstsprache innerhalb der Familie die emotionale und
motivationale Entwicklung des Kindes begünstigt, denn die Sprache der
Herkunft fungiert für die Eltern häufig als Sprache der Gefühle, der Herstellung des vertrauensvollen sozialen Kontaktes oder der Regulierung von
grundlegenden Verhaltensformen.[35] Die Erstsprache sollte daher als Ressource der Lerner betrachtet werden, an die die neue Sprache anschließen
kann.

Neben der Beachtung der kulturellen und sprachlichen Erfahrungen der
Lerner fordert eine auf Wertschätzung und Akzeptanz basierende Haltung
auch, dass Abweichungen und Diskrepanzen in der Zweit- bzw. Fremdsprache der Lerner nicht als Fehler, Missverständnis oder bedauerliches Defizit
des Sprachvermögens gewertet werden. Vielmehr stellen die Leistungen des
Zweit- bzw. Fremdsprachenlerners ein vorübergehendes Wissen dar, das für
den Spracherwerb effektiv genutzt werden kann. Müller hat dazu den Begriff des „Interimswissens" eingeführt: Da Wissen schrittweise erweitert und
differenziert wird, ist es prinzipiell nur als vorläufig konsensfähig zu sehen.
Früher oder später wird jedes Wissen durch neues Wissen erweitert, überarbeitet oder gar revidiert. Demzufolge ist jedes Wissen, übrigens auch das
wissenschaftlich erarbeitete Lehrbuchwissen, ein „vorübergehendes Wissen", also ein Interimswissen.[36] Der individuelle Wissensstand des Einzelnen sollte deshalb als legitimes Wissensmodell gesehen werden, das für ein
strukturiertes Lernen genutzt werden kann. Diese Aussage impliziert, dass
nicht nur eine vom Lehrer vorgegebene Lösung denkbar ist. Eine systemisch-konstruktivistische Didaktik fällt daher Urteile mit Bedacht und ermöglicht und würdigt die Entstehung von individuellen Lösungswegen bzw.
Lösungen im „Anschluss" an die eigene Erfahrung. Wissen entsteht aus den

---

[35] Vgl. Caprez-Krompàk, S. 73.
[36] Vgl. Müller 1996, S.48.

Problemlösestrategien des Einzelnen. Eine individuelle Herangehensweise an Probleme kann zu routinierten Lösungsstrategien sowie zu einer allgemeinen, kreativen Problemlösekompetenz führen.[37]

Die folgende Aufzählung beinhaltet einige methodische Anregungen, die eine wertschätzende Grundhaltung in der Sprachförderung hervorheben und die Ressourcen der Lerner beachten:

Die verschiedenen Sprachen der Fördergruppe können bewusst hervorgehoben werden (z.B. aufgreifen, wie man sich in den verschiedenen Sprachen ein schönes Weihnachtsfest wünscht oder einüben mehrsprachiger Geburtstagslieder). So werden durch indirekte Thematisierung der kulturellen Unterschiede zugleich Identifikationsmöglichkeiten geschaffen wie auch ein gemeinsamer Inhalt kommuniziert.

Einladen der Lehrkräfte anderer Fächer, der Eltern, Verwandte und Freunde zum gemeinsamen Feiern oder zu offenen Sprachfördereinheiten, bei denen etwa Erfahrungen mit der eigenen Arbeit thematisiert werden. Auch dies verdeutlicht die Wertschätzung gegenüber der Herkunft der am Spracherwerbprozess Beteiligten.

Zur Stärkung der Gruppenzusammengehörigkeit, wodurch sich das Selbstwertgefühl der Lerner erhöhen kann, ist es zum Beispiel möglich, Präsentationen (z.B. Fotowand, Collagen) zu erstellen und anschließend öffentlichen auszustellen; gemeinsames Kochen von internationalen Gerichten stellt eine weitere Möglichkeit zur Bewältigung von Fremdheitserfahrungen dar.

7.2 Das Prinzip der Gestaltung einer anregenden Lernumgebung

Wird davon ausgegangen, dass es nicht nur *einen* richtigen Weg der Entwicklung gibt, sondern jeder Mensch individuell spezifische „viable" Wege entwickelt, muss aus systemisch-konstruktivistischer Perspektive der Lernumgebung eine besondere Bedeutung zugeschrieben werden. Der Begriff

---

[37] Vgl. ebda, S. 74.

Lernumgebung umfasst alles, was räumlich, personell und instrumentell für Lernprozesse zur Verfügung steht und womit Lerner in einer Wechselbeziehung stehen (Unterrichtsmethoden, -techniken, Lehrer, Schüler, Medien und Klassenraum). Die besondere Bedeutung der Lernumgebung liegt zum einen darin, dass sich die subjektiv bedeutsamen Lernerfahrungen an die gemeinsamen Deutungen, also an intersubjektiv als gültig angesehene Konstrukte als anschlussfähig erweisen können. Nur dann kann das neue Wissen bzw. die neu erworbene Sprache auf Dauer als viabel gelten. Zum anderen kann durch eine anregend gestaltete Lernumgebung eine Basis in der (Sprach-) Förderung geschaffen werden bei der die individuellen Interessen und Voraussetzungen zum Ausdruck gebracht und genutzt werden können, wodurch die subjektiv wirksame Lernsituation begünstigt wird.[38] Die Lernumgebung darf daher nicht starr vorstrukturiert sein, sondern sollte vielfältige Möglichkeiten eröffnen, die Herangehensweisen der einzelnen Lerner zu unterstützen.

„Unterschiedlichkeiten und Vielfalt sind keine Störfaktoren, sondern notwendige Erscheinungen subjektiver Entwicklung, die es aufzugreifen gilt."[39]

Durch das Anbieten unterschiedlicher „Erlebniswelten" können sich Lernthemen entwickeln und so die „Emergenz" kognitiver Wachstumsprozesse begünstigt werden.[40] Zur Gestaltung von Lernumgebungen können z.b. im Klassenraum Bilder passend zum Unterrichtsstoff aufgehängt oder Themenecken mit verschiedenen Materialien (Bücher zum Thema, kleine Experimente, Gegenstände etc.) eingerichtet werden. Aber auch in unveränderten Umgebungen finden sich Anregungen für Lernprozesse. So kann über das Klassenzimmer hinaus alles zur Lernumgebung werden, z.B. der Bauernhof, der Wald, die Feuerwehr usw. Insbesondere für die Sprachförderung ist es dienlich, wenn Wortschatzerweiterung in einen natürlichen Kontext eingebettet werden kann, da das Lernen von isolierten Begrifflichkeiten nur we-

---

[38] Vgl. Lindemann 2006, S. 237; Kahlert 2001, S. 76.

[39] Lindemann 2006, S. 238.

[40] Vgl. Siebert 2005, S. 108.

nige Hinweise auf die Anwendbarkeit der Wörter gibt. Hier spielt auch die Aktualität der Lerngegenstände sowie die Alltags- und Situationsorientierung eine wichtige Rolle. Es gilt jedoch zu beachten, dass auch der (spärlich gestaltete) Klassenraum Lernprozesse begünstigen kann, da er eine Komplexitätsreduktion bietet, die eine aufmerksame Orientierung erleichtern kann. Für das Erlernen der Grammatik kann beispielsweise auch die „frontale" Lehre durchaus von Vorteil sein.

Zudem kann die Lerngruppe selbst eine Ressource darstellen, da durch Kommunikation mit anderen Lernern eine ständige Auseinandersetzung mit den Lerninhalten sowie mit den eigenen Konstruktionen und Vorstellungen der Welt und ihren Phänomenen erfolgt. Das Schaffen von Gelegenheiten, mit anderen in Kommunikation zu treten, wird durch die systemisch-konstruktivistisch ausgerichtete Didaktik betont.[41] Im Austausch mit anderen können eigenen Konstruktionen überprüft und mit anderen abgeglichen werden; ferner ergeben sich durch den Austausch weitere Perturbationen, die die Neukonstruktion der eigenen Vorstellungen anregt. Dies kann in Partnerarbeit, durch das Anregen von Diskussionen oder in Arbeitsgruppen umgesetzt werden.[42]

Ein weiterer wichtiger Aspekt einer anregenden Lernumgebung stellt die Vielfalt der in der Förderung verwendeten Medien dar. Wissen wird individuell konstruiert; dabei bevorzugt jeder Lerner unterschiedliche Zugänge zu neuen Informationen und Anregungen. Das Niveau und die Ausrichtung von Lerninhalten sollten möglichst variabel dargeboten werden, da auch die Geschwindigkeit, mit der gelernt wird, und Herangehensweise der Lerner individuell ist. Für den Lehrer heißt dies, dass er ein ganzes Spektrum an verschiedenen Lernmedien bereithalten sollte.

„Mehrperspektivisches Lernen ist ein zentrales konstruktivistisches Anliegen. Multimedialer Unterricht, der sich schwingungsfähig auf die Bedürfnisse der Schüler einzustellen vermag, trägt somit einer konstruktivistischen Einstellung Rechnung."[43]

---

[41] Vgl. Klein/Oettinger 2007, S. 42.

[42] Vgl. Siebert 2005, S. 109.

[43] Klein und Oettinger 2007 , S. 40.

Solche Lernmedien können Bilder, Zeichnungen, Fotos, Gegenstände und Anschauungsobjekte, die den Lerninhalt betreffen, sein. Es könnten durch verschiedene Materialien sinnliche Erfahrungen ermöglicht werden. Musik, Videos, Filme, PowerPoint-Präsentationen, aber auch Theater, Pantomime können als Lernmedien für die Gestaltung der Zweit- bzw. Fremdsprachenförderung benutzt werden. Es wäre außerdem möglich, durch eingeplante Bewegungssequenzen etwa in Verbindung mit Musik den Körper anzuregen und die Aktivierung der Sinne zu fördern. Dadurch wird der körperlichen Zustand und die Affektivität der Lerner beachtet und es können gewohnte Strukturen durchbrochen und Störungen veranlasst werden, die die Aufmerksamkeit und das Denken in andere Richtungen lenken.[44]

Klein und Oettinger verweisen darauf, dass sich die Unterrichtsgestaltung sowohl an den aktuellen Lern- und Konstruktionsbedürfnissen der Einzelnen als auch an den Interessen der Gruppe, die sich dialogisch oder gruppendynamisch durch intersubjektive Konstruktionen ergeben, zu orientieren hat.[45] Dies stellt hohe Anforderungen an den Lehrer, da er sowohl den Interessen der Lerner als auch den Anforderungen, die sich aus Lehrplänen ergeben, gerecht werden muss. Zudem muss der Lehrer in der Lage sein, durch Reflexion seiner Beobachtungen die Lernprozesse zu analysieren, den Unterricht anzupassen und Lernziele weiterzuentwickeln. Er sollte die Lernumgebung so gestalten, dass die eine eigenständige Entfaltung der Lerner ermöglicht wird, zugleich aber der Unterricht noch ausreichen planbar bleibt, um keine Beliebigkeit oder Reizüberflutung entstehen zu lassen, die letztlich weder Lehrern noch Lernern dienlich ist.[46]

---

[44] Vgl. Williams 2008, S. 42.
[45] Vgl. Klein/Oettinger 2007, S. 42.
[46] Vgl. Kahlert 2001, S. 79.

7.3 Das Prinzip der Alltags- und Situationsorientierung

Eine systemisch-konstruktivistische Sprachförderung baut auf einem spezifischen Verständnis von Lernen auf und versteht die Aneignung von Wissen als das Ergebnis einer individuellen Konstruktion, die in der Auseinandersetzung mit der Wahrnehmungs- und Erfahrungswelt des einzelnen Organismus entsteht. Möchte man erreichen, dass das Wissen, in diesem Fall die neu erlernte Sprache, nicht „träge" und oberflächlich bleibt, sondern an die vorhandenen individuellen Strukturen des Organismus anschließen kann, ist es notwendig, das Lehrarrangement so zu gestalten, dass transferfördernde Verknüpfungen zwischen Seminarsituationen und Alltagssituationen entstehen. Das bedeutet, dass Themen ausgewählt und Situationen gestaltet werden, die dem Lerner bekannt und vertraut sind. Durch diese Vernetzung zwischen einer institutionellen Sprachförderung und dem Alltagsgeschehen der Lerner kann die Zweit- bzw. Fremdsprache einen persönlichen Wert erlangen, was zur Entwicklung der Lernmotivation beiträgt. Die Verknüpfung neuer Informationen mit vorhandenen Strukturen wird gefördert, wenn neue Gedanken eingefügt und bekannte Kenntnisse neu geordnet werden können. Eine Sprachförderung, die sich am Alltag der Lerner orientiert, unterstützt somit die Stabilisation der individuellen Wirklichkeitskonstruktionen, indem sie auf der einen Seite die Möglichkeit eröffnet, die in der Erstsprache erlangten Fähigkeiten für das Erlernen der neuen Sprache zu nutzen. Das besagt, dass zum Beispiel durch das Reden über den Alltag mit anderen Menschen die individuellen Bedeutungen, die in der Erstsprache entwickelt wurden, auf ihre Viabilität überprüft werden und nun die Begriffe der neuen Sprache darauf aufbauen können. Auf der anderen Seite kann der Lerner durch die vom Lehrer geschaffenen vertrauten Situationen die neuen Begriffe als relevant erleben. Durch eine intensive Auseinandersetzung mit alltagsrelevanten Themen wird dem Lernenden ausreichend Raum und Zeit zur Verfügung gestellt, der neuen Sprache Sinn und Bedeutung zuzuweisen und für ihn Wesentliches von Unwesentlichen zu trennen. Dadurch wird der Aufbau von Begriffs-, Wissens- und Wirkungsnetzen gefördert.

Ein Konzept der konstruktivistischen Kognitionspsychologie, das solche Transferleistungen fördert, ist das der „situierten Kognition". Die *Situated-Cognition-Theory* knüpft an die Erkenntnis an, dass Lernen immer in einem bestimmten Kontext und damit situativ sowie multidimensional und systematisch erfolgt. Bei handlungsbezogenen Lernzielen sollten daher die Verwendungssituationen der Lernenden zu Grunde gelegt werden. Das bedeutet, dass der Lerngegenstand im Unterricht nicht nur mitgeteilt werden sollte, sondern der Lernort zugleich das Praxisfeld der Wissensaneignung und -erprobung darstellen sollte. Dadurch entsteht die Möglichkeit, Transferpotenziale zu schaffen und damit die Aneignung eines nachhaltigen Wissens zu begünstigen.[47]

Eine Auswahl an alltagsrelevanten Themen findet man zum Beispiel im „Rahmenplan Deutsch als Zweitsprache". Dieser unterscheidet sechs Signalthemen: Ich und Du (beinhaltet u.a. Alltagsrituale, wie zum Beispiel die Begrüßung), Lernen (beinhaltet u.a. ein Miteinander- und Voneinanderlernen), Sich orientieren (beinhaltet u.a. das Lernen um Auskunft zu bitten, bzw. Auskunft erteilen), Miteinander leben (beinhaltet u.a. das Sprechen über Familie, Freunde und Nachbarn), Was mir wichtig ist (beinhaltet u.a. das Erzählen von Tätigkeiten in der Freizeit), Sich wohl fühlen (beinhaltet u.a. das Ausdrücken vom persönlichen Befinden).[48] Bei der Auswahl der Themen sollten die Lerner beteiligt werden, so dass die Themen an authentische Erlebnisse und Erfahrungssituationen der Lerner anknüpfen können.

Einige Möglichkeiten, die Sprachförderung alltagorientiert zu gestalten, seien hier genannt: Erzählen lassen, wie sich die Freunde und Verwandte begrüßen. Begrüßungen in den vorhandenen Sprachen anhören. Herkunftsländer an einer Karte markieren. Reime, Lieder und Gedichte mitbringen lassen. Vertraute Gegenstände beschreiben lassen. Ortsübliche Bräuche miteinbeziehen. Feste der verschiedenen Kulturen in einen Kalender eintragen. Familienfotos mitbringen lassen. Gemeinsam Einkaufen gehen, gemeinsam ausgewählte Gerichte kochen. Bekannte Berufe vorstellen. Aus Zeitschriften zu einem Thema Collagen anfertigen und vorstellen lassen. Den Tagesablauf thematisieren.

---

[47] Vgl. Siebert 2005, S. 71 f.

[48] Vgl. Rahmenplan „Deutsch als Zweitsprache" 2006, S. 8.

8. Systemisch-konstruktivistische Methoden beim Zweit- bzw. Fremdspracherwerb

Überlegungen zur Gestaltung der pädagogischen Praxis in der Sprachförderung sind häufig mit der Hoffnung verbunden, eine allgemeingültige Methode zu finden, die den Lerner effizient und effektiv bei der Aneignung der neuen Sprache unterstützt. Das Finden *der* „richtigen" Methode oder eines Patentrezeptes zur Unterstützung beim Zweit- bzw. Fremdspracherwerb kann jedoch auch mit Unterstützung des Konstruktivismus nicht geleistet werden. Der Konstruktivismus bietet vielmehr einen erkenntnistheoretischen Hintergrund, vor dem sich Fragen nach der Gestaltung der pädagogischen Praxis in der Sprachförderung reflektieren lassen. Das bedeutet, dass bei einer solchen Reflexion nicht die Entscheidung der „richtigen" Lehr- und Lernmethode im Vordergrund steht, sondern die Überlegung, wie, wo und mit wem über konkrete Vorgehensweisen und Inhalte entschieden wird. Jede pädagogische Praxisgestaltung, die starr an bestimmten Methoden festhält und die Vielfalt und Individualität der Lerner nicht beachtet, würde dieser Auffassung entgegenstehen.[49] Jeder Mensch lernt anders und daher muss das methodische Handeln dem Anspruch gerecht werden, optimale Voraussetzungen für eine subjektive Lernbewegung zu schaffen. Eine Methode kann daher in einem systemisch-konstruktivistischen Verständnis als eine Strategie bezeichnet werden, die der Lehrer anwendet, um an spezifische pädagogische Situationen heranzugehen und zu entscheiden, welche Verhaltensweisen er wählt, um die Lerner bei der Bearbeitung von Lernaufgaben zu unterstützen. Methoden sind die Art und Weise des Umgangs mit dem Lerngegenstand.[50] Methoden können „...Lernwillige unterstützen und anregen. Und so sind alle Methoden geeignet, die nachdenklich machen, die überraschende Erkenntnisse und ungewohnte Beobachtungen ermöglichen, die einen Perspektivenwechsel fördern, die neue Blicke öffnen und Horizonte erweitern. Alles was perturbiert, kann Lernprozesse in Gang setzen."[51]

---

[49] Vgl. Lindemann 2006, S. 208.

[50] Vgl. Williams 2008, S. 175.

[51] Siebert 2005, S. 103.

Um solche Perturbationen zu fördern, ist es notwendig, sich in der Interaktion mit den Teilnehmern der Sprachfördergruppe über Gemeinsamkeiten zu verständigen und das Miteinander auszuhandeln. Je nach Ziel und Lehrgegenstand, Anlass und Kontext, Lerntyp und Lehrtyp wird über das Einsetzen einer Methode entschieden. Dies kann eventuell auch bedeuten, dass ein fachlicher Vortrag oder ein autoritär geführtes Lehrgespräch die passende Methode für die Fördergruppe darstellt. Solche darbietenden Methoden sind nicht grundsätzlich erarbeitenden Methoden unterlegen.[52] Da Sprachenlernen allerdings ein Prozess von Interaktion, Verhandlung und Bedeutungszuweisung in einer fremden Sprache ist, verlangt der Lernprozess nach Kommunikation und sozialisatorischer Unterstützung.[53] Aus diesem Grund sollten Methoden favorisiert werden, die neben den kognitiven auch die sozialen und kommunikativen Prozesse fördern, wie zum Beispiel Rollenspiele, Kleingruppenarbeit oder Projektunterricht.

9. Produktive Semantisierung – eine Methode im Zweit- bzw. Fremdsprachenunterricht

Am Beispiel der Produktiven Semantisierung soll im Folgenden nun kurz eine Methode dargestellt werden, die sich als systemisch-konstruktivistisch verorten lässt. Dieses Verfahren hat sich insbesondere für die Wortschatzarbeit im Fremdsprachenunterricht als hochwirksam erwiesen. Mit Hilfe der einfach anzuwendenden Technik bietet diese Methode dem Lerner die Möglichkeit, durch eigene Sinn- und Wahrnehmungskonstruktionen das zu Lernende mit vorhandenem Wissen und Erfahrungen zu verknüpfen, so dass anschlussfähig und nachhaltig gelernt werden kann. Beim Sprachenlernen mit Hilfe der „Produktiven Semantisierung" steht nicht der Spracherwerbsprozess, sondern vielmehr der Wahrnehmungsprozess im Mittelpunkt. Dabei werden beide Gehirnhälften aktiviert. Das lernertypenspezifische, multi-

---

[52] Vgl. ebda.

[53] Vgl. Williams 2008, S. 173.

sensorisch ausgerichtete, ganzheitliche Lernkonzept ist in drei Phasen der Wortschatzarbeit unterteilt:

Die Phase der kollektiven Semantisierung: In dieser Phase werden teilweise unbekannte Wörter kollektiv semantisiert. Sie können beispielsweise von den Schülern wechselseitig erklärt werden oder durch das Anbieten eines deklarativen Bedeutungskerns, welches zum Beispiel noch durch ein Bild, einen Film oder eine Bewegung ergänzt wird. Eine weitere Möglichkeit ist die Übersetzung der unbekannten Wörter in die Muttersprache. Wörter, die von keinem der Lerner erklärt werden konnten, werden den Schülern erst in der nächsten Phase nähergebracht.

Die Phase der Produktiven Semantisierung: In dieser Phase werden mehrere Teilschritte unternommen. Zunächst schreibt der Lehrer die neuen Wörter (Nomen mit Artikel) auf einen farbigen Karton und bietet den Lernern eine Erklärungsmöglichkeit an. Danach sollen sich die Lerner mit geschlossenen Augen ein Bild oder einen Film zu dem Wort vorstellen und mit Farbe das Wort auf dieses imaginative Bild schreiben. (visueller/imaginativer individueller Schritt). Anschließend öffnen die Lerner wieder die Augen und vergleichen das (in der Phantasie) Geschriebene mit der Schreibweise auf dem Karton. In einem weiteren Schritt werden die Lerner nochmals aufgefordert, die Augen zu schließen und sich ein Geräusch, einen Klang, einen Laut zu dem Bild oder Film vorzustellen (auditive/imaginative individueller Schritt). Noch mit geschlossenen Augen werden sie dann aufgefordert, sich ein passendes Gefühl, das zu dem Wort passt, zu überlegen (affektiver individueller Schritt). Diese drei Schritte dienen – dem Ansatz der Situated Cognition folgend (vorwiegend durch den Prozess der Reformulierung) – der Entstehung von Bedeutungen und Bewusstsein.[54]

Die Phase der kollektiven Wirklichkeitskontrolle: In dieser kommunikativen Phase kommt es zum Austausch von Beschreibungen der mentalen Aktivitäten der Lerner.[55]

Die „Produktive Semantisierung" ermöglicht jedem Lerner, seine Gedanken je nach Vorerfahrung und Sprachstand frei zu äußern. Sie „fördert autonom

---

[54] Vgl. Meixner 1997, S. 113 f.

[55] Vgl. ebda, S. 113.

produzierte, individuell multimodal verankerte Bedeutungen, die sowohl deklarative Wissensanteile als auch episodische, kommunikativ ausgehandelte Aspekte beinhalten. Mit anderen Worten: Das neu erlernte Wort hat einen durch soziale Gegebenheiten konventionalisierten Konzeptrahmen, ist also nicht willkürlich festgelegt, und erfährt andererseits seine subtile Elaborierung durch emergentes eigenständiges Erzeugtwerden der jeweiligen Bedeutung.[56]

Durch die spezielle Art der Anregung der eigenen Konstruktionsweisen findet eine weiträumige Vernetzung des neuen Wissens statt. Es soll dadurch eine tiefe Verankerung im Gedächtnis, eine aktive Nutzung und hohe Behaltensleistung sowie ein Transfer auf den weiteren zukünftigen Gebrauch des Wortschatzes erreicht werden.[57] Die Methode der „Produktiven Semantisierung" setzt allerdings voraus, dass die Schüler bereits ein gewisses Maß an Ausdrucksfähigkeit in der deutschen Sprache und ein gewisses Sprachverständnis mitbringen. Je intensiver die Methode mit den Lernern eingeübt wird, desto weniger Zeit wird zum Vorstellen der Assoziationen benötigt.

10. Fazit

Die Umsetzung einer systemisch-konstruktivistischen Sprachförderung erfordert ein komplexes Umdenken in Bildungskontexten. Der traditionelle Didaktikbegriff im Sinne der Wissensvermittlung wird durch eine Didaktik ersetzt, die die Lehr- und Lernsituation in ihrer Gesamtheit berücksichtigt. Eine solche Umstrukturierung erfordert die Beachtung vieler Faktoren wie zum Beispiel den Aufbau einer kooperativen Atmosphäre in den pädagogischen Einrichtungen. Zu häufig findet die Sprachförderung als isolierte Maßnahme statt, die durch eine einzelne Fachkraft durchgeführt wird. Um jedoch den Lernern ein möglichst günstiges Lernumfeld zu bieten, in dem sie sich zunehmend die neue Sprache selbstständig aneignen und ihre Lernfortschritte in Eigeninitiative erwerben können, wäre es notwendig, dass die

---

[56] Meixner 1997, S. 121.

[57] Vgl. ebda, S. 121.

Sprachförderung fachübergreifend fest verankert wird. Dies setzt jedoch eine große Arbeitsmotivation und ein starkes Interesse an den Lern- und Entwicklungsprozessen der einzelnen Schüler voraus, insbesondere da die konstruktivistische Didaktik lediglich auf Entscheidungsmöglichkeiten verweist und nicht auf eine Festlegung konkreter Maßnahmen. Diese können nur mit Blick auf die jeweiligen Situationen entschieden werden.

Ebenso bedarf es der Ermöglichung einer größeren Autonomie und Flexibilität der Fachkräfte, die auch in den Lehrplänen und Prüfungsrichtlinien verankert wird. Einer der bedeutendsten Faktoren in der systemisch-konstruktivistischen Praxis ist jedoch die Bereitschaft der Fachkräfte zum reflexiven Handeln. Bisherige Arbeitsweisen müssen überprüft und eventuell optimiert und gemeinsam mit den Lernern weiterentwickelt werden, was eine besondere Herausforderung auch für die Persönlichkeit der pädagogischen Fachkräfte darstellt. Dabei können die ethischen Postulate des Radikalen Konstruktivismus und seine Subjektorientierung für die Pädagogen hilfreiche Theorieelemente darstellen – insbesondere in der interkulturellen Arbeit der Sprachförderung.

Literatur

Arnold, Rolf/Schüßler, Ingeborg (Hrsg.) (2003): Ermöglichungsdidaktik. Erwachsenenpädagogische Grundlagen und Erfahrungen. Baltmannsweiler: Schneider Hohengehren.

Arnold, Rolf (2003): Ermöglichungsdidaktik. Erwachsenenpädagogische Grundlagen und Erfahrungen. Baltmannsweiler: Schneider Hohengehren.

Arnold, Rolf (2007): Ich lerne, also bin ich. Eine systemisch-konstruktivistische Didaktik. Heidelberg: Carl-Auer-Systeme.

Caprez-Krompàk, Edina (2007): Die Bedeutung der Erstsprache im Integrationsprozess. *Terra-Cognita,* Zeitschrift für Integration und Migration, H. 10. Internet: www.terra-cognita.ch/10/caprez.pdf.[Stand: 29.9.09]

Frigerio Sayilir, Cornelia (2007): Zweisprachig aufwachsen – zweisprachig sein. Der Erwerb zweier Erstsprachen aus der handlungstheoretischen Sicht der Kooperativen Pädagogik. Münster: Waxmann.

Holstein, Silke/Wildenauer-Józsa, Doris (2010): Wissenskonstruktion und Lernmotivation. Zwei Aspekte des Zweit- und Fremdsprachenlernens zwischen spontanem Prozess und bewusster Reflexion. In: Ahrenholz, Bernt/Oomen-

Welke, Ingelore (Hrsg.): Deutsch als Zweitsprache. (=Deutschunterricht in Theorie und Praxis. Bd. 9). 2. korrig. und überarb. Aufl. Baltmannsweiler: Schneider Hohengehren S. 81-94.

Iven, Claudia (2006): Sprache in der Sozialpädagogik. Troisdorf: Bildungsverlag EINS.

Kahlert, Joachim (2001): Didaktische Netze. Ein Modell zur Konstruktion situierter und erfahrungsoffener Lernumgebung. In: Meixner, Johanna/ Müller, Klaus (Hrsg.): Konstruktivistische Schulpraxis. Beispiele für den Unterricht. Neuwied/ Kriftel: Luchterhand, S. 73-94.

Kiraly, Donald Charles (1999): From teacher-centered to learning-centered classrooms in translation education. Control, chaos or collaboration? School of Applied Linguisticx and Cultural Studies, Johannes Gutenberg Universität Mainz, Germersheim.

Klein, Klaus u. Oettinger, Ulrich (2007): Konstruktivismus: Die neue Perspektive im (Sach-) Unterricht. Baltmannsweiler: Schneider Hohengehren.

Lindemann, Holger (2006): Konstruktivismus und Pädagogik. Grundlagen, Modelle, Wege zur Praxis. München: Ernst Reinhard.

Meixner, Johanna (1997): Konstruktivismus und die Vermittlung produktiven Wissens. Neuwied: Luchterhand.

Müller, Klaus (1996): Erkenntnistheorie und Lerntheorie. Geschichte ihrer Wechselwirkung vom Repräsentationalismus über den Pragmatismus zum Konstruktivismus. In: Müller, Klaus (Hrsg.): Konstruktivismus. Lehren-Lernen-Ästhetische Prozesse. Neuwied, Kriftel, Berlin: Luchterhand, S. 24-70.

Orbán, Wencke (2008): Über die Entlehnung konstruktivistischer Lerntheorien in die Praxis der Übersetzungswissenschaft. Kooperatives Übersetzen als kommunikations- und prozessorientierte Handlungsform des Übersetzers. Trier: WVT.

Rahmenplan Deutsch als Zweitsprache. Ministerium für Bildung, Wissenschaft, Jugend und Kultur Rheinland-Pfalz 2006. Grünstadt: Sommer.

Siebert, Horst (2005): Pädagogischer Konstruktivismus. Lernzentrierte Pädagogik in Schule und Erwachsenenbildung. 3. Aufl. Weinheim/Basel: Beltz.

Wagner, Michael (2000): Menschen mit geistiger Behinderung und ihre Lebenswelten. Ein evolutionär-konstruktivistischer Versuch und seine Bedeutung für die Pädagogik. Bad Heilbrunn: Klinkhardt.

Williams, Beata (2008): Systemisch Fremdsprachen unterrichten. Neurobiologie und Psychologie für Deutsch als Fremdsprache. Saarbrücken: VDM Verlag Dr. Müller.

Wolff, Dieter (2002): Fremdsprachenlernen als Konstruktion: Grundlagen für eine konstruktivistische Fremdsprachendidaktik. Frankfurt a.M.: Lang.

Janine Born

Systemisches Arbeiten mit älteren Menschen und Angehörigen

Neue Herausforderungen und Arbeitsfelder

1. Einleitung

Der demografische Wandel führt durch eine Zunahme der älteren Menschen zu enormen gesellschaftlichen Herausforderungen. Im Jahr 2030 werden ca. ein Drittel der Bevölkerung über 60 Jahre alt sein.[1] Daraus ergeben sich Veränderungen in den Familienstrukturen, den sozialen Beziehungen und bei der gesundheitlichen Versorgung. Diesem veränderten Bedarf steht nach wie vor eine weit verbreitete destruktive und negative Sichtweise vom Alter gegenüber.[2] Altwerden wird mit dem Nachlassen von Schönheit, Vitalität und kognitiven Leistungsfähigkeiten gleichgesetzt. Die positiven Seiten, wie beispielsweise die Zunahme an Erfahrungen, Zeit, Genussfähigkeit, Gelassenheit und Weisheit, werden kaum beachtet.

In der wissenschaftlichen Literatur existiert keine einheitliche Theorie des Alterns, die meisten Annahmen beziehen sich auf Defizite und Verluste, die mit dem Älterwerden verbunden sind. Biologisch betrachtet ist das Altern

---

[1] Statistisches Bundesamt 2003.

[2] Baltes/Staudinger 1996, Lehr 2003, Friedrich-Hett 2005.

ein Prozess, der mit der Geburt beginnt und stetig fortschreitet. Aufgrund der steigenden Lebenserwartung umfasst die Zeitspanne des Altseins nahezu drei Jahrzehnte. Als Ältere werden Menschen einer Altersgruppe, meist über 60 Jahre bezeichnet. Häufig findet man eine Unterteilung in das dritte und das vierte Lebensalter („Hochbetagte"[3]). Die älteren Menschen erleben verschiedene Entwicklungsphasen ihrer Kinder, Enkel und Urenkel. Die verstärkte Interaktion zwischen den verschiedenen Generationen führt auch zu einer Zunahme an Konflikten. Die Verhältnisse zwischen den Generationen müssen neu verhandelt werden, wobei soziale und familiäre Rollen ebenfalls neu definiert werden. Die systemische Theorie und Praxis kann an dieser Stelle mit ihren Methoden hilfreich ansetzen. Sie sieht Ursachen für Konflikte im sozialen und familiären Kontext, stellt die Lösungssuche in den Vordergrund und ist somit ein besonders geeigneter Ansatz für die Arbeit mit älteren Menschen. Ressourcen- und kompetenzorientierte Modelle sehen das Alter als Chance und Weiterentwicklung im Sinne einer sinnvoll gestalteten Lebenszeit. Als besondere Herausforderung für die systemische Praxis gilt es, die negativen Sichtweisen und Stereotypien zu überwinden. Negative Erwartungen im sozialen Umfeld führen zu Unsicherheiten und mangelndem Selbstvertrauen. Ältere Menschen fühlen sich nicht selten nutzlos, isoliert, hässlich und inkompetent. Eine tolerantere Betrachtung und der Blick auf ihre Stärken kann ihr Wohlbefinden maßgeblich verbessern.

Im Folgenden soll dargestellt werden, wie systemische Methoden und Anschauungen in der Arbeit mit älteren Menschen angewandt werden können.

2. Über die Arbeit mit älteren Menschen in der Systemischen Praxis

Aussagen von Klienten, wie beispielsweise die folgenden, lassen sich häufig finden:

---

[3] Baltes 1997.

„Seitdem meine Kinder eigene Kinder haben, weiß ich nicht mehr, ob ich noch gebraucht werde. Sie wollen keinen Rat von mir und haben Angst, dass ich mich in ihre Erziehung einmische. Ich weiß eigentlich nicht mehr, warum ich noch da bin."

„Mein Mann und ich haben ein sehr erfülltes Leben gehabt. Er hatte einen verantwortungsvollen Beruf, ich habe mich zu Hause um alles gekümmert. Nun ist er pensioniert, mischt sich überall ein und wir streiten uns ständig."

„In letzter Zeit kommen so viele Erinnerungen von früher in mir auf, die schlimme Zeit im Krieg und danach, das bedrückt mich sehr. Ich muss dann immer gleich weinen und bin so sensibel geworden."

Die Gründe für das Aufsuchen einer Beratung sind verschieden und können in personenbezogene Themen und familienorientierte Themen unterteilt werden.

Bei den personenbezogenen Themen geht es um eigene Bedürfnisse. Ältere Menschen suchen eine Beratung, wenn ihnen die Veränderungen des Alltags durch Pensionierung, Verwitwung, Arbeitslosigkeit, Vereinsamung oder Erkrankungen große Schwierigkeiten bereiten. Vergangene Konflikte oder sogar Traumatisierungen sind wieder allgegenwärtig. Sie setzen sich mit der eigenen Sterblichkeit auseinander und ziehen Bilanz über ihr bisheriges Leben.

Eine wertschätzende Haltung als Berater bewirkt Vertrauen und löst Berührungsängste zwischen den oftmals jüngeren Beratern und älteren Klienten, für die es ungewohnt ist, über ihre Schwierigkeiten oder gar Gefühle zu reden. Sie erleben in der Beratung einen Zuhörer, der sich für ihre Geschichte, ihr Anliegen interessiert. Oft kann beobachtet werden, dass die sehr motivierten und zielorientierten älteren Klienten einen ganz klaren Auftrag für die Beratung haben, der strukturiert und handlungsorientiert umgesetzt werden kann. Mit Hilfe der folgenden beispielhaften Fragen können personenbezogene Beratungsinhalte bearbeitet werden:

- Was war wichtig in ihrem Leben?
- Was war besonders schön und worauf sind sie stolz?
- Welche Schwierigkeiten haben sie überstanden und was hat ihnen dabei geholfen?

- Wie wollen sie in den nächsten 5, 10 Jahren leben? Was wird dann anders sein?
- Wie haben ihre Großeltern im Alter gelebt?
- Haben sie Vorbilder für das Älterwerden?
- Was bedeutet es für sie, in den Ruhestand einzutreten?
- Welche Einschränkungen und Bereicherungen erwarten sie?
- Wie könnte der Titel ihrer Biografie lauten?
- Welche Vorstellung vom Tod und Sterben haben sie?

Lebensbilanzierung. Ein Fallbeispiel

Eine 62jährige Frau kommt in die Beratung, weil sie „nicht mehr weiter weiß". Sie habe mehrere stationäre Klinikaufenthalte und eine langjährige ambulante Psychotherapie hinter sich, da sie seit Jahren unter schweren Schmerzen am ganzen Körper, Rheuma und Herzrasen leide. Das Vorliegen einer schweren körperlichen Erkrankung wurde durch verschiedene Untersuchungen ausgeschlossen. Aufgrund der körperlichen Belastung könne sie ihren Alltag kaum gestalten, es komme vermehrt zu Streitsituationen mit ihrem Mann und ihrer Tochter. Sie gehe den Situationen mehr und mehr aus dem Weg, was sie dennoch belastet. Immer wieder berichtet sie, dass Ihre Mutter im Alter von 65 Jahren an einem Herzinfarkt gestorben sei. Sie denke in letzter Zeit häufig an diese Zeit von damals und wie sie dies alles belastet habe. Sie glaubt, eine bessere Mutter für ihre Töchter gewesen zu sein, wenn sie all diese Dinge damals nicht erlebt hätte. In ihrem Leben sei „so viel schief gegangen" und sie hätte sich gern einen anderen Weg gewünscht.

Ziel für die Beratung war es zunächst, die problemorientierte Stimmung aufzulösen und nach Ressourcen im Leben der Klientin zu suchen. Die Klientin wollte gern über ihre Vergangenheit reden und „das endlich einmal los werden". Die vielen Informationen wurden mit Hilfe einer darstellenden Technik geordnet. Es wurde eine Lebenslinie mit einem Seil auf dem Boden gelegt (siehe Abb. 1). Die Klientin sollte sich überlegen, was wichtige und prägende Erlebnisse in ihrem Leben waren (beginnend mit Kindheit, Jugend und Erwachsenenalter). Positive Erlebnisse wurden als Rundung nach oben geführt und negative nach unten. Für die Ereignisse wurden zusätzlich entsprechende Symbole (Bilder, Figuren, Worte) gewählt und jeweils dazu gelegt. Es zeigte sich deutlich, dass diese Lebenslinie nicht nur im „negativen" Bereich lag. Die Klientin erinnerte sich an viele schöne Situationen in ihrem Leben. Somit konnte eine Differenzierung und Unterschiedsbildung der Erlebnisse erfolgen. Beim Betrachten der Linie empfand die Klientin Erleichterung und konnte mit den negativen Erfahrungen aus der frühen Jugend besser leben. Danach hatte sie die Aufgabe sich zu überlegen, wie die Lebenslinie wohl weitergehen könnte und sie ihre Zukunft gestalten möchte. Sie wollte ihre Fähigkeiten und Ressourcen nutzen, um wieder mit mehr Elan ihren Alltag zu gestalten und Konflikten nicht aus dem Weg zu gehen. Durch den Einsatz zirkulärer Fragen gelang es, die Sichtweisen ihrer Familienmitglieder zu übernehmen und ihre Beziehung zu ihnen zu überdenken. Sie fühlte sich gestärkt, mit ihrer Tochter etwas zu unternehmen und eine neue Beziehung aufzubauen. Dies war ein Thema in einem weiteren Beratungsgespräch. Die Methode zeigte ihr, dass sie nicht nur schlechte Dinge in ihrem Leben erfahren hat, sondern gleichzeitig viele schöne Erlebnisse, die sie fast vergessen hatte und sich nun wieder gern daran erinnert. Die darstellende Technik löste die eher problemorientierte Gesprächssituation auf und half der Klientin, kreative Ideen für ihre Zukunft zu entwickeln. Ein Foto der Darstellung konnte in den folgenden Beratungsterminen noch mehrmals erfolgreich eingesetzt werden.

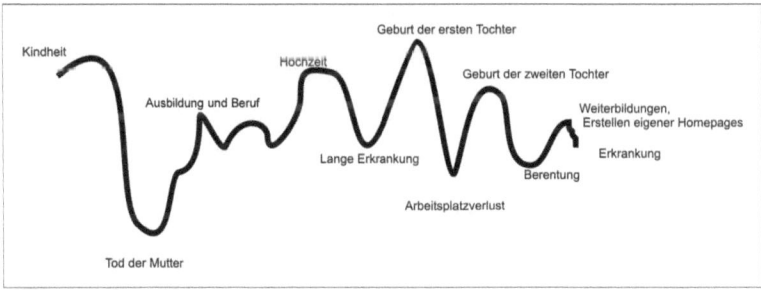

Abb. 1: Bildhafte Darstellung der positiven und negativen Erlebnisse einer Klientin

Anlass für eine Beratung können auch familienorientierte Themen sein, wenn es beispielsweise zu erheblichen Konflikten zwischen den Generationen aufgrund unklarer Rollendefinitionen oder Streitsituationen im Umgang mit den Enkelkindern kommt. Auch die Aufarbeitung zurückliegender Konflikte bringt verschiedene Generationen gemeinsam in die Beratung. Oft sind es die (jüngeren) Angehörigen selbst, die für den Umgang mit einer schweren Erkrankung der eigenen Eltern Hilfe suchen.

Die Arbeit mit Familien bei Demenz

Eine der häufigsten Alterserkrankungen mit zunehmender Bedeutung ist die Demenz. Ein wesentliches Kennzeichen ist der Verlust geistiger Fähigkeiten. Hierzu zählen die Merkfähigkeit (z.B. Namen von Personen), das Erinnern an kürzlich zurückliegende Ereignisse und Informationen (Termine, Absprachen), Denken, Planen, Urteilen, Vorausschauen, Orientieren in Raum und Zeit sowie die Sprache (Bezeichnung von Personen und Gegenständen). Die körperlichen Funktionen bleiben weitgehend erhalten. An einer Alzheimer-Demenz sind in Deutschland derzeit etwa 1 Million Menschen erkrankt. Die Erkrankung führt zu einer hohen Belastung für die Betroffenen und Angehörigen und bedarf einer aufwendigen Pflege. Gerade im Anfangsstadium und demnach in der Zeit vor einer Diagnose kommt es zu Auffälligkeiten im Verhalten der Personen, die zu massiven Konflikten zwischen den Betroffenen und ihren Familien führen können. Die Anforderungen des täglichen Lebens (Erinnern an wichtige Termine, das Zurechtfinden in einem Kaufhaus usw.) können die Betroffenen zunehmend nicht mehr allein bewältigen und sind auf Hilfe ihrer Ehepartner oder Kinder angewiesen. Auf die eigenen Veränderungen reagieren die Betroffenen mit Wut, Aggression, Angst oder Trauer. Hier gilt es, zwischen den Personen zu vermitteln. Systemische Arbeit kann bedeuten, die Schwierigkeiten der Familie zu erkennen, Sichtweisen und Gefühle der einzelnen über Zirkularität transparent zu machen und gegebenenfalls abklären zu lassen, ob eine Erkrankung vorliegt. Zudem ist die Aufklärung der Familie über eine Demenz ein wichtiges Thema in einer Beratung. Das Ziel ist es, den Familien die Angst zu nehmen und geeignete Verhaltens- und Umgangsweisen an die Hand zu geben. Das Verstehen der Erkrankung und der damit verbundenen Veränderungen für den Betroffenen führt meist schon zu einer Verbesserung. Im weiteren Verlauf ist die Betreuung und Entlastung der Angehörigen sehr hilfreich. Ein wichtiges Thema ist ebenfalls, wie Ältere im hohen Alter leben werden und wie sich möglicherweise ihre Pflege bei einer schweren Erkrankung wie der Demenz realisieren lässt. Dieser Frage wird in Familien ganz unterschiedlich begegnet. Einerseits wird der Gedanke an das Altwerden und Sterben in vielen Familien zumeist vermieden. Andererseits wird schnell klar, wie wichtig eine frühzeitige Verständigung zwischen den Generationen ist. Nicht selten führt eine plötzliche Erkrankung und Pflegesituation der eigenen Eltern zu erheblichen Konflikten innerhalb der Angehörigen. Fragen wie: Wer übernimmt die Pflege, ist eine Unterbringung in einem Pflegeheim sinnvoll und wer übernimmt die Kosten, können zu emotionalen Belastungen und Streitsituationen innerhalb der Angehörigen führen.

Die Systemische Praxis kann für diese Fragen sinnvolle und hilfreiche Methoden liefern, um zu einer Lösung zu gelangen. Hierzu soll ein Fallbeispiel als Erläuterung dienen.

Pflegeheim ja oder nein? Ein Fallbeispiel

Eine 87jährige Frau kommt in Begleitung ihrer Tochter in die Beratung. Sie habe in letzter Zeit Schwierigkeiten mit dem Gedächtnis. Bei einer ärztlichen und neuropsychologischen Untersuchung wurde der Verdacht einer beginnenden Alzheimer-Demenz geäußert. Die Tochter kümmere sich intensiv um ihre Mutter (der Ehemann sei vor zwei Monaten verstorben), sie sei sogar mit in ihr Haus gezogen und verbringe nur wenige Zeit mit ihrer eigenen Familie. Die Geschwister, eine ältere Schwester und ein jüngerer Bruder, wohnen weit entfernt. Es komme zu sehr vielen Streitsituationen zwischen Mutter und Tochter, alle Angehörigen drängen auf eine Veränderung der jetzigen Situation.

Nach Auftragsklärung und eingehender Befragung der familiären Situation wurde die Skalierungsscheibe zur Lösungssuche eingesetzt[46-9]. Zunächst stand die Frage im Vordergrund, wie die Tochter in der Betreuung ihrer Mutter entlastet werden kann, um ihrer eigenen Berufstätigkeit nachzukommen und sich wieder um ihre eigene Familie zu kümmern. Hier wurde

---

[4] Skalierungsscheibe; Natho 2005a, 2005b, 2007.

deutlich, unter welch unterschiedlichen Gefühlen die Tochter litt. Zum einen empfand sie eine große Verpflichtung, sich um ihre Mutter kümmern zu müssen. Andererseits war sie stark belastet, was immer wieder zu Streitsituationen zwischen beiden führte. In die Mitte der Scheibe stellte die Tochter eine Figur stellvertretend für ihre Mutter. Danach stellte sie weitere Personen der Familie so auf, dass durch die Nähe und Distanz (Skalierungsringe 1-7) sichtbar wird, in welchem Maße sie in die Pflege und Betreuung der Mutter involviert waren. Es zeigte sich deutlich, dass sie der Mutter am nächsten stand und aus anderen Bereichen (eigene Familie, Geschwister, Ärzte und öffentliche Pflegeeinrichtungen) kaum Unterstützung erhielt. Ihre Aufgabe war es zu überlegen, wie die anderen Personen sie unterstützen konnten. Die Mutter schlug vor, dass der jüngere Sohn Informationen über Pflegeeinrichtungen in ihrer Nähe einholen könne. Die ältere Tochter hätte im nächsten Monat einen Besuch bei der Mutter angekündigt und werde mit ihr andere Arztbesuche übernehmen. Weiterhin entstand die Idee, ein Beratungsgespräch mit allen Geschwistern und der Mutter gemeinsam zu initiieren. Dazu wollte die Mutter ihre Kinder selbst einladen. Auf der Skalierungsscheibe konnten die entsprechenden Figuren in ihrer Nähe zur Mutter und ihrer Betreuung verschoben werden, so dass die hier anwesende Tochter mehr Distanz erhalten konnte.

Das Thema Pflegeheim wurde von der Mutter angesprochen. Ihre Mutter in ein Pflegeheim zu geben, löste bei der Tochter starke Schuldgefühle aus und es war kaum möglich, diesem schwierigen Thema sprachlich nahe zu kommen. Aus diesem Grunde wurde nochmals die Skalierungsscheibe eingesetzt. In die Mitte der Scheibe wurde das Pflegeheim gestellt und alle Mitglieder der Familie danach, ob sie eher für eine Unterbringung (mehr zur Mitte) oder dagegen sind und welche Gründe es dafür geben könnte. Die Tochter sollte auch hier die Perspektiven der jeweiligen Familienmitglieder hypothetisch übernehmen (Abb. 2).

Insgesamt zeigte der Einsatz der systemischen Methoden, wie die Missverständnisse in der Kommunikation zwischen den Generationen aufgelöst werden konnten. Dem mit Schuldgefühlen, Trauer und Scham behafteten Thema „Pflegeheim" konnte durch den Einsatz der Skalierungsscheibe mehr Leichtigkeit entgegen gebracht werden und es konnten offen und realistisch die nächsten Schritte besprochen werden. Die Familie erreichte eine erhebliche Entlastung ihrer Situation.

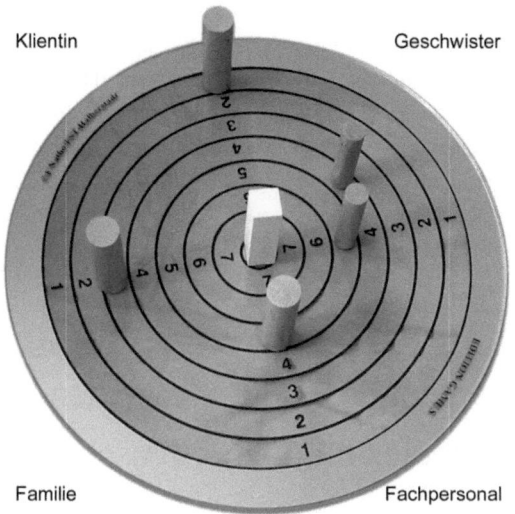

Abb. 2: Skalierungsscheibe

Zusammenfassung

Grundsätzlich unterscheidet sich die Arbeit mit älteren Menschen nicht wesentlich von der Arbeit mit jüngeren Klienten. Unterschiede bestehen möglicherweise innerhalb der Beratungsthemen und Inhalte, die sich bei älteren Menschen häufig auf weit zurückliegende Ereignisse beziehen. Die zumeist gegenwartsorientierte Systemische Praxis sieht sich der Arbeit mit älteren Menschen einer besonderen Aufgabe gegenübergestellt und kann versuchen, mit den ihr zur Verfügung stehenden Methoden Lösungen für das Hier und Jetzt zu erarbeiten. Ein ressourcenorientiertes Vorgehen betrachtet vor allem den enormen Schatz an Erfahrungen, den ältere Menschen mitbringen. Sie haben gelernt, auch mit schwierigen Situationen umzugehen und sind in der Lage, von ihrem Wissen in ihrer derzeitigen Situation zu profitieren. Eine wertschätzende Haltung und die Anwendung spezieller Fragetechniken (zirkuläre Fragen, Wunderfrage, Skalierungsfragen) lösen Offenheit, Neugier und Motivation bei den Älteren aus, erleichtern den Zugang und lösen Berührungsängste auf. Bei der Arbeit mit Hochbetagten oder an Demenz erkrankten Klienten sollte man auf ein strukturiertes und langsames Vorgehen achten. Die Arbeit mit Bildern, Veranschaulichungen, darstellenden Techniken und Gedächtnisstützen (Handzettel und Notizen) ist äußerst hilfreich. Darüber hinaus erscheint es sinnvoll, gute Kenntnisse über die lebensgeschichtlichen Zusammenhänge, historische Ereignisse und gesellschaftliche Normen der verschiedenen Alterskohorten zu haben, um bestimmte Lebensereignisse der Betroffenen entsprechend würdigen zu können.

3. Die Notwendigkeit eines speziellen Beratungsangebotes für ältere Menschen und deren Angehörige

Obwohl es einen großen Bedarf an Beratung für ältere Menschen und deren Familien gibt, besteht nach wie vor eine starke psychotherapeutische Unterversorgung für diesen Altersbereich.[5] Verschiedene Studien legen nahe, dass etwa ein Viertel aller über 65jährigen an psychischen Störungen leidet.[6] Hierunter werden vor allem Demenzerkrankungen und Depressionen sowie Angststörungen gefasst. Zusätzlich gibt es einen großen Anteil an psychosomatischen Störungen im Alter, Schlaf- und Schmerzstörungen.[7]

---

[5] Maercker 2003; Wittchen/Jacobi 2006.

[6] Helmchen 1999.

[7] Mayer/Baltes 1999.

Nur etwa 1% aller Patienten in psychotherapeutischen Praxen sind jedoch über 65 Jahre.[8]

Die starke Diskrepanz zwischen dem hohen Bedarf an Beratung und Therapie und des geringen Angebots erklärt sich aus verschiedenen Faktoren. Auf der einen Seite gibt es bislang wenige Psychotherapeuten und Mediziner, die sich auf die Behandlung älterer Menschen spezialisiert haben. Verschiedene Fachbereiche der Gerontologie werden gerade etabliert und werden in Zukunft viele Konzepte erarbeiten und bereithalten. Auf der anderen Seite gibt es noch viele ältere Menschen, die keine Hilfe annehmen wollen. Häufig werden psychische Probleme körperlichen Ursachen zugeschrieben und Medikamente zur Behandlung bevorzugt. Diese Menschen haben Angst, „für verrückt gehalten" zu werden und nicht zuletzt haben sie oft auch eine kritische Haltung gegenüber dem Medium „Beratung" und der Psychotherapie. Dennoch erlebt man in der Praxis, dass immer mehr Familien Hilfe in Anspruch nehmen wollen und entsprechende Angebote suchen.

4. Fazit

Die systemische Arbeit mit älteren Menschen ist bislang noch nicht etabliert und wird in Zukunft verstärkt Thema in der Systemischen Praxis sein. Die hier aufgeführten Gedanken entstammen größtenteils der eigenen Erfahrung im Umgang mit älteren Klienten und deren Familien. Neue Methoden, die auf den Bedarf und die entsprechenden Themen der älteren Menschen abgestimmt sind, müssen noch etabliert werden. Es ist offensichtlich, dass sich das Wohlbefinden und die Lebensqualität durch einen verbesserten Dialog zwischen den Generationen steigern werden.[9] Die Systemische Theorie und Praxis kann an der Gestaltung der Lebensumwelten älterer Menschen mitwirken, um den Erhalt von Kompetenzen und Potenzialen zu fördern, die Beziehung zwischen den Großeltern, deren Kindern und ihren Enkelkindern

---

[8] Heuft/Kruse/Radebold 2000.

[9] Lang 2000.

unterstützen sowie erweiterte Aufgaben und Rollen in Familien wahrnehmen. Dabei ist der eigene reflektierte Umgang mit dem Älterwerden als Berater wichtig.

Ein in der Gesellschaft häufig negativ geprägtes Bild vom Älterwerden sollte dahingehend verändert werden, dass ältere Menschen wertvolle Ressourcen besitzen und unsere Gesellschaft durch ihre Mitgestaltung und Engagement maßgeblich bereichern können.

Literatur

Baltes, P. B. (1997): Die unvollendete Architektur der menschlichen Ontogenese:
Implikationen für die Zukunft des vierten Lebensalters. *Psychologische Rund-
schau*, 48, S. 191-210.

Baltes, P. B./Staudinger, U. M. (Hrsg.) (1996): Interactive minds: Life-span perspectives on the social foundation of cognition. New York: Cambridge University Press.

Friedrich-Hett, T. (2005): Positives Altern: Betrachtungen aus der klinischen Praxis. *Zeitschrift für systemische Therapie und Beratung,* Jg. 23, H. 4, S. 243-
249.

Helmchen, H. et al. (1999): Psychiatric Illnesses in old Age. Cambridge University Press, NY.

Heuft G./Kruse A./Radebold H. (2000): Lehrbuch der Gerontopsychosomatik und
Alterspsychotherapie. München/Basel: Ernst-Reinhard.

Lang, F. R. (2000): Endings and continuity of social relationships: Maximizing
intrinsic benefits within personal networks when feeling near to death? *Jour-
nal of Social and Personal Relationships*, 17, S. 157-184.

Lehr, U. (2003): Psychologie des Alterns. 11. Aufl. Wiebelsheim: Quelle & Mey-
er.

Maercker, A. (2003): Alterspsychotherapie. Aktuelle Konzepte und Therapieas-
pekte. *Psychotherapeut*, 48, 132-149.

Mayer, K. U./Baltes, P. B. (Hg.): Die Berliner Altersstudie, 1996. 2. Aufl.
1999. Berlin: Akademie Verlag.

Natho, F. (2005a): Die Lösung liegt im Team. Handbuch zur Arbeit mit der Skalierungsscheibe im Rahmen von Problemlösung und Teamentwicklung. Dessau: Gamus.

Natho, F. (2005b): Die Skalierungsscheibe – ein nützliches Arbeitsverfahren im
Rahmen systemischer Team- und Gruppenleitung. *KONTEXT*, Jg. 36, H. 3, S.
249-263.

Natho, F. (2007): Die Skalierungsscheibe – in drei ausgewählten beraterischen Kontexten: Erziehungsberatung, Schuldnerberatung und Paarberatung. *KONTEXT,* Jg. 38, H. 3, S. 242-257.

Skalierungsscheibe. Edition GAMUS ohG.

Statistisches Bundesamt, Wiesbaden, 2003.

Wittchen, H.-U./Jacobi, F. (2006): Psychische Störungen in Deutschland und der EU - Größenordnung und Belastung. *Verhaltenstherapie & Psychosoziale Praxis*, Jg. 38, H. 1, S. 189-192.

Martin Roth/Stefanie Stengel

Impulse aus der Erwachsenenbildung

Biografiearbeit
auf der Basis systemisch-konstruktivistischer Annahmen

Einführung

Das Anliegen dieses Artikels ist es, eine systemisch-konstruktivistische Zugangsweise für biografisches Arbeiten darzulegen, was konsequenterweise
bedeutet, sowohl grundlegend konzeptionell als auch in der didaktischen
Praxis systemisch-konstruktivistische Annahmen zu berücksichtigen. Es soll
gezeigt werden, dass gerade diese Zugangsweise den Gewinn bringen kann,
Menschen in biografiearbeiterischen Bildungsveranstaltungen nicht beleh-
ren zu wollen sowie diese mit der nötigen Sensibilität behandeln zu können.
In den Kapiteln 2 und 3 werden hierfür theoretische Grundlagen skizziert,
um anschließend in Kapitel 4 ein beispielhaftes Praxisprojekt aus dem Bereich der Erwachsenenbildung, welches auf Basis dieser Grundlagen entstanden ist, darzustellen.

1. Biografiearbeit – vor dem Hintergrund systemisch-konstruktivistischer Annahmen

1.1 Die aktuelle Notwendigkeit von Biografiearbeit

In der Zeit der Postmoderne werden Identitätsentwicklungsprozesse als weitgehend enttraditionalisiert verstanden und als Chance und Risiko immer mehr den einzelnen Individuen zugeschrieben.[1] Der Rückgang von traditionellen Familien- und Lebensführungsmustern sowie der in der Wissenschaft diskutierte Zerfall der sog. „Normalbiografie" – dieser gesellschaftliche Entwicklungsprozess wird auch unter dem Begriff der Pluralisierung von Lebenslagen und Lebensführungsmustern gehandelt – schreibt jedem Einzelnen verstärkt die Aufgabe zu, seine Lebensführung und Identität selbst zu bestimmen und zu gestalten.

Beck verweist darauf, dass das Leben aller Generationen unübersichtlich geworden ist, Sicherheit durch „Artistik" in der Lebensführung ersetzt wird und die Menschen im „Allgemeinsten und Privatesten" in riskante Freiheit entlassen sind.[2]

Aus diesen gesellschaftlichen Entwicklungen resultieren subjektiv differente Alltagsanforderungen. Hier setzt Biografiearbeit an: Sie möchte Menschen aller Altersstufen mittels Begleitung in Fragen der Persönlichkeitsentwicklung ´auf der Suche nach sich selbst´ unterstützen. Sie zielt darauf ab, durch die Beschäftigung mit der eigenen Lebensgeschichte als auch mit Fremdbiografien, Sicherheit in Bezug auf die eigene Identität zu schaffen sowie eigene Ressourcen herauszuarbeiten und zu benennen. Diese Ressourcen können bei der Bewältigung schwieriger Alltagssituationen wie z.B. in Entscheidungsfragen zur Lebensführung eine hilfreiche Stütze sein. Biografiearbeit kann daher als ein mögliches Unterstützungsangebot als Reaktion auf die genannten aktuellen gesellschaftlichen Entwicklungen und die daraus resultierenden Lebensbedingungen gesehen werden.

---

[1] Siehe hierzu Beck 1986; Beck/Beck-Gernsheim 1994.

[2] Vgl. Beck/Beck-Gernsheim 1994, S. 11.

Doch auch die Systemtheorie begründet die Aktualität biografischer Arbeitens. So fasst Miller zusammen, dass Individuen in der modernen ausdifferenzierten Gesellschaft nur interaktionsfähig bleiben, wenn sie sich einen Vorrat an kulturellen Symbolen und Praktiken angeeignet, sich also eine Identität herausgebildet haben und es v.a. schaffen, diese immer wieder neu in Bezug auf ihre Systemumwelt auszubalancieren.[3] Diese stets selbstreferentiellen Anpassungsleistungen eines Systems sind nicht hintergehbar und „[...] regeln das Leben des Einzelnen"[4]; sie können gelingen aber auch überfordern. So kann es etwa zu Unstimmigkeiten zwischen Rollenerwartungen bspw. des Sozial-, Kultur- oder Gesellschaftssystems und der Art der Rollenerfüllung des Individuums kommen. Biografiearbeit möchte hier ansetzen und genannte Anpassungsanforderungen genauso wie Anpassungsleistungen zum Gegenstand von Bildungssituationen machen.

1.2 Grundlagen der Biografiearbeit

Biografiearbeit bedeutet übersetzt „Arbeit an der Lebensbeschreibung". Solche „Beschreibung" – also die Beschäftigung mit der eigenen Lebensgeschichte – subjektiv nutzen zu können, die Gegenwart sowie die Zukunft bewusster vor dem Hintergrund seiner eigenen Vergangenheit oder genauer seiner Erfahrungen und der daraus resultierenden Identität wahrzunehmen, ist Zweck von biografischem Arbeiten.

„Gegenstand der Biografiearbeit ist die methodische Anleitung und Begleitung biografischer Selbstreflexion durch professionelle Fachkräfte in pädagogischen und psychosozialen Arbeitsfeldern. Im Mittelpunkt steht die konstruktive Aufarbeitung, Bewältigung und Planung der eigenen Lebensgeschichte."[5]

---

[3] Vgl. Miller 2001, S. 79.

[4] Arnold/Siebert 2006, S. 76.

[5] Hölzle 2009, S. 34.

Ein Grundbedürfnis des Menschen ist es, über das eigene Leben zu sprechen, sich selbst wahrzunehmen und vor allem das Leben in sinnhafte Bezüge einzuordnen bzw. sich als Konstrukteur der eigenen Lebensgeschichte erleben zu können.

> „Eine wichtige Funktion der Biografiearbeit besteht darin, Menschen in ihrer Identitätsentwicklung, Lebensplanung und -bewältigung zu unterstützen, indem sie Hilfestellung zu einer sinnhaften Verknüpfung von Vergangenheit, Gegenwart und Zukunft leistet und dazu beiträgt, das eigene Leben im Strom widersprüchlicher, schöner und schmerzlicher Erfahrungen als sinnvoll und lebenswert wahrnehmen zu können."[6]

Dies sind komplexe, bedingungsvolle und sicherlich nicht abschließbare Bildungsanforderungen an ein Individuum. Biografisches Arbeiten kann hier eine förderliche Funktion bei solcher „Spurensuche" übernehmen.

Die Verwendung von Biografiearbeit finden wir in unterschiedlichen Ansätzen, Blickrichtungen, Interessen sowie Arbeitsfeldern und ist somit denkbar in Bereichen der pädagogischen und psychosozialen Arbeit mit Kindern, Jugendlichen, Erwachsenen sowie älteren Menschen. Der einzelne Mensch mit seinen individuellen Erfahrungen, Erlebnissen und Lebensbilanzen steht dabei im Mittelpunkt.

Biografiearbeit ist prinzipiell in allen Lebensbereichen sowie -phasen denkbar und deshalb in vielfältiger Weise und verschiedenen Arbeitsfeldern der Sozialen Arbeit (und somit auch in der Erwachsenenbildung) sinnvoll einsetzbar. In der Biografiearbeit wird mit Hilfe verschiedener Elemente und Methoden auf spielerischer, künstlerischer, sprachlicher Art und Weise daran gearbeitet Erinnerungen, Ereignisse, Erfahrungen, etc. wachzurufen, zu benennen, eventuell zu dokumentieren als auch darüber hinaus mögliche Zukunftsperspektiven zu entwerfen.

Insgesamt werden all jene Kompetenzen in den Vordergrund gestellt, die Menschen in ihrer Souveränität und in ihrem Selbstvertrauen bestärken, was

---

[6] Ebda, S. 51.

gewissermaßen auch als Zielvorstellung verstanden werden kann. Und diese erscheint aktuell als dringlicher Gegenstand, vergegenwärtigt man sich etwa was Hölzle anmerkt: „Individualisierung, Atomisierung und Isolierung führen nicht zu Klärung oder Selbstdefinition, sondern zu Desorientierung, Ahnungslosigkeit und Fremdheit."[7]

Die genauere Betrachtung der Zielvorstellungen von biografischem Arbeiten bringt nun beides – Entwicklungen von Individualisierung und Ziel von Biografiearbeit – zusammen: Genauer betrachtet sollen Kompetenzen gefördert werden, die der Selbstwahrnehmung der eigenen Vergangenheit, Gegenwart und Zukunft dienlich sind, die einen souveräneren Zugang zur eigenen Identität unterstützen, um so letztlich Denkens- und Handlungsmöglichkeiten in Bezug auf einen gelingenden Alltag zu erweitern. Anders formuliert: Das intensive Beschäftigen der Teilnehmer mit der eigenen Lebensgeschichte kann Sicherheit bei Wahrnehmungsprozessen hinsichtlich der eigenen Identität schaffen, die gerade dann von Nöten ist, wenn schwierige (Alltags-)Situationen bewältigt werden müssen.

Die Systemtheorie sagt nun, dass bspw. Übergänge in neue Lebensphasen (durch neuen Beruf, andere Familiensituation, Krankheit, neue Alterstufe, etc.) Anpassungsanforderungen an das System stellen. Sodann ist dies einerseits gefordert, die eigene Identität im Verhältnis zur neuen System-Umwelt-Differenz sinnhaft auszubalancieren, neue Rollenerwartungen anzunehmen oder auch abweisen zu können. Andererseits findet auch innerhalb des Menschen Anpassung statt: „Anpassung verläuft nicht nur zwischen System und Umwelt, sondern auch innerhalb des Systems. Luhmann spricht hier von der „Selbstanpassung von Systemen"[8]. Im System selbst liegende Probleme müssen also ebenfalls von der Person bearbeitet und zu lösen versucht zu werden. Um beim Beispiel zu bleiben: Widerspricht eine Zukunftserwartung der erlebten Realität der neuen Lebensphase, so gilt es trotz allem handlungsfähig zu bleiben, sich (vielleicht) anders zu organisieren, was sicherlich auch heißen kann, solchen Widerspruch gewollt zu leben. Miller weist hier darauf hin, dass es in widersprüchlichen Situationen nur durch einen hohen Grad an Selbstreferentialität gelingen kann, eine sta-

---

[7] Ruhe 2007, S. 9.

[8] Miller 2001, S. 43.

bile Ich-Identität aufzubauen und dass – obwohl die jeweiligen Systeme Angebote zur Selbstdefinition bieten – das Individuum gefordert ist, im Rahmen seiner Rollenkomplexität Selbstbeschreibung zu leisten.[9] Insgesamt sind also genau genommen solche Fragen von Anpassung (und Nicht-Anpassung) bei biografischem Arbeiten zum Arbeitsgegenstand zu machen. Sind dann Antworten an die spezifische Systemstruktur anschlussfähig und viabel, so können diese vom Individuum als neue Sichtweisen angenommen werden.

2. Die Fähigkeit des Erinnerns aus systemisch-konstruktivistischer Perspektive

Im Kern beschäftigt sich die konstruktivistische Erkenntnistheorie mit der Frage, *was* kognitiv und kommunikativ geschieht, wenn der Mensch – im Sinne eines Beobachters einer subjektiven wahrgenommenen Wirklichkeit – wahrnimmt und Erfahrung produziert. Bei biografischem Arbeiten kommen nun Deutungen vergangener, gegenwärtiger als auch zukünftig erwarteter Erfahrungen zum Ausdruck.

Wir wollen uns im Folgenden aus dieser Blickrichtung der Funktionsweise des menschlichen „Speicherns" von Erfahrungen und des „Zurückgreifens" auf Erfahrungen zuwenden. „Erinnern kann zunächst ganz allgemein als eine kognitive Operation bestimmt werden, in der bestimmten komplexen neuronalen Prozessen bewusstwerdende Bedeutungen zugewiesen werden."[10] Diese Formulierung Schmidts weist bereits darauf hin, dass das menschliche Gehirn grundsätzlich weniger als Aufbewahrungsort von Erinnerungen gedacht werden darf, sondern vielmehr Erinnerungstätigkeit als mehr oder minder „innovative" Konstruktionstätigkeit zu verstehen ist. Nun

---

[9] Vgl. ebda, S. 79.
[10] Schmidt 1992, S. 33.

ist auf genannte Zuweisung genauer einzugehen: So erinnert sich der Mensch nach dem Muster subjektiver Viabilität an solche Dinge, die für ihn eine besondere Bedeutung hatten bzw. haben. Dies hat die Gedächtnisforschung schon vor einiger Zeit belegt. So weist Haken etwa auf die konstruktive Größe der *selektiven Aufmerksamkeit* hin:

„Wie sich im einzelnen mathematisch nachvollziehen lässt, spielt bei all diesen Prozessen eine Größe eine Rolle, die sich als selektive Aufmerksamkeit beschreiben lässt. Diese sorgt dafür, dass nur bestimmte Gedächtnisinhalte gespeichert werden, nämlich solche, denen unsere Aufmerksamkeit galt, und sie sorgt dafür, dass das Abrufen von Gedächtnisinhalten nur entlang bestimmter Bahnen erfolgen kann. Für manche daraus gespeicherten Gedächtnisinhalte sind wir gewissermaßen blind geworden, während andere überakzentuiert erscheinen können."[11]

Wichtig ist hier, dass diese gestaltungskräftige Größe der selektiven Aufmerksamkeit nicht der bewussten Kontrolle unterliegt und überdies die Intensität des Aufmerksamkeitsgrades bei einem bestimmten Gedächtnisvorgang wiederum vom Gedächtnisinhalt selbst abhängig ist, wie es Haken et al. am Betrachten von sog. ambivalenten Bilder untersucht hat.[12]

Vergegenwärtigt sich nun ein Mensch Erinnerungen, so ist dies folglich ein aktiver Konstruktionsprozess der eigenen Biographie bei dem auch unbewusste Gestaltungsprozesse teilhaben und eine immanente Rolle spielen.

Erinnern lässt sich nun auf einer Funktionsebene als „Daseinstechnik"[13] beschreiben: In der Gegenwart erinnert sich der Mensch per aktiver Konstruktion an Solches, das ihm in dieser Situation nützlich ist und an seine Wahrnehmung der Gegenwart anknüpfbar ist. „Erinnerung ist somit – ebenso wie das Vergessen – Bestandteil unserer Viabilität, unserer Überlebensstrategie."[14] Es lässt sich konstatieren, dass ein triviales Abrufen von Erinnerun-

---

[11] Haken 1992, S. 200-201.

[12] Siehe hierzu weiterführend Haken 1992.

[13] Arnold/Siebert 2006, S. 109.

[14] Ebda 2006, S. 109.

gen aus dem Gedächtnis im Sinne eines Informationsspeichers nicht möglich ist. Das Moment der aktiven Konstruktion ist unumgehbar.

Erinnerung spielt für das menschliche Gehirn bzw. für das Funktionieren des menschlichen Bewusstseins überhaupt eine bedeutende Rolle. Würde sich der Mensch stets an alles erinnern, also auch an die Fülle für ihn „unwichtiger" Wahrnehmungen und Ereignisse, so wäre er schlichtweg überfordert. Dies wird deutlich, wenn man sich bewusst macht, mit welcher Menge an emotionalen Regungen, Sinneseindrücken und Informationen der Mensch nur während eines Tages konfrontiert ist. Sodann entlasten „gefilterte" Erinnerungen das menschliche Bewusstsein und stellen Ordnung her.

Haben wir unsere Überlegungen über Vorgänge des Erinnerns bis hier auf das Individuum fokussiert, gilt es diese nun auch im Kontext der tatsächlichen Praxissituation zu beleuchten. So findet Biografiearbeit in einem Erwachsenenbildungsseminar i.d.R. mit mehreren Teilnehmern statt. Bringt dies nun Vorteile in solch einem biografiearbeiterischen Bildungssetting? Sagt nicht eben Beschriebenes vielmehr, dass Erinnerungen sowie deren äußere Darstellung etwas zutiefst Subjektives sind? Weswegen dann also intersubjektiven Erinnerungsaustausch organisieren?

Die neurobiologische Einsicht, dass zwischen dem menschlichen Gehirn und Umweltreizen keine direkten bzw. eindeutigen Beziehungen bestehen, beschreibt das menschliche Nervensystem zwar als operational geschlossenes System. Werden aber in Erwachsenenbildungsprozessen mit mehreren Teilnehmern Erinnerungen mittels Gesprächen oder anderen Methoden ausgetauscht, so kann nach Arnold und Siebert „Koevolution" stattfinden.[15] Demnach ist ein Lernen mehrerer Personen voneinander nicht aufgrund ihrer organisationellen und operationellen Geschlossenheit unmöglich, sondern es werden durch den Austausch von Erinnerungen Anregungen in den Raum gestellt (diese sind als Gemeinsamkeiten genauso wie als Differenzen denkbar), die eine Erfahrungserweiterung in der Erinnerungskonstruktion der Teilnehmer bewirken können. Obwohl Menschen selbstorganisierte Systeme sind, finden deren kognitive Prozesse in einem Person-Umwelt-System – in diesem Fall das Erwachsenenbildungsseminar – statt, indem die

---

[15] Vgl. ebda.

Beteiligten interagieren, sich dadurch anregen und wechselseitig Gedanken auslösen.[16]

Wie lässt sich nun das Phänomen des Vergessens konstruktivistisch erklären? Wurde oben das Erinnern als Überlebensstrategie dargestellt, so gilt dies ebenso für Erinnerungsverluste. Vergessen ist nicht als grundlose Löschung einer Erfahrung, sondern ebenfalls als aktive Tätigkeit zu verstehen, die am Kriterium der Viabilität orientiert ist. Erinnerungsverluste sind also von zwei Seiten zu betrachten. Zum einen können sie im Sinne einer aktiven Verdrängung in Abgleich von Viabilität gesehen werden und zum anderen dient der Vergessensprozess der überlebensnotwendigen, ordnungsstiftenden Komplexitätsreduktion der Erfahrungen. Beides ist nicht im Sinne eines „entweder – oder" analysierbar, beides dient der Viabilität.

3. Zusammenführung von Theorie und Praxis anhand eines Beispiels aus der Erwachsenenbildung

Im Folgenden wird ein Versuch der Zusammenführung von Theorie und Praxis dargestellt. Dies soll beispielhaft anhand eines Erwachsenenbildungsseminars, wie es Studenten der Fachhochschule Ludwigshafen für eine Gruppe von sechs Senioren in einem Mehrgenerationenhaus durchgeführt haben, geschehen. Exemplarisch wird hierfür der zweite Seminartag herausgegriffen und erläutert.

---

[16] Vgl. ebda, S. 92.

3.1 Konzeptionelle und didaktische Vorüberlegungen

Bevor nun genauer auf dessen Durchführung eingegangen wird, gilt es vorab Grundlegendes zu den gewählten Rahmenbedingungen und den darin stattfindenden Bildungssituationen zu erläutern:

Biografiearbeit findet vor allem im Medium des Austausches unter den Lernenden sowie zwischen den Lernenden und dem „Lehrenden" – im Sinne eines Unterstützers von Bildungsprozessen und Anbieters von Bildungsgelegenheiten – statt. Um hierfür möglichst optimale Bedingungen zu schaffen, galt es bei der konzeptionellen Planung des Projektes, dieses auf Basis der freiwilligen Teilnahme aufzubauen. Die Studenten waren der Meinung, dass auf diese Weise am meisten Interesse bei den Teilnehmern vorhanden sein würde, ihre Sichtweisen in die Austauschprozesse einzubringen und diese so zum Hauptgegenstand der biografischen Bildungsprozesse machen zu können. Aus systemisch-konstruktivistischer Sicht sind eben diese eigenen Sichtweisen der Teilnehmer zentrales Element von Bildungsgelegenheiten. Da der Lehrende und die jeweiligen Lernenden von ihren grundsätzlich differierenden – nämlich ihren eigenen – Wirklichkeitskonstruktionen ausgehen, gilt es den gemeinsamen Austausch über diese eigenen Sichtweisen zum Grundsatz zu erklären und nicht etwa die Beurteilung und Vermittlung von Inhalten oder Hypothesen der Professionellen. Zweifelsohne werden die Professionellen auch Konstruktionen in den Bildungsprozess einbringen. Hier gilt es aber zu beachten, wie Miller anmerkt:

„Einen konstruktivistischen Ansatz zu vertreten gründet in der Annahme, dass die Professionellen das Bild von den AdressatInnen und deren Systemeingebundenheit mitkonstruieren und gegebenenfalls Wirklichkeiten produzieren, die denen der AdressatInnen diametral entgegenstehen können."[17]

Dabei ist es nun gerade im sensiblen Gegenstandsbereich von Biografiearbeit wichtig die eigenen, auch scheinbar wohlwollende oder vermeintlich

---

[17] Miller 2001, S. 199.

„harmlosen" Konstruktionen zu reflektieren, diese mit denen der AdressatInnen zu vergleichen und eventuell auch innerhalb dieser Konstruktionsfülle unter den Beteiligten Verständnis für den funktionalen Sinn der jeweiligen Konstruktionen entwickeln zu helfen.[18]

Ein Beharren auf Konstruktionen, wie etwa „…trotz allem denke ich, dass sie hier eine fragwürdige Entscheidung getroffen haben…"; „…hätten sie sich damals anders verhalten, dann wäre jetzt sicher jenes eingetreten…"; ergibt wenig Sinn, da der Konstruktivismus zum ersten die Möglichkeit ausschließt, dass der Lehrende eine Möglichkeit zur objektiven Bewertung einer realen Wirklichkeit besitzt. Zum zweiten verneint er auch die Möglichkeit, dass der Lehrende dem Lernenden prinzipiell etwas mit einem festgelegten Erfolg vermitteln kann. Wie oben gezeigt wurde, übernimmt der Lernende vielmehr nur jene Inhalte, die seinen Kriterien der Viabilität entsprechen. Zudem sind Menschen als autopoietische Systeme zu betrachten, was in diesem Zusammenhang bedeutet, dass es keine Trennung von Erzeuger und Erzeugnis geben kann, menschliche Systeme sich immer selbst schaffen und somit der Lehrende keinen direkten Einfluss auf den Lernenden haben kann. In der Praxis gilt es also für den Lehrenden zu beachten, dass die eingebrachten biografischen Selbstreflektionen sowie Sichtweisen über die Lebenserinnerungen der anderen Gruppenmitglieder als deren „Wahrheiten" anerkannt und nicht in Bezug auf deren Richtigkeit in Frage gestellt werden, worauf auch Lindemann hinweist:

„Was in der Praxis möglich ist, ist keine Feststellung der ‚richtigen Sichtweise', sondern eine situations- und kontextbezogene Einigung über gemachte Beobachtungen und über die daraus gezogenen Schlüsse."[19]

Doch heißt dies insgesamt nicht, dass der Lehrende im Medium des Austausches[20] keine Einflussmöglichkeiten hat. So ist jeder Kommunikationsbei-

---

[18] Vgl. ebda, S. 199.

[19] Lindemann 2008, S. 9.

[20] „Austausch" darf hier nicht auf den reinen verbalen Austausch verkürzt verstanden werden, sondern er beinhaltet genauso nonverbale Kommunikation und Informati-

trag eine Perturbation, welcher (auch) positive Systemveränderungen bei den Teilnehmern hervorrufen kann. Der Ausgang dieser Veränderung ist allerdings ungewiss.

Aufgrund dieser Annahmen war es den Studenten bei der Vorbereitung wichtig, die zur Biografiearbeit gewählten Methoden nicht mit vordefinierten Bildungszielen auszustatten, sondern dagegen die Offenheit des Ausgangs der Prozesse zu einem primären Kriterium zu erklären.

Das heißt nicht, dass bei systemischer Biografiearbeit schlicht ziellos gearbeitet wird. Zu Anfang von biografiearbeiterischer Praxis ist es vielmehr wichtig, mit den Teilnehmern darüber zu reden, was angestrebt wird, welche Entwicklungen durch Biografiearbeit angestoßen werden können welche Idee hinter der Veranstaltung steht und welche Zielvorstellungen sie selbst mitbringen.

Dennoch: Inwiefern und auf welche Weise solche Vorstellung beider Seiten erreicht werden, ist nicht determinierbar. Aufgabe der Professionellen ist es bei ihrer methodischen Planung deshalb weniger, definierte „Wege zum Ziel" zu organisieren, sondern vielmehr Erfahrungsräume anzubieten, wobei der Professionelle hier durch die Wahl der Methode einen großen Gestaltungsspielraum hat, da er ja zugleich festlegt, welchen Selbsterschließungs- und Aktivitätsanteil den Lernenden zugemutet, aber auch zugetraut wird.[21]

Des Weiteren wurde bei der Planung des Seminars ein weiteres Kriterium beachtet: Die Freiwilligkeit der Teilnahme sollte nicht nur – wie oben beschrieben – fördernd auf regen Austausch wirken, sondern auch als bestimmendes Moment für die individuelle Festsetzbarkeit der Grenzen in Bezug auf das Einbringen in den Gruppenaustausch während der Einheiten gelten. Die Teilnehmer sollten also keinesfalls unfreiwillig zu etwas „getrieben" werden. Bei biografischen Arbeiten geht es oft um sehr intime und emotionale Erfahrungen oder Vorstellungen. Da aus konstruktivistischer Sicht der Lehrende nur aus seiner Wahrnehmung heraus vermuten kann, wann im biografiearbeiterischen Prozess Grenzen zu setzen sind bzw. erreicht wer-

---

onsaustausch im weitesten Sinne. So stellt etwa das später beschriebene Malen von Bildern in einer Gruppe einen Austausch her, wenn die Teilnehmer nebenbei Einblick auf die Gemälde der anderen Teilnehmer erhalten.

[21] Vgl. Arnold 2006, S. 190.

den, bei denen es für die Teilnehmer unangenehm wäre weiter zu arbeiten, war es wichtig, dass die Teilnehmer einerseits ihre subjektiven Grenzen immer selbst festlegen sollten. Dies war am Anfang des Projekts deswegen ausdrücklich als Bitte formuliert und war in die Planung der Methoden strukturell einzukalkulieren und nach Durchführung der Sitzungen zu reflektieren.

3.2 Die Durchführung der zweiten Einheit des Projektes

Die hier vorgestellte zweite Einheit des Projekts bestand in ihrem Konzept aus drei Methoden:

1. Die Methode *„Mein Weg zum Mehrgenerationenhaus"*

Da bei biografischem Arbeiten Fähigkeiten zur Selbstwahrnehmung gefragt sind und weiterentwickelt werden sollen, war es aus systemischer Sicht wichtig, an solchen bereits vorhandenen Wahrnehmungen anzuknüpfen. Um die Selbstwahrnehmungskompetenzen den Teilnehmern „spürbar" zu machen, galt es diese in einer möglichst niedrigschwelligen Einstiegsmethode gewissermaßen „aufzuwärmen", um ihre Fähigkeiten dann in der darauf folgenden Methode mit etwas höheren Anforderungen konfrontieren zu können.

Bei dieser Methode ging es darum, einmal in sich zu gehen, um dann eine kurze, sehr überschaubare Zeitspanne der Vergangenheit – nämlich die Zeit vom Aufstehen am frühen Morgen bis zur Ankunft im Mehrgenerationenhaus – mittels selbstgewählter Linien und Symbole auf einem Flipchart aufzuzeichnen und dabei nachzuerzählen. Um die Niedrigschwelligkeit zu gewährleisten gab es einerseits keinerlei Vorgaben, wie eine bestimmte Selbstwahrnehmung (bspw. das Gefühl von „Hektik") darzustellen sei. Andererseits gehört zu einem einfach Einstieg auch, dass eine Aufgabenstellung auch für jeden verständlich ist. Aus diesem Grund begaben sich für diese Übung die Studenten selbst in die Rolle der Teilnehmer und zeigten zu Beginn ihre beiden „Wege zum Mehrgenerationenhaus". Dieser Rollenwechsel war auch für die anschließende Kurzreflektion förderlich, da die Studenten so aus einer Quasi-Teilnehmerrolle heraus ihre Erfahrungen aus der Übung in den Austausch mit einbringen konnten. Sie wollten den Teilnehmern nicht als „leitende Experten" gegenüber treten, die Lösungen oder vermeintlich „richtige" Wege präsentierten, sondern eher als „Mitlernende" agieren.

Daraufhin wurde eine gemeinsame Kurzreflektion durchgeführt, da es aus konstruktivistischer Sicht nicht angebracht ist, den Teilnehmern im Nachhinein zu vermitteln, was ihnen eine bereits durchgeführt Methode hätte „bringen" sollen. Vielmehr sollte es darum gehen, die eigenen Erlebnisse aus dem biografischen Arbeiten der Teilnehmer der Interaktion zur Verfügung zu stellen. So berichteten die Teilnehmer nach dieser Übung, dass sie erstaunt seien, wie viele Gefühle, Sinneseindrücke und Gedanken sie in dieser kurzen Zeitspanne erlebt, welche Auswirkungen auf den heutigen Morgen diese gehabt hätten und dass es etwas Neues gewesen sei, einmal so ein intensives Gespür für die Selbstbeobachtung zu entwickeln, es aber doch jeder auf seine Weise hinbekommen habe.

Aus konstruktivistischer Sicht erwies es sich als sinnvoll, nicht am Anfang der Methode zu definieren, was denn möglichst das Ergebnis der Methode sein sollte. Die Studenten ließen solche Zielvorgaben aus und wollten stattdessen „kreative Verwirrung" bei den Teilnehmern stiften und sie zur Selbsttätigkeit anregen, zum Entwickeln eigener Interpretationen darüber, was der Sinn dieser eher „un-biografisch" wirkenden Einstiegsmethode denn sein könnte. In der angesprochenen Kurzreflexion sollte gerade dadurch hohe Qualität erreicht werden, dass die Teilnehmer ihre selbstkonstruierten Antworten in den Austausch einbringen konnten und eben nicht vorgegebene „Lösungswege" folgen mussten.

Zusammenfassend lässt sich feststellen, dass durch die Zieloffenheit und die Förderung zur selbstaktiven Bildung, Ziele und Lösungen im Austausch der Gruppe entwickelt wurden, aus welchen dann die Teilnehmer für sich passende übernehmen konnten.

2. Die Methode „*Ein positives Lebensereignis*"

In der Methode „Ein positives Lebensereignis" galt es den Anspruch an die Selbstwahrnehmungskompetenzen der Teilnehmer etwas zu erhöhen, um weitere Entwicklungsprozesse zu ermöglichen. Dies sollte erstens durch ein höheres Maß an geforderter Kreativität bezüglich der Selbstwahrnehmung erreicht werden. Zum zweiten ging es in dieser Methode auch um einen Schritt von der Selbst*wahrnehmung* hin zu Selbst*verstehen*sprozessen. Und drittens bot der Rahmen dieser Methode nun auch die Chance für die Teilnehmer, so weit sie es für richtig erachteten, in die Vergangenheit zu blicken, da der Erinnerungszeitraum nicht wie in der Einstiegsmethode eingeschränkt wurde. Somit galt es, sich in dieser Übung mit einem größeren Repertoire an Erinnerungen auseinandersetzen.

Aufgabenstellung war es, ein Lebensereignis, das als besonders positiv erinnert wird, mittels Pinsel und Acrylfarbe auf einer Leinwand als Bild zu malen. Der zur Verfügung stehende Zeitrahmen wurde auf etwa 50 Minuten festgelegt. Außerdem sollten die Bilder anschließend der Gruppe vorgestellt werden.

Die Aufgabenstellung fassten die Studenten im Hinblick auf das Thema des Gemäldes absichtlich nicht enger, da die Autonomie der Grenzziehung – oben wurde bereits genauer darauf eingegangen – dahingehend, welche speziellen, intimen oder eher gewöhnlicheren Erinnerungen die Teilnehmer in den Kurs einbringen wollten oder nicht, bei den Teilnehmern bleiben sollte.

Als Thema wurde deswegen ein „positives Lebensereignis" gewählt, da diese Methode die Selbstwahrnehmung der Teilnehmer auf erlebte (bzw. heute so erinnerte) Stärken, Ressourcen, Kräfte und/oder deren Auswirkungen fördern sollte. So ist es beispielsweise denkbar, dass ein positives Lebensereignis deswegen mit persönlichen Stärken in Verbindung gebracht werden kann, weil derjenige selbst etwas zum Zustandekommen dieses Ereignisses beigetragen hatte.

Die Studenten entschieden sich bei dieser Methode bewusst für eine künstlerische Umsetzung. Der Auseinandersetzung und Darstellungen der Erinnerungen der Teilnehmer konnte so – im Vergleich etwa zum Medium der Sprache – ein anderer, kreativer Raum geboten werden.

Aus konstruktivistischer Sicht war es bei dieser Methode wichtig, die Auswahl, was denn für jeden ein positives Lebensereignis bedeutet, den Teilnehmern zu überlassen. Dies sollte zum Aktivwerden anregen, selbst zu überlegen, was man auswählt, warum man es auswählt, es mit anderen Erinnerungen zu vergleichen und darzustellen, was daran so positiv sei, usw.

Nach der Fertigstellung der Gemälde sollte diese den anderen Teilnehmern vorgestellt werden. Dabei wurde jeweils die Frage gestellt, was für eine Motivation bestanden habe, genau dieses Ereignis zu malen. Hierdurch forderten die Studenten den Teilnehmern zusätzlich zur Selbstwahrnehmung nun – wie oben erwähnt – auch verstärkt Selbstverstehensprozesse ab, da die Erinnerungen nun für das bessere Verständnis der anderen Teilnehmer verstärkt in Zusammenhängen, z.B. im Verhältnis zum Lebenslauf und anderen Lebensereignissen, erklärt werden konnten.

Interessant und konstruktiv erschien es den Studenten bei der Durchführung der Vorstellungsrunde, dass die Teilnehmer auch selbst die Erinnerungen der Anderen verstehen wollten. Sie stellten dem Vorstellenden Fragen nach der jeweiligen Motivation zum gewählten Thema, stellten Sichtweisen, Thesen im Hinblick auf vermutete Ressourcen in den Austausch und erhoben Fragen in Bezug auf die spezielle künstlerische Umsetzung der Themen an den Vortragenden. Dies schuf eine konstruktive biografische Lernsituation, da die Vortragenden entweder durch erweiterte Perspektiven ihre Erinnerung überprüfen oder auch neu konstruieren konnten, indem sie diese z.B. in anders beleuchteten Zusammenhängen erkannten, die sie selbst so nicht wahrgenommen hatten.

3. Die Reflexionsmethode „*Reflexionskarten*"

Die Abschlussmethode dieser Einheit war eine Reflexionsmethode. Die Aufgabenstellung bestand daraus, dass die Teilnehmer aus Karteikarten, die mit unterschiedlichen Satzanfängen[22] beschriftet waren, passende Karten auswählen sollten, um mit deren Hilfe eine subjektive Rückschau auf die

---

[22] Wie z.B. „Nach dem heutigen Tag fühle ich mich...“; „Ich fühle mich jetzt anders, weil...“; „Nach dem heutigen Tag bin ich nachdenklich, weil...“; „Nach dem heutigen Tag fühle ich mich gut/nicht so gut, weil...“ usw.

stattgefundene Einheit in die Gruppe einzubringen. Die verschiedenen Satz-anfänge auf den Karten sollten die Selbstreflexion durch unterschiedliche Perspektiven anregen.

Aus konstruktivistischer Sicht erschien es den Studenten günstig, am Ende jeder Einheit eine Reflexionsmethode zu installieren. Auf diese Weise konnten die Teilnehmer noch einmal verstärkt in eine Beobachterrolle gelangen, wodurch vor allem zweierlei Prozesse angeregt werden sollten. Zum einen wurde auf diese Weise den Teilnehmern eine routinemäßige Plattform an-geboten, in der Reflexionsschleifen angeregt werden sollten und die ge-machte Feststellungen der jeweiligen Einheit aufgeweicht oder verfestigt werden konnten, um so die individuelle Verarbeitung bzw. Aneignung zu unterstützen.

Zum zweiten wollten die Studenten die so erhaltenen Kommentare zu den Abläufen, Erlebnissen und Gefühlen zu ihrer Reflexion nutzen, was für sie genauer hieß, ihre (auch unterschiedlichen Eindrücke) des Ablaufs der je-weiligen Einheit mit denen der Teilnehmer abzugleichen, um daraus even-tuell Konsequenzen für die Durchführung der folgenden Einheiten zu zie-hen. Nur so ist aus konstruktivistischer Sicht eine professionelle Interventi-on, wie sie etwa Arnold beschreibt, möglich: Es muss statt der Steuerungsil-lusion die Reflexion zur Routine werden, um dem Selbsterstarrungsrisiko vorzubeugen.[23]

4. Fazit

Da die Funktionsweise menschlicher Erinnerungsprozesse weder durch das Subjekt selbst gänzlich kontrollierbar noch von außen gezielt beeinflussbar ist, sollten Organisatoren von Biografiearbeit eine didaktische Haltung zei-gen, die von Offenheit gegenüber der Konstruktivität von Erinnerungsleis-tungen geprägt ist. Diese Haltung konsequent einzunehmen und bis in feine

---

[23] Vgl. Arnold 2004, S. 13.

Details durchzuhalten bedarf eines großen Maßes an didaktischer Disziplin und gewissenhafter Selbstreflektion.

Es wurde herausgestellt, dass Biografiearbeit durch das Erarbeiten von sinnvollen Zusammenhängen zwischen Lebensabschnitten und Lebenserfahrungen eine wichtige Kraftquelle zur Lebensbewältigung sein kann, wohl auch gerade in der sich von allgemein verbindlichen Normen und Idealen stets weiter entfernenden Moderne, die dem Individuum immer weniger Maßstäbe für seine Lebensführung zukommen lässt. Wird Biografiearbeit geplant oder reflektiert, sollte bedacht werden, dass die Aktivierung und Nutzung solcher Ressourcen aufgrund genannter systemisch-konstruktivistischer Annahmen in letzter Konsequenz durch den sich im biografiearbeiterischen Prozess Befindenden alleine vollzogen werden muss.

Wir hoffen, dass das in diesem Artikel beschriebene studentische Projekt aus der Erwachsenenbildung einen kleinen Einblick in den für Biografiearbeit sicherlich sehr weiten Möglichkeitsraum gewährt hat und dazu hat beitragen können, dem Leser die Nähe der Methoden der Biographiearbeit zu systemisch-konstruktivistischen Denkweisen zu veranschaulichen.

Literatur

Arnold, R. (2006): Die Systemik des Erwachsenenlernens, in: Balgo, R./ Lindemann, H. (Hrsg.): Theorie und Praxis systemischer Pädagogik. Heidelberg: Carl-Auer-Systeme, S. 177-194

Arnold, R./Siebert, H. (2006): Konstruktivistische Erwachsenenbildung. Von der Deutung zur Konstruktion von Wirklichkeit. 5. Aufl. Hohengehren: Schneider.

Arnold, R. (2004): Pädagogischer Konstruktivismus. Sonderbeilage der GEW-Zeitung Rheinland-Pfalz, Teil 4, Jg. 11, H. 4, S. 13-16.

Beck, U./Beck-Gernsheim, E. (1994): Individualisierung in modernen Gesellschaften – Perspektiven und Kontroversen einer subjektorientierten Soziologie. In: Beck, U./Beck-Gernsheim, E. (Hrsg.): Riskante Freiheiten. Individualisierung in modernen Gesellschaften. Frankfurt a. M.: Suhrkamp, S. 10-37.

Beck, U./Beck-Gernsheim, E. (Hrsg.) (1994): Riskante Freiheiten. Individualisierung in modernen Gesellschaften. Frankfurt a. M.: Suhrkamp.

Beck, U. (1986): Risikogesellschaft. Auf dem Weg in eine andere Moderne. Frankfurt a. M.: Suhrkamp.

Haken, H. (1992): Konzepte und Modellvorstellungen der Synergetik zum Gedächtnis. In: Schmidt, S.-J. (Hrsg.): Gedächtnis. Probleme und Perspektiven
der interdisziplinären Gedächtnisforschung. Frankfurt a. M.: Suhrkamp, S.
190-206.

Hölzle, C. (2009): Gegenstand und Funktion von Biografiearbeit im Kontext Sozialer Arbeit. In: Hölzle, C./Jansen, I. (Hrsg.): Ressourcenorientierte Biografiearbeit. Grundlagen – Zielgruppen – kreative Methoden. Wiesbaden: VS, S.
31-51.

Lindemann, H. (2008): Systemisch beobachten – lösungsorientiert handeln. Ein
Lehr-, Lern- und Arbeitsbuch für die pädagogische und betriebliche Praxis.
Münster: Ökotopia.

Miller, T. (2001): Systemtheorie und Soziale Arbeit. Entwurf einer Handlungstheorie. 2. Aufl. Stuttgart: Lucius und Lucius.

Ruhe, H.- G. (2007): Methoden der Biografiearbeit. Lebensspuren entdecken und
verstehen. 3. Aufl. Weinheim/München: Juventa.

Schmidt, S.-J. (1992): Gedächtnisforschungen. Positionen, Probleme, Perspektiven. In: Schmidt, S.-J. (Hrsg.): Gedächtnis. Probleme und Perspektiven der interdisziplinären Gedächtnisforschung. Frankfurt a. M.: Suhrkamp, S. 9-56.

Martin Hafen

Grundlagen der systemischen Prävention

Auf dem Weg zu einer umfassenden Theorie präventiver Maßnahmen

Der 17-jährige Tim K. erschießt in Winnenden 15 Menschen und richtet sich dann selbst. Bei einem Wettrennen auf der nächtlichen Landstrasse kommen vier junge Menschen ums Leben; die Zahl der rauchenden Mädchen ist erneut gestiegen; Aids ist die größte Seuche unseres Jahrhunderts; die Suizidrate der Schweiz ist bei den Jugendlichen die zweithöchste weltweit; schon wieder hat ein Ehemann und Vater seine Familie erschossen; der Lungenkrebs ist bei den Frauen deutlich am Zunehmen; Malaria kostet jedes Jahr Hunderttausende Tote – mit solchen und zahllosen ähnlichen Meldungen konfrontieren uns die Massenmedien Tag für Tag. Gemeinsam ist diesen Meldungen, dass sie Besorgnis erregen und: dass ‚mehr Prävention' gefordert wird.

Die gesellschaftliche Konstruktion der Prävention

Doch was zeichnet die Prävention aus, dass sich der Begriff in der modernen Gesellschaft zu einem eigentlichen ‚Zauberwort' entwickeln konnte? Was ist so speziell an der Prävention, dass sie immer wieder mit Vehemenz eingefordert wird, obwohl alle Probleme, denen zuvorgekommen werden soll, weiter bestehen? – Diesen und vielen weiteren Fragen gehe ich im

Rahmen meiner systemtheoretisch inspirierten Grundlagenarbeiten zur Prävention nach, die in diesem Text überblicksmäßig vorgestellt werden. Meine Theoriearbeit hat nie das Ziel verfolgt, sich zum *Wesen* der Prävention zu äußern. Nimmt man eine konstruktivistische[1] Theorie wie die soziologische Systemtheorie als Grundlage für die Beschreibung der Prävention, dann wird deutlich, dass die Prävention immer nur als soziale Konstruktion gesehen werden kann. Aus diesem Grund kann es bei einer theorie-geleiteten Beschreibung wie dieser nicht darum gehen, die ,Realität' der Prävention abzubilden. Vielmehr geht es darum zu schauen, wie es dazu kommt, dass die Prävention so populär ist, obwohl ihre Wirkung oft nicht gemessen wird, ja bisweilen gar nicht gemessen werden kann. Weiter interessiert, ob sich bei der erstaunlichen Vielfalt präventiver Maßnahmen Aspekte finden lassen, die identisch oder zumindest ähnlich sind – egal ob es sich nun um Kriminalitätsprävention, Aidsprävention, Suchtprävention oder die Prävention von Essstörungen handelt. Bei der theoretischen Arbeit hat sich demnach nicht in erster Linie die Frage nach dem ,Was?' der Prävention gestellt, sondern jene nach dem ,Wie?': Wie konstruiert die moderne Gesellschaft die Prävention, welche Unterscheidungen nutzt sie dafür, wie gestaltet sie die einzelnen Maßnahmen, und welches sind die Begründungen? Durch diese Perspektive der Beobachtung zweiter Ordnung (die Beobachtung von andern Beobachtungen) ergeben sich keine Punkt-zu-Punkt-Abbildungen der Präventionspraxis, sondern neue Vergleichsmöglichkeiten – Vergleichsmöglichkeiten, die auch auf die Praxis zurückwirken können.[2]

Warum Systemtheorie als Grundlage einer Präventionstheorie?

Bislang gibt es außer der theoretischen Grundlagenarbeit, von der dieser Text abgeleitet ist[3], keine umfassende theoretische Beschreibung der Prävention. In der Regel wird die Prävention themengebunden beschrieben –

---

[1] Der Konstruktivismus ist eine erkenntnistheoretische Grundlage, die davon ausgeht, dass die Wirklichkeit durch ihre Beschreibungen (also durch Sprache) nicht abgebildet, sondern laufend neu erzeugt (konstruiert) wird.

[2] Luhmann 1994b, S. 408.

[3] Hafen 2005, 2007.

als Sucht- oder Aidsprävention – oder es werden bestimmte Faktoren der Methodik, der Zielgruppen, der Alterskategorie und des Präventionszeitpunktes (z.B. primäre und sekundäre Prävention) beschrieben. Auf diesem Weg ist ein breites Spektrum nicht nur an praktischen Maßnahmen, sondern auch an theoretischen Zugängen zusammengekommen. Unter den vielfältigen Arbeiten zur Prävention gibt es viele, die auf eine eigentliche theoretische Fundierung verzichten. Andere wiederum bedienen sich einer Vielzahl von Theorien aus der Soziologie, der Psychologie, der Sozialpsychologie, der Philosophie, der Medizin und anderen Wissenschaftsbereichen. Daher müssen bei der Planung einer etwas komplexeren präventiven Maßnahme manchmal unterschiedliche Grundlagen beigezogen werden – Grundlagen, die ihrerseits auf ganz unterschiedlichen theoretischen Annahmen aufbauen. Das führt dann bisweilen, wenn nicht zu offensichtlichen Widersprüchen, so doch zu Ungereimtheiten, die sich kaum beheben lassen und daher ausgeblendet werden müssen. Der Bereich, in welchem sich diese Ungereimtheiten am deutlichsten zeigen, ist die Begrifflichkeit. Was unterscheidet Prävention von Gesundheitsförderung? Ist Tertiärprävention wirklich noch Prävention oder doch eher Behandlung? Und was ist mit Public Health, Wellness, indizierter und primordialer Prävention?

Dass die Wahl für eine theoretische Fundierung der Prävention und die damit verbundene Klärung der Begrifflichkeit auf die deutsche soziologische Systemtheorie gefallen ist, deren Grundlagen weit gehend durch den Soziologen Niklas Luhmann entwickelt wurden[4], hat mehrere Gründe: Zum einen bietet die Theorie ein umfassendes Instrumentarium an Begriffen und Aussagen, das wie dafür geschaffen ist, ein so vielfältiges, komplexes Praxisfeld wie das der Prävention zu erfassen. Dabei kommt sehr gelegen, dass sich die ‚soziologische' Systemtheorie als Theorie autopoietischer System seit einigen Jahren immer mehr auch zu einer Theorie psychischer Systeme entwickelt[5] und sich auch für die Beschreibung neurobiologischer Prozesse als

---

[4] Als das zentrale Werk zur Darstellung dieser Grundlagen gilt immer noch ‚Soziale Systeme' (Luhmann, 1994a), dessen Erstveröffentlichung 1984 erfolgte. Ich werde mich bei den Quellenverweisen zu Niklas Luhmann in diesem Text vornehmlich an dieses Werk sowie an den Doppelband ‚Die Gesellschaft der Gesellschaft' (1997) halten, mit dem Niklas Luhmann sein immenses Publikationswerk kurz vor seinem Tod abgerundet hat.

[5] Vgl. etwa Fuchs 2005.

durchaus brauchbar erweist. Zum andern zeichnet sich die Theorie durch ein
großes Maß an Interdisziplinarität aus, was sich dadurch ausdrückt, dass
Luhmann Elemente von Theorien aus den unterschiedlichsten Wissenschaftsbereichen in seiner Theorie verarbeitet hat, was auch die große Anschlussfähigkeit in vielen Bereichen der professionellen Praxis erklärt – etwa in der Psychotherapie, der Unternehmensberatung, der Erziehung oder
der Medizin.

Schließlich ist die soziologische Systemtheorie eine Theorie, die nicht wie
von außen auf die Welt schaut; vielmehr bezieht sie sich selbst in ihre Beobachtungen mit ein. Das bedeutet, dass alle gewonnenen theoretischen Erkenntnisse auch für die Theorie selbst gelten. Wenn sich dann z.B. aus den
theoretischen Erkenntnissen ergibt, dass es so etwas wie eine absolute
Wahrheit nicht geben kann, dann heißt dies gleichzeitig, dass eine systemtheoretische Beschreibung der Prävention nur eine neben anderen möglichen Beschreibungen ist – und sicher nicht die einzig richtige. Vielleicht
könnte man die Systemtheorie als Joker sehen, der die Dinge durcheinander
bringt, indem er an Stellen Verzweigungen schafft, an denen man nicht mit
ihnen rechnet.[6] Damit wird mit der Entscheidung für die Systemtheorie für
eine besondere Fragehaltung optiert, die man in Anschluss an Fuchs[7] als
Haltung des ‚Was wäre wenn … ?' bezeichnen kann. Was wäre, wenn man
die Prävention mit den Begriffen und Sätzen der Systemtheorie beschriebe?
„Was ließe sich sehen? Was verschwände aus der Sicht? Wo lägen die
Klarheitsgewinne, wo die Schärfeverluste, wo die Anschlüsse?"

Die Präventionstheorie als Reflexionstheorie

Theorien können – vereinfacht ausgedrückt – als wissenschaftliche Anlei-
tungen zur Beobachtung der Welt verstanden werden.[8] Mit ihren Begriffen
und Sätzen helfen Theorien dabei, die Vielfalt der Welt oder hier: die Vielfalt der Prävention zu ordnen und aus dieser Ordnungsleistung Erkenntnisse

---

6   Baecker 2002, S. 83.
7   Fuchs 2000, S. 158.
8   Vgl. zu diesem Abschnitt Hafen 2007, S. 7 f.

zu gewinnen, die wiederum für die Gestaltung der Praxis genutzt werden können. Die theoretischen Begriffe unterscheiden sich insofern von nicht-theoretischen Wörtern, als sie nachvollziehbar definiert und dadurch in Bezug zu andern Begriffen gestellt werden. Das bisweilen festzustellende Theoriedefizit von Prävention und Gesundheitsförderung hängt zu einem bedeutenden Teil damit zusammen, dass die in der professionellen Praxis verwendeten Begriffe (wie ‚Ressourcenförderung‘, ‚Gesundheitsförderung‘, ‚Prävention‘, ‚Setting‘ etc.) wenn überhaupt nur sehr dürftig definiert und kaum je zueinander in Beziehung gesetzt werden. Die Begriffe erscheinen damit – im eigentlichen Sinne des Wortes – als ‚selbst-verständlich‘, obwohl die Bandbreite der ihnen zugeordneten Bedeutungen beträchtlich ist. Das wiederum erschwert und erleichtert die Kommunikation zur gleichen Zeit: Es erschwert sie, weil die begrifflichen Unklarheiten zu Missverständnissen führen und eine Weiterentwicklung der professionellen Erkenntnisse behindern; es erleichtert sie aber auch, weil – zumindest so lange als keine Nachfrage erfolgt – Aussagen nicht erläutert werden müssen, da ja ohnehin ‚alle wissen, was gemeint ist‘.

Die hier vorgestellte Theorie präventiver Maßnahmen kann in diesem Sinn als ‚Reflexionstheorie‘ bezeichnet werden. Diese Theorien zeichnen sich nach Luhmann[9] nämlich dadurch aus, dass sie vornehmlich mit der ‚redescription‘ von bestehenden Beschreibungen (in diesem Fall: der Prävention) operieren und sich mit den Zielen und Institutionen ihres Beschreibungsbereichs identifizieren, was eine „kritische Einstellung zum Vorgefundenen“ nicht ausschließt. Es handelt sich demnach bei der hier vorgestellten Präventionstheorie nicht mehr um Systemtheorie im Sinne der streng wissenschaftlichen Grundlage von Niklas Luhmann, sondern um eine modifizierte, an der Praxis der Prävention ausgerichtete Theorie – eine Theorie, deren Abstraktionsleistung also durch die Einführung von spezifischem Sinn reduziert wird.

---

[9] Luhmann 2002, S. 199 ff.

Systemtheorie als Beobachtungstheorie

Für die Beschreibung der Prävention mit den Mitteln der Systemtheorie soll zuerst der Beobachtungsbegriff eingeführt werden. Der Begriff der Beobachtung hat in der Systemtheorie während der letzten beiden Jahrzehnte eine immer größere Bedeutung erhalten. Luhmann[10] definiert Beobachten in Anlehnung an das mathematische Kalkül von George Spencer Brown[11] als Operation des Unterscheidens und Bezeichnens. Jede Beobachtung besteht demnach in der simultanen Wahl einer Unterscheidung und der Bezeichnung der einen Seite dieser Unterscheidung. In andern Worten: Wenn wir über etwas sprechen oder nachdenken (z.B. über die Prävention), dann bezeichnen wir dieses Etwas mit Wörtern und unterscheiden es damit von etwas anderem (z.B. von der Behandlung).[12] Diese Zeichen sind in der Regel nicht *ein*-deutig. Hinter den Wörtern stehen Vorstellungen resp. Beschreibungen, die festlegen, was die Wörter bedeuten. Diese Vorstellungen resp. Beschreibungen sind nicht bei jedem beobachtenden System die gleichen. Wir haben ähnliche, aber nicht identische Vorstellungen davon, was ein Baum, eine Kletterpartie oder die Liebe 'sind'. Das ist – es wurde bereits erwähnt – bei den in der Präventionspraxis gebräuchlichen Begriffen nicht anders.

Prävention und Behandlung

Wenn ein Begriff wie ‚Prävention' näher bestimmt werden soll, dann lohnt es sich, auf die andere Seite der Unterscheidung zu schauen, also darauf, was Prävention nicht ‚ist'.[13] Hier rückt zuerst der Terminus ‚Behandlung' in den Fokus. Behandlung setzt dann ein, wenn ein Problem bereits aufgetreten ist, wenn also Leute krank, süchtig, gewalttätig geworden sind oder sonst ir-

---

[10] 1994b, S. 73

[11] Spencer Brown 1997.

[12] Um die Sache nicht noch komplizierter zu machen, beschränken wir uns hier auf sprachliche Zeichen. Natürlich ist es auch möglich, ohne Sprache zu kommunizieren oder die sprachliche Kommunikation durch andere Zeichen zu ergänzen.

[13] Vgl. zu diesem Unterkapitel Hafen 2007, S. 56 ff.

gendwelche Symptome von Phänomenen zeigen, die von der Gesellschaft als unerwünscht bezeichnet werden.[14] Für das ‚Zuvorkommen' (lat. prävenire) der Prävention ist es dann zu spät; das Problem besteht bereits und die Maßnahmen haben zum Ziel, seine Symptome direkt zu beseitigen (etwa durch die Vergabe eines Anti-Craving-Medikamentes bei einem suchtkranken Menschen) und ggf. auch die Ursachen für das Problem anzugehen (etwa im Kontext einer Psychotherapie). Lässt sich ein Problem nicht einfach beseitigen (wie z.b. eine chronische Krankheit), so kann die Behandlung auch darauf ausgerichtet sein, die Funktionsfähigkeit einer Person trotz der Krankheit zu erhalten oder eine Verschlimmerung des Problems zu verhindern. Im Gegensatz zur Behandlung hat es die Prävention mit noch nicht bestehenden Problemen zu tun, mit Problemen, die in der Zukunft auftreten könnten. Anders als die Behandlung ist die Prävention nicht darauf ausgerichtet, eine problembelastete Gegenwart so zu beeinflussen, dass sie sich verbessert oder zumindest nicht verschlimmert. Die Prävention hat die paradoxe Aufgabe, eine an sich erwünschte Gegenwart (die Probleme bestehen ja noch nicht) so zu verändern, dass sie bleibt, wie sie ist. Sie löst diese Paradoxie dadurch auf, dass sie Faktoren (Belastungs- und Schutzfaktoren) bestimmt, denen ein Einfluss auf das Entstehen des zu verhindernden Problems (z.B. einer Sucht, einer Krankheit oder eines sozialen Phänomens wie Jugendgewalt) zugeschrieben wird. Wenn es gelingt, die Belastungsfaktoren[15] zu reduzieren bzw. die Schutzfaktoren zu stärken, dann reduziert sich die Wahrscheinlichkeit, dass das Problem in Zukunft auftritt.

---

[14] Der Begriff ‚Behandlung' ist hier sehr breit gefasst und beschränkt sich nicht auf medizinische Belange. Ein anderer Begriff steht meines Erachtens nicht zur Verfügung – auch nicht Intervention, denn auch die Prävention versucht nichts anderes als in psychische, körperliche und soziale Systeme zu intervenieren.

[15] Ich spreche hier von Belastungsfaktoren und nicht von Risikofaktoren, denn streng genommen beeinflussen auch die Schutzfaktoren das Risiko des Auftretens eines Problems – nur in der andern Richtung.

Die wechselseitige Bedingtheit von Prävention und Behandlung

Wir haben gesehen, dass es ein wichtiges Ziel der Behandlung sein kann, eine Verschlimmerung eines Problems wie einer Krankheit zu *verhindern* oder Folgeproblemen (etwa eine Arbeitslosigkeit, die sich infolge eines Burnouts entwickelt) *zuvorzukommen*. Daraus lässt sich folgern, dass sich Prävention und Behandlung nicht ausschließen, sondern sich wechselseitig bedingen – ganz ähnlich wie Gesundheit und Krankheit, die als zwei Seiten *einer* Unterscheidung eine Art Kontinuum bilden, also einen Prozess im Leben eines Menschen, der immer sowohl Aspekte von Gesundheit als auch von Krankheit beinhaltet.[16] In Hinblick auf Prävention und Behandlung heißt dies, dass jede Behandlung immer auch präventive Aspekte umfasst – so wie das Herausschneiden eines Lungentumors der Metastasen-Bildung zuvorkommen oder den Tod des Patienten verhindern soll. Caplan[17] spricht in diesem Fall von ‚Tertiärprävention'. Die ‚behandelnden' Aspekte der Prävention wiederum beziehen sich auf die Beseitigung von Belastungsfaktoren und Schutzfaktoren-Defiziten. Wird Rauchen als wichtiger Belastungsfaktor für das Auftreten von Lungenkrebs betrachtet, so reduziert eine erfolgreiche Rauchstopp-Behandlung die Wahrscheinlichkeit des Auftretens dieser Krankheit.

Das Beispiel zeigt gut, dass eine klare Trennung von Prävention und Behandlung nur dann möglich ist, wenn deklariert wird, worauf sich die zur Diskussion stehenden Maßnahmen beziehen. Bezieht sich die Rauchstopp-Maßnahme auf das Rauchen selbst (das als eigenständiges Problem angeschaut wird), dann handelt es sich um eine Behandlungsmaßnahme, die versucht, dieses manifeste Problem ‚Rauchen' zu beseitigen. Steht jedoch der Lungenkrebs im Fokus, so wird die gleiche Rauchstopp-Behandlung zu einer Präventionsmaßnahme, weil ein wichtiger Belastungsfaktor eliminiert wird.

---

[16] Vgl. dazu ausführlich Hafen 2009.

[17] Caplan 1964, S. 113.

Früherkennung als spezifische Form von Diagnose

Trotz dieser Beobachter-Relativität unterscheiden sich präventive Maßnahmen grundsätzlich von behandelnden. So steht bei der Behandlung eines Alkoholproblems eine konkrete Person im Fokus, die in der Regel auf eine lange Problemgeschichte zurückschaut. Die Alkoholismusprävention wiederum hat man es mit Zielpersonen zu tun, bei denen das Problem noch nicht vorhanden ist, jedoch mit einer gewissen statistischen Wahrscheinlichkeit auftreten wird. Diese Wahrscheinlichkeit soll durch die präventiven Maßnahmen reduziert werden, wobei nie gesagt werden kann, wer das Problem trotzdem entwickelt oder wer aus ganz andern Gründen als den Maßnahmen problemfrei geblieben sein wird.

‚Quer' zur Unterscheidung Prävention/Behandlung steht die Früherkennung[18] als spezifische Form von Diagnose, die zum Ziel hat, symptomatische Anzeichen eines Problems möglichst früh zu entdecken, um so die Erfolgswahrscheinlichkeit einer (entsprechend früh einsetzenden) Behandlung zu erhöhen. Caplan[19] verwendet hier den Begriff ‚Sekundärprävention' und unterscheidet damit die behandlungsnahen Begriffe ‚Sekundärprävention' und ‚Tertiärprävention' von ‚Primärprävention', die alle Maßnahmen umfasst, die einsetzen, bevor ein Problem entstanden ist – also Maßnahmen zur Beseitigung von Belastungs- und zur Förderung von Schutzfaktoren.

Prävention und Gesundheitsförderung

Zum Abschluss dieser Begriffsbestimmungen rund um die Prävention noch eine Bemerkung zum Konzept der Gesundheitsförderung[20]: Viele Autoren und Autorinnen machen eine grundsätzliche Unterscheidung zwischen Prävention und Gesundheitsförderung; einzelne von ihnen sprechen sogar von einem eigentlichen ‚Paradigmenwechsel' von Prävention zu Gesundheitsförderung, der seit der Ottawa Konferenz für Gesundheitsförderung von

---

[18] Vgl. hierzu ausführlich Hafen 2007, S. 70 ff.

[19] Caplan 1964, S. 89.

[20] Vgl. für die ausführliche, mit vielen Quellen belegte Argumentation Hafen 2007, S. 94 ff. und noch umfassender Hafen 2009.

1986 und der dort verfassten Ottawa-Charta eingesetzt haben soll. Die Argumentation lautet in der Regel, dass die Prävention auf die Verhinderung von Krankheiten ausgerichtet ist, während die Gesundheitsförderung in erster Linie die Ressourcen stärkt und dabei neben dem Individuum vor allem auch soziale Systeme (Settings) anvisiert. Dabei wird zum ersten nicht gesehen, dass die Symptomatik von Gesundheit so diffus ist, dass auch die professionelle Gesundheitsförderung die Gesundheit nie direkt fördern kann, sondern immer darauf angewiesen ist, Belastungsfaktoren (wie Stress, ungesunde Ernährung etc.) zu beseitigen resp. Schutzfaktoren (wie das Kohärenzgefühl oder den sozialen Zusammenhalt) zu stärken, um dadurch das Auftreten von Prozessen (insbesondere Krankheiten) zu verhindern, welche die Gesundheit beeinträchtigen.

‚Wohlbefinden' als Substitut für ‚Gesundheit' wie in der berühmten WHO-Definition stärkt die Argumentation der Gesundheitsförderung auch nicht, da nicht klar ist, ob Wohlbefinden ein Symptom von Gesundheit oder ein relevanter Schutzfaktor ist (wahrscheinlich beides). Die Ressourcen der Gesundheitsförderungslehre wiederum werden durch Antonovsky[21] auch als *Widerstands*ressourcen bezeichnet, also als psychische oder soziale Faktoren, welche das Individuum vor belastenden Einflüssen (also Belastungsfaktoren) schützen – ganz ähnlich wie bei Resilienzkonzept aus der Sucht- und Stressprävention. Schließlich aktivieren nicht nur die Gesundheitsförderung und die Prävention bestehende Ressourcen, um die eigenen Ziele zu erreichen, sondern auch die Behandlung. So versucht eine Psychiaterin, welche einen depressiven Patienten behandelt, in der Regel auch, die sozialen Netzwerke des Patienten zu aktivieren, um die andern Behandlungsmaßnahmen zu unterstützen.

Die Probleme und ihre Einflussfaktoren

Wir haben gesehen, dass Prävention und Gesundheitsförderung über die Stärkung von Schutzfaktoren und die Reduktion von Belastungsfaktoren

---

[21] Vgl. als Einführung in das Salutogenesekonzept Antonovsky 1997.

versuchen, zukünftige Probleme zu verhindern.[22] Es lohnt sich dabei, sich regelmäßig in Erinnerung zu rufen, dass die Probleme der Prävention bei allem Leid und allen Kosten, die sie verursachen, sozial konstruierte Probleme sind. Alkoholismus als Krankheit z.B. ist eine Erfindung der Moderne; im ausgehenden Mittelalter war es durchaus üblich, den Menschen im Sinne der Gesundheitsförderung nicht nur regelmäßigen Alkoholkonsum, sondern regelmäßige Trunkenheit zu empfehlen. Heute sorgen das Medizinsystem und die Wissenschaft für einen unablässigen Nachschub an neuen Krankheitsbildern, und die Massenmedien rücken neben Krankheiten noch viele weitere Probleme in ins Zentrum des öffentlichen Interesses.

Die Einflussfaktoren zu den einzelnen Problemen kommen auf allen Ebenen menschlichen Lebens vor: dem Körper, der Psyche, der sozialen und der physikalisch-materiellen bzw. biologischen Umwelt. Belastungsfaktoren erhöhen dabei aktiv die Wahrscheinlichkeit, dass ein Problem auftritt, während die Schutzfaktoren (oder Widerstandsressourcen in der Gesundheitsförderungsterminologie) den Einfluss der Belastungsfaktoren beschränken. So stellt lang anhaltender übermäßiger Arbeitsdruck einen Belastungsfaktor für die psychische Gesundheit dar, während ein gutes Betriebsklima und ein motivierender, anerkennender Führungsstil den Einfluss des Arbeitsdruckes minimieren helfen. Entscheidend ist dabei, dass immer das relevante System bestimmt wie die Einflussfaktoren wirken. Das was den einen krank macht, kann für eine andere Person durchaus gesundheitsförderlich sein.

Erfolgreich Prävention zu machen, heißt dann, die betreffenden Systeme so zu beeinflussen, dass die Belastungsfaktoren abgebaut und die Schutzfaktoren gestärkt werden. Nehmen wir ein Problem wie Herz/Kreislauf-Erkrankungen: Übergewicht, Bewegungsmangel und lang andauernder psychischer Stress sind nur drei von zahlreichen Belastungsfaktoren, die zu einem Herzinfarkt oder ähnlichen Erkrankungen bzw. Vorfällen führen können. Diese Faktoren wiederum werden durch zahllose weitere Belastungsfaktoren beeinflusst, die enger (proximal) oder weniger eng (distal) mit dem zu verhindernden Problem verbunden sind. Ausgangspunkt aller präventiven Maßnahmen ist damit eine Einflussfaktorenanalyse, in deren Rahmen

---

22 Zu diesem zentralen Aspekt der Prävention (Probleme und Einflussfaktoren) vgl. Hafen 2007, S. 179 ff. und Hafen 2009, S. 59 ff. mit umfassenden Quellenverweisen.

die wichtigsten (empirisch möglichst gut belegten) bestimmt werden. Dabei gibt es Faktoren, die nicht veränderbar sind (wie z.b. eine genetische Disposition) und andere, die einen immensen Aufwand erfordern oder an nur schwerlich beeinflussbare Entscheidungsprozesse gebunden sind. Zudem ist von zentraler Bedeutung, dass der Einfluss eines Faktors auf ein Problem empirisch möglichst gut belegt ist. In dieser Hinsicht hat die Wissenschaft in den letzten Jahren große Fortschritte gemacht. Ein großes forschungsmäßiges Defizit besteht jedoch in Hinblick auf die Wechselwirkung dieser Faktoren. Hier ergibt sich schon bei wenigen Einflussfaktoren eine immense Komplexität, die auch eine Wirkung der einzelnen Maßnahmen schwierig messbar macht.

‚Intervention' bei operativ geschlossenen Systemen

Prävention ist also eine Disziplin, die sich mit hoch komplexen bio-psycho-öko-sozialen Verhältnissen konfrontiert sieht, wenn sie die relevanten Einflussfaktoren der zu verhindernden Probleme bearbeiten will. Dazu kommt, dass die zu beeinflussenden sozialen, psychischen und biologischen Systeme aus der Perspektive der Systemtheorie operativ geschlossen sind. Der Begriff besagt, dass die Systeme für ihre Beobachtungen zwar auf ihre Umwelt angewiesen sind, dass sie aber weder direkt auf die Systeme in ihrer Umwelt zugreifen können, noch deren Zugriffen ausgesetzt sind, da kein System "außerhalb seiner Grenzen" operieren kann.[23] Nehmen wir ein Beispiel, um diese Aussage zu illustrieren: Eine Betriebspsychologin kann noch so gute Ideen haben, wie die Firma im Sinne eines ‚ganzheitlichen Gesundheitsmanagements' reorganisiert werden sollte; sie kann diese Vorstellungen nicht in das Unternehmen 'hineindenken'. Alles was sie machen kann, ist zu versuchen, ihre Vorschläge in die Diskussion einzubringen und zu sehen, wie die Firma resp. das betreffende Entscheidungsgremium diese aufnimmt und verarbeitet. Vielleicht findet sie Gehör, und die entsprechenden Entscheidungen zur Veränderung der Organisation werden getroffen; vielleicht werden nur wenige der Vorschläge umgesetzt oder vielleicht werden ihre 'guten Ideen' freundlich verdankt und nichts passiert.

---

[23] Luhmann 1998a, S. 222.

Ob es um die Beeinflussung von sozialen Systemen wie einer Organisation oder um psychische Systeme geht: Die Prävention hat keine Möglichkeit, ihre Informationen in dieses Systeme zu ‚übertragen'. Der Informationsgewinn findet im System statt – oder eben nicht bzw. ganz anders als erhofft und erwartet. Der sorgfältigen Analyse von unbeabsichtigten Nebenwirkungen präventiver Aktivitäten kommt damit eine besondere Bedeutung zu – seien dies nun Krankheits- oder gar Todesfolge bei Impfungen gegen das H1N1-Virus oder die konsumfördernde Wirkung der Abschreckungskampagnen gegen illegale Drogen in den 70er-Jahren.[24] Für uns sind an dieser Stelle weniger die einzelnen empirischen Ergebnisse von Bedeutung als der Umstand, dass Prävention (wie Behandlung im Übrigen auch) weniger als ‚Intervention' (als ‚Dazwischenkommen') denn als ‚Interventions*versuch*' verstanden werden kann. ‚Durchgriffskausalität'[25] wie sie etwa beim physischen Einsperren oder beim Töten eines Menschen gegeben ist, spielt in der Prävention eine sehr untergeordnete Rolle. Sobald Zeit zwischen dem Präventionsanlass und der beobachteten Reaktion des Systems ins Spiel kommt, kann nur noch von Auslösekausalität gesprochen werden, und dann muss immer damit gerechnet werden, dass das System auch durch andere Interventionsversuche (z.B. die Werbung, die Freunde, die Eltern etc.) beeinflusst wird. Die Prävention kann demnach nichts anderes machen, also ihre Interventionsversuche möglichst umsichtig und sorgsam zu planen und die Wirkungen im Rahmen der Möglichkeiten zu messen.[26] Damit kommt die Methodik ins Spiel.

---

[24] Vgl. dazu etwa Künzel-Böhmer et al. 1993, S. 103.

[25] Luhmann 2000, S. 401.

[26] Diese Messung ist angesichts der immensen systemischen Komplexität, mit der die Prävention konfrontiert ist, eine anspruchsvolle Angelegenheit mit immensen methodologischen Problemen, auf die an dieser Stelle nicht eingegangen werden kann. Vgl. dazu ausführlicher Hafen (2005, S. 366-424). Ganz wichtig ist dabei allerdings, dass sich ‚Evidenzbasierung' nicht nur auf die Wirkung von präventiven Maßnahmen bezieht, sondern z.B. auch die Evidenz der Relation von Einflussfaktoren zu den zu verhindernden Problemen umfasst. Forschung ist gerade in diesem Bereich von entscheidender Bedeutung.

Die Methoden der Prävention

Die Datenlage zur Wirksamkeit von einzelnen methodischen Zugängen hat noch viele Lücken, wird aber auch immer besser. So zeigen Überblicksanalysen wie jene von Böhler und Kröger[27] zur Suchtprävention etwa, dass interaktiv gestaltete Prävention erfolgsversprechender ist als z.b. massenmedial verbreitete Botschaften. Von der Theorie her gesehen ist das einleuchtend, da Interaktivität – systemtheoretisch als Kommunikation unter der Bedingung körperlicher Anwesenheit verstanden[28] – die Möglichkeit bietet, mehr über die Informationsverarbeitungsprozesse in den geschlossenen, von außen nicht einsehbaren psychischen Systeme zu gewinnen. Reine ‚Informationsvermittlung' ist aus dieser Perspektive genau so wenig erfolgreich wie isolierte massenmediale Präventionskampagnen. Andererseits können diese Zugänge kombiniert mit anderen methodischen Ansätzen durchaus ein wichtiges Element der Prävention sein. Umfassende Maßnahmen wie eine Kombination von Eltern- und Kindertrainings im Bereich der Suchtprävention versprechen demnach eine bessere Wirkung als isolierte Aktivitäten. Das wäre nach Bühler/Kröger[29] theoretisch gesehen auch für ganz umfassende ‚community-basierte' Programme zu erwarten, wo Maßnahmen der Stadtteilgestaltung und das Ausschöpfen der gesetzlich verankerten Regulierungen[30] mit individuums-, familien- und schul-orientierten Aktivitäten verbunden und gleichzeitig durch Kampagnen und Informationsveranstaltungen begleitet werden, doch sei hier die empirische Datenlage noch relativ schwach. Aus systemtheoretischer Perspektive scheint ein solches Vorgehen sinnvoll, da es Wiedererkennungseffekte generiert und die Kohärenz der Umwelteinflüsse erhöht. Die Gefahr, dass ein Kind zuhause etwas ganz anderes hört als im Präventionsunterricht an der Schule, wird so gemildert, und die Inhalte können auch in der Peergruppe eher zum Thema gemacht

---

[27] Böhler/Kröger 2006.

[28] Luhmann 1997, S. 814.

[29] Böhler/Kröger 2006, S. 103 f.

[30] Gesetzlich fundierte Maßnahmen wie Verkaufsbeschränkungen, Verbote etc. sind auch alleine verhältnismäßig erfolgsversprechend – vorausgesetzt, die Einhaltung der Vorgaben wird auch kontrolliert und Sanktionen werden ausgesprochen. Vgl. dazu Hafen 2007, S. 250 ff.

werden, wenn die Zielpersonen in unterschiedlichen Kontexten damit konfrontiert werden.

Lassen wir es bei diesen kurzen und sehr summarischen Bemerkungen zur Präventionsmethodik bewenden. Entscheidend ist an dieser Stelle, dass die Gestaltung der Prävention trotz ungünstiger ‚systemischer' Interventionsbedingungen (Hyperkomplexität, operative Geschlossenheit etc.) nicht beliebig ist. Prävention ist zwar nur ein Informationsanlass neben vielen andern, aber sie kann durchaus Wirkungen erzeugen, wenngleich es nicht die direktkausalen Wirkungen sind, die man sich als Präventionsfachmensch erhoffen mag.

Individuums- und setting-orientierte Maßnahmen

In den bisherigen Ausführungen hat sich schon verschiedentlich angedeutet, dass sich die Prävention nicht nur an Individuen mit ihren Körpern und ihren psychischen Systemen richtet, sondern auch an soziale Systeme wie Unternehmen, Gemeinden, Schulen oder Familien. Wie bei den psychischen Systemen geht es auch hier um Strukturveränderungen, um eigentliche ‚Lernprozesse' oder besser: um die Modalisierung der Differenz von Lernen und Nichtlernen im System, denn auch die Prävention kann sich immer auch auf bestehende Ressourcen und andere Strukturen abstützen, die in ihrem Sinne sind und nicht geändert werden sollen. Die Systemtheorie eignet sich als Grundlage für die Prävention nicht nur, weil sie die Ebenen von Körper, Psyche und Sozialem sauber trennt, sondern auch, weil Luhmann ein umfassendes Werk zu den unterschiedlichen Formen sozialer Systeme erarbeitet hat. Insbesondere seine Organisationstheorie[31] kann für die Prävention von beachtlichem Nutzen sein – einerseits weil Organisationen (Schule, Betriebe, Spitäler, Heime, Gemeinden etc.) für die Gesundheit der Individuen höchst relevante Umwelten darstellen, zum andern weil sich die professionelle Prävention selbst in zunehmenden Maß organisiert und organisieren muss. *„Wer aus welchen Gründen auch immer in der Gesellschaft etwas verändern will, muss dazu auf der Ebene der Organisation ansetzen",*

---

[31] Vgl. dazu etwa Luhmann 2000.

schreibt Dirk Baecker[32], und die zunehmende Bedeutung der sozialsystem-orientierten Prävention in der Praxis manifestiert sich entsprechend besonders deutlich an den organisationalen Präventions- und Gesundheitsförderungsaktivitäten – etwa im Kontext des Betrieblichen Gesundheitsmanagements.

Der Versuch, die relevanten Einflussfaktoren in sozialen Systemen und ihrer physikalisch-materiellen Umwelt (etwa ein Gebäude und seine Einrichtung oder der Verkehr in einem Quartier) zu verändern, wird in der Praxis mit Begriffen wie ‚setting-orientierte Gesundheitsförderung' oder ‚Verhältnisprävention' umschrieben. Auf der Gegenseite stehen die ‚individuumsorientierte Gesundheitsförderung' bzw. die ‚Verhaltensprävention', die beide eigentlich das Ziel haben, die individuelle Gesundheitskompetenz[33] zu stärken, wobei es durchaus adäquat wäre, für die auf Organisationen ausgerichteten Ansätze von einer Verbesserung der organisationalen Gesundheitskompetenz zu sprechen, die gefördert werden soll. Konkret geht es darum, dass die Organisationen im Kontext der organisations-typischen Reproduktion von Entscheidungen dafür sorgen, dass die Belastungsfaktoren möglichst tief gehalten und die Schutzfaktoren entsprechend gefördert werden. Maßnahmen des Arbeitsschutzes und der betrieblichen Gesundheitsförderung sind exakt auf dieses Ziel ausgerichtet.

Aspekte der Adressabilität von Zielsystemen

Will die Prävention ihre Maßnahmen an Individuen und soziale Systeme richten, so ist sie auf Adressabilität[34] dieser Systeme angewiesen. Funktionssysteme wie die Politik oder die Wirtschaft können nicht adressiert werden, sondern immer nur die Organisationen, die in ihrem Kontext operieren. Organisationen wiederum sind nicht einfach Subsysteme von Funktionssystemen, sondern orientieren sich an unterschiedlichen Funktionssystemen. So ist ein Spital nicht nur für die Wiederherstellung von Gesundheit verant-

---

[32] Baecker 2005, S. 61.

[33] Vgl. zu diesem Konzept der ‚health literacy' Nutbeam 2000.

[34] Vgl. zum Konzept der Adressabilität Fuchs 1997.

wortlich (Gesundheitssystem), sondern leistet auch Zahlungen, und es ist offensichtlich, dass es hier zu Interessenskonflikten kommen kann – etwa dann, wenn ein neues und teures medizinisches Diagnosegeräte nicht primär aus medizinischer Notwendigkeit eingesetzt wird, sondern um die Maschine zu amortisieren.[35]

Adressabilität von Systemen ist auch bei den Individuen von Bedeutung. Die soziale Adresse von Personen ist eine soziale Struktur, welche die Erwartungen dem Individuum gegenüber ausrichtet – einem Individuum, das in jedem sozialen Kontext nur in ganz bestimmten Hinsichten von Bedeutung ist. So ist im Kontext der Aidsprävention das Sexualverhalten der Zielpersonen von einiger Bedeutung, während es bei der Prävention von Übergewicht eher eine untergeordnete Rolle spielt. Die Prävention tut demnach gut daran, möglichst viel über die Zielpersonen in Erfahrung zu bringen, denn die Wahrscheinlichkeit der Wirksamkeit der Maßnahmen steigt mit dem Wissen über die Systeme, bei denen ganz bestimmte Veränderungen erreicht werden sollen. [36] Anders als bei der Behandlung ist die soziale Adresse der Zielpersonen bei der Prävention in Hinblick auf das im Fokus stehende Problem nicht sehr informativ. Während ein Patient oder ein Schläger einen ganz konkreten und oft mehrjährigen Bezug zum Problem haben, muss sich die Prävention auf statistische Angaben verlassen um problemrelevante Informationen zu den Zielpersonen zu erhalten. Die Bestimmung von Risikogruppen[37] – von Gruppen, die aufgrund eines oder mehrerer Belastungsfaktoren eine erhöhte Wahrscheinlichkeit für die Entwicklung des

---

[35] Die scheinbare Dominanz der Wirtschaft in der Gesellschaft hängt denn auch damit zusammen, dass heute praktisch jede Organisation (auch im Sozial- und Gesundheitsbereich) betriebsökonomisch bedingte Entscheidungen treffen muss, während die anderen Funktionssysteme nur punktuell eine Rolle spielen. Gesellschaftsweit ist es jedoch so, dass die Wirtschaft ohne ein funktionierendes Rechtssystem wohl sofort auf Tauschhandel reduziert wäre.

[36] Das ist natürlich nicht nur bei den Individuen so, sondern auch bei adressablen sozialen Systemen wie Organisationen und Familien.

[37] Gordon (1997) richtet seine in letzter Zeit viel verwendete Klassifizierung von präventiven Aktivitäten genau nach dieser Zielgruppenbestimmung aus, wenn er von universeller, spezifischer und indizierter Prävention spricht. Indizierte Prävention wäre in diesem Sinne Prävention mit Risikogruppen, während sich die indizierte Prävention an Personen richtet, bei denen sich das Problem zumindest ansatzmäßig gezeigt hat – etwa bei einem Jugendlichen, der schon durch Gewalttätigkeiten aufgefallen ist.

Problems aufweisen – ist ein wichtiger Schritt in diese Richtung. Andererseits manifestiert sich auch bei den Risikogruppen das Problem nur bei einem Bruchteil der Zielpersonen, was zugleich das Problem der Adressenbeschädigung (Stigmatisierung) durch Prävention mit sich bringt.

Neben der Spezifizierung der soziale Adresse der Zielpersonen über spezifische Belastungsfaktoren (wie z.B. eine erbliche Vorbelastung durch eine Krebskrankheit oder Suchtmittel missbrauchende Eltern) werden natürlich noch weitere Adressenfaktoren wie das Alter, das Geschlecht, der sozioökonomische Status, ein allfälliger Migrationshintergrund und weitere Faktoren beigezogen. So ist es durchaus angebracht, Aidsprävention für junge Frauen aus Westafrika anders zu konzipieren als für westeuropäische homosexuelle Männer. Andererseits führt die Diversifizierung der Maßnahmen zu einer Steigerung von Komplexität, die oft auch aus Kostengründen nicht bewältigt werden kann. Ein Mittel ist dann, auf Risikogruppen zu fokussieren, wobei den niedrigeren sozio-ökonomischen Status in den letzten Jahren als Risikogruppenmerkmal eine immer größere Bedeutung zugemessen wird.

Die Funktion der Prävention

Kommen wir nach dieser Einführung in einige zentrale Aspekte der Prävention – Probleme/Einflussfaktoren, Individuums-/Settings-Orientierung, Methoden, Zielgruppenfaktoren – zum Abschluss noch auf die Funktion der Prävention in der Gesellschaft zu sprechen. Selbstverständlich ist die Verhinderung von Problemen für sich eine wichtige Funktion der Prävention, denn diese Probleme (seien das nun Krankheiten, Gewalt, Suizide, Raserunfälle oder was auch immer) beschäftigen die Gesellschaft, die sich über die Massenmedien laufend selbst alarmiert.[38] Exakt in dieser massenmedialen Selbstbeunruhigung der Gesellschaft kann eine gesellschaftsweite Funktion der Prävention vermutet werden – zumindest wenn man Funktion als die von einem Beobachter zugeschriebene Lösung (Beruhigung) für ein Problem (massenmediale Beunruhigung) beschreibt. Es ist ja nicht so, dass die

---

[38] Vgl. hierzu die Ausführung zur Funktion der Prävention in Hafen 2007, S. 132-144.

durch die Prävention angegangenen Probleme einfach verschwinden (oder besser: nicht mehr auftreten) würden und die Messung der Wirksamkeit präventiver Maßnahmen ist wie beschrieben ein anspruchsvolles Unterfangen. Trotzdem ist der Grundgedanke der Prävention – Probleme zu verhindern, bevor sie entstehen – weit gehend unbestritten, zumindest so lange die Maßnahmen wenig kosten und die individuelle Freiheit nicht einschränken. Die These wäre demnach, dass die große Popularität präventiver Maßnahmen mit der Beruhigungswirkung der Prävention zu erklären ist. Im Zustand der Daueralarmierung, in welchen die Massenmedien mit ihrer Präferenz für Probleme die Gesellschaft versetzen, scheint allein das Sprechen über Prävention beruhigend zu wirken. Es zeigt, dass ‚etwas gemacht' wird oder präziser: etwas gemacht werden kann.

Folgt man der Risikotheorie Niklas Luhmanns[39], so sieht man, dass die Prävention Gefahren, denen man einfach ausgesetzt ist, zu eigenen Entscheidungen in Bezug setzt und damit in Risiken transformiert. Doch diese Transformation von Gefahren in Risiken hat ihre Schattenseiten, denn mit der Möglichkeit, etwas zur Verhinderung von Problemen beizutragen, ergibt sich für die Zielsysteme (seien das nun Individuen, Organisationen oder Familien) das Risiko der Risiko-Ignoranz[40], welches die Verantwortung für das Auftreten eines Problems auf die Systeme überwälzt, die die Belastungsfaktoren nicht reduziert und die Schutzfaktoren nicht gestärkt haben. Man hätte sich ja mehr bewegen und gesünder ernähren können, dann hätte man den Herzinfarkt nicht bekommen. Es ist klar, dass diese Verantwortungsübertragung ethische Fragen aufwirft, die nicht nur in spezifischen Präventionsfeldern wie der pränatalen Diagnostik oder der Belastung von übergewichtigen Menschen mit höheren Krankenkassenprämien von Bedeutung sind.

---

[39] Luhmann 1991.

[40] Fuchs 2008.

Abschließende Bemerkungen

„Es gibt nichts Praktischeres als eine gute Theorie." – Trotz der vielen Hindernisse, die auf dem Weg zur Erarbeitung einer umfassenden Theorie präventiver Maßnahmen zu überwinden waren und die sich in Zukunft ergeben werden, stimme ich dem berühmten Bonmot von Kurt Lewin uneingeschränkt zu. Zu Beginn meines Versuchs, die soziologische Systemtheorie als Grundlage für die Erarbeitung einer Reflexionstheorie der Prävention zu nutzen, hatte ich die These formuliert, dass die Systemtheorie die Mittel bietet, alle diese Facetten mit dem gleichen Instrumentarium an Begriffen und Sätzen zu beschreiben. Die Bestätigung dieser These mag erbracht worden sein, wenngleich man diese Beschreibung (wie immer) anders und besser machen könnte. Die verwendeten Selbst- und Fremdbeschreibungen der Praxis boten nichts, das nicht mit dem Mitteln der Systemtheorie hätte (wieder-)beschrieben werden können. Die Theorie hat damit ihren Anspruch bestätigt, nicht nur eine umfassende Gesellschaftstheorie zu sein, sondern auch psychische und biologische Phänomene beschreiben zu können. Das mag dazu beitragen, dass die Komplexität und methodische Vielfalt der Prävention kohärenter dargestellt werden kann und schließt selbstverständlich nicht aus, dass andere theoretische Zugänge machbar und sinnvoll sind – und zwar auch solche mit geringerer Reichweite. In diesem Sinn stellt die systemische Präventionstheorie ein mögliches Hilfsmittel zur Beobachtung der Prävention neben andern dar, und es wird sich in der Zukunft weisen, inwiefern eine so umfassende und komplexe Theorie für die Praxis von Nutzen sein kann. Sicher bedingen auch diese an der Praxis ausgerichteten Grundlagen einiges an Übersetzungsarbeit in der Form von Weiterbildungen und Fachtexten, und meine Erfahrungen zeigen, dass die Theorie auf diese Weise auch für Personen nutzbar gemacht werden kann, die kein Soziologiestudium hinter sich haben.

Dass die Vielfalt der professionellen Praxis mit den Mitteln der Systemtheorie erfasst werden könnte, bedeutet keineswegs, dass im Rahmen meiner theoretischen Grundlagenarbeiten (über die dieser Text einen groben Überblick vermitteln sollte) trotz beträchtlichem mengenmäßigem Umfang an publizierten Texten bereits eine wirklich umfassende Beschreibung der Prävention geleistet werden konnte. In den meisten Themenbereichen rund um die Prävention bedingt die Komplexität der Materie eine rigorose Einschränkung auf einige zentrale Punkte. In dieser Hinsicht habe ich in meiner Arbeit in der Tat lediglich die Grundlagen einer Theorie präventiver Maßnahmen erarbeitet und gleichzeitig ein Feld skizziert, welches weitere Forschungsarbeiten nahe legt. Natürlich wäre es wünschbar, wenn für diese Forschungstätigkeit auch andere Theorien als die Systemtheorie genutzt würden. Ganz allgemein lässt sich sagen, dass bei der wissenschaftlichen Erforschung der Prävention zwischen den Forschungszweigen mit eher theoretischen und jenen mit eher methodischen Zugängen viel enger und umfassender zusammengearbeitet werden sollte. Theoretische Forschung muss versuchen, ihre Erkenntnisse empirisch zu erhärten und die empirische Forschung sollte theoretisch besser abgesichert sein.

Schließlich hat die systemtheoretische Beschreibung der Prävention gezeigt, dass es weder theoretische noch empirische Gründe dafür gibt, auf Prävention grundsätzlich zu verzichten noch dafür, sie zum Allheilmittel gegen die Probleme zu erheben, welche die Gesellschaft beunruhigen. Zwar zeichnet sich die Prävention nicht durch einen enorm hohen Wirkungsgrad aus, doch auch die behandelnden Interventionsversuche schaffen es nicht, die besagten Probleme zu beseitigen. Es lassen sich daher kaum Argumente dafür anführen, grundsätzlich auf Prävention zu verzichten und gleichzeitig andere Interventionsversuche beizubehalten. Andererseits lassen sich auch keine Gründe dafür finden, die Prävention auf Kosten der Behandlung zum absoluten Steuerungsinstrument zu erheben. Prävention ist nicht einfach ,gut' – so überzeugend die Idee auch erscheinen mag, Probleme durch die Behandlung von Ursachen frühzeitig zu verhindern, anstatt sie immer nur zu behandeln. ,Gute Ideen' und Engagement der Beteiligten allein sind zu wenig, um präventive Maßnahmen zu begründen, denn immerhin geht es (unter anderem) um den Einsatz von beträchtlichen finanziellen und personellen Ressourcen.

Angesichts der hoch komplexen und kaum durchschaubaren Verhältnisse der (post-)modernen Gesellschaft ist die Prävention (wie alle andern professionellen Tätigkeiten auch) gut beraten, in Hinblick auf ihre Interventionsmöglichkeiten Bescheidenheit walten zu lassen und ihre Maßnahmen so umsichtig und professionell wie immer möglich zu gestalten. Hierzu mag die hier skizzierte Theorie präventiver Maßnahmen einen Beitrag leisten.

Literatur

Antonovsky, Aaron, 1997: Salutogenese: Zur Entmystifizierung der Gesundheit. Dt. erw. hrsg. von Alexa Franke. Tübingen: Dgvt-Verlag.

Baecker, Dirk (2002): Die Theorieform des Systems. In: Ders.: Wozu Systeme? Berlin: Kadmos, S. 83-110.

Baecker, Dirk (2005): Die Reform der Gesellschaft. In: Corsi, Giancarlo/ Esposito, Elena (Hrsg.): Reform und Innovation in einer instabilen Gesellschaft. Stuttgart: Lucius, S. 61-78.

Bühler, Anneke; Kröger, Christoph (2006): Expertise zur Prävention des Substanzenmissbrauchs. Köln: Bundeszentrale für gesundheitliche Aufklärung.

Caplan, Gerald, 1964: Principles of preventive psychiatry. New York/London: Basic Books.

Fuchs, Peter (1997): Adressabilität als Grundbegriff der soziologischen Systemtheorie. Soziale Systeme Jg. 3, Heft 1, S. 57-79.

Fuchs, Peter (2000): Systemtheorie und Soziale Arbeit. In: Merten, Roland (Hrsg.): Systemtheorie Sozialer Arbeit. Neue Ansätze und veränderte Perspektiven. Opladen: Leske + Budrich, S. 157-175.

Fuchs, Peter (2005): Die Psyche, Studien zur Innenwelt der Außenwelt der Innenwelt. Weilerswist: Velbrück

Fuchs, Peter (2008): Prävention – Zur Mythologie und Realität einer paradoxen Zuvorkommenheit. In: Irmhild Saake/Werner Vogd (Hrsg.): Moderne Mythen der Medizin, Studien zur organisierten Krankenbehandlung, Wiesbaden: VS, S. 363-378.

Gordon, Robert, 1987: An Operational Classification of Disease Prevention. In: Sternbert, Jane A./Silverman, Morton M. (Hrsg.): Preventing Mental Disorders: A Research Perspective. Rockville, MD: Department of Health and Human Services, S. 20–26.

Hafen, Martin (2005): Systemische Prävention – Grundlagen für eine Theorie präventiver Maßnahmen. Heidelberg: Carl Auer.

Hafen, Martin (2007): Grundlagen der systemischen Prävention. Ein Theoriebuch für Lehre und Praxis. Heidelberg: Carl Auer.

Hafen, Martin (2009): Mythologie der Gesundheit. Zur Integration von Salutogenese und Pathogenese. 2. Aufl. Heidelberg: Carl Auer.

Künzel-Böhmer, Jutta; Bühringer, Gerhard; Janik-Konecny, Theresa (1993): Expertise zur Primärprävention des Substanzenmissbrauchs. Baden-Baden.

Luhmann, Niklas (1991): Soziologie des Risikos. Berlin/New York: de Gruyter.

Luhmann, Niklas (1994a): Soziale Systeme - Grundriss einer allgemeinen Theorie. 5. Aufl. Frankfurt a. M.: Suhrkamp.

Luhmann, Niklas (1994b): Die Wissenschaft der Gesellschaft. 2. Aufl. Frankfurt a. M.: Suhrkamp.

Luhmann, Niklas (1997): Die Gesellschaft der Gesellschaft. Frankfurt a. M.: Suhrkamp.

Luhmann, Niklas (2000). Organisation und Entscheidung. Opladen: Westdeutscher Verlag.

Luhmann, Niklas (2002): Das Erziehungssystem der Gesellschaft. Herausgegeben von Dieter Lenzen. Frankfurt a. M.: Suhrkamp.

Nutbeam, Don (2000): Health literacy as a public health goal: a challenge for contempory health education and communication strategies into 21st Century. *Health Promotion International*, 15, S. 259-267.

Spencer Brown, George (1997): Laws of Form – Gesetze der Form. Lübeck.

Beratung

Bernd Hündersen

Der Intrapersonale Trialog (Intralog)

Ein Praxismodell zur Verdeutlichung, wie Selbstorganisation als Selbstberatung moderiert werden kann

1. Warum Intrapersonaler Trialog? Warum als Ziel gelingende Selbstberatung? Ethische und ökonomische Notizen

Um diese Fragen thematisieren zu können, scheint es ratsam, eine denkbare Gegenposition zu entwickeln und zu prüfen, ob sie a) attraktiv und b) unter den gegebenen Bedingungen des gegenwärtigen Zeitgeistes realistisch sein kann.

Als Gegenposition wähle ich die begriffliche Konstruktion der Fremdberatung. Was ist hierunter zu verstehen? Aus der im Folgenden dargelegten Sicht soll damit eine Entscheidung definiert werden, die sich stark an der Empfehlung eines Anderen abarbeitet, beispielsweise an einem Vorbild oder einem Experten. Diese beiden Rollen waren über Jahrzehnte im Zweifelsfall nicht nur zu Rate gezogen worden, sondern deren Empfehlungen wurden in der Regel umgesetzt. In der heutigen Zeit beobachten wir hingegen eine zunehmende Misstrauenshaltung diesen Rollen gegenüber. Spätestens seit dem Faschismus und der Phase seiner Aufarbeitung durch die

1968er Generation sind politische Vorbilder weitestgehend diskreditiert. Persönliche Vorbilder wie Elternteile werden – sichtlich auch als Folge einer nachvollziehbaren Entidealisierung – als kaum noch gesellschaftstauglich erkannt und durch den „Röntgenblick" der Medien taugen Prominente aus Sport, Kirche, Unterhaltungsindustrie ebenfalls nicht mehr für diese Rolle, wie dies an zahllosen Beispielen zu sehen ist; als letzter prominenter „Fall" kann der komplette Rückzug aus öffentlichen Ämtern von Frau Käßmann (ehemals EKD-Vorsitzende) herangezogen werden, die trotz aller Unterstützung aus Kirchen- und Politikkreisen ihr „Glaubwürdigkeitsproblem" erkannte und sich dementsprechend verabschiedete.

Vorbilder haben ethisch-moralisch abgewirtschaftet und ihr Beitrag zur Gestaltung persönlichen Lebens wird zunehmend weniger. An deren Stelle trat und tritt die Autonomieforderung, die sich weiterhin wachsender Beliebtheit erfreut. Expertenrat verliert ebenfalls an Bedeutung, weil in den unterschiedlichen Funktionssystemen Expertenwissen im Sinne einer Komplexitätsreduktion auf *eine* Handlungsempfehlung kaum noch möglich ist. Ob in Medizin, Justiz oder bei der Frage nach haushaltstechnischen Neuerungen endet die Phase der Einholung von Expertenwissen regelmäßig mit

a) unterschiedlichen, teilweise widersprüchlichen Aussagen

b) dem Rat: „Schlussendlich müssen Sie selbst wissen, wofür Sie sich entscheiden".

Selbst im wirtschaftlichen Bereich erleben wir im 21. Jahrhundert eine deutliche Veränderung, die ich gern am Beispiel der Beratung von Unternehmen, kombiniert mit dem von G. Spencer-Brown entwickelten Modell des „Re-Entry der Form", verdeutlichen möchte. Unterscheiden wir nun – um einen binären Code zu produzieren – Innenwahrnehmung und Außenwahrnehmung eines Unternehmens, so können wir sagen, dass etwa die letzten 15 Jahre des 20. Jahrhunderts mit ihrer „Outsourcing-Philosophie" davon bestimmt waren, dass externe Unternehmensberater sich mit den Unternehmensprozessen beschäftigten, um die Unternehmen produktiv zu unterstützen. Dies bedeutete in der Formenlogik Spencer-Browns, dass mit der Erstentscheidung Außenwahrnehmung (externer Unternehmensberater) gearbeitet wurde, der dann in der Zweitentscheidung eben die Innenwahrnehmung (Prozessanalysen, Mitarbeiter-Interviews und ähnliches) folgten; häufig zur Enttäuschung der Unternehmensmanager, die die vorgeschlagenen Lösungen nicht eins zu eins umsetzen konnten, und zur Enttäuschung der Unternehmensberater, die registrierten, dass ihnen nicht selten der Blick ins Innere des Unternehmens aus unterschiedlichen Gründen verwehrt oder zumindest vernebelt wurde. Der Trend des neuen Jahrzehnts geht dementsprechend eher von der Erstentscheidung der Innenwahrnehmung aus, die dann ergänzt wird durch die Außenwahrnehmung.

Das Gemeinsame dieser knappen ethischen und ökonomischen Notizen besteht darin, dass der Fokus auf *Binnendifferenzierung* offensichtlich ist. Dieser Beitrag will insbesondere die Vorteile dieses Fokus für Beratungszwecke entwickeln.

2. Systemtheoretischer Beitrag

Mit der Zentralunterscheidung von biologischen, psychischen und sozialen Systemen eröffnete N. Luhmann die Chance, mit Hilfe eines allerdings beträchtlichen Komplexitätszuwachses Prozessbeobachtungen genau an dem Phänomen umsetzen zu können, welches bis heute oft eher zudeckend und verwirrend monolithisch mal als *Ich*, mal als *Subjekt* oder *Selbst* beschrieben wird. Je nach spezifischem sozialwissenschaftlichen oder psychologietheoretischen Hintergrund liegen zwar Versuche vor, auch diese Konzepte gegeneinander auszudifferenzieren, ihr gemeinsamer Mangel liegt jedoch in der geringen Praktikabilität und Anwendung für den klinischen Bereich, unabhängig ob im stationären oder ambulanten Setting. Dieser Beitrag versucht nun Luhmanns Zentralunterscheidung weiterzuführen, indem – unter Rückgriff auf Arbeiten systemtheoretisch-konstruktivistischer Psychiatrieforschung, für die Namen stehen wie L. Ciompi, F.B. Simon, aber auch moderner hirnphysiologischer Forschung, für die Namen stehen können wie G. Roth, W. Singer – die Entscheidungsbildung im Einzelwesen als Ergebnis eines *intrapersonalen Diskurses* von körperlichem System, psychischem System und kognitivem System entwickelt wird. Die Kooperationskontexte dieser drei Systeme werden dabei nicht als strukturelle Kopplungselemente grundsätzlich autonomer Systeme verstanden, eine Perspektive, die insbesondere von P. Fuchs bearbeitet wird, sondern als sich wechselseitig interpenetrierende Systeme.

Nicht nur psychische Gesundung kann dann verstanden werden als Prozess der Kommunikations*optimierung* der am intrapersonalen Diskurs beteiligten Systeme; Psychotherapeuten und Berater werden dann als *Moderatoren_eines Selbstorganisationsprozesses* eingesetzt.

Schließlich wird die These entwickelt, dass die Beschäftigung mit den Vorgängen in den drei Systemen den Entscheidungsbildungsprozess wesentlich transparenter gestaltet und über die Beobachtung der intrapersonalen realen Durchsetzungsprozesse genau diese verändert werden können, eben vom Gesamtsystem selbst, nicht von außen. Psychische Gesundung entwickelt sich als Zuwachs von Lebensqualität durch sich aufgrund verändernder Selbstbeschreibungen veränderter Selbstorganisation, zu deren Herausbildung professionelle Hilfe als professionelle und verantwortungsbewusste Irritation durchaus von Nöten sein kann.

Kommunikation beinhaltet bislang in einem modernen systemtheoretisch-konstruktivistischen Verständnis Handlungen *und* Mitteilungen, ja sogar Nicht-Mitteilungen, wenn Kontexte definiert sind[1]. Hiernach ist der Kommunikationsbegriff reserviert für die Operationen sozialer Systeme. Kommunikation stellt den zentralen Operationsmodus sozialer Systeme dar; dementsprechend erzeugt Kommunikation soziale Systeme wie auch mit dem Kommunikationsabschluss dieses durch Kommunikation erzeugte soziale System zerfällt. In sozialen Systemen begegnen sich *nicht* die psychischen Systeme der Akteure, nicht die somatischen Systeme der Akteure, sondern quasi entindividualisiert treffen Kommunikationen von sozialen Rollenträgern aufeinander. Folgt man diesem Modell, können mehrere psychische Systeme ebenso wenig miteinander kommunizieren wie ein Individuum mit sich. Wie soll auch ein Ungeteiltes – nichts anderes beschreibt der in der Aufklärungs- und Demokratiebewegung so bedeutsame Begriff des Individuums –, ein Eins-Seiendes, mit sich selbst kommunizieren?

Öffnet man nun in meinem Verständnis den Kommunikationsbegriff, der im systemtheoretischen Duktus die Existenz sozialer Prozesse generiert und

---

[1] Vgl. Luhmann/Fuchs 1989.

aber auch abschließt, für die *intrapersonalen* Prozesse, das heißt, stellt man die intrapersonalen Prozesse als kommunikatives Geschehen der beteiligten Subsysteme dar, so zeigt sich ein Anreicherungsgewinn, eine Komplexitätsverdichtung in der Beobachtung der intrapersonalen Prozesse, wenn als Subsysteme, deren Beziehung zueinander eine interpenetrierende ist und nicht die Form einer strukturellen Kopplung annimmt, das somatische System (Körper), das kognitiv-rationale System (Verstand, Kopf) und das emotionale, psychische System (Gefühl) – möglicherweise wären noch zusätzliche benennbar – begriffen werden. Wie sind jedoch diese drei Subsysteme als sich gegenseitig interpenetrierende begreifbar?

Systeme definieren sich bekanntlich durch ihre Umweltangewiesenheit und spezifischen Operationsmodi, die allein Systemevolution ermöglichen und umsetzen.

2.1 System und Umwelt

These 1: *Systemtheorie operiert mit der Leitdifferenz von System und Umwelt.*

Für den vorliegenden Beitrag bedeutet dies, von der umgangssprachlich so häufig anzutreffenden Ganzheitlichkeit des Menschen, vom Ich, loszulassen (um jedoch später, dann mit entsprechender Komplexität aufgeladen, vollständiger zu ihr zurückzukehren) und in einem analytischen Zwischenschritt die zentralen Bestandteile der Person zu vereinzeln. Das Vorhandensein und die Beobachtung relativen Einzelverhaltens der drei genannten Systeme werden auf einer unmittelbaren Erfahrungsebene von der überwiegenden Mehrheit Erwachsener bestätigt. Als Beispiele können genannt werden: Schlaf, Verliebtheit, Rationalisierungen, die jeweils den weitgehenden Ausschluss mindestens eines anderen Subsystems erfordern oder ermöglichen.

Zugleich ist jedoch von einer durchaus gegebenen Zusammenarbeit der Subsysteme auszugehen, die Kongruenz ausschließt. Dies bedeutet, dass jeweils zwei der drei Subsysteme für ein Subsystem Umwelt sind, mit einem eigenen Autopoieseprozess, operativ geschlossen, dabei in der „Umwelt-Rolle" konstitutiv für das jeweils andere System, da ein System Umwelt benötigt, um sich mit seinen Autopoiesekonstruktionen von Umwelt abgrenzen zu können.

2.2 Die Kooperation des körperlichen und psychischen Systems

These 2: *Im Individuum kooperieren unaufhörlich das körperliche und das psychische System.*
Hirnphysiologische Praxisbeispiele belegen, dass Körperempfindung und Gefühlswahrnehmung im intakten Organismus miteinander in einem steten Austauschprozess stehen, auch gerade die Auseinandersetzung mit den psychischen und somatischen Auswirkungen des Konsums von Rauschmitteln beispielsweise verweist auf diesen Zusammenhang. Die wechselseitige Angewiesenheit ist ebenso evident: mit den Emotionen korrespondieren neurophysiologische Prozesse (vgl. Neuroplastizitätsdebatte[2]); ohne Emotion und Darstellungsmöglichkeit derselben sind körperliche Prozesse sicherlich existent, jedoch nach allem zurzeit verfügbaren Wissen relativ irrelevant für den jeweiligen Menschen.

Das Ungeteilte – dies meint der Begriff des Individuums etymologisch – hat offensichtlich „Bestandteile", deren Verbundenheit zu einer Gesamtkomposition führt, die wieder nur als Gesamtes, als neu entwickelte Emergenz dauerhaft reproduktionsfähig ist. Im Anschluss an Luhmann und im Aufgriff der neueren hirnphysiologischen Forschung[3] ist für das Thema Individuum (Mensch, Subjekt) von der mindestens Zweibestimmtheit desselben auszugehen: biologische Systemprozesse sind konstatierbar, psychische ebenfalls. Sind in einem dauerhaft reproduktionsfähigen Gesamtsystem Individuum Prozesse darstellbar, die ohne das jeweilige Pendant auskommen, auskommen können? Sind körperlich-biologische Prozesse beobachtbar, ohne die Existenz psychischer Prozesse mitzubeachten? Diese Fragen kön-

---

[2] Singer 2002, Rüegg 2007, Hüther 2008.

[3] Vgl. Roth 1997.

nen nur unter einer Prämisse bejaht werden, die jedoch epistemologisch e-
her an Überzeugungskraft verloren hat: nämlich der teleologischen Prämisse, dass es einfach so *ist*, dass die körperlich-biologischen Prozesse ganz
unabhängig von anderen ablaufen. Jenseits dieser Annahme wird schnell
deutlich, dass

a) zur Beobachtung der körperlich-biologischen Prozesse ein quasi externer
Beobachter notwendig ist, beispielsweise das komplexe System eines Hirns,
um Beobachterqualitäten feststellen zu können. Beobachtung setzt Erkennt-
nisfähigkeit über Differenzbildungsfähigkeit voraus.

b) moderne medizinische Technologien zwar – beispielsweise nach unfall-
bedingtem Dauerkoma – die Aufrechterhaltung der körperlich-biologischen
Prozesse ermöglichen, gleichwohl dies ja gerade die Beobachter- und sogar
Interventionsqualitäten des Personals voraussetzt. In einem nicht von außen
moderierten Balancierungsprozess des auf sich allein gestellten körperlich-
biologischen Systems, stellt sich die Reproduktionsfrage des Systems sehr
rasch, noch rascher als die Überlebensfrage. In einem *gesellschaftsweit* ko-
matösen Aggregatzustand fällt der externe Beobachter aus und in Folge ist
der Systemstabilisierungsprozess – freundlich formuliert – aufs Äußerste
gefährdet.

Lässt sich hingegen behaupten, dass psychische Prozesse – hier im Luhmannschen Sinne definiert als Konglomerat kognitiver und emotionaler Aktivitäten, die zwar mit körperlich-biologischen Prozessen korrespondieren,
von diesen jedoch nicht in einem deterministischen Verständnis gesteuert
werden – auf den Fortbestand körperlich-biologischer Prozesse verzichten
können? Für die Aufrechterhaltung dieser These gibt es bislang nur wenig
Hinweise. In der überwiegenden Mehrzahl der wissenschaftlichen Beiträge
zu diesem Thema ist zu erkennen, dass das „Funktionieren" der somatischen
Prozesse sogar die Grundvoraussetzung für psychische Aktivitäten ist. Ohne
Körper keine Gedanken, keine Gefühle. Wird dies dennoch bejaht, wie in
einigen esoterischen oder parapsychologischen Traditionen, denen in der
„science community" bestenfalls eine marginale Rolle zugeschrieben wird,
löst dies – eo ipso – die These sowohl der Voraussetzung körperlich-
biologischer Prozesse zur Darstellung psychischer Aktivitäten ab sowie die
Theorie der Korrespondenz körperlich-biologischer und psychischer Aktivitäten. Ein Feld, welches spannend anmutet, jedoch wegen der äußerst unge-

sicherten Erkenntnislage hier nicht weiter vertieft werden soll. So lässt sich eher im Ausschlussverfahren durchaus die These aufrechterhalten, dass, nach momentanem Stand der Dinge, im Individuum eine unaufhörliche Kooperation des körperlich-biologischen (somatischen) Systems mit dem kognitiv-emotionalen (psychischen) System zu beobachten ist.

2.3 Die Parallelität von Emotion und Kognition

Wirft man nun einen Blick auf die Kommunikationszusammenhänge, in denen das psychische System operiert – dies ist bei der hier zugrunde liegenden Fragestellung noch bedeutender als die Schnittstellen mit dem körperlichen System – lässt sich nach den umfassenden Forschungsarbeiten von Simon[4] oder insbesondere auch Ciompi[5] folgende Behauptung formulieren:

These 3: *Im psychischen System interpenetrieren Affekte und kognitive Prozesse miteinander.*

Nahezu jede Person kennt die Situation, dass die eigene emotionale Situation so gar nicht zu dem passt, was einem der eigene „Kopf" sagt. Oder umgekehrt: Der „Kopf" empfiehlt sehr eindeutig ein bestimmtes Verhalten, allein der „Bauch" windet und wendet sich dagegen. Aus dieser Melange speisen sich nicht unerhebliche ökonomische Ressourcen, widmen sich doch beträchtliche Mengen an dienstleistender Beratung genau diesem Zwiespalt. Ja selbst innerhalb des emotionalen Geschehens sind immer wieder Uneindeutigkeiten in der Präferierung von Wünschen und Absichten ablesbar. Die Maslowsche Bedürfnispyramiden-Theorie untersuchte exakt dieses „Surfen" des Wollens. Gerade moderne sozialarbeiterische Ansätze nehmen diesen Wechselprozess auf Seiten des Kunden produktiv auf, statt ihn – wie man es oft von sich selbst kennt – disziplinarisch aufzulösen zu versuchen.[6] Der Kooperationsmodus zwischen Kognition und Emotion soll als „miteinander interpenetrierend" dargestellt werden, weil die System-

---

[4] Vgl. Simon 1995.

[5] Vgl. Ciompi 1997.

[6] Vgl. Hündersen 1999.

komponenten im Regelfall aufeinander angewiesen sind und lediglich in pathologischen Extremsituationen ihre Kooperation aufgelöst ist; daher kommt eine Entscheidung für den Kooperationsmodus „strukturelle Kopplung" nicht in Frage, verlangt diese doch eine systemspezifische – grundsätzliche – Autonomiemöglichkeit der Systemkomponenten. Als selbstkritische Rückfrage ist hingegen zu vermerken, ob diese Kooperation tatsächlich auch als Kommunikation zu beschreiben ist – im Sinne Luhmanns als Informations-, Mitteilungs- und Verstehensprozess – oder ob der Kommunikationsbegriff schließlich nicht nur als Analogon genutzt wird, um einen Typ der Kooperation von Kognition und Emotion und Physis umgangssprachlich beschreibbar machen zu können. Nichtsdestotrotz hat sich, beeinflusst durch diese Differenzierung des Systems Individuum, in professionellen Kontexten die wesentliche Aufgabenstellung des professionellen Beraters im Laufe der letzten Jahre deutlich geändert.

Selbstorganisationsmodelle und in ihrer praktischen Durchführung Modelle der intrapersonalen Kommunikation setzen an der Selbstunzufriedenheit der allermeisten Kunden mit der eigenen Lebensqualität und Lebensorganisation an. Hierdurch sind auch Personenkreise erreichbar, die üblicherweise von den klassischen Beratungspraktiken kaum erreicht werden. Moderne Beratungskonzepte haben daher die Aufgabe, exakt solche Angebote zur Verfügung zu stellen, die an der Selbstunzufriedenheit des Kunden ansetzen; Angebote, die lediglich den intrapsychischen Widerstand hervorrufen, sind ineffizient und tragen in aller Regel auch nicht zu einer intrapsychischen Entmischung des Widerstandes bei, sondern lediglich zu einem Zuwachs an Reflexionsverweigerung. Entwicklungswilligkeit aus der Perspektive des Kunden (Selbstbeschreibung) und Entwicklungsbedürftigkeit, gesehen aus der Perspektive fachprofessioneller und auch politischer Fremdbeschreibung, können dann verzahnt werden. Hierbei geht es aus meiner Sicht zentral um die Aufrechterhaltung einer gegenseitigen Compliance, die als ein rahmender Baustein zu verstehen ist in der Zielerreichung einer optimierten intrapersonalen Kommunikationskultur, die *methodisch* deutlich über das Konzept des „Motivational Interviewing" hinausreicht, *theoretisch* das von Luhmann entwickelte Verständnis von Kommunikation als explizit für soziale Systeme vorgesehen, weiterentwickelt.

2.4 Selbstbeschreibung

These 4: *Die Irritation der aktuellen Selbstbeschreibung, die – je für sich – Ausdruck von Anpassungsleistungen* war, *die im* Heute *nicht mehr zufrieden stellend greifen, ist die Hauptaufgabe der professionellen Beratung.*

Sich einzulassen auf die jeweilige Selbstbeschreibung des Kunden erfordert auf der Seite der professionellen Berater ein grundsätzliches Umschwenken und die Entwicklung oder Sicherung von innerer wie fachlicher Flexibilität. Der Spagat ist beachtlich und kann beschrieben werden als Spanne zwischen

- fundiertem, durchaus Verallgemeinerungen erlaubendem Fachwissen und entsprechender Praxiserfahrung und

- bis an die Grenze der Naivität reichender Offenheit für den singulären Einzel(kon)text des Kunden.

Die Gefahren liegen ebenfalls auf dem Tisch. Bei Überbetonung des Erfahrungswissens und der Praxiserfahrung droht „Schubladendenken", Rezeptschreiberei, selbst wenn man meint, mit sehr vielen, ausdifferenzierten „Schubladen" zu arbeiten; bei tatsächlicher Naivität droht auf der Beraterseite das „Burn-Out-Syndrom", auf der Kundenseite Nichtverfügbarkeit von distanziert-professionellen Anregungen, die möglicherweise einer Konfluenz zum Opfer fielen.

Denken und Fühlen sind vermutlich analog geordnete Verarbeitungsmodi von Wahrnehmungen. Die Vorstellung, dass Fühlen eine abhängige Variable des Denkprozesses sei, negiert die Tatsache, dass Fühlprozesse auch festgestellt werden können, ohne dass entwickelt gedacht wird. Viele Tiere sind in der Lage, zwischen angenehm/unangenehm, lustvoll/lustarm unterscheiden und dementsprechend handeln zu können. Fühlen als evolutionär sehr alter Verarbeitungsmodus von Wahrnehmungen beansprucht zumindest Residuen, die kognitiv nicht erreichbar sein müssen. Insofern erscheinen Versuche, andere (sozial wünschenswertere) Gefühle im Menschen „bilden", „konstruieren" zu können, wie in manchen frühen Versuchen beispielsweise der Suchttherapie oder auch in moderateren Ansätzen „kognitiver Umstrukturierung", zu kurz zu fassen. Das Problem ist komplexer. Das Ziel relativ eindeutig: verbale Äußerungen in Übereinstimmung mit innerer Haltung und vollzogener Handlung zu bringen.

Aus den kognitivistischen Theorien über den Zorn („Wir geraten in Zorn, weil wir denken.") geht als logische Schlussfolgerung hervor: „Denken Sie anders und Sie werden seltener in Zorn verfallen!" Der zentrale Denkfehler nach meinem Verständnis besteht in dieser Aussage in der Vermischung von Erkenntnis- und Bewertungskompetenz. Nicht das Denken stellt das zornige Gefühl her, sondern die emotionale Aufwertung/ Aufladung des Gedachten. Denken kann so *eine* Grundlage – zeitlich vorherlaufend – von anschließenden Gefühlen sein. Die identische *Denkleistung_*unterschiedlichster Menschen, die den folgenden Satz hören oder lesen „Bin Laden ist gestorben" sorgt eben nicht für identische *Gefühlsäußerungen*, sondern vermutlich für äußerst heterogene. Es erscheint ratsam zwischen der Erkenntnis- und der Bewertungsdimension zu differenzieren.

3. Der Intralog in der Praxis

3.1 Differenzierung und Arbeitsmodi der beteiligten Systeme

Für die Praxis des Intralogs sollen deshalb die spezifischen Tätigkeiten der beteiligten Systeme folgendermaßen beschrieben werden:

a) Kognitionen setzen sich fort über Kognitionen, d.h. über intellektuelles Erkennen und Erfassen. Die fünf Sinne des Menschen als *einzige* Möglichkeit, Umweltinformationen aufnehmen zu können, liefern das Material, welches hirnphysiologisch so weiterverarbeitet wird, dass im Luhmannschen Sinne Kommunikation möglich wird. Information, Verstehen und Mitteilung sind diese drei Schritte, die notwendig sind, um Erkenntnis als zentralen Arbeitsmodus des kognitiven Systems in Anschlusskommunikationen einspeisen zu können. Dieser Prozess läuft de facto zwar kaum bewertungsfrei ab, für unseren Ansatz ist es jedoch bedeutsam, den Arbeitsmodus des kognitiven Systems von dem des emotionalen zu unterscheiden, wie von L. Ciompi in seiner These der fortwährenden Parallelität von Denk- und Fühlprozessen dargelegt.

b) Das psychische System – und hierin liegt sein wichtiger Beitrag zur Steigerung von Komplexität, um neu auftauchende Fragen, beispielsweise der Moral oder Ethik beantworten zu können – findet in der Tätigkeit der Bewertung seinen zentralen Arbeitsmodus. Damit diese Bewertung von Erkenntnis möglich und *umfassend* ist, ist es ratsam, zumindest vor der Einspeisung in *soziale* Kommunikation, Akzeptanz den angefluteten Emotionen gegenüber zu trainieren. Die letztendliche Selektion der Emotion, die später unter Umständen handlungsleitend werden kann, ist dann das Ergebnis der Beschäftigung mit möglicherweise differenten Emotionen, die im Rahmen des Erkenntnisprozesses produziert werden. Ganz nebenbei wird über eine Schulung der Zulassung entstehender Emotionen die Schlussverantwortung des Gesamtsystems Individuum möglich und unterstrichen, da der emotionalen Aufladung der späteren Handlung eine ggf. auch intrapsychische Selektionsleistung vorausging.

c) Der Körper als drittes, grundlegend beteiligtes System am Intralog zeichnet sich durch seine Zentraltätigkeit des Handelns aus. Ohne körperliches Zutun ist keine Handlung möglich, auch an Gedanken und Emotionen sind zeitparallel physiologische Prozesse gekoppelt, die, wenn sie ausfielen, den Gedanken oder die Emotion verunmöglichen. Auch der Körper selbst arbeitet permanent über den Modus des tätigen Handelns. Der Schmerz, ebenso wie die Lust, sind – neben ihrer emotionalen und/oder kognitiven Aufladung – Handlungsprozesse insofern, als dass sie nur verstanden werden können über die verschiedensten physiologischen Prozesse, die im Schmerz oder in der Lust beobachtet werden können.

Die systemspezifischen Tätigkeiten arbeiten mit den ihnen inhärenten binären Codes. Für das kognitive System bedeutet dies, dass der Code operational wird im Erkennen oder Nicht-Erkennen, für das emotionale System lässt sich eine Codierung von angenehm zu unangenehm entwickeln, für das körperliche System bietet sich ein Code von Aktion und Passivität dar. In der Praxis des Intralogs besteht demzufolge eine wesentliche Aufgabe des Moderators darin, auf eine Identität von Arbeitsmodus und symbolisch zur Verfügung gestelltem Platz zu achten, wodurch die systemspezifische Leistung erkannt und den anderen beteiligten Systemen zur Verfügung gestellt wird. Mangelnde Präzision an diesem Punkt entwickelt Intransparenz und in der Folge Verwirrung. Komplexitätsanreicherung für das Gesamtsystem ist enorm erschwert, wenngleich diese benötigt wird, um die anstehende Frage für den Probanden passend beantworten zu können.

Die beteiligten Systeme – verstanden als sich gegenseitig interpenetrierende – profitieren durch diese wechselseitige Durchdringung, weil sie die *unterschiedlichen* Leistungsanforderungen der Systeme nutzen können, indem die systemspezifische Komplexität den anderen beteiligten Systemen zur Verfügung gestellt wird; diese anderen Systeme können dann auf diesen Zulieferbeitrag reagieren und Unterstützung bei den jeweils anderen Systemen abfragen, die sie selbst nicht herstellen können, z.B. kann der depressive Mensch, der emotional an einem bestimmten Tag unter der Vorherrschaft des depressiven Gefühls leidet, über das Abrufen der Kognition Erkenntnis, „Bewegung tut gut", dies dann umsetzen mit Hilfe des Körpers. Die Kognition „Bewegung tut gut" kann weder von der Emotion noch vom Körper zur Verfügung gestellt werden, ebenso wie der Handlungs*vollzug* der Bewegung nicht vom kognitiven und ebenfalls nicht vom emotionalen System realisiert werden kann.

3.2 Wie „baue" ich den „Round-table" als Methode im Intralog?

Im Bild eines round-table wird zu Beginn einer jeden Sitzung, die den Intralog zum Thema hat, dafür gesorgt, dass den beteiligten Systemen ein symbolisch gesicherter Platz zugewiesen wird, beispielsweise in Form von Stühlen. Mindestens vier derartige Plätze müssen zur Verfügung stehen: ein Platz für die *kognitive Kompetenz* des Probanden, ein Platz für die *emotionale Kompetenz*, ein dritter für die *körperliche Kompetenz*. Es ist durchaus möglich, u.U. – je nach zu bearbeitendem Thema – sogar wahrscheinlich, dass innerhalb eines Systems unterschiedliche Verlautbarungen im Zuge des Intralogs entwickelt werden. Hierfür ist es dann ggf. von Nöten, weitere symbolische Plätze zur Verfügung zu stellen. Erfahrungsgemäß gilt dies insbesondere für die emotionale Dimension. In diesem System sind Uneindeutigkeiten im Sinne von emotionalen Interessenskonflikten häufig zu beobachten. Zur Differenzierung und Klärung dieser intrapsychischen Konflikte ist es dann hilfreich, zusätzliche Plätze anzubieten. Für den Bereich der kognitiven und körperlichen Äußerungen gilt dies ebenso, wenngleich derartige systeminterne Konflikte etwas weniger häufig sind.

Der vierte Platz, besser gesagt, im Intralog der schlussendlich gewählte Platz ist der der *Entscheidung*. Erst wenn im Intralog eine Entscheidung reift, wählt der Proband aus, welches der beteiligten Systeme den Entscheidungsplatz beansprucht, nachdem der Aushandlungsprozess keine weiteren Einschätzungen mehr zur Verfügung stellt.

3.3 Situativität und Kontext

„Jede Situation ist daher ungeachtet der Selektion, die in ihr zu treffen ist, immer schon selbst Selektion. Situationsdefinition ist immer schon Reduktion der Komplexität der allgemeinen Lebenswelt, ein erster Schritt im Entscheidungsprozess."[7]

Wie kann nun beschrieben werden, welches der beteiligten Subsysteme sich im Intralog durchsetzt, welches Subsystem – bildlich formuliert – im „Regiestuhl der Entscheidung" Platz nimmt und mit welchen Empfehlungen hinsichtlich von Chancen und Risiken es von den anderen beteiligten Subsystemen versorgt wird? Sind generalisierte Prioritäten im Intralog sinnvoll vorstellbar, wie es beispielsweise im Konzept kognitiver Umstrukturierung konzipiert ist? Die Beantwortung dieser Fragen berührt das Verhältnis der Interpenetrationen zueinander. Während das Konzept der kognitiven Umstrukturierung, wie es in der modernen Verhaltenstherapie gelehrt wird, davon ausgeht, dass Fühlprozesse den Denkprozessen hierarchisch unterstellt sind[8], arbeitet der Intralog ohne jede Verallgemeinerung. Vielmehr sichern Situativität und Kontextualität von anstehenden Entscheidungen einen

---

[7] Luhmann 2009, S. 7.

[8] Wilken 2008.

Kommunikations-, Aushandlungs- und Balancierungsprozess, der dafür sorgt, dass – eben in Abhängigkeit von Situation und Kontext – mal das kognitive, ein anderes mal das somatische oder emotionale System das „Steuerrad" der Entscheidung in der Hand hält. Alltagsplausibilitäten belegen dies. In Verliebtheitssituationen erfolgt eine Priorisierung in Richtung Emotion, hoffentlich – im Sinne des Spencer-Brownschen Re-Entries – mit einer Zweitentscheidung, die dafür sorgt, dass die Empfehlungen des somatischen und kognitiven Systems wahrgenommen werden. Beim Auftreten von heftigen Zahnschmerzen hingegen erfolgt eine Priorisierung in Richtung medizinischer Versorgung, selbst wenn Angst wahrgenommen wird. Wäre der Schmerz gering, könnte dies eher bedeuten, dass das emotionale System mit dem anflutenden Gefühl von Angst sich in den „Regiestuhl der Entscheidung" begibt. Schließlich ein Beispiel welches eine Priorisierung für das kognitive System darstellt: Bei einem Vorstellungsgespräch aus bestehender Arbeitslosigkeit heraus setzt sich – um sich wirtschaftlich absichern zu können – in der Regel das kognitive System durch, selbst wenn morgens Kopfweh auf der körperlichen Ebene oder Unsicherheit auf der psychischen Ebene wahrgenommen werden.

Diese Beispiele – jeder Leser wird zusätzliche erzeugen können – machen deutlich, dass gelingende Selbstorganisation einen situations- und kontextabhängigen Beratungsprozess benötigt, hingegen generalisierte Priorisierungen, die, seien sie wissenschaftlich konzipiert, eher das kognitive System, oder seien sie belletristisch konzipiert, eher das emotionale System[9] favorisieren, wenig Ziel führend sind.

3.4 Die Aufgabe des Moderators

Die Aufgabe des Moderators eines Intralogs besteht im Wesentlichen darin, über geeignete Fragestellungen (z.B. aus der systemischen Therapie) ein kommunikationsproduktives Klima für die beteiligten Systeme von kognitiver, emotionaler und körperlicher Einschätzung zu ermöglichen. Von großer Bedeutung ist es, dass der Moderator sowohl darauf achtet, dem Probanden

---

[9] Tamaro 1994.

dabei behilflich zu sein, zwischen den Einschätzungen der drei am Intralog beteiligten Systeme zu differenzieren, als auch – in der Folge – dafür zu sorgen, dass Äußerungen eines Systems übereinstimmen mit dem symbolisch zur Verfügung gestellten Platz (z.B. Stuhl).

Warum diese Genauigkeit? Erlebt der Proband selbst eine Vermischung von symbolisch zur Verfügung gestelltem Platz und seiner Äußerung, wird ein Mehr an Verwirrung die Folge sein, nicht ein Mehr an Differenzierung (z.b.: Jemand nimmt Platz auf dem Stuhl der Kognition und äußert eine emotionale Bewertung). Um dies zu vermeiden, bittet der Moderator den Probanden zu prüfen, ob die soeben getätigte Äußerung tatsächlich zu dem gerade eingenommenen Platz passt oder ob ggf. ein Platzwechsel zu dieser Äußerung besser passt. Eine weitere Aufgabe des Moderators besteht darin, nicht seinen eigenen Lösungsphantasien anzuhängen und den Moderationsprozess dazu zu nutzen, dass abschließend seine Lösung favorisiert wird oder gar umgesetzt wird. Ziel- und Ergebnisoffenheit des Moderators fördern die Lösungen des Probanden, und sei es als Zwischenlösung auch lediglich eine, wie S. Friedländer es nannte, „schöpferische Indifferenz"[10].

4. Selbststeuerungsfähigkeit – abschließende Gedanken

Eine Verbesserung der Selbstorganisationsfähigkeit ist methodisch und nachhaltig am ehesten zu erreichen durch Veränderung der Selbstbeschreibung. Veränderte Selbstbeschreibungen zu erstellen ist ratsam, vielleicht sogar notwendig, wenn die ja nur subjektiv erlebbare Lebensqualität nicht mehr „stimmt".

Ziel eines optimierten Selbstbeschreibungsprozesses ist eine Erhöhung der Lebensqualität der Kunden durch Verbesserung ihrer Selbstorganisationsfähigkeit im Rahmen gesellschaftlicher und sozialer Verträglichkeit.

---

[10] Friedländer 2009.

Gelungene Professionalität zeichnet sich dann dadurch aus, differenzierte Angebote, die eigene Selbstbeschreibung zu modifizieren oder auch zu ergänzen, zur Verfügung zu stellen und bei ihrer Verankerung im Selbst behilflich zu sein.

Literatur

Bardmann, Theodor (1997): Zirkuläre Positionen. Konstruktivismus als Praktische Theorie. Opladen: Westdeutscher Verlag.

Baecker, Dirk (2005): Form und Formen der Kommunikation. Frankfurt/ Main: Suhrkamp.

Baecker, Dirk (2001): Kapital als strukturelle Kopplung. In: *Soziale Systeme – Zeitschrift für soziologische Theorie*, Jg. 7, H. 2, S. 314-327.

Beaumont, Hunter (2009): Auf die Seele schauen. Spirituelle Psychotherapie. München: Kösel.

Bohus, Martin/Huppertz, Michael (2006): Wirkmechanismen von achtsamkeitsbasierter Psychotherapie. In: *Zeitschrift für Psychiatrie, Psychologie und Psychotherapie*, Jg. 54, H. 4, Bern: Hans Huber, S. 265-275.

Ciompi, Luc (1997): Die emotionalen Grundlagen des Denkens. Entwurf einer fraktalen Affektlogik. Göttingen: Vandenhoeck & Ruprecht.

Damasio, Antonio R. (1999): Ich fühle also bin ich. Die Entschlüsselung des Bewusstseins. München: Econ Ullstein.

Friedländer, Salomo (2009): Schöpferische Indifferenz: Gesammelte Schriften, Band 10. Norderstedt: Books on Demand.

Fuchs, Peter (1998): Das Unbewusste in Psychoanalyse und Systemtheorie. Die Herrschaft der Verlautbarung und die Erreichbarkeit des Bewusstseins. Frankfurt/Main: Suhrkamp.

Gaebel, Wolfgang/Zielasek, Jürgen: Der Doktor spricht nicht mit dem Gehirn. FAZ vom 18. November 2008.

Heidenreich, Thomas/Michalak, Johannes (2004): Achtsamkeit und Akzeptanz in der Psychotherapie. Ein Handbuch. Tübingen: dgvt-Verlag.

Hölzel, Britta (2008): Die betörende Flucht aus der Gedankenflut. FAZ vom 03. April 2008.

Hündersen, Bernd (1999): Welche sozialtheoretischen Konstrukte braucht erfolgreiche Sozialarbeit? In: Krause, Hans-Ulrich (Hrsg.): Einen Weg finden. Diskurs über erfolgreiche soziale Arbeit. Freiburg: Lambertus, S. 57-73.

Hüther, Gerald (2008): Das Hirn ist ein Sozialorgan. Schweinfurter Tageblatt vom 26 Juli 2008.

Khurana, Thomas (2002): Die Dispersion des Unbewussten. Drei Studien zu einem nicht-substantialistischen Konzept des Unbewussten: Freud – Lacan – Luhmann. Giessen: Psychosozial.

Kleve, Heiko (2000): Die Sozialarbeit ohne Eigenschaften. Fragmente einer postmodernen Professions- und Wissenschaftstheorie Sozialer Arbeit. Freiburg: Lambertus.

Luhmann, Niklas (2009): Zur Komplexität von Entscheidungssituationen. In: *Soziale Systeme – Zeitschrift für soziologische Theorie*, Jg. 15, H. 1, S. 3-35.

Luhmann, Niklas/Fuchs, Peter (1989): Reden und Schweigen. Frankfurt/ Main: Suhrkamp.

Luhmann, Niklas (1986):Zwischen Intransparenz und Verstehen. Fragen an die Pädagogik. Frankfurt/ Main: Suhrkamp Verlag.

Miller, Tilly (2001): Systemtheorie und Soziale Arbeit. Entwurf einer Handlungstheorie: Stuttgart: Lucius & Lucius.

Norretranders, Tor (1994): Spüre die Welt. Die Wissenschaft des Bewusstseins. Reinbek: Rowohlt.

Piaget, Jean (1975): Die Entwicklung des Erkennens III. Das biologische Denken. Das psychologische Denken. Das soziologische Denken. Weinsberg: Klett-Cotta.

Roth, Gerhard (1997): Das Gehirn und seine Wirklichkeit. Kognitive Neurobiologie und ihre philosophischen Konsequenzen. Frankfurt/ Main: Suhrkamp.

Rüegg, Johann Caspar (2007): Gehirn, Psyche und Körper. Neurobiologie von Psychosomatik und Psychotherapie. Stuttgart: Schattauer.

Serres, Michael (1998): Die fünf Sinne. Eine Philosophie der Gemenge und Gemische. Frankfurt/ Main: Suhrkamp.

Simon, Fritz B. (1995):Unterschiede, die Unterschiede machen. Klinische Epistemologie: Grundlage einer systemischen Psychiatrie und Psychosomatik. Frankfurt/ Main: Suhrkamp.

Singer, Wolf (2002): Der Beobachter im Gehirn. Essays zur Hirnforschung. Frankfurt/ Main: Suhrkamp.

Singer, Wolf/ Ricard, Matthieu (2008): Hirnforschung und Meditation. Ein Dialog. Frankfurt/ Main: Suhrkamp.

Spencer-Brown, George (1997): Laws of Form. Gesetze der Form. Lübeck: Bohmeier.

Tamaro, Susanna (1995): Geh, wohin dein Herz dich trägt. Zürich: Diogenes.

Wilken, Beate (2008): Methoden der kognitiven Umstrukturierung. Ein Leitfaden für die psychotherapeutische Praxis. Stuttgart: Kohlhammer.

Willenbrock, Harald: Schachmatt der Rationalität. GEO August 2008.

Michael Klassen

Systemtheorie, Theorie menschlicher Bedürfnisse und Case Management

Mit dieser Arbeit wird ein Beitrag zu einer *bedürfnisorientierten* Theorie Sozialer Probleme geleistet, weil eine bedürfnistheoretische Betrachtung, so der gegenständliche Vorschlag[1], die Sozialen Probleme adäquat zu beschreiben, erklären und schließlich mit eigenen methodischen Konzepten zu lösen vermag. Dabei wird vor allem der systemtheoretische Ansatz der *Bungeschen Systemtheorie* berücksichtigt und der in diesem Buch dargelegten Perspektive zugrunde gelegt.

Das systemische Paradigma nach Mario Bunge wird in der deutschsprachigen Fachliteratur relativ wenig rezipiert und diskutiert, obgleich das darauf aufbauende Konzept einer Theorie und Wissenschaft Sozialer Arbeit von Werner Obrecht, Silvia Staub-Bernasconi und Kaspar Geiser in vielen Ausbildungsstätten Sozialer Arbeit Anerkennung fand.

Mario Bunge[2] geht von der Annahme aus, dass es eine beobachterunabhängige Wirklichkeit gibt. Diese Wirklichkeit existiert unabhängig davon, ob jemand an sie denkt, sie beobachtet oder erforscht. Die Wirklichkeit wird von bestimmten Gesetzmäßigkeiten bestimmt, die auch erforscht werden können. Die unterschiedlichen Disziplinen erforschen (sich zum Teil überlappende) Teilbereiche der Wirklichkeit.

---

[1] In Anlehnung an Staub-Bernasconi 1995, S. 95-115 und 173-193; Staub-Bernasconi 2007; 1996; Obrecht 2004; Klassen 2004.

[2] Bunge 1996, 1998.

Vor dem Hintergrund dieses Wirklichkeitsverständnisses wurden von Werner Obrecht unter anderem folgende Konzepte weiterentwickelt: die Struktur rationalen Handelns und die Bedürfnistheorie. Diese werden in diesem Beitrag ausführlicher behandelt und auf Case Management übertragen.

1. Struktur rationalen Handelns

In Weiterführung der Bungeschen Systemtheorie beschreibt Obrecht[3] die *Struktur rationalen Handelns* in Form von W-Fragen, denen entsprechende *Wissensformen* zugeschrieben werden. Diese Struktur ist insbesondere für Case Management wichtig und ist in der folgenden Abbildung dargestellt.

WISSENSFORMEN	ALS ANTWORTEN AUF
PHASE I: SITUATIONSANALYSE	
1. Bilder (Beschreibungen, Beschreibungswissen)	Was-, Wann-, Wo- u. Woher-Fragen
1a Gegenwartsbilder (I)	- Was-, Wann, und Wo-Fragen (1)
1b Vergangenheitsbilder (II)	- Woher-Fragen (2)
1c Zukunftsbilder	- Wohin-Fragen (vgl. Pkt.3)
2. Theorien (Erklärungen, Erklärungswissen)	Warum- (oder Weshalb)-Fragen (3) (Aufgrund welcher Gesetzmäßigkeiten?)
2a Beschreibungstheorien	
2a1 nomologische Theorien (III)	- Allgemeine Handlungsgesetze (Aufgrund welcher Mechanismen?)
2a2 nomopragmatische Theorien (IV)	
2b Erklärungstheorien (V)	

---

[3] Obrecht 1996.

PHASE II: BEWERTUNG UND PROBLEMDEFINITION	
3. Werte (Wertwissen) (VI)	Was-ist-gut-Fragen (4)
4. Zukunftsbilder (Trends, Prognosen) (VII)	Wohin-Fragen (5)
5. Probleme (Problemwissen) (VIII)	Was-ist-nicht-gut-Fragen (Was ist das Problem? (6)
PHASE III: ZIELSETZUNG UND PLANUNG	
6. Ziele (Zielwissen) und Probleme	Woraufhin-Fragen (7)
7. Interventionswissen 7a Interventionstheorien (IX) 7b Pläne (X) 7 c Fertigkeiten (Skills) (XI)	- Wie-Fragen - Allg. (wertbezogene) Wie-Fragen (8) - Zielbezogene Wie-Fragen (9) - Planbezogene Wie-Fragen (10)
8. Wissen über Ressourcen (XII)	Womit-Fragen (11)
9. Wissen über Handelnde (XIII)	Wer-Fragen (12)
PHASE IV: ENTSCHEIDUNG UND IMPLEMENTIERUNG DES PLANES	
10. Wissen über Entscheidungen	Welche-Fragen (13)
Geordnete Abfolgen	*motorischer Operationen*
PHASE V: EVALUATION	
11. Evaluationswissen 11a Wissen über die Wirksamkeit von konkreten Interventionen (XVI) 11b Wissen über die Wirtschaftlichkeit von konkreten Interventionen (XV) 11c Wissen über die Wünschbarkeit von konkreten Interventionen (XVI)	Wirksamkeits-, Wirtschaftlichkeits- u. Wünschbarkeitsfragen Wirksamkeitsfragen(Instrument. Rationalität) (14) Wirtschaftlichkeitsfragen (Ökon. Rationalität) (15) Wünschbarkeitsfragen (Wertrationalität) (16)

Abb. 1: Wissensformen als Antworten auf die W-Fragen von Wissenschaft und Technologie nach den fünf Phasen einer rationalen Handlung[4]

In allen Handlungen orientieren sich die Menschen an (inneren) Bildern der Wirklichkeit. Diese Bilder sind bewusst oder unbewusst immer eine Ant-

---

[4] Obrecht 1996, Tabelle 1, S. 17.

wort auf die Frage: „Welches Ding oder welche Konstellation von Dingen (Was?) war zu welchem Zeitpunkt (Wann?) an welchem Ort (Wo?) in welchem Zustand (weitere Eigenschaften des Dinges oder der Dinge)?"[5]

Eine rationale Handlung setzt ein möglichst unverzerrtes, der Realität entsprechendes Bild voraus. Die Wirklichkeitsbilder können anhand ihrer Eigenschaften nach Wahrheit und Falschheit, nach dem Zeitpunkt (Gegenwartsbilder, Vergangenheitsbilder und Zukunftsbilder) etc. charakterisiert werden.

Die nomologischen Theorien liefern dabei die Erklärungen von Fakten und Gesetzmäßigkeiten als Antworten auf Warum-Fragen.[6]

Ähnliches ist beim Case Management als Methode der Sozialen Arbeit zu erkennen. Im Case Management sind insbesondere folgende Prozessschritte auszumachen:[7]

- Outreaching – Case Finding – Intaking
- Assessment
- Hilfeplanung
- Kontraktmanagement/Linking
- Monitoring/Begleitende Daraufsicht
- Entpflichtung und Evaluation
- Evaluierende Nachsorge

Es ist auffallend, dass einige dieser Phasen mit den Phasen einer rationalen Handlung als Antworten auf die W-Fragen vergleichbar oder gar identisch sind. Die folgende Tabelle ordnet die Prozessphasen des Case Managements dem o.a. Modell zu:

---

[5] Obrecht 1996, S. 19.

[6] Obrecht 1996, S. 19 ff.

[7] Wissert 2009, S. 34.

OUTREACHING – CASE FINDING – INTAKING

PHASE I: SITUATIONSANALYSE = ASSESSMENT
PHASE II: BEWERTUNG UND PROBLEMDEFINITION = ASSESSMENT
PHASE III: ZIELSETZUNG UND PLANUNG = HILFEPLANUNG
PHASE IV: ENTSCHEIDUNG UND IMPLEMENTIERUNG DES PLANES = KONTRAKTMANAGEMENT/LINKING MONITORING/BEGLEITENDE DARAUFSICHT
PHASE V: EVALUATION = ENTPFLICHTUNG UND EVALUATION EVALUIERENDE NACHSORGE

Abb. 2: Fünf Phasen einer rationalen Handlung und Prozessschritte im Case Management

Die obigen fünf Phasen einer rationalen Handlung liegen *jedem* rationalen Vorgang zugrunde. Das heißt unabhängig davon, ob eine Case Management-Intervention geplant, umgesetzt oder evaluiert wird, profitieren wir immer davon, wenn wir nach diesem Modell vorgehen, weil

- bestimmte Dinge/Phasen nicht übersehen oder vernachlässigt werden,
- komplexere Sachverhalte leichter erfasst und analysiert werden können,
- Case Management dadurch ziel- und ergebnissicherer wird,
- im Fall eine Fehlentscheidung zu Vorstufen zurückgekehrt werden kann, um notwendige Anpassungen vorzunehmen.

Auch der *Regelkreis vom Case Management* ist sehr stark an die obigen W-Fragen und entsprechende Phasen angelehnt und greift somit auf bereits bestehende systemische Modelle zurück. Im Case Management wurden bestehende Termini „Situationsanalyse/Bewertung und Problemdefinition" oder „Zielsetzung und -planung" zum Teil mit den Begriffen „Assessment" und „Hilfevertrag/-Vereinbarung" ersetzt, aber an den Inhalten hat sich wenig geändert. Insofern orientiert sich die Methode Case Management ganz stark an diesem Modell einer rationalen Handlung und verdankt ihre Interventionserfolge und ihren Beliebtheitsgrad zum großen Teil der systemischen Vorgehensweise, die vor Case Management identifiziert wurde.

2. Bedürfnistheorie

Im Case Management spricht man von einer bedarfs- und *bedürfnis*gerechten Lösung von sozialen Problemen der betroffenen Individuen.

Aber wie können insbesondere Soziale Probleme definiert werden? Werner Obrecht[8] stellt in Anlehnung Mario Bunge[9] ein Erklärungsmodell für das Entstehen sozialer Probleme vor: Soziale Probleme – so Obrechts Hypothese – entstehen als mittelbarer Effekt durch das Auseinanderfallen zwischen den Bedürfnissen und deren Erfüllung.

Dabei wird dieses Problem dann für Soziale Arbeit relevant, wenn dieser Spannungszustand (z.B. Hunger empfinden, unter sozialer Isolation leiden etc.) vom Individuum weder mit seinen internen (Motivation, Wissen und Können) noch mit seinen externen Ressourcen (z.B. Hilfe von Familie und Freunden) reduziert oder gelöst werden kann.

Somit gelangen menschliche Bedürfnisse ins Zentrum der Analyse. Aber was sind die menschlichen Bedürfnisse und welche Arten davon gibt es?

Beim Menschen sind nicht nur biologische Bedürfnisse auszumachen, sondern auch die auf die Ausdifferenzierung und Weiterentwicklung des Gehirns zurückzuführenden (bio)psychischen und (biopsycho)sozialen Bedürfnisse.

---

[8] Obrecht 1996, 2004.
[9] Bunge 1996, 1998.

Werner Obrecht[1] hat folgende Liste von Bedürfnissen vorgelegt:

I. Biologische Bedürfnisse im engeren Sinne

    1.   nach physischer Integrität, d.h. nach Vermeidung von Verschmutzung, das Wohlbefinden reduzierenden (schmerzhaften) physikalischen Beeinträchtigungen (Hitze, Kälte, Nässe), Verletzungen, sowie der Exposition gegenüber (absichtsvoller) Gewalt;

    2.   nach den für die Autopoiese erforderlichen Austauschstoffen: a) verdaubarer Biomasse (Stoffwechsel), b) Wasser (Flüssigkeitshaushalt), c) Sauerstoff (Gasaustausch);

    3.   nach sexueller Aktivität und nach Fortpflanzung;

    4.   nach Regenerierung;

II. Biopsychische Bedürfnisse

    5.   nach wahrnehmungsgerechter sensorischer Stimulation durch a) Gravitation, b) Schall, c) Licht, d) taktile Reize (sensorische Bedürfnisse);

    6.   nach schönen Formen in spezifischen Bereichen des Erlebens (Landschaften, Gesichter, unversehrte Körper (ästhetische Bedürfnisse; nach ästhetischem Erleben);

    7.   nach Abwechslung/Stimulation (Bedürfnis nach Abwechslung);

    8.   nach assimilierbarer orientierungs-/handlungsrelevanter Information:

        a)   nach Information via sensorischer Simulation (Bedürfnis nach Orientierung)

        b)   nach (epistemischem) 'Sinn', d.h. nach dem Verstehen dessen, was in einem und um einen herum vorgeht und mit einem geschieht, insofern man davon Kenntnis hat). Im Bereich des bewussten Denkens entspricht diesem Bedürfnis das Bedürfnis nach subjektiver Sicherheit/Gewissheit bzw. nach 'Überzeugung' in den subjektiv relevanten Fragen;

    9.   nach subjektiv relevanten (affektiv besetzten) Zielen und Hoffnung auf Erfüllung (Bedürfnis nach subjektivem 'Sinn');

    10. nach effektiven Fertigkeiten (Skills), Regeln und (sozialen) Normen zur Bewältigung von (wiederkehrenden) Situationen in

Abhängigkeit der subjektiv relevanten Ziele (Kontroll- oder Kompetenzbedürfnis);

III.   Biopsychosoziale Bedürfnisse

    11. nach emotionaler Zuwendung (Liebe, Freundschaft, aktiv/passiv) (Liebesbedürfnis);

    12. nach spontaner Hilfe (Hilfsbedürfnis);

    13. nach sozial(kulturell)er Zugehörigkeit durch Teilnahme im Sinne einer Funktion (Rolle) innerhalb eines sozialen Systems (Mitgliedschaft in Familie, Gruppe, Gesellschaft) (Sippe, Stamm, 'Ethnie', Region, Nationalstaat) (Mitglied zu sein heißt, Rechte zu haben, weil man Pflichten erfüllt) (Mitgliedschaftsbedürfnis);

    14. nach Unverwechselbarkeit (Bedürfnis nach biopsychosozialer Identität);

    15. nach Autonomie (Autonomiebedürfnis);

    16. nach sozialer Anerkennung (Anerkennungsbedürfnis);

    17. nach (Austausch-)Gerechtigkeit (Gerechtigkeitsbedürfnis)

Abb. 3: Biologische, biopsychische und biopsychosoziale menschliche Bedürfnisse [10]

In Anlehnung an Obrecht[11] seien dazu folgende Ausführungen insbesondere in Bezug auf Case Management erwähnt:

Alter und Verbreitung von Bedürfnissen. Einige von diesen Bedürfnissen – insbesondere biologische sind wegen ihres Überlebenswertes sehr alt. Andere wiederum – insbesondere einige psychische und soziale – sind jüngeren Datums und kommen nur bei geselligen Tieren oder Menschen vor.

Jedoch alle diese Bedürfnisse kommen bei allen Menschen vor und dies bedeutet, dass im Case Management z.B. die Phasen des Assessments darauf ausgerichtet werden können, um festzustellen, welche Bedürfnisse wie lange nicht erfüllt wurden sowie in welchen Bedürfnisbereichen eine stabile

---

[10] Obrecht 1996, S. 144; vgl. Obrecht 2004.

[11] Obrecht 1999, S. 51 ff.

Bedürfnisbefriedigung vorliegt, die eine mögliche Ressourcenerschließung vermuten lässt.

Die Bedürfnisse zeichnen sich durch *unterschiedliche Elastizität* aus, d.h. ihre Befriedigung kann über unterschiedlich lange Zeiträume hinweg aufgeschoben werden: Man kann z. B. nur über einen bestimmten Zeitraum hinweg ohne Sauerstoffzufuhr, ohne Wasser oder ohne Nahrungsmittel auskommen, fehlende soziale Kontakte hingegen vermögen Menschen weitaus länger auszuhalten, obwohl auch soziale Isolation negative Folgen für die psychische und physische Integrität des Menschen hat.

Im Case Management bedeutet dies, dass insbesondere im Rahmen der Hilfeplanerstellung Prioritäten gesetzt werden, welche Ziele – je nach dem zugrundeliegenden unelastischsten Bedürfnis – zuerst zu erreichen sind, wobei es eine Zusammenarbeit mit dem/der Klienten/Klientin braucht, um festzustellen, welche Bedürfnisse insbesondere im psychischen und sozialen Bereich am längsten un- oder nur teilweise erfüllt wurden.

Bedürfnisse können bis zu einem bestimmten Grade *bewusst gesteuert* werden, so dass man ihre Befriedigung aufschiebt oder unterdrückt. Auch unsere Präferenzordnungen bei der Bedürfnisbefriedigung sind zwar nicht willkürlich, jedoch bis zu einem bestimmten Grade individuell und zum Teil zustandsabhängig, zum Teil von der Interaktion des Individuums mit seiner Umwelt abhängig, also (sub)kulturell bestimmt. Verschiedene Bedürfnisse vermögen gleichzeitig zu bestehen und miteinander hinsichtlich ihrer Befriedigung zu konkurrieren. Die Präferenzordnungen bestimmen die Reihenfolge ihrer Befriedigung (z. B. das Bedürfnis nach Essen unterdrücken, sprich Hungern, um abzunehmen und damit ästhetischen Idealen innerhalb seiner Umgebung und damit dem Bedürfnis nach sozialer Anerkennung zu entsprechen).

Dies bedeutet im Case Management, dass es insbesondere im Clearing und Assessment gilt, die spezifischen Präferenzordnungen von KlientInnen bei ihrer Bedürfnisbefriedigung in gegebenen Situationen zu erfassen und insbesondere bei der Hilfeplanung und -umsetzung zu berücksichtigen.

Koexistenz (Kompetition). Im Unterschied zu Bedürfnissen, die lange vor dem Selbstbewusstsein entstanden und in den starren Bereichen des Gehirns angesiedelt sind, sind die den Wünschen als Formen der Bedürfnisbefriedigung zugrunde liegenden Prozesse den plastischen Bereichen des Gehirns zuzurechnen. Sie sind das Resultat von Lernen.

Die biologische Natur der Bedürfnisse hingegen macht ihre Erzeugung und die Folgen ihrer Nichtbefriedigung gesetzeshaft. Aufgrund ihrer biologischen Natur und der Gesetzmäßigkeiten ihrer Dynamik sind (bio-, psycho- und soziale) Bedürfnisse universell (d.h. kulturübergreifend), während die spezifischen Formen ihrer Befriedigung (Wünsche) interkulturelle und interindividuelle Besonderheiten aufweisen[12].

D.h. alle Menschen haben unabhängig von ihrer Kultur und Nation die obigen siebzehn Bedürfnisse. Die Art und Weise ihrer Befriedigung ist jedoch kulturell geprägt. So hat jeder Mensch Bedürfnis nach Essen, oder nach dem Obrechtschen Modell nach „verdaubarer Biomasse" (Bedürfnis Nr. 2). Aber ein Chinese bevorzugt eine andere Mahlzeit als ein Franzose (der Wunsch nach einer Peking-Ente vs. dem Wunsch nach einem Baguette). Das zu befriedigende Bedürfnis nach verdaubarer Biomasse bleibt jedoch bei beiden gleich. Das Gleiche gilt für alle anderen Bedürfnisse.

Für Case Management bedeutet dies, dass einerseits sich ein einheitlicher Kriterienkatalog bei der Einschätzung der Problemen und Ressourcen von KlientInnen anhand von der Bedürfnisliste erstellen lässt und andererseits aber ihre legitimen Wünsche (Wünsche, deren Befriedigung die Bedürfnisse und legitime Wünschen von anderen Menschen nicht tangiert) und somit die interkulturellen und interindividuellen Besonderheiten der Menschen im Rahmen von individuellen Hilfeplänen berücksichtigt werden sollen.

Weiterhin lässt sich bei Bedürfnisbefriedigung eine übergreifende Tendenz der „Ganzheitlichkeit" erkennen, die unterschiedlichen Bedürfnisse – wenn möglich – gemeinsam zu befriedigen.

Mit anderen Worten, wenn wir ein soziales Problem z. B. Arbeitslosigkeit betrachten, stellen wir fest, dass die von diesem Problem Betroffenen ihre bestimmten Bedürfnisse nicht befriedigen können. In unserer durch Arbeit geprägten Gesellschaft können Arbeitslose z. B. folgende Bedürfnisse nicht oder nur im beschränkten Ausmaße befriedigen (vgl. Tabelle von Obrecht):

• nach Abwechslung/Stimulation (Bedürfnis nach Abwechslung);

---

[12] Obrecht 1996, S. 145.

- nach subjektiv relevanten (affektiv besetzten) Zielen und Hoffnung auf Erfüllung (Bedürfnis nach subjektivem 'Sinn');

- nach effektiven Fertigkeiten (Skills), Regeln und (sozialen) Normen zur Bewältigung von (wiederkehrenden) Situationen in Abhängigkeit der subjektiv relevanten Ziele (Kontroll- oder Kompetenzbedürfnis);

- nach sozial(kulturell)er Zugehörigkeit durch Teilnahme im Sinne einer Funktion (Rolle) innerhalb eines sozialen Systems (Mitgliedschaft in Familie, Gruppe, Gesellschaft) (Mitgliedschaftsbedürfnis);

- nach Autonomie (Autonomiebedürfnis);

- nach sozialer Anerkennung (Anerkennungsbedürfnis).

Es geht z.B. beim Case Management mit erwerbslosen Personen um die Befriedigung von zahlreichen Bedürfnissen, die durch die Arbeit befriedigt werden, und nicht um die Arbeitstätigkeit an sich. Denn die Arbeit ist ein Mittel, um zahlreiche menschliche Bedürfnisse zu erfüllen.

Diese Vorgehensweise eröffnet – bei unserem Beispiel insbesondere bei Langzeitarbeitslosen und sogenannten nicht-vermittelbaren Personen – methodisch neue Wege der Problembearbeitung und erweitert unseren Blick auf die zusätzlichen Analyse- und Lösungsmöglichkeiten (z. B. die entsprechende Bedürfnisbefriedigung außerhalb des Arbeitsmarktes).

Oft wird diese bedürfnistheoretisch fokussierte Perspektive zu Unrecht als „biologistische" und „paternalistische" Sicht der Sozialen Probleme wahrgenommen. Dabei wird übersehen, dass das bedürfnistheoretische Konzept den Menschen nicht isoliert betrachtet, sondern im Gefüge von zahlreichen sozialen Systemen begreift.

Es sind die Bedürfnisse, die Menschen dazu treiben, mit anderen Menschen, aber auch mit physikalischen und biologischen Systemen der Gesellschaft in Interaktion zu treten, denn viele biologische (z. B. Bedürfnis nach sexueller Aktivität und nach Fortpflanzung), biopsychische (z. B. Kompetenzbedürfnis) und natürlich alle biopsychosozialen Bedürfnisse können nur innerhalb der Gesellschaft erfüllt werden.[13] Andererseits formen menschliche Bedürfnisse die Gesellschaft: So dient das Bedürfnis nach Sexualität und der

---

[13] Vgl. Bunge 1996, Obrecht 1999, S. 56-65.

Wunsch nach Nachwuchs dazu, dass die Fortpflanzung erfolgt, ohne die keine Population der sozialen Systeme der Gesellschaft zustande kommen würde. Weiterhin können biopsychosoziale Bedürfnisse als Motivationsfaktoren für prosoziales Verhalten gesehen werden, das wiederum die Prozesse der Vergesellschaftung determiniert.[14]

Wenn Individuen – als Mitglieder eines sozialen Systems – ihre Bedürfnisse und Wünsche im Rahmen ihres bestimmten Handlungsspielraums nicht zu befriedigen vermögen, „stehen ihnen drei Möglichkeiten offen: i) ihre Ziele (Präferenzordnung) den Möglichkeiten ihrer strukturellen Umgebung anzupassen, ii) den in ihren Augen ungünstigen gesellschaftlichen Ort zu verlassen oder eine Kombination davon, oder iii) falls und soweit dies möglich ist, auf die Gestaltung der Struktur in ihrem Sinne Einfluss zu nehmen, sei es durch eigene Kraft in ihrer engeren Umgebung, sei es im Rahmen kollektiver Anstrengungen".[15]

Für Case Management bedeutet das: Wenn z. B. ein System (eine Familie, Arbeitsstelle, Therapieeinrichtung, ein Staat etc.) nicht mehr Bedürfnisse seiner Mitglieder zu erfüllen vermag, dann stehen diesen – frei nach der amerikanischen Redewendung – folgende Möglichkeiten zur Verfügung „love it, leave it or change it". Entweder passen die Systemmitglieder ihre Bedürfnisse den bestehenden Strukturen so an, dass man das Ganze wieder aushalten kann (sich mit der Situation abfinden, innerlich kündigen, resignieren - „love it") oder sie verlassen das System (Kündigung, Auswanderung - „leave it") oder sie versuchen das System mit legitimen (Demos, Streiks etc.) oder illegitimen Mitteln (Straffälligkeit) zu verändern („change it").

Insbesondere dieses Verständnis von Problemgenese ermöglicht im Case Management neue Beschreibungs- und Analysemöglichkeiten und somit zielsicherere Lösungsstrategien.

---

[14] Bunge 1996; Obrecht 2004.

[15] Obrecht 1999, S. 65; vgl. Bunge 1996

Literatur

Bunge, M. (1996): Finding Philosophy in Social Science. New Haven/ London: Yale University Press.

Bunge, M. (1998): Social Science Under Debate: A Philosophical Perspective. Montreal: University of Toronto Press.

Klassen, M. (2004): Was leisten Systemtheorien in der Sozialen Arbeit? Ein Vergleich der systemischen Ansätze von Niklas Luhmann und Mario Bunge, Bern: Haupt.

Obrecht, W. (1996): Sozialarbeitswissenschaft als integrative Handlungswissenschaft. Ein metawissenschaftlicher Bezugsrahmen für eine Wissenschaft der Sozialen Arbeit, In: Merten, R./Sommerfeld, P./Koditek, T. (Hg.) Sozialarbeitswissenschaft – Kontroversen und Perspektiven. Neuwied: Luchterhand, S. 121-183.

Obrecht, W. (1999): Umrisse einer biopsychosozialen Theorie menschlicher Bedürfnisse. Geschichte, Probleme, Struktur, Funktion. „4. Interdisziplinärer Universitätslehrgang für Sozialwissenschaft, Management und Organisation sozialer Dienste (ISMOS)" der Wirtschaftsuniversität. Wien: ISMOS.

Obrecht, W. (2004). Soziale Systeme, Individuen, Soziale Probleme und Soziale Arbeit. Zu den metatheoretischen, sozialwissenschaftlichen und handlungstheoretischen Grundlagen einer systemtheoretischen Konzeption der Sozialen Arbeit. In: Mühlum, Albrecht (Hrsg.). Sozialarbeitswissenschaft – Wissenschaft der Sozialen Arbeit. Freiburg i. Br.: Lambertus, S. 270-294.

Staub-Bernasconi, S. (1983): Soziale Probleme - Dimensionen ihrer Artikulation. CH Diessenhofen: Rüegger.

Staub-Bernasconi, S. (1995): Systemtheorie, Soziale Probleme und Soziale Arbeit: lokal, national, international oder: vom Ende der Bescheidenheit. Bern: Haupt.

Staub-Bernasconi, S. (2007): Soziale Arbeit als Handlungswissenschaft: Systemische Grundlagen und professionelle Praxis – ein Lehrbuch. Bern: Haupt.

Wissert, M. (2009): Tools und Werkzeuge beim Case Management. Evaluierende Nachsorge. *Case Management*, 1/2009, S. 34-35.

Herbert Eberhart

Beratung: Von der „Kunst" der Sprache zur Dezentrierung als systemisch-ästhetischer Methode

Paolo Knill und der Verfasser haben um die Jahrhundertwende einen methodischen Ansatz für Beratung und Therapie entwickelt,[1] den sie *„intermodales Dezentrieren"* nennen. Die Bezeichnung Dezentrierung steht für die zeitlich begrenzte Distanzierung von dem im Zentrum stehenden Anliegen (de-zentrieren) und die Zuwendung zu einem künstlerisch-spielerischen Tun. Das Wort „intermodal" weist darauf hin, dass in der gleichen Sitzung verschiedene künstlerische Medien zur Anwendung kommen können.

Der vorliegende Beitrag befasst sich mit dem Verhältnis von Sprache und künstlerischem Tun im Setting von Beratung. An einem ausführlichen Beispiel wird der Einsatz der Dezentrierung illustriert und es wird auf bisherige Erfahrungen hingewiesen. Die Dezentrierung konkretisiert verschiedene unterstützende Aspekte des Phasenübergangs, wie sie theoretisch aus der Synergetik und der Theorie der Selbstorganisation abgeleitet werden können.

---

[1]   Eberhart 2002; Eberhart 2004; Knill 2005; Eberhart/Knill 2009.

1. Bedeutung und Grenzen der Sprache

Beratung lebt von Sprache. Sie stellt das zentrale Medium dar, in dem der Fluss des Beratens verläuft. Dem Umgang mit der Sprache gebührt deshalb die volle Aufmerksamkeit von Menschen, die professionell Gespräche führen wollen.

1.1 Sprache formt Erfahrung – die Position des sozialen Konstruktionismus

Die Art, wie wir beispielsweise eine ganz konkrete persönliche Erfahrung in Worte fassen, formt diese Erfahrung und gibt ihr eine spezifische Bedeutung. Deuten – sprachgeschichtlich die erklärende Handbewegung des Mit-dem-Finger-Zeigens – rückt Etwas oder Verschiedenes in den Vordergrund, gibt ihm eine spezielle Wichtigkeit und lässt Anderes im Hintergrund. So kann man formulieren, dass Sprache Wirklichkeit (mit)konstruiert. Mit diesem Satz befinden wir uns auf dem Gebiet des Konstruktivismus, wobei bei der Entwicklung des Dezentrierens der *soziale Konstruktionismus* im Vordergrund stand, wie ihn Gergen[2] formulierte. Mit dem radikalen Konstruktivismus wird hervorgehoben, dass Menschen keinen „direkten Zugang" zur Welt haben. Anstelle der Subjektgebundenheit des Wissens betont der soziale Konstruktionismus jedoch die Rolle, die unsere Beziehungen und die sozialen Einbindungen für unser Weltverständnis spielen. Wenn aber Beziehungen die Grundlage sind, für alles, was verstehbar ist, dann erhalten Sprache und Dialog einen zentralen Stellenwert.

Die Bedeutung des sozialen Konstruktionismus für das, was in der Beratung vor sich geht, kann wohl kaum unterschätzt werden. Die Art, wie Menschen in einer Beratungssituation miteinander in Beziehung und „in Sprache" sind, kann Sinn und Bedeutung und damit veränderte Wirklichkeit schaffen.

---

[2] Gergen 2002.

1.2 Alltagssprache als „Kunst"

Wer innerhalb von Beratungen auch künstlerische oder spielerische Mittel einsetzen will, worüber in diesem Beitrag berichtet werden soll, muss sich zuerst einmal mit der „Kunst" der Sprache und des Sprechens auseinander setzen. Ich verstehe darunter einen sensiblen, differenzierten, kunstanalogen Einsatz der Sprache in Beratungssituationen. Die Alltagssprache als „Kunst" einzusetzen, bedeutet aber auch, mit ihr zu variieren und ihre Möglichkeiten auszuschöpfen. Dazu ist oft ein gewisses „Training" notwendig und zwar für beide Seiten, für die Klientin wie für die beratende Person.

Dies sei kurz an einem für Beratungssituationen typischen Umstand erläutert. Menschen, die Beratung wegen Problemen oder Schwierigkeiten aufsuchen, und das dürfte die Mehrzahl sein, sind zwar nicht selten wortreich in der Schilderung ihrer Situation. Die Art, wie sie berichten, ist jedoch oft sehr verallgemeinernd, manchmal fast floskelhaft. Sind sie geschult und gewohnt, sich intellektuell auszudrücken, so bringen sie gerne viele generalisierende Begründungen vor.

Kunst jedoch ist ein sinnliches, konkretes Beziehungsphänomen. Mit der „Alltagssprache als Kunst" umzugehen, meint, *sich „sinnennah" auszudrücken*. Das ruft keineswegs nach poetischen Ausdrucksformen. Verlangt hingegen ist das Bemühen um konkrete (statt allgemeine) und spezifische (statt generalisierende) Formulierungen. Eine solche Forderung ist nicht einfach zu erfüllen. Sie verlangt von der professionellen Person ein gewisses Aufmerksamkeitstraining und zusätzlich Übung im freundlich-hartnäckigen Nachfragen.

„Kunst" in der alltäglichen Beratungssprache hat im Weiteren etwas mit Reichhaltigkeit zu tun. Gemeint ist die *Reichhaltigkeit von Beschreibungen*. Auch das kann gelernt werden. Eine besonders armselige Sprache ist in der deutschsprachigen Schweiz zu beobachten, wenn Klientinnen und Klienten darüber berichten sollen, was in ihrem Leben (trotz allem) gelingt. Hier sind die Aussagen oft äußerst mager, allgemein und unbestimmt. Dieses Verhalten dürfte sowohl mit dem Aufmerksamkeitsfokus der betreffenden Personen als auch mit kulturellen Faktoren zu tun haben. Trotzdem: Auch auf diesem Gebiet können sprachliche Lernfortschritte erzielt werden, was entsprechende Veränderungen in der erlebten Wirklichkeit unterstützt.

Wer sich um einen „künstlerischen Umgang" mit dem Beratungsgespräch bemüht, muss in der Lage sein, zumindest während bestimmter Passagen, *sich dem Fluss des Gesprächs* zu *überlassen*. Das verbietet ein rein manualgeleitetes Vorgehen. Es setzt voraus, dass die beratende Person bereit ist, sich auf eine Begegnung im Buberschen Sinn einzulassen.[3] Das bedeutet nicht nur Offenheit sondern auch Fähigkeit und *Bereitschaft zur Unmittelbarkeit*. Es leuchtet ein, dass dies längst nicht in jedem sozialarbeiterischen Beratungskontext möglich ist und nicht von allen Professionellen geleistet werden kann.

Und schließlich ist Kunst in allen ihren Formen *offen für Imaginatives*. In der Alltagssprache zeigt sich dies u.a. in der *Verwendung des Konjunktivs* und im Gebrauch von Metaphern. Der Konjunktiv, die Möglichkeitsform der deutschen Sprache, auf Zukünftiges angewendet, öffnet die Welt der Imaginationen. Sollen diese Imaginationen eine Art Sogwirkung entfalten, müssen sie so detailliert und konkret wie möglich formuliert werden können. In allgemeinen, unbestimmten Formulierungen bleiben sie Phantasmen und ein Feld für Enttäuschungen.

Der *Gebrauch von Metaphern*, vor allem für erwünschte Situationen und Zustände, erweist sich in der Praxis als wertvoll und nützlich. Das gilt vor allem dann, wenn die Metaphern von den Klienten selber stammen. Die Motivationskraft von Metaphern dürfte damit zusammen hängen, dass die mit ihnen verbundenen kognitiven Vorstellungen gepaart sind mit Gefühlen und Stimmungen.

1.3 Grenzen der Sprache

Der „kunstvolle" Einsatz von Sprache in der Beratung hat ein großes Potential, hat aber auch deutliche Grenzen. Diese sind grundsätzlicher und individueller Art.

Kriz weist in seiner „Personzentrierten Systemtheorie" darauf hin, dass „Leben ... dem Chaos abgerungen (ist), indem Ordnung und Regelmäßigkeit

---

[3] Siehe dazu Bürgi/Eberhart 2006, S. 56 ff. und Buber 1994.

erfunden und gefunden werden."[4] Ordnungen sind demnach überlebenswichtig. Sie scheinen sich jedoch in der westlichen Welt übermäßig entwickelt zu haben. Kriz spricht von *„maligner Über-Stabilisierung"*[5]. Der mächtigste Ordnungsfaktor ist die Sprache.

Das, was innerhalb einer Beratung abläuft, kann mit guten Gründen als selbstorganisierender Prozess verstanden werden.[6] Die ursprünglich in den Naturwissenschaften entwickelte Synergetik[7] zeigt, quasi in einer prototypischen Art und Weise, wie Veränderungen innerhalb von Selbstorganisation ablaufen.

Wird einem komplexen offenen physikalischen oder chemischen System mit vielen Einzelkomponenten (z.B. Atome resp. Elektronen von Gasmolekülen in einer Laserlampe oder Moleküle einer Flüssigkeit in einem Gefäss) laufend Energie zugeführt, so entsteht plötzlich im Sinne eines qualitativen Sprungs eine Neuordnung, eine zum Teil makroskopisch wahrnehmbare, alle Einzelkomponenten umfassende Bewegung. Es ist so, wie wenn sich die beteiligten Elemente „verabredet" hätten. Dabei besteht kein linearer Zusammenhang zwischen den Veränderungen der Umgebungsbedingungen (der Energiezufuhr) und dem Zeitpunkt des Eintritts der Neuordnung. Ebenso wenig ist sie von außen eingeführt worden. Sie ist selbstorganisiert entstanden. Man spricht von einem *neuen Attraktor*, das heißt einer Struktur, die für einen gewissen Zeitraum gegenüber nicht allzu großen Störungen stabil bleibt.

Derartige Formen der Ordnungsbildung können in der Physik und der Chemie aber auch bei biologischen, psychologischen und sozialen Prozessen beobachtet werden. Die meisten Ordnungszustände beim Menschen sind Fliessgleichgewichte und sind als dynamische Systeme zu verstehen. In der Arbeit mit Mehrpersonensystemen dürften sehr oft Kommunikationsmuster im Vordergrund stehen. In meiner Arbeit mit Individuen beschäftigen mich häufiger disfunktionale Sinnattraktoren.

---

[4] Kriz 2007, S. 15.

[5] Kriz 2007, S. 13.

[6] Schlippe/Schweitzer 1996, S. 64 ff.

[7] Haken/Schiepek 2006.

Unter *Sinnattraktoren* versteht man selbst erzeugte und festgeschriebene Reduktionen von Bedeutungen[8]. Es handelt sich um Wahrnehmungspräferenzen, festgeschriebene Bedeutungen u.ä. Sie sind oft bemerkenswert stabil. Sinnattraktoren erleichtern das Leben, indem sie Orientierungssicherheit und Vorhersagbarkeit bieten und damit eine übergroße Komplexität hantierbar machen. Sie behindern jedoch die Flexibilität und werden zum Problem, wenn sie sich als zu rigid erweisen, wenn zu lange an ihnen festgehalten wird oder wenn ein Mensch in einer neuen Umgebung damit auf Kollisionskurs gerät.

Viele dieser Sinnattraktoren sind unmittelbar an Sprache gebunden. Sie können die Möglichkeiten des Gesprächs als Motivator für Veränderungen unter Umständen sehr stark einengen.

Die Sprache kommt aber auch aus andern, mehr individuellen Gründen immer wieder an Grenzen: Wir alle haben erlebt, dass gewisse Dinge, die uns innerlich bewegen oder bestimmte Gefühle und Stimmungen kaum oder schlecht in Worte zu fassen sind. In meiner Praxis sind dies oft zukünftige Zustände, die man mit einem großen Wort „Visionen" nennen könnte.

Zudem gibt es Dinge, die aus sozialen, kulturellen, eventuell sogar religiösen Gründen „nicht aussprechbar" sind. Und es gibt Menschen, die aufgrund ihrer Herkunft, ihres sozioökonomischen Status oder ihres Alters der Sprache nicht oder ungenügend mächtig sind. Andere haben sich, zumindest in Bezug auf bestimmte Aspekte ihres Lebens, eine formel- oder floskelhafte Sprache angewöhnt, aus der sie sich sehr schlecht lösen können.

In diesen und andern Fällen sind der Alltagssprache in der Beratung Grenzen gesetzt. Sie fallen weg oder weitgehend weg, wenn es gelingt, dass Klienten sich in andern Ausdrucksformen „verlieren".

---

[8] Vgl. Kriz 1997, S. 137 ff.

2. Die Künste in der Tradition von „Expressive Arts"

Der künstlerische Ausdruck gehört zum Menschen wie die Sprache. Wenn man Spuren von Menschen und menschlicher Behausung findet, findet man sehr oft auch Spuren ihres künstlerischen Tuns. Auch der Einsatz von künstlerischen Mitteln zur Heilung von seelischen Krankheiten hat eine alte Tradition. Aus der arabischen Welt wird berichtet, dass bereits im siebten Jahrhundert, sicher aber im Verlauf des zwölften und dreizehnten Jahrhunderts „eine Art Seelenkur praktiziert (wurde), zu der Musik, Tanz, Schauspiel und der Vortrag wunderbarer Erzählungen gehör(t)en."[9]

Die Wurzeln von Expressive Arts (Expressive Arts Therapy) reichen in die 70iger Jahre des 20. Jahrhunderts zurück. In den Jahren, die seither vergangen sind, hat sich in dieser Tradition der Umgang mit Kunst teilweise verändert und verdeutlicht. Er zeichnet sich unter anderem aus durch

- die Aufmerksamkeit auf die körperliche Aktivität und die sinnlichen Erfahrungen,[10]

- das Wissen, dass die Befriedigung weitgehend im Tun liegt und nicht so sehr im Ergebnis. Das muss nicht mit der Werkorientierung kontrastieren, das heißt dem Bemühen, den künstlerischen Prozess zu einem ansprechenden Werk zu führen. Die Verantwortung, dass dies beim Dezentrieren passiert, liegt bei der professionellen Person.

- den Leitsatz „low skill – high sensitivity", der das Bemühen verdeutlicht, mit einfachsten Mitteln aber hoher Präsenz zu arbeiten,

- die Betonung der intermodalen Möglichkeiten. Eine einfache bildnerische Gestaltung (zum Beispiel das Legen eines Mosaiks mit verschiedenfarbigem Schreibpapier) kann beispielsweise angereichert werden

---

[9] Lorenzer 1984, S. 23.

[10] Damit bleibt Expressive Arts, soweit sie sich als Therapie manifestiert, ihrem „körpertherapeutischen" Ursprung treu und betont das, was sich im Korper ausdrückt. Die meisten sich auf eine einzelne Kunstdisziplin spezialisierenden Arbeitsformen entwickelten sich in eine „psychodynamische" Richtung.

durch eine Klangimprovisation und in einem Haiku[11] einen vorläufigen Abschluss findet.

- einen Aufmerksamkeitsfokus auf die imaginative Komponente, wobei auch Klänge, Rhythmen, Bewegungen etc. imaginiert werden können. Im Gegensatz zu Imaginationen, welche üblicherweise in Beratungssituationen genutzt werden, dem Traum zum Beispiel, ist beim künstlerischen Tun das Imaginierte „dinghaft" und damit der Klientin und der professionellen Person direkt zugänglich. Im Beratungszimmer wird eine Situation „zu dritt" installiert: Beraterin, Klientin und Werk.

Wer sich in einer künstlerisch-spielerischen Weise der Formung und Gestaltung eines Werkes widmet, arbeitet in gewissem Sinn „ich-distanziert". Er dient dem Werk, das seinerseits kulturell eingebunden ist. Geschieht dies innerhalb einer Beratungs- oder Therapiesitzung, so entsteht keineswegs so etwas wie ein Psychogramm, sondern etwas Neues, Andersartiges, oft Überraschendes, mit dem in eine Art Zwiesprache getreten werden kann. Wird so mit dem künstlerischen Prozess und dem entstandenen Werk umgegangen, so werden keine Interpretationen aus irgendeinem Denkschema darüber gestülpt, sondern das, was entstanden ist und wie es entstanden ist, erhält eine konfrontative Kraft.[12] Diese Konfrontation geschieht nicht auf sprachliche Art und nicht durch eine außenstehende Person. Das erhöht ihre Potenz, da sie kaum Widerstand erzeugt.

Hinzu kommt, dass auch ein mit allereinfachsten Mitteln entstandenes Werk so etwas wie „Schönheit" ausstrahlt. Nicht selten hört man spontane Äußerungen wie „ich hätte nie gedacht, dass ich so etwas zustande bringe". Schönheit überrascht, macht betroffen und kann auf eine metaphorische Weise als „Seelennahrung" verstanden werden.

---

[11] Haiku ist eine minimalistische japanische Gedichtform, die mit wenigen Silben arbeitet.

[12] Ich danke an dieser Stelle Liselotte Dietrich für ihr anregendes Referat vom 26. März 2009 an der internen Weiterbildung der Stiftung EGIS in Weggis (Dietrich 2009).

3. Intermodales Dezentrieren als Episode im Beratungsgespräch

3.1 Beispiel einer Beratungssitzung

Claire C. ist eine Beraterin mit viel Erfahrung in der Einzelarbeit mit psychisch auffälligen Erwachsenen. Sie befindet sich in einer Weiterbildung, wo sie lernt, mit Gruppen und Teams zu arbeiten. Ihr Ziel ist es, ihr Arbeitsfeld in dieser Richtung zu erweitern. Sie sucht ein Coaching, um sich den Einstieg ins neue Arbeitsfeld zu erleichtern.

In der ersten Sitzung berichtet Claire von der Anfrage eines ambulanten sozialpsychiatrischen Dienstes, der gegen zwanzig Angehörige verschiedener Berufsgruppen umfasst, die zum Teil an verschiedenen Orten arbeiten. Die Gruppe trifft sich regelmäßig zu halbtägigen Zusammenkünften, die „Supervision" genannt werden, bei denen es aber offenbar mehr um Teamentwicklung geht. Claire hat in unserer ersten Sitzung viele grundsätzliche und konkrete Fragen, die ich im Sinne einer Fachberatung zum Teil beantworten kann.

Die Anfrage des sozialpsychiatrischen Dienstes ist für Claire aus verschiedenen Gründen sehr verlockend. Claire sagt zu und wird zu einem Vorstellungsgespräch mit der ganzen Gruppe eingeladen. Eine zweite Coachingsitzung ist deshalb der Vorbereitung dieser „Probesitzung" gewidmet, eine weitere der Auswertung der ersten ordentlichen Sitzung. Es zeigt sich, dass sich Claire seriös vorbereitet, die zur Verfügung stehende Zeit jeweils gut strukturiert und daneben recht intuitiv mit dem umgeht, was ihr begegnet.

In der vierten Sitzung möchte Claire neben der Besprechung einiger konkreter Fragen aus der letzten Teamsitzung „am Leistungsdruck arbeiten", in den sie nach ihren Aussagen jedes Mal gerät, wenn sie mit diesem Team zu tun hat. Sie kennt aus der Arbeit mit Einzelklienten diesen Druck nicht.

Nach Besprechung der Fragen bleiben noch etwa fünfzig Minuten für das Thema „Leistungsdruck". Ich erkundige mich zuerst nach den „Druckqualitäten" und ihren möglichen Quellen. Claire nennt unter anderem die Freundin, die ihr den Auftrag vermittelt hat und die sie nicht enttäuschen möchte und die hohen Erwartungen, die der Stellenleiter in ihre fachlichen Qualitäten hat. Dann fragt der Berater danach, was Claire bisher in den Drucksituationen unternommen hat, das sich als erfolgreich erwiesen hätte. Sie hat bei den zu bearbeitenden Inhalte viel Verantwortung übernommen, hat sich um alle Anwesenden gekümmert und hat „eine innere Klarheit" zum Beispiel bezüglich ihrer momentanen Verfassung.

Nun folgen Fragen nach „Visionen": Wie möchte sie sein, dass sie in der Arbeit mit Gruppen rundum mit sich zufrieden ist? Sie möchte „klar" und „ruhig sein", sich „hundertprozentig auf ihre Intuition verlassen" können und während der Arbeit und im Anschluss daran das „Gefühl von Stimmigkeit" haben. Abschließend frage ich nach einem möglichen guten Ergebnisse für die heutige Arbeit an diesem Thema. „Ich möchte Ängste und Unsicherheiten dort positionieren können, wo sie hingehören." Ein weiteres Nachfragen scheint mir an dieser Stelle nicht nötig und verbietet sich auch aus Zeitgründen.

„Ich möchte nun an dieser Stelle das Gespräch für eine kurze Zeit unterbrechen und etwas ganz Anderes machen. Sind Sie einverstanden?" Claire bejaht und wir beide stehen auf. Wir gehen in einen andern Teil des Beratungsraums und ich gebe Claire einen sehr großen Bogen weißes, ziemlich dickes Zeichenpapier in die Hände. „Ich gebe Ihnen jetzt sechs Minuten Zeit, um mit diesem Papier irgend etwas zu gestalten. Sie erhalten keine weiteren Hilfsmittel."

Claire ist überrascht, stutzt, legt das Blatt auf den Parkettboden und beginnt zu falten. Da sich dies als recht mühsam erweist, zerknüllt sie den Bogen und stampft mit den Füssen darauf herum, um das Papier weicher und besser zerreißbar zu machen. Das gelingt. Dann beginnt sie, einzelne größere und kleinere Papierstücke wegzureißen. In der zur Verfügung stehenden kurzen Zeit entsteht schließlich aus dem verbleibenden großen Teil des Bogens ein burg- oder turmähnliches Gebilde mit einem sehr speziellen, ausladenden „Dachabschluss" und so etwas wie einem „angebauten" Stück „Mauer". An dieses Stück schließen sich größere und kleinere Papierteile an. Sie sind in einem großen Halbkreis angelegt, sodass sich für den Betrachter der Eindruck einer, allerdings meist flachen, „Ringmauer" ergibt.

Es gelingt Claire innerhalb der vorgegebenen sechs Minuten ihr Werk fertig zu stellen.

Nun lasse ich Claire aufstehen und einen Standort finden, wo sich ihr Werk in einer für sie im Moment besten Perspektive zeigt. Sie wählt eine Stelle, an der man ein wenig ins Innere des „Turms" sieht und der Halbkreis der Papierteile offen vor einem liegt. Stehend beginnen wir nun mit dem, was wir[13] „ästhetische Analyse" oder „ästhetisches Protokoll" nennen. Es handelt sich um eine möglichst sorgfältige Beschreibung des Werks und des konkreten Prozesses, der dazu geführt hat. Jegliche Interpretationen oder metaphorische Beschreibungen sollten dabei vermieden werden. Aus Platzgründen kann hier nicht auf die vielen Aspekte eingegangen werden, die Claire am Werk beobachtet und ihr im Verlauf des Prozesses wichtig geworden sind.

Zum Abschluss der Arbeit sitzen wir wieder auf den Beratungsstühlen. „Wenn Sie jetzt das, was da entstanden ist und was wir darüber gesprochen haben, in Verbindung setzen zu allem dem, wovon vorher die Rede war, was kommt Ihnen da in den Sinn?" Diese möglichst allgemein gehaltene Eingangsfrage zur „Phase der Ernte" lädt zu freien Assoziationen ein. Es scheint uns wichtig zu sein, dass zuerst eine größere Anzahl von solchen „möglichen Verbindungen" genannt werden, bevor dann die eine oder andere „als im Augenblick am meisten attraktiv" ausgewählt wird. Claire wählt aus einer größeren Zahl von Nennungen zwei aus: „Bewegung" und „es entstehen lassen".

Für die Verknüpfung mit dem konkreten Anliegen des Leistungsdrucks bleiben nun nur noch wenige Minuten. Auf die entsprechende Frage meint Claire, man könnte es ja ganz wörtlich nehmen, nämlich mit dem ganzen Team physisch in Bewegung gehen. Es sei auch an Perspektivenwechsel zu denken. Und abschließend, schon beim Zusammenräumen ihrer Sachen, sagt sie: „Es ist mir jetzt ganz klar. Wenn dieses Gefühl von Angst und Beklemmung kommt: einfach in die Bewegung gehen!"

---

[13] Wenn hier und an andern Stellen von „unserer Arbeitsweise" gesprochen resp. das Wort „wir" verwendet wird, sind damit immer die beiden Entwickler des intermodalen Dezentrierens gemeint, Paolo Knill und der Verfasser dieses Beitrags (vgl. Eberhart/Knill 2009).

3.2 Methodisches Vorgehen

Die hier recht ausführlich beschriebene Beratungssitzung mit Claire zeigt verschiedene Aspekte unserer[14] Arbeitsweise, die für uns wichtig sind. Sie seien hier kursorisch aufgelistet:

- Eine Phase der Dezentrierung einzuschalten, ist längst nicht in jeder Beratungssitzung angezeigt. Sie ist dann sinnvoll, wenn „persönliche Anteile" (gemeint: innere Spannungen und Dynamiken, Sinnfragen u.ä.) die Situation in deutlichem Maß mitbestimmen.

- Die Begriffe „Kunst" und „künstlerisch" sind in diesem methodischen Ansatz weit gefasst. Der spielerische Anteil der Aktivitäten ist oft groß.

- Künstlerische Werkgestaltung in unserem Sinn ist immer lösungsorientiert. Es ist deshalb wichtig, dass vor der Dezentrierung Ressourcen, Gelingendes und Gelungenes, „Ausnahmen" etc. zur Sprache gekommen sind. Gleichzeitig wird aber auch dem Bedrängenden, Konflikthaften, dem Leid und der Sorge angemessen Raum eingeräumt.

- Künstlerisches Tun ist für uns werkorientiert, das heißt ist ausgerichtet auf ein gelingendes Werk. Diese Zukunftsausrichtung ist auch für die vorangehende Gesprächsphase zentral. So fragen wir durchwegs nach einem möglichen „guten Ergebnis" der gemeinsamen Arbeit und nicht selten auch nach positiven „Zukunftsvisionen" im Zusammenhang mit der entsprechenden Thematik.

- Die markierte Unterbrechung des Beratungsgesprächs durch die Dezentrierung wird im beschriebenen Gespräch mit Claire deutlich. Untypisch ist die herausfordernde Aufgabenstellung, die durch den vorgegebenen Zeitdruck noch erhöht wird. Ich brauche derartige Aufgabenstellungen vor allem bei ehrgeizigen, leistungsfreudigen Klientinnen und Klienten. Was unter allen Umständen vermieden werden muss, ist Beiläufigkeit.

- Die noch in der Dezentrierungsphase stattfindende „ästhetische Analyse", ist ein zentraler Teil des methodischen Ablaufs. Sie bildet eine Brücke zu-

---

[14] Siehe dazu die vorige Fußnote.

rück zur Alltagssprache und kann auch als Fortsetzung des dezentrierenden Tuns auf sprachlicher Ebene verstanden werden.

- Bei der „Ernte" geht es um spontane Einfälle zu einer von der Alltagslogik her „unmöglichen" Ausgangsfrage. Die Erfahrung zeigt, dass hier eine grössere Anzahl verschiedener Assoziationen wichtig ist. Anschließend wird diejenige, die im Moment am meisten interessiert, weiter bearbeitet.

- Die Einfälle der Klientin bei der „Ernte" geben in der Regel keine direkte Hinweise für das erwünschte Handeln in der Problemsituation. Wir bezeichnen sie auch als „Lösungen zweiter Ordnung".

- Im abschließenden Gesprächsabschnitt, auch „Integration" genannt, geht es darum, aus der ausgewählten Assoziation konkrete Folgerungen für zukünftige Situationen abzuleiten. Es geht um die gemeinsame Erarbeitung konkreter Vorgehensweisen, aufgebaut auf einer im Moment völlig hypothetischen Grundlage. Hier hat der Berater die Möglichkeit, Anregungen zu geben oder gar Anweisungen oder Aufträge zu erteilen.

3.3 Erfahrungen und Wirkungen

Unsere Klientinnen und Klienten *bewegen* sich fast durchwegs gerne in der Dezentrierungsphase. Ist es das erste Mal, dass sie damit konfrontiert sind, weicht die anfänglich etwas zögernde Zurückhaltung in der Regel rasch einem aktiv-neugierigen Tun. Das Handeln ist gekennzeichnet durch engagierte Entdeckungslust. Und selbst wenn sie etwas tun müssen, das ihnen „nicht so liegt", sind sie meist positiv überrascht vom entstandenen Werk und betroffen und angetan von den Schlüssen und Folgerungen, die ihnen selber aus dieser Arbeit „zufallen". Unmittelbar nach der Sitzung fühlen sich die Klienten sehr oft angeregt und fit oder jedenfalls gestärkt. Dezentrierungsphasen werden nicht selten noch nach Jahren erinnert.

Eine dezentrierende Episode innerhalb des Beratungsgesprächs gibt Anstöße, etwas Andersartiges, Neues auszuprobieren. Sie vermittelt gleichzeitig sinnliche Erfahrungen, die im weiteren Verlauf vom Klienten als eine Art Anker genutzt werden können. Die bisherigen Erfahrungen zeigen, dass die durch den Dezentrierungsprozess angestoßenen oder unterstützten Veränderungen nachhaltig sind.

Dezentrierungen können auch überraschende Wirkungen haben. Hie und da berichten Klientinnen in einer späteren Sitzung von konkreten positiv erlebten Veränderungen, die inhaltlich in der Sitzung selber überhaupt nicht skizziert worden sind. Gelegentlich entschließt sich auch jemand zu einem Veränderungsschritt auf einem andern Lebensgebiet, wodurch sich die ursprünglich präsentierte Problematik indirekt ebenfalls entschärft.

Solche und ähnliche Erfahrungen bestätigen die Möglichkeiten der Selbstorganisation in lebenden Systemen.

4. Dezentrieren – eine Form der „Energetisierung" im Phasenübergang?

Neue Ordnungen in menschlichen Systemen geschehen häufig und sind meist unproblematisch, sofern sie überhaupt wahrgenommen werden. Was schwierig sein kann, ist der Wechsel von einem alten, unter Umständen „eingefleischten" Attraktor, zu einer neuen Ordnung. Man kann von einem Ordnungs-Ordnungs-Übergang sprechen. Üblicherweise wird dafür der aus der Physik stammende Ausdruck „Phasenübergang" verwendet. In der Physik spielt bei Phasenübergängen die Energiezufuhr, zum Beispiel in der Form von Wärme, eine zentrale Rolle. Kriz hat dargelegt[15], dass es grundsätzlich um *Zufuhr von Komplexität* geht.

Auf die Beratungssituation bezogen, kann man die Situation prototypisch wie folgt beschreiben: Ein Sinnattraktor hat über längere Zeit in bestimmten Lebenssituationen erfolgreich Komplexität reduziert und dadurch Sicherheit vermittelt. Er ist nun aber, zum Beispiel durch veränderte Lebensumstände, dysfunktional geworden, wird zum Problem und zementiert gleichzeitig das bisherige Verhalten. Damit sich an dieser Situation etwas ändert, muss der bisherige Attraktor "durch die Zufuhr von Komplexität zur Instabilität ange-

---

[15] Kriz 2007.

regt"[16] werden. Im beraterischen, therapeutischen, aber auch mehr oder weniger spontan im Alltagskontext geschieht dies durch *Zufuhr von Information*[17]. Viele der gebräuchlichen Beratungstechniken des Hinterfragens, der Interpretation, der Perspektivenänderung, der Umdeutung und Neubewertung etc. ebenso wie zum Beispiel das „reflecting team" oder das zirkuläre Fragen können in diesem Sinn als Erzeugung und Zufuhr von Information verstanden werden.

Die Phase der Dezentrierung öffnet innerhalb der Beratungssitzung ihrerseits einen Raum für neue und andersartige Informationen. Dieser Raum ist nicht eingeschränkt durch sprachliche Festschreibungen und Muster oder die verdinglichende Tendenz der Alltagssprache. Es geht nicht um „richtig" und „falsch" oder „besser" und „schlechter", sondern um sinnliche Erfahrungen auf einer ganz andern Ebene. Es sind Erfahrungen, die später in der so genannten „ästhetischen Analyse" in einer möglichst interpretationsfreien Art beschrieben werden.

Ein weiterer Aspekt scheint wichtig: Der künstlerische oder spielerische Prozess in der Dezentrierungsphase und das entstandene Werk haben als Information keinen bedrohlichen Charakter, was zum Beispiel bei einer Interpretation der Fall sein kann. Im Gegenteil: Sie schützen und unterstützen den Selbstwert der Klientin. Auch wird nichts sichtbar, das man lieber nicht hätte öffentlich werden lassen. Zwar überrascht das zustande gekommene Werk sehr oft, doch durchwegs im positiven Sinn. Das ist in einem Phasenübergang mit der für diesen Zustand typischen Instabilität und der damit verbundenen oft großen Verunsicherung wichtig.

Das Dezentrieren – dieser Schritt weg vom Sich-Konzentrieren auf das Problem und das, was „unbedingt getan werden sollte"[18] und doch bis jetzt nie gelang – führt in die sinnliche Welt des künstlerischen Ausdrucks, des Spiels und der begleitenden Imaginationen. Metaphorisch ausgedrückt ist es dieser nicht ängstigende Schritt in die Welt des Chaos, der die Schleusen für die Selbstorganisation öffnet. Geschieht dies in einer Beratungssituation, in

---

[16] Kriz 2007, S. 21.

[17] Siehe dazu ebenfalls Kriz 2002, S. 56 ff.

[18] Das ist ein Ausspruch, den ich zu Beginn der Arbeit mit einer Klientin oder einem Klienten immer wieder höre.

der neben der Problematik auch Stärken und Erfolge, Ausnahmen vom Problem und Ähnliches zur Sprache kamen und „gute Zukünfte" imaginiert wurden, so ist es plausibel, dass die Neuordnungen, die erahnbar und dann sichtbar werden, sich als nachhaltig erweisen.

***

Die Sprache bleibt ein zentrales Werkzeug der Beratung zur Unterstützung von Veränderungsprozessen. Ein kunstvoller Umgang damit erhöht ihre Wirkung. Künstlerische Ausdrucksformen, adäquat eingesetzt, umgehen die immanenten Grenzen der Sprache und hebeln dahinter stehende Konzepte aus, welche die Vielfalt der Wirklichkeit allzu stark reduzieren und auf Außenstehende oft wie „eingefroren" wirken. So dürfte es speziell das Unmittelbar-Sinnliche aber auch das Unspezifische des Dezentrierungsprozesses sein, welche die Selbstorganisation im Klientensystem in besonderem Maß fördern.

Literatur

Buber, Martin (1962/1994): Das dialogische Prinzip. 7. Aufl. Gerlingen.

Bürgi, Andreas; Eberhart, Herbert (2004): Beratung als strukturierter und kreativer Prozess. Ein Lehrbuch für die ressourcenorientierte Praxis. Göttingen.

Dietrich, Liselotte (2009): Schönheit, Sorgfalt und Konfrontation in Beratung und Supervision – Gedankensplitter. Herisau (unveröffentlichtes Referat).

Eberhart, Herbert (2002): Decentering with the Arts: A New Strategy in a New Professional Field. In: Levine, Stephen K.: Crossing Boundaries: Explorations in Therapy and the Arts. Toronto.

Eberhart, Herbert (2004): Dezentrierung und Überraschung in der kunst- und ausdrucksorientierten Arbeit. In: Eberhart, Herbert/Killias, Heinz (Hrsg.): Überraschung als Anstoß zu Wandlungsprozessen. Zürich.

Eberhart, Herbert (Hrsg.) (2007): Kunst wirkt. Kunstorientierte Lösungsfindung in Beratung, Therapie und Bildung. Zürich.

Eberhart, Herbert/Knill, Paolo J. (2009): Lösungskunst. Lehrbuch der kunst- und ressourcenorientierten Arbeit. Göttingen.

Gergen, Kenneth J. (2002): Konstruierte Wirklichkeiten. Eine Hinführung zum sozialen Konstruktionismus. Stuttgart.

Haken, Hermann/Schiepek, Günter (2006): Synergetik in der Psychologie. Selbstorganisation verstehen und gestalten. Göttingen.

Knill, Paolo, J. (2005): Foundations for a Theory of Practice. In: Knill, Paolo J./Levine, Ellen G./Levine, Stephen, K.: Principles and Practice of Expressive Arts Therapy. Toward a Therapeutic Aesthetics. London und Philadelphia.

Kriz, Jürgen (1997): Systemtheorie. Eine Einführung für Psychotherapeuten, Psychologen und Mediziner. Wien.

Kriz, Jürgen (2002): Expressive Arts Therapy: Ein „Spiel-Raum" für mehr Spielraum in den Sinnstrukturen der Lebenswelt – Ein „intellectual response" auf das Werk von Paolo J. Knill. In: Levine, Stephen K.: Crossing Boundaries: Explorations in Therapy and the Arts. Toronto.

Kriz, Jürgen (2006): Personzentrierte Systemtheorie – Grundfragen und Kernaspekte. In: Schlippe, Arist von/Kriz, Willy Christian (Hrsg): Personzentrierung und Systemtheorie. Perspektiven für psychotherapeutisches Handeln. Göttingen.

Kriz, Jürgen (2007): Zur Wirkungsweise der Kunst- und Ressourcenorientierten Arbeit. In: Eberhart, Herbert (Hrsg.): Kunst wirkt. Kunstorientierte Lösungsfindung in Beratung, Therapie und Bildung. Zürich.

Lorenzer, Alfred (1984): Intimität und soziales Leid. Archäologie der Psychoanalyse. Frankfurt a.M.

Schlippe, Arist von/Schweitzer, Jochen (1996): Lehrbuch der systemischen Therapie und Beratung. Göttingen.

Strunk, Guido/Schiepek, Günter (2006): Systemische Psychologie. Eine Einführung in die komplexen Grundlagen menschlichen Verhaltens. München.

Gruppenarbeit

Silke Schippers

Der Systemdynamische Ansatz des Social Competence Centers

Soziale Gruppenarbeit mit aggressiven und gewaltbereiten Jugendlichen

---

Das Social Competence Center ist eine in Hamburg ansässige Unternehmensgruppe, welche sich mit Forschung, Lehre, Entwicklung und Konzeptausarbeitung sowie der Durchführung und Evaluation professionell geleiteter Sozialer Gruppenarbeit in diversen Arbeitskontexten insbesondere zu den Themen Aggression, Gewalt und Sucht bei Jugendlichen befasst.[1]

Gegründet wurde diese Unternehmensgruppe 2004 von meinem Mann und mir. Zu diesem Zeitpunkt war Soziale Gruppenarbeit insbesondere in der Hamburger pädagogischen Landschaft nicht „in" und hatte somit wenig Fürsprecher.

Die vergangenen Jahrzehnte waren gekennzeichnet durch Tendenzen zur Individualisierung, Selbstverwirklichung und Emanzipation. Den vielseitigen Gruppenaspekten wurde nur wenig Aufmerksamkeit geschenkt. Da individuelle Entwicklungsprozesse jedoch immer an Interaktion mit anderen gekoppelt sind und Gruppen seit Jahrtausenden das menschliche Überleben sichern, legen wir als Leitung des Social Competence Centers einen

---

[1]   Vgl. Schippers 2007, S. 65.

Schwerpunkt auf die aus der Sozialen Gruppenarbeit gewonnenen Erkenntnisse und deren Übertragung in die berufliche Praxis.[2]

Eine gelungene Persönlichkeitsentwicklung braucht pro-soziale Bezugssysteme und kann nur mit anderen und in Gruppen erfolgen. Individuelle Lebensentwürfe setzen sich aus verschiedenen Gruppenkonstellationen und Bezugssystemen in diversen Kontexten zusammen. Für ein gesundes und erfülltes Zusammenleben in Familie, Verwandtschaft, Freundschaft, Nachbarschaft, Freizeit, Schule und Beruf sind vielfältige kommunikative und soziale Fähigkeiten von entscheidender Bedeutung.[3] Aus diesem Grunde erfährt die Durchführung, die wissenschaftliche Weiterentwicklung Sozialer Gruppenarbeit sowie die Wissensvermittlung über die Erkenntnisse der Sozialen Gruppenarbeit im Social Competence Center eine besondere Beachtung.

Im konstruktivistischen Sinne ist dies ein von uns gesetzter Punkt, von dem unsere Arbeit ausgeht und von dem sich alle weiteren Handlungsrichtlinien ableiten lassen. Ziel aller Handlungen und Überlegungen im Social Competence Center ist die Förderung des sozialen Zusammenlebens.

1. Unternehmen des Social Competence Centers

Das Social Competence Center umfasst derzeit folgende drei Organisationen:

1. Den Jugendhilfeträger SCC Social Projects gGmbH, welcher das „Social Competence Training (SCT®)" als Angebot Sozialer Gruppenarbeit, zwei Freizeitgruppen sowie ambulante Betreuung zu den Schwerpunktthemen Jugend, Gewalt und Sucht im Rahmen der Hilfen zur Erziehung nach § 27/29 und 27/30 des SGB VIII anbietet.[4] Das Social Competence Training

---

[2] Vgl. Schippers 2007, S. 67.

[3] Vgl ebda, S. 65-67.

[4] Vgl. ebda, S. 66.

ist ein fortlaufendes Gruppenangebot für männliche, weibliche Kinder, Jugendliche sowie junge Erwachsene, bei denen eine Kindeswohlgefährdung aufgrund von aggressivem und gewaltbereitem bzw. gewalttätigem Verhalten vorliegt. Im Rahmen einer Erziehungskonferenz wird mit einem Mitarbeiter des Jugendamtes, den Erziehungsberechtigten, dem Jugendlichen, einem Vertreter der SCC Social Projects gGmbH und möglichen anderen an der Durchführung der Hilfe beteiligten Personen eine Hilfeplanung erstellt. In dieser wird vereinbart, dass der Jugendliche regelmäßig an den Gruppensitzungen des Social Competence Centers teilnimmt. Dies erweist sich in der praktischen Umsetzung in einigen Fällen als schwierig, da nicht alle Jugendlichen freiwillig bereit sind, am Social Competence Training teilzunehmen. Als Konsequenz hat hier das Jugendamt die Möglichkeit, das Familiengericht einzuschalten, um eine Auflage einzufordern. Öfters kommt es jedoch vor, dass Jugendliche die Gruppenteilnahme im Rahmen des Jugendgerichtsgesetzes auferlegt bekommen, so dass sie diesbezüglich zur Teilnahme verpflichtet sind.

Die Ziele für die eben genannte Zielgruppe im Social Competence Training sowie die Dauer der Maßnahme orientieren sich an den Vorstellungen der Auftraggeber, der Teilnehmer selbst, den Erziehungsberechtigten sowie an der Einstellung der Gruppenleitung zur Entwicklung des Jugendlichen und dessen in der Durchführung des Sozialen Gruppenangebotes beobachtbarem Verhalten. Eine Aufnahme von neuen Gruppenteilnehmern ist je nach Gruppenprozess und -konstellation nahezu jederzeit möglich.

2. Den Verein SCC Kraftwerk e.V. "Das SCC Kraftwerk e.V. ist ein Zusammenschluss von ehemaligen Teilnehmern der verschiedenen SCT-Gruppenangebote"[5]. Mitglieder des SCC Kraftwerk e.V. bieten im Social Competence Center eine selbstorganisierte Gruppe an. Einige von ihnen arbeiten als Tutoren in den Gruppenangeboten des Social Competence Centers oder machen Sportangebote für die Gruppenangebote des Social Competence Centers. Darüber wird von Mitgliedern des SCC Kraftwerk e.V. Nachhilfeunterricht durchgeführt. Einige der Mitglieder des SCC Kraftwerk e.V. bieten Reinigungsdienste für soziale Einrichtungen an und verwalten

---

[5] Vgl. Schippers 2007, S. 66.

ein Catering Service. Des Weiteren werden für den Jugendhilfebereich Feiern organisiert und durchgeführt.[6]

3. Die SCC Consult GbR. Die SCC Consult GbR ist eine Organisation, die sich mit der Fort- und Weiterbildung professionell geleiteter Gruppenarbeit befasst.[7] Zudem werden Coaching, Beratung, Seminare sowie das „Social Conflict Training" für stationäre Einrichtungen geboten.

In allen eben genannten Unternehmen des Social Competence Centers wird der Systemdynamische Ansatz vertreten, welcher sich aus der Sozialen Gruppenarbeit entwickelt hat und übertragbar ist auf sozialberufliche Kontexte.

2. Zur geschichtlichen Entwicklung des Systemdynamischen Ansatzes

Seinen Ursprung findet dieser Ansatz in einer suchttherapeutischen Einrichtung, in der Jugendliche mit offen aggressiven Verhaltensweisen vom therapeutischen Prozess ausgeschlossen werden sollten. Als damalige Praktikantin meines Mannes konnte ich die Rolle des Beobachters 2. Ordnung einnehmen und Protokolle über den Verlauf der Gruppensitzungen schreiben. So erkannte ich sowohl die Kommunikationsmuster der Jugendlichen mit der Gruppenleitung, mit den anderen in der Gruppe und deren Themen als auch die Kommunikationsmuster des Gruppenleiters im Umgang mit den Jugendlichen. Diese speziellen Beobachtungen zeigten, dass die Kommunikationsmuster der Gruppenleitung eine spezielle Struktur aufwiesen. Die Themen, Fragen, Aussagen und Verhaltensweisen der Jugendlichen verhielten sich abhängig vom Gruppenprozess, entwickelten sich in diesem und veränderten sich darin. Auch hier gab es eine spezielle Struktur zu beobachten, welche unabhängig von den jeweiligen Gruppenteilnehmern in jeder individuellen Gruppe ähnlich war. Die Erkenntnisse, welche sich aus den Be-

---

[6] Vgl. ebda.

[7] Vgl. ebda.

obachtungen ergaben, wurden mit theoretischem Wissen abgeglichen, so dass Grundannahmen für die Gruppenarbeit entwickelt werden konnten, welche die Grundlage für den Systemdynamischen Arbeitsansatz bildeten. Konsequenterweise wurde das zumindest in Deutschland für viele Kontexte handlungsleitende Gruppenarbeitsmodell überarbeitet und dem Systemdynamischen Ansatz entsprechend weiter entwickelt. Dieses übernimmt methodische und theoretische Elemente aus der systemisch-konstruktivistischen Ausbildung des Institutes für Beratung und Supervision zur Sozialen Gruppenarbeit und verbindet diese mit der Fraktalen Affektlogik nach Luc Ciompi. Aus der Kritik heraus an der Systemtheorie, dass diese eine Distanz zum Themenbereich der affektiven Kommunikation aufweist und somit subjektlos wirkt, erlangt die Fraktale Affektlogik nach Luc Ciompi eine besondere Aufmerksamkeit.

3. Zu den theoretischen Grundlagen des Systemdynamischen Ansatzes

Handlungsleitende Grundannahme des SCC und somit auch des Systemdynamischen Ansatzes ist die Erkenntnis, dass der Mensch ein soziales Wesen ist. In Anlehnung an die Membershiptheorie von Hans Falck geht die Leitung des Social Competence Centers davon aus, dass der Mensch als Member Mitglied einer Gesellschaft und konstant mit anderen Menschen verbunden ist.[8] Des Weiteren sind Erkenntnisse aus der Bindungstheore, der Theorie der Sozialen Systeme, der Fraktalen Affektlogik, dem Konzept der Autopoiese, der Kybernetik sowie der Begriff des Beobachters von zentraler Bedeutung, welche hier kurz vorgestellt werden sollen.

---

[8] Vgl. Falck 1997a, S. 21 f.

3.1 Membershiptheorie nach Hans Falck

Per Definitionem ist der Mensch ein Gruppenwesen und hat von Natur aus ein Bedürfnis, sich in Gruppen wohl zu fühlen und sich zu entwickeln.

„Kein Mensch ist autonom, weil kein Mensch von anderen unabhängig sein kann."[9] Alle Eigenschaften, die ein Mensch besitzt, sind Beziehungseigenschaften. Alles, was ein Mensch tut, dient dem Aufbau und der Gestaltung von Beziehungen. Die Kleingruppe ist demnach ein Beziehungsphänomen und die bedeutendste Struktur menschlichen Lebens. In ihr wird der Kern menschlichen Lebens sichtbar. Dadurch, dass die Entwicklung von Einstellungen, Gefühlen, Werten und Normen innerhalb sozialer Beziehungsgefüge, also in Gruppen erfolgt, ist sie für die ethische und moralische Entwicklung eines Menschen von entscheidender Bedeutung.[10] Im Gruppenkontext des Social Competence Trainings ist an dieser Stelle interessant zu beobachten, dass die jugendlichen Teilnehmer zu Beginn der Gruppenteilnahme hierzu eine andere Meinung haben. Aussagen wie: „Die anderen sind mir egal, ich mache immer alles alleine und ich brauche keine Hilfe", werden häufig gemacht. Durch Irritation der Denk-, Fühl- und Kommunikationsmuster. Im Laufe der Teilnahme am SCT® verändert sich diese Einstellung, so dass die Jugendlichen im Prozess der Gruppenteilnahme mehr füreinander einstehen, in die Auseinandersetzung gehen und sich umeinander kümmern. Hierzu benötigen sie eine Vielfalt an sozialen Kompetenzen.

Soziale Kompetenzen sind Fähigkeiten, welche das Zusammenleben mit anderen in diversen Bezugsrahmen ermöglichen. Die Herausbildung sozialer Kompetenzen entwickelt sich durch das Erleben und Verarbeiten diverser Beziehungsqualitäten, wobei die Spiegelung der eigenen Denk- Fühl- und Verhaltensmuster, eine bedeutende Rolle spielen.[11]

Für den Transfer des Systemdynamischen Ansatzes in die Konzeption des Social Competence Trainings (SCT®) bedeutet dies, dass Veränderungsprozesse insbesondere in der Arbeit mit Jugendlichen in Gruppen eine

---

[9] Falck 1997b, S. 55.

[10] Vgl. Falck 1997a, S. 21 f.

[11] Vgl. Meyers 2006, S. 4478.

nachhaltige Wirkung haben können, da Jugendliche sich an ihrer Peer-Group orientieren und im Gruppenkontext des Social Competence Trainings mehr Beziehungsqualitäten erleben können, als im Einzelkontakt. Insbesondere hier ist die Wichtigkeit des Tutors, welcher im SCT® eingesetzt wird zu benennen. Dieser ist ein ehemaliger Gruppenteilnehmer, welcher das SCT® erfolgreich durchlaufen hat und nun als Vorbild und Unterstützung wirken kann. Gerade gewaltbereite Jugendliche zeigen sich im Einzelkontakt häufig sehr ruhig und angepasst, verhalten sich im Kontext der Gruppe jedoch aggressiv, so dass Gewaltanwendungen seltener von Einzelnen stattfinden, sondern größtenteils im Cliquenkontext ausgeübt werden.[12]

3.2 Bindungstheoretische Erkenntnisse

Die Erkenntnisse der Bindungstheorie sind für die Entwicklung eines befriedigenden sozialen Miteinanders aufschlussreich. Diese belegen, dass soziale Auffälligkeiten auf eine unbefriedigte Kommunikation zwischen Bindungsperson und Kind zurückzuführen sind. In welcher Art und Weise ein Mensch soziale Kompetenzen herausbildet, kommt auf die Qualität der Interaktion mit anderen und seinen eigenen individuellen Charakter an. Die erfahrenen Bindungsqualitäten bestimmen die affektiven Grundgefühle und beeinflussen so Denk- Fühl- und Verhaltensweisen.[13]

Im Kontext des Systemdynamischen Ansatz wird davon ausgegangen, dass jeder Mensch von Natur aus die Fähigkeit besitzt, eine intensive, gefühlsmäßige, zumindest der Vorstellung nach auf Vertrauen und Dauer ausgelegte und entsprechend positiv erlebte Beziehung zu einem anderen Menschen zu entwickeln. Diese können zwar in unterschiedlichen Kulturen verschieden erlebt, aufgefasst und durch Verhaltensregeln bestimmt werden, sind davon jedoch unabhängig in jedem Menschen vorhanden.[14] Dies bedeutet, dass der Systemdynamische Ansatz ressourcenorientiert ist und die Einstel-

---

[12] Vgl. Schad 1996, S. 21.

[13] Vgl. Grossman/Grossmann 2004, S. 69.

[14] Vgl. Meyers 2006, S. 4478.

lung impliziert, dass sich jeder Mensch entwickeln kann und auch will. Des
Weiteren sind die Gruppenteilnehmer zumeist unterschiedlicher Herkunft.
Multikulturalität und Vielfalt leben sind Grundwerte Sozialer Gruppenarbeit, welche somit auch in der praktischen Auslegung des Systemdynamischen Ansatzes besondere Wertschätzung erfahren.

3.3 Theorie der Sozialen Systeme

Die Theorie der Sozialen Systeme nach Niklas Luhmann, welche die
Hauptaufgabe moderner Gesellschaften in der Reduktion von Komplexität
und somit auch zur Selektion, zur Differenzierung und zur Auswahl von
Möglichkeiten sieht, bestimmt in der Konzeption des Social Competence
Trainings die Definition des Begriffes „System" und beschreibt, welche Eigenschaften ein System hat. Dadurch, dass sich psychische Systeme durch
Kognition und soziale Systeme durch Kommunikation erhalten und auch eine Gruppe als soziales System gesehen werden kann, ist die Kommunikation im Systemdynamischen Ansatz von zentraler Bedeutung.[15]

Als Bestandteil eines sozialen Systems ist Kommunikation eine genuin soziale Operation, da sie eine Mehrheit an Bewusstseinssystemen voraussetzt
und deshalb keinem Einzelbewusstsein zugerechnet werden kann. Kommunikation ist somit ein unabdingbarer Bestandteil zwischenmenschlicher Beziehungen. Um der Aufrechterhaltung der Autopoiesis eines sozialen Systems dienlich zu sein, muss ein psychisches System seine Gedanken seiner
Umwelt mitteilen.[16] Zu Beginn einer Gruppe mit Jugendlichen erweist sich
dies oftmals schwierig, da einige der Gruppenteilnehmer wenig über sich
persönlich erzählen. Dadurch, dass der Inhalt zwischenmenschlicher Kommunikation als Inhalt jedoch nicht nur Sprache umfasst, sondern auch para-
linguistische Phänomene wie z.B. Tonfall, Schnelligkeit oder Langsamkeit
der Sprache, Pausen, Lachen und Seufzen, Körperhaltung, Ausdrucksbewe-
gungen, d.h. Körpersprache und somit Ausdruck einer Verhaltensweise jeg-

---

[15] Vgl. Kasenbacher 2003, S. 41.

[16] Vgl. Simon 2007, S. 88 f.

licher Art ist, kann in diesem Sinne nicht nicht kommuniziert werden und jegliches Verhalten ist Kommunikation.[17]

Dass dies so ist, muss den Beteiligten als Phänomen der Interaktion jedoch nicht immer bewusst sein. Ziel eines Gruppentrainings ist hier, eine differenzierte Art der Kommunikation, um eine pro-soziale Art der Kommunikation innerhalb der Gruppe sowie eine Bewusstwerdung des Einzelnen bezüglich seiner Denk,- Fühl-, Kommunikation und Verhaltensweisen zu fördern.

3.4 Fraktale Affektlogik nach Luc Ciompi

In seinem Entwurf einer Fraktalen Affektlogik versucht Luc Ciompi, die emotionalen Grundlagen von Denken und Verhalten in individuellen Mikro- und sozialen Makroprozessen unter einheitlichen systemdynamischen Gesichtspunkten zu beschreiben.[18] In Anlehnung an die theoretische Ausarbeitung von Luc Ciompi wird der Begriff Systemdynamik für den Handlungsansatz im Social Competence Center übernommen, da dieser zum Ausdruck bringen soll, welche Annahme zur Veränderung und Entwicklung der Beziehungen von Gruppenteilnehmern untereinander bestehen, wie sich diese auf den Verlauf von Gruppensitzungen auswirken und welchen Einfluss Emotionen auf die Dynamik in Gruppen haben können. Der Systemdynamische Ansatz und das Systemdynamische Modell zur Sozialen Gruppenarbeit ist somit nicht nur auf Gruppen mit Jugendlichen anwendbar, sondern auch brauchbar für die Analyse von Dynamiken, welche sich z.B. in Mitarbeiterteams eines Unternehmens herausbilden. Auf der Grundlage psychodynamisch-psychotherapeutischer, emotions- und kognitionspsychologischen, neurobiologischen sowie Erkenntnissen aus Alltagserfahrungen und der Verhaltensforschung entwickelte Luc Ciompi das Postulat, dass affektive, kognitive und verhaltensmäßige Elemente immer untrennbar miteinander verbunden sind. Sie bestimmen unsere gesamte soziale Wahrnehmung und

---

[17] Vgl. Watzlawick/Beavin/Jackson 2007, S. 51.
[18] Vgl. Ciompi 1999, S. 13.

Kommunikation und wirken sich auf systemdynamische Weise auf das zwischenmenschliche Verhalten aus.[19]

Affekte haben lebenswichtige organisatorische sowie integrative Aufgaben zu erfüllen. Nach Wieland Machleidt lassen sich derzeit fünf Basisgefühle auf der neuronalen Ebene mittels EEG identifizieren. Diese sind Angst, Wut, Freude, Trauer und Interesse. Sie dienen den Kognitionen als Motor, als Pforten der Gedächtnisspeicherung, als Steuerung der Wahrnehmung und als Filter zur Komplexitätsreduktion. Affekte sind die psychischen Energien, die Menschen zum Handeln antreiben und sorgen dafür, dass ein energieaufwendiger Spannungszustand in spannungsärmere Zustände geführt wird, um so die innerpsychische Balance aufrecht zu erhalten.

„Ohne die Energie der Affekte gäbe es wohl überhaupt kein Wollen und Handeln, kein Überlegen und Miteinander-In-Bezug-Setzen von kognitiven Elementen in einem wörtlichen wie übertragenen Sinn."[20]

Mittels Kognitionen sind Menschen in der Lage, Unterscheidungen in der Wahrnehmung der Gefühle zu machen und diese zu verarbeiten, wobei der Motor allen geistigen Fortschritts immer wieder ein spannungserzeugender Konflikt, eine Widersprüchlichkeit, eine Unstimmigkeit ist. Durch die

Auflösung innerpsychischer Spannungszustände wird Lust empfunden, so dass der Mensch danach strebt, spannungsgeladene Zustände aufzuheben.[21]

Im Laufe der menschlichen Entwicklung verdichten sich kognitiv-affektive Prozesse zu Mustern, die dem Individuum zum größten Teil nicht mehr bewusst sind. So ist auch die Alltagslogik ein Zustand, in dem Menschen aus Gründen der Effizienz Handlungen zumeist unbewusst vollziehen. Denk-, Fühl- und Verhaltensmuster werden immer und immer wiederholt und weisen eine Selbstähnlichkeit, eine Fraktalität auf.[22]

---

[19]   Vgl. ebda, S. 46 ff.
[20]   Vgl. ebda, S. 95.
[21]   Vgl. ebda, S. 113.
[22]   Vgl. Ciompi 1998, S. 77.

Die Basis für die Ausprägung solcher Programme wird unter Einflussnahme angeborener Reflexschemata in den ersten Monaten und Jahren eines Kindes gelegt. Ob ein Kind prägende Situationen als z.B. als angst- oder lustvoll erlebte, wird sich sowohl auf sein Denken, seine soziale Wahrnehmung als auch auf den Umgang mit seinen Mitmenschen und in seiner Kommunikation mit diesen auswirken. Erweisen sich spezielle Affektkomponenten als brauchbar und wiederholen sich gleichartig affektiv gestimmte Erfahrungen, haben diese eine fortdauernde Wirkung und verdichten sich in individuelle Denk-, Fühl, und Verhaltensstrukturen.

Die individuellen Programme situationsbedingter psychischer Gestimmtheiten und Verhaltensweisen werden so lebenslang wiederkehrend aktiviert. Alle negativ konnotierten Kognitionen können zu einer unlustbetonten affektiven Grundstimmung führen, welche im Rahmen von euphorischen Stimmungsschwankungen unter Umständen auch im späteren Leben immer wieder überhand nehmen können.[23]

In der praktischen Arbeit mit den Teilnehmern des Social Competence Training (SCT®) lässt sich derartiges Verhalten in Situationen erkennen, in denen sich Gruppenteilnehmer provoziert fühlen und mit übermäßig aggressivem Verhalten reagieren, so dass der für sie spannungsgeladene Zustand aufgehoben wird. Dass solches Verhalten wiederkehrend ist, wissen die Jugendlichen zumeist nicht, jedoch, welche Auslöser es genau sind, die zu dem bestimmten Verhalten führen und wie sie dies verändern können. In für sie unsicheren Situationen fühlen sie sich bedroht und zeigen Angriffs- und Verteidigungsverhalten.

Für die Durchführung des SCT® bedeutet dies, dass sich die Denk-, Fühl- und Verhaltensmuster der einzelnen Gruppenteilnehmer auf dynamische Weise auf die wechselseitigen Beziehungen untereinander auswirken können. Sind diese von einer destruktiven Grundstimmung geprägt, hat dies einen Einfluss auf die Atmosphäre und somit auch auf das Lernen innerhalb der Gruppe.

Dadurch, dass die Denk-, Fühl- und Verhaltensmuster zumeist unbewusst ablaufen, kann sich die affektive Stimmung durch die Bewusstwerdung die-

---

[23] Vgl. Ciompi 1999, S. 50.

ser verändern, so dass eine positive Entwicklung der Gruppe wahrscheinlich wird.

Indem die Teilnehmer im Social Competence Training lernen, sich sowohl ihrer eigenen Strukturen bewusster zu werden als auch ihre Wahrnehmungen, Beobachtungen und Bedürfnisse innerhalb der Gruppe so zu kommunizieren, dass sie von anderen respektiert, akzeptiert und konstruktiv zur Entwicklung der Gruppe beitragen, werden die einzelnen Gruppenteilnehmer zufriedener, ausgeglichener und motivierter, ihre Ziele zu formulieren und zu verfolgen. Die Jugendlichen lernen so, ihre Aggression positiv zu nutzen und eine sozial angemessen Auseinandersetzungsfähigkeit zu entwickeln. Dies setzt wiederum eine progressive Dynamik innerhalb der Gruppe in Gang, welche eine sichere und angenehme Lernathmosphäre ermöglicht, in der sich die Gruppenteilnehmer wohl fühlen und gemeinsam effektiv Lösungen für soziale Kontexte erarbeiten können. Diese können sie dann auch außerhalb der Gruppe anwenden, so dass auch außerhalb der Gruppe ein friedliches und soziales Zusammenleben in ihrem nahen Umfeld entsteht.

3.5 Konzept der Autopoiese

Des Weiteren sind für die Konzeption des Social Competence Trainings der erkenntnistheoretischen Ausarbeitung der Systemtheoretiker Maturana und Varela zur Autopoiese von Bedeutung, als dass sie die Haltung der Gruppenleitung im Social Competence Training zu den Veränderungsprozessen der Jugendlichen widerspiegeln.

Durch das Wissen, dass sich autopoietische Systeme selbst erhalten und ihr Verhalten genau dazu dient, erübrigt sich die Frage, wer für die Veränderungen der Gruppenteilnehmer die Verantwortung trägt. Zwar gibt es von Seiten der Auftraggeber, wie z.B. des Jugendamtes, den Wunsch, dass Jugendliche nach Durchlaufen des Social Competence Trainings straffrei bleiben, eine Garantie kann hierfür jedoch nicht übernommen werden, denn: Das autopoietische System weist eine zyklische Organisation auf. Das heißt, es nimmt systemrelevante Elemente oder Anregungen aus seiner Umwelt auf und erzeugt sich im Zuge der dieser Elemente selbst. Welche Elemente oder Anregungen – die in der Umwelt des Systems existieren – vom System aufgenommen und verarbeitet werden können, wird durch die aktuell verfügbaren Fähigkeiten des Systems festgelegt.[24] Somit sind die Jugendlichen selbstverantwortlich für ihre Entwicklung und setzen sich neben den allgemeinen Zielen der Sozialen Gruppenarbeit eigene Ziele.

Darüber hinaus kann ein autopoietisches System immer nur in einer Umwelt überleben, die für dieses System passend ist. Ereignisse in der Umwelt eines autopoietischen Systems können dieses System in seiner Befindlichkeit berühren, anregen, perturbieren, d.h. beunruhigen bzw. verwirren, oder irritieren. Ob eine Reaktion erfolgt und wenn ja, mit welcher Reaktion das System dann antwortet, bestimmt das System selbst. Dabei steht es nie außerhalb seiner Geschichte und befindet sich immer in einem Zustand und einer bestimmten Position, die aus vorausgegangenen Zuständen und Positionen resultiert.[25]

Im Systemdynamischen Ansatz des Social Competence Centers wird davon ausgegangen, dass Menschen die Möglichkeit haben, die Organisation ihres psychischen Systems zu ändern. Ob sie dies tun oder nicht, entscheiden sie selbst. Im Social Competence Training entlastet diese Ansicht die Arbeit der Gruppenleitung und beugt etwaigen Vorwürfen zur missbräuchlichen Ausführung derer vor.

3.6 Kybernetik

Ferner sind die Ausarbeitungen des Kybernetikers Heinz von Foerster wichtig. Dieser prägte die Begriffe der „trivialen" und „nicht-trivialen" Maschine, um beschreiben zu können, wie belebte und unbelebte Systeme arbeiten. Wie das Konzept der Autopoiese bestimmt dieser die Haltung zur eigenverantwortlichen Entwicklung der Gruppenteilnehmer im SCT® und beugt der Annahme vor, bestimmen und vorhersagen zu können, was aus den Jugendlichen werden soll, wie sie sich zu verhalten haben und wie ihre Zukunft aussehen wird. Zwar erwarten die meisten der Gruppenteilnehmer zu Be-

---

[24] Vgl. Kasenbacher 2003, S. 25.
[25] Vgl. ebda, S. 25 f.

ginn des Social Competence Training SCT® die Übernahme der Verantwortung durch die Gruppenleitung, lernen jedoch schnell, dass dies dauerhaft nicht Sinn und Zweck Sozialer Gruppenarbeit und wenig förderlich für ihre eigenverantwortliche Entwicklung ist.

3.7 Beobachter

Darüber hinaus ist für die Konzeption der Begriff des Beobachters nach Niklas Luhmann von zentraler Bedeutung, da dieser wie das Konzept der Autopoiese die Art der Intervention der Gruppenleitung mitbestimmt.

Aus den Überlegungen des Konzeptes zur Autopoiese haben Ernst von Glaserfeld, Heinz von Foerster, der Kommunikationstheoretiker Paul Watzlawick und andere die Theorie des radikalen Konstruktivismus aufgestellt.[26]

Sowohl das Konzept der Autopoiesis als auch die Annahmen des radikalen Konstruktivismus gehen davon aus, dass die Wirklichkeit als nicht lösbar

vom Beobachter gesehen werden kann, welcher diese Wirklichkeit durch den Akt der Beobachtung erst hervorbringt.[27] Dies bedeutet, dass jeder Erwerb von Wissen immer durch die vorbestehende Struktur und Organisation eines betreffenden Organismus bestimmt ist.

Des Weiteren geht der Konstruktivismus davon aus, dass das zentrale Merkmal moderner Gesellschaften ihre übermäßige Komplexität ist und es in der Gesellschaft zur Unübersichtlichkeit kommen kann, welche sich in der Etablierung vieler verschiedener Weltbilder, Lebenswelten Normen, Werte und somit auch Wirklichkeitskonstruktionen ausdrücken kann.[28]

Für den Einzelnen bedeutet dies, dass er nunmehr eine Vielzahl an Möglichkeiten hat, sich zu entscheiden, was wiederum zu Spannungen und Konflikten sowie Unsicherheit und Orientierungslosigkeit führen kann.[29]

---

[26] Vgl. Ciompi 1999, S. 29.

[27] Vgl. von Schlippe/Schweitzer 2003, S. 52.

[28] Vgl. Kleve 1996 S. 11.

[29] Vgl. Ciompi 1999, S. 22.

Im Social Competence Training SCT® haben die Jugendlichen die Möglichkeit sowohl sich selbst, als auch die anderen im Kontext einer Gruppe differenzierter wahrzunehmen.

In Differenzierung zu anderen bildet sich das eigene Selbstbild und Selbsterleben, welches die individuelle soziale Handlungsfähigkeit maßgeblich prägt. Eine Auseinandersetzungsfähigkeit mit sich und mit anderen wird hierdurch erst möglich. Die eigene Selbstwahrnehmung ist die Voraussetzung für gelungene Kommunikation und stellt eine Bewusstwerdung über eigene innere Vorgänge ist ein wesentlicher Schritt grundlegende Fähigkeit zur zwischenmenschlichen Verständigung dar.

Die zur Übernahme von Verantwortung und der Entwicklung von Entscheidungssouveränität. Dies wiederum ist Voraussetzung für eine angemessene Auseinandersetzungsfähigkeit. Durch Bewusstwerdung entwickeln sich Veränderungen von innen heraus und es handelt sich somit um einen Erkenntnisprozess. Dadurch wird ein tiefer Lernprozess in Gang gesetzt, welcher als Selbsterfahrungswissen eine nachhaltige Wirkung erzielt.

Die Rolle der Gruppenleitung im Social Conflict Training SCT® ist die Rolle des Beobachters, welcher dazu dient, sowohl das System der Gruppe, als auch das System des Einzelnen zu beobachten, Rückmeldungen zu geben und geschickt zu irritieren.

4. Systemdynamisches Modell SCT® der Sozialen Gruppenarbeit

Das Systemdynamische Modell der Sozialen Gruppenarbeit impliziert die oben beschriebenen Grundannahmen des Systemdynamischen Arbeitsansatzes und beschreibt die idealtypischen Veränderungen sowohl des Einzelnen, als auch die der Gesamtgruppe in idealtypischen Phasen, welche dennoch eine Zirkularität aufweisen. Dies bedeutet, dass die Phasen sowohl im Verlauf des Gesamtgruppenprozesses als auch in den einzelnen Gruppensitzungen zu beobachten und im Kontext der Gesamtgruppen- und individuellen Teilnehmerentwicklung zu sehen sind.

Das Systemdynamische Modell der Sozialen Gruppenarbeit integriert Grundlagen des Bostoner Entwicklungsstufenmodell nach Garland/Jones/ Colodny und dem Model-Model-System nach Caplan/Thomes und verbindet sie mit der systemdynamischen Perspektive, welche davon ausgeht, dass sich sowohl psychische als auch soziale Systeme so organisieren, dass sie Entspannung anstreben, um sich wohl und sicher zu fühlen.

Die Kongruenz in der Kommunikation bestimmt die Intensität der Kontaktaufnahme und das soziale Miteinander sowie die Stimmigkeit der Denk-, Fühl- und Verhaltensmuster. Im Systemdynamischen Modell der Sozialen Gruppenarbeit verändert sich beides je nach idealtypischer Phase. Das Systemdynamische Modell der Sozialen Gruppenarbeit übernimmt den Versuch des Bostoner Entwicklungsstufenmodells, die Schwerpunktthemen einer Gruppe ganzheitlich zu betrachten. Als Analyseinstrument dient dies der Unterstützung der Diagnosestellung. Des Weiteren wird eine gewisse Regelmäßigkeit in den Beziehungen und Verhaltensweisen der Gruppenteilnehmer impliziert, wobei sich die Qualität der Beziehungen im Laufe eines Gruppenprozesses verändert.[30] Beim Model-Model-System werden erfahrene Gruppenmitglieder zum Vorbild. Individuelle und Gruppenentwicklungsprozesse finden parallel statt und weisen idealtypische Strukturen auf.

1. Eröffnung. In der Eröffnungsphase stellen sich die Gruppenteilnehmer vor und treten auf die von ihnen außerhalb der Gruppe gewohnte Art miteinander in Kontakt. Je nach Charakter kann dies eher zögerlich und ruhig oder mehr offen und kommunikativ erscheinen. Wieder andere gehen sofort in die Auseinandersetzung und sagen ihre Meinung. Die Teilnehmer beobachten sich und schätzen sich gegenseitig ein. Die Gruppenteilnehmer benennen ein Thema und ein Ziel für die jeweilige Gruppensitzung. In jedem Gruppensetting findet eine Eröffnungsrunde statt, in der jeder Gruppenteilnehmer Wichtiges aus der vergangenen Woche sowie seine Befindlichkeit mitteilt. Zu Beginn einer Gruppenteilnahme fällt diese zumeist kurz und knapp aus. Die Gruppenteilnehmer versuchen sich an der Meinung der Gruppenleitung zu orientieren und sich von dieser leiten zu lassen. Kon-

---

[30] Vgl. Nebel/Woltmann–Zingsheim 1997, S. 40.

struktive Auseinandersetzungen mit anderen Gruppenteilnehmern finden kaum oder nur oberflächlich statt. Ziele für die Gruppensitzung oder für die kommende Woche werden zumeist unkonkret und sehr allgemein formuliert. Äußerungen zu intensiven Gefühlszuständen und persönlich berührenden Erlebnissen werden vermieden. In der Kommunikation finden Inkongruenzen statt. Direkter Blickkontakt wird oftmals vermieden. Nachfragen der Gruppenleitung werden als unangenehm und anstrengend empfunden, so dass eine Spannung in die Gruppe getragen wird.

2. Kalibrierungsphase. In der Kalibrierungsphase schwingen sich die Gruppenteilnehmer aufeinander ein. Sie sind damit beschäftig, ihren festen Platz in der Gruppe einzunehmen und testen vermehrt die eigenen als auch die Grenzen der anderen aus. Dieses geschieht auch gegenüber der Gruppenleitung. Diese Phase gestaltet sich sehr unterschiedlich, je nachdem welche Einflussstrategien der Gruppenteilnehmer in der Gruppe vorherrschen oder aber wie sich die Gruppe bis dato organisiert hat. Es finden vermehrt Auseinandersetzungen statt, welche bisweilen sehr hitzig verlaufen können. Die Kommunikationsweise hierbei kann u.U. sehr respektlos sein, so dass die Stimmung innerhalb der Gruppe immer angespannter wird. Regeln werden in Frage gestellt und neu diskutiert. Manche Gruppenteilnehmer verlassen die Gruppe für die jeweilige Sitzung oder kommen erst gar nicht. Fragen wie „Wer ist der beste Gruppenteilnehmer" stehen im Raum und wollen geklärt werden.

3. Resonanzphase. In der Resonanzphase hat jeder Gruppenteilnehmer seinen Platz gefunden. Dies ergibt eine ausgeglichene Stimmung und die Teilnehmer haben sich aufeinander eingestimmt. Dies ist die Voraussetzung dafür, dass sich die Teilnehmer gegenseitig näher aufeinander einlassen können und kongruenter miteinander in Kontakt gehen. Diese Phase ist dadurch geprägt, dass die Gruppe ihr Thema gefunden hat und die Teilnehmer das Gemeinsame in Ihren Themen entdecken. Die Intensität der Lösungserarbeitung nimmt zu. Persönliche Themen werden angesprochen und die Gruppenteilnehmer können authentisch über ihre Emotionen in bestimmten Situationen sprechen. Auch können sie darüber reden, wie sie sich innerhalb der Gruppe fühlen und ob sie gerne zur Gruppe kommen. Auseinandersetzungen finden progressiv, also entwicklungsvoranbringend statt. Ziele werden konkretisiert, positiv benannt und in das Leben außerhalb der Gruppe wei-

tergetragen und umgesetzt. Innerhalb der Gruppe geben sich die Gruppenteilnehmer Rückmeldungen und lernen voneinander.

Im Ablauf der wöchentlichen Gruppensitzung im Social Competence Training findet hier idealtypischerweise eine Pause statt, da in der kommenden Resorptionsphase differenzierter gearbeitet wird.

4. Resorptionsphase. Die Resorptionsphase ist dadurch gekennzeichnet, dass sich die Mitglieder einer Gruppe untereinander akzeptieren. Durch das vorherige Erkennen der eigenen Stärken und Schwächen, der eigenen Rolle innerhalb der Gruppe, das Sich-Unterscheiden-voneinander sowie die progressiven Rückmeldungen ist die Grundlage geschaffen, sich gegenseitig zu respektieren, zu tolerieren und zu achten. Die Teilnehmer integrieren ihre eigenen Lernerfahrungen und vertreten mehr und mehr ihre persönliche Meinung. Von der Meinung der Leitung haben sie sich emanzipiert. Auseinandersetzungen finden auf hohem Niveau statt. Die Fähigkeit unterschiedliche Rollen einzunehmen hat sich erhöht. Die Jugendlichen kommen gerne zur Gruppe und identifizieren sich mit ihr.

5. Abschluss. In der Abschlussphase sind die Gruppenteilnehmer damit beschäftigt, das in der Gruppe Gelernte gedanklich auf ihren Alltag außerhalb der Gruppe zu übertragen. Sie reflektieren, welche Ziele sie während der Gruppenteilnahme erreicht haben, was sie sich vorgenommen hatten und was sie noch tun möchten. Ziele für die weitere Zukunft werden formuliert und ein Abschluss eingeleitet. Die anderen Gruppenteilnehmer geben diesbezüglich Rückmeldungen. Sie verabschieden sich, um ihren eigenen Weg zu gehen und um sich außerhalb der Gruppe auszuprobieren.

Aufbau und Ablauf der Struktur des Social Competence Trainings ist organisch. Dies bedeutet, dass sich die Prozesse einer natürlichen Entwicklung sowohl des Einzelnen als auch der Gruppe anpassen und daran orientieren, so dass ganzheitliches Lernen stattfinden kann.

Der Systemdynamische Ansatz des Social Competence Centers resultiert aus der Annahme, dass Menschen unabhängig ihrer Kultur und ihrer ethnischen Herkunft das Bedürfnis haben, sich in Gruppen wohl und sicher zu fühlen. Die Art der Kommunikation untereinander bestimmt die durch Emotionen geprägte Dynamik, welche sowohl progressiv oder regressiv sein kann, je nachdem, ob diese dazu führt Beziehungen aufzubauen oder derer entgegenzuwirken. Die Dynamik wiederum ist das Verbindende, das Gemeinsame, welches die Gruppe eins sein lässt und somit heilende Wirkung auf die Persönlichkeitsentwicklung des Einzelnen haben kann.

5. Resümee

Menschen befinden sich stets in Gruppenkontexten. Selbst wenn ein Mensch einsam und isoliert scheint, ist sein Denken, Fühlen, Verhalten sowie seine individuelle Art der Kommunikation im Kontext seines jeweiligen Umfeldes und in einem fortwährendem interaktiven Prozess zu betrachten. Der Systemdynamische Ansatz des Social Competence Centers ist diesbezüglich mit dem aus der Sozialen Gruppenarbeit entstandenen Systemdynamischen Modell ein Entwurf, Veränderungsprozesse nicht nur von Jugendlichen, sondern allgemein von Menschen in Gruppen zu beschreiben. So sind beide in ihrem Zusammenspiel handlungsleitend zur Diagnose und Intervention für jegliche Art von Gruppenkontexten.

Als ganzheitlicher Ansatz vereint er Theoriemodelle aus den Bezugswissenschaften der Sozialarbeit. Somit versteht sich der Systemdynamische Ansatz als Theorie bildend und identitätsstiftend für die Sozialarbeitswissenschaft, welcher sich stets an seiner eigenen praktischen Anwendbarkeit orientiert. Durch die Förderung der Persönlichkeitsentwicklung nicht nur der jungen Menschen, welche im Social Competence Center Unterstützung erfahren, sondern auch derjenigen Sozialarbeiter und -pädagogen, welche mit diesem Ansatz arbeiten, entsteht ein Arbeitsklima, welches geprägt ist sowohl durch Achtung, Respekt und Toleranz im Umgang miteinander als auch im Umgang mit den eigenen Fähigkeiten und Ressourcen. Schwierig erscheinende Prozesse können mit Hilfe des Systemdynamischen Ansatzes strukturell und unabhängiger von der Beziehungsebene in zwischenmenschlicher Interaktion betrachtet werden. Der Systemdynamische Ansatz des Social Competence Centers erleichtert somit das Arbeiten mit besonderen Herausforderungen in der Sozialarbeit. Er bietet Sicherheit im Umgang mit diesen, fördert die Kreativität in Gruppen und macht Lust auf soziales Miteinander in diversen Bezugsrahmen.

Literatur

Ciompi, L. (1998): Die affektiven Grundlagen des Denkens – Kommunikation und Psychotherapie aus der Sicht der fraktalen Affektlogik. In: Welter-Enderlin, R./Hildenbrand, B. (Hrsg.): Gefühle und Systeme. 1. Aufl.. Heidelberg: Carl-Auer-Systeme, S. 77-100.

Ciompi, L. (1999): Die emotionalen Grundlagen des Denkens. Entwurf einer fraktalen Affektlogik. 2. Aufl. 1999. Göttingen: Vandenhoeck & Ruprecht.

Falck, H. (1997a): Membership. Eine Theorie der Sozialen Arbeit. Stuttgart: Enke.

Falck, H. (1997b): Prinzipien ethischen Handelns in der Sozialen Gruppenarbeit. In: Nebel, G./Woltmann-Zingsheim, B. (Hrsg.) (1997): Werkbuch für das Arbeiten mit Gruppen. Aachen: Institut für Beratung und Supervision.

Grossmann, K./Grossmann, KE (2005): Bindungen – das Gefüge psychischer Sicherheit. 2. Aufl. Stuttgart: Klett-Cotta.

Kasenbacher, Karl G. (2003): Gruppen und Systeme. Opladen: Leske + Budrich.

Kleve, H. (1996): Konstruktivismus und Soziale Arbeit. Aachen: Wissenschaftlicher Verlag des Instituts für Beratung und Supervision.

Meyers (2006): Meyers Großes Taschenlexikon. 10. Aufl. Band 9. Mannheim: Bibliographisches Institut & F.A. Brockhaus AG.

Meyers (2006): Meyers Großes Taschenlexikon. 10. Aufl. Band 13. Mannheim: Bibliographisches Institut & F.A. Brockhaus AG.

Nebel, G./Woltmann-Zingsheim, B. (Hrsg.) (1997): Werkbuch für das Arbeiten mit Gruppen. Aachen: Institut für Beratung und Supervision.

Schad, U. (1996): Verbale Gewalt bei Jugendlichen. Ein Praxisforschungsprojekt über ausgrenzendes und abwertendes Verhalten gegenüber Minderheiten. Weinheim/München: Juventa.

Schippers, K. (2003): Das Social Competence Center (SCC). Eine Einrichtung zur Förderung des Sozialen Zusammenlebens stellt sich vor. *Standpunkt Sozial*. H. 2: Soziale Gruppenarbeit – mehr als nur eine Arbeitsform, S. 64–68.

Schlippe, A. von/Schweitzer, J. (2003): Lehrbuch der systemischen Therapie und Beratung. Göttingen: Vandenhoeck & Ruprecht.

Simon, F.B. (2007): Einführung in Systemtheorie und Konstruktivismus. München: Carl-Auer.

Watzlawick, P./Beavin, J.H./Jackson, D.D.: Menschliche Kommunikation. Formen, Störungen, Paradoxien. 11. unveränderte Aufl. Bern: Huber.

Welter-Enderlin, R./Hildenbrand, B. (Hrsg.) (1998): Gefühle und Systeme. 1. Aufl. Heidelberg: Carl-Auer-Systeme.

Wolfgang Krieger, Anita Lang,
Simone Meßmer und Ralf Osthoff

Kindesmisshandlung,
Vernachlässigung und
sexueller Missbrauch

im Aufgabenbereich der öffentlichen
Träger der Jugendhilfe

Eine Einführung

*Wolfgang Krieger, Anita Lang,
Simone Meßmer und Ralf Osthoff*

**Kindesmisshandlung, Vernachlässigung
und sexueller Missbrauch**

im Aufgabenbereich der öffentlichen
Träger der Jugendhilfe

Eine Einführung

ISBN 978-3-89821-834-4
264 Seiten, Paperback, € 29,90

Erhältlich in jeder Buchhandlung
oder direkt bei

ibidem

Das vorliegende Buch leistet einen wichtigen Beitrag, die Problemdimensionen der Misshandlung und des Missbrauchs von Kindern und Jugendlichen zu strukturieren und die fachlichen Zugänge in der Analyse, Prävention und Intervention von Misshandlungsfällen überblickshaft zu konturieren. Es konzentriert sich – angesichts einer im Blick auf das Analyse-, Erklärungs- und Interventionswissen inzwischen unübersichtlich gewordenen Fachliteratur – auf die wichtigsten Kernfragen zur Thematik, zielt aber zugleich darauf ab, im Bereich der Prävention und Intervention vor allem aus Sicht der öffentlichen Träger der Jugendhilfe diverse Orientierungsstandpunkte darzustellen und praktische Alternativen auszubreiten.

Das Buch soll den fachlich interessierten Leserinnen und Lesern, insbesondere Studierenden und Berufsanfängern, als eine Einführung dienen, die in leicht verständlicher Weise neben einigen Grundinformationen zu Ursachen, Erscheinungsformen und Folgen von Kindesmisshandlung, Vernachlässigung und sexuellem Missbrauch vor allem einen differenzierten Einblick in den institutionellen Umgang mit den Problematiken im Jugendamt und in die wichtigsten Bestimmungsmomente der jugendamtlichen Praxis vermittelt. Im Zentrum steht dabei die Darstellung einer kooperativ angelegten Arbeitsweise des Jugendamtes, angefangen vom Abklärungsverfahren bei Verdachtsfällen der Kindesmisshandlung über die Unterstützung der Vormundschafts- und Familiengerichte durch Mitwirkung im Verfahren bis hin zur Zusammenarbeit bei erzieherischen Hilfen mit den freien Trägern der Jugendhilfe. Vorgestellt werden in diesem Zusammenhang auch die Konzeptionen dreier Jugendämter, die beispielhaft für eine moderne, kooperationsorientierte Arbeitsweise stehen.

Die Autoren:

Prof. Dr. Wolfgang Krieger, Diplom-Pädagoge, lehrt in den Fachbereichen Soziale Arbeit und Pflege an der Evangelischen Fachhochschule Ludwigshafen am Rhein (Lehrbereiche Allgemeine Erziehungswissenschaft und Jugendhilfe, Pädagogische Psychologie, Ästhetische Bildung) und leitet dort den Forschungsbereich des Institutes für Weiterbildung, Beratung und Forschung.

Anita Lang, Diplom-Sozialpädagogin (Evangelische Fachhochschule Ludwigshafen am Rhein) und Medizinisch-Technische Assistentin, Schwerpunkte im Studium Hilfen zur Erziehung und Krisenintervention, arbeitet in der Beruflichen Bildung und betreut sozial benachteiligte und lernbeeinträchtigte Jugendliche.

Simone Meßmer, Diplom-Sozialpädagogin/Diplom-Sozialarbeiterin (FH), studiert zurzeit Erziehungswissenschaft an der Universität Tübingen (Diplomaufbaustudiengang) mit den thematischen Schwerpunkten Beratung und Sozialadministration.

Dr. Ralf Osthoff, Diplom-Pädagoge, Qualitätsmanager Dienstleistung / TAP; hauptberuflich tätig als Dozent und Personalberater im Bereich Qualifizierung von Jugendlichen und Erwachsenen sowie nebenberuflich als Lehrbeauftragter in den Studiengängen Pflegepädagogik und Soziale Arbeit; Veröffentlichungen insbesondere im Bereich Sexualpädagogik.

ibidem-Verlag • Melchiorstr. 15 • 70439 Stuttgart • Tel.: 0711/9807954 • Fax: 0711/8001889
ibidem@ibidem-verlag.de

Abonnement

Hiermit abonniere ich die Reihe **Systemische Impulse für die Soziale Arbeit (ISSN 2191-1835)**, herausgegeben von Prof. Dr. Wolfgang Krieger,

- ☐ ab Band # 1
- ☐ ab Band # ___
  - ☐ Außerdem bestelle ich folgende der bereits erschienenen Bände:

    #___, ___, ___, ___, ___, ___, ___, ___, ___, ___, ___

- ☐ ab der nächsten Neuerscheinung
  - ☐ Außerdem bestelle ich folgende der bereits erschienenen Bände:

    #___, ___, ___, ___, ___, ___, ___, ___, ___, ___, ___

- ☐ 1 Ausgabe pro Band   ODER   ☐ ___ Ausgaben pro Band

Bitte senden Sie meine Bücher zur versandkostenfreien Lieferung innerhalb Deutschlands an folgende Anschrift:

Vorname, Name: _____

Straße, Hausnr.: _____

PLZ, Ort: _____

Tel. (für Rückfragen): _____ *Datum, Unterschrift:* _____

Zahlungsart

- ☐ *ich möchte per Rechnung zahlen*
- ☐ *ich möchte per Lastschrift zahlen*

bei Zahlung per Lastschrift bitte ausfüllen:

Kontoinhaber: _____

Kreditinstitut: _____

Kontonummer: _____ Bankleitzahl: _____

Hiermit ermächtige ich jederzeit widerruflich den *ibidem*-Verlag, die fälligen Zahlungen für mein Abonnement der Reihe **Systemische Impulse für die Soziale Arbeit** von meinem oben genannten Konto per Lastschrift abzubuchen.

Datum, Unterschrift: _____ .

Abonnementformular entweder **per Fax** senden an: **0511 / 262 2201** oder 0711 / 800 1889 oder als **Brief** an: *ibidem*-Verlag, Leuschnerstr. 40, 30457 Hannover oder als e-mail an: ibidem@ibidem-verlag.de

ibidem-Verlag

Melchiorstr. 15

D-70439 Stuttgart

info@ibidem-verlag.de

www.ibidem-verlag.de
www.ibidem.eu
www.edition-noema.de
www.autorenbetreuung.de